JN418426

전자무역·물류 실무완성

KTNET

한국무역정보통신이 만든
uTradeEdu 실습서

도서출판 두남

Preface

본서의 목적은 전자무역·물류 교육실습시스템(이하 “uTradeEdu”)을 통하여 수출입 강좌를 실습한 수료생이 현장에 투입되어 실제 업무를 원활하게 수행할 수 있도록 하는 데 있습니다.

국제무역 프로세스에서 수행되는 해외마케팅과 계약체결, 국내외 물품의 확보, 요건확인, 대금결제, 수출입물류 등 관련 서류 작성업무 대부분이 IT기술을 이용해 처리되고 있습니다. IT기술을 이용한 전자무역·전자물류를 위해서 산업통상부, 한국무역협회, KTNET을 중심으로 전자무역인프라(uTradeHub)와 전자물류인프라(uLogisHub)를 구축했습니다. 현재 uTradeHub와 uLogisHub는 무역업체, 물류업체, 은행, 유관기관 등 약 10만여 업체 및 기관이 사용하고 있습니다.

uTradeEdu는 uTradeHub와 uLogisHub 서비스를 기반으로 현업사용자, 교육전문가, KTNET 실무자 등이 참여하여 무역·물류업무 주요 내용을 엄선 구축하였습니다.

uTradeEdu 교육시스템 주이용 대상자는 무역·물류 관련업계 취업준비생, 현업 초급실무자, 전공과정 재학생입니다. 실습의 범위는 전자무역과 전자물류이며, 전자상거래 발전에 따라서 물류업무가 중요해지는 추세에 맞춰 전자물류편을 별도 마련하였습니다.

본서에서는 uTradeEdu소개, 전자무역 및 전자물류실습 총 3개 부문으로 구성되어 있고, 전자무역 24종, 전자물류 19종 등 실무업무를 담고 있습니다.

제1부는 시스템 개요와 실습을 수행하기 위한 서비스 이용방법입니다. 주요 내용은 시스템 구축배경, 목적, 교육의 구성, 학습콘텐츠, 회원가입, 실습방법 등 서비스 사용에 대한 설명입니다.

제2부는 무역계약, 선적서류작성, 신용장개설신청, 대금결제업무 등으로 구성되어 있어 기본적인 무역업무를 실습해 볼 수 있습니다. 최근 구매확인서·내국신용장의 전면 전자화 추세에 따라 공급자와 구매자간의 수출원자재 구매업무도 추가했습니다.

제3부는 수출입물류 주체인 포워더, 선사, 보세구역, 운송사 및 항만터미널 간 업무로 구성되어 있으며, 수출입화물의 기본적인 업무를 실습해 볼 수 있습니다.

끝으로 본서와 uTradeEdu 실습시스템을 통하여 이용자 여러분들의 무역·물류 실무 역량이 내재화되는 데 도움이 될 것으로 기대합니다.

e-Trade아카데미 원장 **장 호 범**

Contents

제 1 부 전자무역·물류 실습시스템

제 2 부 전자무역(e-Trade) 실습

참고자료

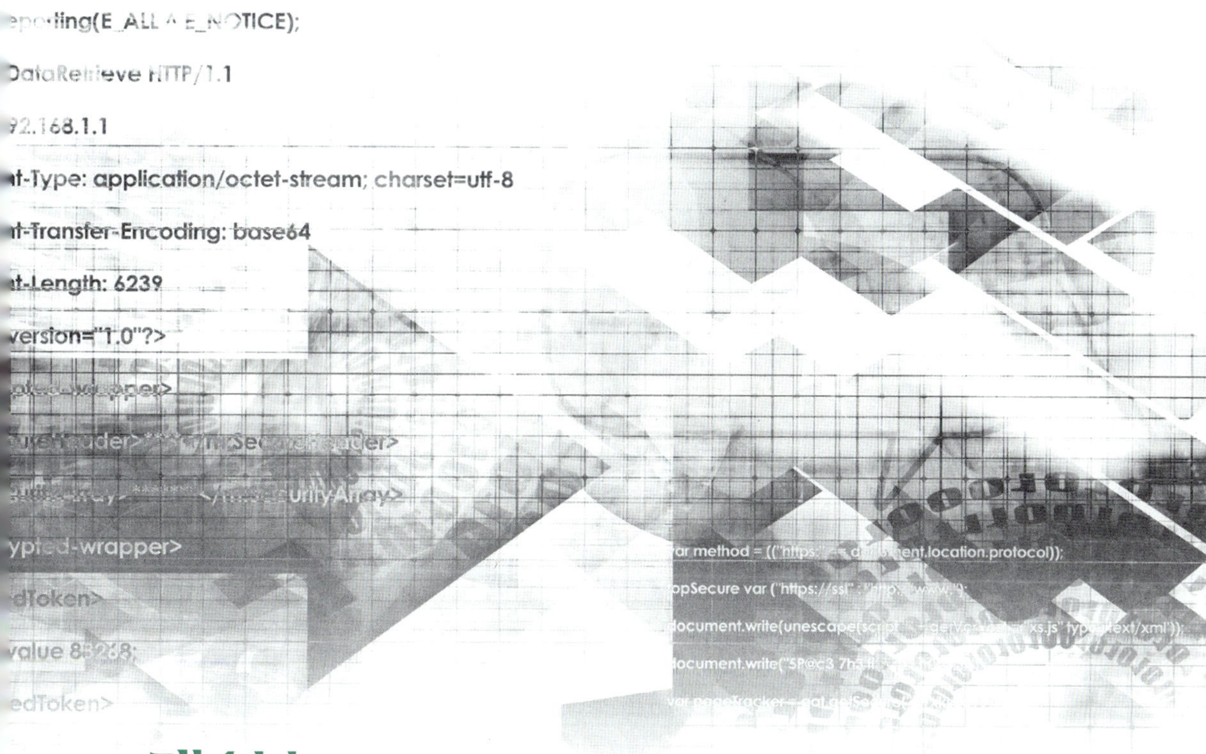

제1부

전자무역·물류 실습시스템

제1장 개요

제2장 uTradeEdu 사용하기

제1장

개요

제1절 배경 및 목적

1 배 경

과거와 달리 최근 기업에서 선호하는 인재형은 학력, 자격증, 어학 점수 등 스펙 중심에서 직무를 산업현장에서 성공적으로 수행하는 데 필요한 지식(knowledge), 기술(skill) 및 태도(attitude)를 중시하는 직무역량(job competency) 중심으로 빠르게 전환되고 있다.

최근 정부에서도 이러한 사회적 흐름에 부응하기 위하여 국가직무능력표준(NCS; national competency standards)을 수립하여 직무수행을 위해 요구되는 지식, 기술, 소양 등을 산업부문별, 수준별로 체계화하고 있는 과정이다.

그러나 교육현장에서는 교과서, 사례발표, 현장견학 등의 전통적 방식을 통해 배우는[學] 점에 중심을 두고 있어, 직무수행에 필요한 체험[習]형 실무교육에는 한계를 가지고 있다고 볼 수 있다. 실제 수출입 관련 산업현장에서는 글로벌 공급망사슬(global supply chain) 환경 하에서 무역과 물류 전반에 관한 융복합 지식을 지닌 인재를 요구하고 있다. 또한 단순신고, 신청 및 서류작성과 같은 단위업무 수행하는 것이 아닌 사업의 계획(plan), 수행(do), 관리(see)가 가능한 인력을 필요로 하고 있다.

개별 직무에서 요구되는 역량을 직무수행에 요구되는 기본지식과 기술적 수행능력(technical competency) 그리고 이를 활용하여 업무에 적용하는 행동역량(behavioral competency)으로 세분화 한다면 무역과 물류분야에서 요구되는 역량은 관련 학문에 대한 기초이론과 실무지식, 특히 정보통신기술(ICT; information & communication technology, 이하 "ICT") 환경에서의 업무처리 능력이라 볼 수 있다.

▌기업의 요구사항과 교육현장 및 구직자의 애로사항

1) 기업의 요구 (1) 글로벌 사업환경 다변화와 경쟁 격화에 따라 ICT기반 무역·물류 전반에 걸친 지식보유자 선호 (2) 현장에 바로 투입이 가능한 실무 경력자 선호 2) 교육기관의 애로사항 (1) 실무능력을 배양하고 전달할 수 있는 여건 미흡 (2) 기업이 사용 중인 B2B업무 솔루션과 전자무역·물류인프라 서비스 환경과 유사한 교육매체 개발 곤란 3) 구직자의 애로사항 (1) 자격증 취득, 어학연수, 공모전 참가 중심의 자기 개발 외에는 별다른 대안이 없음 (2) 해당 산업계 현장 업무수행 경험이 없으면 직무역량 개발이 사실상 불가능

2 목 적

전자무역·물류 교육실습시스템(이하 "uTradeEdu")은 무역과 물류에 대한 실무중심 교육을 통해 기업이 요구하는 현장중심 인력양성을 지원하는 데 있다. 한국무역정보통신(이하 "KTNET")은 국가 전자무역 기반시설의 이용에 관한 교육실습시스템을 구축하고, 실습서를 발간하여 관련 종사자가 쉽게 전자무역·물류인프라 서비스를 접근하고 이용할 수 있는 환경을 제공하고자 한다.

제2절 uTradeEdu(전자무역·물류실습 시스템)

1 개 요

uTradeEdu는 무역·물류 현업 지식을 기반으로 실무 실습이 가능하고, 학습관리솔루션(LMS: learning management solution)을 통해 진도관리, 성적관리 등이 가능한 융합형 교육실습 시스템이다. 주 사용자는 관련 산업계 취업희망자, 관련 업무 초급실무자 및 전공과정 재학생이 될 수 있으며, 실습의 범위는 전자무역(e-Trade)과 전자물류(e-Logistics)이다.

2 시스템 구성

학습자가 무역·물류에 대한 실무형 학습효과를 극대화시킬 수 있도록 이러닝(e-learning) 전문가, LMS 전문가, 현업 전문가 및 KTNET 전문가가 참여하여 개발구축하였다. uTradeEdu 시스템은 홈페이지, 교육관리시스템(LMS), 교육콘텐츠 및 실습프로그램 4가지로 구성되어 있다.

uTradeEdu 구성

구 분	내 용
홈페이지	• 교육사업 소개 및 과정 소개 • 수강절차 및 수강방법 제시 • 회원가입 및 사용자별 화면제공 • 고객센터 기능
교육관리 시스템(LMS)	• 회원관리 • 과정개설, 과정운영관리 • 교육 콘텐츠, 실습 관련 학생 제출내역 관리 • 수강신청 및 진도관리 • 성적 및 수료관리
교육 콘텐츠	• 자기주도형 학습컨셉을 적용한 무역, 물류업무 주요 콘텐츠 • e-Trade와 e-Logistics 기반 20여개 강좌, 약 70여개 차시 구비
실습프로그램	• 무역·물류 각각 표준, 집중, 심화, Role-Playing 실습프로그램 • 시스템의 자동평가와 제출 그리고 교수자의 피드백 기능 • 수준별, 산업별로 다양한 시나리오 구성 및 실습가능

LMS 구성

대분류	중분류	소분류	운영자	교수자	학습자	기능
강좌개설 관리	개설관리	과목관리	○			과정기본정보 입력
		기수관리	○	○		년간 기수별 기본 정보 입력
		개설관리	○	○		강의계획서, 실라버스(syllabus) 입력
		강좌구성관리	○	○		강의 차시 정보 입력
		온라인콘텐츠매칭	○	○		차시별 콘텐츠 정보 매칭
	시험관리	시험문항등록	○	○		시험용 문항 입력
		시험출제	○	○		시험지 작성, 운영강좌 매칭
	과제관리	과제등록	○	○		과제 정보 입력
		과제출제	○	○		과제출제, 운영강좌 매칭
	설문관리	설문문항등록	○	○		설문용 문항 입력
		설문지등록	○	○		설문지 등록 및 대상 선택
강좌운영 관리	수강진행 관리	신청관리	○			승인대기-승인, 취소
		수강독려	○			SMS, 이메일
		운영현황	○	○		연도, 기수별 입과, 수료, 수료율 집계

대분류	중분류	소분류	운영자	교수자	학습자	기능
		평가독려	○	○		시험미응시자 독려
		과제독려	○	○		과제미응시자 독력
		온라인강좌진도	○	○		진도율 조회
		오프라인성적처리	○	○		오프라인 출석결과 업로드
		온라인성적처리	○	○		온라인 성적 처리
	강좌운영 관리	평가관리	○	○		시험 주관식 채점
		과제관리	○	○		과제 채점 및 첨삭
		IP 정보조회	○	○		콘텐츠 접속, 로그인, 학습창 실행
		설문현황	○			설문결과 통, 집계
		수료확정처리	○	○		성적조회 및 확정처리
		수료자관리	○	○		수료자 조회, 수료증 출력
회원관리	회원관리	단체관리	○			단체정보 입력
		수강생관리	○			수강생 상세 조회
		교육담당자관리	○			단체별 교육 담당자 지정
		소속관리	○			수강생 단체 변경
		관리자관리	○			관리자 지정, 변경
		교강사관리	○			교강사 지정, 변경, 이력서
시스템 관리	코드관리	마스터코드	○			시스템 마스터 코드
		상세코드	○			시스템 상세 코드
교육콘텐츠 관리	LCMS	콘텐츠분류	○	○		대중소 분류
		콘텐츠업로드	○	○		콘텐츠 업로드
통, 집계	통, 집계	일자별 가입추이	○			꺾은선 그래프
		년간월별 수강인원	○			년도, 월별 막대그래프
		강좌별 단체구성	○			파이그래프
		단체별 강좌구성	○			파이그래프
		기간별 수강통계	○			집계표, 소계, 총계
		연간운영집계	○			집계표, 소계, 총계
게시판 관리	게시물 관리	쪽지함관리	○	○		
		게시물관리	○	○		
		FAQ관리	○			FAQ관리
		POPUP관리	○			팝업 일정, 위치
	게시판 기능관리	현황조회	○			사용자, 게시물 일일건수
		기본설정	○			게시물 개설
		게시글관리	○			글 삭제, 이동
		게시판화면설정	○			너비, 권한 용도 설정
학습기능	나의 강의실	콘텐츠 수강			○	학습트랙킹
		시험보기, 과제제출			○	시험, 과제 제출
		수강신청			○	수강대기, 수강중, 완료 탭 단계 구성

* LCMS(Learning Contents Management System)

▌uTradeEdu 시스템 구성도

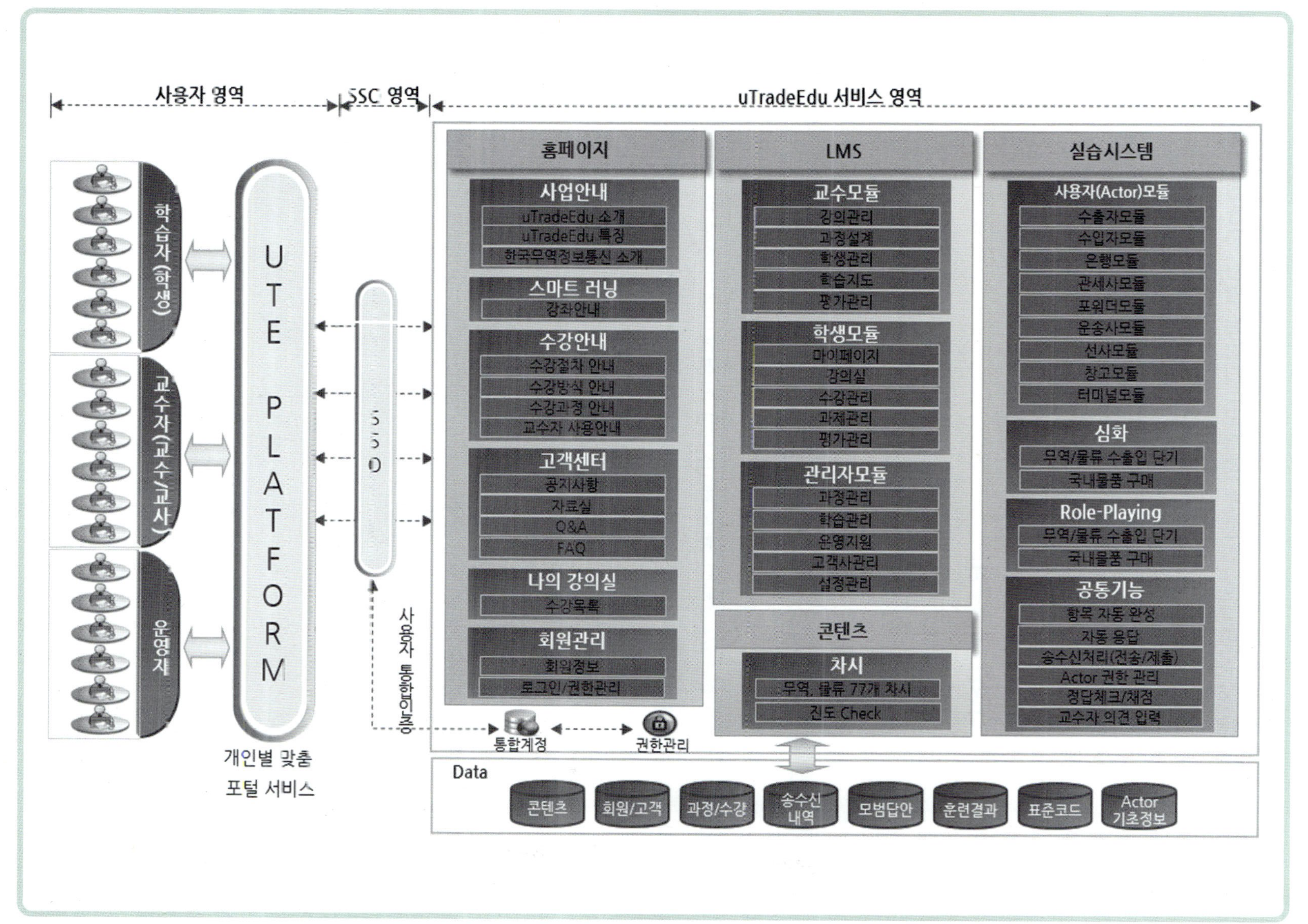

3 특 징

1) 종이서류 없는 무역거래(Paperless Trade) 전반에 걸친 방대한 콘텐츠 구성

무역계약 및 서류업무, 국내물품 공급업무, 수출화물 내륙운송·선적업무, 수입하역화물 인수·통관업무 등 전자무역(e-Trade) 과목, 물류에 관련된 포워더, 선사, 항만터미널, 운송사 및 보세구역 업무 등 전자물류(e-Logistics) 과목으로 약 70여 차시로 구성되어 있다. 오프라인 수업과 병행시 약 85시간에 걸쳐 전체 실습이 가능하다.

2) 고객 맞춤형 다양한 과정구성

수출입 무역·물류 업무 전반에 걸쳐 표준, 집중, 심화 및 Role-Playing 과정으로 구성하여 교육기관의 커리큘럼과 학습자 수준에 맞는 다양한 강좌와 차시를 실습할 수 있다.

3) ICT 기반 실무업무 체험 극대화

실제 현업에 사용되고 있는 KTNET 인프라 주요 서비스와 민간·공공정보망, B2B 업무솔루션 분석후 이를 교육용으로 설계하여 현업과 유사한 작업화면에서 실습할 수 있도록 지원한다. uTradeEdu는 학습자의 업무 이해도 향상과 더불어 현업 투입시 단기간에 업무적용이 가능하도록 설계되어 있다.

4) 시나리오 기반의 실습시스템

차시별 업무에 대한 실습 시나리오를 작성하여 각 단계별로 업무흐름을 쉽게 이해할 수 있다. 또한 주요 업무에 대한 업무주체별 역할과 선후 업무관계를 설명하여 학습자가 쉽게 이해할 수 있다.

5) 자기주도형 학습구성

동영상강의, 플래쉬를 이용한 기존 이러닝 강의와 달리 학습자들이 스스로 학습 진행을 조절할 수 있는 자기주도형 학습이 가능하다. 또한 시스템이 최소 학습시간을 자동으로 관리하여 학습자가 학습성취도를 높힐 수 있도록 설계되어 있다.

6) 학습자와 교수자 커뮤니케이션 강화

교수자가 실시간으로 학습자별 실습진행 현황을 조회할 수 있으며, SMS를 활용한 학습독려도 가능하다. 또한 학습자의 학습결과에 대한 교수자의 의견을 피드백할 수 있도록 하여 학습자와의 커뮤니케이션이 간편하다.

7) 크로스브라우징 적용을 통한 다양한 디바이스 지원

HTML5를 기반으로 크로스브라우징(Internet Explorer, Google Chrome, Safari)을 지원하여 다양한 디바이스에서의 교육이 가능하며, 학습자는 자신의 환경에 맞춰 편리하게 실습할 수 있다.

8) 국가직무능력표준(NCS) 직무능력과정 고려

'국가직무능력표준' 내 02 '경영. 회계. 사무' → 04 '생산품질관리' → 03 '유통관리'에서 01 '물류관리'와 02 '수출입관리'를 참조하면 해당 직무별 업무수행을 위한 능력단위와 능력단위요소가 정의되어 있다.

'수출입관리'에서는 무역계약서 작성을 포함한 각종 서류작업, 통관업무, 물품구매 업무, 대금결제 업무, 선적서류 매입 및 전자결제 업무가 있고, '물류관리'에서는 보관하역, 육상 및 해상운송업무, 물류정보 시스템 활용업무 등이 있다. uTradeEdu는 NCS 직무능력과정을 고려하여 관련 업무들을 수행할 수 있는 환경에서 실습할 수 있는 차시를 제공한다.

▌NCS–수출입관리(02040302)

능력단위	능력단위요소
수출입 계획수립	수출입계획, FTA, 수출입요건, 수출입프로세스, 서식 등
수출입 위험관리	결제방식별 위험관리, 환위험, 무역보험, 보증서 활용
수출입마케팅	해외시장조사, 인터넷마케팅, 수출입원가조사, 협상 등
수출입계약	국제계약규범, 계약서, 분쟁
수출입 운송보험	운송계획/서류, 물류비, 보험
수출입통관	통관, 수출신고, 관세환급, 협정관세, 수입신고, FTA
수출입내금결제	물품구매, 해외물품확보, 대금결제방식 별 대금 송금, 선적서류 매입, 전자결제

▌NCS–물류관리(02040301)

능력단위	능력단위요소
물류운영 계획수립	환경분석, 공급망계획수립
물류거점 운영계획	거점수요예측, 입지선정 등
보관하역관리	입출고, 하역, 재고관리
육상운송관리	배차계획, 운송효율화 등
해상운송관리	해상업무, 운송방법, 운임
항공운송관리	항공업무, 운송방법, 운임
복합운송관리	복운업무, 운송방법, 운임
특송화물관리	특송업무, 운송방법, 운임
물류효율 성과관리	물류비, 물류표준화, 법규
물류정보시스템	WMS, TMS, OMS, FIS 등
물류고객관리	물류영업, 서비스성과관리

제3절 교육의 구성

1 용어정의

1) 과목

'종이서류 없는 무역거래(Paperless Trade)'를 지향하는 무역·물류업무 교육실습 분야를 말한다. uTradeEdu에는 'e-Trade'와 'e-Logistics' 2개 과목이 있다.

2) 과정

강좌의 특성별 분류로 교육현장의 요구, 사용자의 수준에 맞춰 선별한 업무 및 강의 목적별 차시그룹을 말한다. 개별 과목당 '표준', '집중', '심화', '역할분담(role-playing, 이하 "R/P")' 4개 과정이 있다.

3) 강좌

차시들의 그룹을 말한다. 예를 들어 무역에서는 내륙운송 및 선적업무, 물류에서는 보세구역 업무 등 과정내 특정 업무를 수행하기 위한 목적으로 구성되었다.

4) 차시

총 70여개로 개발된 개별학습 단위 콘텐츠를 말한다. 각 차시들은 강좌의 구성요소이며 복수 강좌당 복수개의 차시(N강좌: N차시)로 구성될 수 있다.

2 과목의 종류

1) e-Trade

수출입 상거래를 중심으로 서류작업과 대관신고업무 및 일부 운송·통관 업무를 실습할 수 있는 전자무역 실습을 말한다.

2) e-Logistics

수출입 화물관리를 중심으로 화물의 운송·양적하·인수업무를 실습할 수 있는 전자물류실습을 말한다.

3 과정의 종류

1) 표준(기본)

전체 70여 차시 중 가장 핵심적인 업무를 발췌하여 단기실습 가능하게 구성된 과정을 말한다.

2) 집중(고급)

해당업무에 대해 개설된 차시 전체를 실습할 수 있게 구성된 과정으로 예를 들어 '무역 서류업무(집중)' 과정의 경우 ① 오퍼 및 구매발주서 작성, ② (수출)무역계약서 작성, ③ 수출신용장 통지, ④ 상업송장(C/I)/포장명세서(P/L) 작성, ⑤ 원산지증명서(C/O) 발급신청, ⑥ 해상적하보험증권(I/P) 발급신청과 같은 차시에 대해 실습이 가능하다.

3) 심화

e-Trade와 e-Logistics 과목 중 일부 차시를 발췌하여 실습 지시문과 실습 프로그램으로만 구성된 과정이다. 복수개의 지시문에 따라 연속적인 업무처리 실습이 가능하다.

4) R/P

무역에서는 수출자와 수입자, 물류에서는 포워더와 선사와 같이 사용자 본인과 상대 사용자 두명이 역할을 분담하여 무역과 물류의 핵심적인 업무를 실습할 수 있도록 구성된 과정을 말한다. 또한 각 차시별 실습 지시문의 내용은 상호 논리적으로 일관성있게 연계되어 있다.

4 과정별 특징

실제 현업 B2B업무 솔루션 및 전자무역·물류 인프라서비스와는 달리 이전 차시와 이후 차시는 데이터 연계가 되지 않는다. 그러나 R/P의 경우에는 역할이 주어지고 업무 프로세스별로 데이터가 연계된다.

과 정	데이터연계	Role	비 고
표 준	×	×	차시별 단위업무 이해중심
심 화	×	×	그룹별 관련업무 실습중심
집 중	×	×	세분화된 전체업무 실습중심
Role-Playing	○	○	사용자별 역할부여 및 연계 실습중심

5 강좌의 종류

현재 개설되어 있는 강좌는 e-Trade 9개, e-Logistics 9개로 총 18개가 있으며 향후 FTA와 관세환급, 항공물류강좌 등이 추가될 예정이다.

구 분	과 정 구 성
e-Trade (무역부문)	• 표준 2개: 수출, 수입 무역 • 집중 5개: 무역 서류, 국내물품 구매, 무역 대금결제 등 • 심화 1개: 수출입 무역 단기 • Role-Playing 1개: 수출입 무역 단기 • 개설예정: FTA, 관세환급 등 추가
e-Logistics (물류부문)	• 표준 2개: 수출, 수입 물류 • 집중 5개: 포워더, 선사, 운송사 등 • 심화 1개: 수출입 물류 단기 • Role-Playing 1개: 수출입 물류 단기 • 개설예정: 항공물류(포워더, 항공사, 공항터미널) 추가, 물류센터 및 운송사 업무 보강

제4절 학습콘텐츠

1 차시(콘텐츠)

각 강좌내의 정해진 개별 학습단위로서 학습콘텐츠는 실습 프로그램과 연계되어 있다. 과목내 과정이 있고 과정내 강좌가 있으며 개별 차시는 강좌의 테마에 맞춰 배치된다.

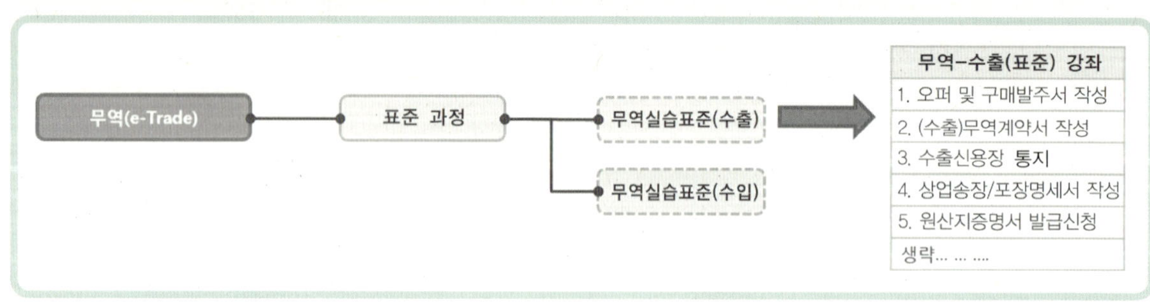

2 학습창

개별 차시는 하나의 학습창으로 그 구조는 다음과 같이 4가지 부문으로 구성되어 있다.

1) 학습에 앞서

교육하고자 하는 학습주제와 관련이 있는 상황을 애니메이션으로 보여 주어 학습자의 주의를 환기시키고 흥미를 유발하는 단계이다. 또한 본 단계에서 본 학습에 필수적으로 습득해야 할 기초지식을 제시한다.

(1) Intro

학습을 시작하는 애니메이션으로 업무를 지시하는 직장상사와 수행하는 신입직원 간의 대화를 통해 수강생의 이목을 집중시키는 기능이다.

Intro 예시

예를 들어 기업의 상사는 수입화물의 인수업무를 처리하기 위해 소유권이 이전된 전자선하증권(e-B/L)을 제출하여 포워더에게 화물인도 청구를 하라는 업무지시를 내리고, 부하직원은 화물을 인수받기 위해 자사 시스템에 양도된 e-B/L 내역을 확인하고 업무처리 하는 상황을 제시한다.

(2) 사전지식

해당 차시 실습을 위해 최소한으로 알아야 할 업무지식을 설명하는 기능이다.

▌사전지식 예시

선하증권의 정의	▸운송인이 운송물을 수령(receive) 또는 선적(ship)하였음을 확인하고 이를 운송하여 양륙항에서 증권의 정당한 소지인에게 그 운송물을 인도할 것을 약속하는 것을 내용으로 하는 유가증권이다. (정영석, 『선하증권론-법과실무』, p. 35, 텍스트북스, 2008) ▸운송인이 화주로부터 화물을 수령 또는 선적하였음을 확인하고 그 화물을 목적지까지 운송하여 일정한 조건하에 정당한 증권소지인에게 증권과 상환으로 당해 화물을 인도할 것을 약속한 유가증권이다. ㈜코리아쉬핑가제트), 『해운, 물류 용어대사전』, p.193, 2006)
전자선하증권 (e-B/L)이란?	▸전자선하증권은 운송인(선사, 포워더)이 선하증권(B/L)을 서면으로 발행하는 대신에, 법무부가 지정하는 등록기관에 전자선하증권(e-B/L)을 등록·양도·변경·인도청구·서면선하증권으로의 전환 및 관련 전자기록의 보존 등의 업무를 처리하는 중립적인 제3자(trusted third party)로서, KTNET을 등록기관으로 지정. ▸개정 상법 및 「상법의 전자선하증권의 규정의 시행에 관한 규정」(08년 8월 시행)에 의거, 전자선하증권 발행 및 유통의 법적 효력이 인정된다. ▸전자선하증권 등록기관(이하 "등록기관")은 전자선하증권의 발행등록·양도·변경·인도청구·서면선하증권으로의 전환 및 관련 전자기록의 보존 등의 업무를 처리하는 중립적인 제3자(trusted third party)로서, 법무부 장관이 기술 재정 시설 등을 심사하여 지정한다. (08.9.26. KTNET를 등록기관으로 지정)

예를 들어 학습자는 e-B/L을 이용한 화물인도 청구업무를 할 때 선하증권의 정의, e-B/L의 정의, 선하증권의 법적 성질 등에 대한 이해가 선행되어야 본 실습을 진행할 수 있다.

2) 본 학습

학습자를 학습에 참여하게 하고 동기를 부여하기 위해 교육내용과 학습자를 연계시키고 학습내용을 제시하는 단계이다.

(1) 학습목표

해당 차시에서 이해하고 설명할 수 있는 지식을 구체적으로 수행할 수 있도록 수행목표를 지정해 주는 기능이다.

▌학습목표 예시

1. B/L 화물인도 청구에 대해 이해하고 이를 설명할 수 있다.

2. e-B/L을 이용하여 해당 포워더에게 화물인도를 청구할 수 있다.

예를 들어 학습목표(learning goal)는 B/L 화물인도 청구에 대한 이해와 그 설명이 가능한 것이고, 수행목표(performance goal)는 e-B/L 소유권자로서 포워더에게 전자적으로 제출하고 화물을 인수받기 위한 화물인도 청구요청을 할 수 있는 것이다. 학습자가 본 차시의 학습목표와 수행목표를 명확히 인지해야 실습이 원활하게 진행될 수 있다.

(2) 화면설명

보통 이전 작업 내역을 조회할 수 있는 '조회화면'과 현 작업을 수행할 수 있는 '수행화면'으로 이루어져 있다. 때로는 신청·요청 등에 대한 회신을 받을 수 있고, 상대에게 서류를 전자적으로 전달해야 할 때는 전송완료를 그 응답으로 받는 경우도 있다.

▌화면설명 예시

예를 들어 e-B/L을 이용한 화물인도청구를 하는 경우, e-B/L을 조회하고 e-B/L의 진위를 확인하는 '전자등록부' 확인이 있다. 이 중 화물의 인도를 요청하는 B/L을 선택하고 해당 운송사(포워더)에게 '화물인도 청구서'를 전송한다는 식의 화면설명을 한다.

(3) 관련 대상주체

해당 차시에 업무주체를 명시하고 각 주체의 역할을 설명하는 기능이다.

▌관련대상 주체 예시

수입자(양수인)	포워더(운송사)
B/L과 소유권자(여기서는 수출자로부터 B/L의 소유권을 양수받은 자)로 e-B/L Korea를 통해 원본 B/L을 제시하여 B/L발행자인 운송사에 화물인도 청구를 한다.	B/L의 발행인은 B/L 소유권자(여기서는 수입자)로부터 화물인도 청구를 받고, 제비용 결제 받은 후 화물인도를 위해 수입화물인도지시서(D/O)를 발행한다.

관련실습	포워더_선하증권발행사전확인(Draft B/L) 수입자_수입화물인도지시서(House D/O)

예를 들어 e-B/L이 발행등록이 되면 소유권자는 수출자이다. 여타의 사유로 인하여 해당 소유권이 배서(endorsement)가 되어 수입자가 소유권을 양수받았다고 가정할 때, 수입자는 수입화물을 인수하기 위해 e-B/L을 이용하여 '화물인도청구'를 한다.

(4) 업무 프로세스 흐름도

해당 차시 실습이 업무관점에서 어떤 선후작업 사이에 있는지 알려주는 기능이다.

▌업무 프로세스 흐름도 예시

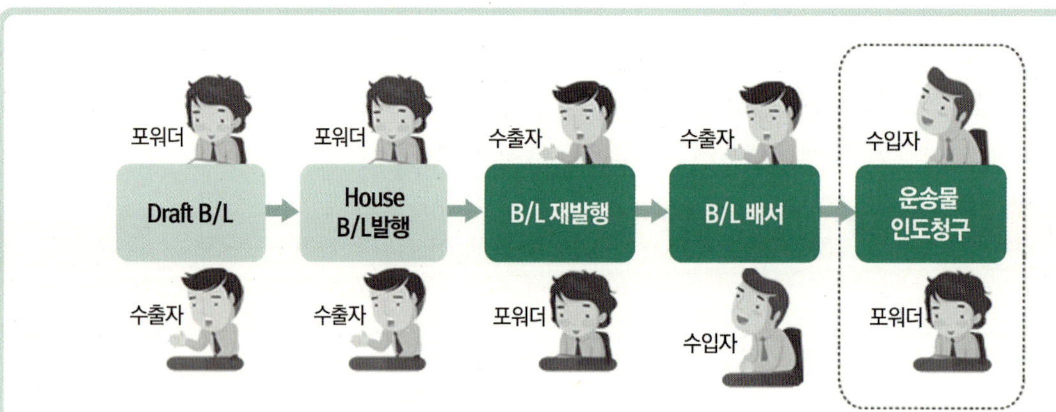

예를 들어 B/L이 발행되기 이전에 선하증권발행 전 사전확인(Draft B/L)이 완료되면 포워더는 자신의 House B/L을 발행 등록한다. 만약 수출자가 내용상 정정이 필요하면 수정B/L 재발행 요청을 할 수 있으며, 소유권은 배서하여 양수인에게 이전시킨다. 또한 B/L의 최종 소유권자가 화물을 인수코자 할 때 '운송물인도청구'도 할 수 있다는 식의 업무프로세스를 설명한다.

(5) 서식 흐름도[1)]

업무를 수행할 때에는 해당 업무에 적합한 서식들이 필요하며, 어떤 서식들이 필요한지 알려주는 기능이다.

▌서식 흐름도 예시

예를 들어 수입화물인도청구에 사용되는 서식의 흐름은 전 소유권자(양도인)와 현 소유권자(양수인)의 배서로 인한 권리이전 후 B/L 소유권자는 포워더에게 화물의 인도를 위한 청구, 즉 원본 B/L을 제시하고 House D/O를 발급받는 것으로 서식의 흐름을 설명할 수 있다.

(6) 전자문서 흐름도

해당 업무를 전자적으로 처리할 경우 관련 전자문서의 흐름을 알려주는 기능이다.

▌전자문서 흐름도 예시

예를 들어 e-B/L Korea에서 양도인이 양도신청(BLTransfer)을 하게 되면, 전자등록부(Title Registry)에서 소유권을 이전하고 그 사실을 양수도(讓受渡) 대상자에게 통보한다. 만약 화물을 인수코자 하면 B/L 원 발행인인 포워더에게 화물인도 청구(BLDeliveryRequest)를 하고 요건에 문제가 없으면 B/L접수에 따른 화물인도승인(BLDeliveryNotice)을 한다라는 식으로 전자문서의 흐름을 설명한다.

---

1) 교재 내 실습에서는 '전자문서 흐름도'만 설명되고 있으나, uTradeEdu 온라인 콘텐츠에서는 '서식흐름도'와 '전자문서흐름도'를 분리하여 설명하고 있음

(7) 알아야 할 좋은 사례들

그 외 추가로 이해하면 도움이 되는 내용을 명시하고 전달하는 기능이다.

3) 실습

학습자들이 이해하고 설명할 수 있는 업무의 실습과 그 결과에 대한 피드백을 통하여 수행능력을 발전시키는 단계이다.

(1) 실습 지시문

가상의 상황을 주고 실습할 수 있도록 가이드 하는 기능이다.

▌실습지시문 예시

수입자인 "SHINYOUNG MICRO CO., LTD."는 수출자인 "CRAW STONE"이 선적한 수입화물에 대한 대금결제 이후 해당 운송사에 도착화물에 대한 인수를 위해 화물인도 청구서를 작성하려고 합니다. 아래 조건에 맞게 작성해 보세요.

(화물인도청구)

- 선적일: 2015년 2월 / B/L No가 HJBL1502-10001인 B/L 정보를 불러온다.
- 신청인 상호: 신영마이크로(SHINYOUNG MICRO CO., LTD.)
- 청구 신청일: 2015-03-12

예를 들면 해당 시나리오는 수입자가 본인의 화물 인수를 위해 화물인도 청구서를 작성해야 하며 그 내용을 계약서나 L/C상 조건과 일치하는지 확인하면서 실습하라고 지시하고 있다.

(2) 실습 프로그램

이전 단계에서 학습한 내용을 기반으로 학습자가 실습 지시문에 따라 실습하고, 실습결과물을 교수에게 '제출'하면 사전에 정의된 uTradeEdu 정답DB를 통해 실시간 채점된다. 제출된 결과에 대한 피드백은 교수자의 검토의견 회신으로 가능하다.

4) 복습/정리

학습자가 학습내용을 요약하고 정리하는 단계이다. 학습 및 수행목표 달성여부를 평가하고 중요한 사실을 강조하며 추가 학습의 기회를 제공한다.

(1) 퀴즈

지금까지 배운 내용을 점검해 보는 기능이며, 학습자는 여러 번 반복하여 동일한 퀴즈를 학습해 볼 수 있다.

▌퀴즈 예시

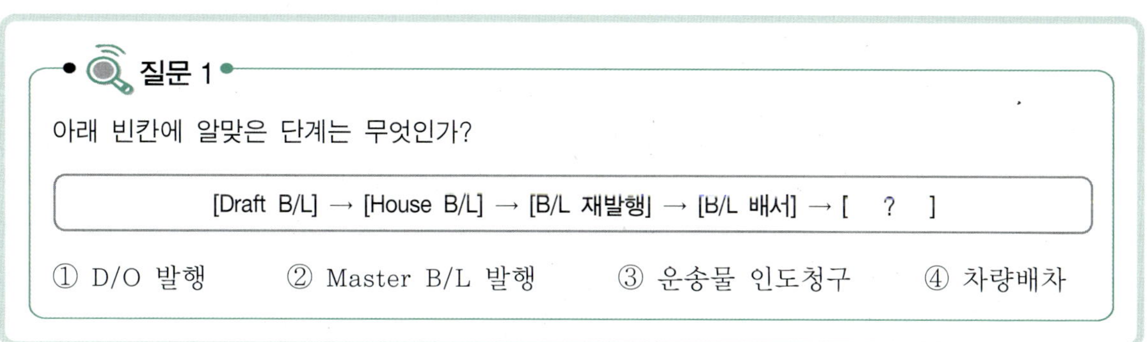

질문 1

아래 빈칸에 알맞은 단계는 무엇인가?

[Draft B/L] → [House B/L] → [B/L 재발행] → [B/L 배서] → [?]

① D/O 발행 ② Master B/L 발행 ③ 운송물 인도청구 ④ 차량배차

(2) 요점정리

본 차시 내용 중에 중요한 내용을 정리해 놓은 기능이다.

▌요점정리 예시

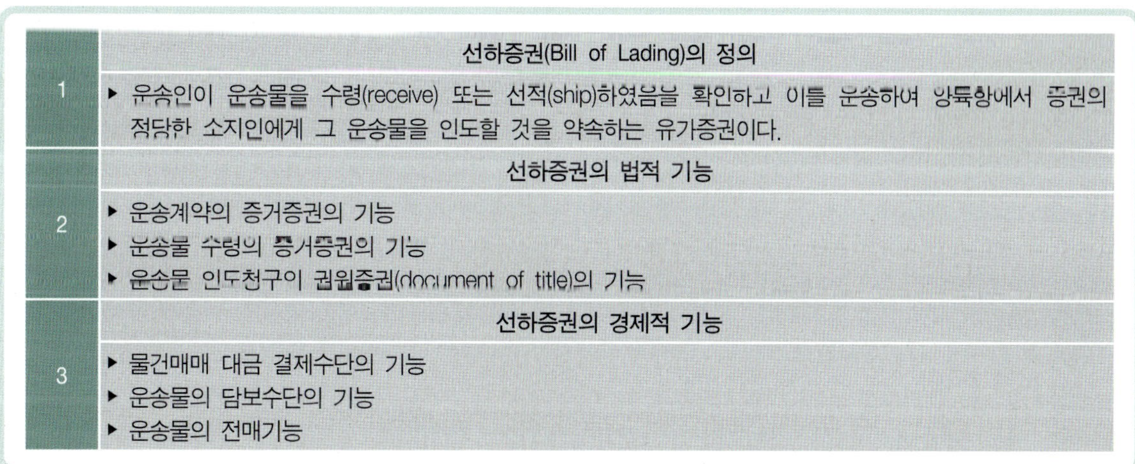

1	**선하증권(Bill of Lading)의 정의** ▸ 운송인이 운송물을 수령(receive) 또는 선적(ship)하였음을 확인하고 이를 운송하여 양륙항에서 증권의 정당한 소지인에게 그 운송물을 인도할 것을 약속하는 유가증권이다.
2	**선하증권의 법적 기능** ▸ 운송계약의 증거증권의 기능 ▸ 운송물 수령의 증거증권의 기능 ▸ 운송물 인도청구의 권원증권(document of title)의 기능
3	**선하증권의 경제적 기능** ▸ 물건매매 대금 결제수단의 기능 ▸ 운송물의 담보수단의 기능 ▸ 운송물의 전매기능

(3) 참고문헌 및 사이트 안내

실제 운영되고 있거나 참고할만한 사이트를 알려주고 추가 학습을 유도하는 기능이다.

▌참고문헌 및 사이트 안내 예시

▸ e-BLKorea	http://eblkorea.or.kr/
▸ uTtradeHub	http://www.utradehub.or.kr
▸ Rotterdam Rules 소개사이트	http://www.rotterdamrules2009.com

예를 들어 전자선하증권은 e-B/L Korea에서 운영되고 있으며 전자무역인프라인 uTradeHub와 밀접한 관계를 가지고 있다. 또한 전자적인 방식으로 발행된 선하증권의 법적효력에 관한 내용은 국내의 상법 이외에도 Rotterdam Rule을 참고할 필요가 있다.

제2장

uTradeEdu 사용하기

제1절 회원가입 및 등록

1 uTradeEdu Cafe(실습지원 사이트) 가입

uTradeEdu 회원가입을 위해서는 우선 포털 다음의 카페 'Paperless Trade'(http://cafe.daum.net/utradeedu)로 접속 후 회원가입을 해야 한다. 회원승인 전 'uTE서비스 이용정보'를 입력하고 '닉네임 형식'에 맞게 회원가입을 해야 승인이 가능하다.

① 회원가입 화면 닉네임 항목에 가입유형/이름(실명)의 형식으로 가입한다.
ex) 실습서적구매자/이름(실명) **(필수)**

② 카페 내 '실습서적구매자' 게시판에 양식에 맞추어서 uTE서비스 이용정보 입력 후 등업 요청한다.

- 주의사항 : 카페 가입시 uTradeEdu서비스 이용정보 입력이 필요함
- 성　　명 :
- 단 체 명 : 실습서적구매자
- 가입형태 : 전문수강생, 수강생 또는 실습서석 구매사

*** 전문강사, 교수자, 교육담당자, 전문수강생(대학생/단체), 수강생(고등학생), **서적구매자** 중 택 1

주의 서적 구매자의 경우 구매한 'uTradeEdu실습' 서적의 인증사진 첨부(**필수**)

③ 운영자가 가입정보 확인 후, 회원승인하는 순서로 가입이 완료된다.

④ uTradeEdu Cafe 회원가입 승인이 완료된 회원에 한하여 uTradeEdu ID를 발급받을 수 있다.

2 uTrdeEdu 가입

uTradeEdu 사이트(https://edu.utradehub.or.kr)로 접속 후, 서적 구매자인 경우 카페에서 사용하는 동일한 ID로 개인 회원가입을 진행한다.

1) 비밀번호는 영문 + 숫자 + 특수문자 조합으로 입력한다.
2) 회원가입 화면 [소속단체] '**서적구매자**'를 선택한다.
3) 학년/반을 입력하는 항목 두 번째 줄 공란에 '**서적구매자**'를 텍스트로 입력한다.
4) 비밀번호를 잊어버렸을 경우, 임시 비밀번호 전송을 위해 핸드폰 번호는 정확히 입력한다.
5) 회원가입 완료 후 승인은 2~3일 내에 이루어지며, 회원승인이 되어야만 로그인이 가능하다.
6) 만약 회원가입이 어려울 경우 uTradeEdu Cafe 게시판을 이용하여 문의할 수 있다.

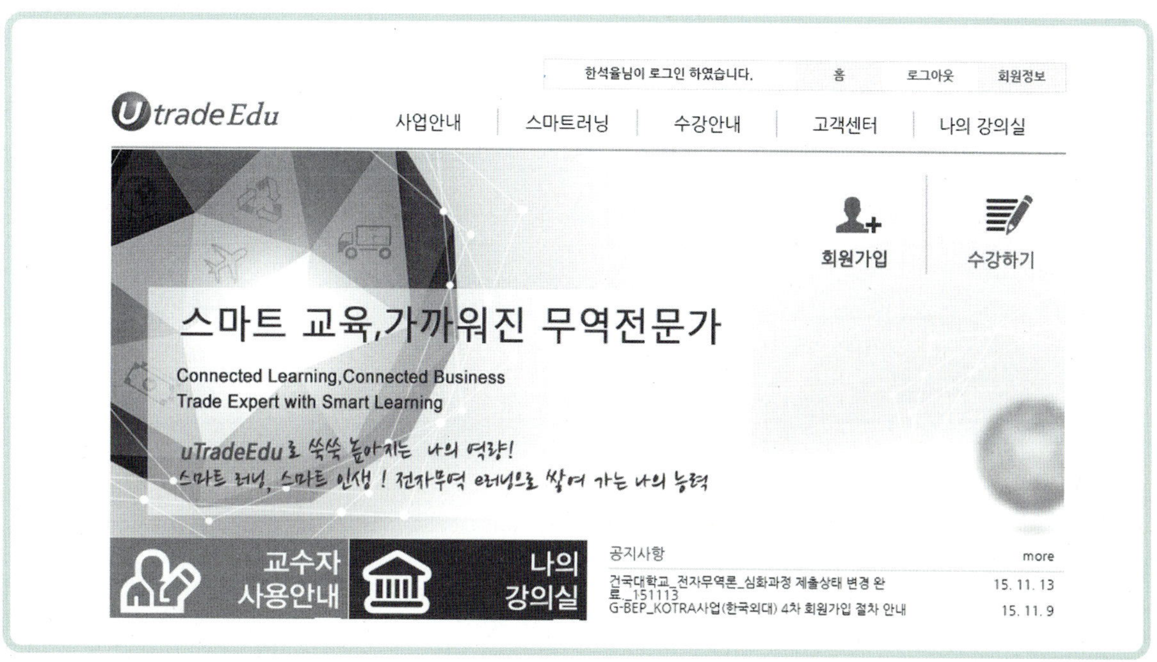

제2절 실습수행 및 교수자관리

1 학습자 작성 및 제출

1) 실습 데이터 입력 및 제출

학습자는 개별 차시의 실습 지시문을 참조하여 실습 프로그램 화면에 데이터를 입력한다. 입력시 주의해야 할 점은 지시문이 요구하는 내용의 의미를 명확히 이해해야 한다는 점이다. 예를 들어 수출입 화물의 양적하시 'Service Term(서비스 조건)'이 무엇을 의미하는지, 항만터미널 내 작업중 'CY to CFS 조건'인 경우 화물이 FCL로 선적되고 하역 후에는 LCL로 작업되어 게이트 반출이 되는지의 여부를 이해하고 있어야 한다. 학습자는 단순 데이터 입력만 지속할 경우 학습효과가 별로 없다는 점을 숙지해야 한다.

실습작업 저장 후 제출된 결과는 시스템에서 자동으로 평가된다. 그리고 제출된 실습결과를 검토한 후 교수자가 검토의견을 입력하여 회신하는 방식으로 피드백된다.

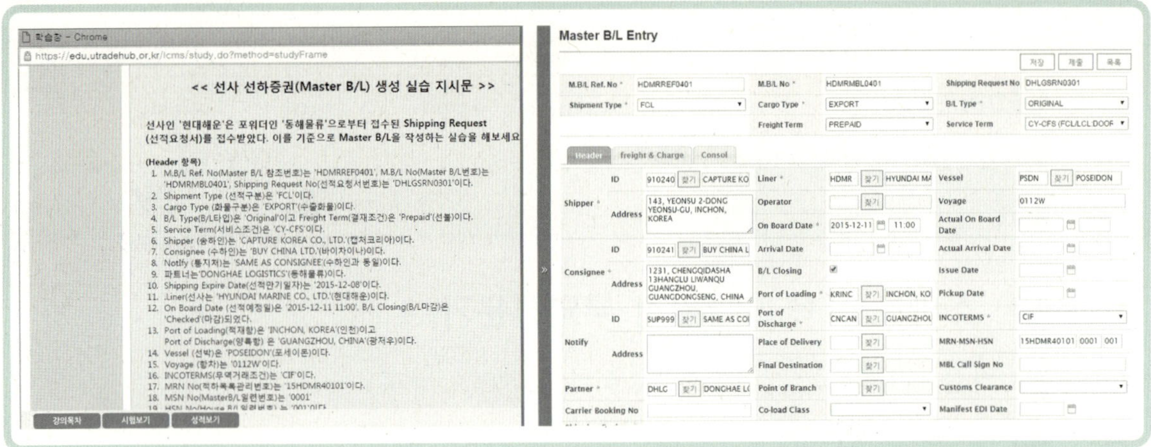

2) 전송 및 인쇄

특정 차시에서 문서를 작성한 후 작성자가 전자적 송신의 방식으로 해당 문서를 상대방에게 전달할 수 있다. 예를 들어 수입신고서를 작성하였으면 세관에 전송해야 하고, 자가운송 지시서를 작성했으면 운송사에 이 문서를 전송해야 한다. 만약 제출 전에 '전송'이라는 단계가 필요한 경우 시스템은 학습자에게 '전송'하라고 팝업공지한다. 작업한 일부 문서의 경우 이미지도 확인할 수 있으며 인쇄도 가능하다.

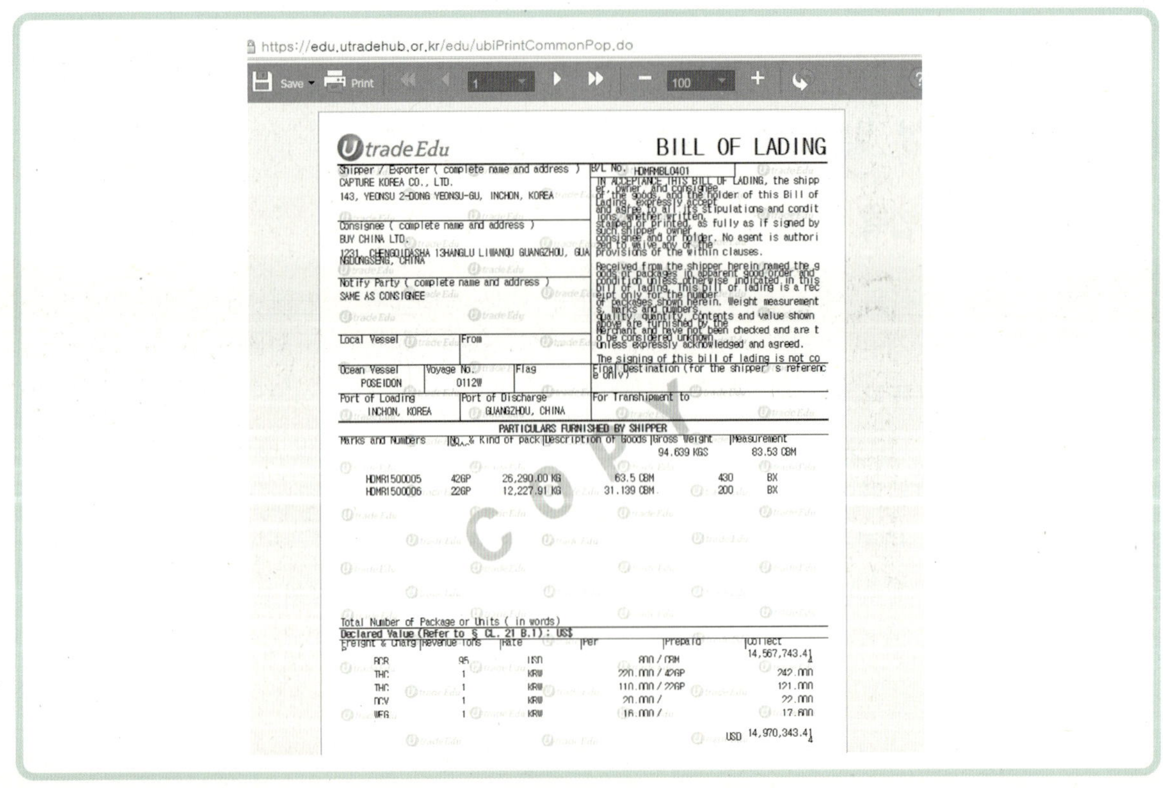
https://edu.utradehub.or.kr/edu/ubiPrintCommonPop.do

utradeEdu BILL OF LADING

Shipper / Exporter (complete name and address)
CAPTURE KOREA CO., LTD.
143, YEONSU 2-DONG YEONSU-GU, INCHON, KOREA

B/L No. HDMRMBL0401

IN ACCEPTANCE THIS BILL OF LADING, the shipper, owner, and consignee of the goods, and the holder of this Bill of Lading, expressly accept and agree to all its stipulations and conditions, whether written, stamped or printed, as fully as if signed by such shipper, owner, consignee and or holder. No agent is authorized to waive any of the provisions of the within clauses.

Received from the shipper herein named the goods or packages in apparent good order and condition unless otherwise indicated in this bill of lading. This bill of lading is a receipt only for the number of packages shown herein. Weight measurements, marks and numbers, quality, quantity, contents and value shown above are furnished by the Merchant and have not been checked and are to be considered unknown unless expressly acknowledged and agreed.

The signing of this bill of lading is not co

Consignee (complete name and address)
BUY CHINA LTD.
1231, CHENGQIDASHA 13HANGLU LIWANQU GUANGZHOU, GUANGDONGSENG, CHINA

Notify Party (complete name and address)
SAME AS CONSIGNEE

Local Vessel	From	

Ocean Vessel	Voyage No.	Flag	Final Destination (for the shipper's reference only)
POSEIDON	0112W		

Port of Loading	Port of Discharge	For Transhipment to
INCHON, KOREA	GUANGZHOU, CHINA	

PARTICULARS FURNISHED BY SHIPPER

Marks and Numbers	No. & Kind of pack	Description of Goods	Gross Weight	Measurement
			94.639 KGS	83.53 CBM
HDMR1500005	42GP	26,290.00 KG	63.5 CBM	430 BX
HDMR1500006	22GP	12,227.91 KG	31.139 CBM	200 BX

Total Number of Package or Units (in words)
Declared Value (Refer to § CL. 21 B.1) : US$

Freight & Charges	Revenue Tons	Rate	Per	Prepaid	Collect
BCR	95	USD	800 / CBM		14,567,743.41
THC	1	KRW	220.000 / 42GP		242.000
THC	1	KRW	110.000 / 22GP		121.000
DCV	1	KRW	20.000 /		22.000
WFG	1	KRW	16.000 /		17.600
				USD	14,970,343.41

2 교수자 관리기능

1) 수강진행 관리

강의를 진행하는 교수자는 개별 과정내 강좌의 진도 현황을 확인할 수 있다. 시험문제를 출제한 경우 SMS를 이용한 평가독려 및 진도관리를 할 수 있다.

강좌운영관리

수강진행관리
- 운영현황
- 온라인강좌진도
- 평가독려
- 평가관리

실습시스템 연계

수료관리

운영현황

2015년도 현재.(잔여신청자 : 신청 후 미확정자) | 각 기수별 인원수를 클릭하면 해당수강생 목록을 조회할 수 있습니다.

과정명	기수	수강일자	잔여신청자	수강생	수료생	수료율
eTrade_(기본1)수출무역_GTEP전자무역	01기	2015-10-01~2015-12-31	0명	167명	0명	-
소계			0명	167명	0명	-
eTrade_(기본2)수입무역_GTEP전자무역	01기	2015-10-01~2015-12-31	0명	167명	0명	-
소계			0명	167명	0명	-
eTrade특화형_국내물품구매업무_GTEP 전자무역	01기	2015-10-01~2015-12-31	0명	120명	0명	-
소계			0명	120명	0명	-
eTrade특화형_내륙운송선적업무_GTEP 전자무역	01기	2015-10-01~2015-12-31	0명	37명	0명	-
소계			0명	37명	0명	-
총계			0명	491명	0명	0

2) 실습시스템 관리

교수자는 해당 과정내 개별 차시에 대한 전체 학습자 실습상태 및 시스템평가 결과를 조회할 수 있고, 개별 학습자의 실습 내용도 확인하여 피드백 할 수 있다.

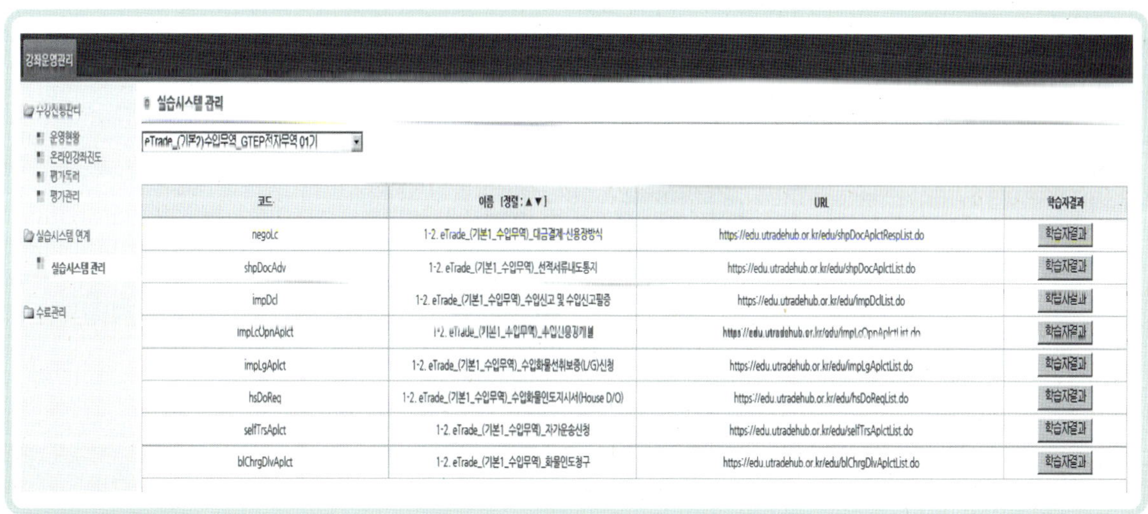

강좌운영관리

수강진행관리
- 운영현황
- 온라인강좌진도
- 평가독려
- 평가관리

실습시스템 연계
- 실습시스템 관리

수료관리

실습시스템 관리

eTrade_(기본2)수입무역_GTEP전자무역 01기

코드	이름 [정렬 : ▲▼]	URL	학습자결과
negoLc	1-2. eTrade_(기본1_수입무역)_대금결제-신용장방식	https://edu.utradehub.or.kr/edu/shpDocAplctRespList.do	학습자결과
shpDocAdv	1-2. eTrade_(기본1_수입무역)_선적서류내도통지	https://edu.utradehub.or.kr/edu/shpDocAplctList.do	학습자결과
impDcl	1-2. eTrade_(기본1_수입무역)_수입신고 및 수입신고필증	https://edu.utradehub.or.kr/edu/impDclList.do	학습자결과
impLcOpnAplct	1-2. eTrade_(기본1_수입무역)_수입신용장개설	https://edu.utradehub.or.kr/edu/impLcOpnAplctList.do	학습자결과
impLgAplct	1-2. eTrade_(기본1_수입무역)_수입화물선취보증(L/G)신청	https://edu.utradehub.or.kr/edu/impLgAplctList.do	학습자결과
hsDoReq	1-2. eTrade_(기본1_수입무역)_수입화물인도지시서(House D/O)	https://edu.utradehub.or.kr/edu/hsDoReqList.do	학습자결과
selfTrsAplct	1-2. eTrade_(기본1_수입무역)_자가운송신청	https://edu.utradehub.or.kr/edu/selfTrsAplctList.do	학습자결과
blChrgDlvAplct	1-2. eTrade_(기본1_수입무역)_화물인도청구	https://edu.utradehub.or.kr/edu/blChrgDlvAplctList.do	학습자결과

3) 수료관리

학생의 학습진도, 수강기한 준수여부, 실습결과 및 학습 참여도 등을 종합적으로 고려하여 시스템은 '성적 처리일'에 자동으로 수료확정 처리한다. 교수자는 자신의 판단으로 수료/미수료 여부를 관리할 수도 있다. 또한 수료증 인쇄는 '수료증관리' 메뉴에서 가능하다.

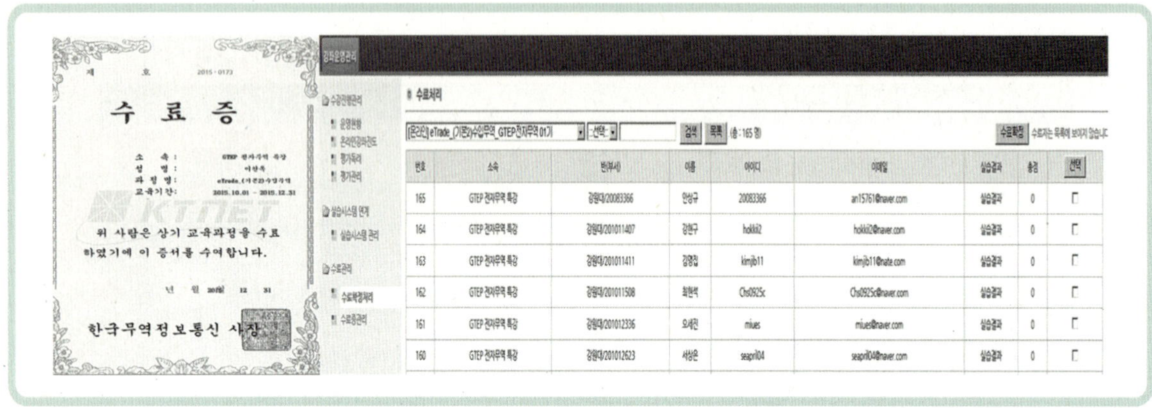

제3절 강좌 및 차시별 업무연관표

1 강좌특성

uTradeEdu는 '표준'부터 수강한 후 일괄실습이 가능한 '심화', 역할분담이 가능한 'R/P' 및 상세실습이 가능한 '집중' 과정의 순서로 실습할 것을 권장한다.

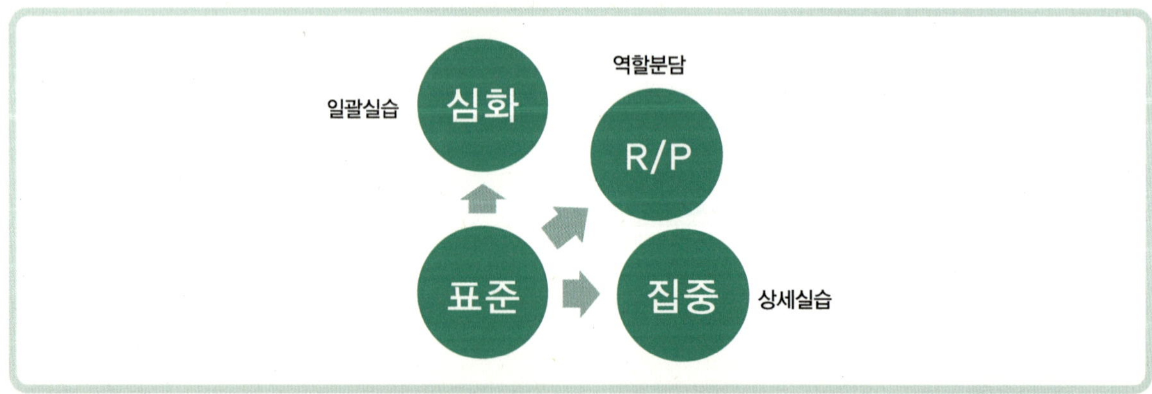

'심화'에서는 1인 학습자가 업무에 대한 여러 역할에 대해 다양한 지시문을 이용하여 일괄적으로 실습할 수 있어 실무 숙련도를 더 할 수 있다. 'R/P'에서는 복수의 학습자가 다양한 지시문을 이용하여 각자의 역할에 따른 실습을 할 수 있고 '집중' 과정에서는 e-Trade와 e-Logistics 전반에 걸친 상세업무를 실습해 볼 수 있다.

2 숙련도

uTradeEdu에서 제시하는 실습 숙련도는 3단계이다. e-Trade와 e-Logistics과목 어느 하나 중 개별 차시를 실습하는 단계에서 수출입 무역과 물류 개별 표준과정 및 R/P 과정을 수료하면 2단계이다. 나머지 심화와 집중과정을 모두 수료하면 3단계이며 각 과목별로 수준은 다를 수 있다.

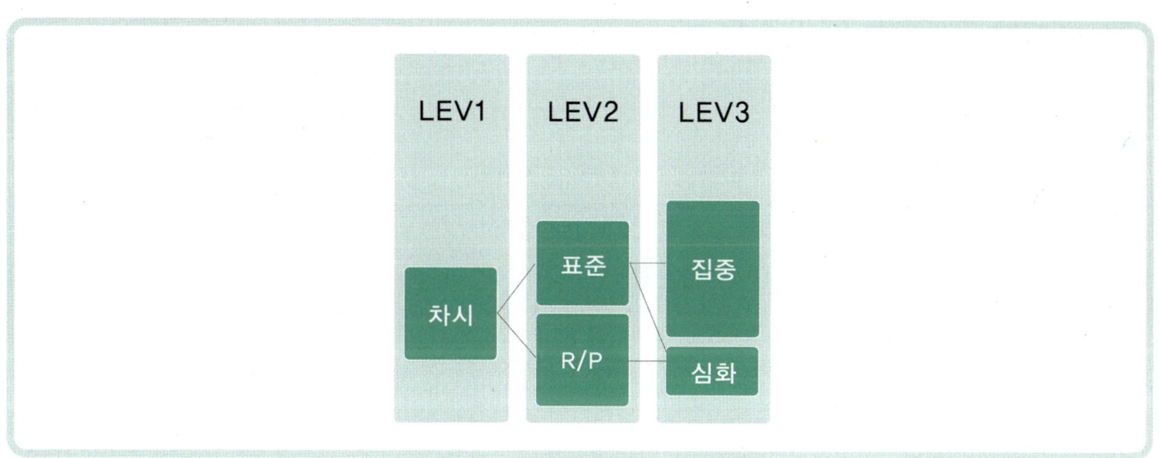

3 강좌별 업무주체(party) 연관표

현재 개설(예정)된 강좌는 약 20개이며 강좌별 수출자, 수입자, 포워더, 선사 등 실습의 주체별 업무 연관성은 [강좌별 Party 연관표]와 같이 요약할 수 있다.

강좌별 Party 연관표

NO.	Party	수출자	수입자	은행	포워더	선사	물류센터	내륙운송사	항만터미널	관련기관 (은행, 항만청, 세관 등)
1	표준 eTrade_수출	◎	◎		◎					은행, 공급자, 국세청, 상공회의소, 보험사
2	표준 eTrade_수입		◎	◎	◎					은행, 관세청, eBL Korea
3	집중 eTrade_무역서류업무	◎	◎							은행, 상공회의소, 보험사
4	집중 eTrade_국내물품 구매업무	◎								공급자, 은행
5	집중 eTrade_내륙운송 선적업무	◎			◎					보험사, 내륙운송사
6	집중 eTrade_무역대금 결제업무		◎	◎	◎					관세청
7	집중 eTrade_하역화물 인수업무		◎		◎					내륙운송사
8	심화 eTrade_국내물품 구매업무	◎								국내공급자, 은행
9	심화 eTrade_수출입	◎	◎	◎	◎					기본 수출, 수입관련기관 모두
10	R/P eTrade_국내물품 구매업무	◎								국내공급자, 은행
11	R/P eTrade_수출입	◎	◎	◎	◎					기본 eTrade_수출, 수입 관련기관 모두
12	표준 eLogistics_수출				◎	◎			◎	관세청, 내륙운송사, 항만청
13	표준 eLogistics_수입				◎	◎	◎	◎		항만청, 관세청, 은행
14	집중 eLogistics_포워더 업무				◎					선사, 관세청, 미세관, 내륙운송사, 은행
15	집중 eLogistics_선사업무					◎				포워더, 항만터미널, 항만청
16	집중 eLogistics_내륙 운송사업무							◎		포워더, 항만터미널, 관세청
17	집중 eLogistics_물류 센터업무						◎			운송사, 관세청
18	집중 eLogistics_항만 터미널업무								◎	운송사, 선사, 관세청, 항만청
19	심화 eLogistics_수출입				◎	◎	◎	◎	◎	기본 eLogistics_수출, 수입관련기관 모두
20	R/P eLogistics_수출입				◎	◎	◎	◎	◎	기본 eLogistics_수출, 수입관련기관 모두

4 차시별 업무연관표

현재 개설(예정)된 차시는 약 70여개이며 차시와 중분류 업무별 연관성은 [차시별 업무연관표]와 같이 요약할 수 있다.

▌차시별 업무연관표

No	강좌명 / UC명	표준		집중								Role-Playing		관련기관 (은행, 항만청, 세관 등)
		수출입 무역	수출입 물류	무역 서류	국내 물품 구매	내륙 운송 선적	대금 결제	하역 화물 인수	물류 서류	본선 양적하	B2G 신고	수출입 무역	수출입 물류	
1	오퍼 및 구매발주	◎		◎										
2	무역계약	◎		◎								◎		
3	수입신용장 개설	◎		◎			◎					◎		
4	수출신용장 통지	◎		◎										
5	국내발행물품 매도확약서				◎									◎
6	구매확인서 발급 신청	◎			◎							◎		
7	내국신용장 개설 신청 및 통보				◎									
8	물품수령 증명서				◎									◎
9	세금계산서	◎			◎									◎
10	판매대금 추심의뢰(로컬 L/C)				◎									
11	매입의뢰 도착통지 및 대금지급				◎									
12	상업송장/포장 명세서	◎		◎								◎		
13	원산지증명서 발급신청	◎		◎								◎		◎
14	선박스케줄 조회					◎								
15	부킹					◎								
16	해상적하보험청약	◎		◎		◎						◎		◎
17	운송지시					◎								
18	선적요청	◎				◎								
19	선하증권발행 사전확인(Draft B/L)	◎				◎			◎					
20	화물추적정보	◎				◎								
21	화물도착통지							◎						
22	수입신고 및 수입 신고필증	◎					◎	◎						◎

No	강좌명 / UC명	표준		집중								Role-Playing		관련기관 (은행, 항만청, 세관 등)
		수출입 무역	수출입 물류	무역 서류	국내 물품 구매	내륙 운송 선적	대금 결제	하역 화물 인수	물류 서류	본선 양적하	B2G 신고	수출입 무역	수출입 물류	
23	수입화물선취 보증(L/G)신청	◎						◎						
24	선적서류 내도통지	◎					◎					◎		
25	대금결제-신용장 방식	◎					◎					◎		
26	대금결제-추심방식						◎							
27	대금결제-송금방식						◎							
28	화물인도청구	◎						◎						
29	수입화물인도지 시서(House D/O)	◎						◎	◎			◎		
30	보세운송요청 동의신청							◎						
31	자가운송신청	◎												
32	수출입 부대비용 정산						◎							
33	선사 선박스케줄 조회		◎							◎				
34	선박스케줄 등록								◎					◎
35	포워더 부킹 등록					◎								◎
36	선사 부킹 요청					◎								
37	포워더 부킹 확정					◎								
38	포워더 선하증권 (House B/L) 등록		◎						◎				◎	◎
39	포워더 수출적하 목록신고		◎				◎				◎			◎
40	포워더 Master B/L 등록								◎					
41	선사 선적요청(S/R)		◎			◎							◎	
42	미세관 사전신고 (AMS)										◎			◎
43	혼재화물 운송의 뢰 및 지시					◎								
44	혼재화물 차량 배차					◎								
45	수출 화물 입고					◎								
46	수출 화물 출고					◎								
47	컨테이너적입 (Stuffing) 등록					◎								

No	강좌명 / UC명	표준		집중								Role-Playing		관련기관 (은행, 항만청, 세관 등)
		수출입 무역	수출입 물류	무역 서류	국내 물품 구매	내륙 운송 선적	대금 결제	하역 화물 인수	물류 서류	본선 양적하	B2G 신고	수출입 무역	수출입 물류	
48	컨테이너운송 차량 배차		◎			◎								
49	사전반출입 신고									◎				
50	터미널 반출입 등록		◎			◎				◎				
51	선적지시		◎							◎				
52	선사 수출적하 목록신고		◎								◎		◎	◎
53	본선양적하 계획		◎							◎				
54	본선양적하 작업		◎							◎				
55	본선양적하 결과통보		◎							◎				
56	적부도통지									◎				
57	출항신고		◎								◎		◎	◎
58	선사 선하증권 (Master B/L) 생성		◎						◎				◎	
59	포워더 수입적하 목록 신고		◎							◎	◎			◎
60	선사 수입적하 목록 신고		◎								◎			◎
61	입항신고		◎					◎			◎			◎
62	수입화물 선취 보증발행		◎					◎	◎				◎	◎
63	컨테이너 운송 의뢰 및 지시		◎			◎		◎						
64	수입화물인도지시서 (Master D/O) 발행		◎					◎	◎				◎	
65	보세운송신고		◎			◎					◎		◎	◎
66	반입예정 정보수신					◎					◎			◎
67	보세화물 반입신고		◎			◎					◎		◎	◎
68	보세화물 반출신고		◎			◎					◎			◎
69	물류비 정산						◎						◎	

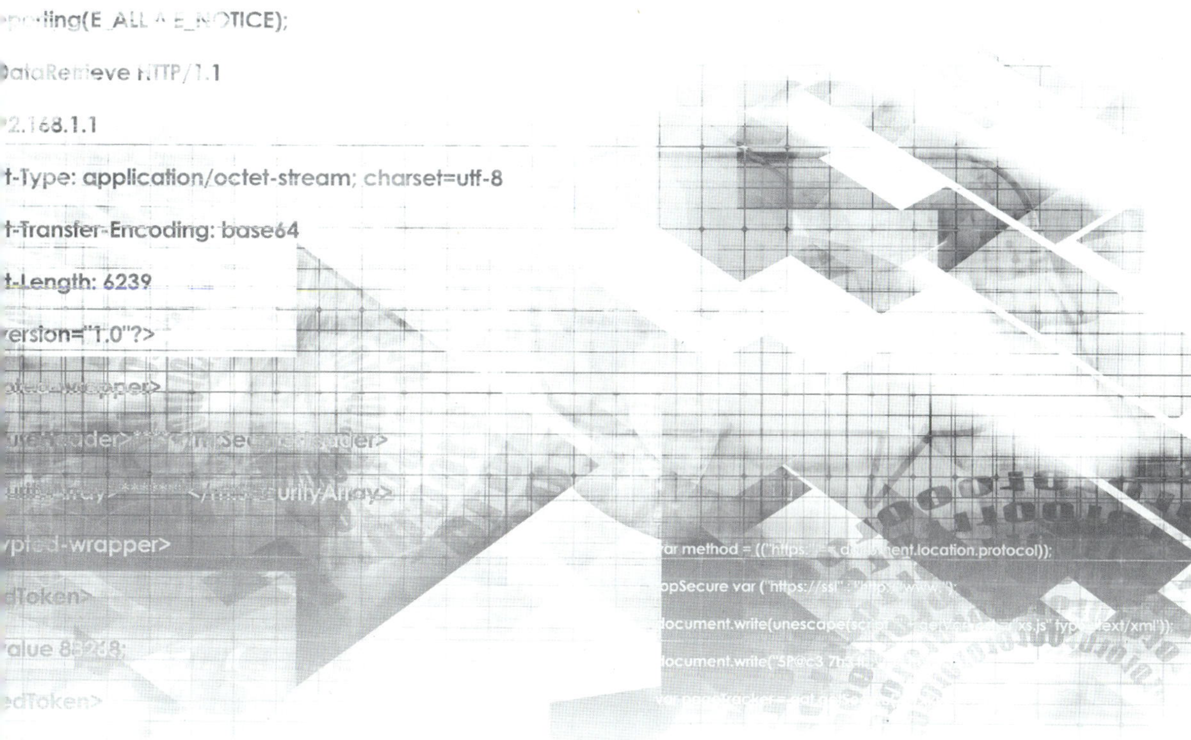

제2부

전자무역(e-Trade) 실습

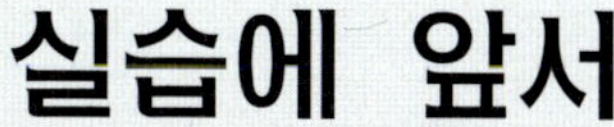

제3장

실습에 앞서

제1절 실습 개요

1 실습 범위

e-Trade 과목의 실습내용은 국가 전자무역 기반사업자인 KTNET이 개발구축하여 현업에 적용중이거나 제공 예정인 인프라서비스, 관련 B2B 업무솔루션 서비스 중 집필진이 발췌한 핵심업무로 한정한다. uTradeEdu 실습용으로 제공되는 차시는 [e-Trade 실습 차시별 업무흐름도]에 정리되어 있으므로 참고하도록 한다.[1]

2 실습 주안점

제2부 '전자무역(e-Trade) 실습'에서는 수출입 업체간 상거래를 중심으로 무역계약을 포함한 서류업무, 수출입 물품의 제조를 위한 국내물품 구매업무, 간략한 운송·선적과 하역화물 인수 및 대금결제업무와 같이 다양한 사례를 실습할 수 있다.

1) FTA, 관세환급, 전자상거래 등과 같이 추가 및 보강할 내용은 'uTradeEdu 고도화 사업'에서 반영중이고 실습서 형식으로도 후속 출판할 예정이다.

e-Trade 실습 차시별 업무 흐름도

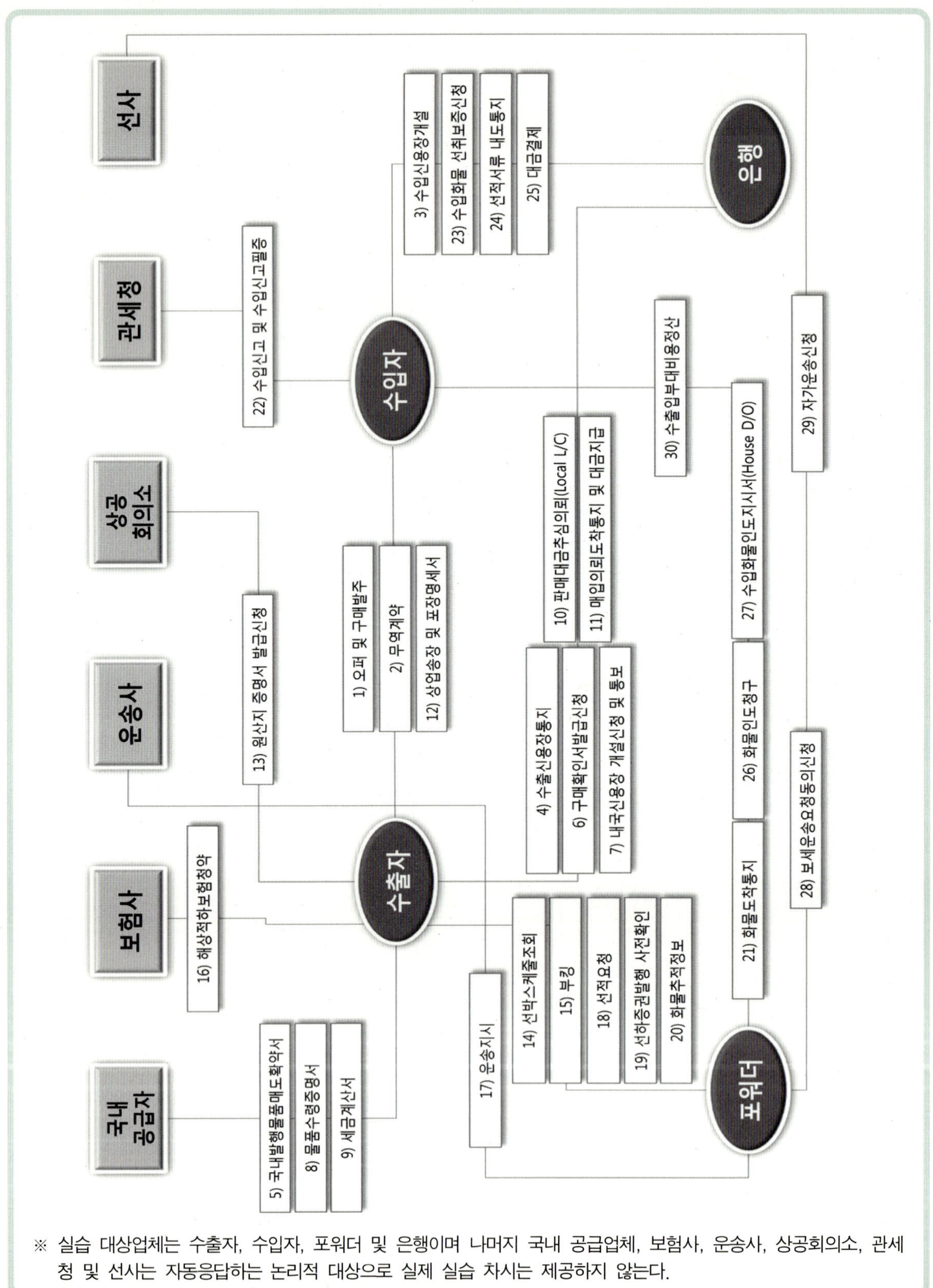

※ 실습 대상업체는 수출자, 수입자, 포워더 및 은행이며 나머지 국내 공급업체, 보험사, 운송사, 상공회의소, 관세청 및 선사는 자동응답하는 논리적 대상으로 실제 실습 차시는 제공하지 않는다.

3 실습주체

1) 실습주체

수출자, 수입자를 중심으로 당사자간, 수출입자와 포워더간, 수입자와 은행간 업무가 혼재되어 있다. 수출자는 오퍼·구매발주 및 무역계약에서부터 화물선적 후 대금회수까지, 수입자는 계약 후 신용장(Letter of Credit, 이하 "L/C") 개설부터 화물인수까지의 업무를 수행한다.

2) 관련자

해당 e-Trade 과목에서 국내 공급업자, 보험사, 운송사, 상공회의소, 관세청 및 선사는 실습할 수 없으나, 해당 차시 업무 수행시 상대가 되는 경우가 있다. 본 관련자들이 제공하는 사이트에 접속하여 테스트 ID를 발급받아 사용메뉴얼과 함께 시범 사용하는 방법을 권장한다.

제2절 e-Trade 실습차시

e-Trade 실습 전체 차시중 본서에서 실습 가능한 부문은 수출무역(표준), 수입무역(표준)과 국내 물품구매 강좌로 다음 표의 '실습' 항목을 참조한다. 또한 차시별 업무 흐름도의 순서와 차시별 업무 당사자는 uTradeEdu에서 설계된 바에 의거하여 서술한다.

No	차시		당사자		실습
1	오퍼 및 구매발주서 작성		수출자	수입자	◉
2	(수출)무역계약서 작성		수출자	수입자	◉
3	수입신용장 개설신청		수입자	은행	◉
4	수출신용장 통지		은행	수출자	◉
5	국내발행 물품매도확약서 작성	제3장 실습	수출자	국내공급자	◉
6	구매확인서 발급신청		수출자	은행	◉
7	내국신용장 개설신청		수출자	은행	◉
8	물품수령증명서 발급		국내구매자	국내공급자	◉
9	세금계산서		국내공급자	국내구매자	◉
10	판매대금 매입(추심)의뢰		국내공급자	은행	◉
11	매입의뢰도착통지 및 대금지급		은행	국내구매자	◉
12	상업송장/포장명세서 작성		수출자	수입자	◉
13	원산지증명서 발급신청		수출자	상공회의소	◉
14	선박스케줄조회		수출자	포워더	
15	부킹		수출자	포워더	
16	해상적하보험증권 발급신청		수출자	보험사	◉
17	운송지시		포워더	운송사	
18	(포워더)선적요청		수출자	포워더	◉
19	선하증권발행 사전확인(Draft B/L)		수출자	포워더	◉
20	화물추적(cargo tracking) 정보		수출자	포워더	◉
21	화물도착통지		포워더	수입자	
22	수입신고 및 수입신고필증		수입자	관세청	◉
23	수입화물선취보증신청		수입자	은행	◉
24	선적서류 내도통지		은행	수입자	◉
25	대금결제		수입자	은행	◉
26	화물인도청구		수입자	포워더	◉
27	수입화물인도지시서(House D/O)		포워더	수입자	◉
28	보세운송요청 동의신청		운송사	관세청	
29	자가운송신청		포워더	운송사	◉
30	수출입부대비용정산		포워더	수출자	

주의 차시 5 '국내발행 물품매도확약서'에서 차시 11 '매입의뢰 도착통지 및 대금지급'까지는 별도로 제3장 [국내 물품 구매업무]에서 실습한다.

※ 본 실습 차시의 선정과 업무순서는 본서 집필진이 선정하였음.

제4장

수출무역(표준)

제1절 오퍼 및 구매발주서 작성

1 사전지식

1) 청약(Offer)

청약은 청약자(offeror)가 피청약자(offeree)에게 물품의 가격·품질·수량·결제조건 등을 일정한 조건으로 계약을 체결하고 싶다는 취지의 의사표시(signification of intention)이다. 즉, 일정 내용의 계약을 성립시킬 목적으로 서면(writing) 또는 구두(by words of mouth)나 행위(acts)로 하는 법적 구속력을 가진 확정적 의사표시이다. 청약의 기재내용과 유의점은 Offer에 특별히 정해진 형식이나 방식이 있는 것이 아니고 거래대상 물품, 거래방식 등에 따라서 서로 다른 양식을 취하고 기재사항도 거래특성에 따라 다양하다는 점이다.[2)]

2) 승낙(Acceptance)

승낙은 청약에 대응해 계약을 성립시킬 목적으로 청약 수령자가 청약자에게 행하는 의사표시로 피청약자가 지정한 방법에 따른 청약조건에 대하여 구두나 행위로 청약의 내용이나 조건들을 수락하고 계약을 성립시키겠다는 동의를 표시하는 것을 말한다.[3)]

3) 무역계약 체결

(1) 체결방법

① 무역거래일반약정(general terms and conditions)을 체결하고

2) 출처: 한국무역협회 KITA.net
3) 출처: 한국무역협회 KITA.net

② 매도인 발행 Offer(청약)에 매수인이 Acceptance(승낙) 서명[혹은 매수인 발행 Order에 매도인이 Acknowledgement(확인) 서명]한 후 각기 1통 보관하고
③ 매도인의 확정오퍼에 대해 수락의 표시를 전신이나 서신으로 발송하며
④ 계약서를 2통 작성하여 서명 후 상대방에게 송부하고 상대방은 이를 검토 서명한 후 1통을 반송한다.[4)]

(2) 체결과정

무역계약의 체결과정은 해외시장조사(foreign market research) → 거래선 발굴 및 선정(prospective buyer) → 거래제의(circular letter ; business proposal) → 거래상품조회(trade inquiry) → 거래상품조회에 대한 회신(reply to an trade inquiry) → 신용조사(credit inquiry) → 청약(offer)이나 주문(order) → 승낙(acceptance)이나 확인(acknowledgement) → 매매계약의 체결(sales contract ; sales note, purchase note) 순으로 이루어진다.

유의할 사항은 Offer(or order)에 대한 Acceptance(or acknowledgement)가 이루어지면 계약은 성립된 것으로 간주되므로 불이행시에는 Claim이 제기될 수 있다.[5)]

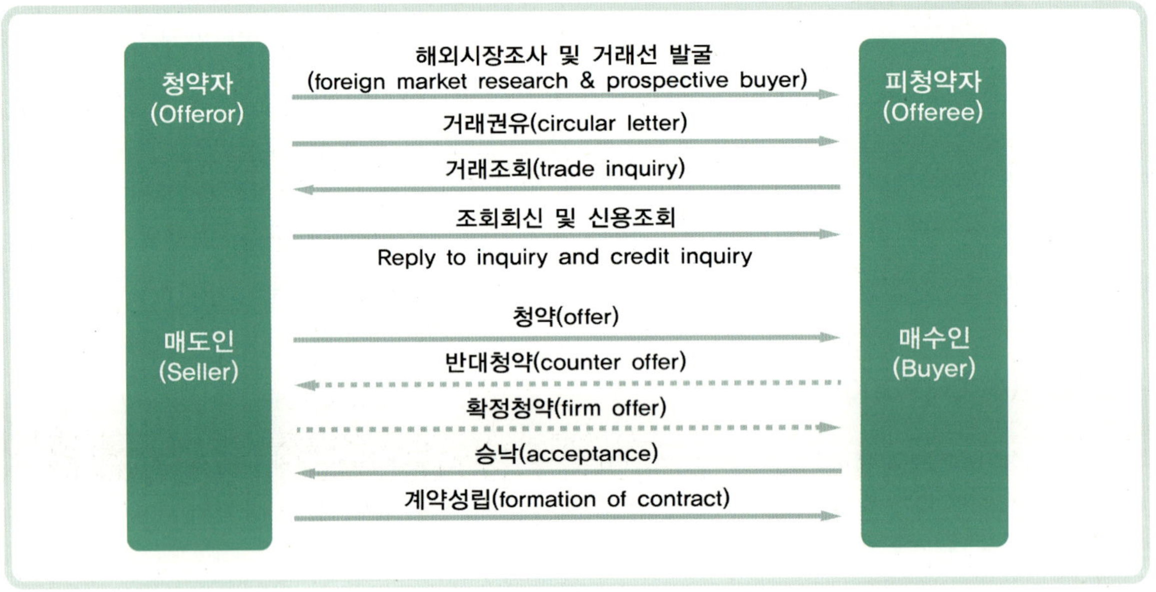

4) 출처: 한국무역협회 KITA.net
5) 출처: 한국무역협회 KITA.net

2 화면설명

1) Offer

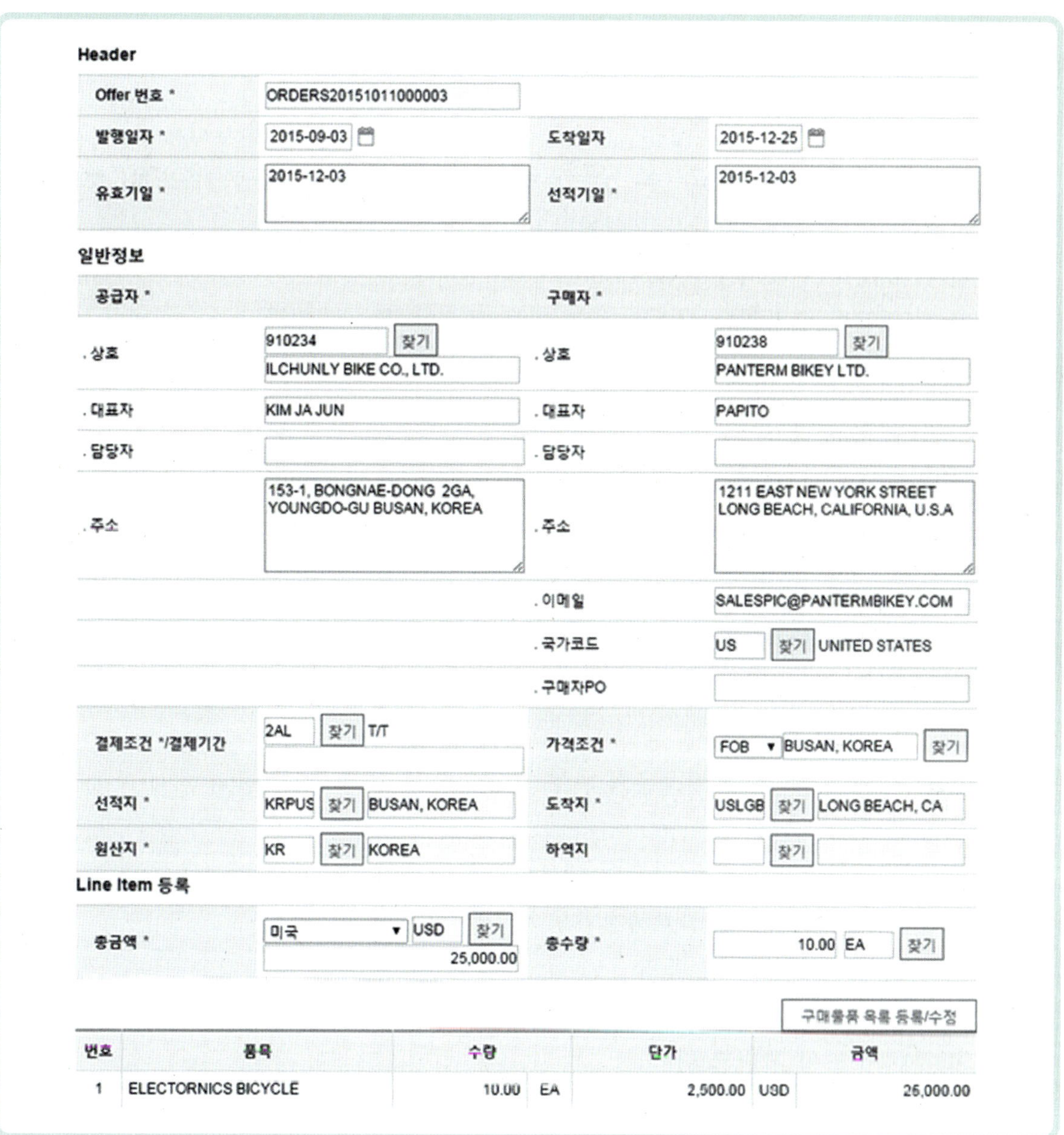

Header

Offer 번호 *	ORDERS20151011000003		
발행일자 *	2015-09-03	도착일자	2015-12-25
유효기일 *	2015-12-03	선적기일 *	2015-12-03

일반정보

공급자 *		구매자 *	
. 상호	910234 찾기 ILCHUNLY BIKE CO., LTD.	. 상호	910238 찾기 PANTERM BIKEY LTD.
. 대표자	KIM JA JUN	. 대표자	PAPITO
. 담당자		. 담당자	
. 주소	153-1, BONGNAE-DONG 2GA, YOUNGDO-GU BUSAN, KOREA	. 주소	1211 EAST NEW YORK STREET LONG BEACH, CALIFORNIA, U.S.A
		. 이메일	SALESPIC@PANTERMBIKEY.COM
		. 국가코드	US 찾기 UNITED STATES
		. 구매자PO	
결제조건 */결제기간	2AL 찾기 T/T	가격조건 *	FOB ▾ BUSAN, KOREA 찾기
선적지 *	KRPUS 찾기 BUSAN, KOREA	도착지 *	USLGB 찾기 LONG BEACH, CA
원산지 *	KR 찾기 KOREA	하역지	찾기

Line Item 등록

총금액 *	미국 ▾ USD 찾기 25,000.00	총수량 *	10.00 EA 찾기

구매물품 목록 등록/수정

번호	품목	수량		단가		금액
1	ELECTORNICS BICYCLE	10.00	EA	2,500.00	USD	25,000.00

[Header]

- Offer번호: Offer 일련번호
- 발행일자: Offer 발행일자
- 유효기일: Offer 유효기간

- 도착일자: 화물의 도착기한
- 선적기일: 선적 유효기간

[일반정보]

- 공급자: 공급자 상호, 대표자, 담당자 주소
- 구매자: 구매자 상호, 대표자, 담당자 주소
- 결제조건/결제기간: Sight L/C(일람출급신용장), Usance L/C(기한부신용장), T/T(송금; telegraphic transfer), D/A(추심; 인수인도조건), D/P(추심; 지급인도조건) 등
- 가격조건: FOB, CIF 내용 등(무역거래조건)
- 선적지: 화물이 선적되는 항(port of loading)
- 도착지: 화물이 도착하는 장소로 해당 화물 운송이 끝나는 지점(place of destination)
- 선적항: 화물이 선적되는 항(port of loading)
- 도착항: 화물이 양하되는 항(port of discharging)
- 원산지: Place of Origin

[Line item 등록]

- 총금액: 총금액 + 통화단위
- 총수량: 총수량 + Package 단위

[구매물품 목록 등록/수정]

- 번호: 아이템의 일련번호로 제품의 번호가 아니라 특정 아이템(화물의 개체)에 대해 부여되는 일련번호
- 제품코드: 사용자가 입력한 제품의 내부관리용 코드
- HS부호: 통일 상품명 및 부호체계
- 품명: 제품코드에 관련 된 품명
- 규격: 제품코드에 관련된 규격
- 단가: 제품코드에 관련된 단가
- 수량: Item의 수량
- 금액: 수량과 단가가 계산된 합계금액

3 업무 프로세스 흐름도

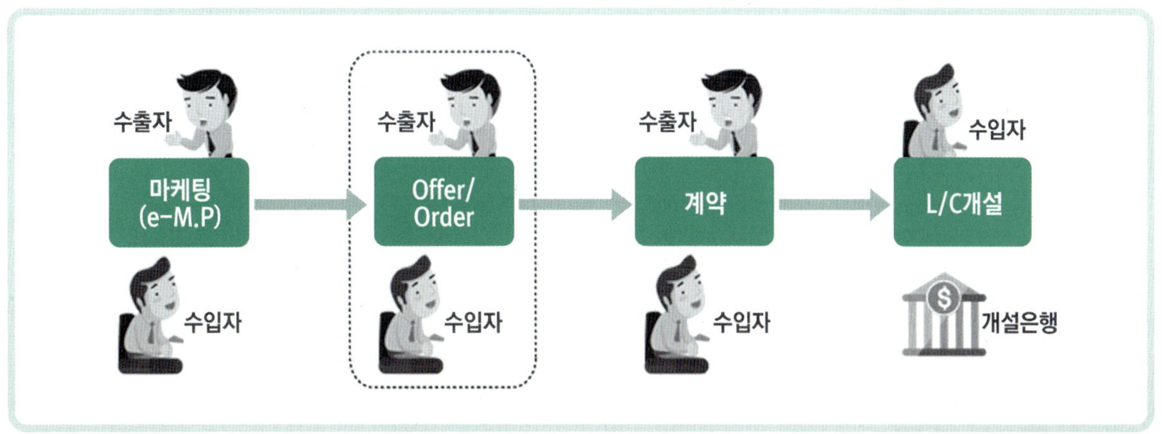

일반적으로 Offer 이전에는 수출입 마케팅과 수출입 당사자의 신용조사 업무 등이 있으며, 계약관련 문서 즉 Offer Sheet, Purchase Order, Pro-forma Invoice, Sales Contract, Purchase Contract 등은 모두 수출입거래의 증빙서류로 인정될 수 있으나, 당해 서류에는 반드시 수출입 당사자의 서명이 있어야 한다. 따라서 「ICC 표준 국제매매계약서」를 참고로 무역거래조건으로 합의된 내용을 빠짐없이 명시하여 작성하는 것이 바람직하다.

주의 본 업무 프로세스에서 표현한 L/C를 사용한 대금결제방식 외에 송금(T/T), 추심방식(D/A·D/P)도 자주 사용된다.

4 전자문서 흐름도

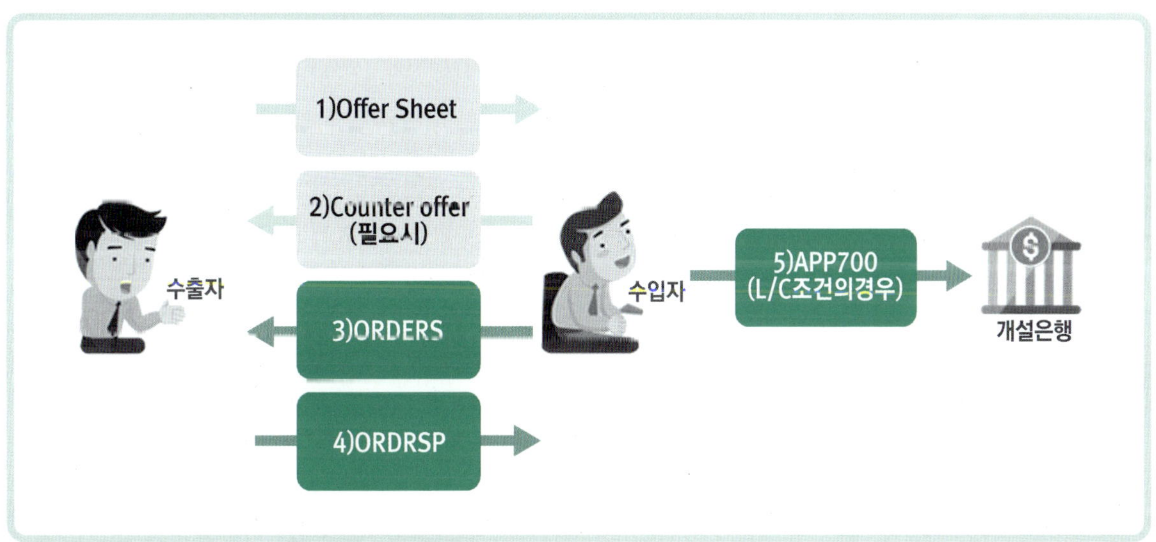

오퍼는 수출자가 수입자에게 보내는 Selling Offer나 수입자가 수출자에게 보내는 Buying Offer가 있다. 어느 한 상대방이 그 오퍼에 대해 제시가격에 이견이 있다든지 수량이나 기타 조건 변경을 원하는 경우 등 다른 요구를 제시할 경우를 Counter Offer(반대청약, 대응청약)라고 한다. 어느 한 상대방의 확정청약(firm offer)을 승낙(acceptance)하는 것은 계약을 하겠다는 동의표시이다. 이후 건 별로 주문(purchase order)이 이루어지며, 포괄적 주문을 위해서는 무역계약서를 체결하는 것이 일반적이다.

일반적으로 오퍼는 전자문서로 송수신되지 않고 메일이나 팩스로 처리된다. 주문에 관련된 전자문서는 주문서(ORDERS ; purchase order message[6])와 그에 대한 주문응답(ORDRSP ; purchase order response message)이 있다.

5 실습 지시문

한국의 "One International"은 미국의 "Craw Stone"으로 완제품 Laundry Soap를 수출하기 위한 주문과 청약(계약)을 체결하려고 한다. 이를 위해 다음 조건에 맞게 오퍼작성 실습을 해 보세요.

- 발 행 일: 2016-02-05
- 도착일자: 2016-02-28
- 유효기일: 2016-03-31
- 선적기일: 2016-02-20
- 공 급 자: 원 인터내셔널(ONE INTERNATIONAL)
- 구 매 자: 크로우스톤(CRAW STONE)
- 결제조건 유형: SIGHT L/C
- 가격조건 코드: CIF, 장소는 LONG BEACH, CA
- 선 적 지: 한국 / 선적항: 부산항을(KRPUS-BUSAN, KOREA) 이용
- 도 착 지: 미국 / 도착항: LONG BEACH, CA(USLGB-LONG BEACH, CA)
- 원 산 지: 한국 / 원산지명: KOREA
- 하 역 지: 미국으로 LONG BEACH, CA(USLGB)
- 수출할 제품: LAUNDRY SOAP을 USD 5.00/BOX의 단가로 수량 10,000 BOX 수출

6) 본 실습서에서 기술하는 EDI문서는 'UN/EDIFACT' EDI 문서명이나 '한국전자문서교환위원회(Korea EDIFACT Committee)' EDI 문서명이다. 일부 대금지급 관련하여 'SWIFT' 문서를 언급하기도 하나 북미표준인 'ANSI ASC X12'나 'EANCOM', 'RossettaNet'의 문서명은 언급하지 않았다.

6 샘플 및 출력서식

1) Offer Sheet

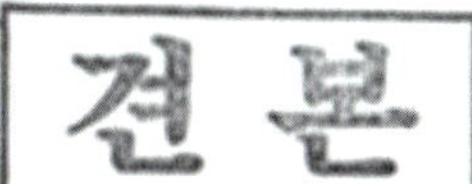

HONG CO., LTD

45, Namdaemun-Ro 4Ga, Jung-gu Seoul, 100-743 Korea

Tel:(82-2)316-3302/Fax:(82-2)316-3500

OFFER SHEET

MESSRS.
DIS TICARET LTD. STI
EBEKIZI SOK. ECE HAN NO. 31
KAT 5 80220 OSMANBEY ISTANBUL/TURKEY
TEL. (212)240779

NO : HKD 123
DATE : 20. MAY. 2002

Dear Sirs,

We are pleased to offer you the following goods subject to the terms and conditions described as follow ;

Payment	: By an irrevocable L/C, at sight to be established in our favor
Shipment	: Within 60 days after receipt of your L/C
Shipping port	: Busan, Korea
Destination	: Istanbul, Turkey
Packing	: Export Standard Carton Packing
Origin	: The Republic of Korea, Legalized Certificate of Origin will be provided
Validity	: Until our further notice
Remarks	: 1. Subject to our final confirmation
	2. Minimum Quantity : 20,000 Meters per one shipment

Item	Description		Quantity	Unit Price	Amount
HK-1	Ball Chain & Connector			CIF	
	- Brass, Raw	100BA	100 M	@$6.14	US$614.00
		101BA	100 M	@$8.17	US$817.00
		102BA	100 M	@$5.56	US$556.00
	- Brass, Chrome Plated	234CA	100PCS	@$7.05	US$705.00
		423CA	100PCS	@$3.21	US$321.00

Sworn before us that the foregoing to be true and correct.

Signed by

HONG CO., LTD

PRESIDENT HONG

제2절 (수출)무역계약서 작성

사전지식

1) 무역계약

무역계약은 국제물품매매계약이다. 본질적으로 유상계약(remunerative contract)이고 쌍무계약(bilateral obligation contract)이며 낙성계약(consensual contract)으로 이루어진다는 점에서는 국내 매매계약과 동일하나 국제 상관습이 적용되고 격지자간의 거래계약이며 국가별 무역관리에 수반되는 내용상 절차상의 제약이 가해지는 점에서 국내 매매계약과 구별된다.

무역거래시에는 최초 거래시 또는 매건 별로 장래 여러 가지 거래를 전개하기 위한 포괄적 준칙으로서 General Terms and Conditions를 약정한다. 매건 별로는 수출자의 청약(offer)에 대한 수입자의 승낙(acceptance)에 의하거나 수입자의 주문(order, purchase order: P/O)에 대한 수출자의 주문수락(acknowledgement)에 의해 무역계약이 체결된다.[7)]

2) 명시조건(express terms)

계약서에 명시되어 있는 조건으로 거래의 기본이 되는 품질(quality), 수량(quantity), 가격(price), 선적(shipment), 대금지급(payment), 포장(packing), 보험(insurance) 등의 조건과 불가항력조항(force majeure clause), 중재조항(arbitration clause), 준거법(governing laws) 조항 및 기타 조항 등이 있다. 명시조건 중 품질, 수량, 가격, 선적 등의 기본적 조건은 거의 매 거래시마다 Offer와 Acceptance를 통하여 확정되는 반면 불가항력이나 중재조항 등은 거의 모든 거래에 공통적인 조항으로 매 거래시마다 변동될 필요가 없는 조항이다.

범 주	구체적인 계약사항	
기본사항	• 당자사(Principal) • 계약 확정문언	• 계약 체결일 • 계약의 유효기간(Validity)
상품자체사항	• 품질조건(Terms of Quality) • 가격조건(Terms of Price)	• 수량조건(Terms of Quantity) • 포장조건(Terms of Packing)
계약이행사항	• 선적조건(Terms of Shipment) • 보험조건(Terms of Insurance)	• 결제조건(Terms of Payment)
계약 불이행사항	• 불가항력조건(Force Majeure) • 중재조항(Arbitration Clause)	• 클레임조건(Claim Clause)
정형거래조건 등	• 정형거래조건(Trade Terms)	• 준거법(Governing Laws)

7) 출처: 한국무역협회 KITA.net

3) 묵시조건(implied terms)

국제물품매매계약서를 작성할 때 계약당사자가 아무리 치밀하다고 하여도 계약이행에 예상되는 문제를 모두 다 명시하는 것은 상당히 어렵다고 볼 수 있다.

따라서 매매계약서나 일반거래조건협정서에 명시되지 않는 조건은 대부분 무역거래관습(trade customs)에 따른다. 무역관습은 당해 무역거래에서 확립된 관습으로 당사자들에게 널리 알려져 있고 통상적으로 준수되고 있는 관행으로 거래관습 중 대표적인 매매관습은 정형거래조건(trade terms)이다. 각 조건은 물품의 인도에 따른 당사자의 의무에 관한 내용이 내포되어 있기 때문에 이를 묵시조건(implied terms)이라고 한다.

2 화면설명

1) 수출계약서 등록

Header

계약번호 *	SORDER20150817000053	계약일 *	2015-02-07
거래처 PO번호		유효기일 *	2015-03-31

일반정보

영업담당 *	이수출 차장	입력담당	오해영 인턴
거래처 * 찾기		국가코드 *	US 찾기 UNITED STATES
. 상호	CRAW STONE	가격조건	CIF ▼ 찾기
. 주소	54550, DETRIOT, MICHIGAN USA	수주유형	직수출 ▼
. 담당자		분할선적	○ Allowed ◉ Not Allowed
. E-Mail	POLESYMON@CRAWSTONE.CC	환적	○ Allowed ◉ Not Allowed
선적기일 *	2015-02-20	원산지 *	KOREA 찾기
선적지	KRPUS 찾기 BUSAN, KOREA	도착지	USLGB 찾기 LONG BEACH, CA
결제조건유형 *	AT SIGHT L/C ▼	결제금액 *	미국 ▼ USD 찾기 50,000.00
기간		결제조건기타	▼
Inspection	MAKER'S TO BE FINAL		
Packing			
비고			

Line Item 등록

총수량	10,000.00 BOX	총금액(외화)	USD 50,000.00

LINE ITEM 등록/수정

번호	품목	수량		단가		금액
1	LAUNDRY SOAP	10,000.00	BOX	5.00	USD	50,000.00

[Header]

- 계약번호: 수출계약서의 번호
- 계약일: 수출계약일자
- 거래처 참조번호: 수입자가 발행한 주문발주서(purchase order no.)
- 유효기일: 계약체결의 유효기일(청약의 유효기일)

[일반정보]

- 영업담당: 실무 담당자
- 거래처: 수입자(buyer)의 영문정보 입력(상호, 주소 등)
- 국가코드: 수입자 국가 코드
- 분할선적: 허용여부
- 환적: 허용여부
- 선적기일: 선적 예상일자로 기간 내 선적되어야 함
- 원산지: 물품의 원산지, 원산지 표시는 원산지 분류기준에 따라 정확히 기재하되, 특히 1차산품의 Offer에서는 원산지의 표시가 매우 중요하다. 최근 FTA협약 체결국가간의 거래일수록 원산지증명서(C/O)는 매우 정확히 하여야 하고 그 중요성이 증가되고 있다.
- 선적지: 화물의 선적작업이 일어나는 곳
- 도착지: 화물이 도착되는 곳
- 결제조건: Sight L/C(일람출급신용장), Usance L/C(기한부신용장), T/T(송금; telegraphic transfer), D/A(추심; 인수인도조건), D/P(추심; 지급인도조건) 등 표현방법으로는 다음과 같다.
  - L/C방식일 경우 : By an irrevocable at sight L/C to be issued in our favor(in favor of ~ company name & address)
  - 추심결제방식일 경우 : By at 30 days D/A after B/L date(sight), Documents should be sent to ~ Bank(거래은행명) 등으로 표시한다.
- 결제금액: 결제 해당 통화와 총금액
- 기간: 결제가 이뤄져야 하는 기한
- 결제조건 기타: 예를 들어 Inspection은 수출물품의 검사에 관한 계약내용으로 표현방법은 "Maker's inspection to be final", "Inspection performed under the export regulation of Korea is final in respect of quality and/or conditions of the contracted goods"이고 Packing은 수출물품의 포장에 관한 계약내용으로 상품의 종류에 따라 각각 신중을 기하여야 하지만 통상 "Standard Export Packing", "Export Standard Packing"이라는 표현으로 입력한다.

2) Line Item 등록[8]

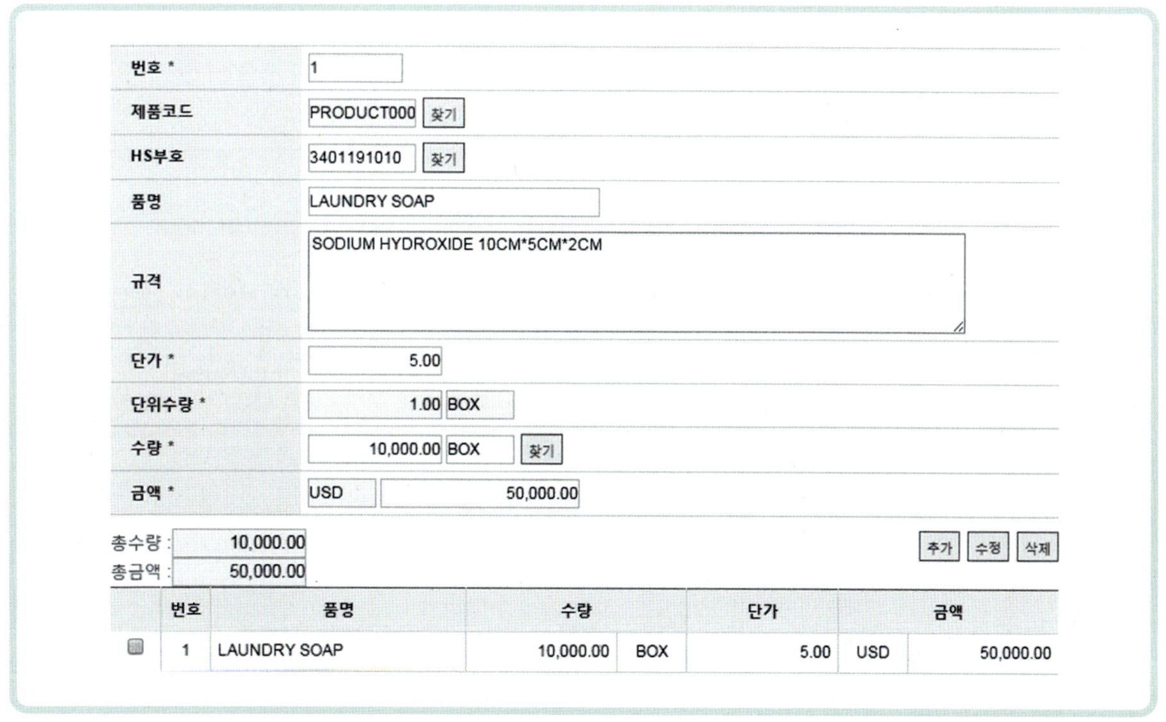

번호 *	1
제품코드	PRODUCT000 찾기
HS부호	3401191010 찾기
품명	LAUNDRY SOAP
규격	SODIUM HYDROXIDE 10CM*5CM*2CM
단가 *	5.00
단위수량 *	1.00 BOX
수량 *	10,000.00 BOX 찾기
금액 *	USD 50,000.00

총수량 : 10,000.00
총금액 : 50,000.00

추가 수정 삭제

	번호	품명	수량		단가	금액	
☐	1	LAUNDRY SOAP	10,000.00	BOX	5.00	USD	50,000.00

- 번호: 라인 아이템의 일련번호로 제품의 번호가 아니라 특정 아이템(화물의 개체)에 대해 부여되는 일련번호
- 제품코드: 사용자가 입력한 제품의 내부 관리용 코드
- HS부호: 통일 상품명 및 부호체계
- 품명: 제품코드에 관련 된 품명
- 규격: 제품코드에 관련된 규격
- 단가: 제품코드에 관련된 단가
- 수량: 개별 Itom의 수량
- 금액: 수량과 단가가 계산된 합계금액

8) Line Item은 업무용어라기 보다는 시스템적 용어로, 하나의 컨테이너 내 개별 포장(package) 단위로 적재되는 화물(item)을 말한다. '(수출)무역계약서 작성' 차시에서의 Line Item 등록은 계약서에 기재되는 대표화물을 입력하는 행위를 의미한다.

3) 신용장/무신용장 정보[9]

Header

신용장번호 ▼ *	PCNTRT20150817000020	개설일 *	2015-08-17
수출계약 정보 *		유효기일 *	

일반정보

거래처 찾기 *		국가코드 *	US 찾기 UNITED STATES
. 상호	CRAW STONE	가격조건	CIF ▼ LONG BEACH, CA 찾기
. 주소	54550, DETRIOT, MICHIGAN USA	분할선적	ALLowed / Not ALLowed (선택)
. 담당자	BILL JHON	환적	ALLowed / Not ALLowed (선택)
. E-MAIL	POLESYMON@CRAWSTONE.COM		
수하인 찾기		통지처 찾기	
. 상호	CRAW STONE	. 상호	
. 주소	54550, DETRIOT, MICHIGAN USA	. 주소	
선적기일 *	2015-02-20	원산지 *	
선적지 찾기	. 코드 KRPUS . 도시/지역명 BUSAN, KOREA	도착지 찾기	. 코드 USLGB . 도시/지역명 LONG BEACH, CA
결제조건유형 *	AT SIGHT L/C ▼	결제금액 *	
기간		결제조건기타	▼
필요서류	☑ 상업송장 원본 3 부 ☑ 포장명세서 원본 3 부 ☐ 적하보험 원본 부/사본 부 ☐ 환어음 원본 부		☐ 상업송장증명 원본 부/사본 부 ☑ B/L 원본 3 부/사본 1 부 ☐ 원산지증명 원본 부/사본 부 ☐ 수익자증명서 원본 부
비고			

[Header]

- 신용장/무신용장번호: L/C인 경우 신용장 No., 무신용장인 경우 계약서 No. 등 부여된 번호

9) 시스템에서 무역업무처리의 키값이 되는 L/C정보가 있으면 '신용장정보'를 불러서 처리한다. 만약 L/C가 없고 추심이나 송금방식으로 처리되야 한다면 시스템은 L/C정보 대신 '계약서정보'를 기준으로 처리하는데 이를 '무신용장정보'라고 표현한다.

- 개설일: L/C를 개설한 날짜
- 수출계약 정보: 수출계약한 정보 선택
- 유효기일: 계약서 유효 기일 선택
- 거래처: 상호, 주소, 담당자 및 이메일 정보
- 가격조건: INCOTERMS
- 수하인: Consignee 상호, 주소
- 통지처: Notify
- 선적기일: 물건을 선적하기로 한 날짜
- 원산지: Place of Origin(물품의 산지)
- 선적지: 화물이 선적되는 항
- 도착지: 화물이 도착하는 장소로 해당화물 운송이 끝나는 지점
- 필요서류: 첨부되어야 할 선적서류

주의 신용장·무신용장 정보는 L/C를 이용한 대금결제 방식의 경우 등록하는 무역계약서와 해당 L/C정보를 연결하는 작업이며, 무신용장 즉 송금이나 추심방식의 경우 계약서 No.만 존재한다.

3 업무 프로세스 흐름도

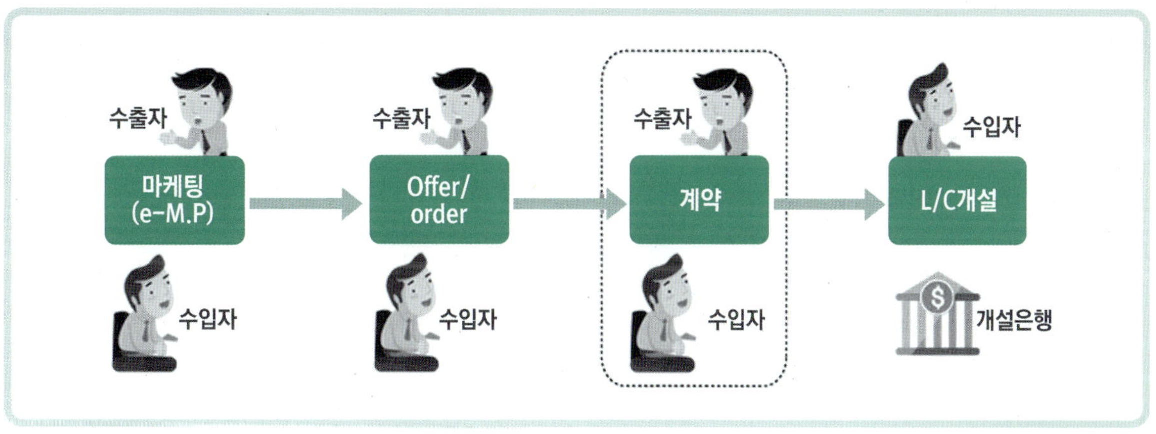

무역계약은 국제간 매매계약(contract of sale of goods)으로써 매도인(seller)이 매수인(buyer)에게 계약상품의 소유권(property in goods)을 양도하여 상품을 인도할 것을 약속하고 매수인(buyer)은 이를 수령하고 그 대금을 지급할 것을 약정하는 국제물품매매계약(contract for international sale of goods)이다. 본 계약의 당사자는 계약이행에 대한 권리와 의무를 동시에 가지며 어느 일방의 계약사항 불이행시에는 상대방에게 그에 따른 손해배상을 하여야 한다.

4 전자문서 흐름도

실제로 계약 전반에 대한 사항을 입력하여 작성하는 것은 계약업무의 특성상 전자적 처리가 용이하지 않다. CONTRA라는 문서가 있기는 하나 국내에서는 거의 사용되지 않는 것으로 추정된다.

5 실습 지시문

한국의 "ONE INTERNATIONAL"은 미국의 "CRAW STONE"사가 제품 "LAUNDRY SOAP"에 대한 구매의사를 확인하고 해당 건에 대한 수출계약서를 작성하려고 한다. 다음 조건에 맞게 실습을 해 보세요.

- 계약일: 2016-02-07
- 유효기일: 2016-03-31
- 영업담당자: 이수출 차장
- 입력담당자: 오해영 인턴
- 거래처: 크로우스톤(CRAW STONE)사
- 가격조건: CIF, LONG BEACH, CA
- 수주유형: 직수출.
- 분할선적 및 환적: 금지
- 선적기일: 2016-02-20
- 원산지: 대한민국(KOREA)
- 선적지 국가: 대한민국 / 선적지 도시/지역명: 부산항(BUSAN)
- 도착지 국가: 미국 / 도착지 도시/지역명: LONG BEACH, CA., USA
- 결제조건 유형: SIGHT L/C
- 결제금액: USD50,000
- 물품검사: 수출자가 한다(MAKER'S TO BE FINAL)
- 수출할 제품: LAUNDRY SOAP을 USD5.00/BOX의 단가로 수량 10,000 BOX 수출

주의 본 계약 실습은 이미 오프라인으로 계약서가 작성되었다 가정하고 시스템에 등록하는 작업이다. 따라서 해당 계약서의 핵심정보, 예를 들어 계약서 No., 계약일, 계약유효기일, 거래처정보 등을 입력한 계약에 대한 일종의 요약서를 작성한다.

6 샘플 및 출력서식

1) 수출계약서

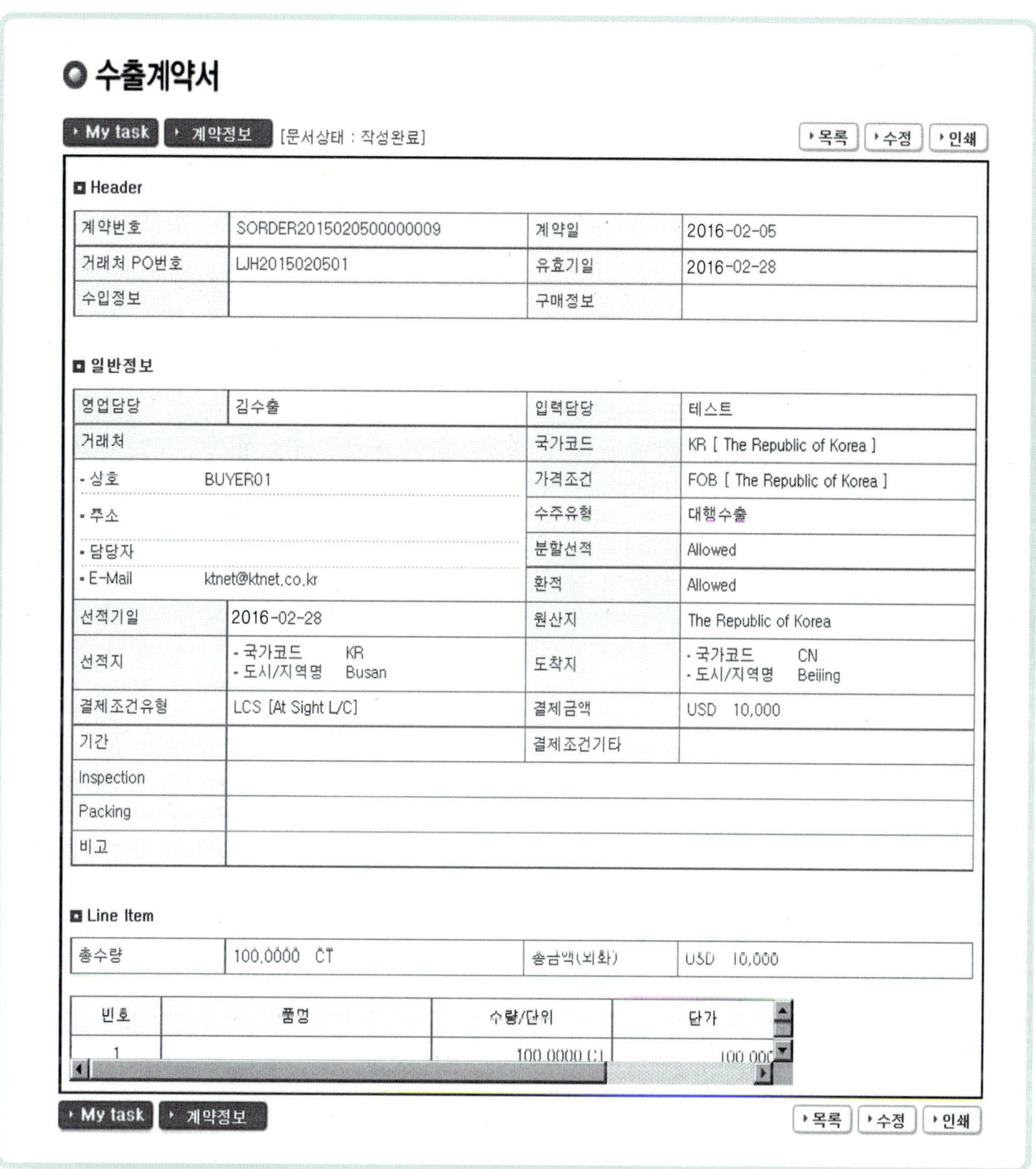

수출계약서

My task | 계약정보 [문서상태 : 작성완료] | 목록 | 수정 | 인쇄

Header

계약번호	SORDER2015020500000009	계약일	2016-02-05
거래처 PO번호	LJH2015020501	유효기일	2016-02-28
수입정보		구매정보	

일반정보

영업담당	김수출	입력담당	테스트
거래처		국가코드	KR [The Republic of Korea]
- 상호	BUYER01	가격조건	FOB [The Republic of Korea]
- 주소		수주유형	대행수출
- 담당자		분할선적	Allowed
- E-Mail	ktnet@ktnet.co.kr	환적	Allowed
선적기일	2016-02-28	원산지	The Republic of Korea
선적지	- 국가코드 KR - 도시/지역명 Busan	도착지	- 국가코드 CN - 도시/지역명 Beijing
결제조건유형	LCS [At Sight L/C]	결제금액	USD 10,000
기간		결제조건기타	
Inspection			
Packing			
비고			

Line Item

총수량	100.0000 CT	총금액(외화)	USD 10,000

번호	품명	수량/단위	단가
1		100.0000 C	100.000

My task | 계약정보 | 목록 | 수정 | 인쇄

2) ICC표준계약서 일부

ICC MODEL INTERNATIONAL SALE CONTRACT
(Manufactured Goods Intended for Resale)
[ICC 표준국제매매계약서(전매목적의 제조물)]

A. SPECIFIC CONDITIONS [A. 특정조건(Specific Conditions)]

These specific Conditions have been prepared in order to permit the parties to agree the particular terms of their sale contract by completing the spaces left open or choosing(as the case may be) between the alternatives provided in this document. Obviously this does not prevent the parties from agreeing other terms or further details in box A16 or in one or more annexes.

[이 특정조건은 당사자들 본 계약에 규정된 항목들 중에 공란을 완성하거나 또는 (경우에 따라) 선택지를 선택하는 방법으로 그들 매매계약상의 개별적인 조건을 합의할 수 있도록 준비되어 있다. 이에도 당사자들은 기타의 조건 또는 제 A16 공란 또는 하나 이상의 첨부로 더 많은 세부사항을 합의하는 것을 방해받지 아니한다.]

Seller	Contract Person	Buyer	Contract Person
name and address	name and address	name and address	name and address
______________	______________	______________	______________
______________	______________	______________	______________

The present contract of sale will be governed by these Specific Conditions (to the extent that the relevant boxes have been completed) and by the ICC General Conditions of Sale (Manufactured Goods Intended for Resale) which constitute part B of this document.

[본 매매계약은 (관련 공란을 완성하는 범위 내에서) 이 특별조건 및 이 서식의 제 B편을 구성하는 국제상업회의소 매매일반조건(전매목적의 제조물)의 적용을 받는다.

Seller	Buyer
signature	signature
______________________________	______________________________
place __________ date __________	place __________ date __________

A1 Goods Sold [A1 매매물품]

description of the goods [물품의 내역]

____

____

If there is insufficient space parties may use an annex.
[여백이 부족할 경우에는 당사자들은 첨부를 사용할 수 있다.]

A2 Contract Price (Art. 4) [A2 계약가격(제4조)]

currency: ____________________

amount in numbers: ____________ [숫자금액]
amount in letters: ____________ [문자표시금액]

A3 Delivery Terms [A3 인도조건]

Recommended terms (according to Incoterms 2010) [추천조건(Incoterms 2010에 따름)]

☐ EXW Ex Works named place of delivery : ____________

☐ FCA Free Carrier named place of delivery : ____________

☐ CPT Carriage Paid To named place of destination : ____________

☐ CIP Carriage and Insurance Paid To named place of destination : ____________

☐ DAT Delivered At Terminal named terminal at port or place of destination : ____________

☐ DAP Delivered At Place named place of destination : ____________

☐ DDP Delivered Duty Paid named place of destination : ____________

Other terms (according to Incoterms 2010) : [기타 조건(Incoterms 2010에 따름)]

☐ FAS Free Alongside Ship named port of shipment : ____________

☐ FOB Free On Board named port of shipment : ____________

☐ CFR Cost and Freight named port of destination : ____________

☐ CIF Cost, Insurance and Freight named port of destination : ____________

제3절 상업송장/포장명세서 작성

1 사전지식

1) 상업송장(Commercial Invoice)

상업송장(이하 "C/I")이란 환어음(bill of exchange, draft)처럼 수출업자가 직접 작성하는 서류로 선하증권(B/L)이나 보험증권(I/P)과 같이 구체적인 권리를 나타내는 것은 아니지만, 상품의 출하안내서 및 가격계산서로서의 역할을 한다.

L/C 거래에는 필수 구비서류로 취급되며, L/C 관련 기본서류 중 상품의 명칭 및 규격과 단가, 금액 등이 동일한 서식에 함께 표기되는 경우는 C/I 한 가지밖에 없다.

C/I의 용도는 첫째, 상품 명세서 및 선적 안내서 둘째, 선하증권(B/L) 및 보험증권(I/P)이 계약과 일치되었음을 증명하는 서류의 역할 셋째, 매매계약서 및 대금청구서의 역할 넷째, 수입통관시 세관신고의 증빙자료 및 과세자료의 역할 등이다.

C/I에는 ① 거래물품의 주요 사항인 계약상품의 정확한 규격 및 개수, 포장상태 및 화인 등이 상세하게 표시된다. ② 지정목적항 운임보험료포함인도조건(Cost, Insurance and Freight, 이하 "CIF")과 지정목적항 운임포함인도조건(Cost and Freight, 이하 "CFR") 계약의 경우 선하증권(B/L) 등이 계약과 일치되었음을 증명하는 등 계약의 존재와 이행사실을 입증하는 증거가 된다. ③ 계약상품의 순단가, 부대비용, 할인료, 지불방식, 지불시기 등을 명기한 매매계산서 및 대금청구서로서의 역할로 C/I상의 발행금액은 환어음(draft)의 발행금액과 일치하여야 한다. ④ 화환어음의 담보물권이 되는 서류에는 이들 담보물의 명세서나 계산서의 역할을 하는 C/I가 포함된다. ⑤ 수입지에서 화물수취안내서와 수입물품의 진실성과 정확성을 입증하기 위한 과세표준액 산정에 가장 중요한 자료가 된다. 수입통관시 수입업자에게 불이익이 없도록 정확히 작성되어야 한다.[10)]

2) 포장명세서(Packing List)

포장명세서(이하 "P/L")는 포장 속에 들어있는 상품의 목록을 기술한 서류이며 각 화물마다 포장되어 있는 내용물의 명세로서, C/I의 기재내용을 보완하기 위하여 수출업자가 수입업자 앞으로 작성하는 서류이다.

P/L의 발행목적은 첫째, 선적화물의 포장 및 포장단위별 순중량(net weight), 총중량(gross weight) 그리고 화인 및 포장의 일련번호 등을 기재함으로써 포장과 운송, 통관상의 편의를

10) 출처: 한국무역협회 KITA.net

위해서 사용된다. 둘째, 각종의 포장물품이 혼합되어 있거나 또는 하나의 컨테이너에 각개 품목이 혼합되어 있어 상품의 외포장(outer packing)과 내포장(inner packing)을 구체적으로 명기하고자 할 경우 이를 명백히 구분하기 위하여 사용된다.

P/L의 용도와 활용은 다음과 같다. ① 수출입 통관절차 심사자료로 활용되고 양륙지에서는 화물의 처리(분류 및 판매) 정보로 사용한다. ② 검수 또는 검량업자가 실제 화물과 대조시 참조자료로 사용한다. ③ 개별화물의 사고발생분에 대한 확인자료로서 사용한다. ④ 중량 외에 각각의 용량이 표시되어 있으므로 선박회사가 운송계약을 체결할 때 일차적인 기준자료로 사용한다.[11)]

3) 선적서류 종류

(1) 기본서류: 상업송장(commercial invoice), 보험서류(insurance documents), 운송서류(transport documents)

(2) 보충서류: 포장명세서(packing list), 검사증명서(inspection certificate), 원산지증명서(certificate of origin), 중량/용적증명서(certificate of weight/measurement), 영사송장(consular invoice), 세관용 송장(customs invoice) 등

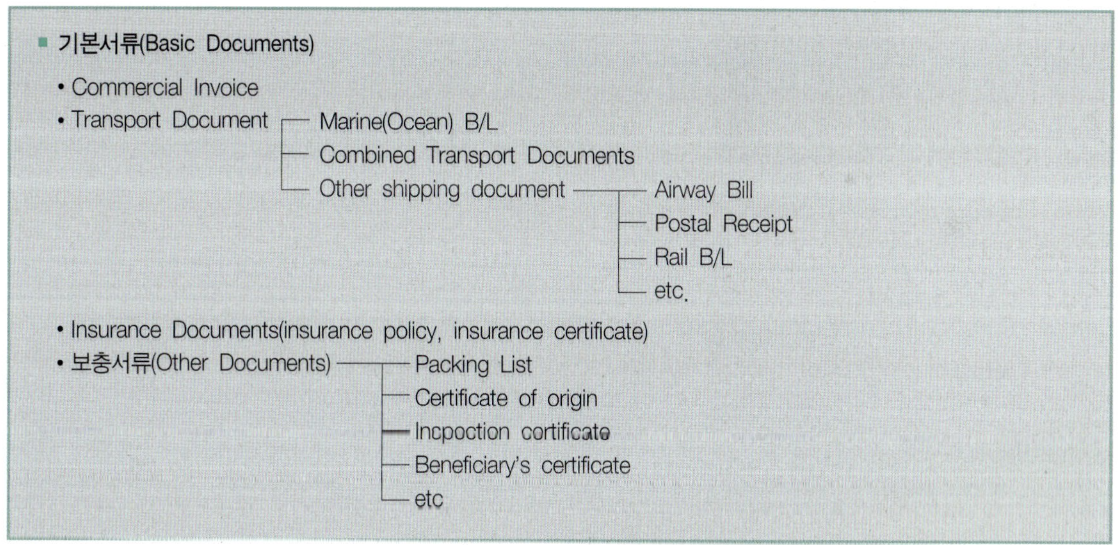

11) 출처: 한국무역협회 KITA.net

2 화면설명

1) 상업송장 작성

Header 및 수발신식별자

상업송장전자문서번호 *	INVOIC20150910000028	전자문서기능 *	원본(ORIGINAL) ▼
포장명세서전자문서번호 *	PKGLST20150910000028	계약서 *	SORDER20150309000001 찾기

일반정보

송하인 * 찾기

[M.I.D 코드]

ONE INTERNATIONAL

6TH FL, SEOCHO DONG GANGNAM GU
SEOUL, KOREA

상업송장번호 및 발행일 *

IV-2015020001 2015-09-10

신용장(무신용장)번호 및 개설일 * 신용장번호 ▼

LC-20150821-000001 2015-09-10

수하인 * 찾기

CRAW STONE

54550, DETRIOT, MICHIGAN
USA

거래처 찾기

CRAW STONE

54550, DETRIOT, MICHIGAN
USA

통지처 * 찾기

SAME AS CONSIGNEE

비고 찾기

인도조건	CIF ▼ LONG BEACH, CA 찾기		
지불조건	2AA 찾기 AT SIGHT L/C		
선적지 * 찾기	KRPUS BUSAN, KOREA	도착지 * 찾기	USLGB LONG BEACH, CA
선박(항공)명 항차(편)번호 *	ARIRANG W1001	출항일 *	2015-02-21
특기사항			
대표품목	LAUNDRY SOAP		

포장명세서정보

포장명세서번호	PL-2015020001	발행일	2015-02-15

Line Item

총수량	10,000.00 BOX 찾기	총금액	미국 ▼ USD 찾기 50,000.00
총포장개수	100 PG 찾기	총용적	40.000 CBM 찾기
총순중량	1,800.00 KGM 찾기	총중량	2,000.00 KGM 찾기

Line Item 등록/수정

Shipping Marks	번호	품명	수량		단가	금액		포
CRAW STONE P/NO.1-1001 MADE IN KOREA	1	LAUNDRY SOAP	10,000.00	BOX	5.00	USD	50,000.00	10

[Header 및 수발신식별자]

- 상업송장 전자문서 번호: C/I 작성 후 전문 발송시 일련번호처럼 자동 채번(替番)되는 전자문서 번호
- 포장명세서 전자문서 번호: P/L 작성 후 전문 발송시 자동 채번(替番)되는 전자문서 번호
- 전자문서 기능: Original(원본), Duplicate(사본)

[일반정보]

- 송하인: 수출자(shipper/exporter)의 정보
- 수하인: Consignee. 화물의 인수자의 정보. L/C나 계약서에 명시된 Consignee의 정보. 지시식 화물운송장의 경우에는 바로 "To The Order of Shipper" 같은 문구
- 상업송장 번호 및 발행일: 수출자가 지정한 C/I번호와 발행이 이루어진 날짜
- 신용장(무신용장) 번호 및 개설일: L/C가 내도 된 경우 L/C, L/C 이외의 기타 계약서로 거래가 이루어졌다면 무신용장을 선택하여 계약서 No.기입 후 계약일을 기입
- 거래처: 상대거래처로 수하인과 동일하면 수하인의 정보. 만약 수하인과 다르다면 별도 입력
- 통지처: Notify. 화물의 도착시 연락처를 기재하는 란으로 L/C나 계약서에 명시된 통지처를 입력. 2번째 통지처가 있을 수도 있음
- 인도조건과 지불조건: INCOTERMS 2010 참조
- 비고: L/C나 계약서에서 별도로 요구하는 기타 참조사항
- 선적지: Port of Loading. L/C나 계약서에 명시된 선적지 입력
- 도착지: Place of Delivery. L/C나 계약서에 명시된 도착지 입력(최종 목적지와는 다를 수 있음)
- 선박(항공)명, 항차번호: Vessel(Flight) Code, Voyage No.
- 출항일: Date of Departure. 화물이 도착지(공·항만)에서 선적이 선박, 항공기와 같은 운송수단이 출발하는 날짜. 해상은 출항일자를 말한다.
- 특기사항: L/C나 계약서에 별도로 요구한 기타 참조사항 입력
- 대표품목: L/C나 계약서에 나와 있는 대표품목 입력

[포장명세서 정보]

- 포장명세서번호: P/L No.
- 발행일: P/L 발행일자

[Line Item: 대표품목이 아닌 개별 아이템 정보]

- 총수량: Line Item별 총수량

- 총포장 개수: Line Item 포장 개수의 합
- 총순중량: Line Item 순중량의 합
- 총금액: 단위(KRW, JPY, USD, CNW, EUR, CNY 등 주요 화폐만)+금액
- 총용적: Line Item 용적의 합
- 총중량: Line Item 중량의 합

주의 하나의 송장은 다양한 Line Item으로 구성되어 있을 수 있으나 송장 단위로 전체 Line Item의 총 합계 수량, 총용적, 총중량 등을 표기하는 부분은 이 후에 나오는 개별 Line Item의 수량, 용적, 중량들을 입력하면 자동으로 합산이 된다.

2) Line Item 등록

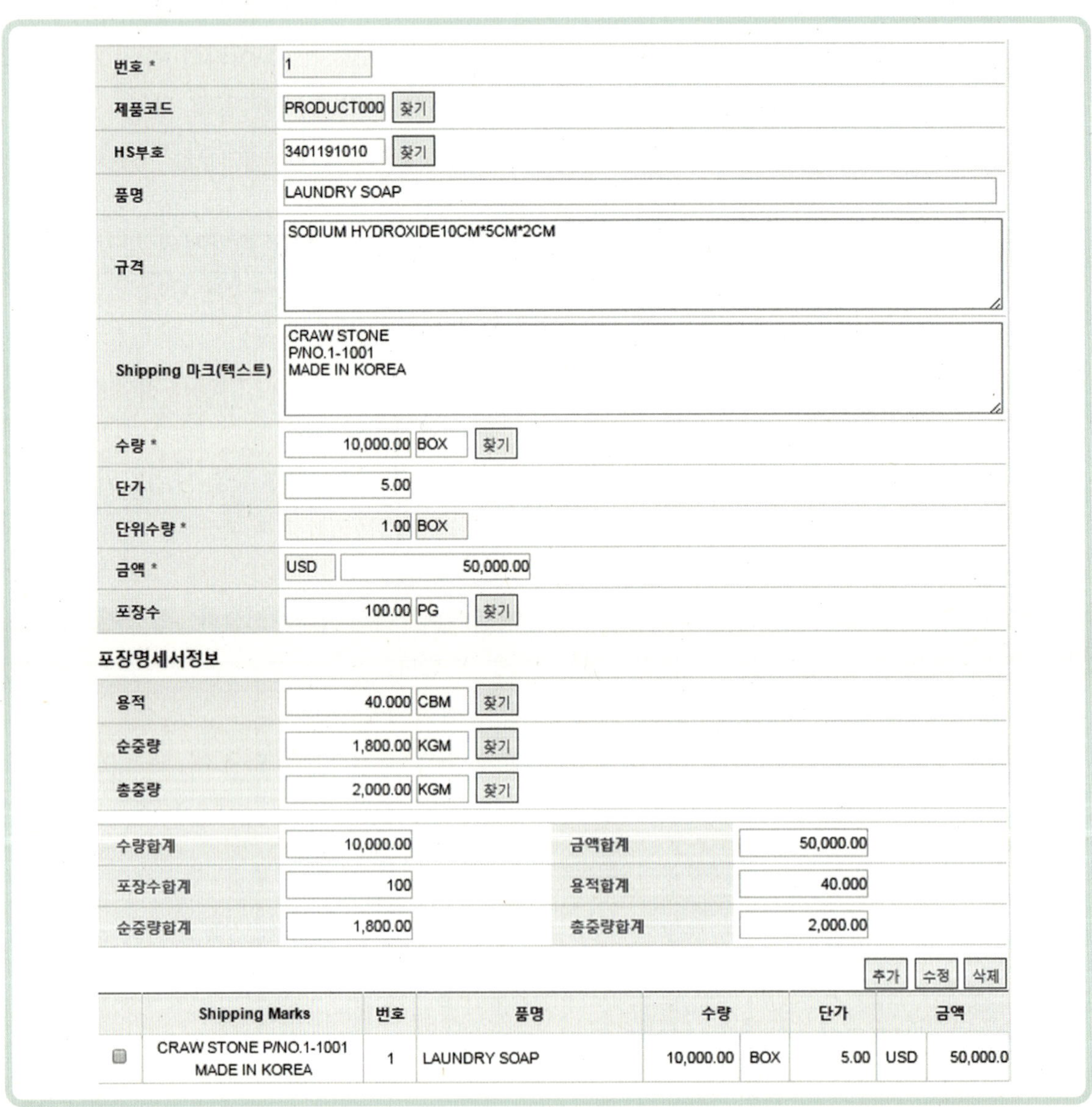

번호 *	1
제품코드	PRODUCT000 [찾기]
HS부호	3401191010 [찾기]
품명	LAUNDRY SOAP
규격	SODIUM HYDROXIDE10CM*5CM*2CM
Shipping 마크(텍스트)	CRAW STONE P/NO.1-1001 MADE IN KOREA
수량 *	10,000.00 BOX [찾기]
단가	5.00
단위수량 *	1.00 BOX
금액 *	USD 50,000.00
포장수	100.00 PG [찾기]

포장명세서정보

용적	40.000 CBM [찾기]
순중량	1,800.00 KGM [찾기]
총중량	2,000.00 KGM [찾기]

수량합계	10,000.00	금액합계	50,000.00
포장수합계	100	용적합계	40.000
순중량합계	1,800.00	총중량합계	2,000.00

[추가] [수정] [삭제]

	Shipping Marks	번호	품명	수량		단가	금액	
☐	CRAW STONE P/NO.1-1001 MADE IN KOREA	1	LAUNDRY SOAP	10,000.00	BOX	5.00	USD	50,000.0

- 번호: Line Item 순서를 표기한 번호
- 제품코드: 제조자가 지정한 제품코드
- HS부호: 국제통일상품 분류체계에 따라 대외 무역거래 상품을 총괄적으로 분류한 품목분류 코드
- 규격: 규정된 크기
- Shipping Mark: 화인, 수하인이 화물을 손쉽게 인수할 수 있도록 포장단위마다 표시하는 것
- 수량: 개수
- 단가: 단위당 가격
- 용적: 부피
- 순중량: 포장무게를 차감한 중량
- 총중량: 순중량에 포장무게를 합한 중량
- 용적합계: 부피의 합계
- 순중량 합계: 각 순중량의 합계
- 총중량 합계: 각 총 중량의 합계

주의 본 실습은 C/I를 작성하여 등록하였을 경우 P/L까지 동시에 작성되는 것으로 설계되어 있다. 일반적으로 ERP에서 작성할 경우에는 C/I와 P/L의 용도가 다름에도 불구하고 공통으로 활용할 수 있는 항목에 기 입력된 데이터를 불러와서 손쉽게 작업할 수 있다.

3 업무 프로세스 흐름도

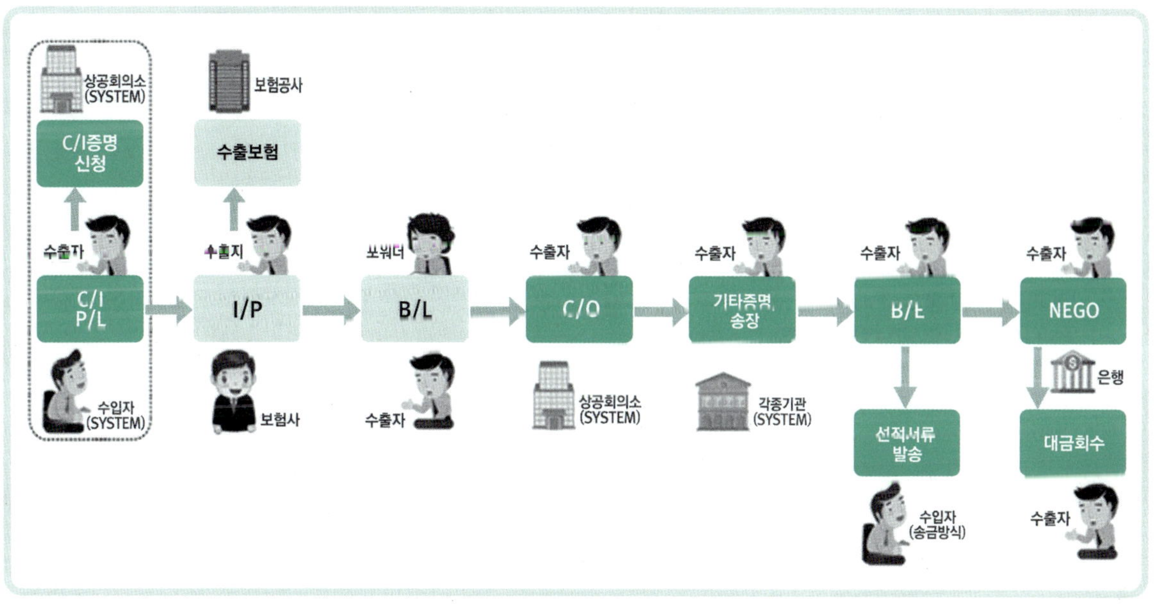

L/C방식의 결제조건을 전제로 환어음매입의뢰(negotiation ; Nego)를 위한 선적서류 준비과정을 표현하였다. 실무적으로는 C/I의 상품명세가 L/C의 내용과 불일치해서는 안되며 수익자(beneficiary)가 L/C개설의뢰인(applicant) 앞으로 작성한다. P/L은 포장방법, 수량, 무게, 부피 등의 포장에 대한 내용을 기재한 서류로서 CFS(container freight station)에서 혼재화물(LCL Cargo)의 작업 편의 용도로 사용되는 경우도 있다.

- C/I(Commercial Invoice, 상업송장), P/L(Packing List, 포장명세서), I/P(Insurance Policy, 적하보험증권), B/L(Bill of Lading, 선하증권), B/E(Bill of Exchange, Draft, 환어음), NEGO(Negotiation, 수출환어음매입)

4 전자문서 흐름도

수출업체가 물품을 수출하여 수입국에서 세금을 부과할 때 수입업체가 세금을 줄이기 위해 C/I 금액 등을 낮게 책정할 경우가 있다. 이를 방지하기 위해 수입국은 공신력있는 기관이 인증한 C/I을 요구하는 경우에 신청 및 승인하는 것을 C/I 증명신청(APPINV) 및 C/I 증명서(CERTIF2)라고 한다. 이후 수출자는 C/I(eNegoCommercial Invoice)과 P/L(eNegoPackingList) 그리고 C/I증명서(CERTIF2)를 수입자에게 송부한다.

주의 네고가 이루어지는 경우에는 각종 선적서류 작업과 아울러 은행 수출환어음 매입신청으로 귀결된다. 전자문서 흐름도에서 수입자로 표시되는 이유는 송금방식일 경우 은행을 거치지 않고 직접 수출자가 송신하는 것을 전제로 하였다.

5 실습 지시문

"ONE INTERNATIONAL"에서 "CRAW STONE"으로 수출하는 품목 "LAUNDRY SOAP"의 선적 및 수출대금결제를 위한 상업송장과 포장명세서를 작성하려고 한다. 다음 조건에 맞게 실습을 해 보세요.

- 계약일: 2016년 2월 / 계약번호: SORDER20150309000001인 계약서 정보를 불러온다.
- 송하인: 원 인터내셔널(ONE INTERNATIONAL)
- 상업송장번호: IV-2016020001 / 발행일: 2016-02-15일
- 신용장: 통지받은 신용장 번호를 LC-YYYYMMDD-000001의 형식으로 임의로 입력
- 수하인과 거래처: 크로우스톤(CRAW STONE) / 통지처: SAME AS CONSIGNEE로 통지처 선택 도움화면을 이용하여 작성
- 인도조건: CIF LONG BEACH, CA
- 결제조건: AT SIGHT L/C
- 선적국가: 한국 / 선적항: 부산항(BUSAN, KOREA) (KRPUS)
- 도착국가: 미국 / 도착항: LONG BEACH, CA(USLGB)
- 선박명: ARIRANG / 항차: W1001
- 출항일: 2016-02-21
- 포장명세서 번호: PL-2016020001 / 발행일: 2016-02-15
- 대표품목: LAUNDRY SOAP
- Line Item 품목: LAUNDRY SOAP
- Line Item 수량: 10,000 BOX
- Line Item 단가: USD5.00/BOX
- Line Item 금액: USD50,000
- Line Item 포장개수: 100 Carton Box(CT)
- Line Item 용적: 40CBM
- Line Item 순중량: 18,000KGM
- Line Item 중량: 20,000KGM
- SHIPPING MARKS는 다음과 같다.
  - CRAW STONE
  - C/NO.1-100
  - MADE IN KOREA

6 샘플 및 출력서식

1) 서면 상업송장 샘플

COMMERCIAL INVOICE

Shipper/Exporter CO.,LTD. CHUNGHO BLVD. 679-6 DEUNG CHOU 3 DONG GANG SEO GU SEOUL, KOREA			No & date of Invoice UIA-2011 July 14, 2016.		
Consignee ATHENA INC, 1160 (D) Mark Circle GARDNERVILLE, NV 89420			L/C No PDX104563		
Notify party			L/C issuing bank		
Port of loading Busan, Korea	Final destination Oakland, California		Remarks Purchase Order #A2047		
Carrier	Sailing on / or about				
Shipping mark	Description Of goods	Quantity (PCS)	Net weight (Kg)	Gross weight (Kg)	Measurement (CBM)

SUPER PORTABLE BURNER, SPB1005

PORTABLE BURNER #100-50309-82540-4
COLOR :
Q'TY : 4 PCS
C/T #. :1~1350
PLASTIC CARRY CASE INCLUDED
MADE IN KOREA

1. GREEN PORTABLE BURNER
   4pcs x 700C = 2,800PCS
2. WHITE PORTABLE BURNER
   4pcs x 600C = 2,400PCS
3. BLACK PORTABLE BURNER
   4pcs x 500C = 2,000PCS
4. YELLOW PORTABLE BURNER
   4pcs x450C = 1,800PCS
5. ASSORTED COLOR PORTABLE BURNER
   (black, white, yellow, red)
   4pcs x400C =1,600PCS

TOTAL: USD14.99 per units USD________
56CBM CTN________

Signed by
YUM
PRESIDENT

2) 서면 포장명세서 샘플

PACKING LIST

Shipper/Exporter UN CO.,LTD. 679-6 DEUNG CHOU 3 DONG GANG SEO GU SEOUL, KOREA			No & date of Invoice UIA		
Consignee ATHENA INC, 1160 (D) Mark Circle GARDNERVILLE, NV 89420			L/C No PPDX104563		
Notify party			L/C issuing bank		
Port of loading Busan, Korea	Final destination Oakland, California U.S.A		Remarks Purchase Order #A20473		
Carrier HANJIN NEWYORK V – 095UE	Sailing on / or about				
Shipping mark	Description Of goods	Quantity (PCS)	Net weight (Kg)	Gross weight (Kg)	Measurement (CBM)

SUPER PORTABLE BURNER, SPB1005

PORTABLE BURNER #100–50309–82540–4
COLOR :
Q'TY : 4 PCS
C/T #. :1~1350
PLASTIC CARRY CASE INCLUDED
MADE IN KOREA

1. GREEN PORTABLE BURNER
   4pcs x 700C = 2,800PCS
2. WHITE PORTABLE BURNER
   4pcs x 600C = 2,400PCS
3. BLACK PORTABLE BURNER
   4pcs x 500C = 2,000PCS
4. YELLOW PORTABLE BURNER
   4pcs x450C = 1,800PCS
5. ASSORTED COLOR PORTABLE BURNER
   (black, white, yellow, red)
   4pcs x400C =1,600PCS

TOTAL: USD____________________
CBM____________________

Signed by
YUM
PRESIDENT

제4절 원산지증명서 발급신청

1 사전지식

1) 원산지(Country of Origin)

원산지란 관세의 부과, 징수 및 감면, 수출입물품의 통관 등에 있어 무역협정 등이 정하는 기준에 따라 물품의 생산·가공·제조 등이 이루어진 것으로 보는 국가를 말한다.

2) 원산지규정(Rules of Origin)

원산지규정이란 원산지를 결정하는 기준으로 적용되는 국내법률, 국제협약, 규칙 및 행정적 결정 등을 말한다. 원산지에 따라 다른 관세율을 적용하기 위한 특혜원산지규정(preferential rules of origin)과 관세율 이외의 목적으로 운영되는 비특혜 원산지규정(non-preferential rules of origin)으로 구별된다. 대표적인 특혜원산지규정으로는 FTA의 원산지 결정기준이 있고, 비특혜 원산지규정은 대외무역법의 원산지결정기준이 있다.[12)]

3) 원산지 판정기준(Criteria of the Determination of Origin)

원산지 판정기준이란 당해 상품이 그 국가의 생산 상품으로 판정하는 기준으로 WTO원산지규정에 관한 협정에서는 완전생산기준(wholly produced criterion)과 실질적변경기준(substantial transformation criterion)이 있다.

4) 원산지증명서(Certificate of Origin)

원산지증명서(이하, "C/O")는 상품의 생산 국가를 증명하는 성격을 가진 서류로서 화환어음 부대서류이며 수입지에서 생산국을 판별하는 목적, 외환관리 및 덤핑방지 등 정책적 목적으로도 이용된다.

C/O의 종류에 일반용 C/O와 특혜관세용 C/O가 있으며, 일반용 C/O는 상공회의소가 발급하는 C/O Form No. KCCI-1형식으로, 일반적으로 C/O라하면 이 증명서를 의미한다.

다음은 현재 국제적으로 통용되고 있는 원산지 인정기준이다. 이상의 여섯 가지 조건중 어느 한 조건을 충족할 경우에는 원산지로 인정하는 것이 국제적인 관례이며 우리나라도 이에 준하고 있다.

---

12) 출처: 한국무역협회 KITA.net

① 자국의 영토에서 채굴한 광물, 수확된 농임산물, 사육된 축산물, 수렵물
② 자국의 영해에서 포획 또는 채취한 수산물
③ 자국 영해 밖의 해상이나 지층에서 채취한 광물 및 수산물
④ 공해상에서 자국의 국기를 게양한 선박이 포획한 수산물 또는 그 가공물
⑤ 자국에서 생산된 자재를 사용하여 제조·가공한 물품
⑥ 외국산 원자재를 사용하여 생산된 물품으로서 가공과정에서 새로운 상품적 특성이 발생된 물품, 즉 가공에 의해 새로운 상품적 부가가치가 발생된 물품[13]

2 화면설명

1) 원산지증명서 발급신청

Header 및 수발신식별자

전자문서번호 *	APPORG20150820000012	전자문서기능 *	원본(ORIGINAL) ▼
수신처 *	SGH0000001 찾기 대한상공회의소	상업송장	INVOIC20150311000001 찾기
신청일 *	2015-02-16	발급요청일	2015-02-16
원산지증명종류 *	◉일반원산지증명 ○한-대만 전자원산지증명서(e-C/O)		

일반정보

신청인 * 찾기

. 상호	ONE INTERNATIONAL	. 주소	6TH FL, SEOCHO DONG GANGNAM (SEOUL, KOREA
. 명의인			

신청내용

수출자 * 찾기	수하인 * 찾기
ONE INTERNATIONAL 6TH FL, SEOCHO DONG GANGNAM GU SEOUL, KOREA	CRAW STONE 54550, DETRIOT, MICHIGAN USA

원산지 * 찾기		거래처 찾기
. 국가코드	KR	CRAW STONE 54550, DETRIOT, MICHIGAN USA
. 국가명	KOREA	

13) 출처: 한국무역협회 KITA.net

운송정보		비고	
. 선적지		. 송장번호*	IV-2015020001
국가코드* 찾기	KR	. 송장발급일*	2015-02-15
선적지명	BUSAN, KOREA	. 수출신고번호*	2015000100000001
. 도착지			
국가코드* 찾기	US		
도착지명	LONG BEACH, CA		
. 경유지			
국가코드* 찾기			
경유지명			
. 항차*			
선박명/기명	ARIRANG		
항차번호/비행기번호	W1001		
선적일	2015-02-21		

참조사항(Remark 란에 출력할 사항 기재)

신청수량(원본) *	1	신청수량(사본) *	3

Line Item

총수량 *	10,000.00 BOX 찾기	총용적	40.000 CBM 찾기
총순중량 *	18,000.00 KGM 찾기	총포장수 *	100 PG 찾기
총중량 *	20,000.00 KGM 찾기	총금액 *	미국 USD 찾기 50,000.00

Line Item 등록/수정

Shipping Marks	번호	품명	수량		순중량		총중량	
CRAW STONE P/NO.1-1001 MADE IN KOREA	1	LAUNDRY SOAP	10,000.00	BOX	18,000.00	KGM	20,000.00	KGM

신용장내역

L/C No. 및 여러개의 ITEM에 대한 총수량 등 출력을 원하는 내용을 기재해 주세요

특별요구사항

본항목은 인쇄시 출력되지 않습니다. 출력을 원하시는 내용이 있는 경우에는 위의 총수량,신용장내역 항목에 해당내용을 기재하시면 됩니다.

[Header 및 수발신식별자]

- 상업송장: 해당 C/O와 연관된 C/I로 근거서류에 해당된다.
- 발급요청일: C/O 발급 희망일
- 원산지증명 종류: 일반원산지증명, FTA원산지증명, GSP(일반특혜관세; Generalized System of Preferences)증명 등

[일반정보]

- 신청인: 사용자의 정보 등록이 되어 있는 경우 자동입력 됨(상호, 명의인, 주소)

[신청내용]

- 수출자: 영문명과 주소
- 수하인: 영문명과 주소 또는 수하인.
- 원산지: 국가코드, 국가명
- 거래처: 수입자 영문명과 주소
- 운송정보: 선적지(place of loading), 도착지(place of destination), 경유지(place of stopover), 선박명(vessel), 항차(voyage no), 선적일(date of shipment)
- 비고(remark)
  - 송장번호: C/I No.를 입력
  - 송장발급일: C/I 작성일
  - 수출신고번호: 해당 수출신고필증(Export permit, 이하 "E/P") 번호를 입력
- 신청수량(원본): 신청수량(원본)
- 신청수량(사본): 신청수량(사본)
- 신용장 내역: L/C No., 총수량 등 C/O에 출력을 원하는 내용입력(본 학습에선 L/C 번호를 입력)
- 특별요구사항: C/O 발급시 특별히 기재하여야 하는 사항 등을 입력

2) Line Item 등록

번호 *	1
제품코드	PRODUCT000 찾기
HS부호 *	3401191010 찾기
품명	LAUNDRY SOAP
규격	SODIUM HYDROXIDE10CM*5CM*2CM
Shipping 마크(텍스트)	CRAW STONE P/NO.1-1001 MADE IN KOREA
포장수 *	100 PG 찾기
수량 *	10,000.00 BOX 찾기
순중량 *	18,000.00 KGM 찾기
총중량 *	20,000.00 KGM 찾기
용적	40.000 CBM 찾기
단가	5.00
단가기준	USD
금액 *	50,000.00

총수량 *	10,000.00	총용적	40.000
총순중량 *	18,000.00	총포장수 *	100
총중량 *	20,000.00	총금액 *	50,000.00

추가 수정 삭제

	Shipping Marks	번호	품명	수량		순중량		총중량	
☐	CRAW STONE P/NO.1-1001 MADE IN KOREA	1	LAUNDRY SOAP	10,000.00	BOX	18,000.00	KGM	20,000.00	KGM

- 총수량: Line Item 총수량
- 총순중량(gross net weight): Line Item 순중량의 합
- 총중량: Line Item 중량의 합
- 총용적: Line Item 용적의 합
- 총포장수: Line Item 포장개수의 합
- 총금액: 단위(KRW, JPY, USD, CNW, EUR, CNY 등 주요 화폐만)+금액

3 업무 프로세스 흐름도

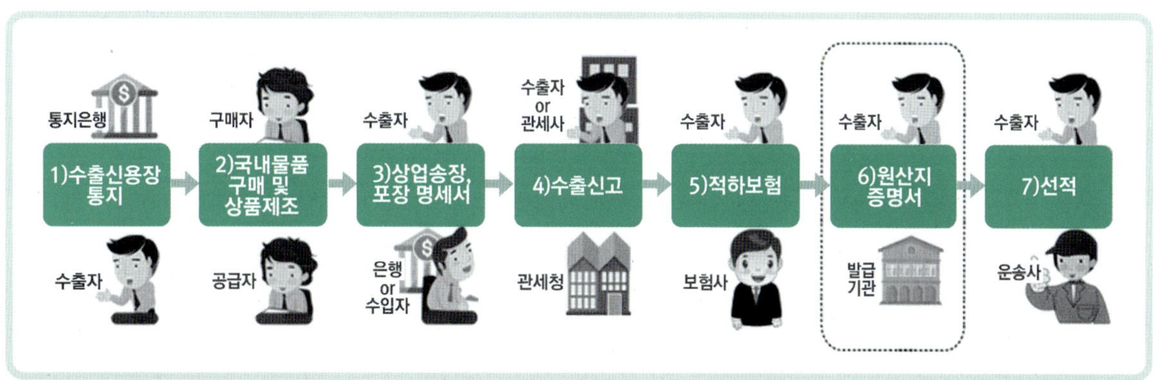

결제방식이 L/C 조건이라는 전제하에 설명한다. L/C개설은행이 수출자의 거래은행(통지은행)에 SWIFT망을 통해 개설사실을 통지하고, 통지은행은 L/C의 수익자(beneficiary)에게 수출신용장 도착사실을 통지한다. 수출자는 상품을 구매하거나 제조하여 수출할 상품의 선적준비를 완료하고 C/I, P/L 등 선적서류를 작성하며 병행하여 수출통관 절차를 진행한다.

수출자는 수출신고 후 발급기관에 C/O의 발급을 요청한다. 일반원산지증명서의 경우 C/I나 수출신고번호를 대한상공회의소에 제출하여야 한다.

주의 원산지증명서는 일반(대한상공회의소) C/O 이 외에도 수출자(제조업자) C/O, 관세양허 C/O, FTA C/O, 특정국 C/O, 남북교역물품 C/O, 제3국 C/O 등이 있다.

4 전자문서 흐름도

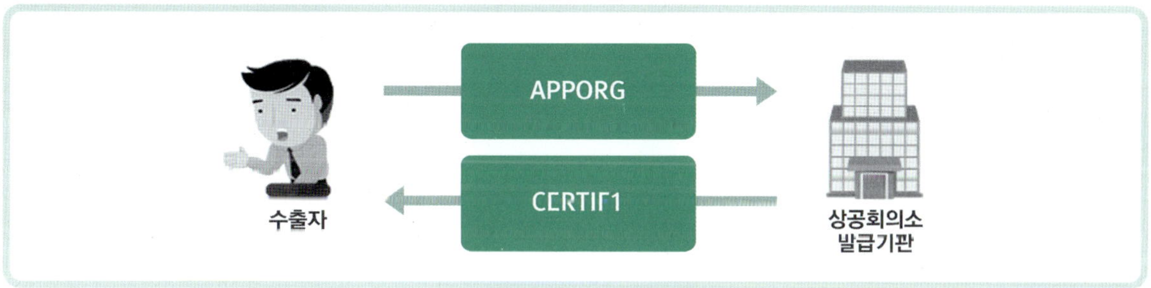

일반C/O를 발급받는 경우 수출자는 상공회의소에 원산지증명신청서(APPORG)로 신청하고, 상공회의소는 웹인증시스템이나 전자문서전송방식을 이용하여 C/O(CERITIF1)를 수출자에게 발급·전송한다.

5 실습 지시문

미국의 "CRAW STONE"으로 수출하는 제품 LAUNDRY SOAP의 선적을 완료하고 제품의 원산지증명과 수출대금결제를 위한 원산지증명서를 발급받기 위한 원산지증명 발급신청을 다음 조건에 맞게 작성해 보세요.

- 수신처: 대한상공회의소
- 발행일: 2016년 2월 / 송장번호: IV-2016020001인 상업송장 정보를 불러온다.
- 신청일과 발급요청일: 2016-02-16
- 원산지증명 종류: 일반원산지증명
- 신청인: 원 인터내셔널(ONE INTERNATIONAL)
- 수출자: 원 인터내셔널(ONE INTERNATIONAL)
- 수하인: 크로우스톤(CRAW STONE)
- 원산지: 한국 / 원산지명: KOREA
- 거래처: 크로우스톤(CRAW STONE)
- 선적지: 한국 / 선적지명: 부산(BUSAN, KOREA)
- 도착지: 미국 / 도착지명: LONG BEACH, CA
- 선박명/기명: ARIRANG / 항차번호: W1001 / 선적일: 2016-02-20
- 송장번호: IV-2016020001 / 송장발급일: 2016-02-15
- 수출신고번호: 12345-15-12345678
- 신청수량: 원본 1부와 사본 3부
- 총금액의 통화코드: USD
- Line Item의 품목: LAUNDRY SOAP / 포장수: 100 Carton Box(CT) / 수량: 10,000BOX / 순중량: 18,000KGM / 총중량: 20,000KGM / 용적: 40CBM / 단가: USD5.00/BOX / 금액: USD50,000.00.
- SHIPPING MARKS는 다음과 같다.
  - CRAW STONE
  - C/NO.1-100
  - MADE IN KOREA

6 샘플 및 출력서식

1) 상공회의소 원산지증명서

1. Exporter (Name, address, country) BUSAN [redacted] IND.CO Charyong Complex #61-15, Palyong-Dong Changwon-City, Gyeongsangnam-do Korea	Reference No. [redacted] Reference Code. 0c57-[redacted] **ORIGINAL** **CERTIFICATE OF ORIGIN** issued by THE CHANGWON CHAMBER OF COMMERCE & INDUSTRY Changwon, Republic of Korea
2. Consignee (Name, address, country) [redacted] AUTOMOTIVE SAFETY PRODUCT CO.LTD 3B YONG AN ROAD, CHANGPING PARK OF ZHOONG GUAN CUN SCIENCE AND TECHNOLOGY PARK CHANGPING DISTRICT, BEIJING, 102200 CHINA	3. Country of Origin THE REPUBLIC OF KOREA
4. Transport details FROM : BUSAN PORT, KOREA TO : BEIJING, CHINA BY : SEA EASLINE TIANJIN 1248W ON : 29 NOV, 2012	5. Remarks Invoice number & date : BS-121127 & 2012-11-27

6. Marks & numbers; number and kind of packages; description of goods	7. Quantity
AUTOMOTIVE SPARE PARTS PS018500000,PS068950000,PS071320000,PS011500000 16T 57,200PCS 289.3KG 294.9KG --- 16T 57.200PCS 289.3KG 294.9KG /// End Of Page...	

8. Declaration by the Exporter	9. Certification
The undersigned, as an authorized signatory, hereby declares that the above-mentioned goods were produced or manufactured in the country shown in box 3 (Signature) Kyung Yum Lee (Name) President LEE [redacted]	The undersigned authority hereby certifies that the goods described above originate in the country shown in box 3 to the best of its knowledge and belief THE CHANGWON CHAMBER OF COMMERCE & INDUSTRY 창원상공회의소 03 DEC 2012 Staff LEE, [redacted] Authorized Signatory

※Identify the authenticity of certificate for verification with the website.(http://cert.korcham.net/search) 1/1

2) 전자원산지증명서 발급본

Header 및 수발신식별자

전자문서번호	CERTIF20150911000017	전자문서기능	원본(ORIGINAL)
발급번호	ORG20150911151522-001	발급일	2015-09-11
업체신청번호	APPORG20150911000027	조회코드	E01232-999-12345

일반정보

발급기관 및 전자서명			
상호	서울상공회의소	주소	6TH FL, SEOCHO DONG GANGNAM GU SEOUL, KOREA
대표자명	손경식		
전자서명	1048203606		

신청내용

수출자 *		수하인 *	
ONE INTERNATIONAL 6TH FL, SEOCHO DONG GANGNAM GU SEOUL, KOREA		CRAW STONE 54550, DETRIOT, MICHIGAN USA	
원산지 *		**거래처**	
. 국가코드	KR	CRAW STONE 54550, DETRIOT, MICHIGAN USA	
. 국가명	KOREA		
운송정보		**비고**	
. 선적지		. 송장번호*	IV-2015020001
국가코드*	KR	. 송장발급일*	2015-02-15
선적지명	BUSAN, KOREA	. 수출신고번호*	2015000100000001
. 도착지			
국가코드*	US		
도착지명	LONG BEACH, CA		
. 경유지			
국가코드*			
경유지명			
. 항차*			
선박명/기명	ARIRANG		
항차번호/비행기번호	W1001		
선적일	2015-02-21		
참조사항(Remark 란에 출력할 사항 기재)			
신청수량(원본) *	1	신청수량(사본) *	3

Line Item

총수량 *	10,000.00 BOX	총용적	40.000 CBM
총순중량 *	18,000.00 KGM	총포장수 *	100 PG
총중량 *	20,000.00 KGM	총금액 *	USD 50,000.00

Shipping Marks	번호	품명	수량		순중량		총중량	
CRAW STONE P/NO.1-1001 MADE IN KOREA	1	LAUNDRY SOAP	10,000.00	BOX	18,000.00	KGM	20,000.00	KGM

신용장내역

L/C No. 및 여러개의 ITEM에 대한 총수량 등 출력을 원하는 내용을 기재해 주세요

특별요구사항

본항목은 인쇄시 출력되지 않습니다. 출력을 원하시는 내용이 있는 경우에는 위의 총수량,신용장내역 항목에 해당내용을 기재하시면 됩니다.

3) 대한상공회의소 무역인증서비스센터 (http://cert.korcham.net)

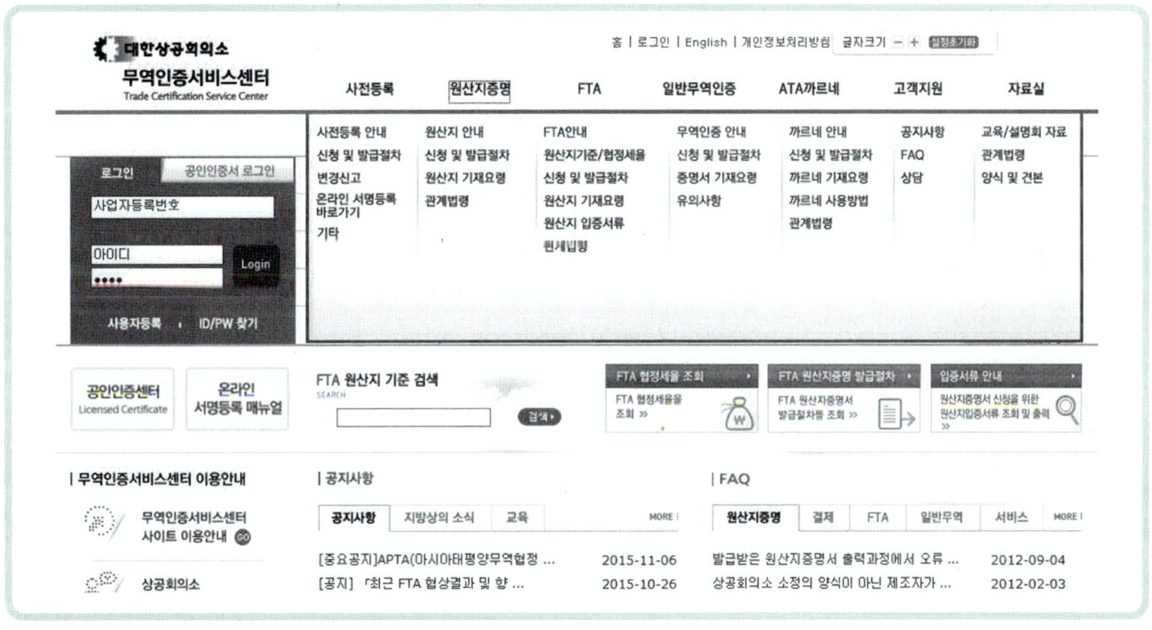

제5절 해상적하보험증권 발급신청

1 사전지식

1) 적하보험(Cargo Insurance)

적하보험은 해상, 육상 및 항공 화물운송 중에 발생할 수 있는 각종 위험으로 인하여 화물손상 또는 손해를 입는 경우 피보험자(화주)가 보험료를 부담하고 보험자는 재정적 손해를 보상하는 보험이다. 국제무역계약에서는 매도인과 매수인 사이에 부보(cover)할 당사자가 누구인지, 그 손해에 대해서 어느 정도로 보상하는가를 결정하는 부보조건을 기술하게 된다.

* 본 차시에서는 해상적하보험증권(marine cargo insurance policy, 이하 "I/P")를 중심으로 서술한다.

2) 관련 주요보험

(1) 선박보험(Hull Insurance)

선박의 건조자, 소유자 혹은 나용선자(裸傭船者, bare boat charterer)가 선박사업을 영위하면서 해상위험으로 인해 선박자체의 물적손해 및 이로 인한 비용손해, 충돌배상책임 등 피보험자가 입은 경제적 손해를 소정의 보험료를 받고 보험자가 보상하는 보험이다.

(2) 무역보험(Trade Insurance)

한국에서는 한국무역보험공사(K-Sure)가 '수출·수입보험제도'를 전담 운영하고 있다.

(가) 수출신용보증보험(Export Credit Insurance)

수입자의 계약파기, 파산, 대금지급 지연 또는 거절 등의 신용위험(commercial risk)과 수입국에서의 전쟁, 내란 또는 환거래 제한 등의 비상위험(political risk) 등으로 수출자 또는 수출금융을 제공한 금융기관이 입게 되는 손실을 보상하는 제도이다.[14]

(나) 수입보험(Import Credit Insurance)

원유, 철, 시설재 등 국민경제에 중요한 자원이나 물품을 수입하는 경우 국내기업이 부담하는 선급금 미회수 위험을 담보하거나 국내기업에 대한 수입자금 대출지원이 원활하도록 지원하는 제도이다.[15]

---

14) 출처: 한국무역보험공사(http://www.ksure.or.kr)
15) 출처: 한국무역보험공사(http://www.ksure.or.kr)

(3) 선주상호보험(船主相互保險, P&I Club: Protection & Indemnity Club)

선박의 소유, 운항과 관련해서 발행하는 제3자에 대한 선주의 법적인 배상책임을 담보하는 보험이다. 예를 들어 운송중인 화물에 손해를 입혔을 때 화주에 대한 책임, 선박에 승선해 있는 사람에 대한 책임, 타선박과 충돌하였을 때 타선박에 승선한 사람과 물건에 대한 책임, 난파선 제거비용에 대한 선주책임 등에 대한 보상을 한다. 영국을 중심으로 13개의 주요 클럽이 카르텔(International Group of P&I Clubs)을 형성하고 있으며 일본과 중국 그리고 한국도 P&I클럽을 설립·운영 중에 있다.

3) 2종 손해사정사(損害査定士: Adjuster)

2종 손해사정사란 해상보험(선박보험, 적하보험, 항공보험 및 운송보험 포함) 가입자가 사고로 인한 손해를 입었을 때 그 손해액을 결정하고 보험금을 객관적이고 공정하게 산정하는 자를 말한다.

보험업법 제188조에서 손해사정사의 업무는 ① 손해발생 사실의 확인 ② 보험약관 및 관계법규 적용의 적정여부 판단 ③ 손해액 및 보험금의 사정 ④ 제1호 내지 제3호(손해발생사실의 확인, 보험약관 및 관계법규 적용의 적정여부 판단, 손해액 및 보험금의 사정)의 업무와 관련한 서류의 작성·제출의 대행 ⑤ 제1호 내지 제3호(손해발생사실의 확인, 보험약관 및 관계법규 적용의 적정여부 판단, 손해액 및 보험금의 사정)의 업무의 수행과 관련한 보험회사에 대한 의견의 진술이 있다.

2 화면설명

1) 적하보험청약 신청

Header 및 수발신식별자

전자문서 번호 *	APPCIP20151005000001		
수신처 *	Hyundai Marine & Fire Insurar 찾기	상업송장	

일반정보

신청일 *	2015-02-16	보험계약자 찾기	
피보험자 * 찾기	ONE INTERNATIONAL	상호	
		대표자명	
포괄보험증권번호		사업자등록번호	
신용장문구 (담보범위,특약조건등)	INSURANCE POLICY OF CERTIFICATE IN DUPLICATE AND ENDORSED IN BLANK FOR 110% OF TOTAL INVOICE VALUE WITH CLAIMS PAYABLE AT DESTINATION IN CURRENCY OF DRAFT.		
주운송수단	선박(항공)명 ARIRANG	Ref No	INVOICE ▼ IV-20151004-0000001
	항차(편)번호 W1001		L/C ▼ LC-20151004-000001
출항일	2015-02-27		선택 ▼
선적지	KRPUS 찾기 BUSAN, KOREA	수입/수출구분	수출
환적지	찾기	보험사명	현대해상화재보험(주)
도착지	USLGB 찾기 LONG BEACH, CA	보험사담당자코드	
최종목적지	찾기	보험사담당자이름	김호일

상품명세

송장금액	미국 ▼ USD 찾기 금액 50,000.00 희망이익율 110.00 %	관세가액 통화코드 구분	통화코드 ▼ 찾기 금액 관세율 %
HS 부호 *	3401191010 선택	질권기관 찾기	
포장 및 화물의 개수 *	100 PG 찾기		
상품명세 *	100 PG OF LAUNDRY SOAP AT @USD 5 TOTAL AMOUNT USD50,000		

보험조건

기본조건 *	011 찾기 CARGO CLAUSE(A)
기본조건	011 찾기 CARGO CLAUSE(A)
부가조건 및 첨부약관 +	
코드 및 내용	찾기
보험증권발급요청부수 *	원본 2 사본 2

[Header 및 수발신식별자]

- 전자문서번호: 적하보험 청약신청의 고유한 전자문서번호로 시스템에서 자동으로 채번(替番)
- 수신처: 수신처(보험사)를 입력
- 상업송장: Commercial Invoice로 적하보험 청약시 필수서류 중의 하나다.

[일반정보]

- 신청일: 청약신청일
- 피보험자: 피보험자(assured)의 상호
- 포괄보험 증권번호: 포괄보험 증권번호(open policy no.)
- 보험계약자
    - 상호: 보험계약자(applicant; 보험청약자)의 상호
    - 대표자명: 보험계약자(applicant)의 대표자명
    - 사업자등록번호: 보험계약자(applicant)의 사업자등록번호
- 신용장문구: C/I로 요구한 담보범위, 특약조건 등
- 주 운송수단
    - 항해(편)번호: Voyage No. 운송수단의 항차번호
    - 선박(항공)명: 운송에 사용되는 선박명칭, 복합 운송수단을 사용하는 경우에는 주 운송수단의 명칭 입력
- 출항일: 운송수단이 선적지에서 출발하는 날짜
- Ref No.
    - L/C: L/C No.
    - INVOICE: C/I No.
    - OFFER: OFFER No.
- 선적지: Port of Loading, 화물이 선적되는 항
- 환적지: Port of Transshipment, 화물이 환적되는 항
- 도착지: Place of Delivery, 화물도착 장소(인도지)
- 최종목적지: Final Destination
- 보험사명: 청약신청을 위한 대상 보험사명
- 보험사담당자코드: 청약보험사의 담당자 코드
- 보험사담당자이름: 청약보험사의 담당자 이름

[상품명세]

- 송장금액
    - 희망 이익율: 송장가액에 추가된 보험가액. 예를 들어 10%

- 관세가액 통화코드 구분: Duty Amount의 통합코드
- HS 부호: 대표품목의 HS Code. Harmonized Commodity Description and Coding System(Harmonized Code)
- 질권기관: 담보설정이 있을 경우 담보설정 주체
- 포장 및 화물의 개수: 포장(package) 및 화물(cargo)의 개수와 포장단위
- 상품명세: 상품명세(goods and description) 입력

[보험조건]
- 기본조건: 청약을 위한 기본조건(basic condition) 입력. 찾기 버튼을 누르면 검색하여 입력
- 부가조건 및 첨부약관: 청약을 위한 부가조건(additional conditions)
  예시) Shortage or Breakage 등의 Value를 기재
- 코드 및 내용: 코드 및 내용
- 공통 인수사 코드 및 공동인수비율: 공통 인수사 코드 및 공동인수비율(복수의 보험사가 인수할 경우)
- I/P 발급요청 부수
  - 원본: I/P 원본(Original) 발급 부수
  - 사본: I/P 사본(Copy) 발급 부수

3 업무 프로세스 흐름도

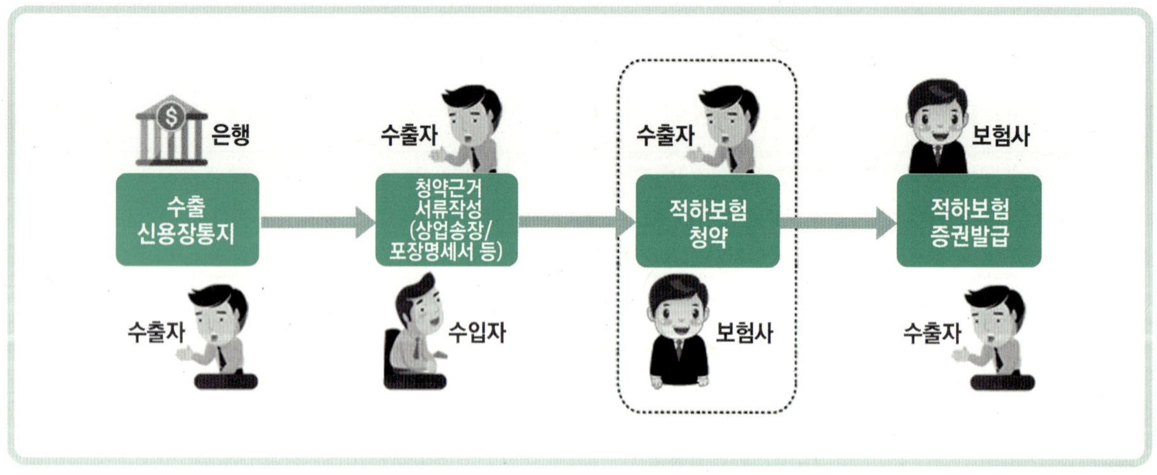

수출자는 적하보험에 가입하기 위한 적하보험청약서를 작성하여 보험사에 제출하고 보험사는 심사를 하여 I/P를 발급한다. 만약에 수정할 사항이 발생하면 배서(endorsement)하기도 한

다. 발급된 I/P에 대한 변경사항은 적하보험 배서신청서를 작성하여 보험사에 제출하며 수출환어음매입(추심)시 첨부되는 I/P는 배서 후 제출한다. INCOTERMS에 따라 수입자가 적하보험을 신청하는 경우도 있으나 본 실습에서는 수출자가 신청하는 것으로 가정한다.

적하보험은 기간보험이 아니라 구간보험이므로, 운송이 개시되기 이전 및 운송이 종료된 이후 시점에는 보험이 적용되지 않는다. 또한 보험사고는 반드시 외래적 요인에 의해 발생되는 것으로 필연적인 화물자체의 성질로 인한 보험사고나 보험관계자의 고의에 의한 행위로 발생하는 것에 대해서는 적용되지 않는다.

4 전자문서 흐름도

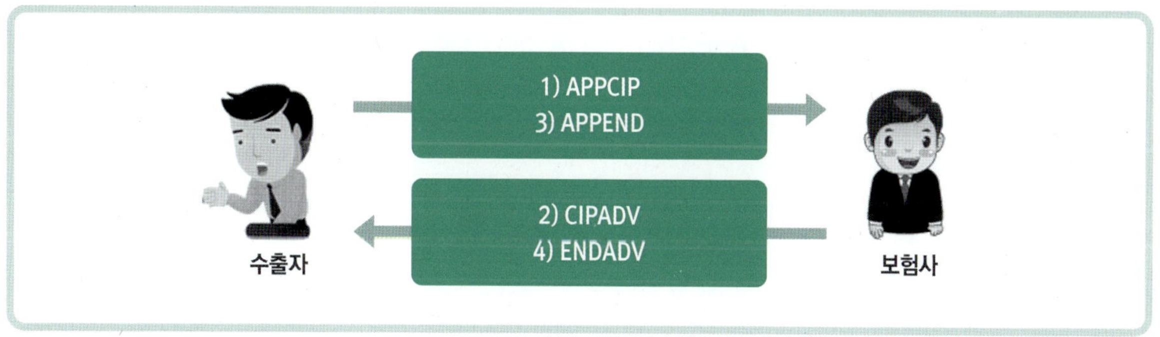

수출자가 적하보험청약서(APPCIP)를 송부하고, 보험사 시스템은 이에 대한 I/P 발급에 대한 적하증권통지(CIPADV)를 한다. 만약 보험청약 내용의 변경이 필요한 경우, 수출자는 배서신청서(APPEND)를 발송하고, 보험사는 이에 따른 배서발급사실을 통지(ENDADV)한다.

5 실습 지시문

"ONE INTERNATIONAL"에서 "CRAW STONE"으로 수출하는 제품 "LAUNDRY SOAP"의 해상적하 보험 청약을 다음 조건에 맞게 실습해 보세요.

- 수신처: 현대해상화재보험(주)
- 신청일: 2016-02-16
- 피보험자: 원 인터내셔널(ONE INTERNATIONAL)
- 신용장 문구: INSURANCE POLICY OR CERTIFICATE IN DUPLICATE AND ENDORSED IN BLANK FOR 110% OF TOTAL INVOICE VALUE WITH CLAIMS PAYABLE AT DESTINATION IN CURRENCY OF DRAFT
- 주 운송수단: 선박 / 선박명: ARIRANG / 항해(편)번호: W1001
- 출항일: 2016-02-27
- Ref. No 첫 번째: 상업송장(INVOICE) / 상업송장 번호: IV-YYYYMMDD-000001의 형식으로 임의로 입력
- Ref. No 두 번째: 신용장(L/C) / 신용장 번호: LC-YYYYMMDD-000001의 형식으로 임의로 입력
- 선적지: 한국 / 선적항: 부산(BUSAN, KOREA)
- 도착지: 미국 / 도착항: LONG BEACH, CA
- 보험사명: 현대해상화재보험(주)
- 보험사담당자 이름: 김호일
- 송장금액: 미화 USD50,000이며, 희망이익율: 110%
- HS CODE: 3401191010
- 포장 및 화물의 개수: 100Carton Box(CT)
- 상품명세: 10,000BOX OF LAUNDRY SOAP AT @USD5 TOTAL AMOUNT USD50,000
- 보험조건: CARGO CLAUSE (A)
- 보험증권발행: 원본 2부 사본 2부를 요청

6 샘플 및 출력서식

1) 적하보험 청약신청 예제

㈜ 무협상사 테스트 2016-07-02
테스트 05:59:33

적하보험 청약신청

전자문서번호	APPCIP20130713000001			
수신처	SUNG IL			
신용장/무신용장정보				
〈일반정보〉				
신청일	2016-07-18			
피보험자의상호	TEST MUHYEP ORG NAME			
보험계약자	[사업자등록번호]	6208812313		
	[상호]	TEST MUHYEP ORG NAME		
	[대표이사]	CEO NAME		
	[전지서명]	1111111114		
포괄보험증권번호				
신용장문구				
보험사업				
보험사담당자	[코드]	[이름]		
주운송수단	[항차]			
	[선명]			
출항일	2016-07-18			
선적지	[국가코드]			
	[도시 또는 지역명]			
환적지	[국가코드]			
	[도시 또는 지역명]			
도착지	[국가코드]			
	[도시 또는 지역명]			
최종목적지	[국가코드]			
	[도시 또는 지역명]			
Ref. NO				
〈상품명세〉				
송장금액	0		[희망이익율]	0%
관세가액	0		[관세율]	0%
질권기관	[코드]			
	[기관명]			
	[기관지점명]			
HS 부호				
포장 및 화물의 개수	0		[단위]	
상품명세				

2) 서면 적하보험 샘플

L Insurance

LIG Tower, 649-11, Yeoksam-dong, Gangnam-gu, Seoul, 135-550 Korea

TELEPHONE : [illegible]
FACSIMILE : [illegible]

대한 민국 정부
인지세
100원
역삼 세무서장
후납승인2006년 1101호

ORIGINAL

DUPLICATE UNPAID

CERTIFICATE OF MARINE CARGO INSURANCE

No. 021

This is to certify that the Assured are insured under and subject to the conditions of Open Policy No.OP08019G8 of the INSURANCE CO.,LTD. and that the Assured is entitled to declare to the said Open Policy the shipments attaching thereto.

Assured(s), etc
ELECTRONICS INC.

Certificate No.
635

Ref. No.
PLISL933

Claim, if any, payable at
INTERTEKTESTINGSERVICESCOMPANYLIMITED
ROOM 811-812, NO.198 TIAN MUROAD (W)
SHANGHAI
CHINA
86-21-63546189

Amount insured
(USD***********32,221.96 X ***110.00 %)

USD***********35,444.16

Claims are payable in
CLAIMS ARE PAYABLE IN USD

Survey should be approved by
THE SAME AS ABOVE

Conditions
CLAIMS PAYABLE IN CHINA,
IN CURRENCY OF THE DRAFT
COVERING OCEAN MARINE TRANSPORTATION
ALL RISKS AND WAR RISKS.

Local Vessel or Conveyance	From(interior port or place of loading)

Ship or Vessel called the	Sailing on or about
HEUNG-A BANGKOK 920S	2016-05-16
at and from	**transshipped at**
BUSAN, KOREA	
arrived at	**thence to**
BEIJIAO SHUNDE CHINA	BEIJIAO SHUNDE CHINA

Goods and Merchandises

COVERING:
DESCRIPTION OF GOODS:COMPRESSORS
MODEL:
NS30LADG 1,489 SETS

GOODS UNDER PURCHASE CONTRACT NO.:CG09040028

* THE NUMBER OF THIS LETTER OF CREDIT. : LC2061200900315

Subject to the following Clauses as per back hereof
Institute Classification Clause, On-Deck Clause (A) (B)
Institute Extended Radioactive Contamination Exclusion Clause
Institute Chemical, Biological, Bio-chemical, Electromagnetic
Weapon and Cyber Attack Exclusion Clause
Termination of Transit Clause (Terrorism)
Computer Millennium Clause (Cargo)
-With Named Peril Extension
Co-Insurance Clause

Marks and Numbers as per Invoice No. specified above.

Place and Date signed in SEOUL,KOREA MAY/15/ 2016 No. of Certificates issued TWO

This Certificate represents and takes the place of the Policy and conveys all rights of the original policyholder (for the purpose of collecting any loss or claim) as fully as if the property was civered by a Open Policy direct to the holder of this Certificate.
This Company agrees, if any, shall be payable to the order of Assured on surrender of this Certificate.
Settlement under one copy shall render all others null and void.
Contray to the wording of this form, this insurance is governed by the standard form of English Marine In surance Policy.
In the event of loss or damage arising under insurance, no claims will be admitted unless a survey has been held with the approval of this Company's office or Agents specified in this Certificate.

SEE IMPORTANT INSTRUCTIONS ON REVERSE

L INSURANCE CO.,LTD.

AUTHORIZED SIGNATORY

This Certificate is not valid unless the Declaration be signed by an authorized representative of the Assured

Date

Signed

제6절 (포워더)선적요청

1 사전지식

1) 선박스케줄(Vessel Schedule)

(1) Long Term(Long Range) Schedule

최소 2~3개월 전에 작성되어 대략적인 선박의 운항일정을 참조할 수 있는 스케줄이다.

(2) Coastal(Estimated) Schedule

선사가 몇 주 전에 제공하는 예상 운항일정으로 입출항, 환적 등이 이루어지는 항구도착 예정시간, 출발 예정시간 등을 의미한다. 천재지변, 항만 교통상황, 선박자체 문제 등으로 인하여 Coastal Schedule이 수정될 수도 있다.

(3) Actual Schedule

실제 운항을 수행한 후에 수집되는 결과로서의 스케줄이다. 화주입장에서는 향후 선사 해상운송서비스 수준 평가자료로 활용할 수도 있다.

2) 선박스케줄의 조회

해당 화물에 대한 운송계획에 맞는 스케줄을 찾고자 할 때에는 여러 가지 사항을 고려해야 한다. 우선 선적업무 관련 서류제출 마감시한(document closing time), 선적작업을 할 수 있는 충분한 기간 내에 화물이 선적지에 도착해야 하는 화물반입 마감시한(cargo closing time)을 확인해야 한다. 그리고 선적지(port of loading), 출항일자(departure date), 하역지(port of discharge), 도착일자(arrival date)를 점검한 후 서비스하는 항로(service lane), 운항선박(operation vessel), 항해일수(ocean, inland carrier time)와 전체 해상운송일수(total, inland carrier time) 등에 대해 종합적으로 검토하여 원하는 스케줄을 선택해야 한다.

3) 부킹현황(Booking Status)

부킹은 선박에 물품을 적재할 공간이 있는지 확인하고 선복(freight space)을 예약하는 것이다. 선적예약신청(booking request)에 대해 선사는 예약 확정된 건에 대해 부킹번호(booking no)를 발급한다. 일반적으로 부킹이 확정되고 난 뒤에 화주 또는 화주 대리인은 부킹번호가 포함된 선적요청서(shipping instruction)를 송부한다.

2 화면설명

1) 선적요청

Header

S/R No	SR-201502-10001	M.B/L No	
S/R Type	HOUSE	S/R Date	2015-02-16
Shipment Date	2015-02-20	FCL/LCL	FCL ▼
Sender 찾기		Receipient 찾기	
Name	ONE INTERNATIONAL	Name	HANJIN MERCHANT MARINE CO., LT
Email	ssoh@one.co.kr	Email	suchul@hanjin.co.kr
Tel	02-561-8879	Tel	02-3345-1588
Mobile		Mobile	

General Info

Shipper 찾기		Consignee 찾기	
Name	ONE INTERNATIONAL	Name	
Address	6TH FL, SEOCHO DONG GANGNAM (SEOUL, KOREA	Address	TO THE ORDER OF SHIPPER
Notify 찾기		Payterms	AT SIGHT L/C ▼
Name	CRAW STONE	Shipping Term	CY → CY ▼
Address	54550, DETRIOT, MICHIGAN USA	Consolidation	NONE ▼
		Carrier	010027 찾기 BEST TRANS CO.,
pre carriage by	Vessel	Voyage	
Vessel	ARIRANG	Voyage	W1001
POL	KRPUS 찾기 BUSAN, KOREA	POD	USLGB 찾기 LONG BEACH, CA
POR	KRPUS 찾기 BUSAN, KOREA	DLV	USHOU 찾기 HOUSTON TX USA
FDS	찾기	No of Package	100 PG 찾기
Gross Weight	20,000.00 KGM 찾기	Volume	40.000 CBM 찾기
Surrender	☐	Currency Code	찾기
Shippers Declared Value		Incoterms	CIF ▼
Main Item	LAUNDRAY SOAP		

Freight and Charges Freight and Charges 등록/수정

No	Freight & Charges	Payment Arrangement

Container Information Container Information 등록/수정

No	Container No	Type	No of Package		Weight		Volume	
1	HJCU5294537	42GP - GENERAL PURPOSE CONT.	100	PG	20,000.00	KGM	40.000	CBM

[Header]

- S/R No.: 선적요청 고유번호를 말한다. 화주의 C/I No.를 적용/응용하거나 선사가 부여하는 경우가 대부분이다.
- M.B/L No.: Master B/L No.
- S/R Type: Master(포워더 → 선사), House(실화주 → 포워더)
- S/R Date: 선적요청일
- Shipment Date: 선적(예정)일
- FCL/LCL: 컨테이너 하나에 몇 명의 소유 화물이 적재되어 있는 가에 대한 정의로, FCL(full container load)의 경우 하나의 컨테이너에 한 화주의 화물, LCL(less than container load)의 경우 하나의 컨테이너에 여러 화주의 화물이 적재된 상태를 의미한다.

[General Info]

- Shipper: 선사에 선적을 하는 화물의 주인. 즉, 화주의 정보를 입력
- Consignee: 수하인, 즉 화물을 인수할 대상의 정보를 입력
- Notify: 화물의 도착예정 등에 대한 통지를 할 대상 정보를 입력한다. 필요시 복수의 통지처가 있을 수도 있으며, 수하인과 동일할 수도 있다.
- Payterms: 운임의 지불이 선불(prepaid)이거나 후불(collect)인지에 대해 구분한다.
- Shipping Term: 선사가 화물의 운송을 약속하는 구간에 대한 정의로 터미널내 어디까지 운송하는지 적시하는 조건. CY to CY는 Container Yard에서 수입국 Container Yard, CY to CFS는 수입국 Container Freight Station까지 운송한다는 의미이다.
- Consolidation: 화물의 혼재여부에 대해서 선택한다. 단일화주 단일 화물에 대한 것이면 'Simple'이라 표현한다.
- Carrier: 화물에 대한 선적요청을 받는 선사를 의미한다. 꼭 운항선사가 선적요청을 받는 것은 아니다.
- Pre-carriage by: 사전 선박 및 그에 따른 항차로 일반적으로 해당 운송 직전 운송정보로 선사의 입장에서는 책임여부의 분기점으로 사용할 수 있다.
- Vessel Voyage: 일반적으로 VVD(vessel voyage direction)으로 해당 선박의 코드, 항차와 방향(westbound, eastbound)을 말한다.
- Place of Receipt: 화물 인수지에 대한 정보로 인수지와 선적지는 동일하지 않을 수 있다.
- POL: Port of Loading(선적이 일어나는 항구)
- POD: Port of Discharge(하역이 일어나는 항구)
- POR: Place of Receipt(화물의 인수지)
- DLV: Place of Delivery(화물의 인도지)
- FDS: Final Destination(화물의 운송의 최종 종착점)

- Measurement: 전체 부피(용적)
- Surrender: 선하증권(B/L)의 유통(배서) 가능/불가능 여부를 구분
- Currency Code: 통화 종류
- Shipper's Declared Value: 화주의 화물에 대한 신고가격으로 이 부분이 명기되지 않으면 해상사고로 화물의 손망실 등의 경우 표준약관에 의거하여 변상한다. 신고된 가격이 높으면 해상운임이 상승할 수 있다.
- Incoterms: 무역인도조건

2) Freight & Charges

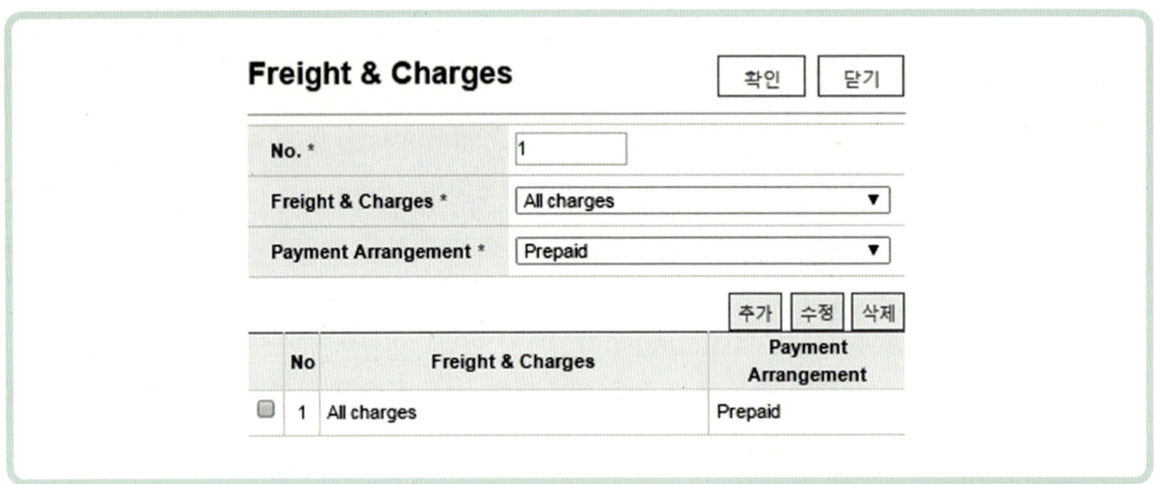

- Freight and Charges: 해상운송에 관련된 비용의 종류를 구분한다. 예를 들어 전비용(all charges), 기본 운임(basic freight), 추가비용(additional charges), 원 부두비용(origin port charge) 등이 있을 수 있다.
- Payment Arrangement: Prepaid(선지급), Collect(후지급)으로 운임의 계정에 따라 혼합하여 지불할 수도 있다.

3) Container Information

Container Information 확인 닫기

Container No *	HJCU5294537	Type *	42GP 찾기 42GP - GENERAL PURI
No of Package *	100 PG 찾기	Weight *	20,000.00 KGM 찾기
Volume *	40.000 CBM 찾기	Seal No1	4897S
Seal No2		Seal No3	
IMDG		UNDG	
Temperature	찾기		

Consignment Item Consignment Item 등록/수정

No	HS code	No of Package		Weight		Volume		Temperature
1	3401191010	100	PG	20,000.00	KGM	40.00	CBM	

추가 수정 삭제

	No	Container No	Type	No of Package		Weight		Volume	
☐	1	HJCU5294537	42GP - GENERAL PURPOSE CONT.	100	PG	20,000.00	KGM	40.000	CBM

- Container No: 컨테이너 넘버
- Type: 컨테이너 사이즈와 타입을 지정
- No of Package: 포장 개수
- Package Unit: 포장의 단위 예를 들어 Box, Drum, Pallet 등
- Weight & Weight Unit: 개별 컨테이너의 중량과 그 단위
- Measurement: 개별 컨테이너내 화물의 부피와 그 단위
- Seal No: 컨테이너 봉인번호
- IMDG: 국제해사기구(IMO; International Maritime Organization)가 지정한 위험화물 코드(dangerous goods code)
- UNDG: 국제연합(United Nations)이 지정한 위험화물코드(dangerous goods code)
- Temperature & Temperature Unit: 컨테이너의 온도와 그 단위(섭씨, 화씨)

4) Consignment Item

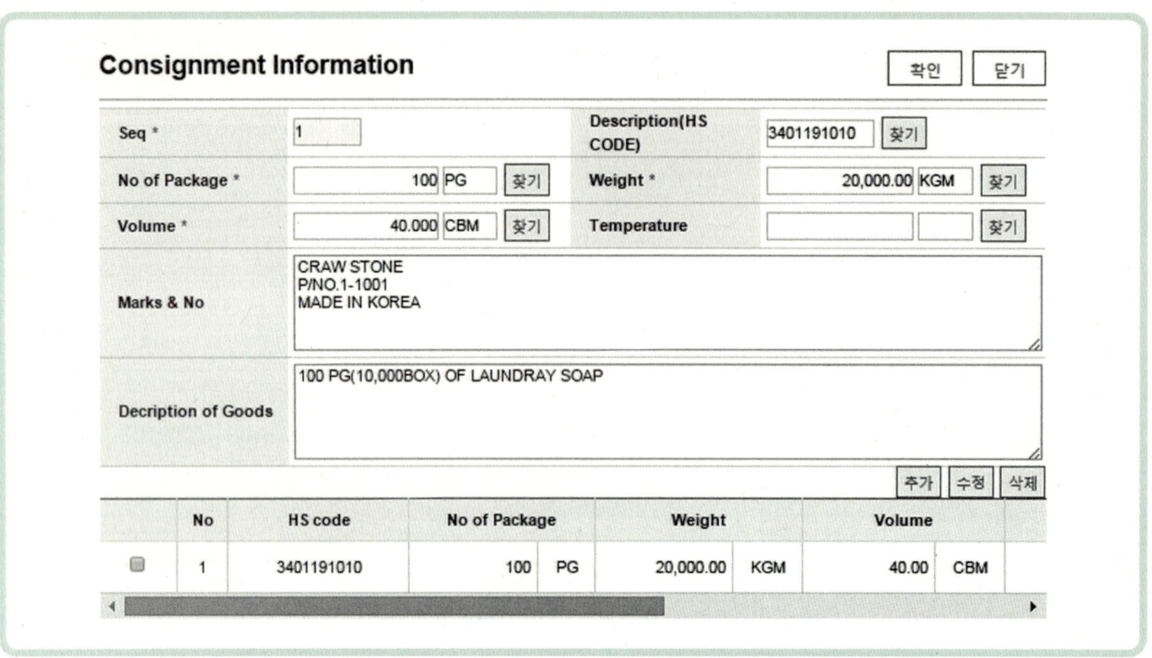

	No	HS code	No of Package		Weight		Volume	
	1	3401191010	100	PG	20,000.00	KGM	40.00	CBM

- Seq: 차수, 예를 들어 아이템이 5개이면 5개의 차수(Seq.)가 생성된다.
- No of Package: 하나의 차수(Seq.) 내에 있는 화물의 패키지의 개수
- Package Unit: 패키지의 단위, 예를 들어 Box, Drum, Pallet 등
- Weight: 하나의 차수 내에 있는 개별 아이템의 중량과 그 단위
- Temperature: 하나의 차수 내에 있는 개별 아이템의 온도와 그 단위
- Marks & No: 하나의 차수 내에 있는 개별 아이템의 화인(貨印, shipping mark)
- Description of Goods: 하나의 차수내 개별 아이템에 대한 명세

3 업무 프로세스 흐름도

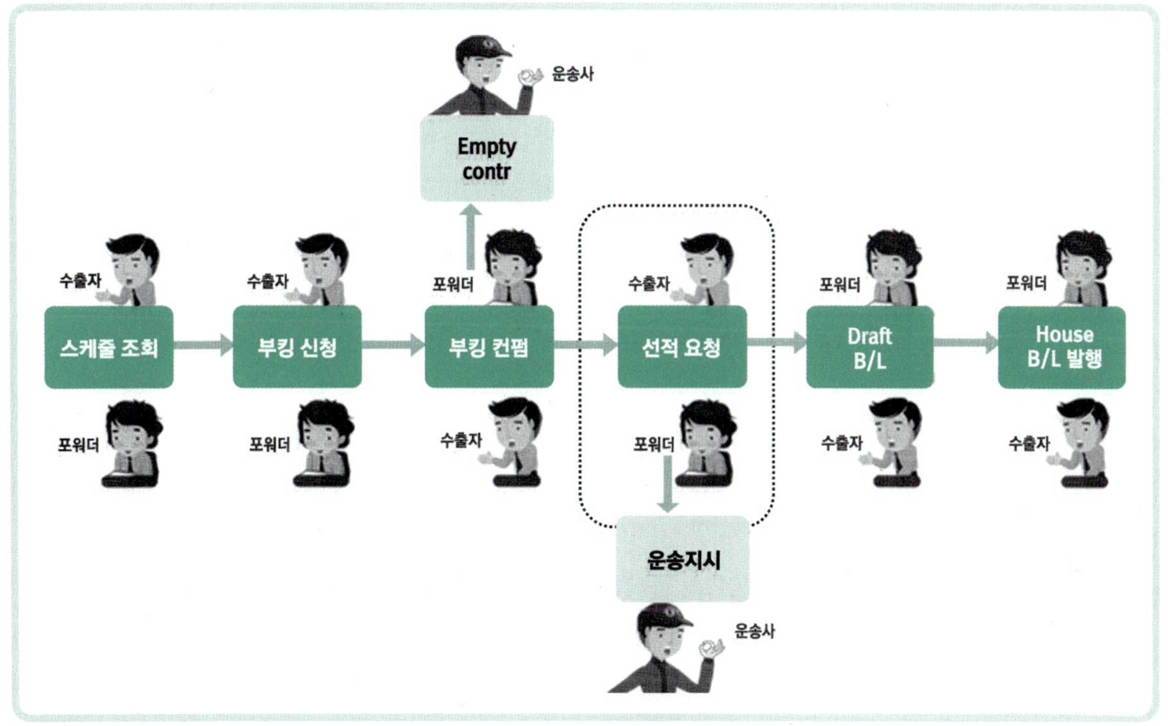

선적요청(S/I 또는 S/R)은 선사스케줄 조회와 부킹이 확정된 이후 단계에서 시행하나 현업에서는 수작업으로 스케줄 조회와 부킹이 되는 경우가 많다. 포워더는 송하인(shipper)으로부터 선적요청시 추가로 ① C/I 사본 ② P/L 사본 ③ E/P 사본 ④ L/C 사본 등을 받아서 B/L 발행 전 사전확인(Draft B/L 체크) 작업을 한다. 또한 포워더는 송하인의 대리인으로, 즉 화주의 자격으로서 선사에 선적요청 한다.

선적요청에 있어서 중요한 점은 House B/L을 작성하는 기초정보가 되므로 데이터 입력의 정확성이 무엇보다 중요하다. 또한 벌크화물의 경우 선적자동화가 구현되어 있지 않은 경우가 일반적이다. 현업에서 더미부킹(dummy booking)을 사용하는 경우가 있는데, 공식적인 부킹번호가 다시 채번(替番)되어야 하므로 선사와 같은 운송인이 이중 작업을 하는 경우가 있다. 선적요청의 영문표기는 동북아에서는 'Shipping Request', 구미권에서는 'Shipping Instruction'이라고 표현하는 것이 일반적이다.

주의 '전자무역(e-Trade) 실습'의 경우 실화주가 포워더에게 선적요청을 하는 것을 전제하여 발급되는 B/L은 House B/L이다. 포워더가 선사에 선적요청(liner shipping instruction) 후 Master B/L이 발행되는 경우는 제3부 '전자물류(e-Logistics) 실습'에서 언급한다.

4 전자문서 흐름도

송하인(shipper)이 선적요청서(IFTMIN)를 포워더에게 송신하고, 포워더 시스템은 문서에 대한 접수 또는 오류통보(APERAK)를 한다. 만약 내용의 수정이 필요할시 송하인은 선적요청 변경신청서(IFTMIN)를 송부한다. 미국세관 신고(AMS), 유럽세관 신고(ICS), 일본세관 신고(AFR)와 같은 해외세관 사전신고의 경우에도 IFTMIN을 House B/L 데이터 전송의 용도로 사용하는 경우가 있다.

주의 현업에서 실화주가 EDI/XML 전자문서를 이용하여 포워더에 선적요청하는 경우는 그리 일반적이지 않다.

5 실습 지시문

"ONE INTERNATIONAL"에서 "CRAW STONE"로 수출하는 LAUNDRY SOAP의 선적을 위해 다음 조건에 맞게 선사에 선적요청을 해 보세요.

- S/R NO.: SR-201602-10001
- S/R DATE: 2016-02-16
- SHIPMENT DATE: 2016-02-20
- FCL/LCL: FCL
- SENDER: 원 인터내셔널(ONE INTERNATIONAL)
- RECIPIENT: 한진상선(HANJIN MERCHANT MARINE CO., LTD.)
- SHIPPER: 원 인터내셔널(ONE INTERNATIONAL)
- CONSIGNEE: 주소입력 첫 번째 항목에 TO THE ORDER OF SHIPPER라고 입력
- NOTIFY PARTY: 크로우스톤(CRAW STONE)
- Payterms: AT SIGHT L/C
- Shipping Term: CY → CY
- Consolidation: NONE
- Carrier: 베스트운송(BEST TRANS CO., LTD.)
- VESSEL명: ARIRANG

- VOYAGE NO.: W1001
- POL(선적항, PORT OF LOADING): 한국 부산(BUSAN, KOREA)
- POD(도착항, PORT OF DISCHARGE): 미국 LONG BEACH, CA
- POR(인수지, PLACE OF RECEIPT): 한국 부산(BUSAN, KOREA)
- DLV(인도지, PLACE OF DELIVERY): 미국 HOUSTON, TX
- INCOTERMS: CIF
- MAIN ITEM: LAUNDRY SOAP
- CONTAINER INFORMATION의 CONTAINER NO.: HJCU5294537 / TYPE: 42GP - GENERAL PURPOSE CONT. / SEAL NO1.: 4897S
- Consignment Item의 DESCRIPTION(HS CODE): 3401191010 / NO. OF PACKAGE: 100PG / WEIGHT: 20,000KGM / VOLUME: 40.000CBM / MARKS AND NO.: CRAW STONE C/NO. 1-100 MADE IN KOREA / DESCRIPTION OF GOODS: 100Carton Box(10,000BOX) OF LAUNDRY SOAP

6 샘플 및 출력서식

1) 서면 선적요청서 양식

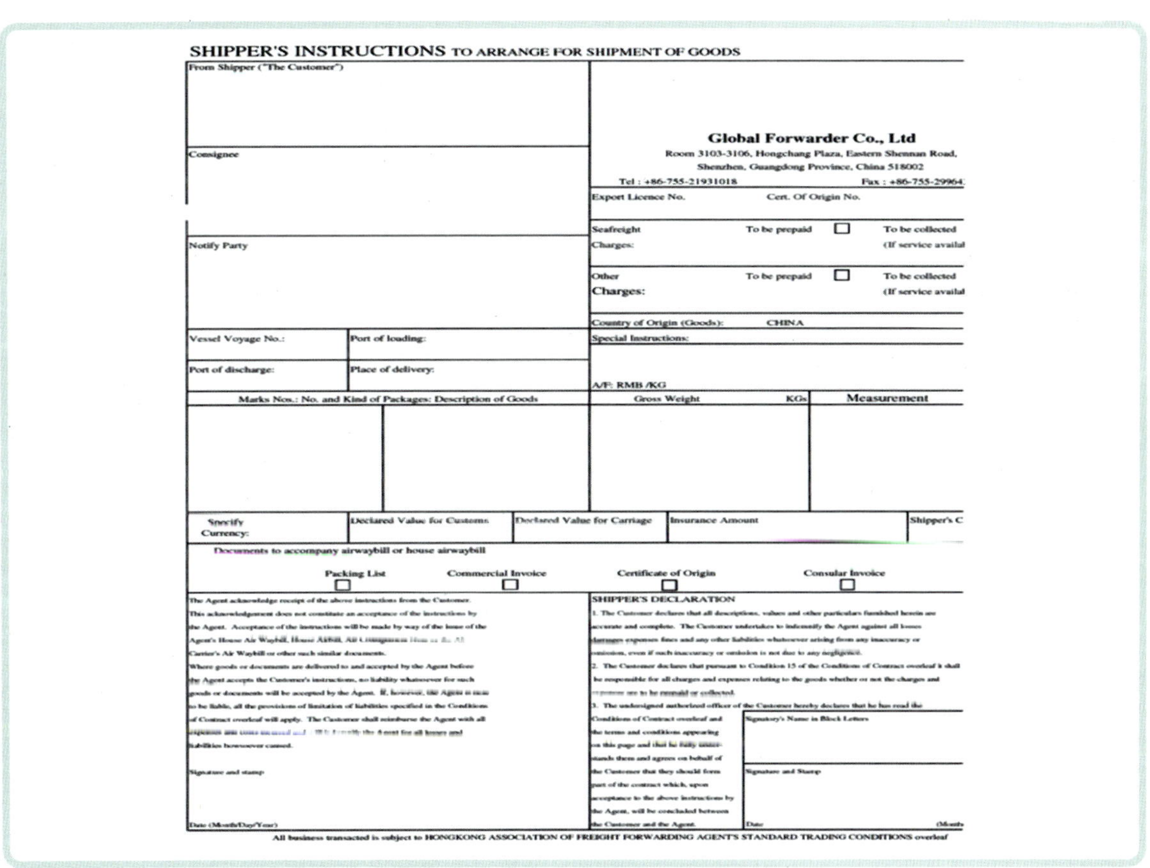

SHIPPER'S INSTRUCTIONS TO ARRANGE FOR SHIPMENT OF GOODS

From Shipper ("The Customer")

Consignee

Notify Party

Global Forwarder Co., Ltd
Room 3103-3106, Hongchang Plaza, Eastern Shennan Road,
Shenzhen, Guangdong Province, China 518002
Tel : +86-755-21931018 Fax : +86-755-29964

Export Licence No. Cert. Of Origin No.

Seafreight Charges: To be prepaid ☐ To be collected (If service availal

Other Charges: To be prepaid ☐ To be collected (If service availal

Country of Origin (Goods): CHINA

Special Instructions:

A/F: RMB /KG

Vessel Voyage No.: | Port of loading:

Port of discharge: | Place of delivery:

Marks Nos.: No. and Kind of Packages: Description of Goods		Gross Weight KGs	Measurement

Specify Currency:	Declared Value for Customs	Declared Value for Carriage	Insurance Amount	Shipper's C

Documents to accompany airwaybill or house airwaybill

Packing List ☐ Commercial Invoice ☐ Certificate of Origin ☐ Consular Invoice ☐

The Agent acknowledge receipt of the above instructions from the Customer. This acknowledgement does not constitute an acceptance of the instructions by the Agent. Acceptance of the instructions will be made by way of the issue of the Agent's House Air Waybill, House AWB, [illegible] Carrier's Air Waybill or other such similar documents. Where goods or documents are delivered to and accepted by the Agent before the Agent accepts the Customer's instructions, no liability whatsoever for such goods or documents will be accepted by the Agent. If, however, the Agent is [illegible] to be liable, all the provisions of limitation of liabilities specified in the Conditions of Contract overleaf will apply. The Customer shall reimburse the Agent with all expenses and costs incurred and [illegible] the Agent for all losses and liabilities howsoever caused.

Signature and stamp

Date (Month/Day/Year)

SHIPPER'S DECLARATION

1. The Customer declares that all descriptions, values and other particulars furnished herein are accurate and complete. The Customer undertakes to indemnify the Agent against all losses damages expenses fines and any other liabilities whatsoever arising from any inaccuracy or omission, even if such inaccuracy or omission is not due to any negligence.
2. The Customer declares that pursuant to Condition 15 of the Conditions of Contract overleaf it shall be responsible for all charges and expenses relating to the goods whether or not the charges and expenses are to be prepaid or collected.
3. The undersigned authorized officer of the Customer hereby declares that he has read the Conditions of Contract overleaf and the terms and conditions appearing on this page and that he fully understands them and agrees on behalf of the Customer that they should form part of the contract which, upon acceptance to the above instructions by the Agent, will be concluded between the Customer and the Agent.

Signatory's Name in Block Letters

Signature and Stamp

Date (Month

All business transacted is subject to HONGKONG ASSOCIATION OF FREIGHT FORWARDING AGENT'S STANDARD TRADING CONDITIONS overleaf

제7절 선하증권발행 사전확인(Draft B/L)

1 사전지식

1) 부킹(Booking)

선복(船腹, Ship's Space)예약을 말하며 화주나 화주의 대리인이 선사나 그 대리점에게 운송을 위한 선박내 적재공간(freight space)을 예약하는 것으로 화물의 명세, 소요컨테이너 수, 선적지, 하역지 등 기본 운송정보를 제공한다. 화주에게는 선적요청(shipping instruction)의 예비작업이고, 선사의 입장에서는 운송서비스 예정 수요이며, 항만/터미널 입장에서는 게이트 반출입과 Yard Plan의 기초자료가 된다.

포워더의 경우 선사의 선복에 대한 계약요율이 있기 때문에 선적 건별로 실화주에게 영업을 하여 자신의 이익을 꾀할 수 있다. 선사입장에서는 선적에 대한 예정(estimated)정보를 사전에 입수할 수 있으므로 안정적인 운송물량 확보 및 사전작업이 가능하게 된다.

2) 선적요청(Shipping Instruction)

부킹요청에 대한 선사의 확정(booking confirm) 이후에 선적에 대한 화주의 정식 약속을 말한다. 일반적으로 선사는 선적요청에 대한 서류마감시한(document closing time)을 두고 있으며 컨테이너(Container) No와 같은 데이터가 정확하게 기재되어야 후에 B/L과 적하목록(manifest) 신고작업 등에 차질이 생기지 않는다.

3) 무선박운송인(無船舶運送人, N.V.O.C.C)

공중운송인(公衆運送人, common carrier)은 일반 화주로부터 운임을 받고 운송서비스를 제공하는 자를 말한다. 이 중 자신이 선박을 운항하는 V.O.C.C(vessel operating common carrier)와는 다르게 선박운항 없이 선사업무를 보는 N.V.O.C.C(non-vessel operating common carrier)가 있다. N.V.O.C.C는 선사처럼 업무를 보지만 실제 선박을 운항하지 않으므로 V.O.C.C에 다시 선적요청한다.

4) B/L 발행형태별 종류

구 분	설 명
Draft B/L	B/L 발행 이전에 B/L의 데이터 검증을 위해 B/L 발행자가 선적요청자에게 다시 한번 확인하는 용도의 B/L data로 현업에서는 'Check B/L'이라고도 한다.
e-B/L	Data 그 자체가 유가증권으로서의 선하증권으로 법적보장이 되며 공인된 보관소에 들어간 파일만이 원본인 선하증권으로 e-B/L Korea에서 관리한다.
Web B/L	전자적인 형태의 데이터를 선적요청자가 자기 사무실에서 B/L 발행자가 배포한 종이 B/L양식을 이용하여 출력하는 B/L로 선사가 그 B/L의 발행 및 권리를 인정하는 선하증권이다. 현업에서는 'Web B/L'을 'e-B/L'이라고 말하기도 하나 그 성격은 다르다.

2 화면설명

1) Draft B/L작성

Header

B/L No *	BL-201502-10001	Draft B/L 수신처 *	PUR0000001 찾기 ONE INTERNATIONAL

신적요청정보

신청번호 (S/R 번호) *			
화주S/R번호	SR-201502-10001	화주S/R전자문서번호	

일반정보

Shipper/Exporter * 찾기		Exporter References
. Name	ONE INTERNATIONAL	
. Address	6TH FL, SEOCHO DONG GANGNAM (SEOUL, KOREA	
Consignee * 찾기		Forwading Agent References
. Name	CRAW STONE	
. Address	54550, DETRIOT, MICHIGAN USA	
Carrier * 찾기		For Delivery of Goods Please Apply to
. name	BEST TRANS CO., LTD.	
. Person in Charge		
Notify * 찾기		Onward Inland Routing
. Name	CRAW STONE	
. Address	54550, DETRIOT, MICHIGAN	FOR TRANSSHIPMENT TO
	USA	
Pre-Carriage by		Point And Country of Origin

Place of Receipt *	KRPUS 찾기 BUSAN, KOREA	Place of Delevery *	USLGB 찾기 LONG BEACH, CA
Port of Loading *	KRPUS 찾기 BUSAN, KOREA	Port of Discharge *	USLGB 찾기 LONG BEACH, CA
Final Destination (For the Merchants Ref.only)	찾기	Vessel/Voyage/Flag *	ARIRANG W1001 KR 찾기 KOREA
Total No. of Package *	100 PG 찾기	On Board Date *	2016-02-20
Total Gross Weight	20,000.00 KGM 찾기	Date of Issue *	2016-02-20
Total Volume	40.000 CBM 찾기	Place of Issue	KR 찾기 KOREA
No of Original B(s)/L	3	B/L Type	ORIGINAL
Signed By	Agent	변경발행 여부	NO
Prepaid/Collect	PREPAID 찾기	B/L TITLE	
		SERVICE TYPE	
Total No. of Cont'r or Pkgs(in words)	1 CONTAINER ONLY		
Marks and Numbers (in words)	CRAW STONE P/NO.1-1001 MADE IN KOREA		
Description of Packages and Goods	100PG(10,000BOX) OF LAUNDRY SOAP		
Shippers Declared Value			

B/L 부가정보 B/L 부가정보 등록/수정

No	B/L Type	Title

컨테이너정보 컨테이너정보 등록/수정

No	Container No.	Seal No.	Size Type	No of Package		Gross Weight		Volume		Service Type
1	HJCU5294537	4897S	42GP	100	PG	20,000.00	KGM	40.000	CBM	CY to CY

운임정보 운임정보 등록/수정

No	Freight & Charges	Revenue Tons	Rate	Unit	Prepaid/Collect	Freight Amount
1	All charges			USD	Prepaid	10000.00

Freight Prepaid At	US 찾기 UNITED STATES	Freight Payable At	찾기

[Header]

- 전자문서번호: 전자문서의 고유번호
- 전자문서기능: 전자문서가 가지는 기능 분류, 최초 전송일 경우 Original, 재전송시에는 Duplicate 선택
- 수신처: S/R을 보낸 송하인을 지정한다.
- B/L No: House B/L No.를 입력한다.

[선적요청정보]

- 신청번호(S/R 번호): Liner S/R No.
- 화주 S/R 번호: 실화주가 관리하는 S/R No. 예를 들어 Invoice No.

[일반정보]

- Shipper/Exporter: 운송계약의 당사자로서 화물운송을 운송인에 대해 자신의 이름으로 의뢰하는 자이다. 또한 수출자(exporter)이고 매도인(seller)이기도 하다. 영국에서는 수출자와 동의어로 사용하지만 미국에서는 항공운송, 육상운송의 어느 운송에서도 화물의 적출인은 Shipper라고 한다.
- Export References: 예를 들어 C/I, P/L 등 기타 참조할 수 있는 정보
- Consignee(수하인): 화물인수자의 정보를 입력한다.
- Forwarding Agent References: 예를 들어 포워더와 계약(service contract)한 계약번호를 알려주면 물류비 산정시 혜택을 받을 수 있는 것과 같이 참조할만한 번호를 의미한다.
- Carrier(운송인): 송하인과 계약에 의하여 운송책임을 부담하는 자를 말한다. 운송을 책임지는 증거로써 운송상의 제출을 요구하기도 하고 송하인의 청구에 의하여 운송증권을 발행하는 의무를 진다.
- For Delivery of Goods Please Apply to: 화물의 선석에 대한 상내를 알려줘야 할 곳.
- Notify Party(통지처): 화물의 도착예정 등에 대한 통지를 할 대상에 대한 정보를 입력한다. 필요시 복수의 통지처가 있을 수도 있으며, 때에 따라서 수하인과 같을 수도 있다.
- Onward Inland Routing: 수입지에서의 내륙운송 경로
- For transshipment to: 환적에 대한 지역으로 예를 들어 L/C 조건에 특정지역에서의 환적을 허용하지 않는 경우 문제가 될 수 있다.
- Pre-carriage by: B/L의 운송책임 구간 시작 이전에 운송된 곳이 어디인지 그 지역을 명시
- Point and Country of Origin: 화물의 원출발지가 어디인지에 대한 지역에 대한 명시
- Place of Receipt: 화물 인수지에 대한 정보로 인수지와 선적지는 동일하지 않을 수 있다.
- Port of Loading: 선적이 일어나는 항구
- Place of Delivery: 화물의 인도가 일어나는 장소
- Port of Discharge: 하역이 일어나는 항구
- Final Destination: 화물운송의 최종 종착점
- Ocean Vessel/Voyage/Flag: 선박명, 항차, 선박의 국적
- Total No. of Packages: 전체 화물의 개수와 단위
- On-Board Date: B/L에 표시되는 선적일
- Total Gross Weight: 전체 총중량
- Date of Issue: B/L 발행일

- Place of Issue: B/L 발행장소. 예) 부산영업소
- Total Measurement: 전체 부피(용적)
- No. of Original B/L(s): Original B/L 매수
- B/L Type: Original, Surrendered, Sea-WayBill 또는 복합운송증권(Multimodal B/L) 여부
- Signed By: 운송사(B/L발행사)의 서명
- 변경발행여부: B/L이 최초 발행본인지 아니면 변경신청에 따른 변경발행분인지 여부
- Prepaid/Collect: 운임의 지불이 선불(prepaid)이거나 후불(collect)인지에 대해 구분한다.
- Service Type(Shipping Term): 양적하지역 내에서의 운송형태, 예를 들어 CY to CY, CFS to CFS와 같은 것들이 있다. CY to CFS의 경우 FCL단계의 화물이 수입되어서는 LCL이 되어 여러 수하인들에게 인도하는 운송형태가 된다.
- Total No. of Cont. or Pkgs(in words): 예를 들어 43개 파렛트의 경우 "SAY: FORTY-THREE(43) PALLETIZED CARGO ONLY"로 표기
- Marks & Numbers(in words): 화인 등 화물의 마크나 번호
- Description of Packages and Goods: 화물에 대한 명세
- Shippers Declared Value: 화주의 화물에 대한 신고가격으로 이 부분이 명기되지 않으면 해상사고로 화물의 손망실 등의 경우 표준약관에 의거하여 변상한다. 신고된 가격이 높으면 해상운임이 상승할 수 있다.

2) B/L 부가정보 등록/수정

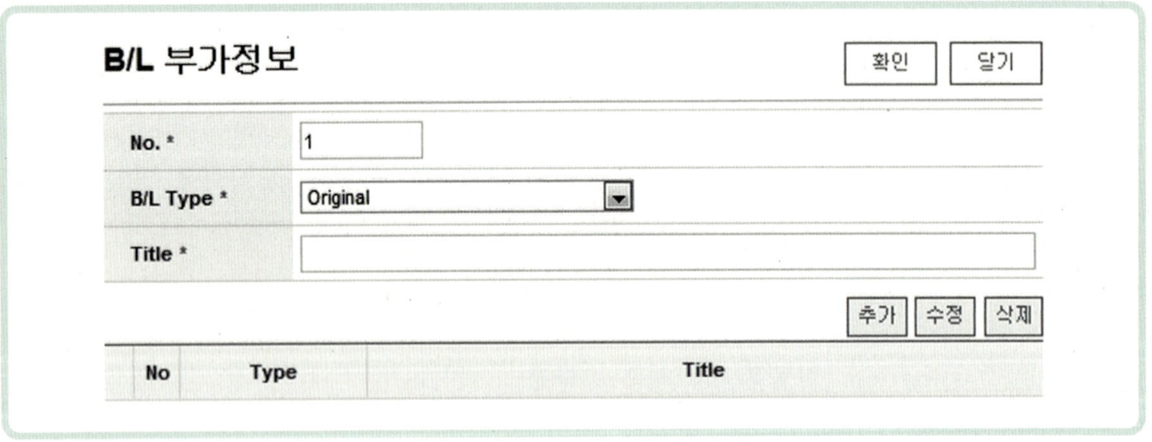

- B/L Type: Original, Surrendered, Sea-Waybill
- Title: B/L의 선언문. 예를 들어 "MULTIMODAL TRANSPORT BILL OF LADING"

3) 컨테이너정보 등록/수정

컨테이너 정보

확인 닫기

번호 *	1
Container No. *	HJCU5294537
Seal No.	4897S
Size Type	42GP 찾기
No. of Package	100 PG 찾기
Gross Weight	20,000.00 KGM 찾기
Volume	40.000 CBM 찾기
Service Type	CY to CY

추가 수정 삭제

	No	Container No.	Seal No.	Size Type	No of Package		Gross Weight		Volume		Service Type
□	1	HJCU5294537	4897S	42GP	100	PG	20,000.00	KGM	40.000	CBM	CY to CY

- Container No.: 컨테이너 번호
- Seal No.: 컨테이너 봉인번호
- Size Type: Container Size Type으로 ISO 6346 참조
- No. of Package: 패키지의 개수
- Gross Weight: 컨테이너 화물 총중량
- Measurement: 컨테이너 화물 총용적
- Service Type: 양적하지역 내에서의 운송형태이다. 예를 들어 CY to CY, CFS to CFS와 같은 것들이 있다. CY to CFS의 경우 FCL단계의 화물이 수입되어서는 LCL이 되어 여러 수하인들에게 인도하는 운송형태가 된다.

4) 운임정보 등록/수정

운임정보 [확인] [닫기]

No. *	1
Freight & Charges *	All charges ▼
Revenue Tons	
Rate	
Unit	USD [찾기]
Prepaid/Collect	Prepaid ▼
Freight Amount	10,000.00

[추가] [수정] [삭제]

	No	Freight & Charges	Revenue Tons	Rate	Unit	Prepaid/Collect	Freight Amount
☐	1	All charges			USD	Prepaid	10000.00

B/L은 유통문서이므로 일반적으로 운임을 B/L상에 표기하기를 원치 않는 경우 "AS Arranged"로 표기한다. 현업에서 유통되는 B/L에 거래운임이 노출되는 경우는 거의 없으나, 운임을 나타내기를 원한다면 운임계정을 선택하고 해당 화물의 Ton, Rate, Unit와 운임지불여부를 표시한다.

- Revenue Tons: 해당화물 과금 톤수(R/T)
- Rate: 요금 요율
- Unit: 통화단위
- Prepaid/Collect: 선불, 후불
- Freight Amount: 운임 포함 과금액

3 업무 프로세스 흐름도

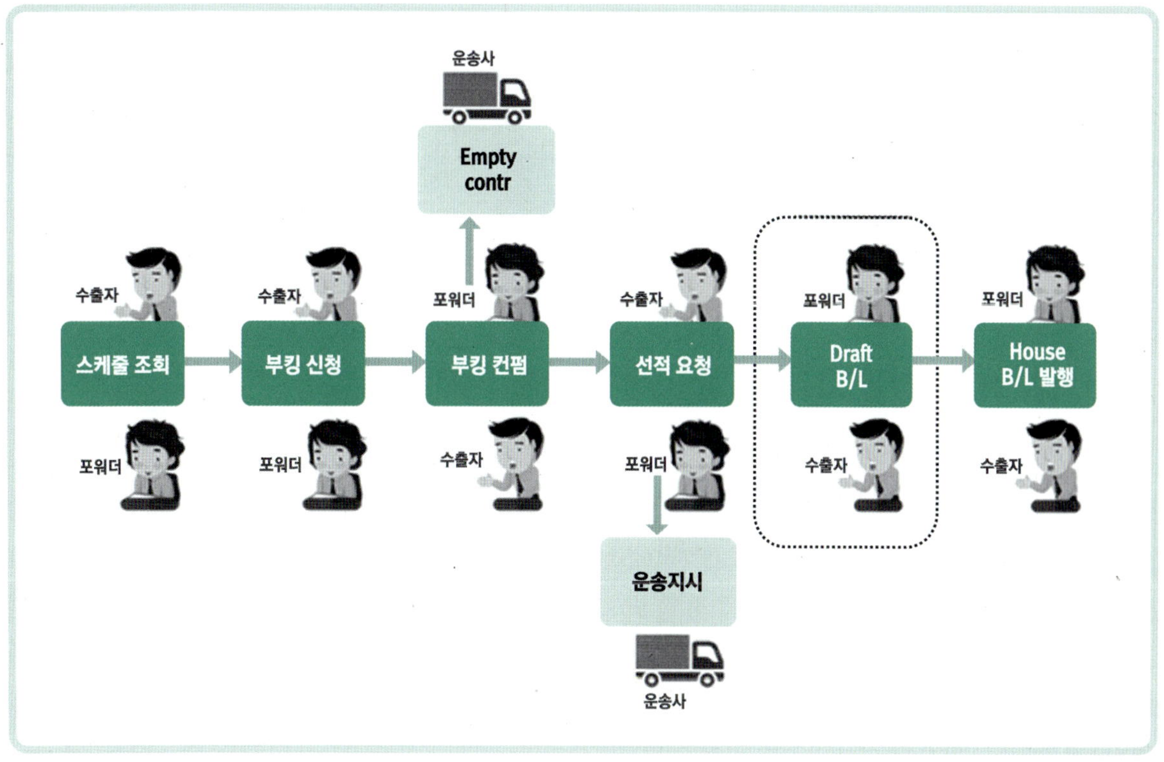

수출자(송하인)로부터 포워더는 선적요청(S/I) 접수와 함께 C/I 사본, P/L 사본, E/P 사본, L/C 사본 등을 받아 Draft(House) B/L 작업을 한다. Draft B/L은 종이 B/L을 발행하는 업무 프로세스 상태에서 정식발행 이전에 오류를 줄이기 위해 수출자(송하인)에게 다시 한번 데이터의 정확성을 확인하는 업무이다.

B/L이 발행된 시점에서는 B/L 수정을 위해 B/L정정신청(C/A; correction advice)이 필요하다. 이 역시 송하인의 요청에 의거하여 B/L 정보가 정정되어 결국에는 재발행되었다는 증거가 될 수 있다. e-B/L이 아닌 한 B/L정정은 서면정정신청으로 처리되는 경우가 일반적이다.

주의 현업에서는 'Check B/L'이라는 용어를 많이 쓴다. B/L에 관해서는 제3부 '전자물류(e-Logistics) 실습'에서 상세하게 다룬다.

4 전자문서 흐름도

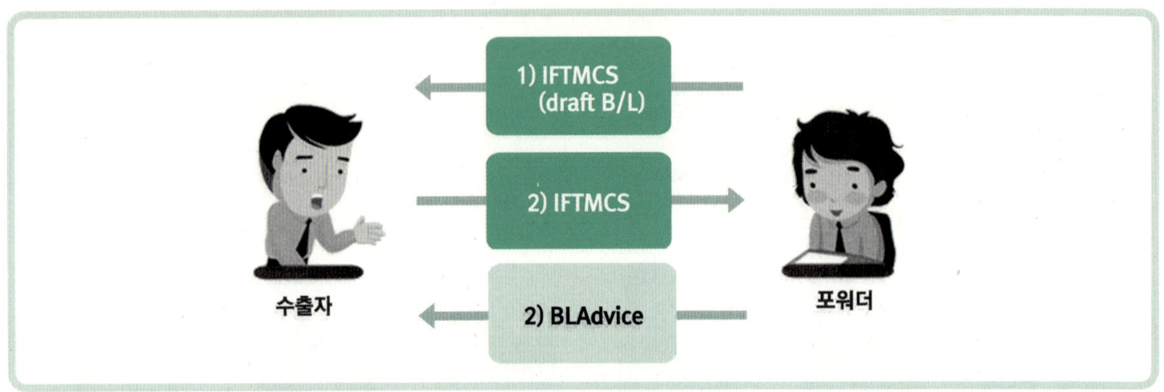

포워더는 팩스 또는 스캔 후 이메일로 Draft B/L을 수출자에 전송한다. 만약 수출자의 Draft B/L에 대한 수정사항이 있을 때, 포워더는 수출자로부터 구두나 팩스 등의 방법으로 B/L 변경 요청을 접수한다. 만약 Draft B/L(IFTMCS)을 전자문서로 수신한 경우라면 수출자는 Draft B/L의 일부항목 내용을 수정하여 정정된 B/L data(IFTMCS)를 전송할 수 있다. 포워더는 필요에 따라 시스템에 전송된 IFTMCS에 대해 접수/오류통보(APERAK)를 할 수도 있다. B/L 작업은 시간적 여유가 없는 경우가 많아서 전자적으로 수정요청, 요청접수, 정정후 발행 등에 대해 시점관리가 필요할 수도 있다.

만약 종이B/L이 발행된다면 원본(Original) 또는 권리포기(Surrendered) B/L로 이전 발행본을 회수하고, 변경요청을 반영하여 신규 B/L을 발행해야 하나, 전자선하증권(e-B/L) 원본 B/L(BLAdvice)의 경우 소유권자로부터 B/L정정신청(BLReissue) 문서가 송신된 즉시 운송사는 원본 B/L 회수작업 없이 새로운 e-B/L을 발행등록 할 수 있다.

주의 Draft B/L은 유가증권인 선하증권(B/L)이 아니라 참조 데이터일 뿐이다. 단지 B/L발행 이전에 입력된 데이터의 정확성 여부를 확인하는 관점에서 사용하는 문서(IFTMCS)이다.

5 실습 지시문

"ONE INTERNATIONAL"에서 "CRAW STONE"사로 수출하는 "LAUNDRY SOAP"의 선적을 위한 Draft B/L을 다음 조건에 맞게 작성해 보세요.

- B/L 번호: BL-201602-10001
- Draft B/L 수신처: 원 인터내셔널(ONE INTERNATIONAL)
- 화주 S/R번호: SR-201602-10001

- SHIPPER/EXPORTER: 원 인터내셔널(ONE INTERNATIONAL)
- CONSIGNEE: 크로우스톤(CRAW STONE)
- Carrier: BEST TRANS CO., LTD.
- NOTIFY PARTY: 크로우스톤(CRAW STONE)
- PLACE OF RECEIPT: 한국으로 부산(BUSAN, KOREA)
- PLACE OF DELIVERY: 미국으로 LONG BEACH CA
- PORT OF LOADING: 한국으로 부산(BUSAN, KOREA)
- PORT OF DISCHARGE: 미국으로 LONG BEACH, CA
- VESSEL / VOYAGE: ARIRANG / W1001이고 / 국적: 한국(KOREA)
- ON BOARD DATE: 2016-02-20
- DATE OF ISSUE: 2016-02-20
- PLACE OF ISSUE: 한국(KOREA)
- 원본 B/L(No of Original B(s)/L): 3부 발행
- B/L TYPE: ORIGINAL B/L
- 운임의 선/후불 조건: PREPAID
- TOTAL NO. OF CONT'R: 1 CONTAINER ONLY
- MARKS AND NUMBERS는 다음과 같다.
  - CRAW STONE
  - C/NO.1-100
  - MADE IN KOREA
- DESCRIPTION OF PACKAGE AND GOODS: 100 Carton Box(10,000 BOX) OF LAUNDRY SOAP
- Freight Prepaid At: 미국(UNITED STATES)

(컨테이너정보)

컨테이너정보의 CONTAINER NO.: HJCU5294537 / Seal No: 4897S / TYPE: 42GP-GENERAL PURPOSE CONT. / NO. OF PACKAGE: 100 Carton Box / GROSS WEIGHT: 20,000KGM / VOLUME: 40CBM / SERVICE TYPE: CY TO CY

(운임정보)

- Freight & Charges: All Charges
- Unit(외화단위): USD(US DOLLAR)
- 운임: PREPAID, 2,500 조건

6 샘플 및 출력서식

1) Draft B/L 출력본 샘플

P Logistics Co.,Ltd. **BILL OF LADING**

SHIPPER/EXPORTER	BL NO.
ELECTRONICS INC. YOUNGDUNGPO-GU, SEOUL,150-721, KOREA TEL:0082- FAX:0082-	P 1696
	EXPORT REFERENCES
	FORWARDING AGENT
CONSIGNEE MIDEA WATER DISPENSER MANUFACTURER CO.,LTD NO. SHUNDE,GUANGDONG,CHINA TEL:0757- FAX:0757-	POINT AND COUNTRY OF ORIGIN
	TO OBTAIN DELIVERY CONTACT LOGISTICS (HK) COMPANY LIMITED. UNIT ,88 CONTAINER PORT RD,KWAI CHUNG,NT,HONG KONG TEL:852 2403 FAX:852 2403
NOTIFY PARTY MIDEA WATER DISPENSER MANUFACTURER CO.,LTD NO. SHUNDE,GUANGDONG,CHINA TEL:0757- FAX:0757-	CHECK

PRE-CARRIAGE BY	PLACE OF RECEIPT		
	BUSAN, KOREA		
EXPORTING CARRIER	PORT OF LOADING		
HEUNG-A BANGKOK 920S	BUSAN, KOREA		
PORT OF DISCHARGE	PLACE OF DELIVERY	FOR TRANS SHIPMENT TO	FINAL DESTINATION(FOR THE MERCHANT'S REF)
BEIJIAO SHUNDE CHINA	BEIJIAO SHUNDE CHINA		BEIJIAO SHUNDE CHINA

PARTICULARS FURNISHED BY SHIPPER

MARKS AND NUMBERS	NO. OF CONT OR OTHER PKGS	DESCRIPTION OF PACKAGES AND GOODS	GROSS WEIGHT	MEASUREMENT
FCIU2303916/ (9500.00KG/14.000M3/14) N/M		SHIPPER'S LOAD AND COUNT SAID TO CONTAIN 14 CARTON COVERING: DESCRIPTION OF GOODS:COMPRESSORS MODEL:NS30LADG 1,489SETS GOODS UNDER PURCHASE CONTRACT NO.:CG09040028 * "FREIGHT PREPAID" * THE NUMBER OF THIS LETTER OF CREDIT. : LC2061200900315 FREIGHT PREPAID SAY : ONE (20DRX01)CONTAINER ONLY. According to the declaration of the consignor(see clause 8)	KGS 9,500.00	CBM 14.000 CY / CY

NON NEGOTIABLE

FREIGHT AND CHARGES	PREPAID	COLLECT	The surrender of the original order bill of lading properly endorsed shall be required before the delivery of the property inspection of property covered by this bill of lading will not be permitted unless provided by law or unless permission is endorsed in this original bill of lading or giving in writing by the shipper.
	PREPAID		IN WITNESS WHEREOF THE UNDERSIGNED, SIGNING ON BEHALF OF THIS CARRIER OR AGENT.HAS SIGNED THREE(3) BILLS OF LADING ALL OF THE SAME TENOR AND DATE ONE OF WHICH BEING ACCOMPLISHED THE OTHERS TO STAND VOID. Logistics Co.,Ltd. AS A CARRIER
TOTAL CHARGES FREIGHT PREPAID AS ARRANGED			BY DATE
FREIGHT PAYBLE AT SEOUL, KOREA			ATTENTION OF SHIPPER ; the term and conditions of lading under which this shipment is accepted are printed in the back hereof. Note unless otherwise specified the charges listed above do not include customs duties, taxes customs clearance charges and similar non transportations which are for the account of the cargo.
NO OF ORIGINAL B/L			PLACE AND DATE OF ISSUE SEOUL, KOREA MAY,16,2009
			ON BOARD DATE MAY,16, 2016

Logistics Co.,Ltd.

2) 서면 House B/L 샘플

(Forwarding Agent)

Shipper
CORPORATION

Consignee
TO THE ORDER OF INDUSTRIAL BANK OF KOREA

Notify Party
CO., LTD.
HWASUNG-CITY
GYONGGI-DO 445-330 KOREA

B/L No. 3138

JIFFA — Member of the Japan International Freight Forwarders Association, Inc.

MULTIMODAL TRANSPORT BILL OF LADING

KAISOTEN, LTD.

NO.2-1, 3-Chome, Kaigan-Dori, Chuo-ku, kobe, Japan(HEAD OFFICE)
TEL:(078)321-2141
FAX:(078)392-4581

TOKYO TEL:(03)3591-7431,2281
FAX:(03)3580-9548,9525
OSAKA TEL:(06)6243-0221
FAX:(06)6243-0290

Received by the Carrier from the shipper in apparent good order and condition unless otherwise indicated herein, the Goods, or the container(s) or package(s) said to contain the cargo herein mentioned, to be carried subject to all the terms and conditions appearing on the face and back of this Bill of Lading by the vessel named herein or any substitute at the Carrier's option and/or other means of transport, from the place of receipt or the port of loading to the port of discharge or the place of delivery shown herein and there to be delivered unto order or assigns. This Bill of Lading duly endorsed must be surrendered in exchange for the Goods or delivery order. In accepting this Bill of Lading, the Merchant agrees to be bound by all the stipulations, exceptions, terms and conditions on the face and back hereof, whether written, typed, stamped or printed, as fully as if signed by the Merchant, any local custom or privilege to the contrary notwithstanding, and agrees that all agreements or freight engagements for and in connection with the carriage of the Goods are superseded by this Bill of Lading.

Party to contact for cargo release
KOREA CO., LTD.
87-7, 4-KA,
JUNGANG-DONG, JUNG-KU, BUSAN, 600-729, KOREA
TEL:(051)441-

Pre-carriage by | **Place of Receipt**

Vessel "DONGJIN OSAKA" **Voy. No.** 910N | **Port of Loading** NAGOYA PORT

Port of Discharge BUSAN PORT | **Place of Delivery** | **Final Destination (Merchant's reference only)**

Container No. Seal No. Marks and Numbers	No. of Containers or Pkgs	Kind of Packages; Description of Goods	Gross Weight (KGS)	Measurement (M3)
IONES NL2000SY/500 BUSAN MADE IN JAPAN C/NO. 1-4	4 STEEL CRATES	COUNTRY OF ORIGIN: JAPAN "MORI SEIKI" BRAND COMPUTERIZED NUMERICALLY CONTROLLED LATHE MODEL: NL 2000SY/500 WITH ALL STANDARD ACCESSORIES, FITTED WITH MSX-850 CONTROLLER "FREIGHT COLLECT"	7,140	26.906

ORIGINAL

收入印紙

No 접수 2009. 4. 07

unknown to the Carrier.

Total number of Containers or other Packages or Units (in words) FOUR (4) STEEL CRATES ONLY.-

Merchant's Declared Value (See Clauses 18 & 23):

Note: The Merchant's attention is called to the fact that according to Clauses 18 & 23 of this Bill of Lading the liability of the Carrier is, in most cases, limited in respect of loss of or damage to the Goods.

Freight and Charges	Revenue Tons	Rate	Per	Prepaid	Collect
		FREIGHT AS ARRANGED			

Exchange Rate | **Prepaid at** | **Payable at** DESTINATION | **Place and Date of Issue** OSAKA, JAPAN MAR. 2 6. 2016

Total Prepaid in Local Currency | **No. of Original B(s)/L** THREE (3)

In witness whereof, the undersigned has signed the number of Bill(s) of Lading stated herein, all of this tenor and date, one of which being accomplished, the others to stand void.

Laden on Board the Vessel
Vessel | **Date** MAR. 2 6. 2009
Port of Loading | **By**

As Carrier KAISOTEN, LTD.

An enlarged copy of back clauses is available from the Carrier upon request.

(TERMS CONTINUED ON BACK HEREOF)
© JIFFA MODEL FORM

제8절 화물추적(Cargo Tracking) 정보

 사전지식

1) 화물추적 자동화

운송구간내 화물의 운송상태(예약~화물인도)에 대한 시점(시간적 데이터)과 장소(공간적 데이터) 정보를 자동 송수신하는 것을 말한다. 글로벌 SCM 환경에서 업체간 공유할 수 있게 설계된 화물추적 정보의 중요성은 아무리 강조해도 지나치지 않다.

2) 화물추적 정보가 갖춰야할 특성

화물추적정보는 5가지 주요한 특성에 부합할수록 그 가치가 높다고 볼 수 있다.

정합성	제공되는 화물추적정보는 최소한의 오류(휴먼에러)를 제외한 절대 다수의 정보는 그 신뢰성을 담보해야 한다. 예를 들어 오류가 5%라면 100만 컨테이너의 5만개 정보가 오류난 것이다.
적시성	화주가 최대로 인내할 수 있는 시점 이전에 전달이 가능해야 한다. 예를 들어, 한국-중국 서해상 운송의 경우 2일 안에 입출항 정보가 수신되야 하는데 3~4일 후에 들어오면 고객에게는 정보로서의 의미가 없다.
실질성	물리적 화물의 이동에 대한 정보가 핵심이며 행정적 처리나 관념적인 상태는 부차적인 것이다. 예를 들어 화주에게 적하목록 제출과 같은 물류업체와 관세청간 업무는 의미가 없다. 해외 터미널에서 CY 반출입과 같은 정보는 상태보고에 대한 의무가 없다면, 물리적 상태가 아니라 서류상으로 보고 받은 상태일 수 밖에 없다. 이럴 경우 해외 터미널이 제공하는 데이터가 터미널 책임하에 실질적으로 확인되었느냐 하는 점이 중요하다. 아울러 수출신고필증상의 화물중량과 적하목록상의 중량의 오차가 5% 미만일 경우의 선적상태로 데이터가 제공된다면 실제 선적에 대한 그 어떤 검증도 없는 상태에서 시스템상 선적상태로 확인된다는 점이다.
통일성	특정 화물의 상태(status)는 개별 물류기업마다 그 코드가 달라서는 보편타당한 표준 적용없이 개발될 수밖에 없다. 보편타당하게 쓰이는 '화물의 상태+시간+장소'에 대한 정의와 표준화된 코드의 적용이 필요하다.
포괄성	특정 물류업체의 특정 지리적 구간에 대한 데이터가 아니라 화물이동 전반적인 구간에서의 화물추적이 가능해야 한다.

3) 화물추적 코드(Cargo Status Code)

화물의 상태를 공유하고자 협의된 표준코드를 말한다.

코드(Description)		설 명
EE	Empty Equipment Dispatched	빈 장비(empty container) 픽업
CD	Received at Origin	상차지(배송시작점) 입수
CO	Cargo Received at Contractual Place of Receipt	계약서상의 수취창고(인수지)
X4	Arrived at Terminal Location	선적지(터미널) 게이트 반입

코드(Description)		설 명
VD	Vessel Departure	선박출항
AE	Loaded on Vessel	화물선적
Z4	Discharged from Vessel at Port of Transshipment	환적지에서 하역(T/S)
Z2	Vessel Arrival at Port of Transshipment	환적지 선박입항(T/S)
Z3	Loaded on Vessel at Port of Transshipment	환적지에서 선적(T/S)
Z5	Vessel Departure at Port of Transshipment	환적지에 선박출항(T/S)
E	Estimated to Arrive	입항예정(en Route): 최초 스케줄(Initial Schedule)에 의거 입항예정
VA	Vessel Arrival	선박입항
UV	Unloaded from Vessel	화물하역
P	Departured Terminal Location	하역지(터미널) 게이트 반출
ER	Estimated Received	내륙(경유)지 반입예정
I	In-Gate	내륙(경유)지 게이트 반입
OA	Out-Gate	내륙(경유)지 게이트 반출
X2	Estimated Time of Arrival at Consignee Location	수하인(이 지시한) 인도지 도착예정
D	Completed Unloading at Delivery Location	인도완료(인도지 하차완료)
CT	Customs Released	세관허가(검사 등 여타 사유로 인한 Hold에 대한)
CR	Carrier Released	선사 허가(운임 미납 등 여타 사유로 인한 Hold에 대한)
RD	Empty Container Returned	빈 장비(empty container) 반납

4) 지역 기능코드(Location Function Code)

화물의 인수, 선적, 하역 및 인도를 구분코자 협의된 표준코드를 말한다.

코드(Description)		설 명
88	Place of Receipt(Contractual)	화물 인수지(계약상)
9	Place/Port of Loading(Operational)	선적지(운영상)
13	Port of Transshipment(Operational)	환적지(운영상)
11	Place/Port of Discharge(Operational)	하역지(운영상)
7	Place of Delivery(Contractual)	화물 인도지(계약상)

5) 일자 한정어(Date/Time Qualifier)

예정 및 실제시간과 출발 및 도착 상태를 구분코자 협의된 표준코드를 말한다.

코드(Description)		설 명
132	Estimated Time of Arrival	예정 도착(입항) 시간
133	Estimated Time of Departure	예정 출발(출항) 시간
178	Actual Time of Arrival	실제 도착(입항) 시간
186	Actual Time of Departure	실제 출발(출항) 시간

2 화면설명

1) 화물추적 정보

정의된 화물의 상태, 구분 지역과 시간의 조합으로 표현한 화물추적 정보이다.

추적일자	2016-02-13	MB/L No	BL-201502-10001
Container No	HJCU5294537	Booking No	

Event Classification		Carrier EDI Code Cargo Status	Location Function	Location	Date/Time	Remark
Empty Picup		EE	Empty Equipment Dispatched		2016-02-18 15:00	공 컨테이너 회수
POR	ATA	CD	Received at Origin		2016-02-19 23:30	화물수취장소(선사의 책임구간 시작시점) 실제화물 도착시간
	ATD	CO	Cargo Received at Contractual Place of Receipt		2016-02-19 00:00	화물수취장소(선사의 책임구간 시작시점) 실제화물 출발시간
POL	ATA	X4	Arrived at Terminal Location	KRPUS BUSAN, KOREA	2016-02-19 12:30	화물선적항 실제도착시간
	ETD	VD	Vessel Departure	KRPUS BUSAN, KOREA	2016-02-20 01:00	화물선적항 출항예정시간
	ATD	AE	Loaded on Vessel	KRPUS BUSAN, KOREA	2016-02-20 13:00	화물선적항 실제출발시간
T/S	ETA	Z4	Discharged from Vessel at Port of Transshipment		2016-02-23 00:00	환적항 도착예정시간
	ATA	Z2	Vessel Arrival) T/S		2016-02-23 00:00	환적항 실제도착시간
	ETD	Z3	Loaded on Vessel at Port of Transshipment		2016-02-23 00:00	환적항 출발예정시간
	ATD	Z5	Vessel Departure) T/S		2016-02-23 00:00	환적항 실제출발시간
POD	Initial	E	Estimated to Arrive on Route	USLGB LONG BEACH, CA	2016-03-03 12:00	양하항 도착예정일자 최초제공시간
	ETA	VA	Vessel Arrival	USLGB LONG BEACH, CA	2016-03-04 15:00	양하항 도착예정시간
	ATA	UV	Unloaded from Vessel	USLGB LONG BEACH, CA	2016-03-04 18:00	양하항 실제도착시간
	ATD	P	Departed Terminal Location	USLGB LONG BEACH, CA	2016-03-04 00:00	양하항 실제출발시간
Rail or Truck CY	ETA	ER	Estimated Received		2016-03-05 00:00	수입국내의 철도/도로운송 시점 도착예정시간
	ATA	I	In-Gate		2016-03-05 00:00	수입국내의 철도/도로운송 시점 실제도착시간
	ATD	OA	Out-Gate		2016-03-06 00:00	수입국내의 철도/도로운송 시점 실제출발시간
FDS(Arrival at)	ETA	X2	Estimated time of arrival at Consignee Location		2016-03-06 00:00	최종목적지 도착예정시간
	ATA	D	Completed Unloading at Delivery Location		2016-03-07 00:00	최종목적지 실제도착시간
Custom Realease		CT	Customs Released		2016-03-05 00:00	수입국내 세관 통관(신고)된 상태
Carrier Realease		CR	Carrier Released		2016-03-05 00:00	수입국내 선사의 반출승인된 상태
Empty Return		RD	Empty Container Returned		2016-03-06 00:00	공컨테이너 반출승인된 상태

3 업무 프로세스 흐름도

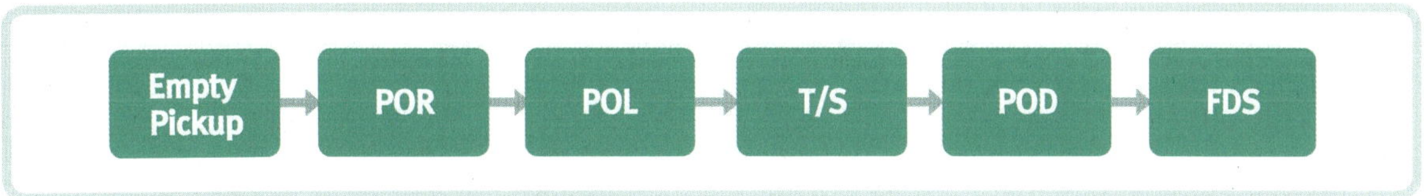

수출자가 지정하는 장소에 장치된 화물의 적입(stuffing)을 위한 공컨테이너(empty container) 픽업에서부터 수입자가 지정하는 인도지에서 화물적출(devanning)하는 일련의 화물 상태에 대해 그 장소(location)와 일자(date/time)가 조합된 데이터를 이용하여 개별 컨테이너 화물을 추적한다. 본 업무 프로세스는 실제업무의 흐름은 아니며, 수출화물 적재를 위한 Empty (Container) Pickup에서부터 Final Destination(최종 인도지) 화물인도 및 적출 후 빈 컨테이너 반납(Empty Container Return)까지의 화물상태 그룹들을 순차적으로 표현하는 것으로 대신한다.

4 전자문서 흐름도

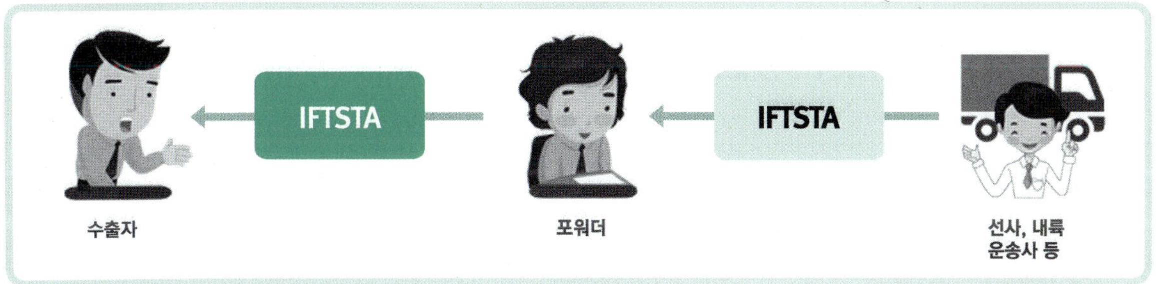

화물추적정보(IFTSTA)는 일반적으로 수출자의 요청에 의거하여 발송되지 않는다. 특정 수신자가 포워더 시스템에 등록된 경우 수신자가 선적한 화물의 상태(status) 변화를 특정 시점마다 송신하는 게 일반적이다. 다만 물류의 관점에서 화물 전체 이동경로를 포괄하는 물류업체가 드물기 때문에 일정 구간은 수작업으로 처리하는 것이 보통이다.

화물추적정보(IFTSTA)의 주요 데이터는 '화물추적 코드(cargo status code)'에 기술된 바와 같이 장소분류(classification), 화물상태(cargo status), 장소기능(location function), 일자(date/time)이고 이를 조합하여 화주에게 자동송신하는 것이 일반적이다.

만약 수작업으로 처리하는 경우 해당 정보를 구두, 팩스(기초적인 의미의 화물추적 통보, 예를 들어 선적통지 또는 화물도착통지(arrival notice, 이하 "A/N")로 전달 할 수 있으며, 선사가 제공하는 웹포털에서 화주 또는 포워더와 같은 그 대리인이 수작업으로 확인하는 방식이 일반적이다.

5 실습 지시문

수출자인 "ONE INTERNATIONAL"은 수출화물 "LAUNDRY SOAP"을 해당 선박의 컨테이너에 선적 이후, 선박 출항을 확인하였다. 수출자인 "ONE INTERNATIONAL"은 선적된 화물의 위치를 확인하려고 한다. 이를 위해 다음 조건에 맞게 실습을 해 보세요.

- 추적일자 기준 2016-02-01부터 2016-02-28로 화물추적 정보를 조회한다.
- B/L No.가 BL-201602-10001인 내역을 선택하여 상세 위치정보를 확인한다.
- 컨테이너 No. HJCU5294537인 내역을 선택하여 상세 위치정보를 확인한다.

주의 이번 차시 실습의 목적은 자료의 입력이 아니라 조건에 맞는 화물추적 데이터를 조회하고 제공된 정보를 이해하고 설명하는 것이다.

6 샘플 및 출력서식

1) KTNET과 'H'포워딩 간 화물추적 데이터셋 설계안

KTNET Standard Set of Seaborne Cargo Status

Event Classification		Carrier EDI Code: Cargo Status	Location Function	Location	Date/Time	Remark (T:22 = M:16, O:6)
Empty Pickup		EE		Location Code =)UNIOCODE Code list, responsible agency code =)'6' UN/ECE Location Name (Name, Text)	186	Option
POR	ATA	CD	88		178	Optional
	ATD	CO	88		186	Mandatory
POL	ATA	X4	9		178	Mandatory
	ETD	VD	9		133	Mandatory
	ATD	AE	9		186	Mandatory
T/S	ETA	Z4	13		132	Optional
	ATA	Z2	13		178	Optional
	ETD	Z3	13		133	Optional
	ATD	Z5	13		186	Optional
POD	Initial	E	11		132	Mandatory
	ETA	VA	11		132	Mandatory
	ATA	UV	11		178	Mandatory
	ATD	P	11		186	Mandatory
Rail or Truck CY	ETA	ER	7		132	Mandatory(if occurred)
	ATA	I	7		178	Mandatory(if occurred)
	ATD	OA	7		186	Mandatory(if occurred)
FDS (Arrival at	ETA	X2			132	Mandatory
	ATA	D			178	Mandatory
CUSTOMS Released		CT			186	Mandatory
Carrier Released		CR			186	Mandatory
Empty Returned		RD			178	Mandatory

2) 'S'사 화물추적 전자문서 스펙 샘플

STATUS REPORT

Header :전자문서 코드(an6)/송신자ID(an35)/수신자ID(an35)

문서명/구분	문서코드	항목명	화면 항목명	Min	Max	Length	code	Default Value	비고
tatus Reque	STAREP								
송신자	*	Sender ID	송신자 ID	1	1	an..35	CODE		송신자 ID 기입
	*	Sender Name	송신자명	1	1	an..35			송신자 명을 기입
수신자	*	Receiver ID	수신자 ID	1	1	an..35		HTGTS	
	*	Receiver Name	수신자명	1	1	an..35		HANKOOKTIRE	
문서절보	*	Document Code	전자문서 코드	1	1	an6		STAREP	
	*	Document Number	문서번호(Report	1	1	an..35			P+ +B/L번호+ +발행차수
	*	Document Issue Date	문서생성일자	1	1	an8			CCYYMMDD
	*	Document Issue Time	문서생성시간	1	1	an6			HHMMSS
현상태정보	*	Current Event Code	이벤트코드	1	1	an3	CODE		DLP:Departure from Loading Port ATP:Arrival in Transhipment Port DTP:Departure from Transhipment Port ADP:Arrival in Discharging Port PDC:Place of Delivery by On Carriage CGO:Gate out CY ECR : Empty Container Return ETC : ETC
	*	Current Event Code Name	이벤트코드명	1	1	an..35			
	*	Country Code	이벤트국가코드	1	1	an..3	CODE		Based on UNLOC Code(ex: KR)
	*	Port Code	이벤트지역코드	1	1	an..25	CODE		Based on UNLOC Code(ex: PUS)
	*	Current Location Code Name	지역코드명(지역명)	0	1	an..35			
D/L,AWB	*	Referenced Qualifier Code	참조문서코드	1	1	an..3	CODE	705	705(BM):Bill of Lading Number
	*	Referenced Document	참조문서번호	1	1	an..35			** 해당 B/L, AWB 번호기입
Container Nc	*	Container Number	컨테이너번호	1	1	an..15			컨테이너번호
stimated dat	*	DLPCountry Code	선적지국가코드	1	1	an..3	CODE		Based on UNLOC Code(ex: KR)
	*	DLPPort Code	선적지지역코드	1	1	an..25	CODE		Based on UNLOC Code(ex: PUS)
	*	Loading ETD Date	선적지출발예정일자	1	1	an8			CCYYMMDD
	*	Loading ETD Time	선적지출발예정시간	1	1	an4			HHMM
	*	**Looping Start**	MDH1	0	99				Mandatory if there is(are) transshipment(s) on the
	*	Serial Number	Serial Number	1	1	n..6			Sequence number start from 001
	*	TSCountry Code	환적지국가코드	1	1	an..3	CODE		Based on UNLOC Code(ex: KR)
	*	TSPort Code	환적지지역코드	1	1	an..25	CODE		Based on UNLOC Code(ex: PUS)
	*	Transhipment ETA Date	환적지도착예정일자	1	1	an8			CCYYMMDD
	*	Transhipment ETA Time	환적지도착예정시간	1	1	an4			HHMM
	*	Transhipment ETD Date	환적지출발예정일자	1	1	an8			CCYYMMDD
	*	Transhipment ETD Time	환적지출발예정시간	1	1	an4			HHMM
	*	**Looping End**	MDT1	1	1				
	*	ADPCountry Code	양하지국가코드	1	1	an..3	CODE		Based on UNLOC Code(ex: KR)
	*	ADPPort Code	양하지지역코드	1	1	an..25	CODE		Based on UNLOC Code(ex: PUS)
	*	Discharging ETA Date	양하지도착예정일자	1	1	an8			CCYYMMDD
	*	Discharging ETA Time	양하지도착예정시간	1	1	an4			HHMM
	*	PDCCountry Code	목적지국가코드	1	1	an..3	CODE		Based on UNLOC Code(ex: KR)
	*	PDCPort Code	목적지지역코드	1	1	an..25	CODE		Based on UNLOC Code(ex: PUS)
	*	Place of Delivery ETA Date	목적지도착예정일자	1	1	an8			CCYYMMDD
	*	Place of Delivery ETA Time	목적지도착예정시간	1	1	an4			HHMM
									Mandatory LOC&Date code according to

제5장

수입무역(표준)

제1절 수입신용장 개설신청

1 사전지식

1) 신용장(Letter of Credit)

신용장(L/C)이란 은행의 조건부 지급확약서(conditional bank undertaking of payment)이다. 즉, 무역거래의 대금지급 및 상품수입의 원활을 기하기 위하여 수입업자의 거래은행인 L/C 개설은행이 수입업자의 요청(request)과 지시(instruction)에 의해 독자적인 책임으로 수출업자 또는 그의 지시인으로 하여금 L/C에 명시된 조건과 일치하는 운송서류를 제시하면 수입업자를 대신하여 지급이행 또는 L/C에 의해 발행된 어음의 지급(payment)·인수(acceptance) 또는 매입(negotiation)을 수출업자 또는 어음매입은행 및 선의의 소지인(bona-fide holder)에게 확약하는 증서를 말한다.[16)]

2) 신용장통일규칙(The Uniform customs and Practice for Documentary Credits)

UCP는 국제상업회의소(ICC)가 제정한 L/C업무를 취급할 때 지켜야 할 제반사항 및 해석의 기준을 규정한 국제규칙이다. 제6차 개정: 2007년 7월 1일 시행 신용장통일규칙의 주요 구성내용은 ① 총칙 및 정의: 적용범위, 매매계약과의 관계, 특성 ② L/C의 형식과 통지: 관계당사자, 취소불능과 가능, 확인, 관련은행의 지정 ③ 책임과 의무: 관계당사자의 권리 의무, 은행의 면책약관, 대금의 상환방법 ④ 서류: 서류의 일반요건, 운송서류, I/P, C/I, 기타서류 ⑤ 잡칙: L/C 해석에 관한 제반근거와 같다.

UCP는 INCOTERMS와 같이 임의규정이므로 개개의 L/C거래에 적용시키기 위해서는 신용장통일규칙에 준거한다는 취지의 문언을 당해 L/C에 명시하여야 한다.[17)]

16) 출처: 한국무역협회 KITA.net

3) 신용장의 수취

L/C는 수출자가 수출을 이행한 후 L/C조건과 일치하는 선적서류를 제시하면 수입자 거래은행인 L/C개설은행이 대금결제를 보증하는 비유통증권으로서, 수출자에게는 대금회수와 관련한 위험(신용위험: credit risk)을 예방하고 수입자에게는 화물인수에 따른 위험(상업위험: mercantile risk)을 예방할 수 있으므로 아직도 무역거래에서 상당부분이 이 L/C를 활용한 거래방법으로 이루어지고 있다. L/C를 수취한 수출자는 대금회수의 안전을 위하여 계약내용과의 일치여부, 기타 특수한 L/C조건으로 대금회수의 위험을 초래하는 조건이 없는지 주의깊게 검토하여야 한다.[18]

4) 신용장 통지(L/C Notification)

L/C 통지는 수입지의 개설은행이 개설하여 송부해 온 L/C에 대하여 수출지의 은행(통지은행)이 수익자에게 그 사실을 알리고 교부하는 일련의 행위이다. L/C의 개설방법은 통상 우편에 의한 방법(mail)과 전신에 의한 방법(cypher, short cable, full cable, SWIFT)이 있으나, 근래는 실무적으로 Short Cable(약속전보)과 SWIFT(국제은행간 자금결제 전산망)에 의한 개설·통지방법이 주로 이용되고 있다.

Short Cable에 의한 L/C의 통지는 L/C가 개설되었다는 예비통지 전문(preliminary advice)에 불과한 것으로 그 자체가 L/C로서의 효력을 갖는 것은 아니며 뒤이어 도착하는 우편신용장이 유효한 L/C가 된다. 이러한 예비통지는 전문상에 "Full Details to Follow"라는 문언이 표시되어 있어 약식전보에 의한 L/C 통지는 그 후 우편으로 전달될 정식의 우편확인서(mail confirmation)가 L/C 원본이 된다.

SWIFT를 이용한 L/C 통지방법은 현재 제일 많이 이용되고 있는 일종의 전신신용장통지방법으로서 국제적 데이터 통신조직인 SWIFT SYSTEM을 이용하며, 화환신용장 발행 FORMAT (MT700)을 사용하여 발행·통지된 L/C의 경우 해당 Message를 은행소정의 L/C 통지서식에 전재(轉載)하고 책임자가 서명하여 통지한다.

SWIFT SYSTEM은 ① 모든 Message가 여러 가지의 확인 및 검증과정을 거쳐 송신되므로 정확할 뿐만 아니라 전문의 진위여부를 쉽게 판별할 수가 있는 안전성(security) ② 저장 및 전신전달 정보전달 방식을 취하고 있어 신속한 업무처리가 가능한 신속성(timeliness) ③ 국제은행간의 전용통신망이므로 통신비용이 매우 저렴한 비용(low cost) ④ Message양식이 표준화되어 있고 컴퓨터가 Message를 스스로 읽고 업무처리를 하는 업무처리 자동화가 가능한 업무의 표준화(standardized format) 등과 같은 장점이 있다.

---

17) 출처: 한국무역협회 KITA.net
18) 출처: 한국무역협회 KITA.net

5) 은행고객용 전자무역서비스(Paperless Trade Service for Bank Client)

현재 KTNET이 은행고객에게 제공하는 전자무역서비스는 수출입외환업무, 내국신용장(이하 "Local L/C")·구매확인서 업무 등이 있으며 상세 내역은 다음과 같다.

내국신용장	• 물품매도확약서, 내국신용장 개설신청, 내국신용장 통지 • 내국신용장 조건변경신청, 내국신용장 조건변경통지 • 내국신용장 취소통보서, 내국신용장 오류통보서, 세금계산서 • 물품수령증명서, 판매대금매입(추심) 신청, 판매대금(매입) 응답 • 판매대금매입(추심) 도착통지, 일반응답
구매확인서	• 구매확인신청, 구매확인서, 구매확인 오류통보서, 구매확인 취소통보서
수출업무	• 수출신용장 통지, 수출신용장 선통지, 수출신용장 조건변경통지 • 타행 통지신용장 통지, 해외 양도신용장 통지, 수출환어음 매입(추심)신청 • 수출환어음 처리결과통보, 원산지증명 발급신청서 • 상업송장증명 발급신청서, 원산지/상업송장 증명서, 오류통보
수입업무	• 수입신용장개설신청, 수입신용장개설응답, 수입신용장조건변경신청 • 수입신용장조건변경응답, 수입어음할인내역통보, 수입화물선취보증신청 • 선적서류도착통보
대금결제	• 계산서, 입금통지, 출금통지, 지급지시서, 지급(변경)확인 신청서 • 지급(변경)확인서, 타발송금입금신청
정보관리	• 거래선관리, 은행관리, EDI거래약정 관리, ITEM 관리

2 화면설명

1) 수입신용장 개설신청

Header

전자문서번호 *	APP70020150205000002	전자문서기능 *	원본(ORIGINAL) ▼
수신처 *	INDUSTRIAL BANK OF KORE 찾기	수입계약정보	SORDER20150312000003 선택

일반정보

개설신청일자 *	2015-02-08	개설방법 *	BY FULL CABLE ▼
운송방법 *	SEA/AIR ▼	결제조건유형 *	AT SIGHT L/C ▼ 본 항목은 은행으로 전송되는 항목이 아닙니다. 결제조건에 대한 내용은 SWIFT 42 항목에 입력하실 수 있습니다.
신용공여주체	▼		
개설의뢰은행 * 찾기		(희망)통지은행 찾기	
. 외환점포코드	0413	. 은행명	CITI BANK
. 은행명	INDUSTRIAL BANK OF KOREA	. 지점명	LOS ANGELS
. 지점명	SEOCHO BR		
. Tel No	02-1566-2566		
기타정보			

추가 삭제

수입승인번호	수입용도	수입승인금액

SWIFT정보

40A	Form of Documentary Credit *	IRREVOCABLE ▼
31D	Date and place of expiry *	(date) 2015-04-05 (place) BENEFICIARY IN YOUR COUNTRY
50	Applicant *	SHINYOUNG MICRO CO., LTD. 찾기 49-3 NAMSANDONG NAMGU, ULSAN KOREA [TEL No.] 031-341-9832
59	Beneficiary *	CRAW STONE 찾기 54550, DETRIOT, MICHIGAN USA [Account No.] Beneficiary 항목의 칸이 부족할 경우, 첫번째 칸에 'See below 47A'를 기입후 47A의 Other additional conditions 항목을 Check하고 사용하세요. 상호나 주소는 [Account No.]에 기입하면 안됩니다.
32B	Currency Code Amount *	미국 ▼ USD 찾기 50,000
39B	Maximum Credit Amount	NOT EXCEEDING ▼
39A	Percentage Credit Amount Tolerance	(+) / (-) 39B에서 %선택시, 반드시 입력하세요.
39C	Additional Amounts Covered	
42C	Drafts at/Mixed payment Detail/Deferred Payment Details	DRAFTS AT... ▼ SIGHT
43P	Partial Shipment *	PROHIBITED ▼
43T	Transhipment *	PROHIBITED ▼
44A	Place of Taking in Charge / Dispatch from... / Place of Receipt	
44E	Port of Loading/Airport of Departure	LONG BEACH, CA
44F	Port of Discharge/Airport of Destination	BUSAN, KOREA
44B	Place of Final Destination / For Transportation to... / Place of Delivery	
44C와 44D중에서 하나만을 선택하세요.		
44C	Latest Date of Shipment	◉ 2015-02-28
44D	Shipment Period	○
45A	Description of Goods and/or Service	100 PG OF LAUNDRY SOAP AT @ 5.00 TOTAL AMOUNT USD50,000.00 Terms of price * CIF ▼ BUSAN KOREA Country of origin 국가코드 US 찾기 UNITED STATES 원산지가 2개이상일 경우에는 위 항목의 원산지 국가표시를 기재하지말고, 상품용역명세'Description of Goods and/or Services'란에 기재하세요.

46A	Document Required *	☑ 380:SIGNED COMMERCIAL INVOICE IN 3 COPIES ☑ FULL SET(705) ▼ OF CLEAN ON BOARD OCEAN BILLS OF LADING MADE OUT TO THE ORDER OF 3 COPIES MARKED FREIGHT PREPAID ▼ NOTIFY SHINYOUNG MICRO CO., LTD ☐ 740: AIRWAY BILL CONSIGNED TO MARKED FREIGHT PREPAID ▼ NOTIFY ☐ 760: FULL SET OF CLEAN MULTIMODAL TRANSPORT DOCUMENT MADE OUT TO THE ORDER OF MARKED FREIGHT PREPAID ▼ NOTIFY ☑ 530 : FULL SET OF INSURANCE POLICIES OR CERTIFICATES, ENDORSED IN BLANK FOR 110% OF THE INVOICE VALUE, EXPRESSLY STIPULATING THAT CLAIMS ARE PAYABLE IN KOREA AND IT MUST INCLUDE:INSTITUTE CARGO CLAUSE INSTITUTE CARGO CLAUSE(B) ☑ 271: PACKING LIST IN 3 COPIES ☑ 861: CERTIFICATE OF ORIGIN ☐ 2AA:OTHER DOCUMENT(S)
47A	Additional Conditions	☐ SHIPMENT BY ☐ ACCEPTANCE COMMISSION & DISCOUNT CHARGES ARE FOR BUYER'S ACCOUNT ☑ ALL DOCUMENTS MUST BEAR OUR CREDIT NUMBER ☐ LATE PRESENTATION B/L ACCEPTABLE ☐ OTHER ADDITIONAL CONDITIONS
47B	Charges *	ALL BANKING COMMISSIONS AND CHARGES INCLUDING REIMBURSEMENT CHARGES OUTSIDE KOREA ARE FOR ACCOUNT OF
48	Period for Presentation	DOCUMENTS TO BE PRESENTED WITHIN 5 DAYS AFTER THE DATE OF SHIPMENT BUT WITHIN THE VALIDITY OF THE CREDIT
49	Confirmation instructions	WITHOUT ▼

[Header]

- 전자문서기능: L/C 원본 또는 사본 구분으로 작성된 전자문서를 최초로 전송할 경우 "Original"이고 전송한 전자문서를 수신자가 접수받지 못하여 재전송할 경우에는 "Duplicate"를 선택함.
- 수신처: 은행의 L/C 개설지점(예: 하나은행 삼성1동 지점)
- 수입계약정보: 계약서 정보로 등록된 수입계약정보를 연계하여 관련 항목에 나타낸다.

[일반정보]

- 개설신청일자: L/C의 개설신청일을 지정

- 개설방법: 정식 L/C 개설인 경우에 "by Full Cable", 중요사항을 약식으로 개설하고자 할 때는 선통지 개념의 L/C 개설인 "by Short Cable" 그리고 우편으로 통지할 경우에는 "by Air Mail"을 선택함
- 운송방법: 해상이나 항공운송의 경우 "Sea/Air" 복합운송이나 기타운송의 경우는 Multimodal/etc로 변경 필요하다.
- 결제조건유형: 수입자가 선적서류를 L/C 개설은행으로부터 받을 때 바로 수입대금을 지급하는 것이면 "Sight L/C", L/C에 기재되어 있는 정해진 일정기간(만기일, maturity date, due date)이 경과하고 나면 신용장대금을 결제하는 "Usance L/C"가 될 수 있다.
- 신용공여 주체: "누가 늦게 지급되는 대금의 부담을 떠안는가?"의 의미로 기한부 신용장(Usance L/C)의 경우 외상기간 동안 신용을 공여해 주는 주체에 따라 "Banker's", "Domestic", "Shipper's"로 나눌 수 있다. 신용공여 주체가 개설은행인 경우 수출자는 네고 후 바로 대금을 받을 수 있다.
- 개설의뢰은행: L/C를 개설할 은행의 지점을 선택한다.
- (희망)통지은행: L/C를 통지할 은행을 원한다면 지정할 수 있다.
- 기타정보: 기타 추가정보 입력
- 수입승인번호: 수입승인 목록에서 관련건을 찾는다(수입계약 정보와 연결되어야 한다).
- 수입용도: 수입의 용도를 선택 [일반내수용(N), 수출용원자재(E), 중계 무역용(R), 기타 외화획득용(S), 정부용(G), 군납용 원자재(A), 수탁가공 무역용(T), 특수거래(X), 임대차 방식(L), 대북반입용(P), 기타]
- 수입승인금액: 수입승인 금액과 통화코드를 선택

[SWIFT 정보[19]]

- 40A Form of Documentary Credit: 취소불능 L/C일 경우 "Irrevocable", 취소불능 양도 가능 L/C일 경우 "Irrevocable Transfer", 보증L/C일 경우 "Irrevocable Trans Standby"를 선택한다.
- 31D Date and Place of Expiry: 만기일(유효기간), Place의 경우 수출국가명과 L/C의 만기일을 입력한다.
- 50 Applicant: L/C 개설의뢰인의 영문정보를 입력한다.
- 59 Beneficiary: 수익자의 영문정보를 입력, Account No의 경우 수익자의 계좌번호를 입력한다.

---

19) Society of Worldwide Interbank Financial Telecommunication의 약자로서 전세계 은행들이 외국환 거래와 관련된 각종 메시지를 안전하게 교환할 수 있는 폐쇄형 통신망으로서 1973년 15개국 239개 은행이 창립하여 3년간의 시험을 거쳐 1977년부터 222개국 518개 은행을 대상으로 메시지 교환에 들어 갔으며, 우리나라는 1992년 3월부터 정식으로 이용하기 시작했다. 현재 대부분의 L/C거래가 이 SWIFT망을 통하여 교환되고 있다.

- 32B Currency Code Amount: 통화코드와 L/C 개설금액을 입력한다.
- 39B Maximum Credit Amount: 과부족을 허용하면 "Plus/Minus Percentage"를 허용하지 않으면 "Not Exceeding"을 선택하면 된다.
- 39A Percentage Credit Amount Tolerance: 39B에서 과부족을 허용하였으면 반드시 숫자로 (+/-)과부족 허용률을 입력한다.
- 39C Additional Amounts Covered: 운임, 검사비, 보험료 등이 추가 부가된 경우 해당 추가 부담항목 및 금액을 입력한다.
- 42C Drafts at/Mixed payment Detail/Deferred Payment Details: 환어음의 결제조건을 선택한다. 화환어음조건일 경우에는 "Draft at", 혼합지급방식일 때는 "Mixed Payment Details", 연지급조건일 경우에는 "Deferred Payment Details"을 선택. 혼합지급방식일 경우에는 지급기일, 방법 및 금액을 입력하며 혼합지급방식 사용시 화환어음조건 및 연지급조건 명세는 사용할 수 없다.
- 43P Partial Shipment: 분할선적의 허용여부
- 43T Transshipment: 환적의 허용여부
- 44A Place of Taking in Charge/Dispatch from.../Place of Receipt: 인수지
- 44E Port of Loading/Airport of Departure: 선적지
- 44F Port of Discharge/Airport of Destination: 하역지
- 44B Place of Final Destination/For Transportation to.../Place of Delivery: 인도지(최종 도착지)
- 44C Latest Date of Shipment: 최종 선적일
- 44D Shipment Period: 상품별로 선적일이 다르거나 분할선적인 경우 각각의 선적일을 자세히 입력한다.
- 45A Description of Goods and/or Service: 상품명, 수량, 단가, 금액 등 자세한 상품명세를 입력한다.
  - Terms of price: 인도조건(INCOTERMS 2010 참조)
- 46A Document Required: 요구서류
  - 380: Signed Commercial Invoice: 수입시 필요서류로 C/I를 요청할 경우 CHECK BOX에 CHECK 표시를 하고 서류 매수를 입력한다.
  - 740: AIRWAY BILL CONSIGNED TO: 동일방식으로 수입시 필요서류로 항공화물운송장을 요청할 경우 체크하고 나머지 사항을 입력한다.
  - 760: Multimodal Transport Document: 동 사항도 동일 방식으로 수입시 필요서류로 복합운송서류를 요청할 경우 체크하고 나머지 사항을 입력한다.

■ 47A Additional Conditions: 추가 기타 요청정보가 있으면 체크한다.
  • Shipment By: 운송회사를 지정할 경우 체크한다.
  • Acceptance Commission & Discount Charges are for Buyer's Account: 인수수수료와 할인비용을 수입자가 부담할 경우 체크한다.
  • All documents must bear our credit number: 모든 서류에 L/C No.의 표시를 요청할 경우 체크한다.
  • Late presentation B/L acceptable: 제시기간 이후에 제시된 B/L도 매입할 수 있게 하려면 체크한다.
  • Other additional conditions: 기타 다른 부가조건이 있다면 체크한다.

■ 47B Charges: 한국 이외에서 발생한 모든 부가비용이 개설의뢰인 부담이면 "APPLICANT"를 수익자 부담이면 "BENEFICIARY"를 선택한다.

■ Period for Presentation: 선적 후 몇 일 이내에 서류가 제시되어야 하는지 기간을 입력한다.

■ Confirmation Instructions: L/C CONFIRM 여부를 선택한다.

3 업무 프로세스 흐름도

1) 수입신용장 개설신청

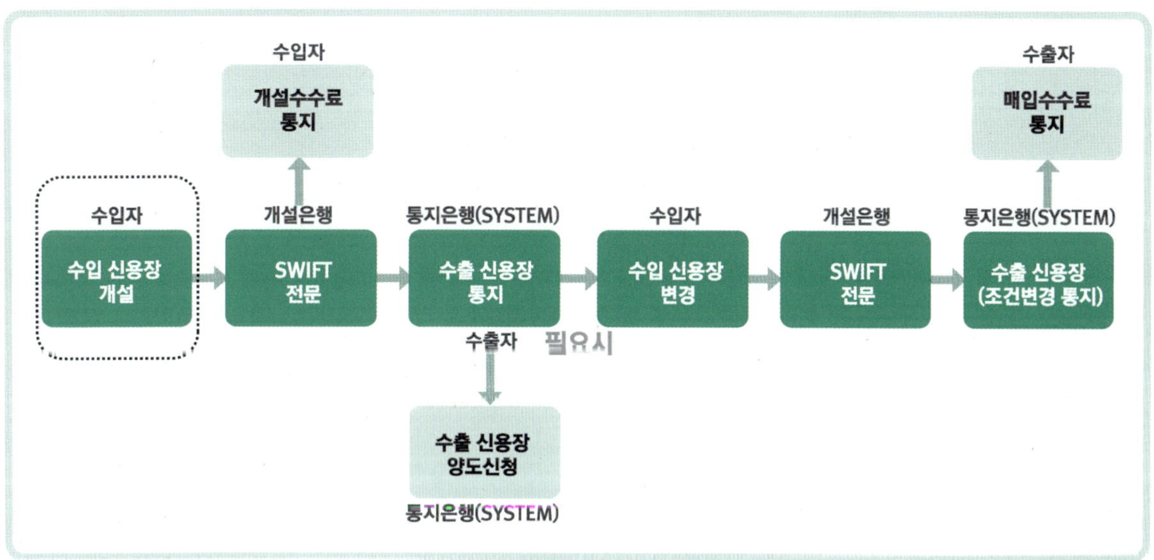

(1) 수입L/C 개설 이전 단계

은행은 개설의뢰인의 신용상태를 조사한 후 외국환 거래 약정서를 우선 체결한다. 그리고 개설될 L/C 금액에 대한 전체 또는 일부금액에 대한 담보여부를 확인하고, 개설한도를 약정하며, 개설신청서를 심사한 후 개설수수료(term charge), 전신요금(cable charge) 등 관련 수수료를 징수한다.

(2) 수입L/C 개설시

취소불능화환신용장 발행신청서(application for irrevocable documentary credit), 보험서류(수출자 부보 가격조건인 CIF 등의 경우는 제외), 물품매도확약서(offer sheet) 및 기타 필요한 서류를 접수받는다.

(3) 한도확인의 경우

은행은 L/C 금액에 상당하는 수입보증금을 전액적립(full margin)하지 않는 경우 지급보증 절차를 밟는다. 또한 L/C 금액에 과부족을 허용하는 문구가 있는 경우에는 제시 가능한 최고 금액에 대해 지급보증을 하게 한다.

(4) 수입승인서 확인의 경우

은행은 거래 형태가 대외무역법에서 정한 특정 거래형태의 수입인 경우에는 수입승인(import license)을 받았는지 확인할 수도 있다.

(5) 보험서류 청구의 경우

수입거래는 주로 해상 또는 항공편으로 외국물품이 국내로 반입되므로 발행은행은 담보보전을 위해 수입물품의 운송 중에 발생할 수 있는 물품의 멸실·손상 등의 손해를 방지하기 위한 조치를 강구하여야 한다.

은행은 수입물품에 대한 가격조건이 본선인도조건(Free on Board, 이하 "FOB"), CFR 등 보험부보가 수입자의 부담인 경우 L/C 발행시는 일반적으로 보험가액을 L/C 금액의 110% 이상으로 부보하게 한다.

(6) 수입물품 환가성 검토의 경우

은행은 물품의 담보가치 유무와 환가성을 검토하기 위해 시장성, 과다수입여부, 장기보관 가능성, 가격동향 등에 대해 조사할 수 있다.

(7) 수입L/C 조건변경의 경우

취소불능화환신용장 조건변경신청서, 수입승인 사항의 변경승인서, 보험서류 조건변경(L/C 금액 증액, 선적지 또는 도착지 변경, 품목변경, 운송방법 변경 등)을 원L/C 내용과 비교하여 상호모순이 되지 않는 범위 내에서 변경한다.

(8) 수입L/C의 취소의 경우

취소불능화환신용장 조건변경신청서와 수익자(beneficiary)의 동의서가 필요하며, L/C가 통지은행에 전송되지 않았다면 수익자의 동의서 없이도 개설은행 직권으로도 가능하다. 또한 통지은행으로부터 수익자의 L/C 취소 및 감액 또는 선적포기 내용의 통지를 받은 경우, L/C 발행신청인의 동의를 얻은 경우에는 해당 L/C를 취소할 수 있다.

2) 수출신용장 통지

- ADV700 : L/C 통지서, ADV705 : L/C 선통지서, ADV720 : 해외양도 L/C 통지서

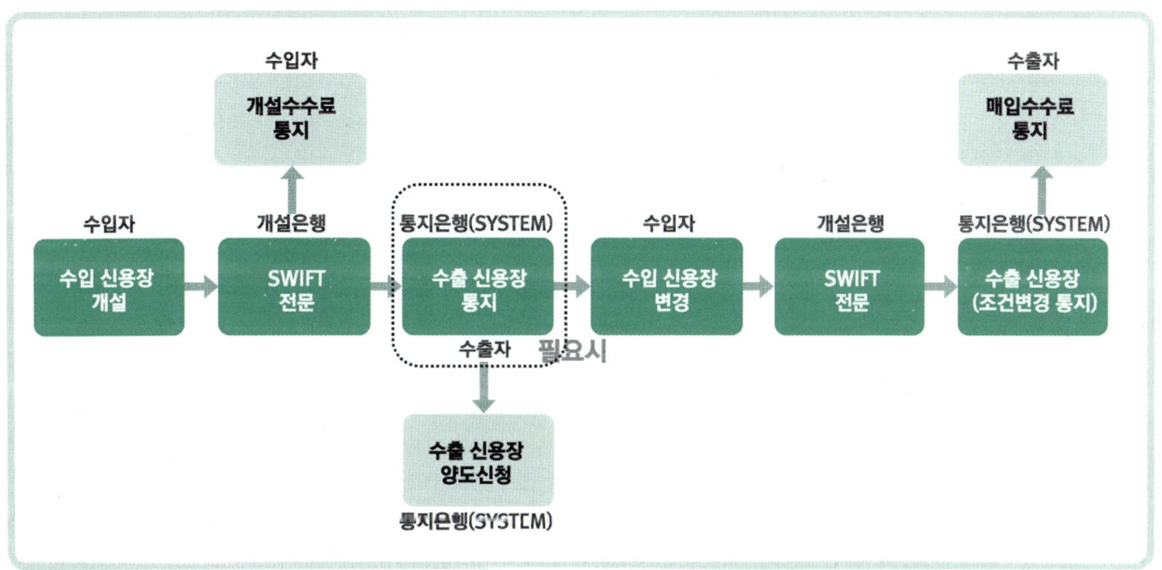

(1) SWIFT에 의한 L/C통지

표준화된 SWIFT 화환신용장 개설 포맷을 이용하여 개설은행과 SWIFT 그리고 통지은행 시스템간 전송으로 처리된다. 수익자 거래은행(통지은행)이 L/C를 접수하면 전자거래가 약정된 경우 수익자에게 통지하고, 만약 수작업으로 통지하는 경우 수익자의 인감증명서의 인감 또는 동 수익자가 제출한 인감날인 수령증을 접수한 후에 우편이나 텔렉스로 전달한다.

(2) L/C 조건변경의 경우

수익자가 그 변경통지를 수락할 것으로 개설은행에 통보해야 하므로 은행은 수익자의 서면 동의서를 받아야 한다.

(3) L/C 양도의 경우

양도가능 L/C 상의 수익자 권리의 전부(total transfer) 또는 일부(partial transfer)를 수익자가 지정하는 제3자(제2수익자)에게 양도하려면 은행은 신용장 양도신청서(application for advice of total or partial transfer)와 양도인과 양수인의 인감신고서를 같이 접수받는다. 또한 양도조건은 원신용장의 조건과 상호모순이 있어서는 안 된다. 한편 양도은행은 원 L/C의 배면에 "This Credit has been totally(or partially) transferred to XXX Company (제2수익자) for US$ XXX(양도금액) on XXX(양도취급일자) by ABC Bank, XXX Branch(양도취급은행)"라고 명기하여 이것이 양도된 L/C임을 밝혀서 원수익자에게 반환한다.

4 전자문서 흐름도

1) 수입신용장 개설신청

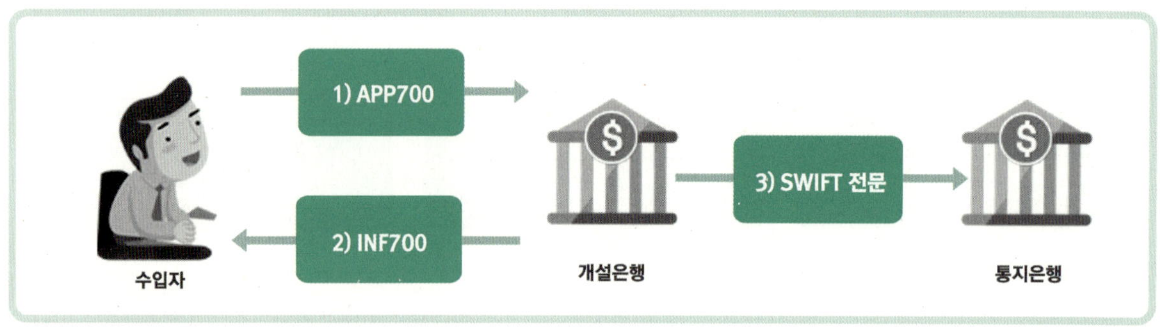

현재 대부분의 L/C는 국내는 KTNET망, 국외는 SWIFT망으로 송수신되고 있기 때문에 텔렉스, 우편신용장개설신청은 별로 없다. 수입자가 수입신용장개설신청서(APP700)를 작성하여 전송하면 개설은행은 심사를 거쳐 L/C를 개설하고 개설신청에 대한 응답내역(INF700)을 개설의뢰인에게 회신한다.

2) 수출신용장 통지

(1) L/C통지방법

- 우편(Mail): 일부 이용되고 있으며, 특송회사를 통해 송부하는 경우도 있다. Signature Book으로 진위여부를 확인하며, Pre-Advice가 먼저 오는 경우가 많다.
- 텔렉스: SWIFT 미가입 은행이 주로 이용한다. Test-Key를 통해서 진위 여부를 확인한다. Full Cable(L/C 요건을 완전 갖춘) 형태로 접수된다.
- SWIFT: 은행간 통신망을 의미하며 가장 많이 이용하고 있다. 자동적으로 검증, 저장, 출력 기능을 가지며 메시지의 표준화로, 예를 들어 MT700(L/C발행), 텔렉스에 비해 비용이 저렴하고 전문송수신 안정성도 높다.

(2) 전자거래약정

전자적으로 L/C 도착통지를 받기 위해서는 통지은행의 거래영업점을 방문하여 전자거래 약정을 체결한 후 uTradeHub에 회원가입하여 KTNET의 승인을 득한 후 관련 서비스를 이용할 수 있다.

5 실습 지시문

1) 수입신용장 개설신청

한국의 "SHINYOUNG MICRO CO., LTD."는 미국의 "CRAW STONE"로부터 제품 LAUNDRY SOAP을 구매하기 위해 자사 거래은행인 기업은행 서초지점으로 신용장을 개설하려고 한다.

이를 위해 다음 조건에 맞게 신용장개설 실습을 해 보세요.

- 수신처: 기업은행 서초지점(INDUSTRIAL BANK OF KOREA)
- 발행일이 2016년 2월이고 발행번호: SORDER20150312000003인 수입계약 정보를 불러온다.
- 개설신청일자: 2016년 2월 8일

- 개설방법: FULL CABLE
- 운송방법: 해상운송
- 결제조건유형: SIGHT L/C
- 개설의뢰은행: 기업은행 서초지점(INDUSTRIAL BANK OF KOREA)
- 희망 통지은행: 시티은행(CITI BANK)
- 40A: 취소불능(IRREVOCABLE) 신용장으로 한다.
- 31D: 유효기일은 2016-04-05
- 50: 개설신청인(applicant)은 SHINYOUNG MICRO CO., LTD.
- 59: 수익자(beneficiary)는 크로우스톤(CRAW STONE)
- 32B: 통화코드는 미국 달러이고, 금액은 USD50,000
- 39B: 금액의 과부족을 허용하지 않는다(NOT EXCEEDING)
- 42C: 대금지급조건은 DRAFTS AT을 선택하고 SIGHT를 입력한다.
- 43P: 분할선적을 금한다(PROHIBITED).
- 43T: 환적을 금한다(PROHIBITED).
- 44E: 선적지는 미국으로 선적항은 LONG BEACH, CA
- 44F: 도착지는 한국으로 도착항은 BUSAN, KOREA
- 44C: 선적기일은 2016-02-28
- 45A: 구매 물품은 10,000 BOX OF LAUNDRY SOAP AT @USD 5 TOTAL AMOUNT USD50,000 / 가격조건: CIF BUSAN, KOREA / 원산지: 미국(UNITED STATES)
- 46A: 380 - 상업송장 3부

  705 - 무기명식 선하증권 원본 3부(3 COPIES), 개설은행 지시식으로 발행 / 운임지급조건(FREIGHT): PREPAID / 통지(NOTIFY): 개설인인 SHINYOUNG MICRO CO., LTD.로 한다.

  530 - 보험조건은 INSTITUTE CARGO CLAUSE(B)

  271 - 포장명세서 3부

  861 - 원산지증명서
- 47A: 모든 서류에는 신용장번호를 기입한다.
- 48: 서류는 선적후 5일 이내에 제시하며, 신용장 유효기일을 넘기지 않는다.
- 49: 신용장은 확인없이 통지한다.

2) 수출신용장 통지

한국의 "ONE INTERNATIONAL"은 미국의 "CRAW STONE"사가 제품 "LAUNDRY SOAP"에 대한 수입을 위해 개설한 신용장에 대한 통지내역을 확인하려고 한다.

이를 위해 다음 조건에 맞게 실습을 해 보세요.

- 통지일 기준: 2016-02-01일부터 2016-02-28일로 수출신용장 통지내역을 조회
- 개설일자: 2016-02-08일 / 개설의뢰인: CRAW STONE / 개설은행: 시티 은행 / 통지은행: 기업은행인 신용장을 선택하여 상세내역을 확인
- 조회된 목록에서 신용장을 선택한 후 인쇄버튼을 클릭해서 신용장을 출력한다.

* 수입자가 L/C 개설신청하여 개설은행이 그 사실을 통지한 후 수출자 거래은행으로부터 L/C 개설 통지받은 사실을 확인하는 것으로 본 실습은 마무리된다.

6 샘플 및 출력서식

1) 은행 취소불능 화환신용장 발행신청서 샘플일부

Bank

취소불능 화환신용장 발행신청서

(APPLICATION FOR IRREVOCABLE DOCUMENTARY CREDIT)

ㅁ 전문사본 요청합니다.	FAX :
ㅁ 선적서류 도착시 연락 전화번호/FAX 번호.	TEL : FAX :

1. Transfer : ___ (1: Allowed / 2: Not-Allowed)
2. Credit Number : M06-
3. Advising Bank : 개설은행에서 지정(고객 지정가능)
4. Expiry Date (YY-MM-DD) :
5. Applicant :

6. Beneficiary :

7. Amount : (+ ______ / - ______ %)
8. Drafts at : (Mixed Usance 인 경우: Shipper's days, Banker's/Domestic days)
   - Usance 인 경우: ___ (1: Bankers / 2: Shippers / 3: Domestic / 4:Mixed)
   - Settling Bank(송금방식인 경우 '송금방식'으로 표시) :
9. Partial Shipment : ___ (1: Allowed / 2: Not-Allowed)
10. Transshipment : ___ (1: Allowed / 2: Not-Allowed)

※ Transport Mode(운송방법) : ( )
(1.Sea(해상) / 2. Air(항공) / 3. Sea(해상) or Air(항공) /4. Combined(복합) /5. Others(기타)

11. Loading(Shipment from)
    1) Port of Loading/ Airport of Departure :
    2) Place of Taking in Charge/Dispatch from.../Place of Receipt :
    (복합운송 및 기타의 경우만 기재)
12. Discharging(Shipment to)
    1) Port of Discharge / Airport of Destination:
    2) Place of Final Destination/For Transportation to…/Place of Delivery:
    (복합운송 및 기타의 경우만 기재)
13. Latest Shipment Date (YY-MM-DD) :
14. Documents Required :

① Signed /Original/Commercial Invoice in ______ Fold
② Packing List in ______ Fold
③ FULL SET of Clean on Board Ocean Bills of Lading made out to THE ORDER OF
marked Freight ___ (1. Collect / 2. Prepaid) and notify ___

EP-A-FM-020 (1/4) (2015. 9 월 개정.210x297)

2) 수입신용장 내역 샘플

Header

전자문서번호	INF70020150313000002	전자문서기능	원본(ORIGINAL)

일반정보

개설신청일자	2016-02-08
개설방법	BY FULL CABLE
SWIFT전문발신은행	INDUSTRIAL BANK OF KOREA SEOCHO BR 02-1566-2566
SWIFT전문수신은행	CITI BANK LOS ANGELS
신용공여주체	
기타정보	

SWIFT정보

40A	Form of Documentary Credit	IRREVOCABLE
20	Documentary Credit Number	LC20150313134051-001
31	Date of Issue	2016-02-08
40E	Applicable Rules	UCPURR LATEST VERSION
31D	Date and place of expiry	(Date) 2015-04-05 (Place) BENEFICIARY IN YOUR COUNTRY
51A	Applicant Bank	INDUSTRIAL BANK OF KOREA SEOCHO BR [Tel No.] 02-1566-2566 [Account No.]
50	Applicant	SHINYOUNG MICRO CO., LTD. 49-3 NAMSANDONG NAMGU, ULSAN KOREA [Tel No.] 031-341-9832
50	Beneficiary	CRAW STONE 54550, DETRIOT, MICHIGAN USA [Account No.]
32B	Currency Code Amount	USD 50,000
39A	Percentage Credit Amount Tolerance	
39B	Maximum Credit Amount	NOT EXCEEDING
39C	Additional Amounts Covered	
42C	Drafts at/Mixed payment Detail/Deferred Payment Details	DRAFTS AT... SIGHT

43P	Partial Shipment	PROHIBITED
43T	Transhipment	PROHIBITED
44A	Place of Taking in Charge / Dispatch from... / Place of Receipt	
44E	Port of Loading/Airport of Departure	LONG BEACH, CA
44F	Port of Discharge/Airport of Destination	BUSAN, KOREA
44B	Place of Final Destination / For Transportation to... / Place of Delivery	
44C	Latest Date of Shipment	2016-02-28
44D	44D Shipment Period	
45A	Description of Goods and/or Service	100 PG OF LAUNDRY SOAP AT @USD 5 TOTAL AMOUNT USD50,000 Terms of price : CIF BUSAN, KOREA Country of origin : US UNITED STATES
46A	Document Required	380:SIGNED COMMERCIAL INVOICE IN 3 COPIES FULL SET(705) OF CLEAN ON BOARD OCEAN BILLS OF LADING MADE OUT TO THE ORDER OF 3 COPIES MARKED FREIGHT PREPAID NOTIFY SHINYOUNG MICRO CO., LTD 530 : FULL SET OF INSURANCE POLICIES OR CERTIFICATES, ENDORSED IN BLANK FOR 110% OF THE INVOICE VALUE, EXPRESSLY STIPULATING THAT CLAIMS ARE PAYABLE IN KOREA AND IT MUST INCLUDE:INSTITUTE CARGO CLAUSE INSTITUTE CARGO CLAUSE(B) 861:CERTIFICATE OF ORIGIN
47A	Additional Conditions	ALL DOCUMENTS MUST BEAR OUR CREDIT NUMBER
47B	Charges	
48	Period for Presentation	DOCUMENTS TO BE PRESENTED WITHIN 5 DAYS AFTER THE DATE OF SHIPMENT BUT WITHIN THE VALIDITY OF THE CREDIT
49	Confirmation instructions	WITHOUT
53A	Reimbursement Bank	
78	Instruction to the Paying/ Accepting/ Negotiating Bank	1. UPON RECEIPT OF THE DOCUMENTS AND THE DRAFTS IN COMPLIANCE WITH THE TERMS AND CONDITIONS OF THIS CREDIT. THE REIMBURSEMENT WILL BE EFFECTED AS PER THE NEGOTIATING BANK'S INSTRUCTION. 2. THE AMOUNT OF EACH DRAFT MUST BE ENDORSED ON THE REVERSE OF THIS CREDIT BY THE NEGOTIATING/PRESENTING BANK 3. ALL DOCUMENTS MUST BE SENT IN ONE LOT THROUGH BENEFICIARY'S BANK TO US.
57A	"Advise Through" Bank	
72	Sender to Receiver Information	/PHONBEN/TEL:80101234567

3) 수출신용장통지 출력본 샘플

SWIFT : OTHER
Advice No : AD10190419787
Credit No : LC2061200900315

Export Document Credit Advice

Except so far as otherwise expressly stated, this documentary credit is Subject to the "Uniform Customs and Practice for Documentary Credits" (2007 Revision) International Chamber of Commerce (Publication No. 600)

DOC/EDI No : BK********90419787000

------------------------------〈General Information〉------------------------------

Date of Advice	: 16/04/17
Advice No	: AD10160419787
SWIFT Sender	: RCCSCNBSXXX ***** ****** ************ UNION OFSHUNDE, THE SHUNDE38TH FENGSHAN ZHONG ROAD, DALIANG
SWIFT Receiver	: ****KRSEXXX **은행
Other Information	: WITHOUT

------------------------------〈SWIFT〉------------------------------

40A	Form of Documentary Credit	: IRREVOCABLE
20	Documentary Credit Number	: LC*****00900315
31C	Date of Issue	: 16/04/16
40E	Applicable Rules	: UCP LATEST VERSION
31D	Date and Place of Expiry	: (date) 15/06/02 (place) KOREA
50	Applicant	: ****** ****** MIDEA WATER DISPENSER MANUFACTURER CO., LTD NO.** ******* ****, BEIJIAO, SHUNDE, GUANGDONG, CHINA TEL: 0757-********
59	Beneficiary	: ** ELECTRONICS INC. ** **** ******** YOIDO-DONG, YOUNGDUNGPO-GU, SEOUL, 150-721 KOREA
32B	Currency Code, Amount	: USD, 353,******
39B	Maximum Credit Amount	: 0
41a	Available with by...	: ANY BANK IN KOREABY NEGOTIATION
42C	Drafts at...	: AT SIGHT
42a	Drawee	: RCCSCNBS
43P	Partial Shipments	: ALLOWED
43T	Transhipment	: ALLOWED
44F	Port of Loading/Airport of Departure KOREAN MAIN PORT	
44F	Port of Discharge/Airport of Destination BEIJIAO SHUNDE CHINA	
44C	Latest Date of Shipment	: 16/05/18
45A	Description of goods AND/or Services COVERING : DESCRIFTION OF GOODS: COMPRESSORS	

4) KEB 하나은행 서식 및 약관 자료실

제2절 수입신고

1 사전지식

1) 통관(Customs Clearance)[20]

관세법상 통관이란 수출, 수입 및 반송을 뜻한다. 관세법 제1조에서는 "이 법은 관세의 부과, 징수 및 수출입물품의 통관을 적정하게 하고 관세수입을 확보함으로써 국민경제의 발전에 이바지함을 목적으로 한다"고 규정하여 통관은 징세업무와 더불어 관세법상 중요한 기능을 하고 있음을 알 수 있다.

20) 출처: 한국무역협회 KITA.net

2) 수입통관절차(Import Customs Clearance Procedures)[21]

모든 수입물품은 세관에 수입신고를 하여야 하며, 세관에서 수입신고를 수리하여야 물품을 국내로 반입할 수 있다. 수입신고는 우리나라에 물품이 도착되기 전에도 가능한데, 이러한 신고를 출항 전 수입신고, 입항 전 수입신고라 한다. 우리나라에 물품이 도착된 경우에는 이를 보세창고에 장치하여야 하는데 수입신고는 보세창고 반입 전이나 반입 후 어느 때라도 가능하며, 수입신고는 화주, 관세사, 관세사법인, 통관취급 법인의 명의로 하여야 한다.

화주가 직접 신고하는 경우에는 수입신고사항을 세관에 전송하기 위한 전산설비 등을 갖춘 후 세관에서 ID를 부여받아 신고하는 방법과 영세수출업체의 경우 무역협회 등에 설치된 공용단말기를 통하여 신고하는 방법이 있다.

수입신고 시에는 신고자가 관세 등 세금의 부과기준이 되는 과세가격, 관세율 및 품목분류번호, 과세환율 등을 확인하여 신고하여야 하므로 이를 잘 모르는 경우에는 전문가인 관세사에게 통관대행을 의뢰할 수 있다.

수입신고는 관세청에서 정한 수입신고서에 기재사항을 기재한 후 수입신고서에 B/L 부본 등 신고시 제출서류를 첨부하여 세관에 제출하여야 한다. 수입신고서를 접수한 세관에서는 신고한 물품의 검사 여부를 결정하게 되며 대부분의 물품은 검사 없이 신고내용의 형식적·법률적 요건만 심사하고 수리하지만, 검사대상으로 선정된 물품은 세관공무원이 수입물품에 대한 검사 및 심사를 한 후 신고수리를 하고 있다.

세관의 심사결과 수입신고가 법의 규정에 따라 정당하게 이루어진 것으로 확인된 경우에는 당해물품에 대한 관세 등을 납부하거나 해당 세액에 상당하는 담보를 제공하여야 신고수리가 되어 물품을 반출할 수 있는데, 담보를 제공한 경우에는 신고수리 후 15일 이내에 관세를 납부하여야 한다.

관세청은 신고인이 자기 사무실에서 전산으로 수입신고하고 전산으로 수입신고수리 결과를 통보받을 수 있는 "서류 없는 수입통관제도"를 시행하고 있으며, 이 제도는 수입신고의 정확도가 높고, 체납사실이나 관세법 또는 환급특례법 위반사실이 없는 성실업체로 지정을 받은 업체가 이용할 수 있다.

3) 수입신고 전 확인할 사항

- 최초 수입인 경우 '통관고유부호'를 부여 받아야 한다.
- 외국 수출자가 '해외거래처'로 등록되어 있어야 수입신고가 가능하다.
- 수입물품이 검역, 인증 등의 요건대상 물품인 경우 수입신고 전 해당 기관으로부터 승인을 받아야 한다.
- FTA 등 특혜세율 적용 희망시 C/O를 구비하여야 한다.

---

21) 출처: 한국무역협회 KITA.net

2 화면설명

* 본 실습화면은 UNI-PASS 수입신고 화면을 참조하여 설계하였다.

1) 수입신고

Header 및 공통사항

신고번호	ACE-2015-200001	전송구분	원본(ORIGINAL) ▼		
신고자	상호/성명	ACE CUSTOMS AGENT			
수입자	상호	SHINYOUNG 찾기	무역업등록번호	11237709	수입자구분: A 찾기 수입자와 납세의무자가 동일
납세자	상호	SHINYOUNG 찾기	소재지우편번호		성명: LEE SHIN YOUN
납세자	주소	49-3 NAMSANDONGNAN	통관고유부호	P000001	사업자번호: 1211218932
무역대리점	상호				부호:
해외공급자	상호	CRAW STONE 찾기	부호		국적: US 찾기

기본신고사항

신고구분	P 찾기 자동신고수리	통관계획	F 찾기 도착후부두직반출
거래구분	11 찾기 일반형태수입	수입종류	K 찾기 일반수입(내수용)
결제방법	2AA 찾기 AT SIGHT L/C	징수형태	14 찾기 신고,사후납부(무담보)
화물관리번호	HJMU2015-0001-001	선기명/국적	ARIRANG KR 찾기
검사장소	03088212 찾기 대한통운 제1부산철도CY 대한통운 제1부산철도CY	세관/과	030 찾기 부산본부세관 찾기
입항일자	2015-03-10	반입일자	2015-03-10
적출국	US 찾기 UNITED STATES	도착항	KRPUS 찾기 BUSAN, KOREA
Master B/L No.	HJBL1502-10001	B/L(AWB)	
분할신고여부	NO ▼	BL분할사유	찾기
운송수단/용기/기관	10 찾기 /FC 찾기 /	기타사유	
총포장수 단위/갯수	PG 찾기 100	총중량	20,000.00 KGM 찾기
원산지증명유무	YES ▼	가격신고서사용유무	NO ▼
인도조건/통화종류	CIF 찾기 USD 찾기	결제금액	5,000,000.00 KRW
운임조건	○가격 ◉중량 2,000,000 KRW	보험료통화코드	350,000 KRW
공제금액통화코드	찾기 /	가산비용통화코드	찾기
신고지연가산세	KRW 가산계산일수:	특송업체	찾기
무역업체참조번호		남북교역과세구분	선택 ▼
총과세가격	5,000,000 KRW	총과세가격(USD)	0.00 USD
총관세	400,000 KRW	총교통세	0 KRW
총교육세	400,000 KRW	총개별소비세	75,000 KRW
총주세	0 KRW	총농특세	300,000 KRW
총부가세	500,000 KRW	부가세과세과표합계	0 KRW
부가세면세과표합계	0 KRW	총세액합계	1,675,000 KRW

관세사기재구분

관세사기재구분	거래관계	찾기
	품명규격세번	찾기
	검사의견	찾기
관세사기재란 (세관참조사항)		
관세사기재란(출력)		

수입신고 란사항 　　란사항 등록/수정

란번호	세번부호	품명
1	3401191010	LAUNDRY SOAP

[Header 및 공통사항]

- 신고번호: 신고인 부호. 연도, 일련번호, 구분을 기재
- 신고자: 신고자 상호와 대표자 성명을 기재
- 수입자: 수입자 관련사항 기재
    - 상호: 수입자상호 또는 성명 기재
    - 수입자구분: 수입자와 납세의무자가 동일한 경우 A, 상이한 경우 B를 입력
- 납세자: 납세의무자 관련사항 기재
    - 상호: 납세의무자 상호 기재
    - 성명: 납세의무자 성명 기재
    - 주소: 납세의무자 주소 기재
    - 사업자번호: 납세의무자의 사업자번호 기재

[기본신고사항]

- 신고구분: 신고구분 부호 기재
- 거래구분: 거래구분 부호 기재
- 수입종류: 수입종류 부호 기재
- 결제방법: D/A, D/P, T/T 등 해당코드를 기재
- 징수형태: 통계부호표상의 징수형태 부호를 기재
- 화물관리번호: 적하목록상의 화물관리번호 기재
- 선기명/국적: 수입물품을 적재한 선(기)명 및 국적
- 검사장소: 수입물품을 검사 또는 반입할 장소
- 세관/과: 통관지 세관 및 과부호 기재
- 입항일자: 입항일자 기재

- 적출국: 수입신고물품의 적출국(수출국가) 부호
- 도착항: 관세청에서 지정한 지역코드
- Master B/L: 선사발행 선하증권
- B/L(AWB): B/L(Air-Waybill; 항공화물운송장)
- 분할신고여부: 개별 B/L단위 수입건에 대해 복수 신고여부
- B/L 분할사유: 원 B/L에서 신규로 B/L이 복수 매수가 나오거나 원B/L과 신규 1개 B/L이 분리되는 경우로 수입시 특정 화물의 사전검사 등의 사유로 나머지 화물을 신속히 수취하거나 하는 경우를 말한다.
- 운송수단/용기: 운송수단 및 운송용기 부호
- 총포장단위/개수: 전체 화물의 포장 단위(unit)와 수량
- 총중량: 신고 물품의 총 중량(용기 포함) 기재
- 원산지증명서: C/O 구비여부를 기재
- 인도조건/통화종류: INCOTERMS, Currency 지정
- 결제금액: 해당 품목의 모델/규격별 금액 기재

2) 란 사항 등록/수정(물품입력)

물품입력 [확인] [닫기]

세번부호	3401191010 찾기	구분		관세	구분	A 찾기 BASIC TARIFF	관세율 8.00
종가 ◉	100,000.00	종량 ○			감면부호	찾기	
품명	LAUNDRY SOAP				감면율		감면액
거래품명	LAUNDRY SOAP				세액	400,000	
코드/상표	PRODUCT000 찾기 LAUNDRY SOAP			내국세	구분	2A 찾기 개별소비세	
과세가격	5,000,000 KRW USD				종별부호	찾기	
순중량/수량	20,000.00 KG / BOX 찾기 10,000.00				특소면세부호	찾기	
환급물량	찾기				내국세율	1.50	
사후확인기관					세액	75,000	
원산지	US 찾기 UNITED STATES 표시유무			부가세	구분	A 찾기 부가가치세 과세	
	방법 G 찾기 최소포장상 인쇄, 스티커 형태 M 찾기 MADE IN (국명)				감면부호	찾기	
원산지증명서	발행일자 2015-02-25				과세과표		
	발행번호: CIVUS2015020001				면세과표		
	발행기관: The American Chamber of Commerce				세액	500,000	
규격	SODIUM HYDROXIDE 10CM*5CM*2CM			교육세	구분	A 찾기 교육세과세	세액 400,000
성분		특송C/S	선택	농특세	구분	A 찾기 관세감면분에 대한 농특세 과세	세액 300,000
란번호	1			특수세액계산근거			

[추가] [수정] [삭제]

	란번호	세번부호	품명
☐	1	3401191010	LAUNDRY SOAP

- 세번부호: 관세율표에 기재된 세번을 10단위까지 기재
- 품명: 당해 물품을 나타내는 관세율표상의 품명을 영문으로 기재
- 거래품명: 실제 상거래시 상업송품장 등 무역서류에 기재하는 품명을 기재
- 코드/상표: 상표가 있는 경우 실제 사용하는 하나의 상표명을 기재
- 순중량/수량: 물품의 포장용기를 제외한 순중량을 기재
- 원산지: 원산지 국가코드 입력

3 업무 프로세스 흐름도

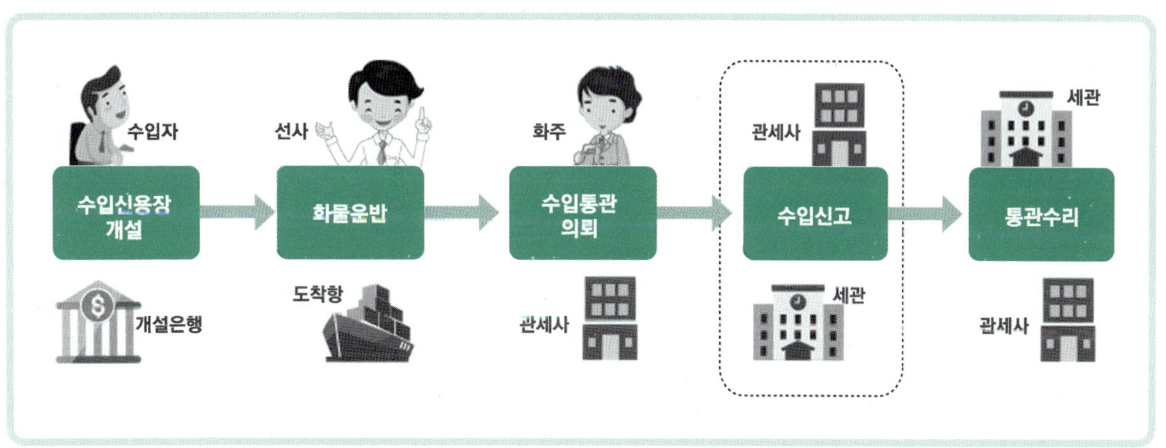

수입신고는 일반적으로 관세사가 수입자로부터 수입통관 의뢰를 받은 후, 기본정보(계약내용, C/I 사본, P/L 사본, C/O 사본 등)를 바탕으로 수입신고서를 작성하여 전송한다. 송신된 신고에 대해 세관은 업무처리 후 관세사에게 신고수리필증을 발급한다. 만약 검사대상이라고 판단되면 관련서류 제출, 물품검사 등 추가 절차를 거쳐 신고 수리여부를 결정한다.

4 전자문서 흐름도

자가통관은 일반적이지 않고 관세사가 대행하여 신고하는 경우가 대부분이다. 업무량이 적은 경우는 관세청이 제공하는 UNI-PASS 웹포털을 통해 무료로 신고 가능하나 업무량이 많은 관세사무소는 '앤컴'이나 '레디코리아' 등 화물통관 솔루션을 이용하여 중계망을 통해 신고한다.

* 본 실습에 대한 전자문서흐름은 '6. 출력 및 샘플서식'의 '4) 수출통관 EDI 전자문서 처리절차'와 '5) 수입통관 EDI 전자문서 처리절차'를 참조토록 한다.

5 실습 지시문

관세사인 "ACE CUSTOMS AGENT"는 수입자인 "SHINYOUNG MICRO CO., LTD."의 수입신고의뢰를 접수받고 수입화물 LAUNDRY SOAP을 세관에 신고하기 위한 수입신고서를 작성하려고 합니다. 아래 조건에 맞게 작성해 보세요.

- 신고번호: 54321-15-7654321
- 신고자(관세사인 경우): ACE CUSTOMS AGENT
- 수입자: SHINYOUNG MICRO CO., LTD.
- 무역업등록번호: 11237709(단, 무역업등록번호가 없을 경우 12345678로 기재)
- 수입자구분: 코드 A(수입자와 납세의무자가 동일)
- 납세자: SHINYOUNG MICRO CO., LTD.
- 납세자 통관고유부호: 신영마이7654321
- 납세자 사업자번호: 1211218932
- 해외공급자: 크로우스톤(CRAW STONE) / 부호: CRAWST54321
- 국적: USA(미국)
- 신고구분: 코드 P(자동신고수리)
- 통관계획: 코드 F(도착후부두직반출)
- 거래구분: 코드 11(일반형태수입)
- 수입종류: 코드 K(일반수입-내수용)
- 결제방법: 코드 2AA(AT SIGHT L/C)
- 징수형태: 코드 14(신고, 사후납부-무담보)
- 화물관리번호: 16HJMU00015-0001-001
- 선기명/국적: ARIRANG, KR(한국)
- 검사장소: 대한통운 제1부산철도 CY
- 세관/과: 부산본부세관/수입1과
- 입항일자: 2016-03-10
- 반입일자: 2016-03-10
- 적출국: USA(미국)
- 도착항: KRPUS(BUSAN, KOREA)
- master B/L No.: HJBL1502-10001
- 분할신고여부: NO
- 운송수단: MARITIME/FCL 컨테이너
- 총포장 단위/개수: CT/100
- 총 중량: 20,000/KGM
- 원산지증명유무: YES
- 가격신고서 사용유무: NO

- 인도조건/통화종류: CIF/USD
- 결제금액: KRW60,000,000
- 운임조건: 중량, KRW2,000,000
- 보험료/통화코드: KRW350,000

(란 번호 등록화면)

- 세번부호: 3401191010
- 종가적용
- 품명: LAUNDRY SOAP
- 거래품명: LAUNDRY SOAP
- 코드/상표: DOBE
- 과세 가격: KRW60,000,000(USD50,000)
- 순중량/수량: 20,000/KG/BOX/10,000
- 원산지: USA(미국) / 표시유무: Y / 방법: G(최소포장상 인쇄, 스티커) / 형태: M [MADE IN(국명)]
- 원산지증명서 발행일자: 2016-02-25 / 발행번호: CIVUS2016020001 / 발행기관: The American Chamber of Commerce
- 규격: SODIUM HYDROXIDE 10CM*5CM*2CM
- 관세 구분: A(기본세율) / 관세율: 8% / 세액: KRW4,800,000
- 부가세 구분: A(부가가치세 과세) / 세액: KRW6,480,000

6 샘플 및 출력서식

1) 수출입신고필증 샘플

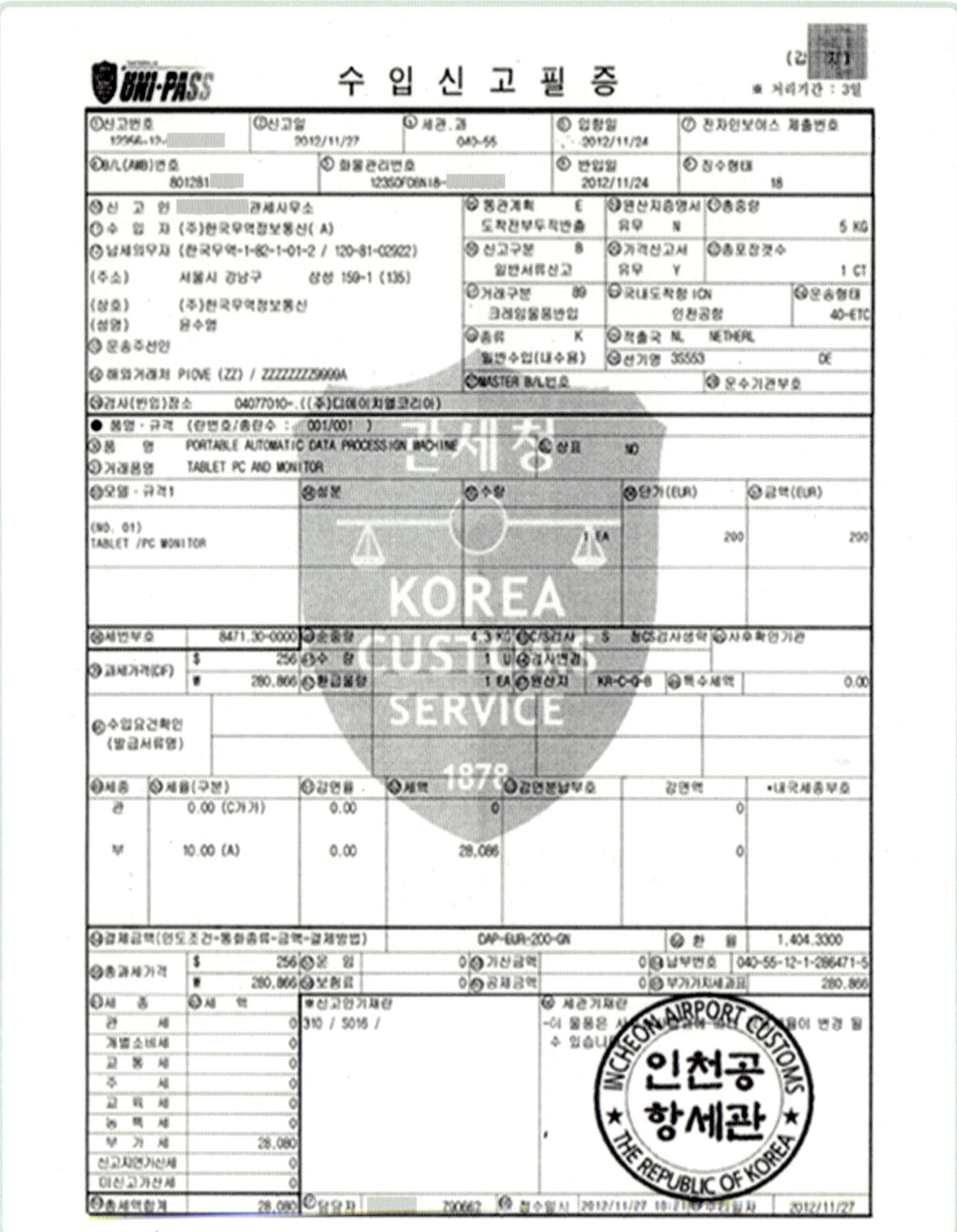

UNI-PASS

수입신고필증

(갑지)

※ 처리기간 : 3일

①신고번호	②신고일	③세관.과	⑥입항일	⑦전자인보이스 제출번호
12256-12-	2012/11/27	040-55	2012/11/24	

④B/L(AWB)번호	⑤화물관리번호	⑥반입일	⑦징수형태
801281	12350F08N18-	2012/11/24	18

⑨신고인 관세사무소
⑩수입자 (주)한국무역정보통신(A)
⑪납세의무자 (한국무역-1-82-1-01-2 / 120-81-02922)
(주소) 서울시 강남구 삼성 159-1 (135)
(상호) (주)한국무역정보통신
(성명) 유수영
⑫운송주선인
⑬해외거래처 PIOVE (ZZ) / ZZZZZZZZ9999A
⑭검사(반입)장소 04077010-.((주)디에이치엘코리아)

⑮통관계획 E 도착전부두직반출
⑯원산지증명서 유무 N
⑰총중량 5 KG
⑱신고구분 B 일반서류신고
⑲가격신고서 유무 Y
⑳총포장갯수 1 CT
㉑거래구분 89 크레임물품반입
㉒국내도착항 ICN 인천공항
㉓운송형태 40-ETC
㉔종류 K 일반수입(내수용)
㉕적출국 NL NETHERL
㉖선기명 35553 DE
㉗MASTER B/L번호
㉘운수기관부호

● 품명·규격 (란번호/총란수 : 001/001)
㉙품명 PORTABLE AUTOMATIC DATA PROCESSION MACHINE
㉚상표 NO
㉛거래품명 TABLET PC AND MONITOR

㉜모델·규격1	㉝성분	㉞수량	㉟단가(EUR)	㊱금액(EUR)
(NO. 01) TABLET /PC MONITOR		1 EA	200	200

㊲세번부호	8471.30-0000	㊳순중량	4.3 KG	㊴C/S검사	S	검사생략	㊵사후확인기관	
㊶과세가격(CIF)	$ 256	㊷수량	1 U	㊸검사변경				
	₩ 280,866	㊹환급물량	1 EA	㊺원산지	KR-C-G-B	㊻특수세액		0.00

㊼수입요건확인 (발급서류명)

㊽세종	㊾세율(구분)	㊿감면율	세액	감면분납부호	감면액	*내국세종부호
관	0.00 (C가기)	0.00	0		0	
부	10.00 (A)	0.00	28,086		0	

결제금액(인도조건-통화종류-금액-결제방법)	DAP-EUR-200-GN			환율	1,404.3300
총과세가격 $ 256	운임	0	가산금액 0	납부번호	040-55-12-1-286471-5
₩ 280,866	보험료	0	공제금액 0	부가가치세과표	280,866

세종	세액
관세	0
개별소비세	0
교통세	0
주세	0
교육세	0
농특세	0
부가세	28,080
신고지연가산세	0
미신고가산세	0
총세액합계	28,080

*신고인기재란
310 / 5016 /

세관기재란
-이 물품은 ... 이 변경 될 수 있습니다

INCHEON AIRPORT CUSTOMS
인천공항세관
THE REPUBLIC OF KOREA

담당자 290662 접수일시 2012/11/27 10:21 수리일자 2012/11/27

2) 관세청 전자통관시스템(UNI-PASS)

3) 수출입통관화물 솔루션(eNCOM)

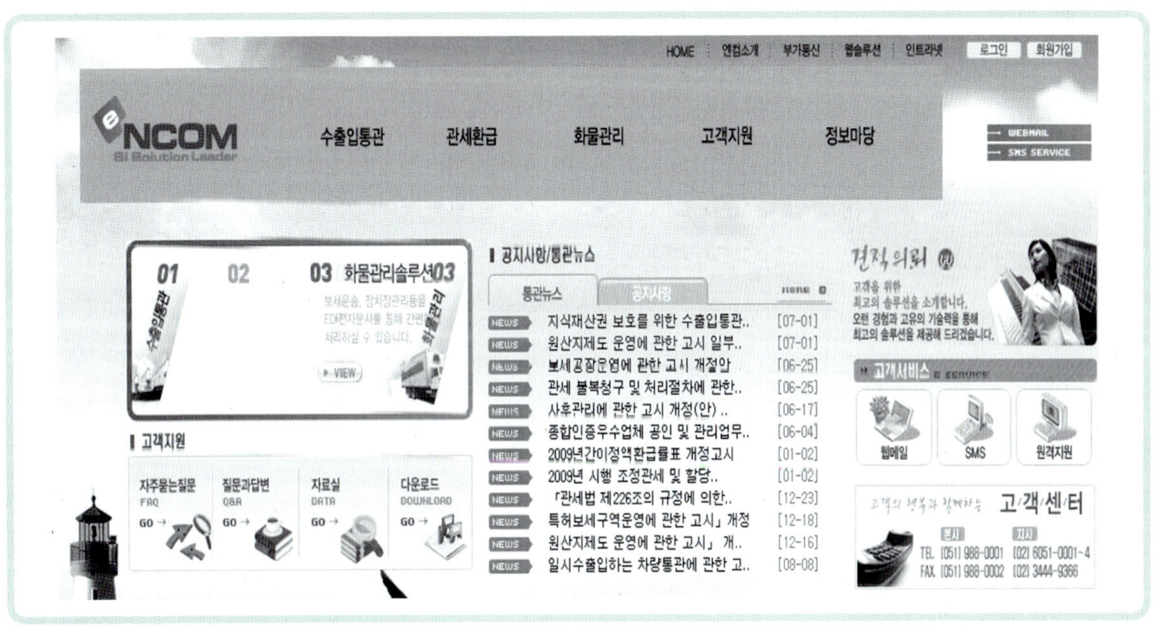

4) 수출통관 EDI전자문서 처리절차

※ 관세청 제도 변경에 따라 전자문서 및 처리프로세스는 달라질 수 있음

(1) 수출신고

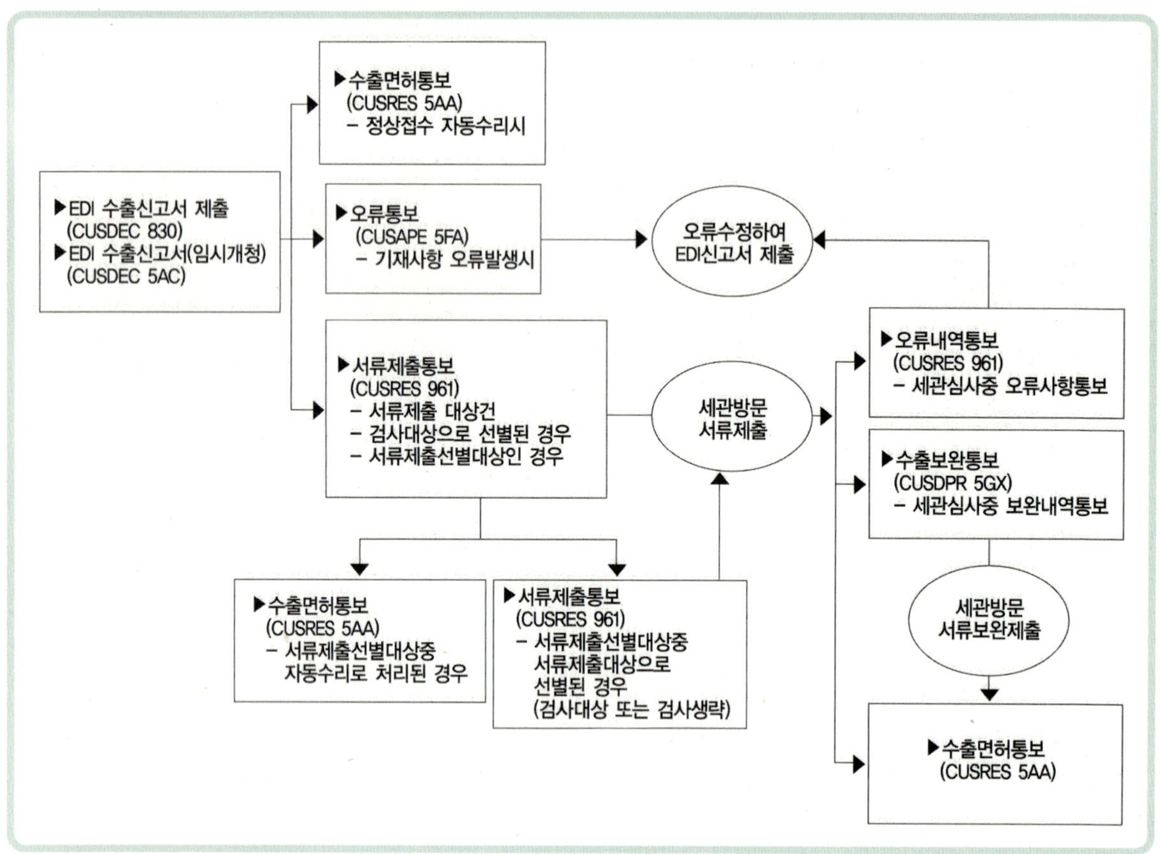

(2) 간이수출 통관목록 신고

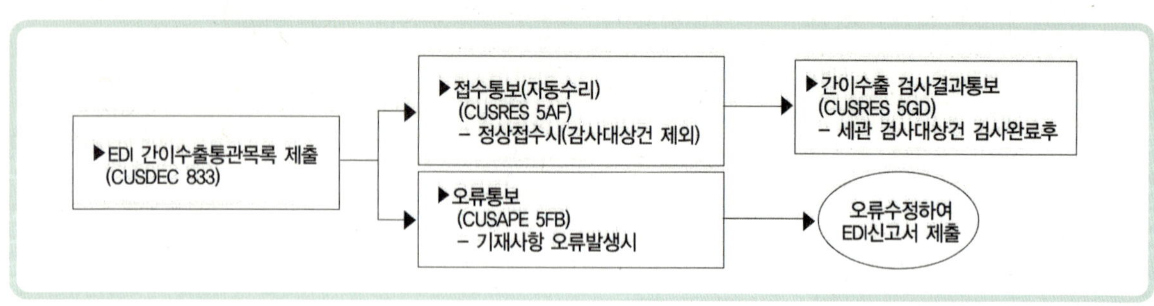

(3) 수출신고 정정 / 취하 신청

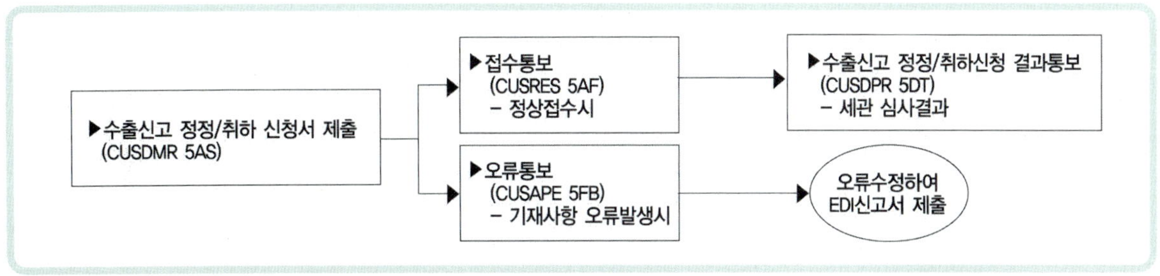

5) 수입통관 EDI전자문서 처리절차

※ 관세청 제도 변경에 따라 전자문서 및 처리프로세스는 달라질 수 있음

(1) 수입신고

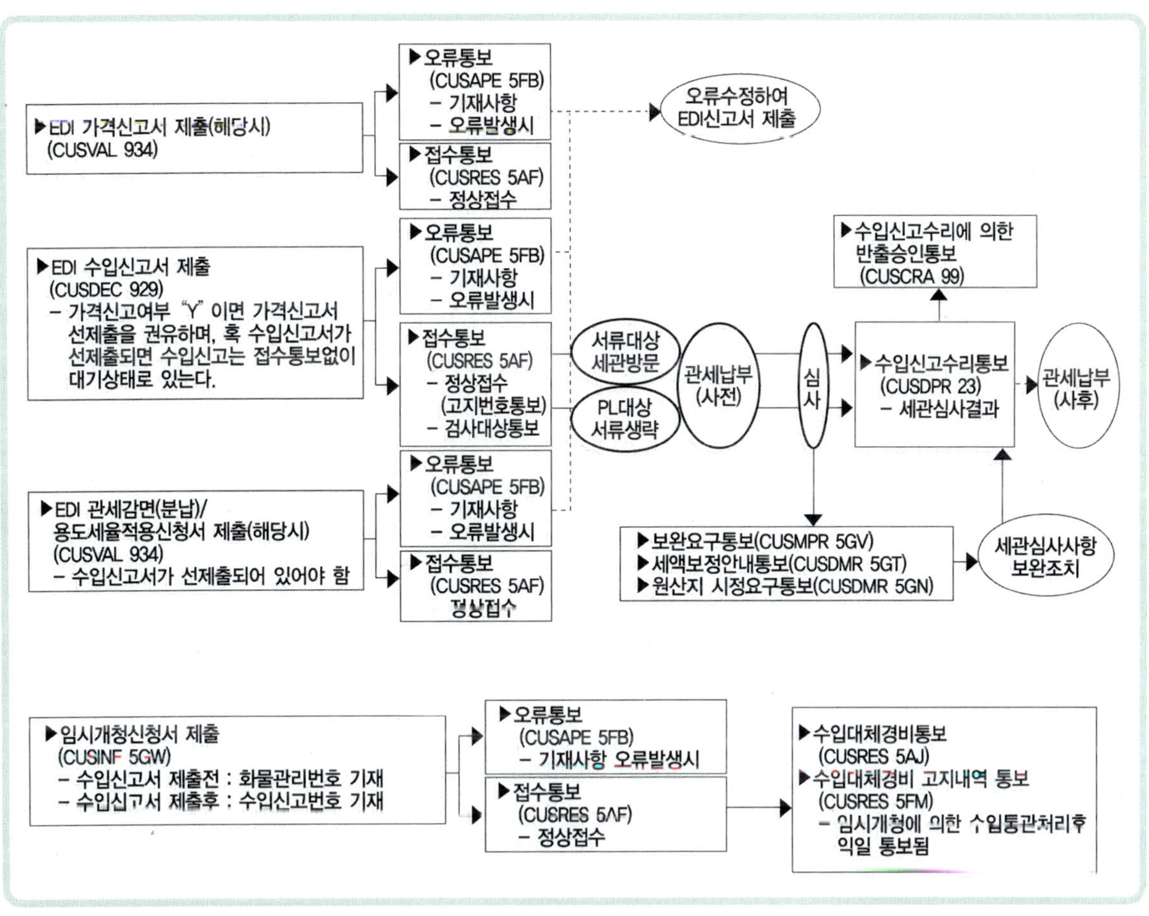

(2) 수입(납세)신고 정정 신청

(3) 수입신고전 물품반출 신고

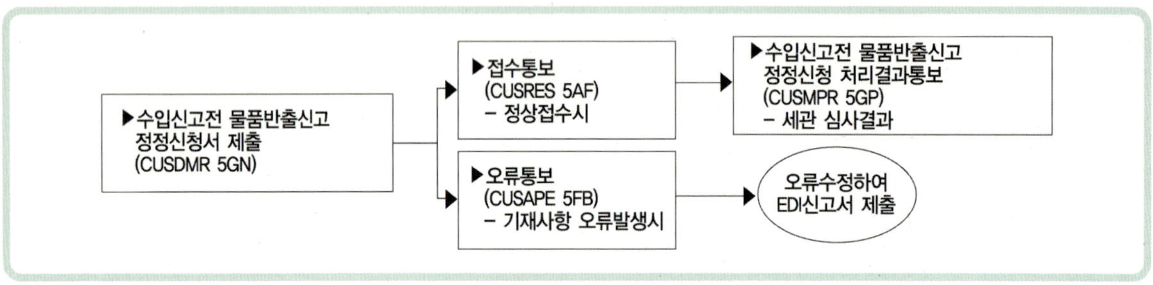

(4) 부호신청(통관고유 번호, 해외공급자 부호)

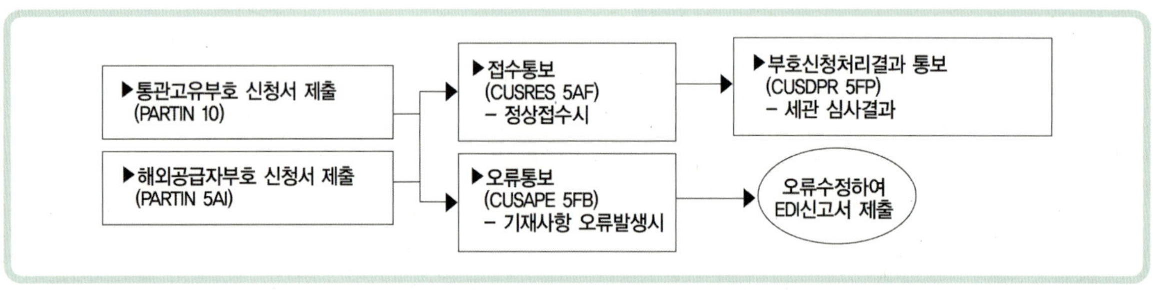

(5) 수입통관 목록 제출

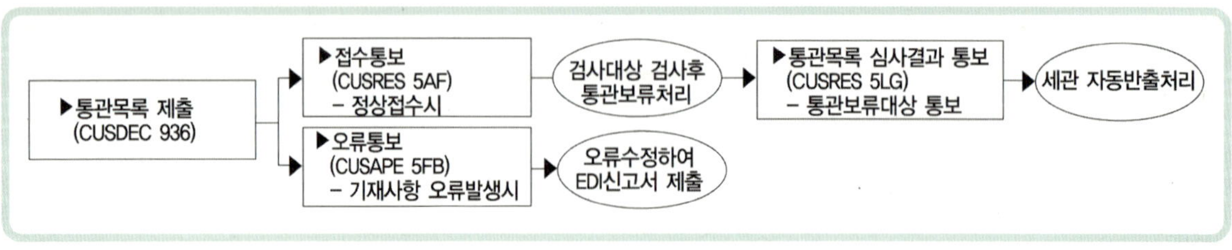

제3절 수입화물선취보증 신청

1 사전지식

1) 수입화물선취보증서(Letter of Guarantee)

수입물품은 이미 도착하였으나 선적서류 원본이 도착하지 않은 경우에 수하인(consignee)이 운송인으로부터 물품을 우선 인수할 수 있도록 L/C 개설은행(D/A·D/P의 경우 추심은행)이 선사 앞으로 수입물품선취에 대해 발행하는 연대보증서를 수입화물선취보증서(이하 "L/G")라고 한다.

이 보증서는 선적서류의 원본 제시없이 수입화물의 인도를 요청하고 추후 선적서류의 원본을 운송회사에 제출할 것과 선사의 손해가 발생할 경우 배상을 확약하는 내용으로 되어 있다. 이 후 선적서류 원본이 도착할 때 L/C 개설은행은 수입업자의 수입대금 결제 또는 선적서류 인수 후 선적서류 원본을 선사에 제시하여 L/G를 회수함으로써 선사 앞 보증을 해제할 수 있다.

L/G에는 주로 ① B/L이 도착하면 이를 지체없이 선박회사에 제출할 것을 명시하고 ② 이 선취보증서에 의하여 인도된 화물에 대하여 발생되는 모든 손해는 화주 및 보증은행이 책임을 지고 ③ 양륙지에서 지급되는 추가운임 및 기타 비용과 선적지에 있어서의 미납선임 및 비용 일체를 부담할 것 등을 L/C 개설은행이 보증하는 내용으로 구성되어 있다.

2) 수입자의 수입화물선취보증서(L/G) 신청사유

L/G를 신청하는 사유는 일본, 중국 등 인근국가에서 수입하는 경우 운송기간이 짧아 수입화물은 도착하였으나 운송서류가 도착되지 않아 보세구역의 장치기간에 해당하는 창고료, 화재보험료 등이 발생함은 물론 화물의 인도청구를 할 수 없기 때문에 수입자의 손실을 방지하게 하기 위함이다. 선박회사의 입상에서는 은행의 보증서를 받고 인도하게 되는 것이므로 사고발생시 이를 커버할 수 있으며 은행의 입상에서도 수입담보화물의 조기인노에 따른 자금회수가 적기에 이루어지는 장점이 있다. 만일, 운송수단이 항공기라면 항공화물운송장(AWB)에 의한 '수입화물인도승낙서'를 발행은행으로부터 발급받아 항공회사로부터 화물을 선취하게 된다.

L/G를 발급받기 위해서는 L/G신청서(application for letter of guarantee), 선박회사의 화물도착통지서(A/N), B/L 사본, C/I 사본, 기타 은행이 필요하다고 인정하는 서류 등을 발행은행에 제출해야 한다.

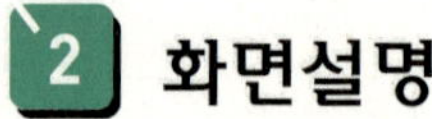

화면설명

1) 수입화물선취보증 신청

Header 및 수발신식별자

전자문서번호 *	APPLOG20150915000047	전자문서기능	원본(ORIGINAL) ▼
수신처 *	BAK0000001 [찾기] INDUSTRIAL BANK OF KOREA	문서종류 *	수입화물선취보증(인도승락)신청서-해상ꢀ ▼

일반정보

신청일 *	2015-03-09	이메일 *	pretest @ naver.com
신청인 * [찾기]		발급은행 * [찾기]	
· 상호	SHINYOUNG MICRO CO., LTD.	· 코드	0413
· 주소	49-3 NAMSANDONG	· 은행명	INDUSTRIAL BANK OF KOREA
	NAMGU, ULSAN	· 지점명	SEOCHO BR
송하인 * [찾기]		운송회사 * [찾기]	
· 상호	CRAW STONE	· 상호	HANJIN MERCHANT MARINE CO., LTD.
· 주소	54550, DETRIOT, MICHIGAN	· 주소	
	USA	· 세관식별부호	영문4자
수하인 [찾기]		인수예정자 * [찾기]	
· 상호	SHINYOUNG MICRO CO., LTD.	· 상호	SHINYOUNG MICRO CO., LTD.
· 주소	49-3 NAMSANDONG	· 주소	49-3 NAMSANDONG
	NAMGU, ULSAN		NAMGU, ULSAN

수입화물

상업송장금액 *	미국 ▼ USD [찾기] 50,000.00		
결제기간 *	AT SIGHT L/C ▼		
신용장/무신용장 번호 *	신용장 번호 ▼ LC20150106172546-001	선하증권(운송장) 번호 *	선하증권 ▼ HJBL1502-10001
선하증권(운송장) 발급일 *	2015-02-28	도착예정일 *	2015-03-10
선박(항공)명 *	ARIRANG	항해(편)번호 *	160W
선적지	USLGB [찾기] LONG BEACH, CA	도착지	KRPUS [찾기] BUSAN, KOREA
포장수	100 PG [찾기]		
Shipping Mark	SHINYOUNG MICRO CO.,LTD. P/NO.1-1001 MADE IN USA		
상품명세	LAUNDRY SOAP		

[Header 및 수발신식별자]

- 전자문서번호: 송수신시 자동 채번되는 전자문서번호
- 전자문서기능: L/G신청서 원본(original), 사본(dulicate) 구분
- 수신처: 신청서 수신은행
- 문서종류: L/G 종류

[일반정보]

- 신청일: L/G 신청일
- 이메일: e-Mail 주소
- 신청인: L/G 신청인
  - 상호: 신청인 상호
  - 주소: 신청인 주소
- 발급은행: L/G 발급은행(e-L/G의 경우)
  - 코드: 은행 코드
  - 은행명: 발급은행명
  - 지점명: 발급지점명
- 송하인: Shipper
  - 상호; 송하인 상호
  - 주소: 송하인 주소
- 운송회사: 운송회사
  - 상호: 내륙운송사
  - 주소: 운송사 주소
  - 세관식별부호: 세관식별부호(영문 4자)
- 수하인: Consignee
  - 상호: 수하인 상호
  - 수소: 수하인 수소
- 인수예정자: 화불수취인
  - 상호: 인수자 상호
  - 주소: 인수자 주소

[수입화물]

- 상업송장금액: Invoice amount
- 결제기간: 결제기간 조건
- 신용장/무신용장 번호: L/C No. 또는 계약서 No.

- 선하증권(운송장) 번호: B/L(운송장) No.
- 선하증권(운송장) 발급일: B/L(운송장) 발급일
- 도착예정일: 화물도착 예정일
- 선박(항공)명: Vessel name
- 항해(편)번호: Voyage No.
- 선적지: Port of Loading
- 도착지: Final destination
- 포장수: Package quantity
- Shipping Mark: 화물표시 및 번호 또는 화인
- 상품명세: Description of goods

3 업무 프로세스 흐름도

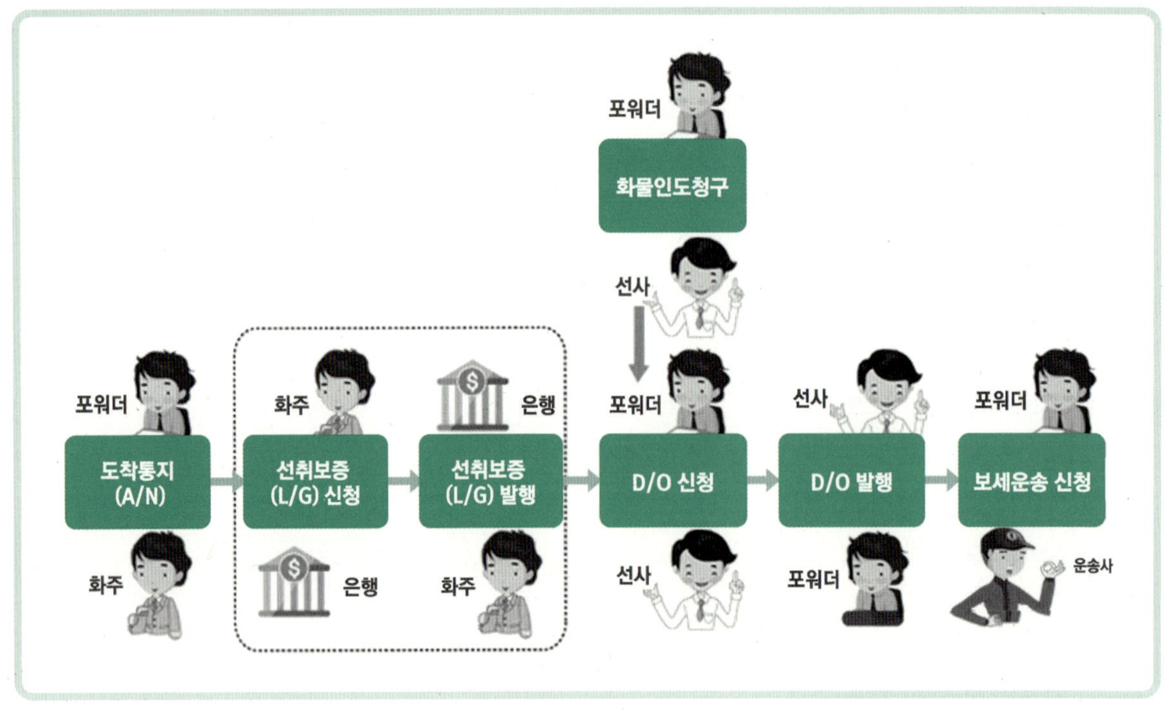

우선 포워더는 수입화물이 도착하기 전 선사로부터 입수한 입항정보를 바탕으로 화물도착예정통지(A/N)를 송부한다. 경우에 따라서 선사가 실화주에게 A/N을 직접 통지하는 경우도 있다.

만약 화물이 도착한 시점보다 선적서류가 도착하는 시점이 늦다면 화주는 은행에 L/G연대보증 신청을 한다. 은행은 화주가 제출한 L/G발급신청시 제출한 서류를 엄격히 심사하여 하자가 없을 경우 발급(연대보증)한다.

주의 e-L/G에서는 은행이 L/G를 발급하고 화주(수하인)가 수신하나 실제업무에서는 화주(수하인)가 L/G를 발급하고 은행이 L/G를 연대보증한다.

4 전자문서 흐름도

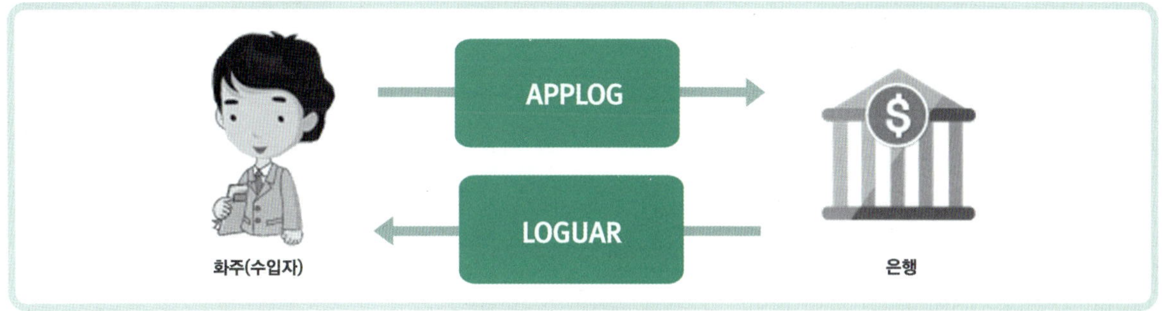

수하인(화주)은 거래은행에 L/G신청서(APPLOG)를 은행에 전송하고 거래은행의 발급지점은 해당 신청 건에 대하여 L/G승인서(LOGUAR)를 KTNET e-L/G 시스템으로 송부하고 KTNET은 화주와 선사에게 L/G 사본을 동보(同報)로 송신한다. 관련 선사/포워더는 해당 보증건에 대해 e-L/G 웹화면에서 조회 및 확인하고 발급지점은 수하인(화주)에게 발급한 보증건에 대한 상태를 조회한다.

5 실습 지시문

수입자(화주)인 "SHINYOUNG MICRO CO., LTD."는 수입화물 LAUNDRY SOAP은 도착하였으나 운송서류가 도착하지 않아 수입화물을 조속히 인도받기 위해 은행으로 수입화물선취보증 신청서를 작성하려고 한다.

아래의 조건에 맞게 작성해 보세요.

- 수신처: 기업은행 서초지점
- 문서종류: 수입화물선취보증(인도승락) 신청서-해상화물
- 신청일: 2016-03-09
- 이메일: pretest@naver.com
- 신청인: SHINYOUNG MICRO CO., LTD.
- 발급은행: 기업은행 서초지점
- 송하인: 크로우스톤(CRAW STONE)
- 운송회사: 한진상선(HJMU)

- 수하인: SHINYOUNG MICRO CO., LTD.
- 인수예정자: SHINYOUNG MICRO CO., LTD.
- 상업송장금액: USD50,000
- 결제기간: SIGHT L/C
- 신용장/무신용장번호: 신용장번호를 선택하고 LC번호는 LC20160106172546-001
- 선하증권(운송장)번호: HJBL1502-10001
- 선하증권(운송장)발급일: 2016-02-28
- 도착예정일: 2016-03-10
- 선박(항공)명: ARIRANG
- 항해(편)번호: 160W
- 선적지: 미국 / 선적항: LONG BEACH, CA
- 도착지: 한국 / 도착항: 부산(BUSAN, KOREA)
- 포장수: 100 Carton Box(CT)
- Shipping Mark는
  - SHINYOUNG MICRO CO., LTD.
  - P/NO.1-1001
  - MADE IN USA
- 상품명세: LAUNDRY SOAP

6 샘플 및 출력서식

1) 수입화물선취보증서 발행내역

Header 및 수발신식별자

전자문서번호	LOGUAR20150821000001	전자문서기능	원본(ORIGINAL)

발급정보

발급번호	LG20150821151849-001	발급일자	2016-08-21
보증서종류	수입화물선취보증(인도승락)신청서-해상화물		
선사확인	확인	확인(거부)일시	2016-08-21 15:18
거부사유			

일반정보

신청업체번호	APPLOG20150821000001		
신청인		발급은행	
· 상호	SHINYOUNG MICRO CO., LTD.	· 코드	
· 주소	49-3 NAMSANDONG	· 은행명	
	NAMGU, ULSAN	· 지점명	
송하인		운송회사	
· 상호		· 상호	
· 주소		· 주소	
	수하인		인수예정자
· 상호		· 상호	
· 주소		· 주소	

수입화물

상업송장금액	USD 1,234.00		
신용장/무신용장 번호	계약서번호	신용장/무신용장개설일	2016-08-21
선하증권(운송장) 번호	선하증권	결제기간	AT SIGHT L/C
선하증권(운송장) 발급일		도착예정일	
선박(항공)명		항해(편)번호	
선적지	코드 도시/지역명	도착지	코드 도시/지역명
포장수		화물표시및 번호	SP -K0012
상품명세			

2) 수입화물선취보증서 서면양식

계	결재

수입화물선취보증신청서

(Application For Letter of Guarantee)

(□수입물품대도(T/R) 신청 □EDI형 서비스 신청)

① 선박회사명(Shipping Co) Korea shipping co.		⑥ 신용장(계약서)번호(L/C NO.) : MI701605NS06260	⑦ L/G번호(L/G NO.)
		⑧ 선하증권번호(B/L NO.)	74343043
② 송하인(Shipper) KOBNACK CO., LTD. TOKYO, Japan		⑨ 선박명(Vessel Name)	Korea Shipping Co.
		⑩ 도착(예정)일(Arrival Date)	Jan. 24, 2016
		⑪ 항해번호(Voyage No.)	NYPU013
③ 상업송장금액(Invoice Value) ¥600,000		⑫ 선적항(Port of Loading)	TOKYO
		⑬ 도착항(Port of Discharge)	PUSAN
④ 화물표시 및 번호 (Nos. & Marks)	⑤ 포장수 (Packages)	⑭ 상품명세(Description of Goods)	
WOOJIN PUSAN P/NO.1 Made in Japan	1set	Weather Facsimile Receiver Model : FAX-108 Maker : Furno Electric Co. Complete set	

□ 본인은 위 신용장의 수입물품을 대도(T/R) 신청함에 있어 따로 제출한 외국환거래약정서 및 양도담보계약서의 모든 조항에 따를 것을 확약합니다.

□ 본인은 EDI 방식에 의한 수입물품선취보증서(L/G) 발급의 경우 소정의 서비스 이용료를 납부하고 본건이 발급된 후에는 변경 또는 취소가 불가능 함을 확약합니다.

본인은 위 신용장등에 의한 관계 선적서류가 귀행에 도착하기 전에 수입화물을 인도받기 위해 수입화물 선취보증을 신청하며 본인이 따로 제출한 수입화물 선취보증서(LETTER OF GUARANTEE)에 귀행이 서명함에 있어 다음 사항에 따를 것을 확약합니다.

1. 귀행이 수입화물 선취보증서에 서명함으로써 발생하는 위험과 책임 및 비용은 모두 본인이 부담하겠습니다.
2. 본인은 위 수입화물에 대하여는 귀행이 소유권이 있음을 확인하며 귀행이 수입화물선취보증서에 따른 보증채무를 이행하여야 할 것이 예상될 경우 또는 본인에 대하여 은행여신거래 기본약관 제7조의 사유가 발생할 경우에는 귀행의 청구를 받는 즉시 위 수입화물을 귀행에 인도하겠으며, 수입화물의 인도가 불가능할 경우에는 위 수입물품에 상당하는 대금으로 상환하겠습니다.
3. 본인은 위 수입화물에 관한 관계 선적서류를 제3자에게 담보로 제공하지 않았음을 확인하며, 또한 귀행의 서면동의없이 이를 담보로 제공하지 않겠습니다.
4. 본인은 위 수입화물에 관한 관계 선적서류가 도착할 때에는 신용장 조건과의 불일치 등 어떠한 흠에도 불구하고 이들 서류를 반드시 인수하겠습니다.

200 년 월 일

신청인 : 홍 길 동 (인)
주 소 : 서울 강남구 삼성동 159-1
TEL. : 6000 - 0114

인감 및 원본확인	

제4절 선적서류 내도통지

1 사전지식

1) 선적서류 내도

매입은행(negotiation bank)으로부터 선적서류가 개설은행(issuing bank)에 전달되면 은행담당자는 L/C 조건과 일치하는지 여부를 심사하고, 개설신청인(applicant)의 수입대금결제 또는 수입환어음의 인수시에 수입자에게 선적서류를 인도한다. 만약 추심방식의 경우 선적서류가 전달은 되지만 은행이 심사하여 결제하는 것은 아니고 대금지급에 대한 위임된 사무처리만 한다.

2) 선적서류 심사

은행은 관련된 어음 및 서류가 L/C 조건과 일치하는지를 자세히 검토하며, 명시되지 않은 일반조건은 신용장통일규칙(UCP)을 참고한다.

L/C방식의 서류인도의 경우 서류상 하자가 있는 경우 개설은행은 대금지급을 거절할 수 있으며, 그 사실을 서류접수 익일부터 제5 은행영업일 이내에 매입은행 앞으로 통보하는 것이 일반적이다.

추심방식의 경우 환어음(draft)을 사용하기는 하나 은행의 지급확약이 없으므로 은행은 자신의 자금으로 선지급하지 않으며, 수입자의 신용에 의해 대금지불된다.

3) 선적서류의 종류

- 기본서류들: 상업송장(C/I), 보험서류(I/P), 운송서류(B/L 또는 Waybill)
- 보충서류들: 포장명세서(P/L), 검사증명서(inspection certificate), 원산지증명서(C/O), 중량/용적증명서(certificate of weight/measurement), 영사송장(consular invoice), 세관용 송장(customs invoice) 등

4) 하자있는 선적서류의 경우

선적서류 심사결과 하자사항이 발견된 경우 개설은행은 개설신청인에게 하자사항을 통지하여 선적서류 접수일 익일부터 제5 은행영업일 이내에 수입어음의 결제 또는 인수여부를 확인하여야 한다. 개설신청인의 수리거절시 접수일로부터 제5 은행영업일 이내에 수리거절 사실을 선적서류 송부은행 또는 수익자에게 통보하는 것이 일반적이다.

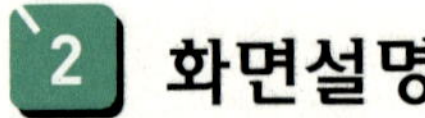

화면설명

1) 선적서류 도착통지 내역

Header

◉신용장 ○추심		개설일 *	2015-02-08
L/C 계약서번호 *	INF70020150313000001 [찾기]	유효기일 *	2015-04-05
내도상태	내도 ▼	전송타입	FULL ▼

일반정보

매입/추심 의뢰인 [찾기] *		매입/추심은행 [찾기]	
. 상호	CRAW STONE	국가코드 *	US
. 주소	54550, DETRIOT, MICHIGAN USA	외환점포코드	BAK0000011
		은행명	CITI BANK
. 담당자		지점명	LOS ANGELS
. E-MAIL		TEL	(213)368-2500
수하인 [찾기]		통지처 [찾기]	
. 상호	SHINYOUNG MICRO CO., LTD.	. 상호	SHINYOUNG MICRO CO., LTD.
. 주소	49-3 NAMSANDONG NAMGU, ULSAN KOREA	. 주소	49-3 NAMSANDONG NAMGU, ULSAN KOREA
선적기일 *	2015-02-28	원산지 *	UNI [찾기]
선적지 [찾기]	. 코드 USLGB . 도시/지역명 LONG BEACH, CA	도착지 [찾기]	. 코드 . 도시/지역명 BUSAN, KOREA
결제조건유형 *	AT SIGHT L/C ▼	결제금액 *	USD [찾기] 50,000.00
기간		결제조건기타	▼
환어음번호	BE201502-00001		

필요서류 [필요서류첨부]			
☑ 상업송장	원본 3 부	☐ 상업송장증명	원본 부/사본 부
☑ 포장명세서	원본 3 부	☐ B/L	원본 부/사본 부
☑ 적하보험	원본 1 부/사본 부	☐ 원산지증명	원본 부/사본 부
☐ 환어음	원본 부	☐ 수익자증명서	원본 부

비고	
	수입화물에 대한 선적 서류 검토사항 상업송장/포장명세서 상 서류착오 없음 화물에 대한 포장수 단위 표기 오류 이다.

[Header]

- 대금결제방식: L/C, 추심
- L/C개설일: L/C 개설일
- L/C/계약서 No: L/C 방식의 경우 L/C No.로 이미 개설된 L/C를 조회하여 선택한다, 추심방식의 경우 계약서 No.로 이미 등록된 무역계약서를 조회하여 선택한다.
- 유효기일: L/C 유효기간(expiry date) 개설은행은 L/C 개설일로부터 명시된 유효기일까지 수익자에 대하여 지급확약을 하고 있다.

[일반정보]

- 매입/추심의뢰인: 상호, 주소, 담당자, e-Mail
- 매입추심은행: 국가(국가코드 및 국가명), 외환점포코드, 은행명, 지점명, Tel No.
- 수하인: Consignee, 수입화물을 인수하는 자로 일반적으로 매입/추심의뢰금액을 지불하는 자를 말한다.
- 통지처: Notify, 수입업무를 도와주는 수입대행사, 관세사무소 등을 말한다.
- 선적기일: L/C/계약상 선적이 되어야 하는 날짜
- 원산지: 화물의 원산지(place of origin)
- 선적지: 화물이 선적되는 곳 해상 화물의 경우 선적항(port of loading)
- 도착지: Final Destination. 화물이 최종적으로 도착하는 곳
- 결제조건 유형: 일람출급신용장(Sight L/C), 기한부신용장(Usance L/C), 인수인도(D/A), 지급인도(D/P), 외상수출채권(O/A), 전신송금(T/T), 기타
- 결제금액: 매입/추심의뢰 금액
- 기간: 결제기한 예를 들어 통지일로부터 제5 은행영업일 이내
- 결제조건 기타: 결제조건 관련하여 기타 사항 입력 예를 들어 30 Days After B/L Date, 5 Days From Sight 등
- 필요서류: 수입자 통지를 위한 L/C 및 계약서상 첨부되어야 할 서류내역으로 원본과 사본의 매수를 확인 후 입력한다.
  - 항목: 상업송장(C/I), 포장명세서(P/L), 선하증권(B/L), 석하보험증권(I/P), 원신지증명서(C/O), 수익자증명서(beneficiary's certificate) 등이다.

3 업무 프로세스 흐름도

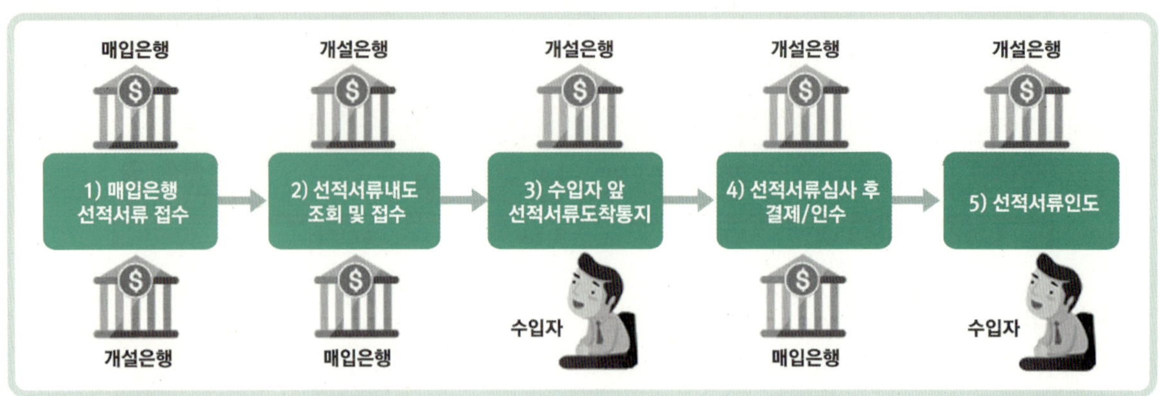

매입은행이 선적서류를 송부하면 L/C 개설은행은 Covering Letter(송부장)을 검토하고 자기 시스템에 그 내용을 전산입력한다. 만약 접수된 선적서류와 Covering Letter 내용과 일치하지 않을 경우 서류인도 담당자에게 연락한다.

은행은 선적서류 내도사실을 전화, 팩스, 등기우편 또는 EDI로 신속히 관련 L/C 개설신청인에게 통지한다. 유선 통지시 수입업체 담당자에게 정확히 통지해야 한다. 그러지 아니할 경우 후일 통지여부로 인한 분쟁이 발생할 수도 있다.

은행은 선적서류 접수의 경우 관련된 환어음 및 선적서류가 L/C 조건과 일치하는지 면밀히 심사하여야 한다. 일람출급신용장(Sight L/C)의 경우 개설신청인이 은행을 방문하여 선적서류 인수와 함께 관련 대금결제를 하며, 기한부신용장(Usance L/C)의 경우 개설신청인이 우선 서류인수하고 일정한 기간후 만기일(maturity date)에 대금을 결제한다.

4 전자문서 흐름도

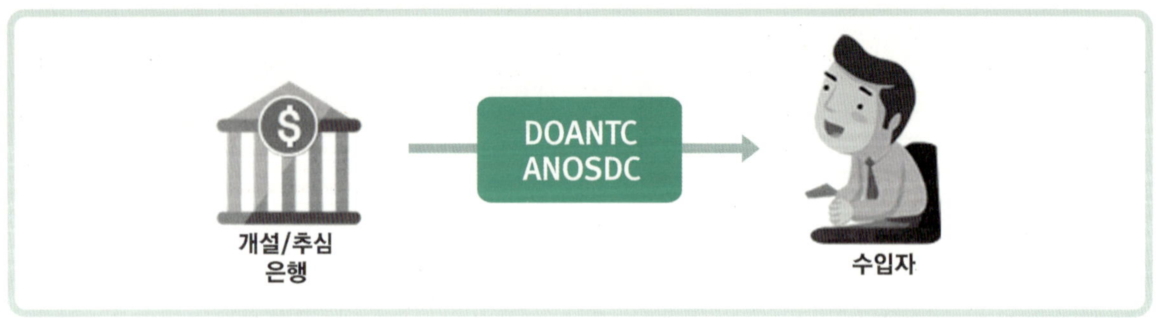

매뉴얼 업무처리방식은 개설신청인에게 통지서를 팩스로 송신하는 경우가 일반적이다. 전자적 업무처리방식의 경우에는 수입자에게 선적서류 도착통지-신용장방식(DOANTC)를 전송

하고 수입자는 그 통지내역을 확인한다. 추심의 경우 추심은행이 수입자에게 선적서류 도착통지-추심방식(ANOSDC)를 전송하고 수입자는 그 통지내역을 확인한다.

5 실습 지시문

기업은행 서초지점은 수출자 "CRAW STONE"의 매입은행인 씨티은행으로부터 내도한 선적서류 정보를 등록하여 수입자인 "SHINYOUNG MICRO CO., LTD."으로 통지하려고 한다.

다음 조건에 맞게 실습을 해 보세요.

- 대금결제방법: 신용장
- L/C 개설일: 2016-02-08
- 개설일: 2016년 2월 / 신용장번호: LC20150313133112-001인 신용장정보를 불러온다.
- 유효일: 2016-04-05
- 내도상태: 내도
- 전송타입: FULL
- 매입추심의뢰인: 크로우스톤(CRAW STONE)
- 매입/추심은행: CITI BANK
- 수하인: SHINYOUNG MICRO CO., LTD.
- 통지처: SHINYOUNG MICRO CO., LTD.
- 선적기일: 2016-02-28
- 원산지: USA
- 선적지: LONG BEACH, CA
- 도착지: BUSAN, KOREA
- 결제조건유형: AT SIGHT L/C
- 결제금액: USD50,000
- 환어음 발행번호: BE201602-00001
- 필요서류: 상업송장 / 포장명세서 3부, 적하보험 원본 1부, B/L 원본3부, 원산지증명 원본 1부(관련서류 업로드를 한다).
- 비고란: 수입화물에 대한 선적서류 검토사항 상업송장 / 포장명세서 상 서류착오 없음 화물에 대한 포장수 단위 표기 오류이다.

주의 본 실습은 은행의 입장에서 업무 처리하는 것을 가정하나 실제로 로그인된 아이디는 은행이 아니라 수입자로 설계되어 있다. 설계상의 제약조건으로 인하여 은행아이디를 별도로 배정하지 않았다.

6 샘플 및 출력서식

1) 수입선적서류 도착통지서 서면양식

보존기간 : 1년

□ 수입선적서류 도착통지

□ 수입신용장 조건불일치에 관한 조회

귀하

(FAX NO.　　　　　　　　)

L/C NO(REF NO)	
선적 서류 금액	

□ 귀하의 신청에 의하여 발행된 위 수입신용장에 따른 선적서류가 도착되었음을 통지하오니 ____까지 결제하여 주시기 바랍니다.

□ 귀하가 ________와 계약한 $\frac{\square D/P}{\square D/A}$ 수입선적서류가 위와 같이 도착되었음을 통지하오니 동 서류 및 어음의 결제 또는 인수여부를 조속한 시일이내에 알려주시기 바랍니다.

□ 위 선적서류중 수입신용장의 조건과 불일치하는 내용이 있어 아래와 같이 알려드리오니 이에 대한 귀하의 동의여부를 이 조회장 발송일로부터 3영업일 이내에 아래 양식을 절취하여 FAX로 당점앞 회보하여 주시기 바라며, 기한내에 회보가 없을시에는 저희은행이 매입, 지급, 인수에 대한 동의 또는 거절여부를 결정하겠습니다.

불일치 내용 :

[은행 사용란]

전언통보필	구 분	전 화	면 담
	회사 담당자		
	은행 담당자		
	통보 일시		

년　원　일

********은행　　지점

--------------------------------- 절 취 선 ---------------------------------

********은행　　지점 앞

(FAX NO.　　　　　　　　)

신용장 번호	
선적 서류 금액	

귀행이 조회한 위 선적서류의 불일치 내용에 대하여 수입 환어음 또는 선적서류의 매입·지급·인수에 $\frac{\text{동의}}{\text{거절}}$ 하오니 필요한 조치를 취하여 주시기 바라며 이로 말미암은 비용과 손해가 은행의 책임있는 사유로 인하여 발생한 것이 아닌 한 본인이 부담하겠습니다.

년　월　일

본 인　　　　　　　　㊞

주 소

인감대조

제5절 대금결제-신용장방식

1 사전지식

1) 대금지급조건(Terms of Payment)

무역거래에서 거래상품의 대금지급과 관련 사항을 약정하는 조건이다. 무역대금 결제방식에는 L/C에 의한 결제, 추심결제(D/A, D/P), 송금환에 의한 결제 및 기타결제 등의 방법이 있다.

2) 대금 지급시기

선지급(payment in advance; advance payment)은 매도인이 물품을 매수인이나 운송인에게 인도하기 전에 물품대금을 지급함을 의미하고, 후지급(연지급; deferred payment)은 물품 또는 서류가 매수인에게 인도되고 일정기간 경과 후에 매도인에게 대금을 지급함을 말한다.

3) 일람출급신용장(Sight L/C)의 결제

일반적으로 개설은행은 자체 심사 후 접수일로부터 제5 영업일 이내에 결제한다. 개설신청인의 계좌에서 인출하거나 대출실행 후 결제하며, 원화로 결제하는 경우 결제 당일의 대고객 전신환매도율을 적용한다.

4) 수입어음 할인내역(Acceptance & Discount Charge) 통지

수입자가 은행인수신용장(banker's usance L/C)를 개설하였을 경우, 해외인수은행(상환은행; reimbursing bank)이 수출자에세 환어음에 대해 신결제한 것에 대한 인수수수료(acceptance commission)와 할인료(수출사는 일람불로 지급받고, 수입자는 기한부로 결제함에 따라 발생하는 이자를 제하는 금액)에 대한 내역을 통지하는 것을 말한다.

5) 은행이 징수하는 수수료

(1) 환가료(Periodic Interest)

매입은행이 화환어음을 매입하는 경우에 환율은 표준 추심일수인 9 ~ 20일의 이자를 차감한 일람출급 환어음매입률을 적용하는데 이때 표준 추심일수의 이자를 말한다. 매입은행이 수출업자에게 매입대금을 지급한 후 발행은행으로부터 이를 보상받는데 10일이 걸리든 20일이 걸리든 평균적으로 9 ~ 12일이 걸린다고 보고 산정하는 수수료이다.[22)]

(2) 대체료(In Lieu of Exchange Commission)

환가료는 결제에 따른 이자에 해당하는 수수료인데 반하여 대체료는 은행이 봉사하는 수고에 대한 수수료이다. 동종 통화표시 외국환으로 대체할 경우 외화 인출시에 징구하는 수수료이며 매입대금을 원화로 지급하는 경우에는 징수하지 아니하고, 매입대금을 외화로 지급하는 경우에만 징수한다. 외화를 원화대가로 매매할 경우 취급은행에서 외화매매율차에 따른 수수료를 취할 수 있는 기회를 놓치는 대신 징수하는 수수료이며 또한 매입대금을 외화로 지급하게 되면, 매입은행은 전표를 작성하는 등 여러 가지 수고를 하게 되므로 그 대가를 받게 되는데 이때의 수수료율은 대금전액의 0.1%이다.[23)]

(3) 결제지연이자(Graceday Charge)

선적서류의 개설은행 접수일로부터 3일을 초과하여 결제하는 경우 접수 4일째부터 결제일 전일까지의 이자를 징수한다.

(4) 개설수수료(Term Charge)

L/C 개설신청시 L/C 개설일과 만기일간 기간에 대해 L/C 총액과 수입자의 신용도에 의해 책정한 요율로 통상 L/C 개설기간(term) 3개월 기준으로 총액의 0.1~0.25%를 부과한다. 일종의 은행 대외지급 보증부담의 보상조로 징수하는 수수료이다.

◆ 수입신용장 대금결제액 산정방법

① 송금방식인 경우: 전신환매도율 × 수입금액 = 결제금액
② 차기 또는 상환 방식인 경우
- 전신환매도율 + 환가료(통화별 년환가요율 × 7 또는 8일) / 360) × 매매기준율 = 수입어름결제율
- 수입금액 × 수입어음결제율 = 결제금액

③ Usance인 경우
- 물품대금 = 수입금액 × Usance 상환일 기준 전신환매도율
- Usance이자 = 수입금액 × usance이자율 × $\frac{\text{usance기간}}{360}$

22) 출처: 한국무역협회 KITA.net
23) 출처: 한국무역협회 KITA.net

2 화면설명

1) 선적서류 도착통지(신용장) 조회

선적서류도착통지

조회기간	내도통지일자 ▼	2014-12-02 ~ 2015-12-01	1주일	1개월	3개월	6개월	1년
조회조건	내도통지번호 ▼						조회
○전체 ◉신용장 ○추심		상태	전체 ▼				

Total 1/1 3건 상세

☐	상태	통지일	내도통지번호	매입/추심은행	매입/추심금액		신용장형태
		L/C개설일	L/C/계약서 No	매입/추심의뢰인	환어음번호		대금결제방식
☐	내도통지	2015-02-20	2015031600000003	MICHIGAN BANK	USD	150,000.00	FULL
		2015-02-08	LC06412441-012	PANTERM BIKEY LTD.	BE201503-00076		신용장
☐	내도통지	2015-02-12	2015031600000002	CITI BANK	USD	75,000.00	FULL
		2015-02-08	LC201501112145-099	AUTO MOBIL USA INC.	BE201502-00007		신용장

- 조회기간: L/C, 추심방식(D/A, D/P)
- 조회조건: ALL, L/C No(신용장방식의 경우), 통지은행(신용장방식의 경우), 계약서 No.(추심의 경우), 추심의뢰은행(추심방식의 경우)
- 상태: : ALL, 통지(선적서류 통지), 거절(선적서류 확인 후 인수 및 대금 지급거절), 확인(선적서류 확인 후 인수 및 대금지급 결정)
- 통지일: 개설 또는 추심은행이 선적서류 내도를 통지한 일자
- 내도통지번호: 내도통지번호
- 매입/추심은행: 매입/추심은행
- 매입/추심금액: L/C방식의 경우 선적서류 인수후 은행이 수입자에 요구하는 결제금액이며, 추심방식의 경우 추심의뢰된 금액
- 신용장형태: Full Cable, Short Cable
- L/C개설일: L/C 개설일
- L/C/계약서 No: L/C No.(신용장방식의 경우), 계약서 No.(추심방식의 경우)
- 매입/추심의뢰인: 매입/추심의뢰인
- 환어음번호: 환어음번호
- 대금결제방식: 대금결제방식

2) 선적서류 내도통지

Header

대금결제방식	신용장	개설일 *	2016-02-08
L/C 계약서번호 *	LC06412441-012	유효기일 *	2016-04-05
내도상태	내도통지	전송타입	FULL

일반정보

거래처		매입/추심은행	
. 상호	PANTERM BIKEY LTD.	국가코드 *	US
. 주소	1211 EAST NEW YORK STREET LONG BEAC CALIFORNIA, U.S.A	외환점포코드	BAK0000008
		은행명	MICHIGAN BANK
. 담당자	PAPITO	지점명	
. E-MAIL	SALESPIC@PANTERMBIKEY.COM	TEL	04-3349-4466
수하인		통지처	
. 상호	SHINYOUNG MICRO CO., LTD.	. 상호	SHINYOUNG MICRO CO., LTD.
. 주소	49-3 NAMSANDONG NAMGU, ULSAN KOREA	. 주소	49-3 NAMSANDONG NAMGU, ULSAN KOREA
선적기일 *	2015-02-28	원산지 *	US
선적지	. 코드 USCFL . 도시/지역명 CHESTERFIELD	도착지	. 코드 KRPUS . 도시/지역명 BUSAN, KOREA
결제조건유형 *	AT SIGHT L/C	결제금액 *	USD 150,000
기간		결제조건기타	
환어음번호	BE201503-00076		
필요서류	☑ 상업송장 원본 3 부 ☑ 포장명세서 원본 3 부 ☑ 적하보험 원본 1 부/사본 3 부 ☐ 환어음 원본 부		☐ 상업송장증명 원본 부/사본 부 ☑ B/L 원본 3 부/사본 부 ☑ 원산지증명 원본 1 부/사본 3 부 ☐ 수익자증명서 원본 부
비고	수입화물에 대한 선적서류 검토사항 상업송장/포장명세서 상 서류착오 없음 물에 대한 포장수 단위 표기 오류이다.		

[Header]

- 대금결제방식: L/C, 추심
- L/C개설일: L/C 개설일
- L/C계약서 No.: L/C 방식의 경우 L/C No.로 이미 개설된 L/C를 조회하여 선택한다, 추심방식의 경우 계약서 No.로 이미 등록된 무역계약서를 조회하여 선택한다.
- 유효기일: L/C 유효기간(expiry date) 개설은행은 L/C 개설일로부터 명시된 유효 기일까지 수익자에 대하여 지급확약을 하고 있음

[일반정보]

- 매입/추심의뢰인: 상호, 주소, 담당자, e-Mail
- 매입추심은행: 국가(국가코드 및 국가명), 외환점포코드, 은행명, 지점명, Tel No.
- 수하인: Consignee, 수입화물을 인수하는 자로 일반적으로 매입/추심의뢰금액을 지불하는 자를 말한다.
- 통지처: Notify, 수입업무를 도와주는 수입대행사, 관세사무소 등을 말한다.
- 선적기일: L/C 및 계약상 선적이 되어야 하는 날짜
- 원산지: 화물의 원산지(place of origin)
- 선적지: 화물이 선적되는 곳, 해상화물의 경우 선적항(port of loading)
- 도착지: Final Destination, 화물이 최종적으로 도착하는 곳
- 결제조건유형: 일람출급신용장(Sight L/C), 기한부신용장(Usance L/C), 인수인도(D/A), 지급인도(D/P), 외상수출채권(O/A), 전신송금(T/T), 기타
- 결제금액: 매입/추심의뢰 금액
- 기간: 결제 기한, 예를 들어 통지일로부터 5 Working Day 이내
- 결제조건 기타: 결제조건 관련하여 기타 사항 입력, 예를 들어 30 Days After B/L Date, 5 Days From Sight 등
- 필요서류: 수입자 통지를 위한 L/C 및 계약서상 첨부되어야 할 서류내역으로 원본과 사본의 매수를 확인 후 입력한다.
  - 항목: 상업송장(C/I), 포장명세서(P/L), 선하증권(B/L), 적하보험증권(I/P), 원산지증명서(C/O), 수익자증명서(beneficiary's certificate)

3) 수입어음 할인내역

문서번호	DISCHG20150228000001	통지일	2016-02-28
통지은행	INDUSTRIAL BANK OF KOREA	거래고객	SHINYOUNG MICRO CO., LTD.
LC/계약서번호	M17A8NU00123	BL/운송상번호	HJBL 1502410001
어음금액	USD 50,000.00	할인수수료	USD 360.00
기타수수료		합계	USD 50,360.00
어음할인율	1.44	할인일	2015-02-27
최종결제일	2015-08-26	기타사항	

교수 검토의견

검토의견	

수입자가 은행인수신용장(banker's usance L/C)을 개설한 경우, 해외 인수은행(상환은행; reimbursing bank)으로부터 청구된 인수수수료(acceptance commission ; 해외 상환은행이 환어음을 인수한 것에 대한 수수료)와 할인료(수출자는 일람불로 지급받고, 수입자는 기한부로 결제함에 따라 발생하는 이자 ; interest)에 대한 내용을 조회하는 화면이다.

- 문서번호: 수입어음 할인내역에 대한 통지 전자문서 번호
- 통지일: 할인내역 통지일
- 통지은행: 할인내역 통지은행
- 거래고객: 수출자
- LC/계약서번호: Banker's Usance L/C No.
- BL/운송장번호: B/L이나 화물운송장(Waybill) No.
- 어음금액:
- 할인수수료:

Banker's Usance의 경우 수수료

수수료 및 이자	징수방법	비 고
Term Charge	만기일이 기 징수한 Term Charge의 징수기간을 초과하는 경우에 초과 기간에 대해 Term Charge 징수	예를 들어 매 3개월 마다 발행시 징수 요율로 징수
Acceptance & Discount Charge	A/D Charge × 전신환매도율	인수은행별로 적용 이율차이가 있음
Exchange Commission(환가료)	A/D Charge × 환가요율 × 실제 자금부담일수/365 × 매매기준율	실제 자금부담일수: 지급일~상환일

- 합계: 수수료 총액
- 어음할인율: %로 표기
- 할인일: 어음할인 기준일자
- 최종결제일: 수입자가 수입어음 할인료와 각종 수수료를 결제해야하는 최종일자

◈ 참고: Banker's Usance Credit는 기한부 환어음의 지급을 유예시켜주는 주체가 은행이 되는 것으로 수출상이 발행한 기한부어음을 만기일 이전에 인수은행이 인수 및 할인하여 매입하고, 어음 금액 전액은 매입은행을 통하여 수출상에게 지급하며 인수수수료와 할인료는 발행은행에 청구하여 수출상은 At Sight Basis와 동일하게 매입대전을 수취하고 수입상의 입장에서는 Usance Interest(인수수수료와 할인료)만 선지급하여 원금은 만기일에 발행은행을 통하여 지급하거나(이자선급), 원금과 이자를 만기일에 결제(이자후급)하게 되는 것을 Banker's Usance Credit이라고 하며 Buyer's Usance라고도 부른다. 미국에서는 이와 같은 방식을 Banker's Acceptance라고 한다.

4) 대금지급 지시신청

전자문서번호 *	PAYORD20160219000002	전자문서기능 *	원본(ORIGINAL) ▼
결제조건 *	신용장방식 ▼		
수신처	BAK0000001 찾기 기업은행	관련문서 신용장 ▼	M17A8NU00123 선택

일반정보

지급지시용도	자기자금결제(SIGHT L/C ▼	신청일 *	2016-03-12
지급확인신청서 전자문서번호	사후송금방식, 중계무역방식 수입대금 결제시 지급확인(변경)신청서의 전자문서번호 입력		
지급의뢰인(신청인) * 찾기			
상호	SHINYOUNG MICRO CO., LTD.	주소	49-3 NAMSANDONG
대표자	LEE SHIN YOUNG		NAMGU, ULSAN
전화번호	031-341-9832		KOREA
수익자(수취인) * 찾기			
계좌번호(Account No)		국가코드	US 찾기
상호	CRAW STONE	주소	54550, DETRIOT, MICHIGAN
대표자	BILL JHON		USA
전화번호	(215)368-2500		
수익자(수취인)거래은행 * 찾기			
SWIFT코드	BAK0000011	국가코드	US 찾기
은행명	CITI BANK		
주소	690 WILSHIRE PLACE LOS ANGELES, CA 90005		
	USA		
	LOS ANGELS		

신청내용

송금방법	전신송금 ▼	이체희망일	2016-08-26
지급금액 *	미국 ▼ USD 찾기 50,000.00		
출금 예금계좌 정보			
원금출금계좌	123456789012	수수료출금계좌	123456789012
국외수수료부담자	지급의뢰인(국내외분 모두) ▼		
송금 내역	10,000 BOX OF LAUNDRY SOAP AT @USD 5 TOTAL AMOUNT USD50,000		
수입 대금일 경우			
거래형태구분코드 *	신용장 ▼		
수입예정일	2015-02-02	HS 코드	3401191010 찾기
기타정보			

수신자(수입자) 앞 기타정보 입력
1. 지급지시 관련 각종 업무 참조 사항을 입력
2. 사전송금방식 수입대금 결제 시 Offer 정보를 입력
-1번째 줄은 HS Code
-2번째 줄은 대표 물품명
-3번째 줄은 통화단위
-4번째 줄은 Offer 금액
-5번째 줄은 Offer 번호

[Header]

- 전자문서번호: 대금지급지시서 전자문서번호
- 전자문서기능: 최초 작성시 "Original" 선택하고, 은행의 요청에 의하여 재전송시 "Duplicate"를 선택한다.
- 결제조건: 결제조건
- 수신처: L/C 개설은행, 추심은행 또는 송금은행을 조회하여 선택
- 관련문서: L/C 방식의 경우 L/C No.로 이미 개설된 L/C를 조회하여 선택, 추심 또는 송금방식의 경우 계약서 No.로 이미 등록된 무역계약서를 조회하여 선택한다.

[일반정보]

- 지급지시용도: 지급지시 용도
- 신청일: 지급지시 신청일자, 수정 전송의 경우 수정전송 신청일자
- 지급확인신청서 전자문서번호: 지급확인신청서 전자문서번호(사후송금 또는 중계무역방식 수입대금 결제시)
- 지급의뢰인(신청인)
  - 상호: 지급의뢰인 상호
  - 대표자: 지급의뢰인 대표자
  - 전화번호: 지급의뢰인 전화번호
  - 주소: 지급의뢰인 주소
- 수익자(수취인): 계약서의 경우 추심 및 송금 대상자. 즉, 수출자로 L/C의 경우 수익자(beneficiary)
  - 계좌번호(account no.): 수익자의 계좌번호
  - 국가코드: 수익자 소재 국가코드
  - 상호: 수익자의 상호
  - 대표자: 수익자의 대표자
  - 전화번호: 수익자의 전화번호
  - 수익자(수취인)거래은행: 수익자(수취인) 거래은행
  - SWIFT 코드: 수익자 거래은행의 SWIFT 코드
  - 국가코드: 국가코드
  - 은행명: 은행명
  - 주소: 주소

[신청내용]

- 송금방법: 전신송금(T/T; Telegraphic Transfer), 우편송금(M/T; Mail Transfer), 송금수표(D/D; Demand Draft)

- 이체희망일: 수입자 거래은행에서 해외 수출자 거래은행으로 대금을 송금하기를 원하는 날짜
- 지급금액: 통화코드, 금액
- 출금 예금계좌 정보: 지급금액을 출금할 예금계좌
  - 원금 출금계좌: 수익자(국외분)/지급의뢰인(국내분), 지급의뢰인(국내외분 모두), 수익자(국내외분 모두)
  - 수수료 출금계좌: 원금 출금계좌가 외화 계좌이고, 수수료 출금계좌가 원화 계좌일 경우 기재
  - 국외 수수료 부담자: 수익자(국내외분 모두), 수익자(국외분)/지급의뢰인(국내분), 지급의뢰인(국내외분 모두)

수익자(국외분) / 지급의뢰인(국내분)	수익자(국외분)/지급의뢰인(국내분): 무역거래에서는 무역대금 송금과 관련하여 발생하는 해외수수료는 수출자가 부담하는 것이 통상적이고, 국내송금 은행에서 발생하는 수수료는 수입자가 부담하고, 해외의 지급은행에서 발생하는 수수료는 수출자가 부담하는 조건이다.
지급의뢰인(국내외분 모두)	국내 및 해외 발생하는 송금관련 수수료를 수입자가 모두 부담하는 조건이다.
수익자(국내외분 모두)	수익자(국내외분 모두): 국내 및 해외 발생하는 송금관련 수수료를 수출자가 모두 부담하는 조건이다.

  - 송금내역: 송금관련 기타사항
- 수입대금일 경우
  - 거래형태구분코드: L/C, 사전송금, 사후송금, 사전송금(중계무역), 사후송금(중계무역), 사전송금(외국인수), 사후송금(외국인수), 사전송금(국내인수), 사후송금(국내인수), 기타 수입대금
  - 수입예정일: 사전송금방식일 경우 수입물품 도착 예정일을 기재
  - HS 코드: 수입물품의 대표 아이템의 HS 코드
  - 기타정보

3 업무 프로세스 흐름도

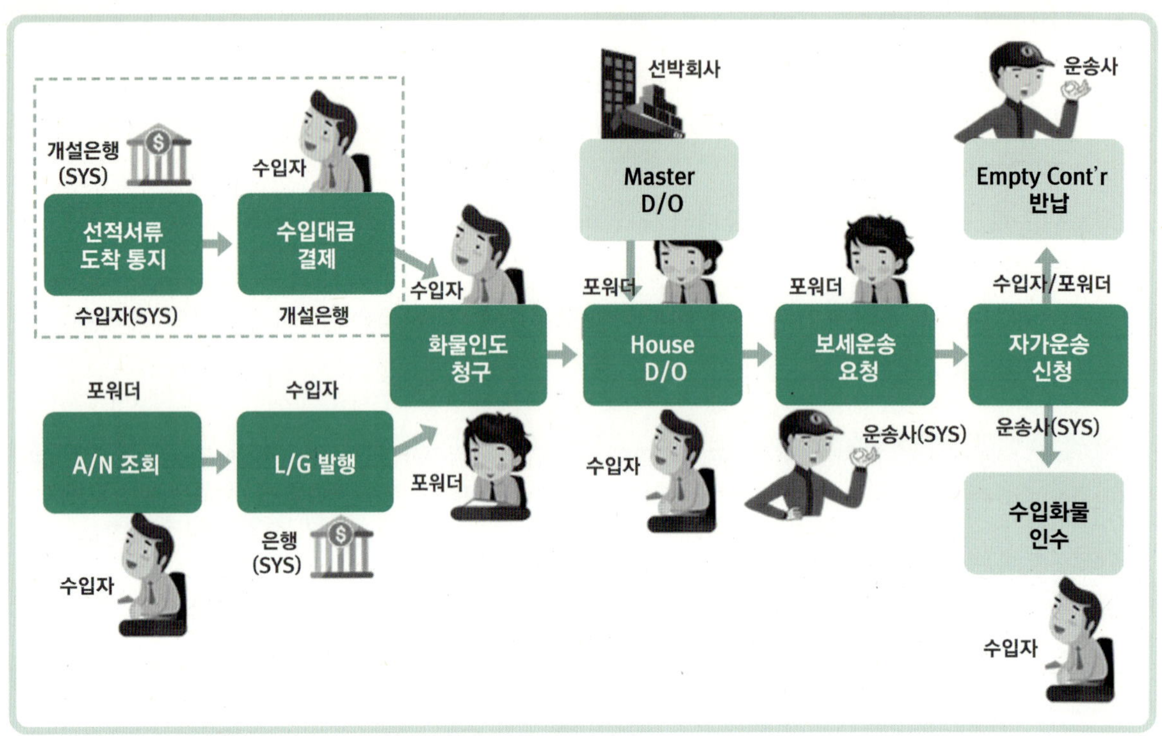

포워더는 선사로부터 선박의 도착예정일을 통보받은 경우 수입자에게 화물도착통지(A/N)를 한다. 해외 인수은행으로부터 선적서류가 도착한 경우 개설은행은 전화, 팩스 또는 전자적 방식으로 서류의 도착사실을 수입자에게 통지한다.

수입자는 사전에 개설은행에 선적서류 도착여부를 문의하거나 자기 시스템에서 전자적 통지 여부를 조회할 수도 있다. 아울러 수입어음 할인료를 수입자가 부담하는 Banker's Usance L/C의 경우에는 수입어음 할인내역도 추가로 조회한다.

화물이 선적서류보다 먼저 도착하는 경우 수입자는 수입화물선취를 위해 L/G 발행신청을 한다. 본 업무에서는 수입자가 포워더에게 화물인도 청구함에 따라 수입자가 거래하는 은행은 포워더에게 L/G 사본을 전자적으로 송부한다고 전제한다.

4 전자문서 흐름도

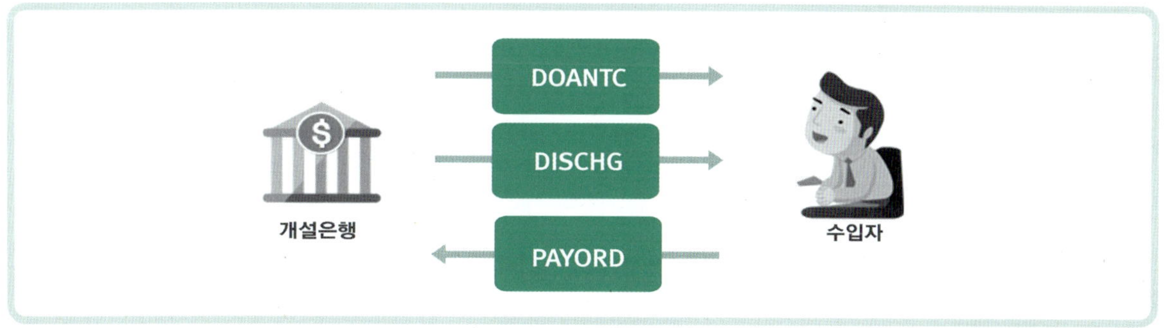

주의 선저서류내도통지의 경우 국내에서는 Covering Letter를 포함한 Draft, C/I, B/L 등 선적서류 원본들은 전자문서형식으로 전송되지 않는다. 선적서류도착에 대한 통지(DOANTC), 수입어음할인내역(DISCHG)에 대한 통지가 있고, 서류는 Off-Line방식으로 수령하는 것이 일반적이다. 다만 그 대금결제를 위한 대금지급지시신청서(PAYORD)를 작성하여 송부하고, 계좌인출된 경우 은행은 수입자에게 대금출금(결제완료)을 통지한다.

5 실습 지시문

[선적서류 내도통지 확인]

수입자인 "SHINYOUNG MICRO CO., LTD."는 수출자인 "CRAW STONE"이 선적된 화물 LAUNDRY SOAP에 대한 선적서류 도착정보에 대한 기업은행 서초지점의 통지여부를 확인하려고 한다. 다음 조건에 맞게 실습을 해 보세요.

- 조회기간 통지일자기준 2016-03-01일부터 2016-03-31일로 선적서류 도착통지 정보를 조회
- 매입/추심은행이 "CITI BANK"인 내역을 선택하여 상세내역을 확인

[수입어음 할인통지]

수입자인 "SHINYOUNG MICRO CO., LTD."는 기업은행 서초지점에서 통지받은 선적서류 내도를 확인하여 대금결제(지급지시) 신청 이후의 수입어음 할인내역 여부를 결제은행에서 통지받아 조회한다. 다음 조건에 맞게 실습을 해 보세요.

- 조회간 통지일자기준 2016-03-01일부터 2016-03-31일로 수입어음 할인통지 정보를 조회
- 조회조건 통지은행 "기업은행"인 내역을 선택하여 상세내역을 확인

[대금결제-신용장 방식]

수입자인 "SHINYOUNG MICRO CO., LTD."는 기업은행 서초지점에서 통지받은 선적서류를 확인

하고 수입대금 결제를 위한 지급지시 신청서를 작성하려고 한다. 다음 조건에 맞게 실습을 해 보세요.

(지급지시 신청)

- 결제조건: 신용장방식
- 수신처: 기업은행 서초점
- 개설일: 2016년 2월 / 신용장번호: M17A8NU00123인 신용장 정보를 불러온다.
- 지급지시용도: 자기자금 결제(SIGHT L/C, D/P, USANCE L/C, D/A)
- 신청일: 2016-03-12
- 신청인: SHINYOUNG MICRO CO., LTD.
- 수익자: 크로우스톤(CRAW STONE)
- 수익자 거래은행: CITI BANK

(신청내용)

- 송금방법: 전신송금
- 이체희망일: 2016-03-15
- 지급금액: USD50,000
- 원출금계좌: 123456789012
- 수수료출금계좌: 123456789012
- 국외수수료 부담자: 지급의뢰인
- 송금내역은 아래와 같다.
  100 BOX OF LAUNDRY SOAP
  AT @USD5 TOTAL AMOUNT USD50,000
- 거래형태 구분코드: 신용장
- 수입예정일: 2016년 03월 02일
- HS코드: 3401191010

6 샘플 및 출력서식

1) 서면 선적서류 수령증

선적서류수령증

****은행 지점 앞

선적서류명세

LC/NO(E/L, REF NO)	상 품 명 세	수 량	단 가	금 액

본인은 위의 선적서류를 정히 수령하오며, 동 선적서류의 수령과 관련하여 수입환어음 또는 선적서류의 대금과 귀행이 정한 수수료(율)로 계산한 은행수수료 및 신용장, D/P, D/A거래에 따라 발생한 제 비용과 이자를 귀행이 청구하는 대로 귀행에 지급함에 동의합니다.

년 월 일

본 인 ㊞

주 소

인감대조

2) Covering Letter

To: bank (Switzerland) AG

Postfach 2136, CH-8027 Zürich

Attn: Documentary Business department

Beneficiary's cover letter for export letter of credit documents

INFORMATION ABOUT THE BENEFICIARY:

Name

Address

Contact person — Our ref

e-mail — Telephone No.

INFORMATION ABOUT THE LETTER OF CREDIT:

bank (Switzerland) AG ref ELC-

LC number

LC amount

Date of issue

Date of expiry

UTILIZATION:

☐ Partial utilization for

☐ Full utilization

We enclose the following documents for sending to the issuing/ confirming bank:

☐ Bill of exchange (draft)

☐ Invoice in originals, copies

☐ Packing list/ Weight list in originals, copies

☐ Bill of Lading in originals, copies

☐ Air Waybill in originals, copies

☐ Duplicate Rail waybill in originals, copies

☐ International Road Waybill (CMR) in originals, copies

☐ Certificate of origin in originals, copies

☐ Certificate of quality in originals, copies

☐ Insurance policy/ certificate in originals, copies

☐

☐

ADDITIONAL INFORMATION

After payment, please credit our account no.

held with

If documents do not comply with the terms of above mentioned letter of credit:

☐ Return documents to us for correction

☐ Send documents to the issuing bank for approval

☐ Contact us for further instructions

Signatures:

Place and date

Authorized signatory:

제6절 화물인도청구

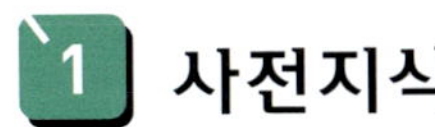

1 사전지식

1) 선하증권(Bill of Lading)

선하증권(B/L)은 선사가 화주로부터 의뢰받은 운송화물을 적재하고 또는 선적을 위하여 그 화물을 수취한 것을 증명하고, 이것을 도착항에서 일정조건하에 수화인이나 그 지시인에게 인도할 것을 약정한 유통 유가증권이다. B/L상에 기재된 화물의 권리를 화체화(貨體化)한 것으로서 선하증권의 양도(讓渡)는 바로 화물에 대한 권리의 이전(移轉)을 의미하므로 화물을 처분할 때에는 반드시 B/L을 갖고 있어야 한다. 환어음을 취결하는데 C/I 및 I/P과 함께 그 기본이 되는 서류이다.24)

▮ 선하증권의 기능

권리증권(entitled document)	선하증권의 소유지나 피배서인은 해당상품의 인도를 주장할 수 있는 권리증권
계약의 증빙(evidence of contract)	선주와 화주간의 운송계약의 증빙서류
물품수령증(receipt of goods)	상품이 선박에 인도되었음을 증명하는 서류

2) 전자선하증권(Electronic Bill of Lading)

운송인(선사 또는 포워더)이 B/L을 서면으로 발행하는 대신에 법무부가 지정하는 등록기관에 전자선하증권(e-B/L)을 등록하여 전자적으로 유통되는 B/L을 말한다. 개정 상법 및 「상법의 전자선하증권 규정의 시행에 관한 규정(2008년 8월 시행)」에 의거, 전자선하증권 발행 및 유통의 법적효력이 인정된다.

3) 전자선하증권 등록기관

e-B/L의 발행등록·양도·변경·인도청구·서면 선하증권으로의 전환 및 관련 전자기록의 보존 등의 업무를 처리하는 중립적인 제3자(trusted third party)로, 법무부 장관이 기술·재정·시설 등을 심사하여 지정한다. (2008년 9월 26일 KTNET이 등록기관으로 지정되었음)

24) 출처: 한국무역협회 KITA.net

4) e-B/L Korea 시스템 개념도

운송사(선사, 포워더)로 부터 e-B/L을 전자서명값과 함께 수신하여 그 소유권은 전자등록부(title registry)로 관리하고 문서보관소에 보관함으로서 전자적 방식에 의한 B/L의 양도, 운송물 인도청구/상환 및 전자매입(e-Nego) 등 B/L의 전자적 유통 기반을 제공하는 시스템을 말한다.

5) e-B/L 권리등록부(Title Registry)

e-B/L의 소유권을 관리하는 곳으로 「상법의 전자선하증권 규정의 시행에 관한 규정」 제2조(정의)에서 "전자선하증권 권리등록부란 전자선하증권의 발행등록, 양도 및 서면선하증권으로의 전환에 관한 기재 등을 위해 등록기관이 전자적 방식으로 관리하는 장부를 말한다"고 정의되어 있다.

6) 운송물 인도청구

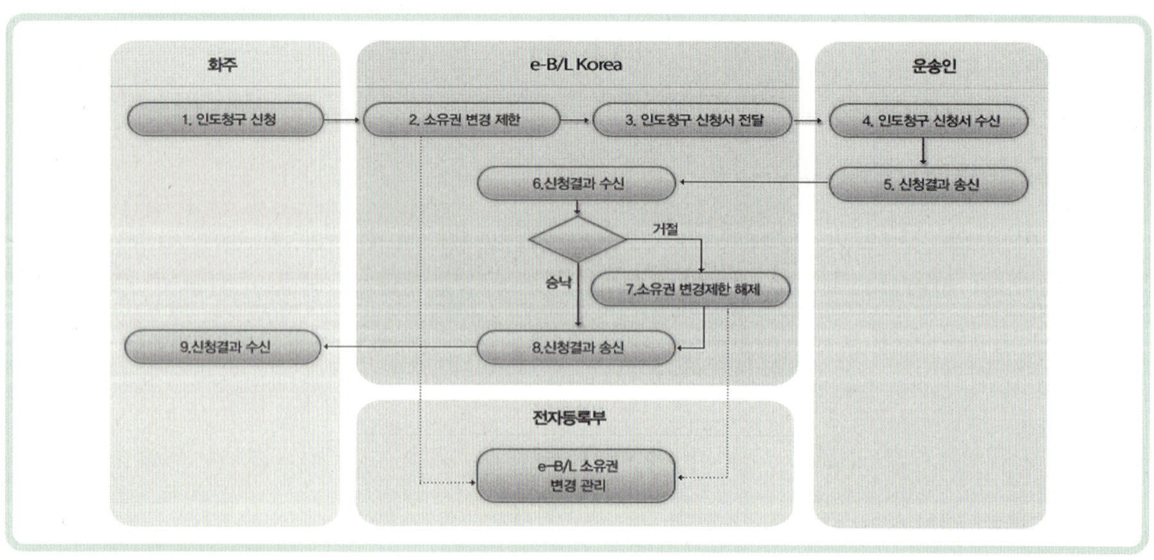

e-B/L Korea를 통해 서면 B/L을 발급받은 자 또는 전자선하증권 등록기관에 등록되어 있는 e-B/L의 소유권자는 운송물에 대한 인도청구할 수 있다. 운송물 인도청구 신청을 수신한 운송인은 운송물의 인도 가능여부를 판단 후 해당 신청에 대한 승인 또는 거절의 결과를 등록기관에 전자문서로 통보하게 되며, 등록기관은 화주에게 그 결과를 전달한다.

운송물 인도청구의 신청이 있는 경우 전자등록부(title registry, 이하 "T/R")상 소유권의 변경을 제한하여 e-B/L의 타용도 사용(양도신청, 매입신청 등)을 제한하며 인도청구 결과가 '거절'인 경우에 소유권의 제한을 해제한다.

2 화면설명

1) 화물인도청구

헤더

화물인도청구 번호	2015082600000059	B/L No.	MABL1502-10003 찾기
		발급일자	2015-02-27

일반정보

Shipper	PANTERM BIKEY LTD.	Consignee	SHINYOUNG MICRO CO., LTD.
Notify	SHINYOUNG MICRO CO., LTD.	Country of Origin	
Ocean Vessel	MASKMS	Port of Loading	USNYC NEW YORK, NY
Port of Discharge	KRPUS BUSAN, KOREA	Place of Delivery	KRPUS BUSAN, KOREA

신청 정보

신청인 상호	SHINYOUNG MICRO CO., LTD 찾기	사업자 등록번호	1211218943
신청인 성명	LEE SHIN YOUNG	신청인 전화번호	031-341-9832

운송인 정보

운송인 상호	MASK LINE LTD.	청구 신청일	2016-03-12

[Header]

- 화물인도 청구번호: 화물인도 청구번호
- B/L No.: B/L No.

[일반정보]

- Shipper: 송하인
- Notify: 통지처
- Ocean Vessel: 선박명

- Port of Discharge: 하역항
- Consignee: 수하인
- Country of Origin: 화물의 원출발지(원산지의 개념은 화물의 원생산지로 개념이 약간 다르다)
- Port of Loading: 선적항
- Place of Delivery: 화물 인도지

[신청정보]
- 신청인 상호: 현재 전자등록부상 e-B/L 소유권자
- 사업자등록번호: 사업자 등록번호
- 신청인 성명: 담당자 성명
- 신청인 전화번호: 담당자 연락처

[운송인 정보]
- 운송인 상호: e-B/L발행자로 주운송(Main Transport) 수행자
- 청구 신청일: 화물인도일

2) 전자선하증권 인도청구 신청내역

Header

B/L Type	Original B/L	발행부수	3
발행자 *	HANJIN MERCHANT MARINE CO., LTD	B/L(Waybill) No *	HJBL1502-10001
발행일 *	2016-02-20	L/C 계약서번호	LC20150106172546-001

일반정보

Shipper/Exporter *		Exporter References
. Name	CRAW STONE	
. Address	54550, DETRIOT, MICHIGAN USA	
Consignee *		Forwading Agent References
. Name	SHINYOUNG MICRO CO., LTD.	
. Address	49-3 NAMSANDONG NAMGU, ULSAN	
Liner *		For Delivery of Goods Please Apply to
. name	HANJIN MERCHANT MARINE CO., LTD.	
. Carrier Code		
. Person in Charge		
Notify *		Onward Inland Routing
. Name	SHINYOUNG MICRO CO., LTD.	
. Address	49-3 NAMSANDONG	FOR TRANSSHIPMENT TO
	NAMGU, ULSAN	

Pre-Carriage by		Point And Country of Origin	
Place of Receipt *	LONG BEACH, CA	Place of Delevery *	BUSAN, KOREA
Port of Loading *	LONG BEACH, CA	Port of Discharge *	BUSAN, KOREA
Final Destination (For the Merchants Ref.only)		Ocean Vessel/Voyage *	ARIRANG/160W
Total No. of Package *	PG 100	On Board Date *	2015-02-20
Total Gross Weight	KGM 20,000.00	Date of Issue *	2015-02-20
Total Volume	CBM 40.000	Place of Issue	KOREA
Signed By		변경발행 여부	No
Prepaid/Collect	PREPAID	B/L TITLE	
Total No. of Cont or Pkgs(in words)	1 CONTAINER ONLY	SERVICE TYPE	
Marks and Numbers (in words)	SHINYOUNG MICRO CO., LTD. P/NO.1-1001 MADE IN USA		
Description of Packages and Goods	100PG(10,000BOX) OF LAUNDRY SOAP		

운임정보

No	Freight & Charges	Revenue Tons	Rate	Unit	Prepaid	Collect
1	All charges			USD	10000.00	

Freight Prepaid At	UNITED STATES	Freight Payable At	

[Header]

- TYPE: B/L의 타입, 즉 Original B/L, Surrendered B/L, Sea Waybill
- 발행부수: 원본 발행 매수
- 발행자: 포워더/선사로 선하증권을 발행한 자
- B/L(Waybill) No: B/L No.

[일반정보]

- Shipper/ Exporter: 송하인
- Export References: 송하인 참조사항
- Consignee: 수하인
- Forwarding Agent References: 포워더 대리점 참조사항
- Liner: 운송사로 여기서는 N.V.O.C.C로 간주한다.
- For Delivery of Goods Please Apply to: 화물인도에 관한 통지처 연락사항
- Notify: 통지처

- Onward Inland Routing: 내륙운송경로
- Pre-Carriage By: 사전 운송사로 Main Transport와 비교되는 개념
- Point and Country of Origin: 화물의 원출발지(원산지의 개념은 화물의 원생산지로 개념이 약간 다르다)
- Place of Receipt: 화물 인수지
- Place of Delivery: 화물 인도지
- Place of Loading: 선적항
- Place of Discharge: 하역항
- Final Destination: 최종 목적지
- Vessel: 선박명
- Voyage No: 항차
- Total No of Packages: 총 포장 갯수
- Total Gross Weight: 총 중량
- Total Volume: 총 용적
- On Board Date: 선적일자
- Date of Issue: B/L 발행일자
- Place of Issue: : B/L 발행 지점의 지역코드, 예를 들어 'BUSAN'
- Signed By: B/L 발행의 서명자 일반적으로 포워더/선사 대표 또는 관련부서장
- 변경발행여부: e-B/L 발행 후 변경요청 및 수정하여 재발행된 이력이 전자등록부상에 있는지 여부
- Prepaid/Collect: 선불/후불 여부
- B/L Title: 현재 T/R상 e-B/L 소유권자
- Total No of Cont or Pkgs(in words): 영문 대문자로 전체 컨테이너 숫자나 포장 개수 숫자
- Service Type: 하역조건 예를 들어 CFS to CFS CY to CY
- Marks and Numbers(in words): 화인, 제품번호
- Description of Packages and Goods: 화물 명세

[운임정보]

- Freight & Charges: 운임 종류, 예를 들어 운송비, 하역비, 포장비 등
- Revenue Ton: 과금되는 톤 수
- Rate: 요금
- Currency: 통화단위
- Prepaid: 운임 선불 내역

- Collect: 운임 후불 내역

주의 일반적으로 운임정보는 전체 "AS ARRANGED" 라고 표시된다.

- Freight Prepaid at: 선불지급 지점의 지역
- Freight Payable at: 후불지급 지점의 지역

3 업무 프로세스 흐름도

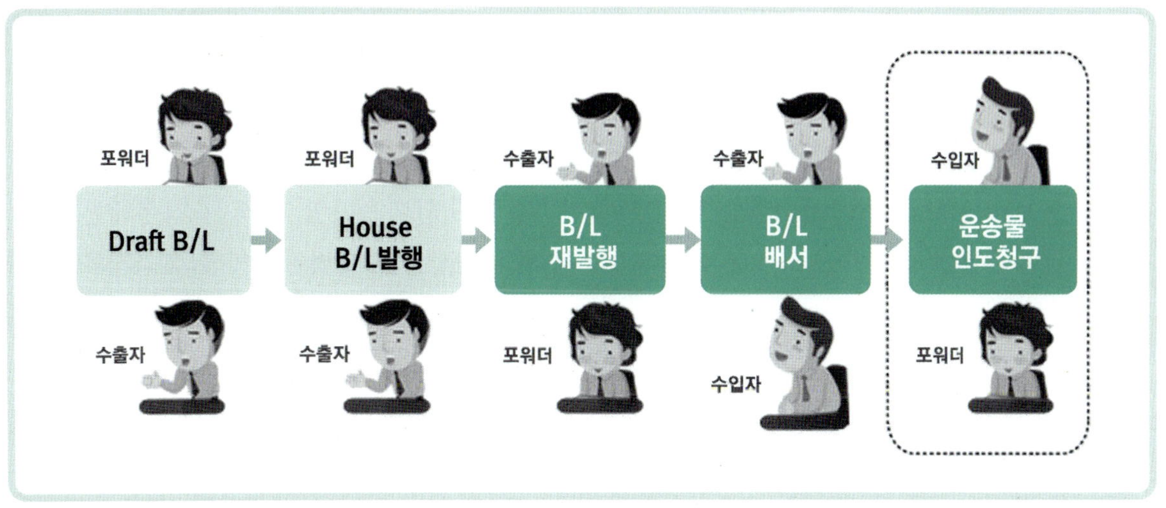

e-B/L의 소유권자는 운송인에게 해당 B/L과 관련한 운송물에 대해 전자적으로 인도청구를 신청할 수 있다. 운송인은 화주의 인도청구 신청에 대해 운송물의 인도가능 여부를 확인하고 인도청구에 대한 승낙 또는 거절을 하는데 승낙시에는 부대비용 결제 및 원본 B/L을 회수(승낙)한 후에 수입화물인도지시서(delivery order: D/O)를 발급한다.

언급된 B/L 재발행의 경우 e-B/L Korea에서는 기존 B/L에 대해 서면출력 후 포워더에 반납하거나 서면B/L 정정요청(Correction Advice)을 할 필요가 없고, e-B/L Korea에 B/L재발행 요청서(BLReissue)를 송부하면 운송인이 그에 대한 '승인' 또는 '거절'에 대한 응납을 하고, 수정된 신규 B/L(BLAdvice)을 발행·등록한다. B/L배서 역시 서면으로 처리하면 수출자(소유권자)가 B/L 뒷면에 배서문구를 기재하고 B/L 양도확인서를 작성해 주어야 하나, e-B/L에서는 배서에 대한 소유권이전신청서(BLTransfer)를 송부하고 처리결과를 수신받으면 된다.

주의 본 업무에서는 포워더가 발행하는 House B/L에 한정하며, 서면이 아닌 e-B/L을 사용함을 전제로 한다.

4 전자문서 흐름도

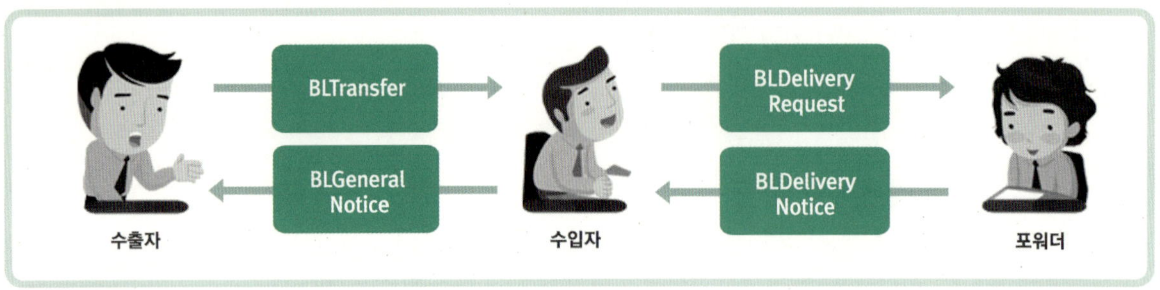

수출자(e-B/L 소유권자)는 B/L을 수입자에게 양도신청(BLTransfer)한다. 이에 e-B/L Korea에서는 소유권을 수출자가 지정하는 양수인(수입자)에게 이전하고 그 업무처리에 대한 결과를 통보(BLGeneralNotice)한다. e-Nego(전자적 수출환어음매입)가 되는 경우에는 그 소유권이 매입은행에게로 이전되나 본 흐름도에서는 송금방식으로 수입자에게 직접 그 소유권을 넘기는 것으로 표현하였다.

소유권을 인수한 수입자는 발행인, 즉 포워더에게 화물인도청구(BLDeliveryRequest)를 하고 포워더는 수입자로부터 관련 제수수료를 수납한 후에 화물인도에 대한 상환통보(BLDelivery-Notice)를 한다.

e-B/L Korea에서 처리하지는 않지만 업무적으로 포워더는 미납액을 정산한 후에 수입화물 인도지시서(delivery order)를 발행해 준다. e-B/L Korea에서 상환통보(BLDeliveryNotice) 하는 시점은 화물의 인수에 대한 운송인의 허가가 있음을 추정할 수 있을 뿐 물리적으로 허가가 났는지 아닌지는 시스템이 알지 못한다.

주의 본 업무에서는 포워더가 발행하는 House B/L에 한정하며, 서면이 아닌 e-B/L을 사용함을 전제로 한다.

5 실습 지시문

수입자인 "SHINYOUNG MICRO CO., LTD."은 수출자인 "CRAW STONE"이 선적한 수입화물에 대한 대금결제 이후 해당 운송사에 도착화물에 대한 인수를 위해 화물인도청구서를 작성하려고 합니다. 아래 조건에 맞게 작성해 보세요.

- 선적일: 2016년 2월 / B/L No: HJBL1502-10001인 B/L정보를 불러온다.
- 신청인 상호: SHINYOUNG MICRO CO., LTD.
- 청구신청일: 2016-03-12

주의 본 실습은 송금방식 결제조건으로 수출자가 수입자에게 B/L의 소유권을 이전했다고 간주한다.

6 샘플 및 출력서식

1) 전자선하증권 인도청구 신청내역

전자선하증권 인도청구 신청내역

► B/L 정보

Shipper	EBLEXP Co, .LTD	B/L No.	PARKBL20160324-088
Consignee	COCA U.S.A	Forwarding Agent	HANJIN NARINE CO.LTd
Notify	CITI BANK U.S.A	Country of Origin	KOREA
Oceen Vessel	HANJIN A111	Port of Loading	PUSAN. KOREA
Port of Discharge	S-NFRANSISCO U.S.A	Place of Delivery	BUSAN. KOREA

► 신청 정보

신청인 상호	㈜무역테스트상사	사업자 등록번호	109-81-24083
담당자	치무역	전화번호	02-6747-1400

► 운송신 정보

운송인 상호	HANJIN NARINE CO.LTd	청구 신청일	2016-03-24

► 청구결과

승낙여부	승낙	거절사유	

► 물품상환

수령업체	㈜테스트포워더	인도일	2016-03-24
수령인	치무역	전화번호	02-6747-1400
처리일시	2016-03-241531:46		

2) e-B/L Korea

번호	상태	수신일	B/L No.	신청인	결과통보일	인도일	수령인
3	전송완료	2011-02-17	OCE-20110214-301	이비엘테스트02	2011-02-17	2011-02-17	이비엘테스트022
2	전송완료	2011-02-12	OCE-20110212-503-1	이비엘테스트02	2011-02-12	2011-02-12	이비엘테스트02
1	전송완료	2011-02-12	OCE-20110212-105	이비엘테스트02	2011-02-12	2011-02-12	이비엘테스트02

제7절 수입화물인도지시서(House D/O) 발급신청

1 사전지식

1) 수입화물인도지시서(House Delivery Order)

Master D/O는 선사가 수하인(포워더)으로부터 선하증권(B/L) 원본이나 수입화물선취보증서(L/G)를 받고 본선 또는 터미널(CY, CFS)에 화물의 인도를 지시하는 서류를 말한다. 반면 House D/O는 포워더가 House B/L을 발행한 경우 House B/L상의 수하인(실화주 또는 Co-Load 포워더)에게 발행하는 것으로 반드시 Master D/O발급 후 연계된 House 단위의 화물만을 인도지시하는 서류를 말한다.

2) e-D/O서비스

기존 수출입화물 인도 및 인수업무를 수행하기 위해 수납, 화물인도지시, 보세 및 자가운송, 배차, 화물인도 동의와 같은 6종 업무를 방문이나 서류제출없이 전자적으로 처리하는 서비스를 말한다.

3) House D/O발급 필수조건

Master D/O 발급완료, House B/L 또는 해상화물운송장(Sea-Waybill) 제출완료 조건이며 House B/L이 제시되지 못하는 경우 House 단위의 수입화물선취보증서(L/G) 제출완료 및 후불조건시 미납된 운송료, 부대비용 등 정산완료 조건이어야 한다.

2 화면설명

1) House D/O신청

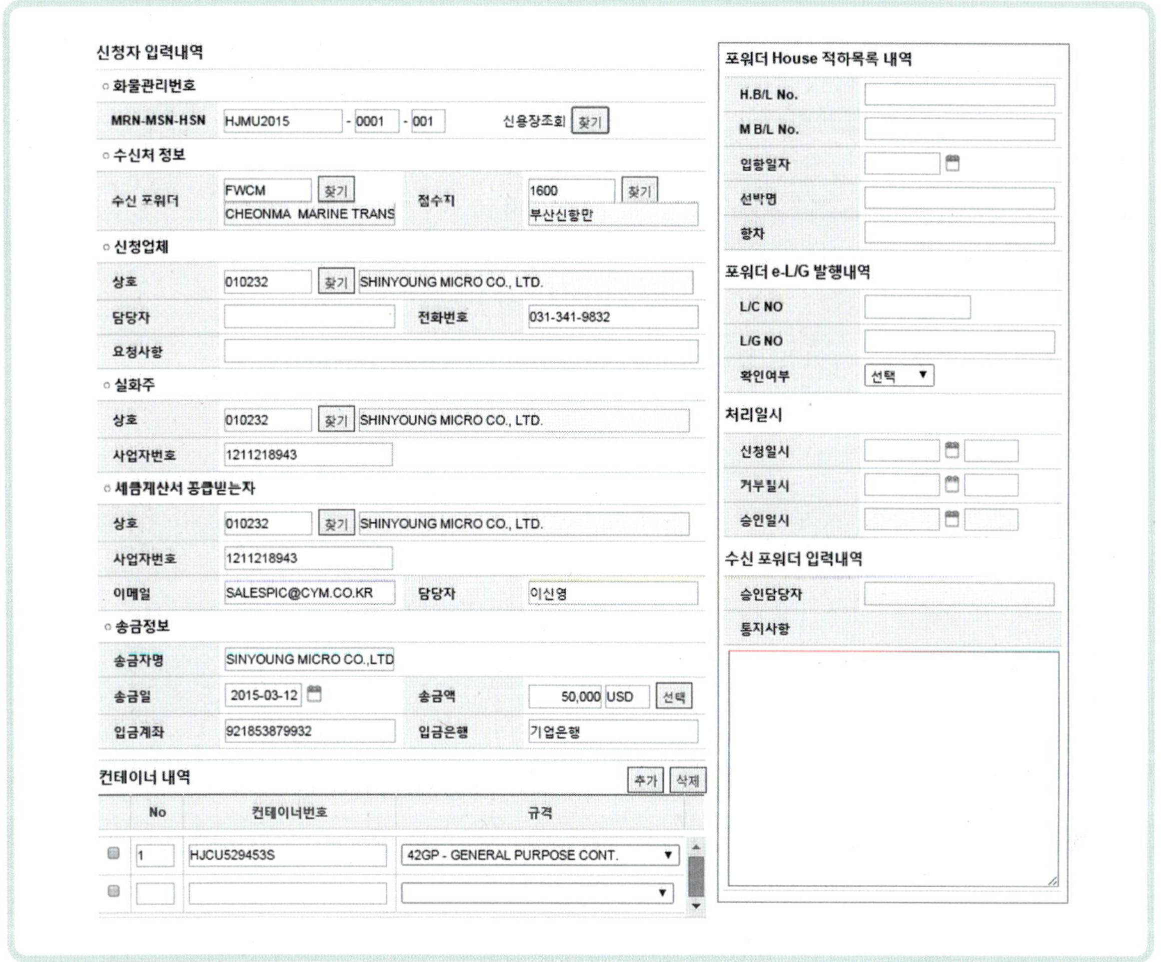

[신청자 입력내역]

- 화물관리번호: 관세청이 부여하는 적하목록 화물로 MRN, MSN, HSN의 조합으로 이루어진다.
- 수신처 정보
  - 수신 포워더: House D/O 발급자
  - 접수지: 포워더의 지점, 예를 들어 부산지사, 광주지사 등
- 신청업체
  - 상호: 신청업체명
  - 담당자: 신청업체 D/O담당자

• 전화번호: 신청업체 전화번호
• 요청사항: 특별히 신청업체의 요구사항이 있을 때 텍스트로 기재

- 실화주
  • 상호: 수하인 업체명
  • 사업자번호: 사업자등록번호
- 세금계산서 공급받는 자
  • 상호: 대금지불 업체명
  • 사업자번호: 지불업체 사업자등록번호
  • 이메일: 담당자 메일주소 또는 회사 대표메일주소
  • 담당자: 대금지불 업무담당자
- 송금정보
  • 송금자명: 대금송금자로 일반적으로 세금계산서 공급받는 자이다.
  • 송금일: 대금송금일
  • 송금액: 송금한 금액, 즉 D/O를 발급받기 위한 각종 수수료 총합계
  • 입금계좌: 포워더 거래은행의 계좌
  • 입금은행: 포워더 거래은행
- 포워더 House 적하목록 내역: 해당 적하목록 내 연계된 운항정보와 Master B/L정보
- 포워더 e-L/G 발행내역: 만약 L/G가 발급되었다면 연계된 정보, 예를 들어 L/C No. 또는 L/G No.
- 처리일시: House D/O 발급 신청일시, 만약 하자가 있다면 포워더가 신청서를 거부한 일시 및 D/O 발급예정이라면 승인일시를 표기해야 함
- 수신포워더 입력내역: House D/O 발급업체 담당자의 코멘트. 예를 들어 "00일까지 공컨테이너 반납"
- 컨테이너 내역
  • 컨테이너 번호: Container No.
  • 규격: 컨테이너 Size & Type

3 업무 프로세스 흐름도

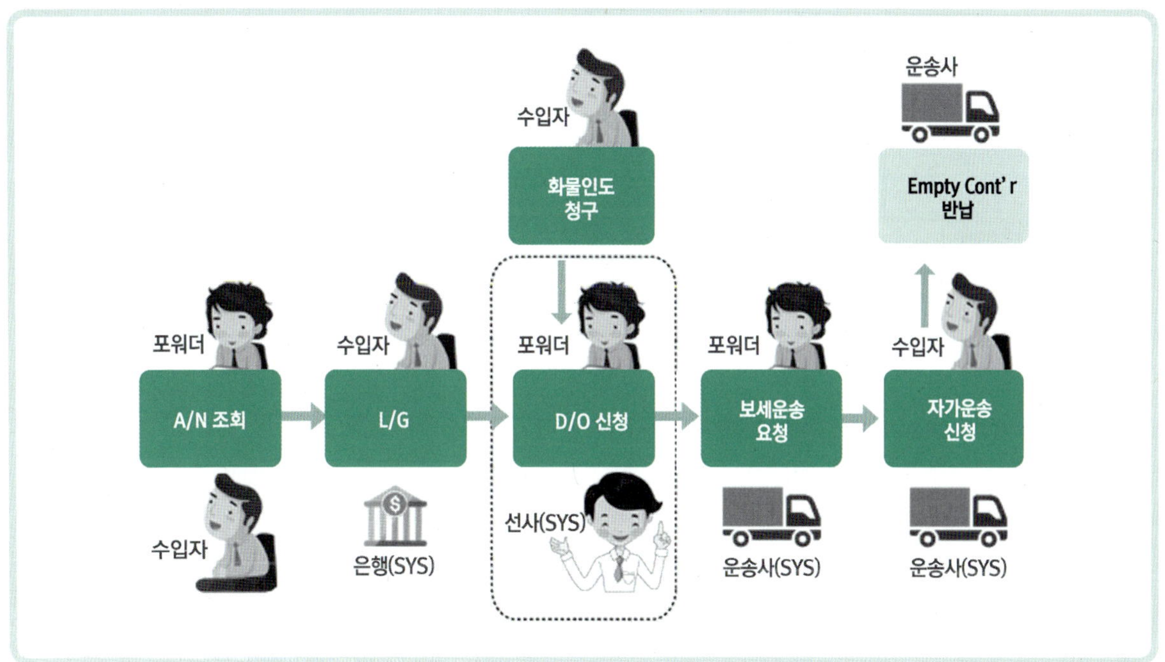

화물도착통지(A/N)를 받은 경우에 선적서류보다 화물이 먼저 도착하는 경우에는 수입화물선취보증서(L/G)를 발급하여 처리한다. 만약 L/G를 제출했음에도 불구하고 D/O가 즉시 발급되지 않은 경우는 수출국의 수출자의 확인(LOI; Letter of Indemnity)이 필요한 경우가 있다. 상관습상 L/G가 사용되기는 하나 B/L 소유자에 법적으로 대항할 수 없기 때문에 D/O 발급자(일반적으로 선사)는 L/G에 대한 화물인도 지시업무를 주의깊게 처리해야 한다.

L/G나 B/L 제출에 따른 화물인도 청구 후 Master 단위(선사가 포워더에게) D/O가 먼저 발급이 되어야만 House 단위(포워더가 실화주 또는 Co-load포워더) D/O가 발급되고 화물인도 및 인수가 가능하다.

e-D/O가 아닌 오프라인으로 진행할 시에는 관련된 운임 및 부대비용 납부 이외에도 법인인감증명서, 직인명판, 사업자등록증 사본 등의 서류도 추가 제출해야만 D/O발급이 가능하다.

D/O는 화물의 인수도에 대한 업무이므로 통관 이전이면 보세운송, 통관 이후이면 일반운송이 일어날 것을 전제로 하는데, 선사와 장기계약된 운송사를 사용하는 것이 아니고 자신이 지정하는 운송사를 사용한다면 자가운송을 신청해야 한다.

4 전자문서 흐름도

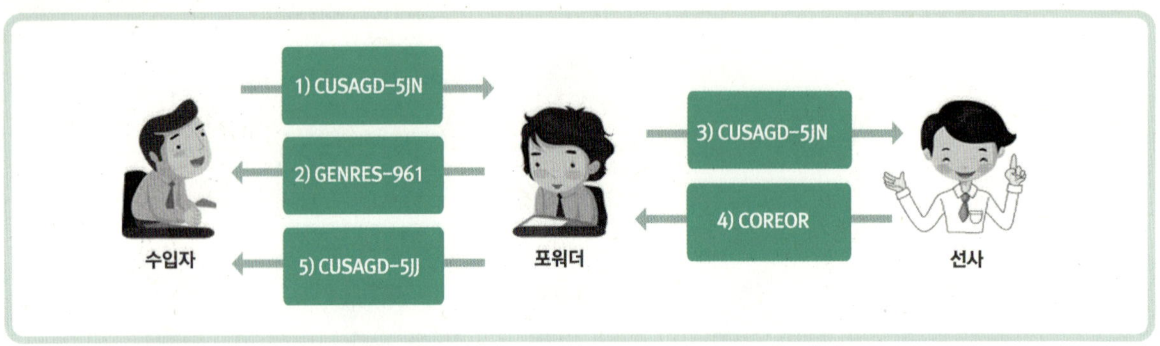

수입자는 House D/O발급에 대한 신청서(CUSAGD-5jn)를 포워더에게 송부하고 포워더는 해당 신청서에 대한 심사후 D/O발급에 대한 '승인' 또는 '거부'를 통지(GENRES-961)한다.

신청서에는 운임과 각종 수수료를 송금한 포워더 거래은행계좌를 병기해서 송부해 주고 미결제, 통관상의 사유 등 특별한 일이 없다면 포워더는 1~3시간 이내에 4자리 비밀번호가 포함된 House D/O(CUSAGD-5JJ)를 발급한다. 경우에 따라서는 포워더가 터미널 장치장에 발급한 화물인도지시(COREOR; Container Release Order)를 House D/O용으로 수입자에도 송부하는 사례도 있다.

House D/O발급 후 포워더는 Container 단위 운송이 필요할 경우 선사나 선사 계약운송사(라인운송사)에게 화물운송에 대한 신청(CUSAGD-5JN)을 한다. 선사는 이에 대해 타인운송 승인을 하고 터미널 장치장에는 화물인도지시서 발급내역을 포함한 화물인도지시(COREOR) 자료를 송부한다.

5 실습 지시문

수입자인 "SHINYOUNG MICRO CO., LTD."는 수출자인 "CRAW STONE"로 선적된 제품 LAUNDRY SOAP을 인도받기 위해 포워더에 수입화물인도지시 신청서를 작성하려고 합니다. 아래의 조건에 맞게 작성해 보세요.

- 화물관리번호: 16HJMU00015-0001-001
- 개설일: 2016년 2월 / 신용장번호: LC20150313133112-001인 신용장정보를 불러온다.
- 수신 포워더: CHEONMA MARINE TRANSPORTATION CO., LTD.
- 접수지: 한국 부산신항만
- 신청업체: SHINYOUNG MICRO CO., LTD.
- 실화주: SHINYOUNG MICRO CO., LTD.

- 세금계산서 공급받는 자: SHINYOUNG MICRO CO., LTD.
- 송금자명: SHINYOUNG MICRO CO., LTD.
- 송금일: 2016-03-12
- 송금액: KRW2,500,000
- 입금계좌: 921853879932
- 입금은행: 기업은행
- 신청일자: 2016-03-12
- 컨테이너정보는 컨테이너번호: HJCU5294537 / 규격: 42GP GENERAL PURPOSE CONT

6 샘플 및 출력서식

1) 서면D/O 양식 샘플

DELIVERY ORDER

SHIPPING

Our Ref D/O No : Issue Office : Date :
Bill of Lading No. : Manifest Ref. No. : MSN :
Consignee :
D/O Receiver :
Phone :
Name :
Vessel Voyage Dir :
Place of Receipt :
Port of Loading :
Port of Discharge : Vessel Arrival Date :
Place of Delivery :
Rep. Commodity :
Total Q'TY of Container :
Total Package :
Total Weight : Total Measure :
Demmurage Period : Amount :
Warehouse/CY Designated
Name :
Phone : Contact :

Container No.

Remark

ORIGINAL DELIVERY ORDER
Authority is hereby granted to release above shipment
to the holder of this original delivery order.
[화물직출 후 공컨테이너를 당사 CY로 즉시 반납 바랍니다]

SHIPPING CO.,LTD.
PUSAN SALES BRANCH MANAGER
K. H. LEE
TEL : (051) 440

Signed By : ______________________

2) House e-D/O 샘플

Page : 1 of 1

DELIVERY ORDER (e-D/O)	H.B/L No. YHPUS0 15JP	M.B/L No. CKCO 8721
	H.D/O No. O893N60044017	M.D/O No. DPU20 04
	Issue Date: 2016-06-16 11:03:41	자가운송 구분
	MRN-MSN-HSN 15 3N6 - 44 - 17	
문서구분 : 포워더용	Consignee KOREA CO LTD	
발급업체 : (주) 트랜스라인 - /	Notify SAME AS CONSIGNEE	

Vessel Arrival Date	Voyage No.	Total Q'TY of Container : 1
2015-06-08	1513W	M.D/O Demurrage Free-Time :
Vessel OSG ADMIRAL		M.D/O Combine Free-Time :
Unloading Area 03570004 - 온산컨테이너(주)신항	Allocating Area 03570004 - 온산컨테이너(주)신항	Container Detail
Port of Loading JPYOK	Total Package 1 / GT	Container No / Type
Port of Discharge KRPUS	Total Weight 18.0 / KG	DRYU / 42GP
Place of Delivery	Total Measure 0.170 / MTQ	
Rep.Commodity PARTS FOR S T GENERATOR		
Remark		B/L 발행업체 : (주) 트랜스라인
		Signed By 대표이사
		D/O 발행업체 : (주)엔티엘 스라인
		대표이사

본 화물인도지시서(D/O)는 "전자무역촉진에 관한 법률 제12조 1항 8호"에 의거하여
전자무역기반사업자인 KTNET(한국무역정보통신)을 통해 발행된 적법한 전자 D/O 출력물 입니다.

인쇄일시 : 2016-06-16 18:23:32

제8절 자가운송신청

1 사전지식

1) 보세운송(Bonded Transport)

수입화물이 양륙지(하선지)에서 바로 통관되지 않고 지정된 보세구역에서 통관될 경우 양륙지에서 해당 보세구역까지 운송하는 것을 말한다. 보세운송의 경우 라인운송을 이용하는 경우가 많다.

2) 자가운송과 라인운송

각 선사마다 장기운송계약된 운송사가 있어 그 회사가 수행하는 운송을 라인운송이라고 하며, 화주(포워더나 실화주)가 지정하고 화물운송을 수행하는 운송을 자가운송이라고 한다.

자가운송은 선사나 선사가 지정한 라인운송사로부터 자가운송승인을 받아야 하는데 반출 후 선사 소유의 컨테이너 파손 등에 대해 책임을 지며, 반납기한 안에 컨테이너를 반납하겠다는 등의 내용이 기재된 '자가운송 각서'를 제출해야 한다.

2 화면설명

1) 자가운송 신청

신청자 입력내역

○ 화물관리번호

MRN-MSN-HSN	HJMU2015 - 0001 - 001		

○ 운송 정보

출발지 보세구역	0300021 찾기 대한통운 제1부산철	업무구분	자가 ▼
도착지 보세구역	찾기	도착지	1100 찾기 평택시
		도착지 주소	

○ 신청업체

상호	FWCM 찾기 CHEONMA MARINE		
담당자	정운주	연락처	031-777-1234
요청사항			

○ 실화주

상호	010232 찾기 SHINYOUNG MICR	사업자번호	1211218943
대표자	LEE SHIN YOUNG	연락처	031-341-9832
주소	49-3 NAMSANDONG		
	NAMGU, ULSAN		
	KOREA		

○ 자가운송업체

자가운송사	010027 찾기 BEST TRANS CO., I		
담당자	YONGWOON, KIM	연락처	032-448-3876

○ 수하인

상호	010232 찾기 SHINYOUNG MICR	사업자번호	1211218943
주소	49-3 NAMSANDONG		
	NAMGU, ULSAN		
	KOREA		

○ 통지처

상호	010232 찾기 SHINYOUNG MICR	사업자번호	1211218943
주소	49-3 NAMSANDONG		
	NAMGU, ULSAN		
	KOREA		

선사 Master 적하목록 내역

M B/L No.	HJBL1502-10001	수신선사	HJMU 찾기 HANJIN MERCHAN
입항일자		선박명/항차	ARIRANG 160W
품명	PRODUCT000 찾기 LAUNDRY SOAP		
	찾기		
	찾기		
	찾기		

선사 Master e-D/O 발급내역

D/O No.	DO20150302-10001	발급선사	HJMU 찾기 HANJIN MERCHAN
발급일	2016-03-10	확인일	2016-03-10

처리일시

신청일시	2016-03-12	거부일시	
접수일시		승인일	

선사입력내역

승인운송사	찾기	지체료구분	
선사통지사항		거부사유	
지체료면제일		반납지코드	찾기

컨테이너 내역

추가 삭제

	No	컨테이너번호	규격
	1	HJCU5294537	42GP 찾기
			찾기

[신청자입력내역]

- 화물관리번호
  - MRN: Manifest Reference No, 적하목록 관리번호로 선사가 작성한 적하목록에 대하여 부여하는 일련 번호
  - MSN: Master B/L Sequence No, 선사가 발행한 Master B/L의 일련번호
  - HSN: House B/L Sequence No, Master B/L상에 기재된 각 화물에 대해 포워더가 발행한 House B/L의 일련번호로 총 3자리로 구성
- 운송정보
  - 출발지 보세구역: 화물의 출발 보세구역으로 통관이 된 장소
  - 도착지 보세구역: 화주가 지정한 도착지
  - 업무구분: 자가, 자선
  - 도착지: 화주가 지정한 도착지
- 신청업체: 상호, 담당자, 전화번호, 요청사항(특별히 신청업체의 요구사항이 있을 때 텍스트로 기재)
- 실화주: 상호, 대표자, 주소
- 자가운송업체: 사가운송사(운송을 수행할 지정운송사), 담당자, 연락처
- 수하인: 상호, 사업자번호, 주소
- 통지처: 상호, 사업자번호, 주소

[선사 Master 적하목록 내역]

- M. B/L No.: 선사가 발행한 Master B/L No.
- 수신선사: 자가운송 신청에 대해 승인할 선사
- 입항일자: 해당 화물의 선박이 양륙지에 도착한 일자
- 선박명: 선박의 이름
- 항차: Voyage No.
- 품명: 해당 화물의 품명

[선사 Master e-D/O 발급내역]

- D/O No.: Master Delivery Order No.
- 발급일: Master D/O 발급일자
- 확인일: Master D/O 확인일자

[처리일시]

- 신청일시: 자가운송 신청일시

■ 접수일시: 선사의 자가운송 신청 접수일시
■ 거부일시: 선사의 자가운송 신청 거부일시
■ 승인일시: 선사의 자가운송 신청 승인일시

[선사입력내역]
■ 승인운송사: 자가운송 지정된 운송사
■ 선사통지사항: 선사 Remark
■ 거부사유: 신청 거부시 그 사유를 설명
■ 반납지코드: Empty Container를 반납할 CY나 ICD

[컨테이너 내역]
■ 컨테이너 번호: Container No.
■ 규격: Size & Type

3 업무 프로세스 흐름도

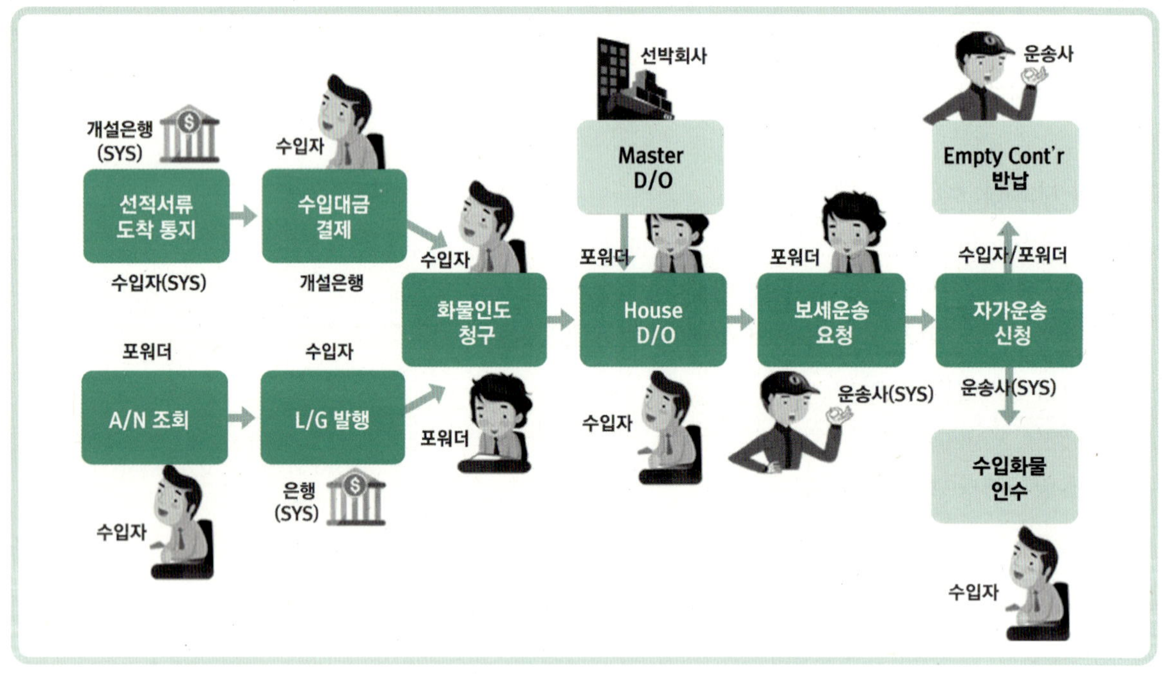

Master D/O 발급 후 포워더는 개별 House B/L 화물에 대한 House D/O를 수입자에게 발급한다. e-D/O를 이용할 경우 터미널 화물장치장에서는 D/O발급내역(화물인도지시)을 수신하고, 수입자가 지정하는 운송사는 위임을 받아 출력된 서면 House D/O와 비밀번호를 가지고 가서 화물을 인수한다.

만약 하선지 이외의 보세구역에서 통관을 할 경우에는 수입자 또는 포워더가 운송사에게 보세운송 요청을 하게 되고 운송사는 관세청에 보세운송 신고를 한다. 통관 이후 수입자 또는 포워더가 원하는 운송사를 지정하여 화물 최종 목적지(final destination)로 자가운송한다. 화물을 적출(devanning)한 후에는 선사소유의 컨테이너는 선사가 지정한 공컨테이너 반납지(Container Yard 또는 Inland Container Depot)로 운송된다.

4 전자문서 흐름도

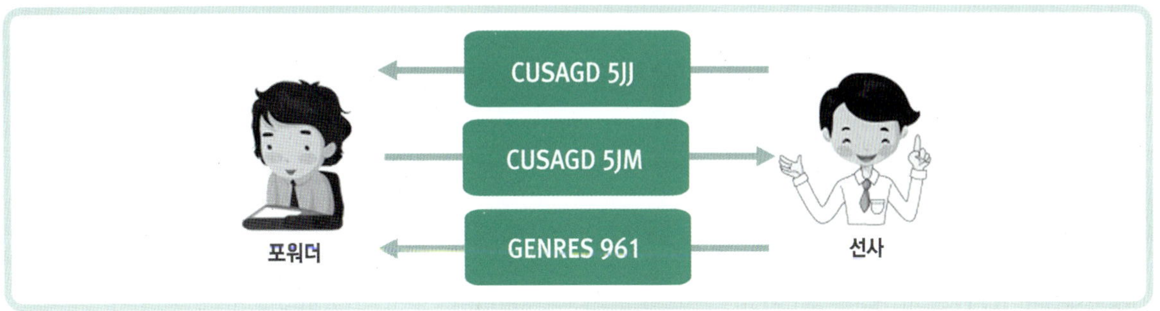

선사가 포워더에게 Master D/O(CUSAGD-5jj)를 포워더에게 발급 전송하며, 포워더는 화물의 운송을 위해 자가운송신청서(CUSAGD-5jm)를 선사에 송부한다. 선사나 라인운송사는 포워더에게 자가운송 신청에 대한 '승인' 또는 '거절'을 통보(GENRES 961)한다.

5 실습 지시문

포워더인 "천마항운"은 통관이 완료된 수입화물에 대해 선사인 한진상선과 계약한 운송사가 아닌 자신이 선정한 운송사를 통해 화물을 운반하기 위한 자가운송 신청서를 작성하려고 한다. 아래 조건에 맞게 작성해 보세요.

- 화물관리번호 MRN: 16HJMU00015 / MSN: 0001 / HSN: 001
- 출발지 보세구역: 대한통운 제1부산철도 CY
- 업무구분: 자가
- 도착지: 평택시(1100)
- 신청업체: CHEONMA MARINE TRANSPORTATION CO., LTD.
- 실화주: SHINYOUNG MICRO CO., LTD.
- 자가운송 업체: BEST TRANS CO., LTD.
- 수하인: SHINYOUNG MICRO CO., LTD.

- 통지처: SHINYOUNG MICRO CO., LTD.
- M B/L No: HJBL1502-10001
- 수신선사: 한진상선(HJMU)
- 선박명: ARIRANG / 항차: 160W
- 품명: LAUNDRY SOAP
- D/O No: DO20160302-10001
- 발급선사: 한진상선(HJMU)
- 발급일: 2016-03-10
- 확인일: 2016-03-10
- 신청일: 2016-03-10
- 컨테이너는 No: 1 / 컨테이너번호: HJCU5294537 / 규격: 42GP GENERAL PURPOSE CONT

6 샘플 및 출력서식

1) 서면 자가운송 요청서(업체양식)

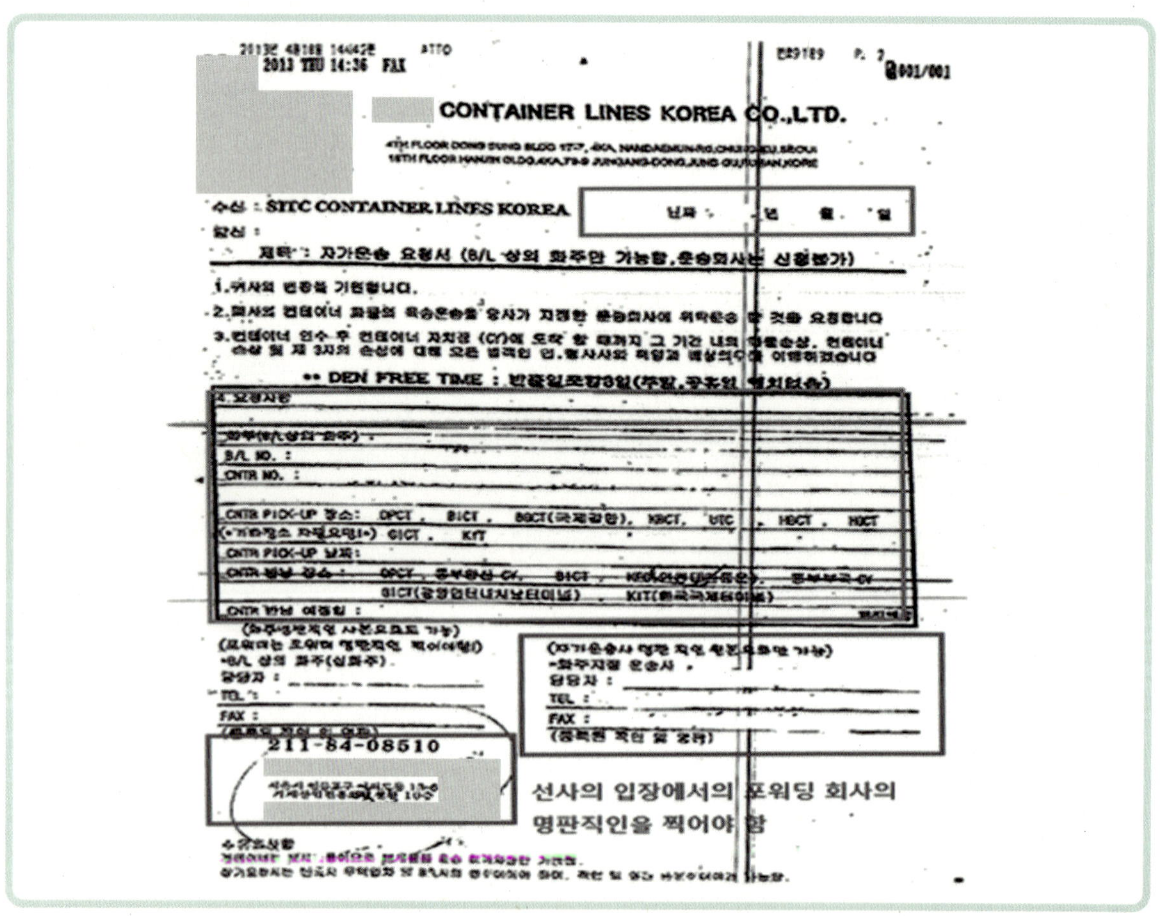

2013 THU 14:36 FAX

CONTAINER LINES KOREA CO.,LTD.

수신 : SITC CONTAINER LINES KOREA

발신 :

제목 : 자가운송 요청서 (B/L 상의 화주만 가능함. 운송회사는 신청불가)

1. 귀사의 번창을 기원합니다.
2. 폐사의 컨테이너 화물의 육송운송을 당사가 지정한 운송회사에 위탁운송 할 것을 요청합니다
3. 컨테이너 인수 후 컨테이너 장치장 (CY)에 도착 할 때까지 그 기간 내의 화물손상, 컨테이너 손상 및 제 3자의 손실에 대해 모든 법적인 민.형사상의 책임과 배상의무를 이행하겠습니다

** DEM FREE TIME : 반출일포함3일(주말,공휴일 제외)

4. 요청사항

화주(B/L상의 화주) :

B/L NO. :

CNTR NO. :

CNTR PICK-UP 장소: DPCT , BICT , BGCT(국제감천), KBCT, UTC , HBCT , HJCT
GICT , KIT

CNTR PICK-UP 날짜:

CNTR 반납 장소 : DPCT , 동부화신 CY, BICT , KIT(한국국제터미널)

CNTR 반납 예정일 :

-B/L 상의 화주(실화주)
담당자 :
TEL :
FAX :

211-84-08510

-화주지정 운송사 :
담당자 :
TEL :
FAX :

선사의 입장에서의 포워딩 회사의 명판직인을 찍어야 함

2) 서면 자가운송 요청 및 각서

자가운송 / 자선 신청서 및 각서(단건)

****판매지점 지원팀	담당

접수번호	

수신 :
발신 :

필수기입사항(빠짐없이 기재 하시고 위 발신란에 결과 통보 드릴 업체 기록 바랍니다)

실화주명		담당자		연락처	
포워더		담당자		연락처	
운송사명		담당자		연락처	
운송구간		접수일자		요청사유	
입항일		MB/L NO			
화물품명		CNTR NO			

당사는 상기 화물을 당사가 지정한 운송회사를 통하여 국내 운송하고자 하며, 운송회사와 연대하여 다음과 같이 책임질 것을 확약합니다.

------- 다 음 ------

- ○ 당사는 상기컨테이너를 귀사의 요율표상 허용된 기간내에 컨테이너터미널에서 반출하겠음
- ○ 당사는 상기 컨테이너의 반출시부터 귀사가 지정한 CY/Depot에 반납시까지 선량한관리자의 주의 의무로서 컨테이너를 관리할 것이며, 아래사항에 대하여 모든 책임을 지고 귀사를 면책시키고 귀사가 정하는 금액(수리비 및 검정료, 변호사비 등 포함)을 배상할 것임
  - 가. 컨테이너 및 내/외장의 손실, 망실, 손상, 파괴, 오염, 탈색, 변색 및 기타 가치 저하 등
  - 나. 컨테이너로 인하여 당사 및 제3자에게 발생하는 물적, 인적 손해
  - 다. 냉동컨테이너의 경우 MG set 및 냉동기기의 고장, 손괴, 망실 등
  - 라. 컨테이너 반출 후 발생하는 화물의 멸실, 손괴, 부족 및 기타 가치하락 등 모든 손해
- ○ 당사는 상기 컨테이너의 반출 후 귀사의 요율표상 허용된 기간내에 귀사가 정하는 CY/Depot에 반납하겠음
- ○ 당사가 귀사의 요율표에서 정하는 기간내에 컨테이너를 반출하지 않거나 반납하지 않거나 반납하지 못하는 경우에는 귀사의 요율표에서 정하는 바에 따라서 장비체화료(demurrage), 초과장치료(overatorage) 및 장비지체료(detention) 등을 귀사의 청구에 따라 즉시 지급하겠음
- ○ 당사 및 운송회사는 관세법령, 무역법령 및 해운법령 등 관계법령을 준수할 것이며 필요한 모든 허가 및 절차를 당사의 책임하에 수행하였음을 확인합니다.
- ○ 당사가 상기사항을 준수하지 않을시 기타 귀사의 판단에 따라 자가운송을 승낙하지 않거나, 취소할 수 있음에 동의
- ○ 본 신청서 및 각서에 달리 정하지 않은 사항은 관련 법령 및 상관례에 따르기로 함.

* 주의사항

1. 아래 화주 명판/직인은 반드시 안신해분 master B/L상의 화주가 날인해야 함(예: House B/L발행한 포워더)
2. 이레 화주, 운송사 명판/직인은 사본접수는 가능하지만 실제 납입하지 않고 오려 할인서류는 자가운송불가
3. 화물 반출시 DO원본, 면장사본(자선일경우혼재목록커버1장), 신청서 ********빌딩 1층 접수
   접수시간 : 평일(09시-오후6시) 토요일(09시-12시) / 점심시간(12시-오후1시)
4. 기타 조회시 : ****해운 홈페이지(주소:**********************) 많은 이용 바랍니다.
   반출전송 후 반드시 홈페이지의 e-서비스 => COPINO 조회로 처리 확인 바랍니다.

기타 문의 : **********************

화주(명판/직인)	운송사(명판/직인)

제6장

국내물품 구매업무

제1절 국내발행 물품매도확약서 작성

1 사전지식

1) 물품매도확약서

수출용물품의 국내조달을 위해 국내 공급자가 수출업체(구매자)에게 공급한 물품내역과 기타 조건들을 명시한 서류를 발행하는데 이를 물품매도확약서라 한다. 공급자 제안없이 구매자가 물품매도확약하는 경우에는 물품매도확약(제안) 절차가 생략된다.

2) 매도확약서의 종류

(1) 전자적 물품매도확약서

- 제안: 공급자가 작성해서 구매자에게 제안하는 용도의 확약서를 말한다.
- 확약: 구매자가 공급자로부터 받은 물품매도확약서를 승인하는 용도의 확약서를 말한다.

(2) 일반적인 물품매도확약서

구 분	종 류	내 용
발행지	국내발행청약	동일한 국가 내에서 발행되는 청약
	국외발행청약	외국에서 발행되어 오는 청약
발행주체	판매청약	매도인이 판매의사를 표시하는 청약(selling offer)
	구매청약	매수인이 구매의사를 표시하는 청약(buying offer)
확정력	확정청약	청약의 유효기간에 대한 문구가 있는 청약(firm offer)
	불확정청약	청약의 유효기간에 대한 문구가 없는 청약(free offer)
기 타	반대청약	피청약자가 청약조건을 변경, 추가 또는 제한하여 오는 청약(counter offer)

화면설명

1) 물품매도확약서 작성

Header

전자문서번호 *	DOMOFR20150430000001	전자문서기능 *	ORIGINAL
수신처 *	PUR0000008 찾기 (주)대경물산	수입정보	찾기

Line Item (LineItem을 등록/수정하시면 자동으로 입력됩니다.)

총수량	20,000.00 EA 선택	총금액	일본 JPY 선택 80,000.00

Line Item 등록/수정

번호	HS부호	품명	수량		단가		금액		규격
1	9205901040	SOUND RECORDING	20,000.00	EA	JPY	4.00	JPY	80,000.00	WXHXD :168*100*108 (MM)

개설신청내역

원산지

. 국가코드 KR 찾기 . 주소/지역명 KOREA경기도 동두천시 광암동 12-2

유효기간	검사방법
2015-03-26(발행일로부터 1개월)	

대금결제방법	포장방법

일반정보

발행번호 *		발행일	2016-02-23
구매자참조번호		대표공급물품HS코드	9205901040
공급자 * 찾기		구매자 * 찾기	
. 사업자등록번호	1102933051	. 사업자등록번호	1293833051
. 상호	(주)신가람	. 상호	(주)대경물산
. 대표자명	박석진	. 대표자명	이민우
. 전자서명		. 전자서명	
. 주소	대한민국 경기도 군포시 광정동 1088	. 주소	대한민국 부산광역시 동구 수정동 757-1

운송정보

운송명세(운송유형)			
선적지 찾기		도착지 찾기	
. 코드	KRPUS	. 코드	JPAXT
. 지명	BUSAN, KOREA	. 지명	AKITA, JAPAN

선적시기	도착시기
2015-02-28 선적	선적 후 5일 이내 도착

참조사항

[Header 및 수발신식별자]

- 전자문서번호: 물품매도확약의 고유한 전자문서번호로 시스템에서 자동으로 채번(替番)된다.
- 전자문서기능: 작성한 전자문서를 최초로 전송할 경우에는 "Original"을 선택하고, 기 전송한 전자문서를 수신자가 접수받지 못하여 재전송할 경우에는 "Duplicate"을 선택하고, 기 전송한 전자문서가 변경된 경우에는 "Change"를 선택한다.
- 수신처: 물품매도확약서를 수신받을 수신처를 선택한다. 찾기 버튼을 누르면 거래처 목록에서 선택할 수 있다.
- 수입정보: 본 물품매도확약(제안) 건과 관련된 수입계약서의 관리번호
- 총수량: Line Item을 등록하면 자동으로 입력된다.
- 총금액: 통화코드만 선택하고 하단의 Line Item을 등록하면 자동으로 입력된다.
- 원산지: 공급물품의 원산지의 국가 코드
- 유효기간: 물품매도확약서의 유효기간
- 검사방법: 물품의 검사방법
- 대금결제방법: 추심방식, 송금방식 등 대금결제방법
- 포장방법: 물품의 포장방법

[일반정보]

- 발행번호: 물품매도확약서의 발행번호(일종의 일련번호)
- 발행일: 물품매도확약서의 발행일
- 구매자 참조번호: 물품구매자의 참조번호가 있는 경우, 참조번호를 입력
- 대표공급물품 HS코드: Line Item의 대표 공급물품 HS 부호를 입력
- 공급자: 물품의 공급자 정보를 입력
- 구매자: 물품의 구매자 정보를 입력

[운송정보]

- 운송명세(운송유형): 운송유형
- 선적지: 물품의 선적지. 찾기 버튼을 누르면 국가코드를 검색할 수 있다.
- 도착지: 물품의 도착지. 찾기 버튼을 누르면 국가코드를 검색할 수 있다.
- 선적시기: 물품의 선적시기를 입력
- 도착시기: 물품의 도착시기를 입력
- 참조사항: 기타 참조사항을 입력

3 업무 프로세스 흐름도

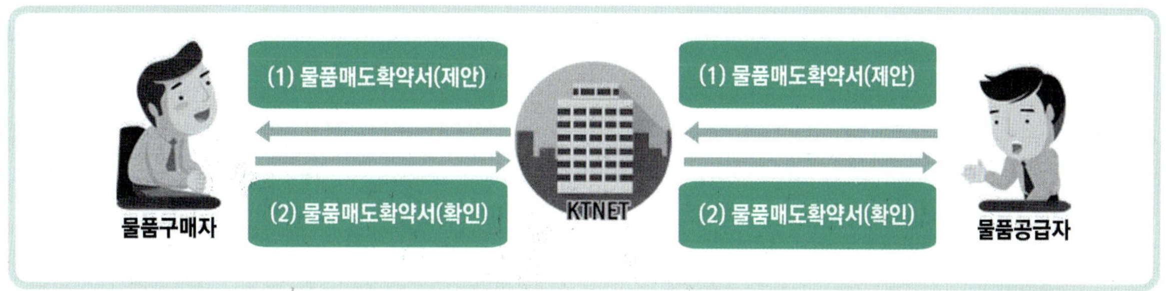

- 물품공급자는 수출용 원자재를 공급하기 위해 물품매도확약서(제안)를 작성후 KTNET 중계망을 통해 물품구매자에게 송부한다.
- 물품구매자는 공급물품 내역, 수량, 단가, 공급일자 등을 검토하여 이상 없는 경우 물품매도확약서(확인)를 물품공급자에게 전송한다.

주의 물품공급매도확약서는 Local L/C개설시 은행에서 요구하는 경우에만 사용되는 문서로 필수 사용문서는 아니다.

4 전자문서 흐름도

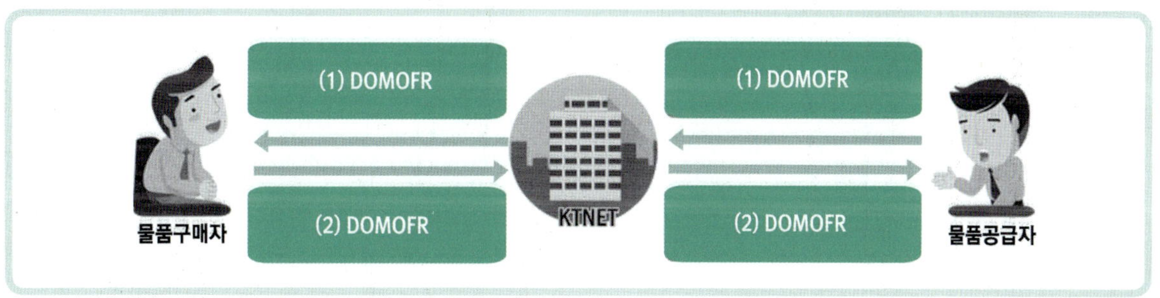

- 물품공급자는 제안용 물품매도확약서(제안, DOMOFR)에 구매자를 수신인으로 지정하여 KTNET 중계망을 통해 물품구매자에게 전송한다.
- 물품구매자는 물품매도확약서(제안, DOMOFR)에 내용을 검토하여 이상이 없는 경우 물품매도확약서(확인, DOMOFR)를 물품공급자에게 전송한다.
- 거래 공급업체가 전자문서를 이용하지 않을 경우, 구매업체가 자체 발행하여 종이에 인쇄한 후 공급업체의 직인·명판 확인 받은 후 사용할 수 있다.

  ※ 물품 공급이 완료된 건에 대해서는 Local L/C 개설을 할 수 없다.

5 실습 지시문

구매자(수출자)인 "㈜대경물산"은 수입자인 일본의 "미즈노"에게 제품 "SOUND RECORDING"을 수출하기 위해 국내 공급업체인 "㈜신가람"에게 해당 품목을 공급 받으려고 한다. 그래서 공급자인 "㈜신가람"은 구매자인 "㈜대경물산(DAEGYUNG CO., LTD.)"에게 공급하려는 제품에 대한 물품매도확약서(제안)를 작성하여 전송하려고 한다. 아래 조건에 맞게 작성해 보세요.

- 수신처: ㈜대경물산(DAEGYUNG CO., LTD.)
- Line Item 정보: 제품코드: SND-031CD
  HS Code: 9205901040
  품명: SOUND RECORDING
  수량: 2,000 BOX
  단가: JPY 4,000, 금액: JPY 8,000,000
- 원산지국가: KR(KOREA)
- 주소/지역명: 경기도 동두천시 광암동 12-2
- 유효기간: 2016-03-26(발행일로부터 1개월)
- 발행번호: 시스템에서 자동 채번(替番)
- 발행일: 2016-02-23일
- 대표공급물품 HS코드: 9205901040
- 공급자: ㈜신가람
- 구매자: ㈜대경물산(DAEGYUNG CO., LTD.)
- 선적지: 한국으로 BUSAN, KOREA이다.
- 도착지: 일본으로 AKITA, JAPAN
- 선적시기: 2016년 02월 28일 선적
- 도착시기: 선적후 5일 이내 도착

제2절 구매확인서 발급신청

1 사전지식

1) 구매확인서(Confirmation of Purchase)

구매확인서란 해외수출을 위한 수출용 물품의 국내조달(원자재, 완제품)을 증명하는 문서이다. 구매확인서는 무역금융한도가 부족하거나 사전송금방식에 의한 수출 등 Local L/C의 개설이 어려운 상황에서 외화획득용 원료 및 완제품 구매를 원활히 하기 위하여 Local L/C에 준하여 발급하여 주는 증서이다.

즉, 구매한 물품 등을 외화획득용 원료, 용역, 전자적 형태의 무체물 또는 수출완제품으로 사용하기 위하여 국내에서 구매하고자 하는 경우, 외국환은행의 장 또는 전자무역 기반사업자(KTNET)가 Local L/C에 준하여 발급하는 서류이며 uTradeHub를 통해 온라인으로 구매확인서 신청 및 발급이 가능하다.

2) 사후발급

발급요건을 추후에 충족하거나 개설대상인지 몰라서 구매확인서를 발급받지 못한 경우 다음과 같이 사후발급을 인정한다.

- 발급기한: 부가세신고 기한 이내
- 단 무분별한 사후발급 방지를 위해 사후개설 근거서류로 '세금계산서'를 제출해야 함

3) 구매확인서와 Local L/C의 차이점

구 분	내국신용장	구매확인서
관련법규	무역금융규정	대외무역법 관리규정 제37조
개설조건	당해업체 원자재금융 융자한도 내에서 개설	제한 없이 발급(개설근거 확인)
지급보증	개설은행이 지급보증	지급보증 없이 발급
발급근거	사전송금방식을 제외한 수출근거 서류	모든 수출근거 서류
영세율 적용여부	영세율 적용	영세율 적용
무역금융	무역금융 수혜 가능	무역금융 수혜 대상
관세환급	관세환급 가능	관세환급 가능

* 법에서는 무역금융 수혜 대상이지만, 실무적으로 은행에서 무역금융을 해주지는 않는 편이다.

4) 외화적용 환율기준

구매와 수출 통화단위가 서로 다르고 외화로 표시된 경우는 발급시 구매금액과 수출금액의 비교를 위해 외화환산이 필요하며 외화적용 환율기준일에 따라 해당일의 "최초고시 매매기준율"에 따라서 환산한다.

(1) 외화적용 환율기준일
  (가) 구매일/선적일이 예정일인 경우(사전발급): 신청일
  (나) 구매일이 이미 지난 경우(사후발급): 구매일
  (다) 구매일/선적일이 이미 지난 경우(사후발급): 선적일
(2) 선적기일은 구매(예정)일로부터 2년까지 가능하다.

2 화면설명

1) 구매확인서 발급신청

안내사항

발급기관마다 구매확인서 발급기준 및 업무처리기준이 다를수 있습니다. (세금계산서 정보 입력 기준, 취소처리 기준 등) 정확한 업무처리를 위해서는 해당 발급기관에 반드시 확인 후 진행하시기 바랍니다.

Header

전자문서번호 *	APPPCR20150423000001		
수신처(발급기관) *	ELS0000001 찾기 KTNET	신청구분	◉신규신청 ○변경신청 ○취소신청
물품매도확약정보		변경전 구매확인서번호	

일반정보

신청인(상호,성명,사업자등록번호,주소) * 찾기		공급자(상호,성명,사업자등록번호,주소) * 찾기	
. 상호	(주)대경물산	. 상호	(주)신가람
. 성명	이민우	. 성명	박석진
. 사업자등록번호	1293833051	. 사업자등록번호	1102933051
. 주소	대한민국 부산광역시 동구 수정동 757-1	. 주소	대한민국 경기도 군포시 광정동 1088
		공급자에게 전자문서로 전달하는 경우 입력(선택사항)	
		. 수발신인식별자	
		. 상세수발신인식별자	
		공급자에게 발급사실을 통지하는 경우 입력(선택사항)	
		. 이메일주소	@
. 공급물품명세구분	원자재 회색입력란은 용도명세 사용자입력선택시 입력가능	- 구매확인서 발급사실을 공급자에게 신속히 메일로 알려드리기 위해 기재하는 사항이며, 구매확인서 서류가 전달되진 않습니다. - 수발신인식별자 기재시는 본 항목을 기재하실 필요는 없습니다. - 이메일주소를 잘못 기재하여 제3자에게 메일 전송시, 그 책임은 구매확인신청인에게 있습니다.(문서복사시 이메일정보를 다시 확인하시기 바랍니다.)	

[Header]

- 전자문서번호: 외화획득용 구매확인신청의 고유한 전자문서번호로 시스템에서 자동으로 채번(替番)된다.
- 수신처: 구매확인을 신청할 기반사업자(KTNET)
- 신청구분: 작성한 전자문서를 최초로 전송할 경우에는 "신규신청"을, 기 전송한 전자문서를 변경신청 할 경우에는 "변경신청"을, 취소할 경우에는 "취소신청"을 선택
- 물품매도확약정보: 공급업체로부터 받은 물품매도확약서 정보를 입력
- 변경전 구매확인서번호: 변경신청인 경우 원 구매확인서 번호를 입력

[일반정보]

- 신청인: 구매확인의 신청인
  - 상호: 신청인의 상호
  - 성명: 신청인의 대표자명
  - 사업자등록번호: 신청인의 사업자등록번호
  - 주소: 신청인의 주소
- 공급자: 물품공급자의 정보
  - 상호: 공급자의 상호
  - 성명: 공급자의 대표자명
  - 사업자 등록번호: 공급자의 사업자등록번호
  - 주소: 공급자의 주소. 공급자에게도 구매확인서를 동시에 전송하려면 아래의 항목들을 추가로 입력한다.
  - 이메일주소: 공급자에게 구매확인서 발급 사실을 이메일로 통보하려고 할 경우 구매자의 이메일 주소를 입력
- 발급근거서류
  - L/C, 수출계약서(D/P·D/A), 외화매입증명서, Local L/C, 구매확인서 등

    ※ 외화매입(예치)증명서는 외화획득 이행관련 대금임이 관계서류에 의해 확인되는 경우에 한함)
- 구매확인서 발급신청시 구비서류
  - 외화획득용원료·기재 구매확인 신청서
  - 외화획득용원료(물품 등) 공급계약서 또는 물품매도확약서
  - L/C, 수출계약서 등 발급 근거서류
  - 공급자·공급받는 자의 인감증명서

구매물품 품목(구매원료,기재의 내용)*

총수량	20,000.00 EA	총할인/할증/변동내역	선택
총금액	일본 JPY 찾기 80,000.00	총할인/할증/변동금액	KRW 0.00
총금액(USD)	USD 0.00	총할인/할증/변동금액(USD)	USD 0.00

Line Item 등록/수정

번호	HS부호	품목	규격	수량		구매일	단가		금액	
1	9205901040	SOUND RECORDING	WXHXD :168*100*108 (MM)	20,000.00	EA	2015-04-23	JPY	4.00	JPY	80,000.00

근거(첨부)서류정보

근거서류 정보 등록/수정

근거서류명	근거서류번호	HS부호	품명	규격	금액		선적기일
DOCUMENTARY CREDIT	신용장	9205901040	SOUND RECORDING	WXHXD :168*100*108(MM)	JPY	80,000.00	2015-02-20

세금계산서 내용

세금계산서 정보 등록/수정

세금계산서번호	품명	규격	공급가액	세액	수량	작성일자

- 신청업체는 전자무역촉진에관한 법률 시행규정 제7조에 의거 첨부근거서류를 5년동안 보관하셔야 합니다. 보관은 마이크로 필름, 광디스크, 전자문서보관소 등에 의해서도 보관할 수 있습니다.

(위의 사항을 대외무역법 제18조에 따라 신청합니다.)

확인기관명	확인기관코드	KTNET
	확인기관명	한국무역정보통신
	확인기관지점명	

[구매물품 품목(구매원료, 기재의 내용)]

- 총수량: 상품의 총수량
- 총금액: 상품의 총금액(자동 계산됨)
- 총금액(USD 금액부기): USD로 환산한 총금액
- 총할인/할증/변동내역: 총할인 할증 또는 변동 중에 선택
- 총할인/할증/변동금액: 총금액 대비 원화로 표시된 총할인/할증/변동금액
- 총할인/할증/변동금액(USD금액부기): 총금액 대비 USD로 환산한 총 할인/할증/변동금액

근거(첨부)서류 확인 닫기

번호 *	1
근거서류명 *	수출신용장(L/C)
근거서류번호 *	신용장
제품코드	SND-031CD 찾기
HS부호	9205901040 찾기
품명	SOUND RECORDING
규격	WXHXD :168*100*108(MM)
금액 *	일본 JPY 80,000.00
선적기일 *	2015-02-20 (근거서류종류가 구매확인서인 경우에는 공급(예정)일을 입력)
근거서류발급기관	기관종류: ◉은행 ○KTNTET ○관세청 ○해외거래처
	기관코드: BAK0000001 찾기
	은행/해외거래처 기관명: 기업은행
	은행 지점명: 서초지점
	해외거래처 국가코드: 찾기

추가 수정 삭제

	근거서류명	근거서류번호	HS부호	품명	규격		금액	선적기일
☐	DOCUMENTARY CREDIT	신용장	9205901040	SOUND RECORDING	WXHXD :168*100*108 (MM)	JPY	80,000.00	2015-02-20

[근거(첨부)서류]

- 근거 서류명: 구매확인서 신청의 근거가 되는 서류를 선택
  (ex. L/C, 수출계약서, 외화매입 또는 예치 증명서, D/A계약서, D/P계약서, 타사가 발행한 구매확인서, E/P, Local L/C, 물품공급계약서 등)
- 근거서류 번호: 근거서류의 번호
- 제품코드: 사전에 등록한 자사의 제품코드를 선택 입력
- HS Code: 구매할 물품의 HS Code
- 금액: 통화코드와 근거서류의 금액
- 선적기일: 근거서류의 선적기일
- 기관종류: 근거서류 발급기관의 종류
- 기관코드: 은행일 경우 기관코드는 근거서류 발급은행코드
- 은행/해외거래처 기관명: 은행명이나 해외거래처명

- 은행지점명: 은행 지점명
- 해외거래처 국가코드: 근거서류 발급기관이 해외거래처일 경우 해당 국가코드

3 업무 프로세스 흐름도

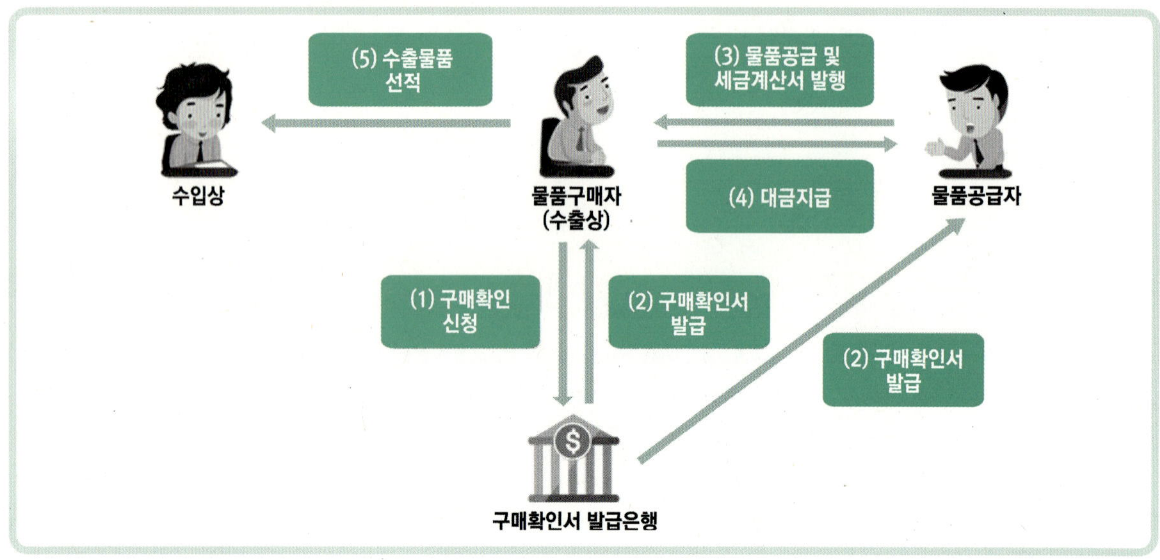

- 물품구매자는 수출용 원자재를 구입하기 위해 KTNET나 은행에 구매확인서 발급 신청을 한다.
- 구매확인서 발급신청을 받은 KTNET나 시중은행은 내용을 검토한 후 이상이 없는 경우 구매확인서를 발급하여 물품구매자에게 전송한다.
- 공급자에게 동보전송을 요청한 경우 지정된 공급자에게 동일한 구매확인서가 전송된다.
- 공급자는 물품을 공급한 후에는 구매자에게 세금계산서를 발행한다.

4 전자문서 흐름도

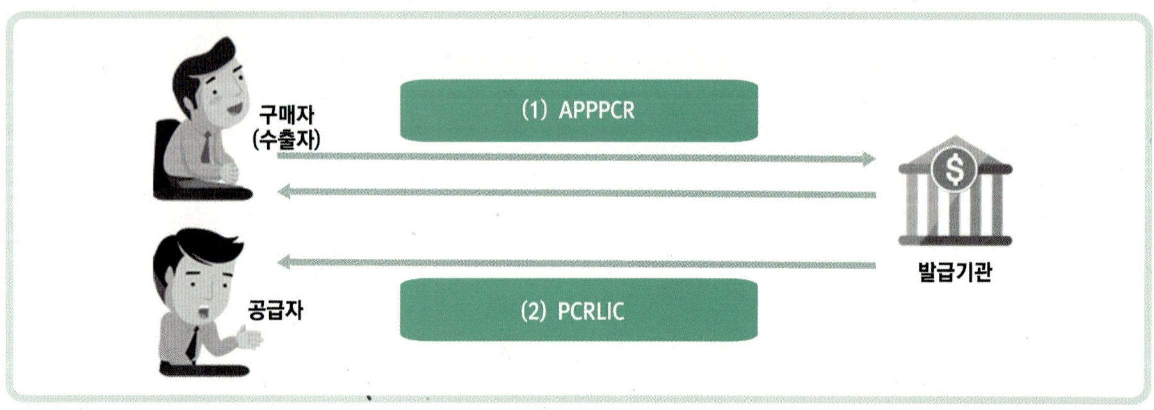

구매확인서 업무는 전면 전자화되어 구매자의 구매확인서 발급신청서(APPPCR ; Purchase confirmation application on raw materials for export goods)와 구매자와 공급자에게 발급되는 외화획득용 원료구매확인서(PCRLIC ; Certificate of purchase confirmation on raw materials for export goods) 문서가 사용된다.

5 실습 지시문

구매자(수출자)인 ㈜대경물산은 수입자인 "미즈노"로 수출을 하기 위한 제품 "SOUND RECORDING"을 "㈜신가람"으로부터 공급받고 물품매도확약서를 통지받았다.

이를 근거로 해당품목에 대한 수출실적확인 및 부가가치세 영세율 적용을 받기 위한 구매확인서를 작성하려고 한다. 아래 조건에 맞게 작성해 보세요.

- 수신처(발급기관): 전자무역 기반사업자인 KTNET으로 한다.
- 신청구분: 신규신청
- 신청인: ㈜대경물산
- 공급자: ㈜신가림
- 공급물품명세: 완제품
- 구매수량: 20,000BOX
- 총 구매금액: JPY 80,000이다
- 수량과 금액: 할인/할증은 없다.
- 구매할 제품: SOUND RECORDING / 단가: JPY 4.00/BOX / 구매금액: JPY 80,000이다.
- 제품구매일: 2016-02-23일이다.
- 근거서류: DOCUMENTARY CREDIT이다.
- 근거서류 번호: L/C-20160201-DG-001
- 근거서류의 총 금액: JPY 80,000
- 근거서류의 선적기일: 2016-02-28
- 근거서류 발급기관: 기업은행 서초지점

- 구매확인서 공급분에 대한 수출실적 증명서 발급기관
  - 당사자간 직접대금을 결제한 경우: 구매확인서 개설은행
  - 은행을 통한 대금결제시: 결제은행(공급자 거래은행)
  - KTNET에서 구매확인서를 발급받고 당사자들 간에 대금을 결제한 경우에는 KTNET에서 발급

6 샘플 및 출력서식

1) 구매확인서 발급내역

구매확인서 발급내역

목록

Header

전자문서번호	PCRLIC20150420000001		
구매확인서번호	PCRLIC20150420170004-001	확인일자	2015-04-20

일반정보

신청인		공급자	
. 상호	원 인터내셔널	. 상호	(주)신가람
. 성명	김미생	. 성명	박석진
. 사업자등록번호	1208102922	. 사업자등록번호	1102933051
. 주소	대한민국 서울시 강남구 서초동 520번지 6층	. 주소	대한민국 경기도 군포시 광정동 1088
. 공급물품용도명세	완제품	. 수발신인식별자 . 상세수발신인식별자 . 이메일주소	

구매물품 목록(구매원료,기재의내용)

총수량	1,000 BOX	총할인/할증/변동구분	
총금액	USD 4,000.00	총할인/할증/변동금액	KRW
USD 금액부기	USD	총할인/할증/변동금액(USD)	USD

Total 1 / 1　1건

번호	HS부호	품명	규격	수량	구매일	단가		금액	
1	3401191010	LAUNDRY SOAP	SODIUM HYDROXIDE	1,000.00 BOX	2015-02-10	USD	4.00	USD	4,000.00

근거(첨부)서류정보(외화획득용 원료.기재라는 사실을 증명하는 서류)
***2012-03-01 이전 확인서에만 존재하는 항목입니다.**

Total 0 / 1　0건

근거서류명	근거서류번호	HS부호	품명	규격	금액	선적기일

세금계산서 내용

Total 0 / 1　0건

세금계산서번호	품명	규격	공급가액	세액	수량	작성일자

발급조건		

- (위 신청사항을 대외무역관리규정 제 37조의 규정에 의하여 확인합니다.)

확인기관	. 코드	KTNET
	. 기관명	한국무역정보통신
	. 지점명	

제3절 내국신용장 개설신청

1 사전지식

1) 내국신용장 개요

Local L/C는 수출업자가 수출용 물품을 제조·가공하는데 소요되는 완제품 또는 원자재를 국내에서 조달코자 하는 경우에 이용되는 문서이며, 구매자 의뢰에 의하여 외국환은행이 공급업자를 수혜자로 하여 개설하는 지급보증서이다.

Local L/C는 수출업자로 하여금 수출상품 또는 수출용 원자재를 국내에서 조달할 수 있게 하는 역할을 한다. 공급업자에 대해서는 대금지급보증 및 수출지원 금융을 융자·지원해 준다. 무역관리 및 세제면에서 Local L/C에 의한 공급실적을 수출실적으로 인정하여 원 신용장(Master L/C)의 경우와 동일한 혜택을 줌으로써 국산원자재의 사용촉진 및 외화가득률 제고 시책으로서 중요한 기능을 갖고 있다. Local L/C는 Domestic Credit, Secondary Credit, Subsidiary Credit 등으로도 불리우고 있다.

구매확인서가 수출용 조달물품에 대한 단순한 확인서 역할을 하는 반면에 Local L/C는 은행이 대금지급을 보증하여 준다. 공급업자는 물품대금의 지급을 확실하게 보장받을 수 있으므로 은행의 공신력에 의거 물품을 납품한다.

2) 내국신용장 용도

(1) 구매자 수혜

- 수출용 구매자금 대출 등 무역금융 수혜
- 은행의 지급 보증
- 수출용 원자재의 확실한 조달 보장
- 관세환급 신청 가능

(2) 공급자 수혜

- 대외무역법상 수출실적으로 인정
- 부가가치세 영세율 적용
- 은행의 지급보증으로 물품공급대금의 안전한 회수 보장
- 무역금융 융자대상 증빙으로 인정(무역금융 수혜가능)

3) 내국신용장 특징

(1) 기존의 종이 기반의 오프라인 방식은 사라지고 개설, 통지 및 매입 등 전 과정이 전면 전자화되어 처리되고 있다.

(2) 은행 영업점 창구발급은 폐지되고, 전자문서 교환방식에 의해 전자개설만 가능하다.

(3) 구매자는 개설된 Local L/C과 물품수령증명서를 공급자에게 우편 등 오프라인 방식으로 전달하지 않고 온라인 방식으로 통지한다.

(4) 공급자는 Local L/C 개설과 동시에 개설은행 또는 전자무역기반시설(KTNET)로부터 Local L/C를 전자적으로 수신하며, 물품수령증명서도 전자적으로 수령한다. 매입(추심)의뢰 및 결과통지도 온라인화 되어 은행방문이 없이 처리한다.

(5) Local L/C 결제를 위해 발행되는 환어음(draft)은 폐지되었으며, 전자 판매대금매입(추심)의뢰서를 통해 처리한다.

(6) Local L/C 전자화 이용을 위해서는 개설의뢰인(구매자) 및 수혜자(공급자) 모두 전자무역 기반시설을 통한 전자문서교환방식으로 업무를 수행하여야 하며, 이를 위해 유트레이드허브 등 기반시설(KTNET)에 사전에 가입하여야 한다(관련 근거규정: 「전자무역촉진에 관한 법률」 및 「한국은행 금융중개지원대출관련 무역금융지원 프로그램 운용세칙」).

▌Local L/C 업무 흐름도

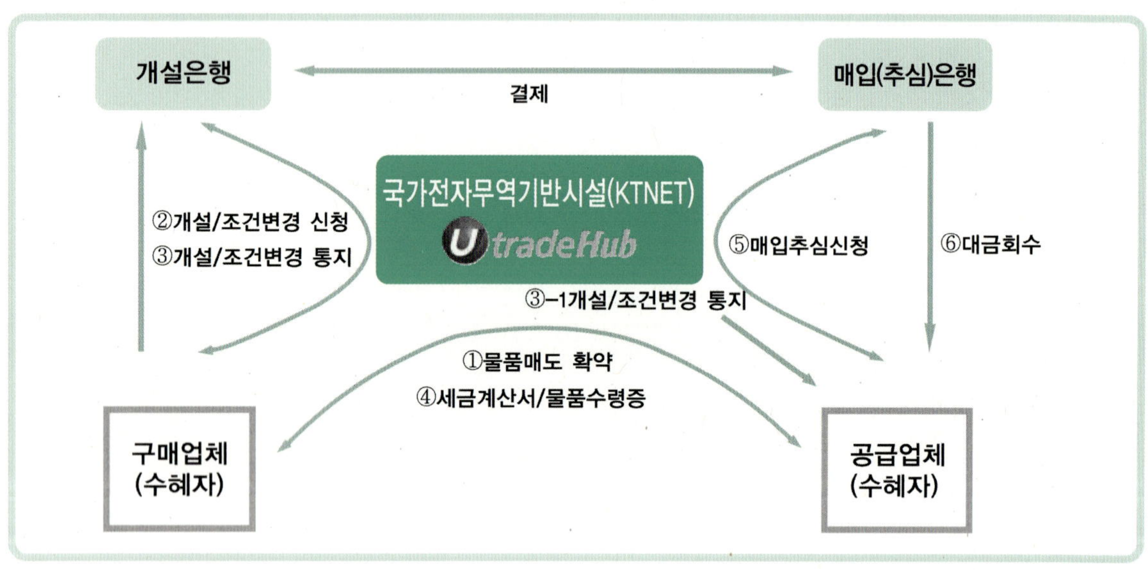

※ 국가전자무역기반시설은 「전자무역촉진에 관한 법률」에 따라 전자무역기반사업자인 KTNET이 운영하며, 유트레이드허브(www.utradehub.or.kr)는 정부의 전자정부지원사업의 일환으로 산업통상자원부가 구축하고 KTNET이 운영하는 전자무역 단일창구임.

2 화면설명

1) 내국신용장 개설신청

Header 및 수발신식별자

전자문서번호 *	LOCAPP20150430000001	전자문서기능 *	ORIGINAL
수신처 *	기업은행 찾기	물품매도확약정보	선택

개설신청내역

개설신청일 *	2015-02-22	개설회차	1 차 내국신용장	
내국신용장종류 *	외화표시 내국신용장	개설은행 * 찾기		
개설외화(원화)금액 *	외화금액	. 점포코드	0413	
	일본 JPY 찾기	. 은행명	기업은행	
	80,000.00	. 지점명	서초지점	
허용오차(%)	(+) / (-) [*개설외화(원화)금액에 대한 허용오차]			
개설신청인 *	. 상호	(주)대경물산 찾기		
	. 대표자명	이민우		
	. 사업자번호	1293833051		
	. 주소	대한민국 부산광역시 동구 수정동		
		757-1		
수익자 * 찾기	. 상호	(주)신가람		
	. 대표자명	박석진		
	. 사업자번호	1102933051		
	. 주소	대한민국 경기도 군포시 광정동		
		1088		
	수혜업체에게 전자문서로 전달하는 경우 입력(선택사항)			
	. 수발신식별자			
	. 상세수발신식별자			
	. 이메일	@ 직접입력		
	이메일 주소를 잘못 기재하여 제 3자에게 메일 전송시, 그책임은 내국신용장 개설신청인에게 있습니다. (문서 복사시 이메일 정보를 다시 확인하시기 바랍니다.)			

[Header 및 수발신식별자]

- 전자문서번호: Local L/C 개설신청의 고유한 전자문서 번호로 시스템에서 자동으로 채번(替番)된다.
- 전자문서기능: 작성한 전자문서를 최초로 전송할 경우에는 "ORIGINAL"을 기 전송한 전

자문서를 수신자가 접수받지 못하여 재전송 할 경우에는 "DUPLICATE"을 선택한다.

- 수신처: Local L/C 개설신청 은행
- 물품매도확약정보: 관련된 물품매도확약서 정보를 선택

[개설신청내역]

- 개설신청일: Local L/C 개설신청일자
- 개설회차: 원 수출 신용장(MASTER L/C)을 근거로 처음 개설되는 Local L/C면 "1차 내국신용장", 1차 Local L/C을 근거로 다른 수혜업체에게 개설되는 Local L/C면 "2차 내국신용장"을 입력한다(기본값은 "1차").
- 내국신용장종류: 원화표시, 외화표시, 원화표시 외화부기 표시 중 신용장 종류를 선택한다.
- 개설은행: 신용장 개설은행을 입력한다.
- 개설외화(원화)금액: 신용장 종류가 외화표시, 원화표시 외화부기 표시일 경우 외화금액만 입력하고, 원화표시일 경우에만 원화금액을 입력한다.
- 점포코드: Local L/C 개설은행의 점포코드
- 은행명: 점포코드에 따른 Local L/C 개설은행명
- 지점명: 점포코드에 따른 Local L/C 개설은행의 지점명
- 허용오차: 신용장의 허용오차 범위를 입력한다. 허용오차는 +허용율, -허용율을 각각 10%를 넘지 않아야 한다.
- 개설신청인: L/C 개설신청인
  - 상호: 개설신청인의 상호
  - 성명: 개설신청인의 대표자명
  - 사업자등록번호: 개설신청인의 사업자등록번호
  - 주소: 개설신청인의 주소
- 수익자: Local L/C 수익자를 입력하는 항목으로 물품 공급업체를 입력한다.
  - 상호: 수익자의 상호
  - 성명: 수익자의 대표자명
  - 사업자등록번호: 수익자의 사용자등록번호
  - 주소: 수익자의 주소
  - 수발신인식별자: 수익자에게 Local L/C 통지서를 동보전송을 하기 위한 항목으로 EDI 약정서의 수발신인식별자값을 입력한다.
  - 상세수발신인식별자: 수익자에게 Local L/C 통지서를 동보전송을 하기 위한 항목으로 EDI약정서의 상세수발신인식별자 값을 입력
  - 이메일: 수익자에게 Local L/C 발행사항을 이메일로 통지하고자할 경우 이메일주소를 입력한다. 이 경우 기입한 이메일 주소로 Local L/C 사본이 자동으로 보내진다.

물품인도기일 *	2015-02-23	유효기일 *	2015-02-27
제출서류 *	물품수령증명서 1 통 내국신용장사본 1 통 공급자발행세금계산서사본 1 통 공급자발행물품매도확약서사본 통	기타구비서류	
물품매도확약서번호			
대표공급물품HS코드 *	9205901040 찾기	분할인도	PROHIBITED
대표공급물품명 *	SOUND RECORDING		
서류제시기간 *	물품수령증명서 발급일로부터 5 영업일 이내	개설근거별용도 *	◉실적기준 ◎신용장기준 완제품
기타			

원수출신용장 등 내역(신용장 기준일 경우만 적용)

- 물품인도기일: 물품을 인도받을 기일
- 유효기일: 유효기일은 물품인도 기일에 최장 10일을 가산한 기일 이내이어야 함. 단, 원 수출신용장 등을 근거로 개설되는 Local L/C의 유효기일은 원 수출신용장들의 선적 또는 인도기일 이전이어야 한다.
- 제출서류: 공급사(수익사)가 물품대금 회수를 위해 은행에 판매대금 추심의뢰를 할 때 제출해야 할 서류들이다.
  - 물품수령증명서: 수익자가 Local L/C 매입신청시 제출해야 할 물품수령증명서 매수 기본값은 "1"

- 본 내국신용장 사본: 수익자가 Local L/C 매입신청시 제출해야 할 Local L/C 사본 매수, 기본값은 "1"
- 공급자발행 세금계산서 사본: 수익자가 Local L/C 매입신청시 제출해야 할 세금계산서 사본 매수, 기본값은 "1"
- 공급자발행 물품매도확약서 사본: 수익자가 Local L/C 매입신청시 제출해야 할 물품매도확약서 사본 매수, 기본값은 "1"
- 기타구비서류: 수익자가 Local L/C 매입신청시 제출해야 할 기타 서류
  (ex) 원 계약서 사본

■ 물품매도확약서 번호: 물품매도확약서 번호

■ 대표공급물품 HS번호: Line Item의 대표 공급물품 HS 부호를 입력한다.

■ 분할인도: 분할인도 허용여부를 선택한다.

■ 대표공급물품명: Line Item의 대표공급 물품명. 공급물품 내역이 많은 경우에는 대표적인 품목만 기재하고 "~외 몇 종"의 형태로 기재한다.

■ 서류제시기간: 물품수령증명서 발급일로부터 수익자가 몇 일 이내에 매입신청 해야 하는 기한. 기본은 5영업일

■ 개설근거별 용도: 개설근거가 실적기준인가 아니면 원신용장기준인가 선택 "~(실적)"을 선택하였을 경우 하단의 원신용장 정보는 필요없다. 현재 실적기준으로 약 90%이상 Local L/C를 신청하고 있다.

■ 기타: 계약 조건 이외의 기타사항을 입력하세요. (ex) 분할인도조건, 기타 상품명세 등

3 업무 프로세스 흐름도

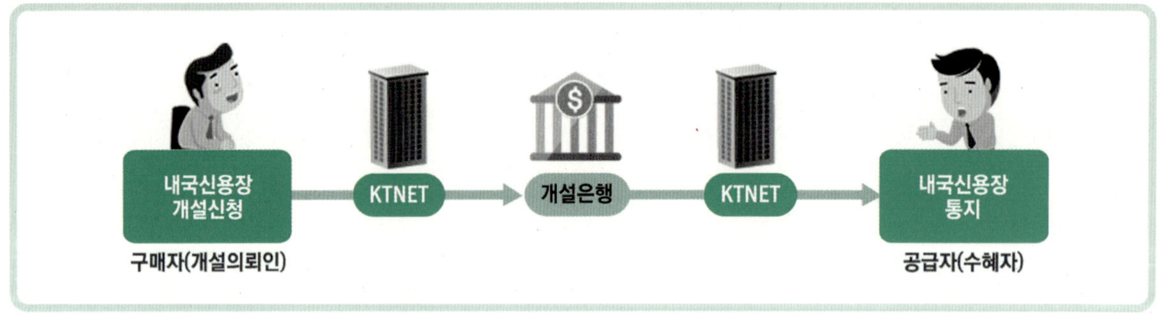

■ 구매자는 Local L/C 개설신청서 작성 및 개설은행에 전송한다.
※ Local L/C 개설시 은행 전송서류
- 공급자발행 물품매도확약서(필요시)
- 해당 Local L/C의 개설근거(원수출신용장 등)

※ 물품매도확약서는 공급자(수혜자)가 작성하여 개설의뢰인에게 전자문서로 전송 가능하다.

- 개설은행은 심사 후 개설의뢰인에게 Local L/C 통지서를 전송한다.
- 통지를 위해 개설은행 및 전자무역기반시설(KTNET)은 공급자에게 Local L/C 통지서를 전송한다.

4 전자문서 흐름도

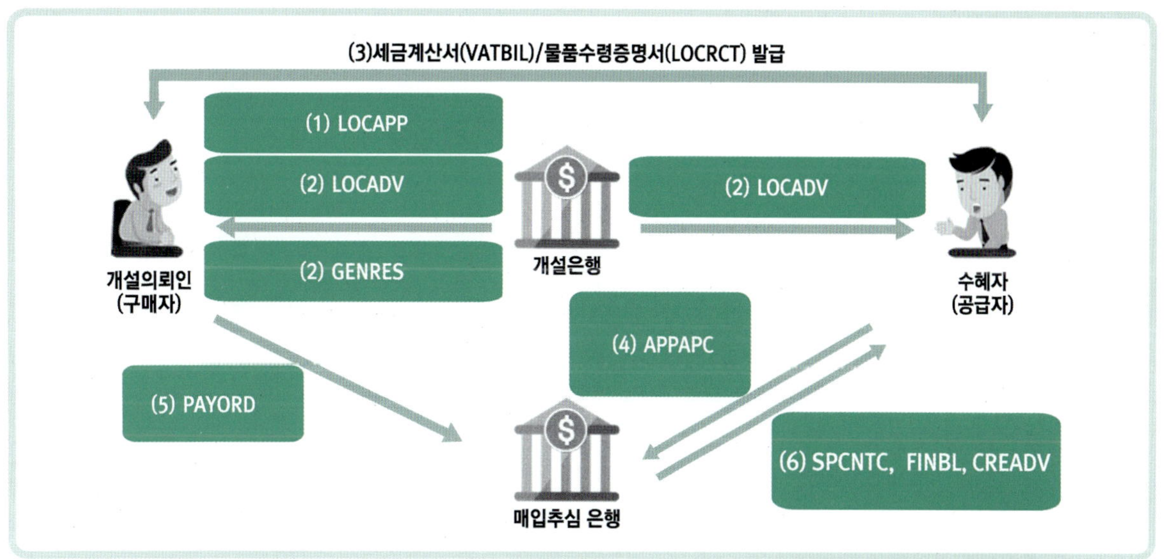

- 개설의뢰인은 Local L/C 개설신청서(LOCAPP) 작성 및 개설은행에 전송한다.
- 개설은행은 심사 후 개설의뢰인에게 Local L/C통지서(LOCADV) 전송하고 수혜자 통지를 위해 개설은행 및 전자무역기반시설(KTNET)은 수혜자에게 Local L/C통지서(LOCADV)를 전송한다.
- 개설은행은 오류사항 발생시 개설의뢰인에게 오류통보서(GENRES)를 전송한다.
- 공급자는 매입추심은행에 '판매대금매입(추심)의뢰서'(APPSPC)를 작성하여 전송한다(2BJ: 매입, 2BK: 추심).

  ※ 판매대금매입(추심)의뢰서(APPSPC) 작성시 Local L/C, 물품수령증명서, 세금계산서를 첨부해야 하므로, 사전에 Local L/C과 물품수령증명서를 전자적으로 수신받아야 함(세금계산서는 직접입력 가능).

  ※ 전자무역 기반시설은 수혜자가 외국환은행에 전송하는 판매대금매입(추심)의뢰서(APPSPC)와 물품수령증명서(LOCRCT)상의 주요 정보를 상호 비교하여 일치하는 경우에 한해 외국환은행에 전송함(검증 불일치하는 경우 수혜자에게 오류통보 자동전송).

※ 매입의뢰시 첨부한 물품수령증명서는 다른 매입(추심)건으로 중복 사용 불가(매입추심은행의 매입(추심)의뢰 오류통보 또는 승인취소 후에는 재사용 가능).

- 매입(추심)은행은 매입시 입금 및 추심시 대금지급지시(PAYORD)를 확인하여 결제한 후, 판매대금매입(추심)응답서(SPCNTC)를 수혜자에게 통지하고 입금통지서(CREADV) 및 계산서(FINBIL)를 전송한다.

5 실습 지시문

구매자(수출자)인 "㈜대경물산"은 일본의 "미즈노"사로 수출을 하기 위한 제품 SOUND RECORDING을 국내 공급자인 "㈜ 신가람"으로부터 조달하기 위해 기업은행 서초지점에 내국신용장을 개설하려고 한다. 이를 위해 다음 조건에 맞게 내국신용장 개설신청 작성실습을 해 보세요.

- 수신처(발급기관): 기업은행 서초지점
- 개설신청일: 2016-02-22
- 개설회차: 1
- 내국신용장종류: 외화표시 내국신용장
- 개설외화(원화)금액: 외화금액 / 통화코드: 일본 / 금액: 8,000,000
- 개설은행: 기업은행 서초지점
- 개설신청인: ㈜대경물산
- 수익자: ㈜신가람
- 물품인도기일: 2016-02-26
- 유효기일: 2016-02-27
- 제출서류: 물품수령증명서 1부, 내국신용장사본 1부, 세금계산서 1부
- 대표공급 HS코드: 9205901040
- 분할인도: 허용하지 않는다.
- 대표공급물품명: SOUND RECORDING
- 서류제시기간: 5일
- 개설근거별 용도: 실적기준이며 완제품

6 샘플 및 출력서식

1) 내국신용장 개설응답

변경이력정보

차수	변경신청일	변경후 개설금액	변경후 인도기일	변경후 유효기일

Header 및 수발신식별자

전자문서번호	LOCADV2015081900	통지일	2015-08-19

개설신청내역

신청번호	LOCAPP2015081900		
개설신청일	2015-02-22	개설은행	
개설회차	1 차 내국신용장	. 점포코드	0413
신용장번호	LC20150819171755-001	. 은행명	은행
내국신용장종류	외화표시 내국신용장	. 지점명	서초지점
개설외화	JPY 80,000.00		
개설원화			
허용오차(%)	(+)/(-)	매매기준율	900.00
개설신청인		수혜자	
. 상호	물산	. 상호	(주)신가람
. 대표자명	이	. 대표자명	박
. 사업자등록번호	1293833	. 사업자등록번호	110293
. 주소	대한민국 부산광역시 동구 수정동	. 주소	대한민국 경기도 군포시 광정동
		. 이메일	@
물품인도기일	2015-02-23	유효기일	2015-02-27
제출서류	물품수령증명서 1 통 내국신용장사본 1 통 공급자발행세금계산서사본 1 통 공급자발행물품매도확약서사본 통	기타구비서류	
물품매도확약서번호			
대표공급물품HS코드	9205901040	분할인도	ALLOWED
대표공급물품명	SOUND RECORDING		
서류제시기간	물품수령증명서 발급일로부터 5 영업일 이내	개설근거별용도	실적기준: 완제품
기타			

원수출신용장 등 내역(신용장 기준일 경우만 적용)

2) 취소불능 내국신용장

취소불능 내국신용장

전자문서번호 : 141231018******* 통지일자: 2014-12-31

〈 개설내역 〉

개설은행 : **** ㈜****은행 ****금융센터 경기 안양시 동안구 동안로 ********* *********-0505
개설일자 : 2014-12-31
신용장번호 : L17A8123456
개설의뢰인 :

수 혜 자 :

내국신용자 종류 : 외화표시내국신용장
개설외화금액 : USD 2,640
개설원화금액
허용오차 : (+) / (-) (%)
매매기준율 : 0
물품매도확약서 번호 : DOMOFR20141229********
물품인도기일 : 2015-01-30
유효기일 : 2015-01-30
제출서류 : 물품수령증명서 1통
: 공급자발행 세금계산서 사본 1통
: 공급자발행 물품매도 확약서 사본 0동
: 본 내국신용장의 사본 1통

* 이 내국신용장을 판매대금 추심의뢰서로 결제하는 경우에는 공급자발행 물품매도 확약서 사본 및 내국신용장 사본 제출을 생략할 수 있다.

기타 구비서류 :

당행은 귀하(사)가 위 금액의 범위내에서 상기의 서류를 첨부하여 물품대금 전액의 일람출급식 판매대금 추심의뢰서 또는 당행을 지급장소로 하고 개설의뢰인을 지급인으로 한 물품대금 일람출급환어음을 발행할 수 있는 취소불능내국신용장을 개설합니다. 당행은 이 신용장에 의하여 발행되고 또는 이 신용장의 조건에 일치하는 판매대금 추심의뢰서 또는 환어음이 당행에 제시된 때에는 이를 이의없이 지급할 것을 판매대금추심의뢰서의 발행인 또는 환어음의 발행인, 배서인, 기타 정당한 소지인에게 확약합니다.

대표공급물품명 : SJ00-6402-8452Q(HS부호: 9031809099)
분할인도 허용여부 : 허용
서류제시기간 : 물품수령증명서 발급일로부터 5영업일 이내
개설근거별 용도 : 원자재(실적)
기타 : 2014년 2월초부터 내국신용장 매입(추심) 업무가 전면전자화되어 종이에 의한 은행 창구매입이 중지됩니다. 개설의뢰인은 전자문서(물품수령증명서 등)를 발급하고, 수혜자는 전자문서를 통해 은행에 매입(추심)의뢰해야 합니다.

〈 원수출신용장등 내역 〉

개설근거서류 종류 :
신용장(계약서 번호) :

〈 발신기관 전자서명 〉

발신기관 저자서명 : ㈜****은행
****금융센터(부)지점장
****

1. 이 전자문서는 「전자무역 촉진에 관한 법률」에 의거 발행된 내국신용장으로서 이 문서를 전송받은 개설의뢰인 또는 수혜자는 동 법률 시행규정 제12조 제3항 별표4에서 정한 바에 따라 신용장 여백에 정당발급문서임을 표시하는 적색 고무인을 날인하여야 합니다.
2. 이 신용장에 관한 사항은 다른 특별한 규정이 없는 한 국제상공회의소 제정 화환신용장 통일규칙 및 관례에 따릅니다.

제4절 세금계산서 발행

1 사전지식

1) 전자세금계산서 활용

- 국내 물품공급자는 물품을 공급한 후에 구매자에게 전자세금계산서를 발행하여야 한다.
- 2014년 7월 1일부터 매출이 3억 이상인 개인사업자도 의무적으로 전자세금계산서를 발행하여야 한다.
- KTNET의 전자세금계산서 서비스를 이용할 경우 uTradeHub에서 국세청으로 세금계산서를 자동 전송한다.

2) 국세청 전자세금계산서 이용방법

- 회사에서 이미 회계 ERP를 이용하는 경우 ERP를 이용해서 전자세금계산서를 국세청에 전송한다. 대표적으로 '더존(DUZON)'의 전자세금계산서 서비스가 있다.
- ERP가 없으면 국세청 홈택스(https://www.hometax.go.kr/)를 방문하여 발급할 수도 있으나 규모가 있는 회사의 경우 자체 데이터 관리를 위해 잘 사용하지는 않는다.

- 내국신용장을 통한 부가가치세 신고

(1) 영세율 적용요건: 영세율이 적용되는 내국신용장이라 함은 사업자가 국내에서 수출용원자재, 수출용 완제품 또는 수출용 재화 임가공용역을 공급받으려는 경우에 해당 사업자의 신청에 따라 외국환은행의 장이 재화나 용역이 공급시기가 속하는 과세기간이 끝난 후 20일 이내에 개설하는 신용장을 말한다.
(2) 공급시기: 내국신용장에 의하여 공급되는 재화는 국내에서 거래되는 재화의 공급시기와 동일하게 적용된다. 즉, 재화의 이동이 필요한 경우에는 재화가 인도되는 때, 재화의 이동이 필요하지 아니한 경우에는 재화가 이용가능하게 되는 때이다. 혹시라도 위의 규정을 적용할 수 없는 경우에는 재화의 공급이 확정되는 때를 재화의 공급시기로 본다.
(3) 과세표준: 내국신용장상의 표시된 금액으로 하되, 원화로 표시된 금액은 그 금액, 외화로 표시된 금액은 공급시기일 현재의 기준환율 또는 재정환율로 환산한 금액으로 표시한다.
(4) 세금계산서 발급: 내국신용장에 의하여 수출용 원자재 등을 공급하는 사업자는 공급받는 사업자가 재화를 인수하는 때에 당해 일자의 「외국환거래법」에 의한 기준환율 또는 재정환율에 의하여 계산한 금액을 공급가액으로 하여 세금계산서를 교부한다.
(5) 영세율 첨부서류: 내국신용장·구매확인서 전자발급명세서를 제출하여야 한다.

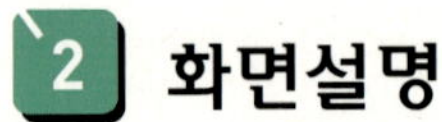

화면설명

1) 전자세금계산서 작성

Header 및 수발신식별자

전자문서번호 *	VATBIL20150909000131	전자문서기능 *	원본(ORIGINAL) ▼
수신처 * (공급받는자)	PUR0000008 [찾기] (주)대경물산	구매확인서 ▼	APPPCR-20150222-0001
세금계산서종류 *	영세율 세금계산서 ▼	수정사유코드	▼
당초승인번호		수정세금계산서 작성시 수정하려는 세금계산서의 당초승인번호를 입력	

세금계산서 번호 ☑ 입력여부 선택

책번호	권 호	일련번호	
관리번호		기발행세금계산서 전자문서번호	

공급자 [찾기]

상호 *	(주)신가람	주소	대한민국 경기도 군포시 광정동 1088
사업자등록번호 *	1102933051		
대표자명 *	박석진		
종사업장코드			
업태	서비스	종목	유통

공급담당자

담당부서명		담당자명	이판매
담당자전화번호		담당자이메일	pmlee @ singaram.co.kr

공급받는자

상호 *	(주)대경물산 [찾기]	주소	대한민국 부산광역시 동구 수정동 757-1
사업자등록번호 *	1293833051		
대표자명	이민우		
종사업장코드			
업태	서비스	종목	유통

[Header 및 수발신식별자]

- 전자문서번호: 세금계산서의 고유한 전자문서번호로 시스템에서 자동으로 채번(替番)된다. [국세청 신고용 연계 항목]
- 전자문서기능: 작성한 전자문서를 최초로 전송할 경우에는 'ORIGINAL'을 기 전송한 전자문서를 수신자가 접수받지 못하여 재전송 할 경우에는 'DUPLICATE'을 선택

- 수신처: 세금계산서를 수신할 구매 거래처를 선택
- 세금계산서종류: 세금계산서의 종류를 선택 [국세청 신고용 연계 항목]
- 수정사유코드: 세금계산서종류에서 수정 세금계산서의 경우 수정사유코드를 선택 [국세청 신고용 연계 항목] (ex. 기재사항의 착오 정정, 세율의 잘못 적용, 공급가액의 변동, 계약의 해제, Local L/C의 사후개설 등)
- 당초승인번호: 세금계산서종류에서 수정 세금계산서의 경우 당초 승인번호를 입력

[세금계산서 번호]
- 책 번호: 세금계산서의 권 번호, 호 번호
- 일련번호: 세금계산서의 일련번호
- 관리번호: 세금계산서의 관리번호(국세청 신고용 연계 항목)
- 기발행 세금계산서 전자문서번호: 적색 세금계산서(마이너스 세금계산서)인 경우에 기 발행한 세금계산서의 전자문서번호

[공급자: 물품의 공급자(국세청 신고용 연계 항목)]
- 상호: 공급자의 상호를 입력한다.
- 사업자 등록번호: 공급자의 사업자 등록번호
- 대표자명: 공급자의 대표자명
- 종사업장 코드: 공급자의 종사업장 코드
- 주소: 공급자의 주소
- 업태: 공급자의 업태
- 종목: 공급자의 종목

[공급담당자: 공급자의 담당자 정보(국세청 신고용 연계 항목)]
- 담당자부서명: 담당자의 부서명
- 담당자전화번호: 담당자의 전화번호
- 담당자이메일: 담당자에 이메일 통지하기 위한 이메일 정보

[공급받는 자: 공급받는 자의 업체 정보(국세청 신고용 연계 항목)]
- 상호: 공급받는 자의 상호
- 사업자 등록번호: 공급받는 자의 사업자 등록번호
- 대표자명: 공급받는 자의 대표자명
- 종사업장 코드: 공급받는 자의 종사업장 코드

  '종사업장 번호'에는 부가가치세법상의 '사업자 단위 과세'를 적용받는 사업자의 종사업장

구분코드로 국세청에서 관리하는 '사업자단위승인서', '사업자단위변경승인통지서'상의 종사업장 일련번호 4자리를 기재하여야 한다(단, 2010년 1월 1일 이후 개업하는 사업자의 경우 사업자단위과세 적용을 받는 경우에는 사업자등록증 부표인 '사업자단위과세 적용 종사업장 명세서'상의 일련번호 4자리를 말함).

- 주소: 공급받는 자의 주소
- 업태: 공급받는 자의 업태
- 종목: 공급받는 자의 종목

[공급받는 자 담당자: 공급받는 자의 담당자 정보(국세청 신고용 연계 항목)]

- 담당자 부서명: 담당자의 부서명
- 담당자 성명: 공급받는 자의 담당자명
- 담당자 전화번호: 담당자의 전화번호
- 담당자 이메일: 담당자에 이메일 통지하기 위한 이메일 정보

[세금계산서 발행금액: 세금계산서의 발행금액 정보]

- 작성일: 세금계산서 작성일 기본값은 현재일
- 공란수: 세금계산서의 공란 수
- 공급가액: 공급가액, Line Item을 입력하면 자동계산 됨.
- 세액: 세액, Line Item을 입력하면 자동계산 됨. 기본값은 "0"
- 비고: 세금계산서에 표시해야 할 기타 내역

[세금계산서 총금액: Line Item에 등록된 품목들의 세금계산서 총 합산내역(국세청 신고용 연계 항목)]

- 총수량: 판매할 물품의 총수량으로 Line Item을 등록하면 자동계산
- 총세액: 판매할 물품의 총세액으로 Line Item을 등록하면 자동계산
- 총공급가액: 판매할 물품의 총금액과 총세액을 합한 총공급가액으로 Line item을 등록하면 자동계산
- 총금액: 판매할 물품의 총금액으로 Line Item을 등록하면 자동계산
- 총외화공급가액: 통화코드만 선택한다. Line Item을 등록하면 자동 계산
- 환율: 총외화 공급가액에 적용된 환율 Line Item입력시 자동으로 환율이 계산된다.

2) Line Item등록 [국세청 신고용 연계 항목]

세금계산서 확인 닫기

일련번호 *	1	공급일 *	2015-12-22
제품코드	SND-031CD 찾기		
품명	SOUND RECORDING		
규격	WXHXD :168*100*108(MM) WEIGHT : 1.3 (KG) VOLT : 12.4 V		
비고			
수량 *	20,000.00 BOX 찾기		
단가 *	JPY 4.00		
외화공급가액	JPY 80,000.00	환율	1,000.00
공급가액 *	KRW 80,000,000	세액	KRW 0

총수량	20,000.00
총공급가액	80,000,000.00
총세액	0.00
총외화공급가액	80,000.00

추가 수정 삭제

	번호	공급일	품명	수량		단가		외화공급가액		공급가액		세액		환율
☐	1	2015-12-22	SOUND RECORDING	20,000.00	BOX	JPY	4.00	JPY	80,000.00	80,000,000	KRW	0	KRW	1,000.00

- 번호: 일련번호 순서대로 Line Item이 입력된다.
- 공급일: 오른쪽 달력그림을 클릭하여 물품의 공급일
- 제품코드: 찾기 버튼을 눌러 제품코드를 선택하시면 품명, 규격이 자동으로 입력된다.
- 비고: 비고 사항
- 수량: 수량을 입력하고 찾기 버튼을 눌러 수량 코드를 선택한다.
- 단가: 제품의 단가
- 외화 공급가액: 수량과 단가를 입력하면 자동으로 계산되어 입력된다.
- 공급가액: 등록한 Line Item의 공급가액 합계가 자동으로 계산되어 입력된다.
- 세액: 등록한 Line Item의 세액합계가 자동으로 계산되어 입력된다.
- 환율: 환율

[영수/청구 구분: (국세청 신고용 연계 항목)]

- 영수: 물품대금을 이미 수령하였을 경우
- 청구: 물품대금을 청구하는 경우

3 업무 프로세스 흐름도

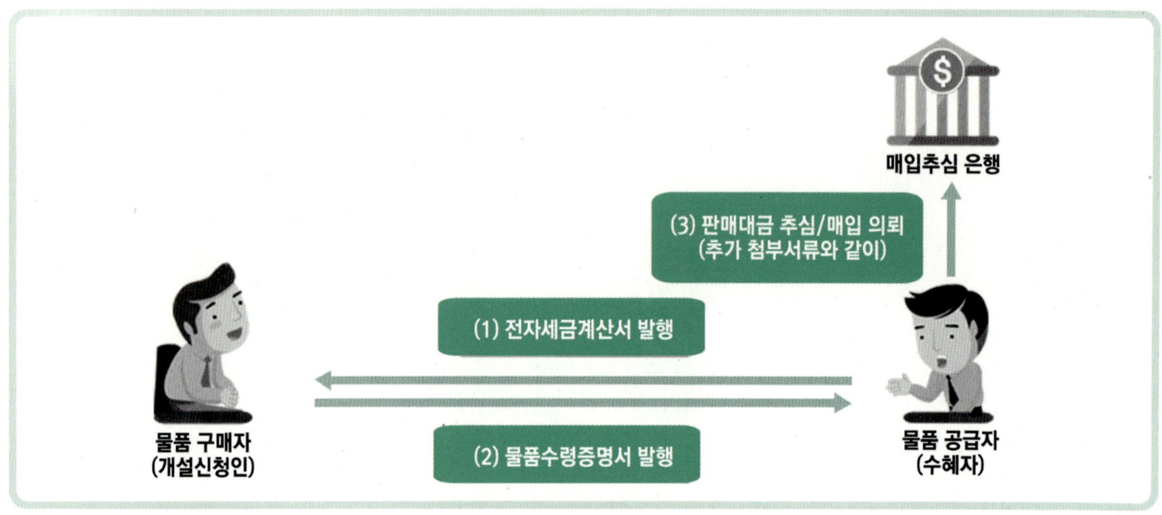

- 공급자는 구매자에게 전자세금계산서를 발행하며, 구매자는 공급자가 세금계산서를 발행한 일자로부터 10일 이내에 물품수령증명서를 공급자에게 발행한다.
- 공급자는 물품수령증명서 발급일로부터 서류제시기간(최장 5영업일) 이내에 매입(추심)은행에 판매대금의 매입(추심)을 의뢰해야 한다.
- 구매확인서나 Local L/C용 전자세금계산서를 발행할 경우에는 반드시 영세율 전자세금계산서를 발행하여야 한다. 또한 세금계산서의 구매자와 Local L/C의 개설의뢰인은 일치해야 한다.

4 전자문서 흐름도

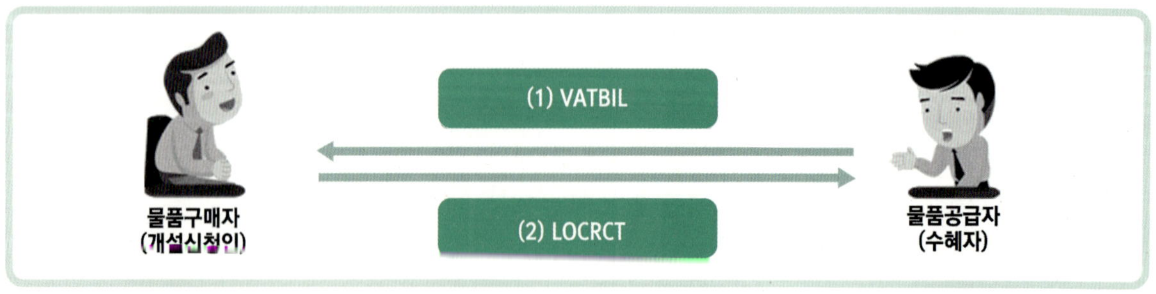

물품 공급을 완료한 후에 공급자는 구매자를 상대로 전자세금계산서(VATBIL)를 발행한다. 구매자는 세금계산서 발행일로부터 10일 이내에 반드시 물품수령증명서(LOCRCT)를 공급자에게 발급해야 한다. KTNET의 전자세금계산서를 이용하여 구매자에게 전자적으로 전송할 경우에는 판매대금 매입(추심)의뢰서 작성시 여러 첨부서류 중에 전자세금계산서를 클릭 한번으로 간편하게 첨부할 수 있다.

5 실습 지시문

국매물품 공급자인 "㈜ 신가람"은 구매자인 "㈜대경물산"에게 "SOUND RECORDING"을 공급하고 구매자가 발행한 구매확인서를 통지 받았다. 이를 근거로 공급자인 "㈜ 신가람"은 납품한 제품에 대한 세금계산서를 발행하려고 한다. 다음과 같이 실습을 해 보세요.

- 수신처: ㈜대경물산
- 세금계산서: 구매확인서를 근거로 발행
- 구매확인서 번호: APPPCR-20160222-0001
- 세금계산서의 종류: 영세율 세금계산서
- 공급자: ㈜신가람
- 공급담당자: 이판매 과장이고 이메일은 pmlee@singaram.co.kr
- 공급받은자: ㈜대경물산
- 공급받는자 담당자: 이수희 차장 / 이메일: HEELEE@DG.CO.KR
- 세금계산서 발행금액의 공급일: 2016-02-26 / 작성일: 2016-02-26 / 공급가액: 80,000,000원 / 세액: 0원
- 세금계산서 총금액의 총 수량: 20,000BOX / 총세액: 0원 / 총공급가액: 80,000,000원 / 총금액: 80,000,000원 / 총외화공급가액: JPY 8,000,000 / 공급한 날의 환율: @10/JPY
- Line Item의 구매수량: 20,000BOX / 단가: JPY 4.00/BOX / 외화공급가액: JPY 8,000,000 / 환율: @10/JPY / 공급가액: 80,000,000원 / 세액: 0원
- 세금계산서: 청구로 발행

6 샘플 및 출력서식

1) 전자세금계산서 수신내역

TRADEBILL

전자세금계산서 | 전자수납 | ACCOUNT | 공인 인증서 | eTradebill 소개 | 고객지원

· 미처리함 · 문서작성 · 보관함 · 대량서비스 · 합계표 · 환경설정

전자세금계산서

⊟ 미처리함
미처리함
⊞ 문서작성
⊞ 보관함
⊞ 대량서비스
⊞ 합계표
⊞ 환경설정

■ 미처리함 (세금계산서)

홈 > 전자세금계산서 > 미처리함 > 미처리함 (세금계산서)

세금계산서 | 계산서

미리보기 | 이메일재전송 | 응답재수신 | 국세청전송예약취소 | 검색

검색일자	작성일자 2015-11-23 - 2015-11-30	매출/매입	전체	거래처	
문서번호	발급번호	문서형태	전체	발행형태	전체
식별자	전체	전송방식	전체	과세/영세	전체
처리상태	전체	이메일	전체	영수/청구	전체

▪ 검색결과 : 총 2건 조회 : 20

▪ 정렬조건 : 작성일자 내림차순

일괄승인 | 국세청 일괄전송

매출 매입	문서 형태	작성일자	발급번호	거래처	B/L no. (Ⓜ MBL,Ⓗ HBL)	공급가액	과세 형태	영수 청구	처리상태
매출	일반	2015-11-25	12015112500451M	이스타항공(주)		50,000	과세	영수	거부
매출	일반	2015-11-24	12015112400490M	(주)삼강사		10,000	과세	영수	거부

2) 전자세금계산서 상세

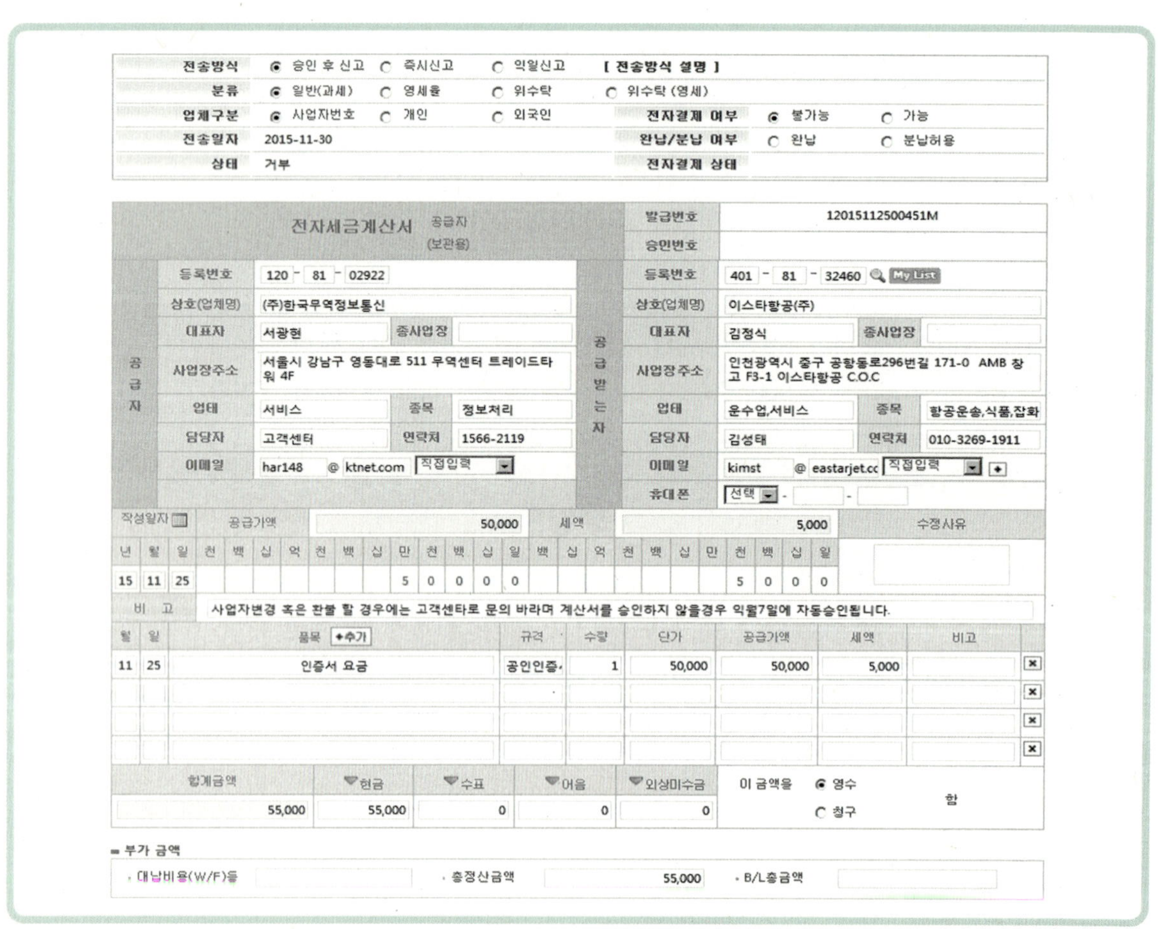

전송방식	◉ 승인 후 신고 ○ 즉시신고 ○ 익일신고	[전송방식 설명]		
분류	◉ 일반(과세) ○ 영세율 ○ 위수탁 ○ 위수탁 (영세)			
업체구분	◉ 사업자번호 ○ 개인 ○ 외국인	전자결제 여부	◉ 불가능	○ 가능
전송일자	2015-11-30	완납/분납 여부	○ 완납	○ 분납허용
상태	거부	전자결제 상태		

전자세금계산서 공급자 (보관용)

구분	항목	내용	항목	내용
	발급번호	12015112500451M		
	승인번호			
공급자	등록번호	120 - 81 - 02922		
공급자	상호(업체명)	(주)한국무역정보통신		
공급자	대표자	서광현	종사업장	
공급자	사업장주소	서울시 강남구 영동대로 511 무역센터 트레이드타워 4F		
공급자	업태	서비스	종목	정보처리
공급자	담당자	고객센터	연락처	1566-2119
공급자	이메일	har148 @ ktnet.com 직접입력		
공급받는자	등록번호	401 - 81 - 32460 My List		
공급받는자	상호(업체명)	이스타항공(주)		
공급받는자	대표자	김정식	종사업장	
공급받는자	사업장주소	인천광역시 중구 공항동로296번길 171-0 AMB 창고 F3-1 이스타항공 C.O.C		
공급받는자	업태	운수업,서비스	종목	항공운송,식품,잡화
공급받는자	담당자	김성태	연락처	010-3269-1911
공급받는자	이메일	kimst @ eastarjet.cc 직접입력		
공급받는자	휴대폰	선택 - -		

작성일자	공급가액	세액	수정사유
15 11 25	50,000	5,000	

년	월	일	천	백	십	억	천	백	십	만	천	백	십	일	백	십	억	천	백	십	만	천	백	십	일
15	11	25								5	0	0	0	0								5	0	0	0

비 고: 사업자변경 혹은 환불 할 경우에는 고객센터로 문의 바라며 계산서를 승인하지 않을경우 익월7일에 자동승인됩니다.

월	일	품목 +추가	규격	수량	단가	공급가액	세액	비고
11	25	인증서 요금	공인인증	1	50,000	50,000	5,000	

합계금액	현금	수표	어음	외상미수금	이 금액을 ◉ 영수 ○ 청구 함
55,000	55,000	0	0	0	

■ 부가 금액

· 대납비용(W/F)등 · 총정산금액 55,000 · B/L총금액

제5절 물품수령증명서 발급

1 사전지식

- 물품수령증명서는 물품을 공급받은 구매자(개설의뢰인)가 공급자(수혜자)에게 발급하며, 수혜자의 매입(추심)의뢰시 매입(추심)은행에 제출하는 필수서류이다.
- 판매대금 매입(추심) 절차가 전자화됨(2014.2.14)에 따라 구매자와 공급자는 전자문서 방식으로 물품수령증명서를 송수신해야 한다.

2 화면설명

1) 물품수령증명서 작성

Header 및 수발신식별자

전자문서번호 *	LOCRCT20150909000033	전자문서기능 *	◉원본(최초전송) ○사본(재전송) ○삭제 (사본(재전송) 및 삭제는 조회목록화면에서 전송이 가능합니다.)
수신처 * (공급자)	PUR0000004 [찾기] (주)신가람	관련문서불러오기	
		세금계산서	VATBIL20150414000001 [선택]
		내국신용장	LOCADV 20160414000003 [선택]
		물품매도확약서	[선택]

신청내역

발급번호 *	201502-1001 (발급번호 수정시 중복되지 않는 번호를 입력해주세요)	발급일 *	2016-02-23
공급자 * [찾기]		인수일 *	2016-02-23
. 상호 . 사업자등록번호	(주)신가람 1102933051	문서유효기일	2016-02-28
인수금액 *		기타조건	
. 외화금액	일본 ▼ JPY [선택] 80,000.00		
. 매매기준율			
. 원화금액	KRW		

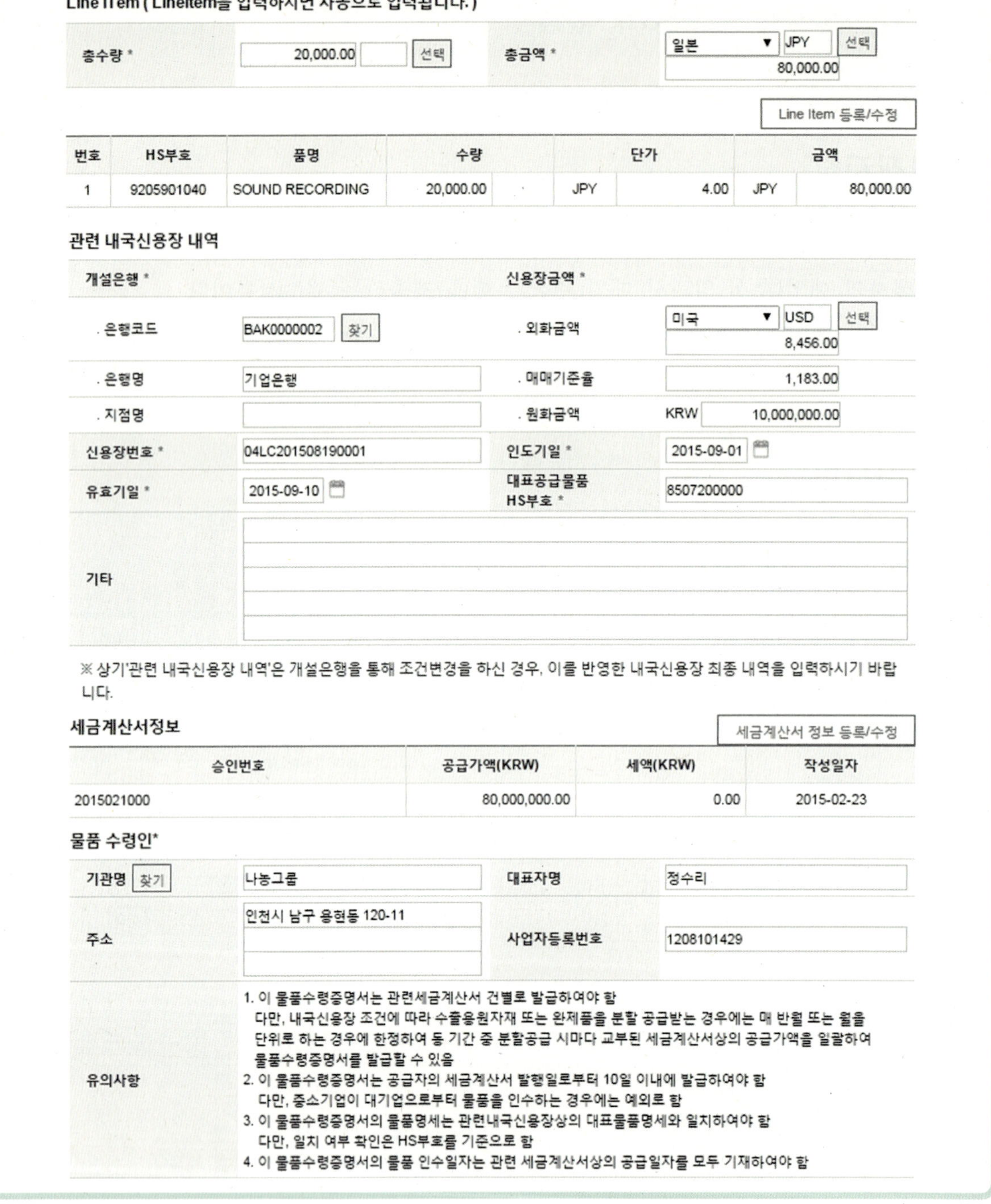

Line ITem (LineItem을 입력하시면 자동으로 입력됩니다.)

총수량 *	20,000.00 [선택]	총금액 *	일본 JPY [선택] 80,000.00

[Line Item 등록/수정]

번호	HS부호	품명	수량		단가		금액	
1	9205901040	SOUND RECORDING	20,000.00		JPY	4.00	JPY	80,000.00

관련 내국신용장 내역

개설은행 *		신용장금액 *	
. 은행코드	BAK0000002 [찾기]	. 외화금액	미국 USD [선택] 8,456.00
. 은행명	기업은행	. 매매기준율	1,183.00
. 지점명		. 원화금액	KRW 10,000,000.00
신용장번호 *	04LC201508190001	인도기일 *	2015-09-01
유효기일 *	2015-09-10	대표공급물품 HS부호 *	8507200000
기타			

※ 상기'관련 내국신용장 내역'은 개설은행을 통해 조건변경을 하신 경우, 이를 반영한 내국신용장 최종 내역을 입력하시기 바랍니다.

세금계산서정보 [세금계산서 정보 등록/수정]

승인번호	공급가액(KRW)	세액(KRW)	작성일자
2015021000	80,000,000.00	0.00	2015-02-23

물품 수령인*

기관명 [찾기]	나농그룹	대표자명	정수리
주소	인천시 남구 용현동 120-11	사업자등록번호	1208101429

유의사항

1. 이 물품수령증명서는 관련세금계산서 건별로 발급하여야 함
   다만, 내국신용장 조건에 따라 수출용원자재 또는 완제품을 분할 공급받는 경우에는 매 반월 또는 월을 단위로 하는 경우에 한정하여 동 기간 중 분할공급 시마다 교부된 세금계산서상의 공급가액을 일괄하여 물품수령증명서를 발급할 수 있음
2. 이 물품수령증명서는 공급자의 세금계산서 발행일로부터 10일 이내에 발급하여야 함
   다만, 중소기업이 대기업으로부터 물품을 인수하는 경우에는 예외로 함
3. 이 물품수령증명서의 물품명세는 관련내국신용장상의 대표물품명세와 일치하여야 함
   다만, 일치 여부 확인은 HS부호를 기준으로 함
4. 이 물품수령증명서의 물품 인수일자는 관련 세금계산서상의 공급일자를 모두 기재하여야 함

[Header 및 수발신식별자]

- 전자문서번호: 송신시 자동채번되는 전자문서번호
- 전자문서 기능: 최초전송일 경우 "원본"을, 재전송일 경우 "사본"을 삭제일 경우 "삭제"를 선택

- 수신처(공급자): 물품수령증명서를 수신 받을 수신처
  - 관련문서 불러오기: 세금계산서, Local L/C, 물품매도확약서 중 택일하고 선택버튼을 눌러 해당 문서를 조회 및 선택

[신청내역]

- 발급번호: 물품수령증명서 발급번호[자동채번(替番)]
- 발급일: 인수증 발급일, 기본값은 현재일
- 공급자: 물품수령증명서를 수신 받을 수신처
  - 상호: 물품공급자의 상호
  - 사업자등록번호: 물품공급자의 사업자등록번호
- 인수일: (매우중요)물품의 인수일을 선택하는 난으로 공급자가 발행한 세금계산서의 발행일이며 기본값은 현재일
- 문서유효기일: 물품수령증명서의 유효기일(잘 사용되지 않고 있으며 큰 의미는 없음)
- 인수금액
  - 외화금액: 통화 코드를 선택하고 물품 인수금액을 입력
  - 매매기준율: 공급자가 발행한 세금계산서 발행일의 매매기준율
  - 원화금액: 매매기준율을 입력하면 자동으로 계산된다.
- 기타조건: 필요한 기타사항

[Line Item]

- 총수량: 상품의 총수량
- 총금액: 통화코드만 선택한다. Line Item을 등록하면 자동으로 입력된다.

[관련 내국신용장 내역]

- 개설은행: Local L/C 개설은행 정보
  - 은행코드: 개설은행의 은행코드
  - 은행명: 은행코드 미 사용시 개설은행명을 입력
  - 지점명: 은행코드 미 사용시 개설은행의 지점명
- 신용장금액: Local L/C의 금액
- 신용장번호: Local L/C 번호
- 인도기일: L/C의 인도기일
- 유효기일: L/C 유효기일
- 대표공급물품 HS부호: L/C의 대표 공급물품의 HS부호
- 기타: 기타 참조사항을 입력

[물품수령인]

- 기관명: 물품수령 기관명
- 대표자명: 물품수령 대표자명
- 주소: 물품수령 주소
- 사업자등록번호: 사업자등록번호
- 유의사항: 유의사항

2) Line Item 등록

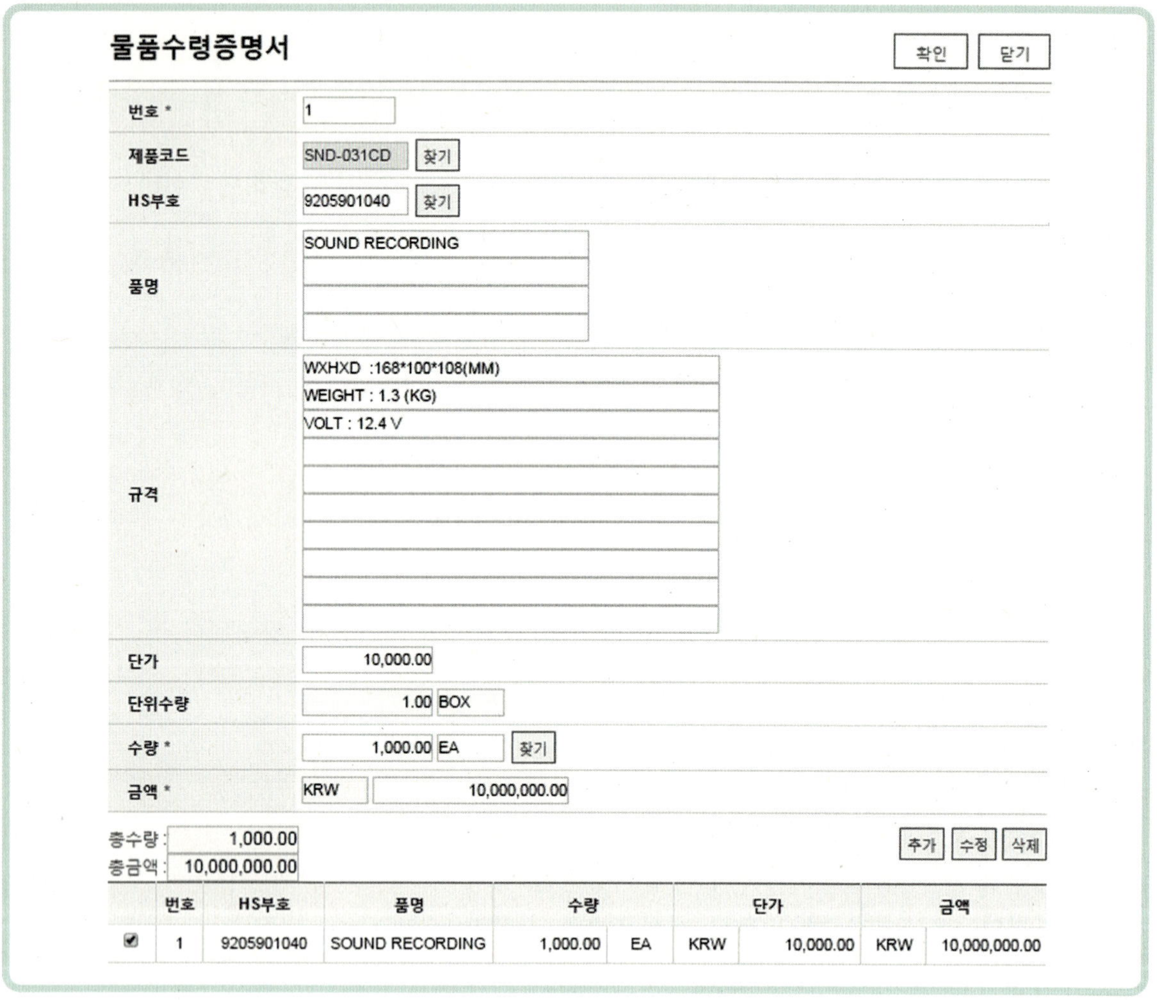

물품수령증명서 확인 닫기

번호 *	1
제품코드	SND-031CD 찾기
HS부호	9205901040 찾기
품명	SOUND RECORDING
규격	WXHXD :168*100*108(MM) WEIGHT : 1.3 (KG) VOLT : 12.4 V
단가	10,000.00
단위수량	1.00 BOX
수량 *	1,000.00 EA 찾기
금액 *	KRW 10,000,000.00

총수량 : 1,000.00
총금액 : 10,000,000.00

추가 수정 삭제

	번호	HS부호	품명	수량		단가		금액	
☑	1	9205901040	SOUND RECORDING	1,000.00	EA	KRW	10,000.00	KRW	10,000,000.00

- 제품코드: 찾기를 클릭하여 제품코드 검색
- HS부호: 찾기를 클릭하여 HS부호 검색
- 품명: 품명을 입력
- 규격: 해당규격

- 단가: 물품단가
- 단위수량: 단위수량

3) 세금계산서

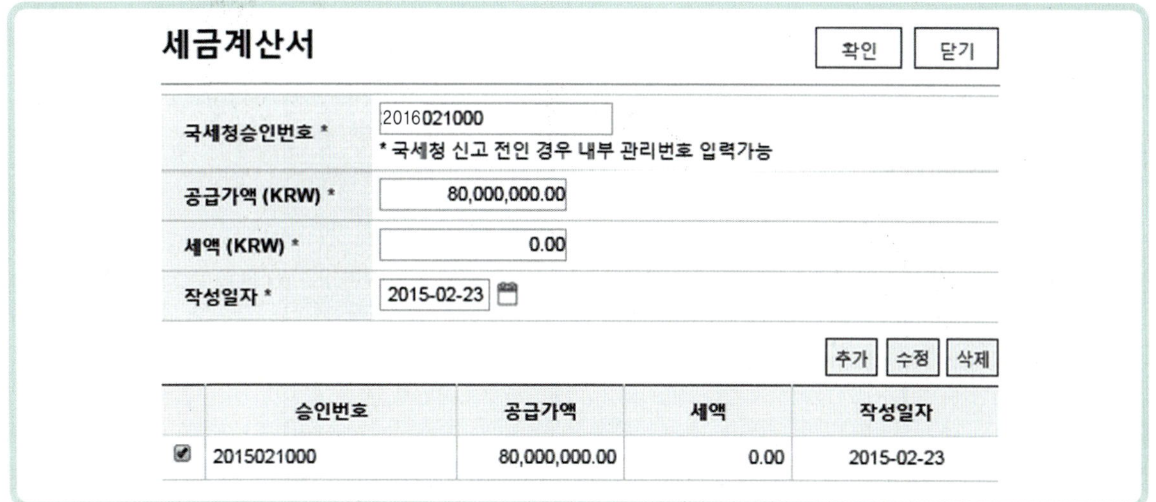

세금계산서 [확인] [닫기]

국세청승인번호 *	2016021000 * 국세청 신고 전인 경우 내부 관리번호 입력가능
공급가액 (KRW) *	80,000,000.00
세액 (KRW) *	0.00
작성일자 *	2015-02-23

[추가] [수정] [삭제]

	승인번호	공급가액	세액	작성일자
☑	2015021000	80,000,000.00	0.00	2015-02-23

- 국세청승인번호: 국세청에 전송된 전자세금계산서의 승인번호
- 공급가액(KRW): 공급가액
- 세액: 세액을 입력. Line Itemocal L/C용 세금계산서의 경우 영세율임
- 작성일자: 세금계산서 작성일자

3 업무 프로세스 흐름도

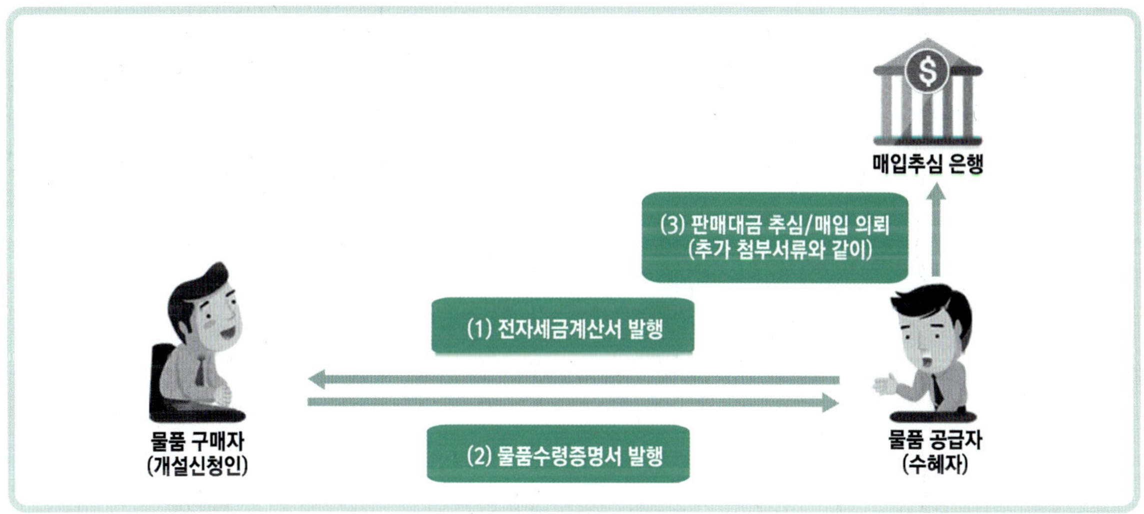

- 물품을 공급받은 구매자(개설의뢰인)가 공급자(수혜자)에게 발급한다.
- 구매자는 수혜자의 매입(추심)의뢰 이전에 물품수령증명서를 전자무역기반시설(KTNET)을 통해 사전에 전자적으로 전달해야 하며, 그렇지 않을 경우 매입(추심)의뢰 진행이 불가하다.
- 이때, 구매자는 공급자의 세금계산서 발행일로 부터 10일 이내 물품수령증명서를 발급해야 한다.

※ 물품인수일자와 세금계산서상의 공급일자는 일치해야 함(물품수령증명서 발급일은 직접 입력가능)

※ 물품수령증명서는 세금계산서 건별로 발급함을 원칙으로 함(단, 분할공급 조건인 경우에는 분할 발행한 세금계산서를 일괄하여 물품수령증명서 발급가능)

※ 수혜자는 물품수령증명서 발급일로부터 서류제시기간(최장 5영업일) 이내에 매입(추심) 의뢰해야 함(☞ 한국은행 금융중개지원대출관련 무역금융지원프로그램 운용세칙 제14조)

4 전자문서 흐름도

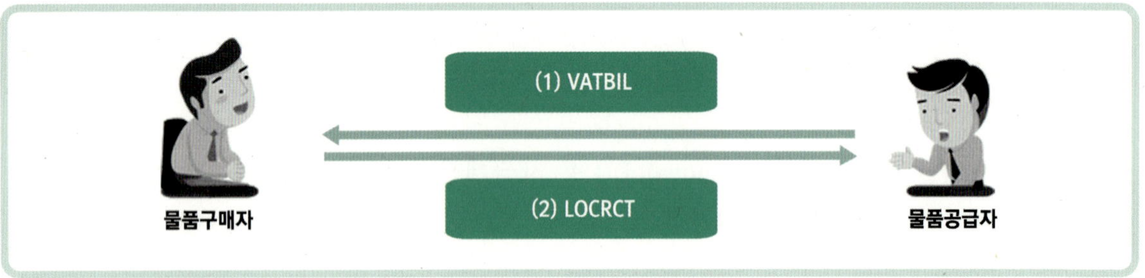

- 구매자·공급자 각각 거래 상대방의 약정사항을 시스템에 등록한다.
- 공급자는 물품을 납품한 후 전자세금계산서(VATBIL)를 발행한다.
- 구매자(개설의뢰인)는 물품인수 후 물품수령증명서(LOCRCT)을 작성하여 공급자(수혜자)에게 전송한다.

5 실습 지시문

구매자인 "㈜대경물산"은 국내공급자인 "㈜신가람"이 공급한 제품 "SOUND RECORDING"에 대한 물품수령증명서를 발행하려고 한다. 아래 조건에 맞게 작성해 보세요.

- 전자문서기능: 원본(최초전송)
- 수신처: ㈜신가람
- 세금계산서: 작성된 세금계산서 정보를 팝업으로 선택
- 내국신용장: 개설된 내국신용장 정보를 팝업으로 선택
- 발급번호: 201602-1001
- 발급일: 2016-02-26
- 공급자: ㈜신가람 / 사업자등록번호: 1102933051
- 인수일: 2016-02-26
- 문서유효일: 2016-02-28
- 인수금액: 외화(JPY) 8,000,000이다.
- Line Item 정보는 제품코드: SND-031CD
  - HS Code: 9205901040
  - 품명: SOUND RECORDING
  - 수량: 2,000 BOX
  - 단가: JPY 4,000
  - 금액: JPY 8,000,000

(신용장 정보)

- 은행: 기업은행 서초지점
- 개설금액: 외화금액 / 통화코드: JPY / 금액: 80,000
- 신용장번호: LLC-20160210-0001
- 인도기일: 2016-02-26
- 유효기일: 2016-03-31
- 대표공급 HS코드: 9205901040

(세금계산서정보)

- 국세청승인번호: 201602-100001
- 공급가액: 80,000,000원
- 세액: 0
- 작성일자: 2016-02-23

(물품수령인)

- 기관명: ㈜대경물산

6 샘플 및 출력서식

1) 내국신용장 물품수령증명서 출력본

내국신용장 물품수령증명서

전자문서 번호 : LOCRCT2016042900****** 통지일자 : 2016-05-06
발급번호 : UTHLOCRCT201***** 인수일자 : 2016-04-29
발급일자 : 2016-05-06 인수금액 : [외화금액] USD 22,400
공급자 : [외화금액]

----------〈인수물품 내역〉----------

대표공급물품의 HS부호 : 3817000000

물품/규격	수량	단가	금액
TAB	14MT	USD 1,600	USD 22,400
TOTAL	14MT		USD 22,400

----------〈관련 내국신용장 내역〉----------

개설은행 : ****은행 인도기일 : 2015-05-15
개설은행 전자서명 : 유효기일 : 2015-05-15
신용장 번호 : L04801**** 기타 : 2014.2.14부터 내국신용장 매입추심 전면전자화 시행, 전자문서(판매대금추심의뢰서)로 매입추심 해야하며 그 외의 경우 개설인의 무역금융 이용불가.
개설수수료 = 10000
* 요율: 0.4: 0.4%×일수
: 17×환율 : 1074.5000

신용장 금액 : [외화금액] USD 22,400
[원화금액]

----------〈물 품 수 령 인〉----------

기관명 :
대표자명 :
전자서명 :

----------〈세금계산서 내역〉----------

승인번호 : 201604294 작성일 : 2016-04-29
공급가액 : 23,988,160 세 액-: 0

----------〈세칙 16조 제②항 동의사항〉----------

기타조건 :

* 동 내용은 나머지 관계당사자(수혜자 및 개설은행) 전원 동의시에만 유효함

* 유의사항
1. 이 물품수령증명서는 관련세금계산서 건별로 발급하여야 함. 다만, 내국신용장 조건에 따라 수출용원자재 또는 완제품을 분할 공급받는 경우에는 매반월 또는 동일 역월을 단위로 하는 경우에 한하여 동 기간중 분할공급시마다 교부된 세금계산서상의 공급가액을 일괄하여 물품수령 증명서를 발급할 수 있음.
2. 이 물품수령증명서는 공급자의 세금계산서 발행일로부터 10일 이내에 발급하여야 함. 다만 중소기업이 대기업으로부터 물품을 인수하는 경우에는 예외로 함
3. 이 물품수령증명서의 물품명세는 관련내국신용장상의 대표물품명세와 일치하여야함. 다만, 일치 여부 확인은 HS부호를 기준으로 함.
4. 이 물품수령증명서의 물품 인수일자는 관련세금계산서상의 공급일자를 모두 기재하여야 함.

이 전자문서는 「전자무역촉진에 관한 법률」에 의거 발행된 전자문서교환방식 물품수령증명서로서 이 문서를 전송받은 수혜자는 동 법률 시행 규정 제12조의 제3항 별표4에서 정한 바에 따라 물품수령증명서 여백에 정당발급문서임을 표시하는 적색 고무인을 날인하여야 한다.

제6절 판매대금 매입(추심)의뢰(Local L/C)

1 사전지식

- Local L/C의 공급자(수혜자)가 물품공급을 완료하고 물품수령증명서를 발급받은 경우 물품대금의 회수를 위해 거래은행[매입(추심)은행]에 매입(또는 추심)을 의뢰하는 절차이다.
- 매입(추심) 관련절차가 전면 전자화되어, 은행창구를 통한 오프라인 매입·추심은 불가하다.

2 화면설명

1) 판매대금 매입(추심)의뢰

Header 및 수발신식별자

문서번호	APPSPC20150910000062	전자문서기능 *	◉원본(최초전송) ○사본(재전송)
수신처 *	BAK0000003 [찾기] 외환은행	추심매입구분 *	◉추심신청 ○매입신청 (추심/매입 여부는 거래은행과 사전에 협의하고 진행하시기 바랍니다.)

추심(매입)신청내역

신청일	2015-09-10	매입은행(공급자 거래은행) [찾기]	
매입은행(공급자거래은행)외국환코드 *	한국외환은행(06) ▼	계좌번호	
		계좌주	
신청번호 *	APPSPC20150910000062	계좌통화	통화코드 ▼ [찾기]
		은행점 코드 *	BAK0000003
개설은행(구매자거래은행)외국환코드 *	기업은행(04) ▼	은행명	외환은행
		지점명	만안지점
신청인 [찾기]		구매자 [찾기]	
상호 *	(주)신가람	상호 *	(주)대경물산
대표자명 *	박서진	사업자등록번호 *	1293833051
사업자등록번호 *	1102033061	이메일주소	@
전자서명			
추심신청인주소	대한민국 경기도 군포시 광정동 1088		이메일 주소를 잘못 기재하여 제3자에게 메일전송시 그 책임은 판매대금추심(매입)의뢰인에게 있습니다. (문서복사시 이메일 정보를 다시 확인하시기 바랍니다.)
추심(매입)금액(외화)	일본 ▼ JPY [찾기] 80,000.00 "원화표시 외화부기내국신용장" 또는 "외화표시 내국신용장"인 경우 입력하세요.		
적용환율	"원화표시 외화부기 내국신용장"인 경우에만 입력하세요. 추심(매입)신청 당일 1회차 기준환율을 입력하세요.		
추심(매입)금액(원화)	KRW "원화표시 내국신용장" 또는 "원화표시 외화부기내국신용장"인 경우 입력하세요		
물품수령증명서첨부수 *	1	세금계산서첨부수 *	1

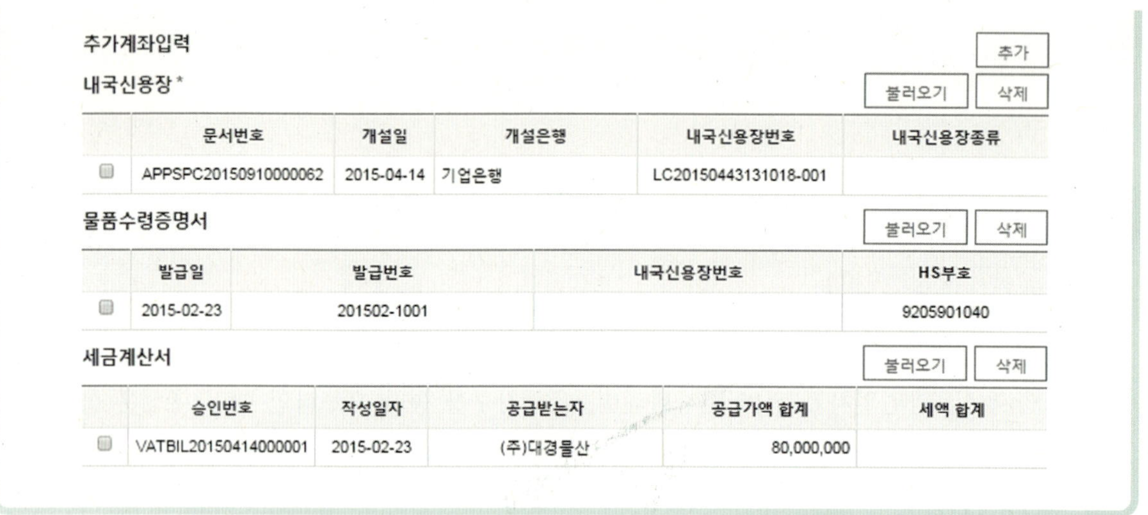

추가계좌입력

추가

내국신용장*

불러오기 삭제

	문서번호	개설일	개설은행	내국신용장번호	내국신용장종류
☐	APPSPC20150910000062	2015-04-14	기업은행	LC20150443131018-001	

물품수령증명서

불러오기 삭제

	발급일	발급번호	내국신용장번호	HS부호
☐	2015-02-23	201502-1001		9205901040

세금계산서

불러오기 삭제

	승인번호	작성일자	공급받는자	공급가액 합계	세액 합계
☐	VATBIL20150414000001	2015-02-23	(주)대경물산	80,000,000	

[Header 및 수발신식별자]

- 문서번호: 판매대금매입(추심)의 고유한 전자문서번호로 시스템에서 자동 채번(替番)
- 전자문서기능: 작성한 전자문서를 최초로 전송할 경우에는 "원본"을 기 전송한 전자문서를 수신자가 접수받지 못하여 재전송 할 경우에는 "사본"을 선택
- 수신처: 판매대금매입(추심)을 신청할 수신처로서 주로 매입은행임
- 추심매입구분: "매입신청" 또는 "추심신청"을 선택

[매입(추심)신청내역]

- 신청일: 매입(추심)신청일
- 매입(추심)은행 외국환 코드: 매입(추심)은행의 외국환 코드
- 신청번호: 판매대금매입(추심)신청서의 고유한 신청번호로서 자동채번(替番)됨
- 개설은행(구매자 거래은행)외국환코드: L/C 개설은행의 외국환 코드
- 매입은행(공급자 거래은행): 매입(추심)은행 정보
  - 계좌번호: 매입(추심)은행 수혜자의 계좌번호
  - 계좌주: 매입(추심)은행 수혜자의 계좌주
  - 계좌통화: 매입(추심)은행 수혜자의 계좌의 통화코드
  - 은행점코드: 매입(추심)은행점 코드
  - 은행명: 매입(추심)은행명
  - 지점명: 매입(추심)은행의 지점명
- 신청인: 매입(추심) 신청인의 정보
  - 상호: 신청인의 상호
  - 대표자명: 신청인의 대표자

- 사업자등록번호: 신청인의 사업자등록번호
- 전자서명: 전자서명

■ 구매자: 구매자의 정보
- 상호: 구매자의 상호
- 사업자등록번호: 구매자의 사업자등록번호
- 이메일주소: 구매자의 이메일주소

■ 매입(추심)신청인주소: 매입(추심)신청인주소

■ 매입(추심)금액(외화): 통화코드를 선택하고 매입(추심)금액

■ 적용환율: 원화표시 외화부기 Local L/C인 경우에 적용환율

■ 매입(추심)금액(원화): 원화 매입(추심)금액

■ 물품수령증명서첨부수: 물품수령증명서첨부수

■ 세금계산서첨부수: 세금계산서첨부수

■ 내국신용장: 불러오기 버튼을 클릭하여 Local L/C 불러오기 화면에서 기본조회 또는 사업자등록번호 기준조회를 통해 조회한 후 관련 Local L/C를 불러온다.

■ 물품수령증명서: 불러오기 버튼을 클릭하여 물품수령증명서 불러오기 화면에서 기본조회 또는 사업자등록번호 기준조회를 통해 조회한 후 관련 물품수령증명서를 선택한다.

■ 세금계산서: 직접입력 또는 불러오기 버튼을 클릭하여 관련 세금계산서를 선택한다.

3 업무 프로세스 흐름도

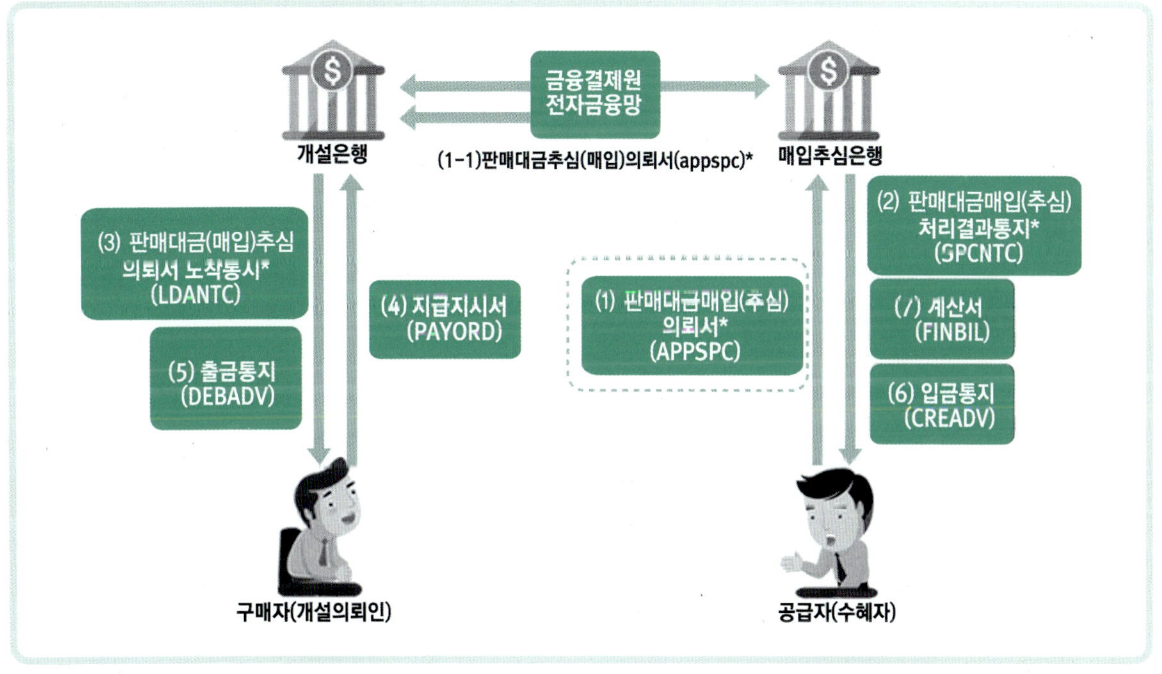

- 구매자는 거래은행에 '판매대금매입(추심)의뢰서'를 작성/전송하여 대금결제를 의뢰한다.
- 매입(추심)은행은 매입(추심)의뢰서를 심사하여 결과를 공급자에 통지하고, 동시에 구매자에 매입(추심)의뢰 도착통지를 전송한다.
- 구매자는 개설은행에 판매대금 지급지시서를 전송하고 그 결과로서 출금통지를 수령하고, 매입은행은 공급자 계좌로 결제대금 입금처리하고 입금통지와 계산서를 발급한다.

4 전자문서 흐름도

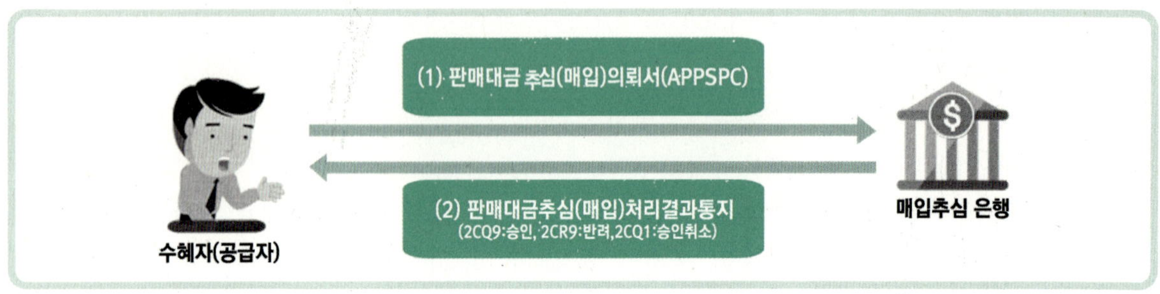

- 수혜자는 매입(추심)은행에 '판매대금매입(추심)의뢰서(APPSPC)'를 작성하여 전송한다. (2BJ: 매입, 2BK: 추심)
  ※ 판매대금매입(추심)의뢰서(APPSPC) 작성시 Local L/C, 물품수령증명서, 세금계산서를 첨부해야 하므로, 사전에 Local L/C와 물품수령증명서를 전자적으로 수신받아야 함(세금계산서는 직접입력 가능)
  ※ 전자무역 기반시설은 수혜자가 외국환은행에 전송하는 판매대금매입(추심)의뢰서(APPSPC)와 물품수령증명서(LOCRCT)상의 주요 정보를 상호 비교하여 일치하는 경우에 한해 외국환은행에 전송함(검증 불일치하는 경우 수혜자에게 오류통보 자동전송)
  ※ 매입(추심)의뢰시 첨부한 물품수령증명서는 다른 매입(추심)건으로 중복 사용 불가(매입추심은행의 매입(추심)의뢰 오류통보 또는 승인취소 후에는 재사용 가능)

2) 매입추심 결과 통지

- 매입(추심) 정상 승인의 경우: 매입(추심)은행은 매입(추심) 승인시 판매대금매입(추심)응답서(SPCNTC)의 정상통보(2CQ, 기능코드 9)를 수혜자에게 통지한다.
- 수혜자의 매입(추심)의뢰에 대한 오류통보의 경우: 은행은 판매대금매입(추심)응답서(SPCNTC)의 오류통보(2CR, 기능코드 9)를 통해 수혜자에게 전송한다.

5 실습 지시문

공급자인 "㈜신가람"은 구매자인 "㈜대경물산"에게 납품한 "SOUND RECORDING"에 대한 대금결제를 위해 발행된 세금계산서, 통지받은 물품수령증명서를 토대로 판매대금추심(매입)의뢰서를 작성하려고 한다. 다음 조건에 맞게 실습을 해 보세요.

(판매대금추심의뢰)

- 수신처: 외환은행 만안지점
- 추심매입구분: 추심신청
- 매입은행(공급자거래은행)외국환코드: 한국외환은행(06)
- 매입은행(공급자거래은행): 외환은행 만안지점
- 계좌번호: 12345678901234 / 계좌주: 박석진
- 계좌통화: 한국 KRW이다.
- 신청번호: 201602-000001
- 개설은행(구매자거래은행)외국환코드: 기업은행(04)
- 신청인: "㈜신가람"
- 구매자: "㈜대경물산"
- 추심(매입)금액(외화): JPY8,000,000이다.
- 물품수령증명서첨부수: 1이다.
- 세금계산서첨부수: 1이다.
- 내국신용장, 물품수령증명서, 세금계산서 정보를 팝업에서 선택한다.

6 샘플 및 출력서식

1) 판매대금 매입(추심)의뢰 응답

Header 및 수발신식별자

전자문서번호	SPCNTC20150910000046	전자문서기능	원본(최초전송)
전자문서번호	정상 추심(매입)통보		

추심(매입)신청내역

통지일	2016-09-10	매입일	2016-09-10
신청번호	APPSPC 20160910000062		
내국신용장번호	LC 20160443131018-001		
매입번호	FNC 20160910165314-001		
추심은행		신청인	
은행점 코드	BAK0000003	상호	(주)신가람
은행명	외환은행	대표자명	박석진
지점명	만안지점	사업자등록번호	1102933051
전자서명	9876543210		
추심(매입)금액(외화)	JPY 80,000.00		
추심(매입)금액(원화)	KRW		
최종지급액(수입)			
수수료(이자)합계	KRW 4,500		
통보내용			

수수료(이자)정보

계산서번호	FIN-100000005	계산서유형	추심수수료
대상금액	KRW	산출금액	KRW 1,500
적용요율		적용환율	
적용기간	2016-02-22 ~ 2016-02-28	적용일수	7
계산서번호	FIN-100000006	계산서유형	interest 환율
대상금액	KRW	산출금액	KRW 1,500
계산서번호	FIN-100000007	계산서유형	우편료
대상금액	KRW	산출금액	KRW 1,500
적용요율		적용환율	
적용기간	2015-02-22 ~ 2016-02-28	적용일수	7

제7절 매입의뢰 도착통지 및 대금지급

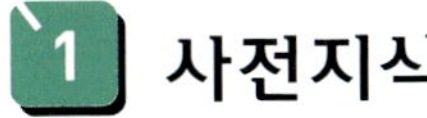

1 사전지식

1) 매입의뢰 도착통지

매입의뢰 도착통지란 수출업체(구매자)가 국내물품을 Local L/C방식으로 조달하였을 경우, Local L/C를 개설한 구매자 주거래 은행이 공급업체의 대금지급 신청내용을 받아서 구매자에게 대금지급 요청내용을 통지하는 것이다.

- 판매대금매입(추심)의뢰서: 공급자 주거래은행에 공급자가 무역대금을 받기 위해서 주거래은행에 판매대금매입(추심)의뢰시에 사용
- 판매대금매입(추심)도착통지: Local L/C를 개설한 은행에서 판매대금추심 서류를 매입(추심)은행으로부터 받고 그 도착사실을 구매자(개설의뢰인)에게 통지시에 사용

2) 대금지급

주거래 은행으로부터 매입의뢰 도착통지를 받은 구매업체는 통지내용을 확인하고 이상이 없는 경우 지급지시 신청을 이용 주거래은행에 물품대금지급을 요청한다. 구매업체 주거래은행은 지급지시 신청을 근거로 공급자 주거래은행인 매입(추심)의뢰은행에게 대금결제를 한다.

- 지급지시서: 구매업체가 공급업체에게 판매대금 결제를 위해 개설은행에 대금지급을 요청시 사용
- 입금통지: 공급자 주거래은행인 매입(추심)은행이 무역대금을 Local L/C 개설은행으로부터 받고 그 내역을 공급자에게 통지시 사용
- 계산서: 공급자 주거래은행인 매입(추심)은행이 무역대금 처리에 소요된 각종 수수료 내역을 통지시 사용
- 출금통지: 지급지시를 받은 개설은행에서 지급의뢰인에게 대금지급 결과를 통지 사용

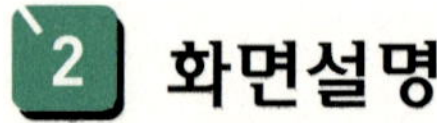

화면설명

1) 지급지시 신청

전자문서번호 *	PAYORD20150504000001	전자문서기능 *	원본(ORIGINAL) ▼
수신처	BAK0000001 [찾기] 기업은행	물품수령증명서	[선택]
일반정보			
지급지시신청용도	무역금융결제(SIGHT L/C ▼	신청일 *	2015-02-24
납부 수수료 유형	[찾기] (지급지시신청용도가 외국환수수료납부일 경우에만 사용가능)		
기타 번호	사후송금방식, 중계무역방식 수입대금 결제시 지급확인(변경)신청서의 전자문서번호 입력 관세환급금지급의뢰시 세관에서 부여하는 한국은행이체번호 입력.		
지급의뢰인 * [찾기]			
상호	(주)대경물산	주소	대한민국 부산광역시 동구 수정동 757-1
성명(상호)	이민우		
지급의뢰인 전화번호	051-337-8812	비밀번호	DEL0905815 *17자리 이내의 비밀번호 사용
		비밀번호확인	DEL0905815
수익자 *			
상호명	(주)신가람 [찾기]	주소	대한민국 경기도 군포시 광정동 1088
성명(상호)	박석진		
전화번호	031-290-5690	국가코드	[찾기]
지급의뢰은행 * [찾기]			
은행코드	BAK0000001	외화지급계좌주	
은행명	기업은행	외화지급계좌번호	주)'-'없이 입력
지점명	서초지점	통화코드	일본 ▼ JPY [찾기]
관리기관		원화지급계좌주	이민우
국가코드	KR [찾기]	원화지급계좌번호	123456789012908 주)'-' 없이 입력

[Header 및 수발신식별자]

- 전자문서번호: 지급지시신청의 고유한 전자문서번호로 시스템에서 자동으로 채번(替番)
- 전자문서기능: 작성한 전자문서를 최초로 전송할 경우에는 “Original”을 기 전송한 전자문서를 수신자가 접수받지 못하여 재전송할 경우에는 “Duplicate”를 선택

- 수신처: 지급지시를 신청할 수신처. 주로 구매자의 거래은행임
- 물품수령증명서: 대금 지급과 관련있는 물품수령증명서 No.

[일반정보]

- 지급지시신청용도: Local L/C 거래이므로 무역금융결제(Local L/C), 자기자금결제(Local L/C) 중에서 선택
- 신청일: 지급지시 신청일자이며 기본값은 현재일
- 납부수수료유형: 납부 수수료 유형을 입력하는 난이다. 단, 지급지시신청 용도에서 "외국환수수료납부"를 선택하신 경우에만 해당(Local L/C 매입(추심) 지급지시서이므로 입력 안함)
- 기타번호: 송금방식의 수입대금 결제시 은행에서 특정 지급지시서와 지급확인신청서의 연관성을 확인하기 위해 본건과 관련된 지급확인번호를 입력(입력 안함)
- 지급의뢰인: 지급지시 의뢰인이며 로그인한 업체 정보·국내이체 혹은 국외이체 외화이체일 경우에는 모두 영문으로 입력한다.
  - 상호: 지급의뢰인의 상호
  - 성명: 지급의뢰인의 대표자명
  - 전화번호: 지급의뢰인의 전화번호
  - 주소: 지급의뢰인의 주소
  - 비밀번호: 은행에 거래약정시 지정한 17자리 이내의 이체 비밀번호
  - 비밀번호확인: 위에 입력한 비밀번호를 다시 한 번 입력
- 수익자: 수익자(물품공급자)
  - 상호명: 수익자의 상호
  - 성명: 수익자의 대표자명
  - 전화번호: 수익자의 전화번호
  - 주소: 수익자의 주소
  - 국가코드: 수익자의 국가코드
- 지급의뢰은행: 지급의뢰은행
  - 은행코드: 지급의뢰은행의 은행코드
  - 은행명: 지급의뢰 은행명
  - 지점명: 지급의뢰은행의 지점명
  - 관리기관: 지급의뢰은행의 관리기관
  - 국가코드: 지급의뢰은행의
  - 외화지급계좌주: 외화를 외화계좌에서 송금할 경우 외화계좌 계좌주
  - 외화지급계좌번호: 외화를 외화계좌에서 송금할 경우 외화계좌번호
  - 통화코드(외화원금): 외화를 외화계좌에서 송금할 경우 외화통화코드

• 원화지급계좌주: 원화를 송금하거나 외화를 원화계좌에서 송금할 경우 원화계좌의 계좌주
• 원화지급계좌번호: 원화를 송금하거나 외화를 원화계좌에서 송금할 경우 원화계좌번호

수익자은행 찾기

은행코드	BAK0000003	계좌주	박석진
은행명	외환은행	계좌번호	123456789012
		통화코드	일본 ▼ JPY 찾기
지점명	만안지점	국가코드	KR 찾기
관리기관			

중간경유은행 찾기

은행코드		계좌주	박석진
은행명		계좌번호	123456789012
		통화코드	통화코드 ▼ 찾기
지점명		국가코드	찾기
관리기관			

신청내용

송금방법	전신송금 ▼	이체희망일	2015-02-27
원금지급금액 *	일본 ▼ JPY 찾기 80,000.00		
외화계좌지급금액	통화코드 ▼ 찾기		
부가수수료부담자	지급의뢰인(국내외분 모두) ▼		
송금 내역			
거래형태구분코드 *	무역대금 지급 ▼ 통관 ▼ 사전송금 ▼ 수입대금 지급 ▼ P11		
수입예정일	2015-03-05	HS코드	9205901040 찾기
기타정보			

입금관련서류정보 등록/수정

서류코드	서류번호	부가서류번호	발행일
내국신용장통지서			2015-02-22

■ 수익자은행: 수익자 은행 정보. 만약 위의 지급지시신 청용도에서 "자기자금결제"를 선택했다면 수익자 은행정보는 지급의뢰은행 정보와 동일하다.

- 은행코드: 수익자은행의 은행코드
- 은행명: 수익자은행명
- 지점명: 수익자은행의 지점명
- 관리기관: 수익자은행의 관리기관
- 계좌주: 수익자은행 계좌의 계좌주
- 계좌번호: 수익자은행 계좌의 계좌번호
- 통화코드: 수익자은행 계좌의 통화코드
- 국가코드: 수익자은행의 국가코드

■ 중간경유은행: 송금이 직접 이루어지지 않고 중간에 다른 은행을 경유한다면 중간경유은행의 정보(Local L/C의 경우 이런 경우가 없으므로 입력하지 않음)

- 은행코드: 중간경유은행의 은행코드
- 은행명: 중간경유은행명
- 지점명: 중간경유은행의 지점명
- 관리기관: 중간경유은행의 관리기관
- 계좌주: 중간경유은행 계좌의 계좌주
- 계좌번호: 중간경유은행 계좌의 계좌번호
- 통화코드: 중간경유은행 계좌의 통화코드
- 국가코드: 중간경유은행의 국가코드

[신청내용]

■ 송금방법: 송금방법을 선택(국내 거래인 경우는 입력하지 않는다)

■ 이체희망일: 자금을 결제하고자 하는 신청일을 선택, 기본값은 현재일

■ 원금지급금액: 결제할 원금지급금액·원금지급금액은 반드시 입력해야 한다. 원화표시 내국신용장의 경우 원화금액을 입력한다.

■ 외화계좌지급금액: 통화코드를 선택하고 원금지급 금액 중 외화계좌에서 지급될 금액

■ 부가수수료부담자: 부가수수료 부담자를 선택(Ex. 환가료 등)

■ 송금내역: 송금내역

■ 거래형태구분코드: 수출입 거래형태 코드 설명을 참조 거래형태구분코드

■ 수입예정일: 필요시 수입예정일 기입(Local L/C의 경우 해당사항 아님)

■ HS코드: HS코드

■ 기타정보: 기타사항을 입력. 양식 하단의 내용을 참소하여 기타정보(Local L/C의 경우 해당사항 없음)

[입금관련서류정보]

- 서류코드: 지급지시신청과 관련된 입금관련서류
- 서류번호: 입금관련서류의 번호
- 부가서류번호: 추가로 부가서류가 있으면 부가서류번호
- 발행일: 입금관련서류 발행일

3 업무 프로세스 흐름도

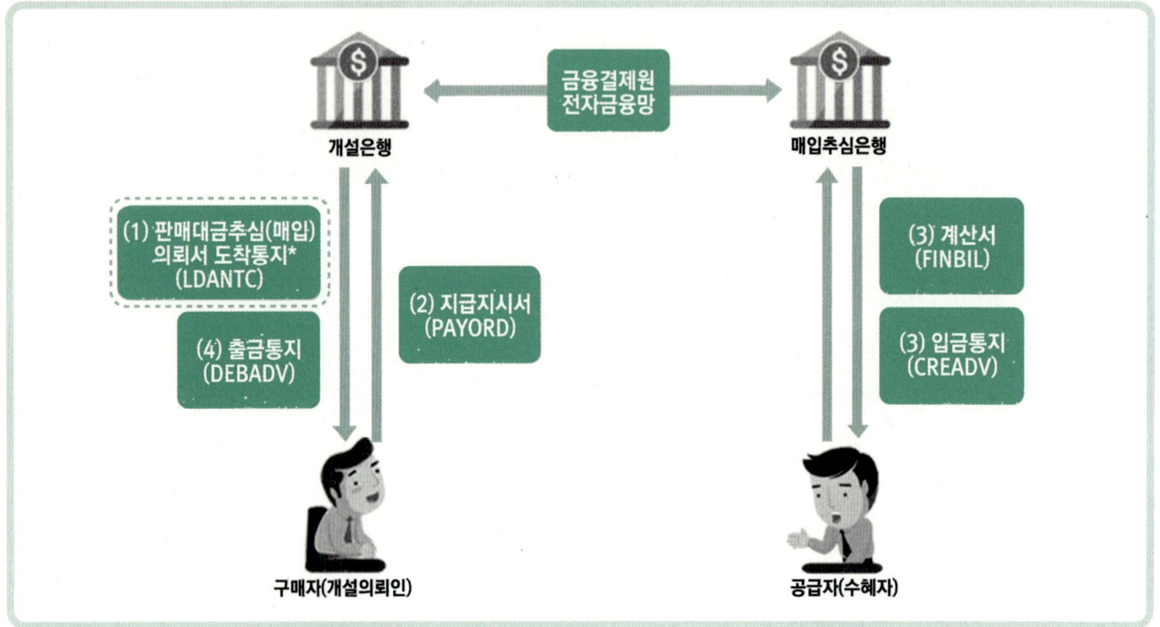

* 전자문서흐름도와 병기하였음.

- 구매자(개설의뢰인)의 신청을 받아서 Local L/C를 개설한 은행은 공급자(수혜자)의 주거래 은행인 매입(추심)은행으로부터 판매대금 매입(추심)관련 서류를 받아서 매입(추심)의뢰서류를 확인하고 구매자(개설의뢰인)에게 판매대금 매입(추심)의뢰서 도착통지를 한다.
- 구매자(개설의뢰인)은 판매대금매입(추심)의뢰 도착통지를 확인하고 대금결제를 위해 지급지시서를 작성해서 개설은행에 지급지시를 요청한다. 개설은행은 지급지시에서 요청한 금액을 매입(추심)은행에 이체를 하고 이체 결과인 출금통지서를 구매자(개설의뢰인)에게 통지한다.
- 개설은행으로부터 대금을 지급받은 매입(추심)은행은 입금관련 수수료 등 관련 계산내역을 계산서와 무역대금 입금내역을 담은 입금통지서를 공급자(수혜자)에게 전송한다.

4 실습 지시문

구매자인 "㈜대경물산"은 기업은행 서초지점에서 통지받은 판매대금매입(추심) 도착통지를 확인하여 대금결제를 위한 지급지시 신청서를 작성하려고 한다. 다음 조건에 맞게 실습을 해 보세요.

(매입의뢰도착통지 및 지급지시)

- 판매대금매입(추심)도착통지를 확인

(지급지시 신청)

- 수신처: 기업은행 서초지점
- 지급지시 용도: 무역금융결제(SIGHT L/C, D/P)
- 신청일: 2016-02-28
- 지급의뢰인: ㈜대경물산
- 비밀번호: DEL0905815
- 수익자: ㈜신가람
- 지급의뢰은행: 기업은행 서초지점
- 통화코드: JPY
- 국가코드: KR(KOREA)
- 원화지급 계좌주: 이민우
- 원화지급 계좌번호: 123456789012908
- 수익자은행: 외환은행 만안지점
- 계좌주: 박석진
- 계좌번호: 123456789012
- 통화코드: JPY
- 국가코드: KR(KOREA)

(신청내용)

- 송금방법: 전신송금
- 이체희망일: 2016-03-01
- 원금지급금액: JPY 8,000,000
- 국외수수료 부담자: 지급의뢰인
- 거래형태 구분코드: 무역대금지급, 통관, 사전송금, 수입대금지급, P11

(입금관련서류정보)

- 서류코드: 2AF(내국신용장통지서) / 근거서류번호: LLC-20160210-0001 / 발행일: 2016-02-22

(출금통지)

- 구매자는 출금통지를 확인하여 출금내역을 확인한다.

(입금통지)

- 공급자는 입금통지를 확인하여 입금내역을 확인한다.

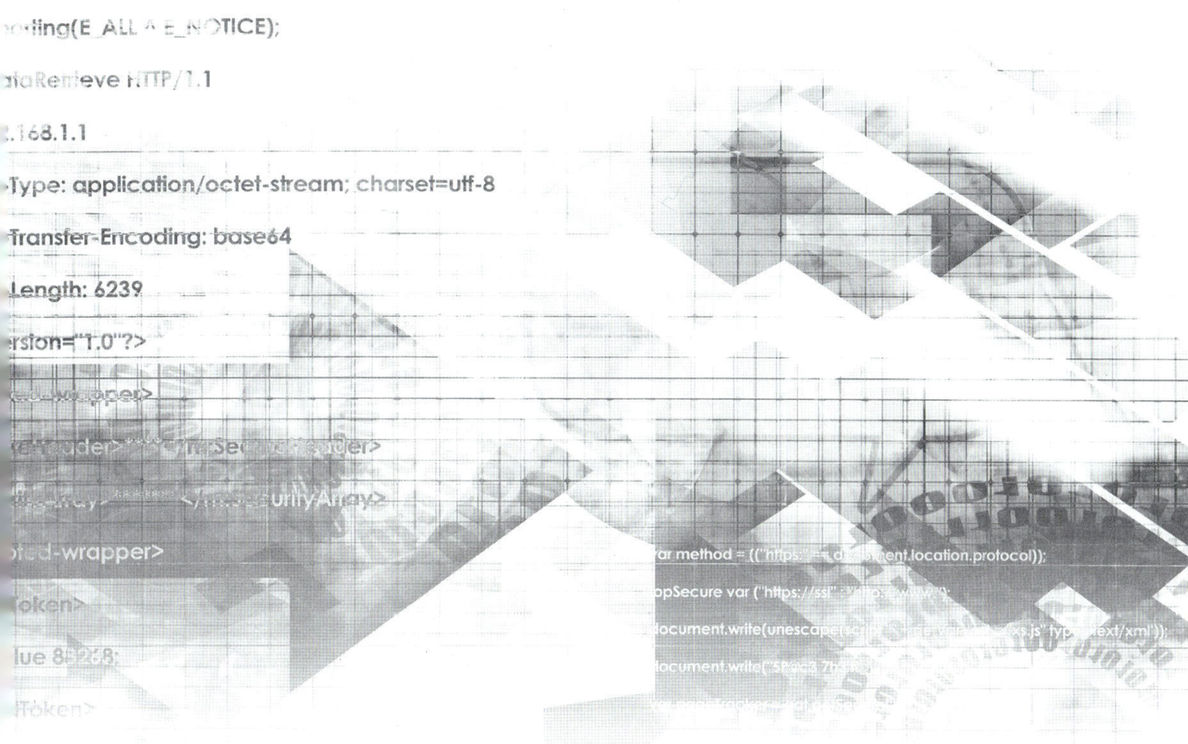

제3부

전자물류(e-Logistics) 실습

제7장

실습에 앞서

제1절 실습개요

1 실습범위

e-Logistics 과목의 실습내용은 국가 전자무역 기반사업자인 KTNET이 개발·구축하여 현업에 적용 중이거나 제공예정인 인프라서비스, 민간·공공정보망 및 B2B업무솔루션 서비스 중 집필진이 발췌한 핵심업무로 한정한다. uTradeEdu 실습용으로 제공되는 차시는 [e-Logitics 실습 차시별 업무흐름도]에 정리되어 있으므로 참고하도록 한다.1)

2 실습 주안점

수출입 업체간 상거래중심의 '전자무역(e-Trade) 실습'과는 달리 제3부 '전자물류(e-Logistics) 실습'에서는 물류업체간 수출입 화물관리가 중심이다. 실화주 물류업무를 총괄 대행하는 포워더, 실제 해상운송을 수행하는 선사, 내륙운송을 책임지는 트럭운송사, 화물의 양적하 및 선박의 접이안(berthing / unberthing)이 일어나는 장소인 항만터미널, 보세화물 운송과 반출입관련 보세구역 업무와 같이 다양한 사례를 실습할 수 있다.

---

1) 항공물류, 자유무역지역(free trade area), 철도운송 실습을 추가할 것이며 보세구역 및 운송사 차시 일부 등과 같이 보강할 내용은 'uTradeEdu 고도화 사업'에서 반영 중이고 실습서 형식으로 후속 출판할 예정이다.

e-Logistics 실습 차시별 업무흐름도

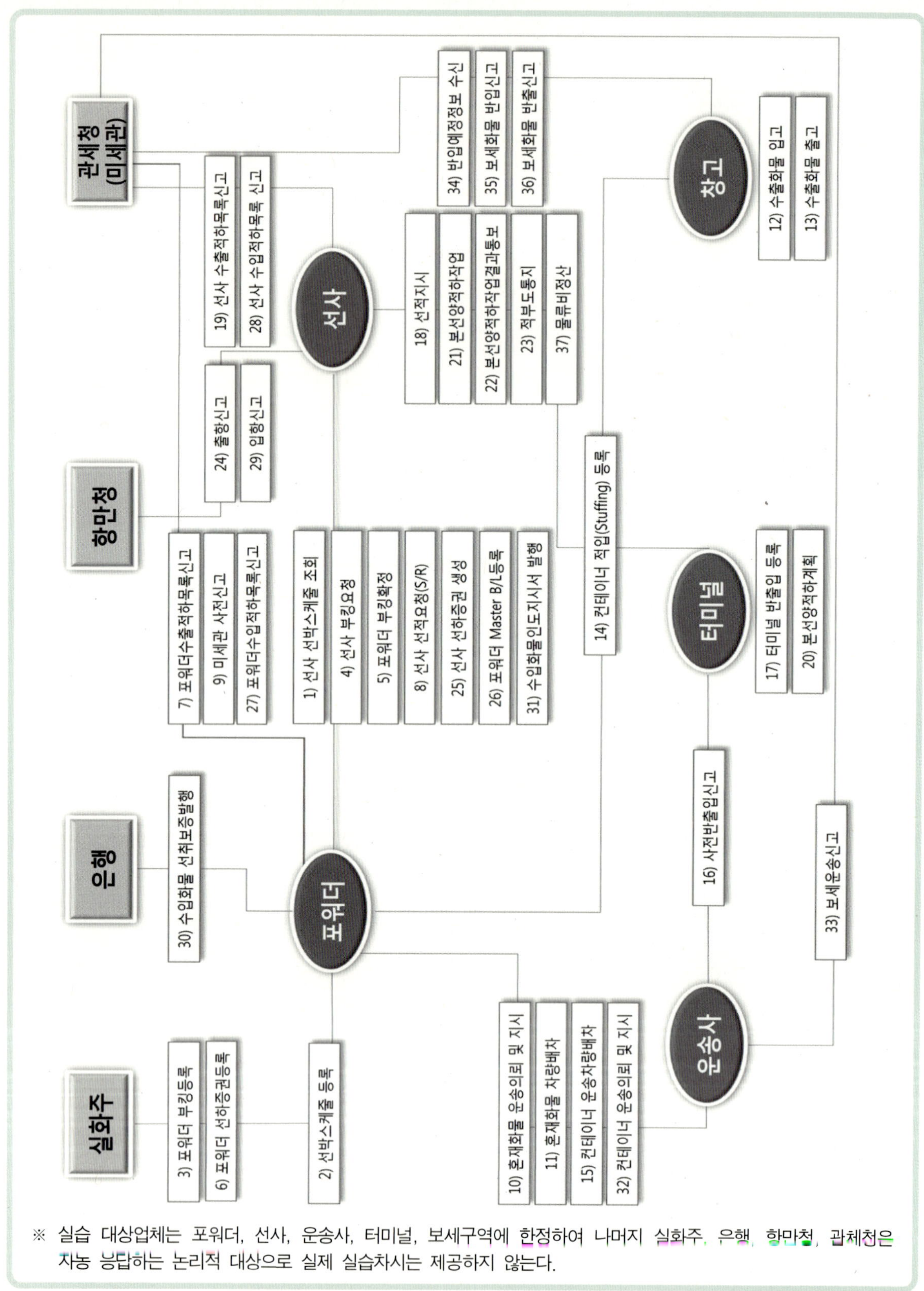

※ 실습 대상업체는 포워더, 선사, 운송사, 터미널, 보세구역에 한정하여 나머지 실화주, 은행, 항만청, 관체청은 자동 응답하는 논리적 대상으로 실제 실습차시는 제공하지 않는다.

3 실습주체

1) 실습주체

포워더, 선사, 항만터미널, 보세구역(물류센터) 및 내륙운송사간 물류업무는 순차적으로(in series) 일어나는 것이 아니라 상호 주체간 동시 다발적으로 일어나는 경향이 있다. 예를 들면 무역의 경우 수출환어음 매입심사 이전에는 대금지급이 되지 않거나, 계약서 작성 후 C/O나 I/P를 발급받지만, 물류는 선적요청(S/R) 후 선사 B/L 작업과 동시에 운송사 화물운송지시를 하거나 물류센터내 화물 이동작업을 진행할 수 있다.

2) 관련자

해당 e-Logistics 과목에서 국내외 항만청, 관세청, 미세관(AMS), 은행, 실화주(수출, 수입자)는 실습할 수 없으나 해당 차시 업무 수행시 상대가 되는 경우가 있다. 본 관련자들은 별도로 실습하기 보다는 해당 사이트에 접속하여 테스트 ID를 발급받아 사용메뉴얼과 함께 시범 사용하는 방법을 권장한다.

제2절 e-Logistics 실습차시

e-Logistics 실습 전체 차시 중 본서에서 실습 가능한 부문은 수출물류(표준)과 수입물류(표준) 강좌로 표의 '실습' 항목을 참조한다. 또한 차시별 업무흐름도의 순서와 차시별 업무 당사자는 uTradeEdu에서 설계된 바에 의거하여 서술한다.

No	차 시	당사자		실습
1	선사 선박스케줄조회	포워더	선사	◉
2	선박 스케줄등록	포워더	실화주	
3	포워더 부킹등록	포워더	실화주	
4	선사 부킹요청	포워더	선사	
5	포워더 부킹확정	포워더	선사	
6	포워더 선하증권(House B/L) 등록	포워더	실화주	◉
7	포워더 수출적하목록 신고	포워더	세관	◉
8	(선사)선적요청	포워더	선사	◉

No	차 시	당사자		실습
9	미세관(AMS) 사전신고	포워더	세관(ACE[2])	
10	혼재화물 운송의뢰 및 지시	포워더	운송사	
11	혼재화물 차량배차	운송사	운송차량	◉
12	수출화물입고	운송차량	창고	
13	수출화물출고	창고	운송차량	
14	컨테이너 적입(stuffing)등록	창고	포워더	
15	컨테이너 운송차량배차	운송사	운송차량	
16	사전반출입신고	운송사	터미널	
17	선적지시서(Shipping Order) 작성	선사	터미널	◉
18	터미널 반출입등록	터미널	선사	◉
19	선사 수출적하목록신고	선사	세관	◉
20	본선양적하계획	터미널	선박	◉
21	본선양적하 작업수행	터미널	선박	◉
22	본선양적하 작업결과통보	터미널	선사	◉
23	적부도통지	터미널	선사	
24	선박출항신고	선사	항만청	◉
25	선사 선하증권(Master B/L)생성	선사	항만청	
26	포워더 M.B/L등록	포워더	선사	
27	포워더 수입적하목록신고	포워더	세관	
28	선사 수입적하목록신고	선사	세관	◉
29	선박입항신고	선사	항만청	◉
30	수입화물선취보증서 발행	수입자/포워더	은행	◉
31	수입화물인도지시서(Master D/O) 발급신청	포워더	선사	◉
32	컨테이너 운송의뢰 및 지시	포워더	운송사	
33	보세운송신고	운송사	세관	◉
34	반입예정정보수신	(보세)창고	세관	
35	보세화물 반입신고	(보세)창고	세관	◉
36	보세화물 반출신고	(보세)창고	세관	◉
37	수출입물류비정산	터미널/선사	선사/포워더	

※ 본 실습차시의 선정과 업무순서는 본서 집필진이 선정하였음.

2) Automated Commercial Environment; 미국 관세청 전산시스템으로 무역 법규준수를 담보하고 무역 업계에 대한 서비스와 정보를 제공하면서 수출입, 금지 및 제한 관련 법령집행을 지원함.

제8장

수출물류(표준)

제1절 선박스케줄 조회

1 사전지식

1) 정기선(Liner) 운송

선박이 동일한 항로(service lane)를 정기적으로 운항하는 것을 '정기선 운송'이라 하며 해당 운송서비스를 제공하는 업체를 정기선사라고 한다. 정기선 운송은 공중운송인(common carrier)에 의해 수행되고, 해운동맹(shipping conference)에 가입되어 있는 것이 일반적이다.

2) 선사(선박) 스케줄(Shipping Schedule)

수출입을 행하는 화주가 계약상, L/C상 선적기일과 L/C 유효기간 만료일 또는 인도기일 등의 요건을 이행해야 할 경우, 화물의 물리적 이동을 위하여 각 항로별, 기항지별, 입출항정보를 사전에 장·단기간에 걸쳐 알아야 할 필요가 있다. 정기선사는 자신이 제공하는 운송서비스의 일정(schedule)을 년, 분기별로 사전에 공지한다.

(1) Long Term Schedule

최초스케줄(Pro-forma Schedule)을 기준으로 항해 당 항구별 입항일시, 접안(berthing)일시, 출항일시, 항해거리 및 기간, 항내 작업시간 등에 대해 언급하는 것 외에 각 기항지의 휴일, 선박수리 또는 교체, 시기별 양적하 상황 등을 고려하여 작성한다. 통산 1년, 분기별로 작성하여 배포한다. 화주의 입장에서는 본인이 사용가능한 스케줄을 확인하고 선복예약요청(booking request)의 근거자료로 활용할 수 있다.

(2) Coastal(Estimated) Schedule

Long Term Schedule을 근거로 1 ~ 2주 전에 작성하는 스케줄로, 각 항구별 양적하 물량, 공컨테이너(empty container) 수량과 선석(berth)상황, 사용가능한 컨테이너 크레인 대수, 야드상황 등을 고려한 터미널사정, 기타 사항을 감안하여 작성한다. 화주의 입장에서는 선적요청(shipping instruction)의 근거자료로 활용할 수 있다.

(3) Actual Schedule

Coastal Schedule은 선박의 입출항 등 물리적 이동이 있기 전에는 예정(estimate)정보라고 할 수 있다. 결과 값으로서의 Actual Schedule은 일종의 선박추적 정보로 활용될 수 있고 화주입장에서는 해상운송 서비스의 정시성(punctuality) 판단의 자료가 될 수도 있다.

3) 스케줄 조회가 가능한 곳

(1) 선사

각종 선사의 웹포털에서 조회 및 다운로드 할 수 있으며, 선사 메일링 리스트에 가입하면 정기적으로 송부해 준다.

(2) 항만공사

해당 항구를 입출항하는 선사의 신고된 스케줄을 제공하고 있으며, 항만공사의 웹포털에서 제공한다.

(3) 항만/터미널

해당 터미널을 접안(berthing) 또는 이안(unberthing)하는 선박의 스케줄을 제공하며 터미널 웹포털에서 조회 및 다운로드 가능하다. 터미널 스케줄은 내륙운송사가 많이 사용한다.

(4) 물류포털

'코리아쉬핑가제트(www.ksg.co.kr/)', '스케줄뱅크(www.schedulebank.com/)', '카오스피아(www.caos.co.kr/)'와 같은 곳에서 물류관련 뉴스와 함께 Pro-forma Schedule과 일부 Coastal Schedule을 제공하고 있다. 다만 스케줄 변경 등의 사유가 있을 시 제공업체에서 그 정확성을 담보하지는 않는다.

(5) KTNET

KTNET은 MAERSK, NYK, 한진해운, 현대상선 등 주요선사와 직접 연계하여 선박스케줄을 화주에게 직접 송신하거나 그 현황을 'GSN(global shipper's network)' 포털로 제공한다. GSN은 스케줄, 선적자동화 및 화물추적정보를 제공하며 이 서비스의 주 사용자는 국내 실화주와 포워더이다.

4) 터미널 스케줄(Terminal Schedule)

해당 터미널의 관점에서 작성된 스케줄을 말하며 각종 터미널 웹 포털에서 선적배정 현황과 같은 형식으로 제공한다. 선박스케줄과는 달리 접안시간(berthing time) 또는 터미널 항차(terminal voyage)와 같은 정보가 들어있다.

2 화면설명

1) 선사 선박스케줄 조회(Liner Shipping Schedule Search)

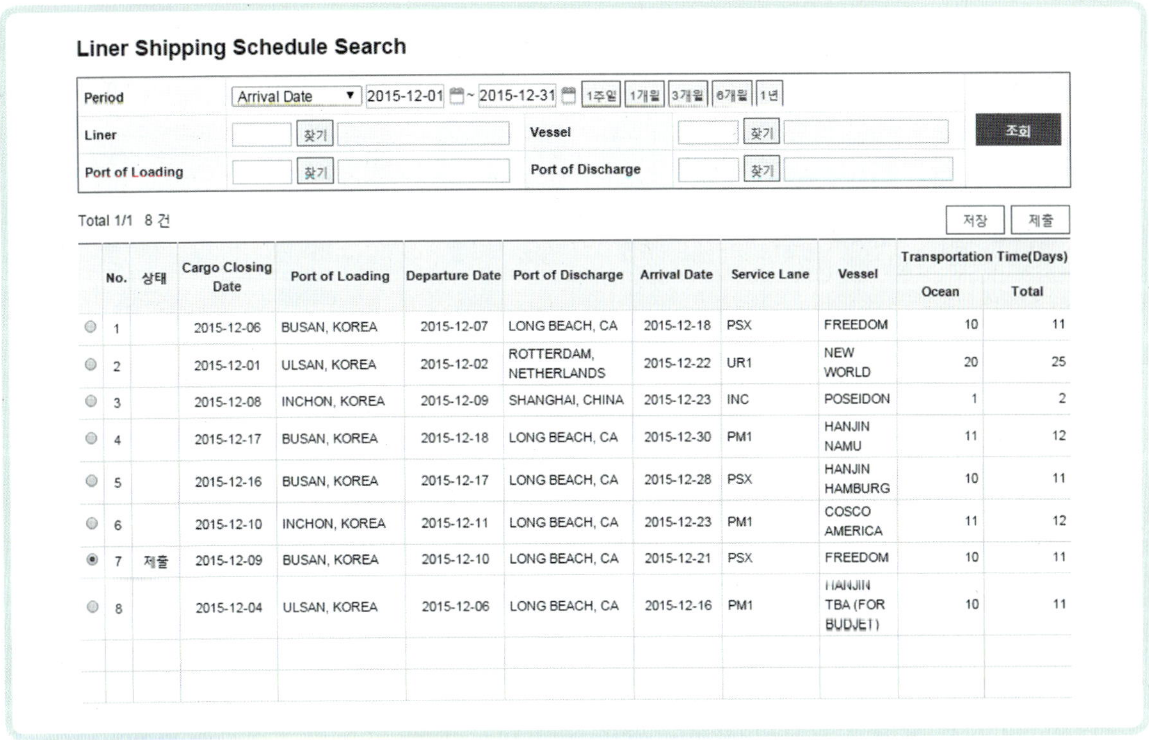

Liner Shipping Schedule Search

Period	Arrival Date ▼ 2015-12-01 ~ 2015-12-31 [1주일] [1개월] [3개월] [6개월] [1년]				
Liner	[찾기]	Vessel	[찾기]	[조회]
Port of Loading	[찾기]	Port of Discharge	[찾기]	

Total 1/1 8 건 [저장] [제출]

	No.	상태	Cargo Closing Date	Port of Loading	Departure Date	Port of Discharge	Arrival Date	Service Lane	Vessel	Transportation Time(Days)	
										Ocean	Total
○	1		2015-12-06	BUSAN, KOREA	2015-12-07	LONG BEACH, CA	2015-12-18	PSX	FREEDOM	10	11
○	2		2015-12-01	ULSAN, KOREA	2015-12-02	ROTTERDAM, NETHERLANDS	2015-12-22	UR1	NEW WORLD	20	25
○	3		2015-12-08	INCHON, KOREA	2015-12-09	SHANGHAI, CHINA	2015-12-23	INC	POSEIDON	1	2
○	4		2015-12-17	BUSAN, KOREA	2015-12-18	LONG BEACH, CA	2015-12-30	PM1	HANJIN NAMU	11	12
○	5		2015-12-16	BUSAN, KOREA	2015-12-17	LONG BEACH, CA	2015-12-28	PSX	HANJIN HAMBURG	10	11
○	6		2015-12-10	INCHON, KOREA	2015-12-11	LONG BEACH, CA	2015-12-23	PM1	COSCO AMERICA	11	12
◉	7	제출	2015-12-09	BUSAN, KOREA	2015-12-10	LONG BEACH, CA	2015-12-21	PSX	FREEDOM	10	11
○	8		2015-12-04	ULSAN, KOREA	2015-12-06	LONG BEACH, CA	2015-12-16	PM1	HANJIN TBA (FOR BUDJET)	10	11

- Liner: 선사
- Vessel: 운항선박
- Port of Loading: 선적지. 선적이 일어나는 장소(적재항)
- Port of Discharge: 하역지. 하역이 일어나는 장소(하역항)

- Cargo Closing Date: 화물이 컨테이너에 적입되어 해당 선박이 접안하는 터미널 또는 부두에 반입되어야 할 마감시간
- Service Lane: 선사가 해상운송 서비스하는 운항항로
- Transportation Time(Days): 해당화물의 운송일수
  - Ocean: 해당화물의 항해일수

3 업무 프로세스 흐름도

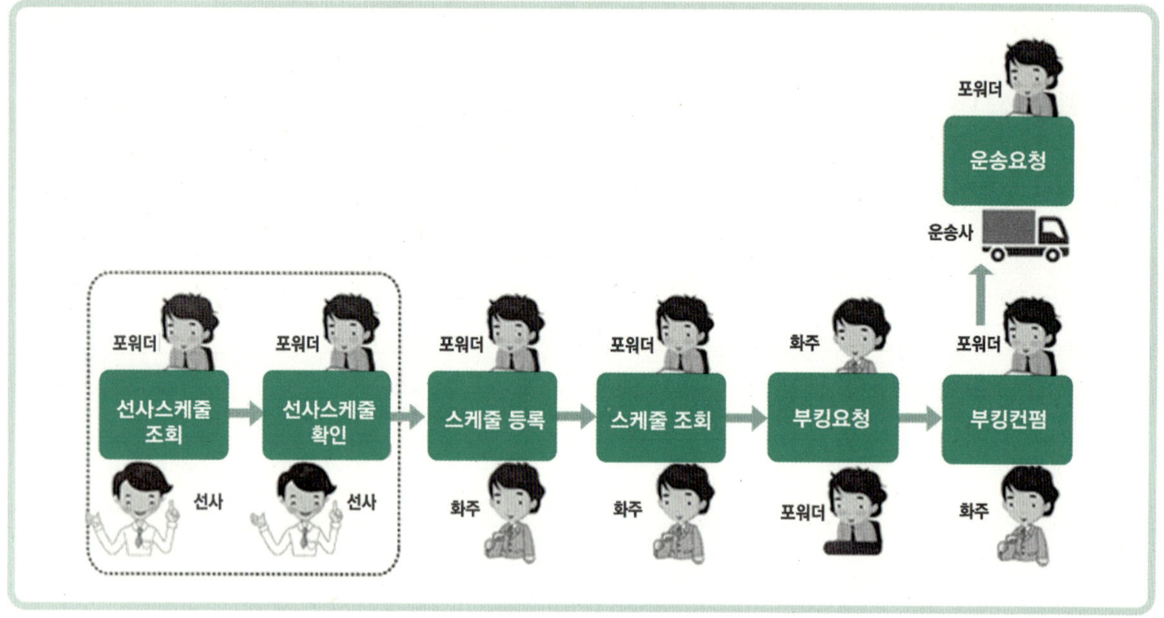

포워더는 일반적으로 거래선사가 제공하는 전체 선박스케줄중 자신이 실화주에게 제공하고자 하는 서비스를 선별해서 자사 시스템에 스케줄 등록한다. 포워더는 일종의 화물집하(cargo groupage)하는 자이므로 다양한 실화주에게 영업하여 선사와 계약한 운송 건당 선적물량을 늘려 보다 저렴한 운임을 제안받을 수 있다.

실화주의 선복예약신청(booking request)은 전화, 팩스 등 매뉴얼 작업이 대부분이고 포워더가 선사에 통합적으로 하는 선사부킹요청(liner booking request)이 확정되면 부킹업무가 완료된다. 이 업무 전후로 화물이 적입(stuffing)이 되어야 할 경우 공컨테이너 운송지시가 병행되고, 적입된 컨테이너 화물의 경우 선적지로 FCL(full container load)운송이 병행된다.

4 전자문서 흐름도

글로벌 포워더나 실화주의 경우 연간 수출 컨테이너만 수만개인 경우가 있어 선적업무의 효율성 제고를 위해 스케줄 정보를 자동 수신하는 경우가 있다. 제공되는 전체 스케줄 중에서 선사는 해당 포워더가 원하는 서비스 지역, 서비스 레인(service lane), 선박 또는 선박-항차-향(VVD; vessel-voyage-direction) 등의 조건으로 선별하여 포워더에게 송신할 수 있다. 일반적으로 전자문서는 IFTSAI(forwarding and transport schedule and availability information message)를 사용하며, 기타 사유로 사설문서를 사용하는 경우도 있다.

스케줄 정보는 논리적(logical)인 선박의 추적 정보로 입출항 등 시점과 선적지(port of loading), 하역지(port of discharge)와 같은 장소를 알 수 있으나, 선박 자동식별장치(AIS; automatic identification system)를 통한 리얼타임(real time) 모선위치 추적과 같이 실시간 추적과는 다르다.

국내 주요 선사인 한진해운과 현대상선 등은 모바일 앱을 통해 선사스케줄을 제공하고 있으므로, 안드로이드(Android) 계열은 '구글 플레이스토어', 애플(Apple)은 '애플 앱스토어'에서 'Hanjin'앱, 'HMM Shiptrack'앱을 다운로드하여 사용할 수 있다.

5 실습 지시문

포워더인 "천마항운"은 송하인 "오디오니아"로부터 부품수출을 위한 선박스케줄 문의를 받았다. 이를 위해 다음 조건에 맞는 선사스케줄을 조회하는 실습을 해 보세요.

- Port of Loading(적재항): BUSAN, KOREA(부산) / Port of Discharge(양륙항): LONG BEACH, CA(미국 캘리포니아 롱비치)
- Departure Date(출항일): 2016-12-10
- LONG BEACH, CA에 Arrival Date(도착일자): 2016-12-21
- Cargo Closing Date(화물인도마감일시): 2016-12-09 / Vessel(선박): FREEDOM(프리덤)인 사료를 확인
- 해당 선박스케줄을 선택

6 샘플 및 출력서식

1) 스케줄 샘플

Cargo Closing Time	Loading Port	Departure Date	Discharging Port	Arrival	Lane	Vessel	T/Time(Day)	
							Ocean	Total
2015-11-21(Sat)	BUSAN	2015-11-22(Sun)	LONG BEACH, CA	2015-12-04(Fri)	PM1	COSCO AFRICA 0031E	11	12
2015-11-23(Mon)	BUSAN	2015-11-25(Wed)	SAVANNAH, GA	2015-12-23(Wed)	AWH	HANJIN KINGSTON 0054E	27	42
2015-11-24(Tue)	BUSAN SHANGHAI	2015-11-26(Thu) 2015-12-02(Wed)	SHANGHAI NORFOLK, VA	2015-11-27(Fri) 2016-01-04(Mon)	NE6 AWC	HANJIN ITALY 0023W COSCO ASHDOD 0013E	39	51
2015-11-26(Thu)	BUSAN	2015-11-28(Sat)	SAVANNAH, GA	2015-12-21(Mon)	AWY	YM OAKLAND 0054E	23	38
2015-11-27(Fri)	BUSAN	2015-11-28(Sat)	LONG BEACH, CA	2015-12-09(Wed)	PSX	HANJIN LONG BEACH 0039E	10	11
2015-11-28(Sat)	BUSAN	2015-11-29(Sun)	LONG BEACH, CA	2015-12-11(Fri)	PM1	COSCO EUROPE 0044E	11	12
2015-11-30(Mon)	BUSAN	2015-12-02(Wed)	SAVANNAH, GA	2015-12-29(Tue)	AWH	HANJIN SOOHO 0018W COSCO BOSTON 0138E	27	42
2015-12-01(Tue)	BUSAN SHANGHAI	2015-12-03(Thu) 2015-12-09(Wed)	SHANGHAI NORFOLK, VA	2015-12-04(Fri) 2016-01-11(Mon)	NE6 AWC	HANJIN SOOHO 0018W COSCO BOSTON 0138E	39	51
2015-12-03(Thu)	BUSAN	2015-12-05(Sat)	SAVANNAH, GA	2015-12-28(Mon)	AWY	YM EMINENCE 0053E	23	38
2015-12-04(Fri)	BUSAN	2015-12-05(Sat)	LONG BEACH, CA	2015-12-16(Wed)	PSX	HANJIN ROTTERDAM 0016E	10	11
2015-12-05(Sat)	BUSAN	2015-12-06(Sun)	LONG BEACH, CA	2015-12-18(Fri)	PM1	HANJIN TABUL 0006E	11	12
2015-12-07(Mon)	BUSAN	2015-12-09(Wed)	SAVANNAH, GA	2016-01-05(Tue)	AWH	HANJIN MALTA 0017E	27	42
2015-12-08(Tue)	BUSAN SHANGHAI	2015-12-10(Thu) 2015-12-19(Wed)	SHANGHAI NORFOLK, VA	2015-12-11(Fri) 2016-01-18(Mon)	NE6 AWC	HANJIN GREEN ERATH 0013W COSCO COLOMBO 0020E	39	51

위 샘플은 특정 선사 웹포털에서 선적지(port of loading)를 부산으로 하역지(port of discharge)를 Long Beach, CA., U.S.A로 조회한 결과값이다. 기간은 특정 선사가 2015년 11월 22일부터 1개월 이내에 제공할 수 있는 스케줄 내역이다.

예를 들어 2015년 12월 06일(화)에 출항하는 HANJIN TABUL호 0006E 항차의 스케줄은 화물의 터미널 반입마감(cargo closing time)이 12월 5일(화)까지는 이루어져야 하고 선적후 Long Beach, CA., U.S.A에 2015년 12월 18일(금)에 도착하는 스케줄이다. 전체 예상운송일수는 12일이며 그 중 해상운송일은 11일이다.

2) Calling Schedule(터미널스케줄) 조회화면

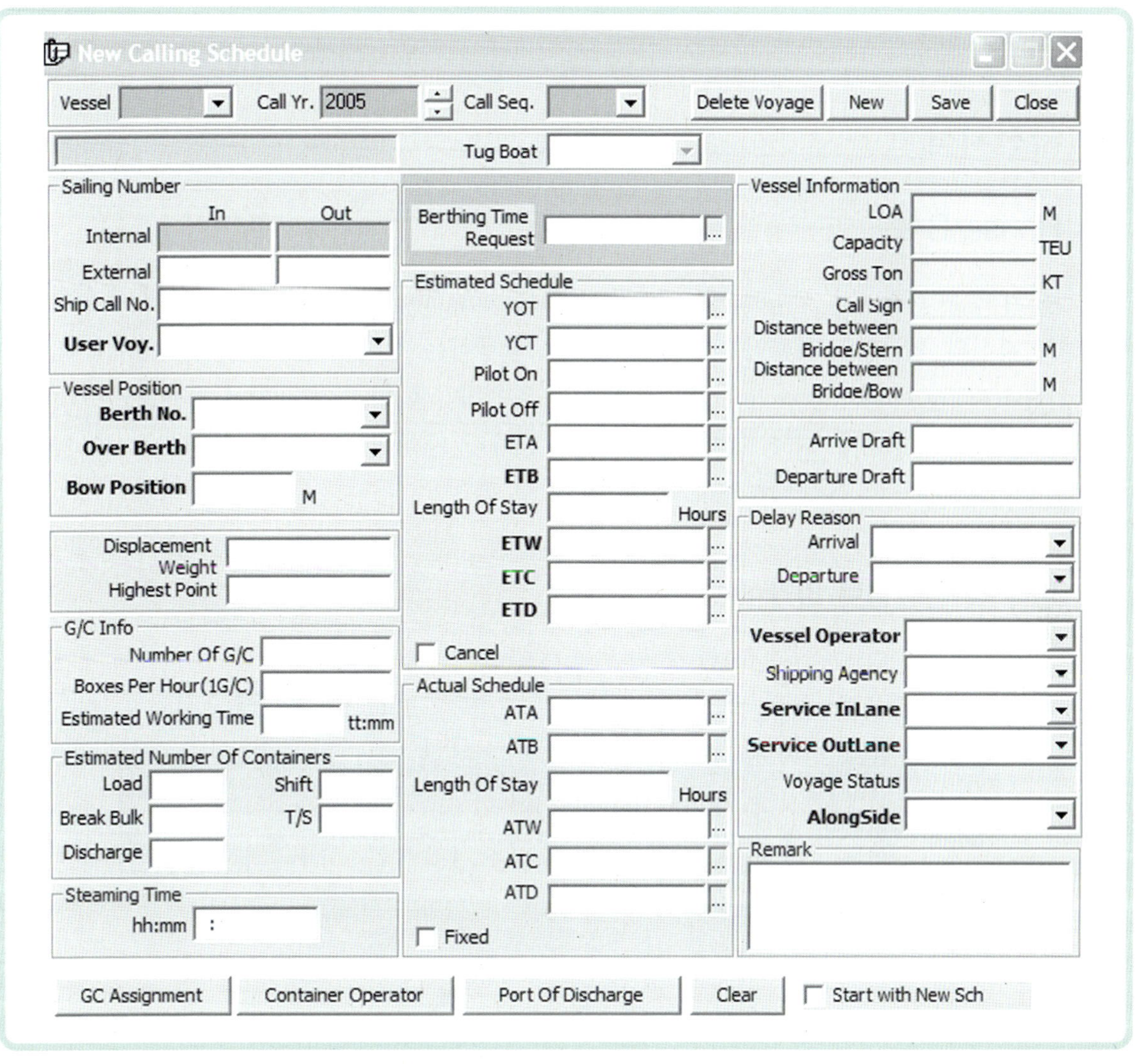

제2절 포워더 선하증권(HouseB/L) 등록

사전지식

1) House B/L

포워더와 같은 N.V.O.C.C(non-vessel operating common carrier)가 실화주와 운송계약을 체결하고 자신의 책임으로 화물인수에 대한 증거로 발행하는 선하증권(B/L)이다. 선사(V.O.C.C; vessel operating common carrier)와 포워더가 운송계약을 하고 발급받는 Master B/L에 종속되며, 해당 House B/L 아랫 단계에 House, 그 아랫 단계의 House가 발행될 수도 있는데 이를 실무적으로 Co-Load라고 한다.

2) 계약 및 관련정보 파악

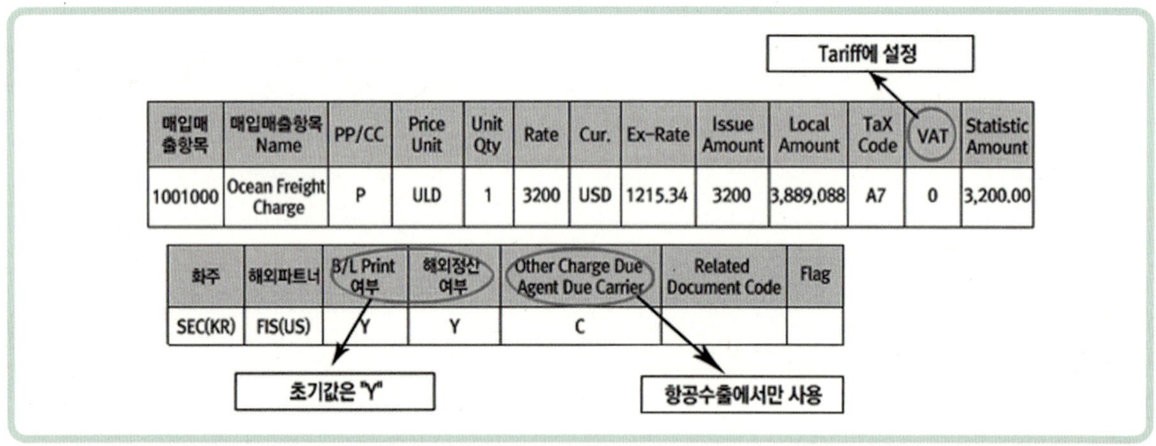

매입매출항목	매입매출항목 Name	PP/CC	Price Unit	Unit Qty	Rate	Cur.	Ex-Rate	Issue Amount	Local Amount	TaX Code	VAT	Statistic Amount
1001000	Ocean Freight Charge	P	ULD	1	3200	USD	1215.34	3200	3,889,088	A7	0	3,200.00

화주	해외파트너	B/L Print 여부	해외정산 여부	Other Charge Due Agent Due Carrier	Related Document Code	Flag
SEC(KR)	FIS(US)	Y	Y	C		

House B/L의 경우 실화주 입장에서는 운송계약증서이지만, 포워더 입장에서는 계약, 견적, 요율 등을 고려한 운임결정 작업도 B/L발행 업무와 함께 진행한다.

매입매출항목의 경우 운임(freight), 터미널취급료(THC; terminal handling charge), B/L과 같은 문서작성수수료(documentation fee), CFS작업료(CFS charge), 유류할증료(BAF; bunker adjustment factor) 등 여러 종류의 부과항목이 있을 수 있다.

PP/CC의 경우 각종 과금이 선불(prepaid)이냐 후불(collect)이냐를 선별해야 하고, 필요에 따라서는 전체 운송료의 일부 선불, 일부 후불로 결정할 수도 있다. Price Unit과 Unit Quantity는 과금의 기준이고 Rate는 기준 당 과금액이다. 기준 화폐 과금액에 환율(ex-rate)을 곱하여 세금(VAT)을 더하면 국내화폐 기준 과금액이 된다.

3) 운임 계산 시 필요정보

(1) B/L정보

인도조건(INCOTERMS; 무역거래조건), 운임조건(freight terms), 총중량(gross weight), 용적(measurement), 컨테이너 명세(type, size, quantity), 선적일(on-board date) 등이다.

(2) 기준정보

화주업체, 매입/매출항목, 환율 등이다.

(3) 계약정보

기본 운임표(tariff)에 근거한 계약별 할인 / 할증 적용여부 등이다.

4) Draft B/L(Check B/L)

포워더나 선사는 Original B/L을 발행하기에 앞서 기재항목 확인을 위한 확인용 B/L 데이터를 화주에 미리 제공한다. 정식 B/L 발행 전 사전 확인용(check)으로 출력하므로 현업에서는 'Check B/L'이라고 표현하기도 한다.

2 화면설명

1) House B/L entry - header

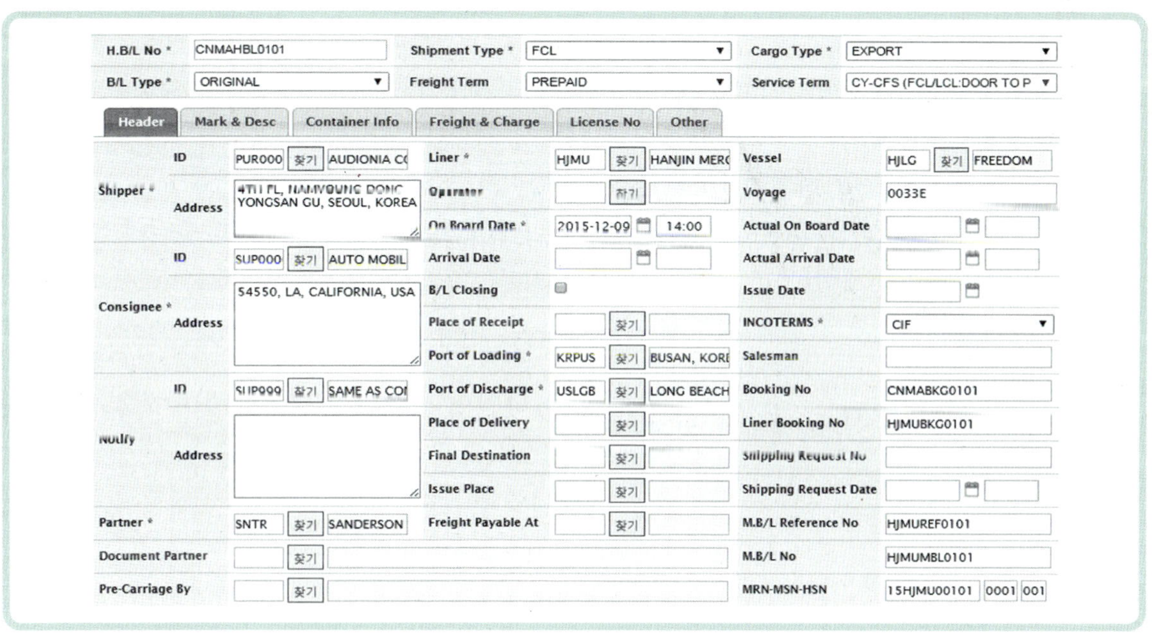

- H.B/L No.: 포워더가 발행하는 B/L No.
- Shipment Type: 적재되는 화물의 유형 FCL/LCL/BULK 등 구분
- Cargo Type: 선적유형으로 Export/Reshipment/Triangular(삼각무역)로 구분
- B/L Type: B/L의 유형(ORIGINAL, SURRENDERED, SEA-WAYBILL)
- Freight Term: 운임의 지불이 선불(prepaid)이거나 후불(collect)인지에 대해 구분한다.
- Service Term: 선사가 화물의 운송을 약속하는 구간에 대한 정의로 터미널 내 어디까지 운송하는지 적시하는 조건. CY to CY는 Container Yard에서 수입국 Container Yard, CY to CFS는 수입국 Container Freight Station까지 운송한다는 의미
- Shipper: 송하인 코드 및 명, 실화주 내 담당자 정보이므로 다수의 담당자를 등록해 놓고 개별 Booking이나 House B/L 정보에 지정할 수도 있다.
- Consignee: 수하인 코드 및 명, 수하인으로 풀이되며 물건을 받을 사람으로 수입자라고 볼 수도 있다. 역시 House B/L에도 출력되는 상호정보이다.
- Notify: 통지처 코드 및 명, 통지처라고 표기하는데, 보통 Consignee와 일치하지만 다를 수도 있다. 예를 들면 수입대행업자·관세사이거나 수하인이 지정하는 자가 될 수도 있다.
- Partner: 파트너 코드/명
- Document Partner: 파트너 코드 및 명(동일 파트너 또는 다른 실거래 파트너일 경우 구분)
- Pre-Carriage By: 주운송이 아닌 사전운송업자(pre-carriage by) 코드 및 명
- Liner: 선사 코드 및 명
- Operator: 운항선사 코드 및 명
- On-board Date: 선적일
- Actual On-board Date: 실제 선적 날짜/시간
- Issue Date: B/L 발행일
- Place of Receipt: 화물인수지 국내 내륙 거점(공장, 생산지) 코드
- Port of Loading: 선적지 선적이 일어나는 장소(국내 도착항)
- Port of Discharge: 하역지, 하역이 일어나는 장소(해외 도착지)
- Place of Delivery: 화물인도지, 해외수입국의 내륙거점인 경우가 많다. 일반적으로 운송인은 화물의 운송책임이 이 시점에서 분리된다.
- Final Destination: 화물의 운송의 최종 종착점, 최종 도착지의 경우 Port가 아닌 내륙지가 될 수 있다.
- Issue Place: B/L 발행지점의 지역
- Freight Payable At: 운임지급 지역
- Vessel: 선박코드
- Voyage: 항차번호

- INCOTERMS: 무역조건의 해석에 관한 국제규칙(International Rules for the Interpretation of the Trade Terms)을 말하고 이를 약칭하여 International Commercial Terms라고 한다.
- Sales Man: 영업담당자명
- Booking No: 선사 부킹 No.
- Shipping Request No: 선사 S/R No.
- Shipping Request Date: 선사 선적요청일
- M.B/L Reference No: Master B/L 참조번호
- M.B/L No: Master B/L No.
- MRN: Manifest Reference No.: 적하목록 관리번호
- MSN: Master B/L Sequence No.: 선사가 발행한 Master B/L의 일련 번호
- HSN: House B/L Sequence No.: Master B/L 상에 기재된 각 화물에 대해 포워더가 발행한 House B/L의 일련번호로 총 3자리로 구성

2) House B/L entry - mark & description

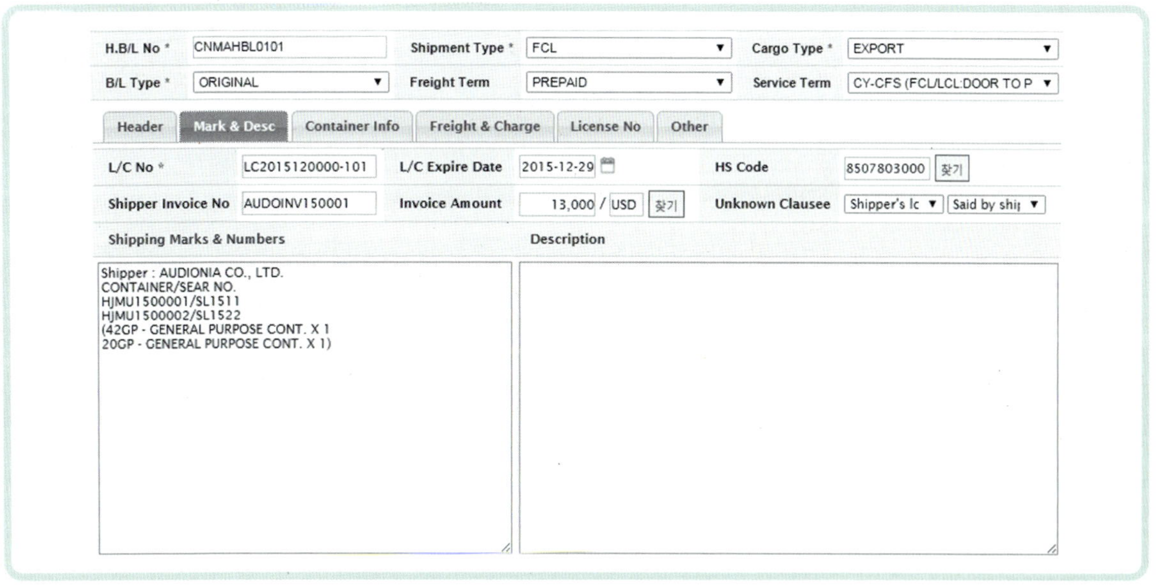

- L/C No: L/C No.
- L/C Expire Date: L/C 만기 날짜
- Shipper Invoice No: 화주 C/I번호
- Invoice Amount: 화주 C/I금액
- HS Code: 대외 무역거래가 되는 상품(전기, 가스포함)을 총괄적으로 분류한 품목분류

- Shipping Marks & Numbers: 상품포장의 표시하는 란으로 화인(shipping marks)과 번호 수를 기재한다.
- Description: 제품 상세내역

3) House B/L entry - container info

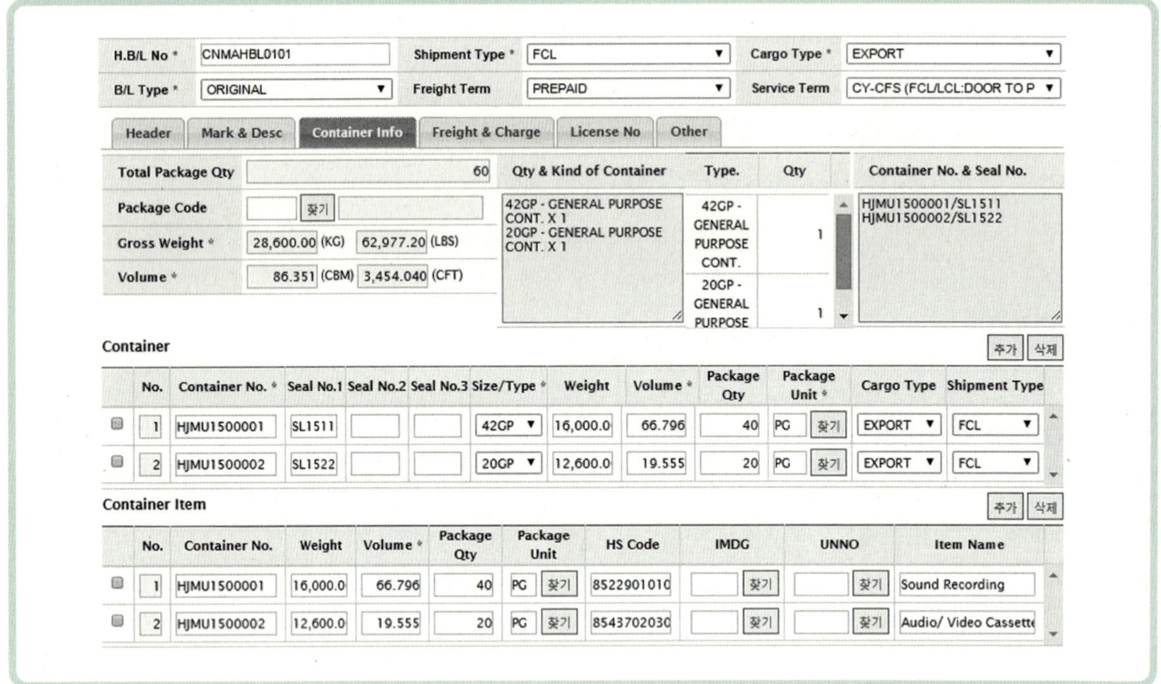

- Total Package Qty: 총 포장수량
- Package Code: 포장 코드
- Gross Weight(kg): 총 중량(킬로그램)
- Gross Weight(LBS): 총 중량(파운드)
- Volume(CBM): 세제곱미터 당 부피
- Volume(CFT): Cubic Feet(foot)(입방피트): 1foot 입방체, 즉 1입방 foot(1, 1331입방meter)를 1 CFT라 한다.
- Container No: 컨테이너번호
- Seal No.1: 컨테이너 봉인번호
- Size/Type: 컨테이너 사이즈/타입(ISO TYPE)
- Weight: 컨테이너 당 중량
- Volume: 컨테이너 당 용적
- Package Qty: 컨테이너 당 포장수량

- Package Code: 포장종류
- Cargo Type: 선적유형으로 Export(수출)/Reshipment(재선적)/Triangular(삼각무역)로 구분
- Shipment Type: 적재되는 화물의 유형 FCL/LCL/BULK 등 구분

4) House B/L entry - freight & charge

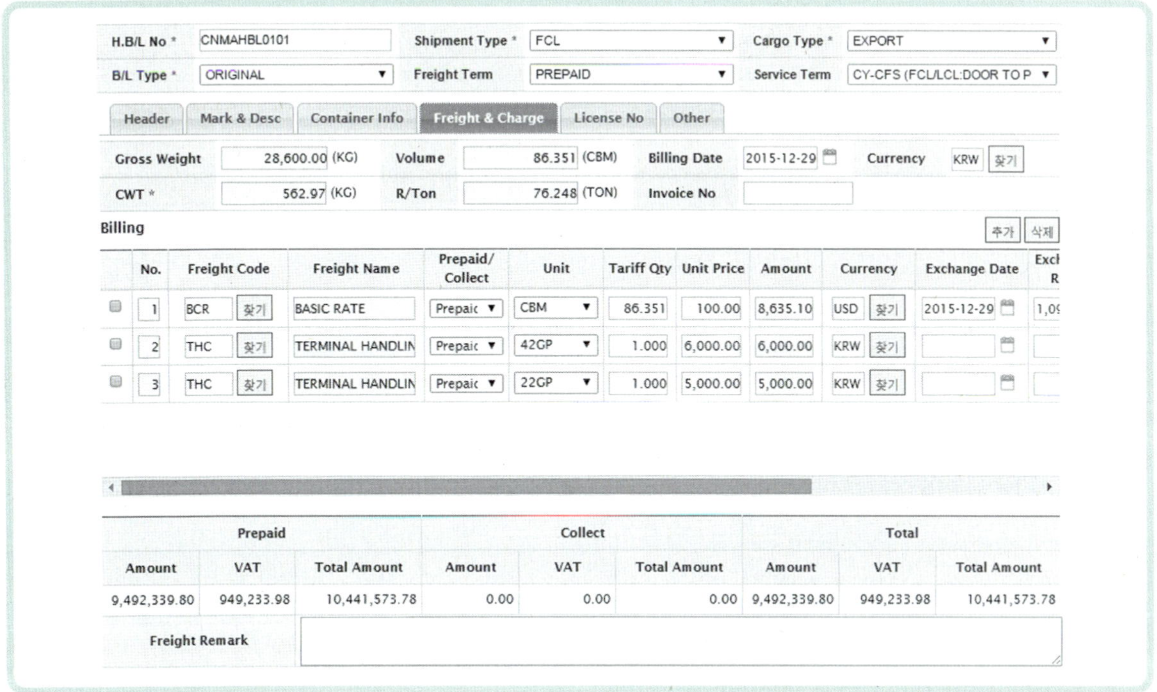

H.B/L No *	CNMAHBL0101	Shipment Type *	FCL	Cargo Type *	EXPORT
B/L Type *	ORIGINAL	Freight Term	PREPAID	Service Term	CY-CFS (FCL/LCL:DOOR TO P

Header | Mark & Desc | Container Info | Freight & Charge | License No | Other

Gross Weight	28,600.00 (KG)	Volume	86.351 (CBM)	Billing Date	2015-12-29	Currency	KRW 찾기
CWT *	562.97 (KG)	R/Ton	76.248 (TON)	Invoice No			

Billing 추가 삭제

	No.	Freight Code	Freight Name	Prepaid/ Collect	Unit	Tariff Qty	Unit Price	Amount	Currency	Exchange Date	Exch R
	1	BCR 찾기	BASIC RATE	Prepaic	CBM	86.351	100.00	8,635.10	USD 찾기	2015-12-29	1,0
	2	THC 찾기	TERMINAL HANDLIN	Prepaic	42GP	1.000	6,000.00	6,000.00	KRW 찾기		
	3	THC 찾기	TERMINAL HANDLIN	Prepaic	22GP	1.000	5,000.00	5,000.00	KRW 찾기		

Prepaid			Collect			Total		
Amount	VAT	Total Amount	Amount	VAT	Total Amount	Amount	VAT	Total Amount
9,492,339.80	949,233.98	10,441,573.78	0.00	0.00	0.00	9,492,339.80	949,233.98	10,441,573.78

Freight Remark

- Freight Code: 운임코드
- Prepaid/Collect: 운임선급(prepaid) 또는 운임후급(collect)
  - Collect: 수입지에서 운임이 지불된 경우 예를 들면 FOB 조건 거래시 수입자가 운임을 부담
  - Prepaid: 수출지에서 운임이 지불된 경우 예를 들면CIF 조건 거래시, 수출자가 보험을 부보하고 운임을 부담
- Tariff Qty: 운임수량
- Unit Price: 운임단가
- Amount: 운임금액
- Currency: 계약화폐
- Exchange Date: 환율 적용일자
- Exchange Rate: 환율

- Amount(local): 선지급 금액
- VAT: 부가세
- Total Amount: 선지급 총금액
- Freight Remark: 운임적요

5) House B/L entry - License No

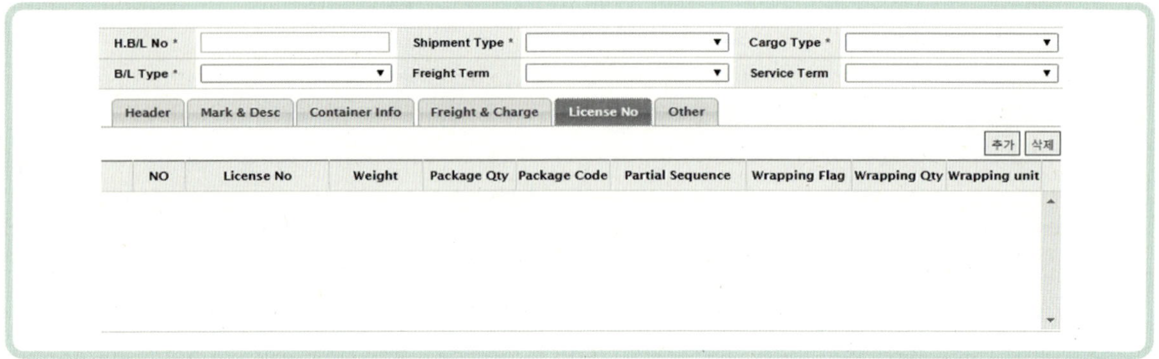

- License No.: E/P No.
- Weight: 중량
- Package Qty: 포장수량
- Package Code: 포장종류
- Partial Sequence: 분할선적차수
- Wrapping Flag: 묶음 표시(동시 포장)
- Wrapping Qty: 묶음 수량(동시 포장)
- Wrapping Unit: 묶음 단위(동시 포장)

6) House B/L entry - other

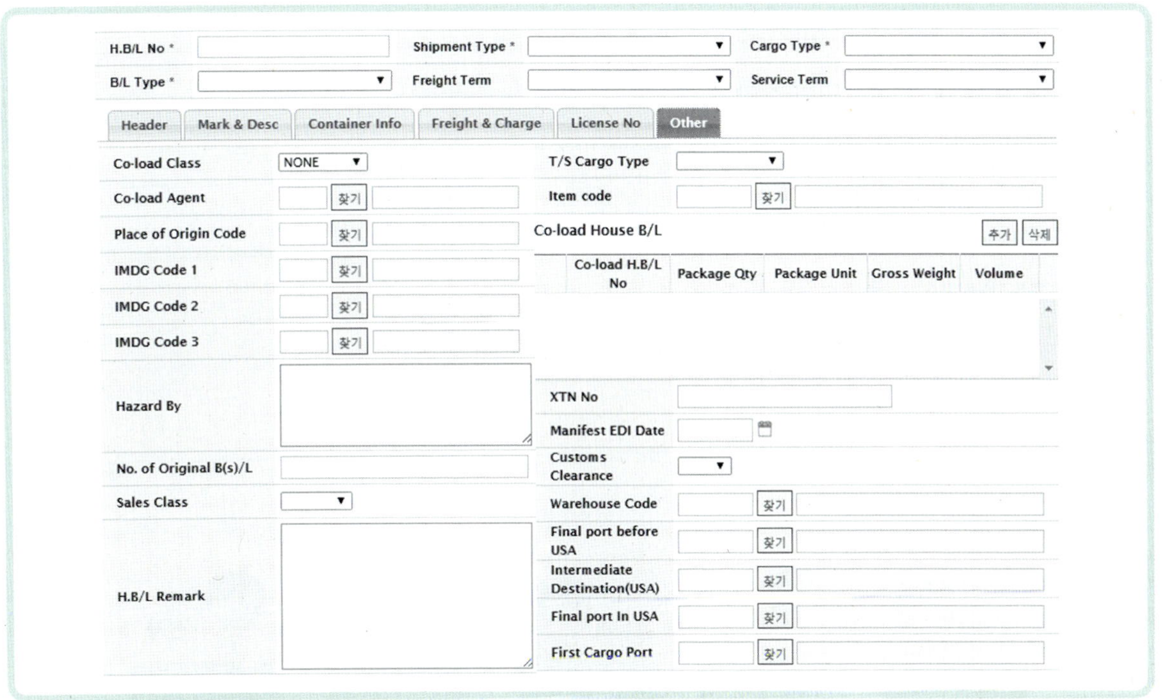

- Co-load Class: Co-load 여부(None, Co-load). Co-Load의 사전적 의미는 두 개 이상의 운송업체의 화물을 컨테이너 하나에 채우기 위해 LCL 화물을 서로 주고받는 것을 말한다. 이 때 포워더가 발행하는 B/L을 Co-load B/L이라고 한다. 반면 Consol은 하나의 업체가 다수의 화주에게서 받은 물건을 컨테이너에 채우는 것을 말한다.
- Co-load Agent: Co-load 대리점 코드 및 명
- Place of Origin Code: 원산지 코드
- IMDG Code: 위험화물코드(International Maritime Dangerous Goods)
- Hazard By: 위험 내역
- No. of Original B/L(s): 원본 B/L No.
- Sales Class: 국내/해외 영업구분
- H. B/L Remark: House B/L 적요
- T/S Cargo Type: 환적화물 유형
- Item Code: 품목 코드 및 명
- XTN No: 미세관(AMS) 신고시 부여되는 번호
- Manifest EDI Date: 적하목록 전송일자
- Customs Clearance: 통관 여부
- Warehouse Code: 창고 코드

- Final port before USA: 미국도착 전 최종 항구
- Intermediate Destination(USA): 중간지점
- Final port In USA: 미국에서의 최종 목적항구
- First Cargo Port: 미국에서의 첫 입항 항구
- Co-load H. B/L No.: Co-load House B/L No.
- Package Qty: 포장 수량
- Package Unit: 포장 단위
- Gross Weight: 총 중량
- Volume: 총 용적

3 업무 프로세스 흐름도

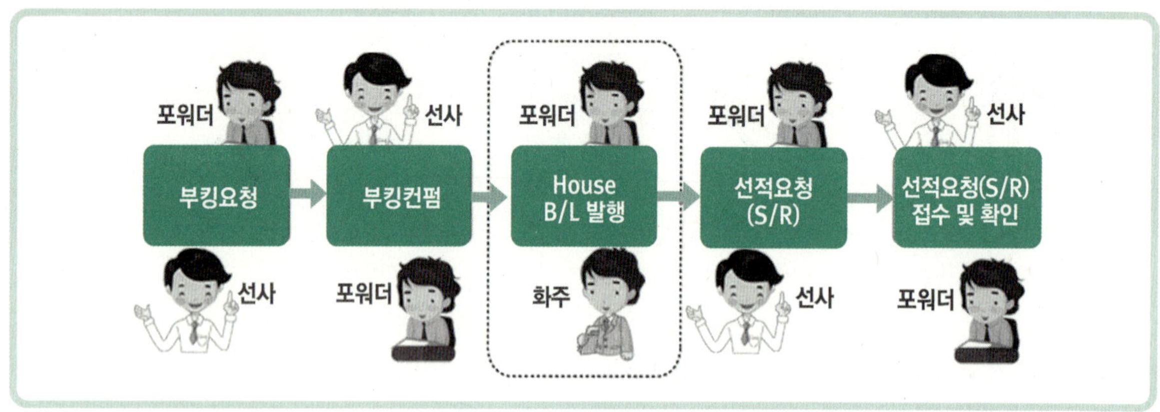

대금결제방식이 L/C조건인 경우 L/C상에서 요구하는 조건에 맞게 B/L내용을 기재하여야 한다. 즉 L/C No.와 특수사항을 기재해야 하고, 이런 것들이 오타없이 잘 기재되었는지 송하인(shipper) 쪽에서 미리 체크한 후 이상이 없으면 Original B/L을 발급받아 은행네고(수출환어음매입) 신청에 들어간다.

포워더는 화주 부킹과 S/R 정보를 수신받아 화주와의 계약 및 견적서를 기준으로 요율, 환율 정보를 적용하여 Draft B/L을 발행하여 화주에게 제공한다. 확인 후 문제가 없으면 House B/L을 발행한다. 만약 원본 발행 후 수정사항이 발생하면, 원본 회수 후 정정된 B/L을 재발행한다(서면 B/L의 경우).

4 전자문서 흐름도

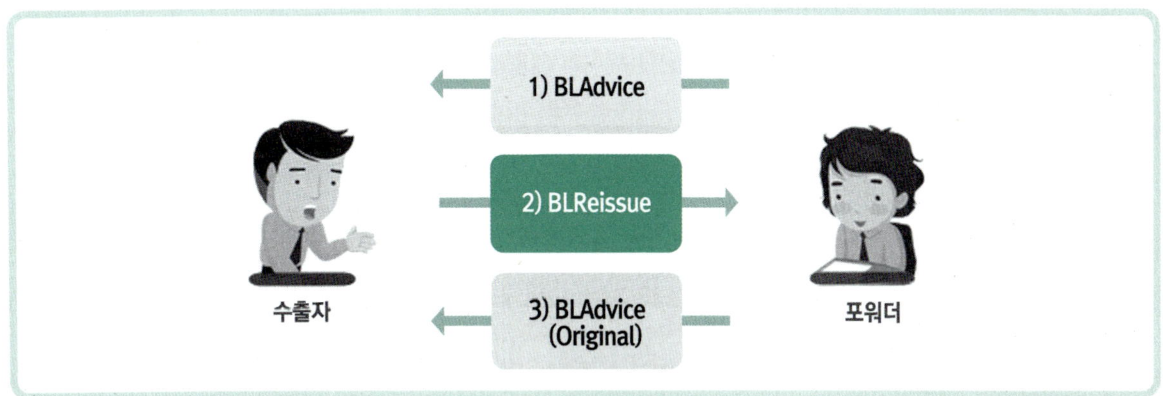

전자선하증권(BLAdvice ; electronic bill of lading) 발행 전 Draft B/L(IFTMCS ; instruction contract status message) 상태에서의 정정요청은 수출자가 정정된 IFTMCS를 계속 송부하고 포워더가 계속 승인함으로써 수정이 가능하다.

또한 B/L원본(BLAdvice)이 전자선하증권 등록기관에 발행등록된 이후라도 수출자가 B/L 정정요청서(BLReissue; 서면 correction advice와 같은 용도)를 송부하기만 하면, 포워더가 승인하여 정정된 B/L(BLAdvice)의 발행등록이 가능하다. 현재 전자문서 흐름도에는 e-B/L이 발행된 이후 B/L 정정처리가 표현되어 있다.

5 실습 지시문

포워더인 "천마항운"은 송하인인 "오디오니아"의 수출 선적요청 건에 대해 house B/L을 발급하고자 한다. 이를 위해 다음의 선적요청서 내용에 맞게 house B/L을 등록하는 실습을 해 보세요.

(Header 항목)

- House B/L번호: CNMAHBL0101
- Shipment Type(선적구분): FCL
- Cargo Type(화물구분): EXPORT(수출화물)
- B/L Type(B/L구분): ORIGNAL / Freight Term(결제조건): PREPAID(선불)
- Service Term(서비스조건): CY-CFS
- Shipper(송하인): AUDIONIA CO., LTD.
- Consignee(수하인): AUTO MOBIL USA INC, .
- Notify(통지처): SAME AS CONSIGNEE(수하인과 동일)로 입력
- Partner(파트너): SANDERSON TRANS INC

- Liner(선사): HANJIN MERCHANT MARINE CO., LTD.
- On Board Date(선적예정일): 2016-12-09 14:00
- Port of Loading(적재항): BUSAN, KOREA(부산) / Port of Discharge(양륙항): LONG BEACH, CA(미국 캘리포니아 롱비치)
- Vessel(선박): FREEDOM(프리덤) / Voyage(항차): 0033E
- INCOTERMS(무역거래조건): CIF
- Booking No.: CNMABKG0101
- Liner Booking No.: HJMUBKG0101
- M.B/L Reference No.: HJMUREF0101
- M.B/L No.: HJMUMBL0101
- MRN No.: 15HJMU00101 / MSN No.: 0001 / HSN No.: 001

(Mark & Description 항목)

- L/C No(신용장번호): LC2016120000-101 / L/C Expiry Date(신용장 유효일자): 2016-12-29
- 대표 HS CODE: 8507803000
- Shipper Invoice No.(송하인 인보이스 번호): AUDOINV150001 / Invoice Amount(인보이스금액): 13,000 / Invoice Currency(인보이스화폐): USD
- Unknown Clause(부지약관)의 첫번째 항목: Shipper's Load and Count / 두번째 항목: Said by Shipper to Contain

(Container Information 항목)

- 첫 번째 Container No.(컨테이너번호): HJMU1500001 / Seal No.1(봉인번호.1): SL1511 / Size/Type(사이즈/구분): 42GP / Weight(중량): 16,000Kg / Volume(용적): 66.796CBM / Package Qty(포장수량): 40 / Package Unit(포장단위): PALLET(파렛트) / Cargo Type(화물구분): EXPORT / Shipment Type(선적구분): FCL
- 두 번째 Container No.(컨테이너 번호): HJMU1500002 / Seal No.1(봉인번호.1): SL1522 / Size/Type(사이즈/구분): 20GP / Weight(중량): 12,600Kg / Volume(용적): 19.555CBM / Package Qty(포장수량): 20 / Package Unit(포장단위): PALLET(파렛트) / Cargo Type(화물구분): EXPORT / Shipment Type(선적구분): FCL

(Container Item 항목)

- 첫 번째 Container No.(컨테이너번호): HJMU1500001에 적재된 품목은 Weight(중량): 16,000Kg / Volume(용적): 66.796CBM / Package Qty(포장수량): 40 / Package Unit(포장단위): PALLET(파렛트) / HS코드: 8522901010 / Item Name(품목명): Sound Recording
- 두 번째 Container No.(컨테이너번호): HJMU1500002에 적재된 품목은 Weight(중량): 12,600Kg / Volume(용적): 19.555CBM / Package Qty(포장수량): 20 / Package Unit(포장단위): PALLET(파렛트) / HS코드: 8543702030 / Item Name(품목명): Audio/Video Cassettes

(Freight & Charge)

- Billing Date(결제일자): 2016-12-29 / Currency(화폐코드): KRW
- 첫 번째 Freight Code(운임): BCR(BASIC RATE, 기본운임) / Prepaid/Collect(지불조건): Prepaid / Tariff Unit(운임단위): CBM / Tariff Qty(요금수량): 86.351CBM / Unit Price(단가): 100 / Currency(계약화폐): USD / Exchange Date(환율적용일자): 2016-12-29 / Exchange Rate(적용환율): 1,098 / VAT(부가세) 금액: KRW948,133.98
- 두 번째 Freight Code(운임): THC(TERMINAL HANDLING CHARGE) / Prepaid/Collect(지불조건): Prepaid / Tariff Unit(운임단위): 42GP / Tariff Qty(요금수량): 1 / Unit Price(단가): 6,000 / Currency(계약화폐): KRW / Exchange Rate(적용환율): 1 / VAT(부가세) 금액: KRW600
- 세 번째 Freight Code(운임): THC(TERMINAL HANDLING CHARGE) / Prepaid/Collect(지불조건): Prepaid / Tariff Unit(운임단위): 22GP / Tariff Qty(요금수량): 1 / Unit Price(단가): 5,000 / Currency(계약화폐): KRW / Exchange Rate(적용환율): 1 / VAT(부가세) 금액: KRW500

6 샘플 및 출력서식

1) Master B/L 등록

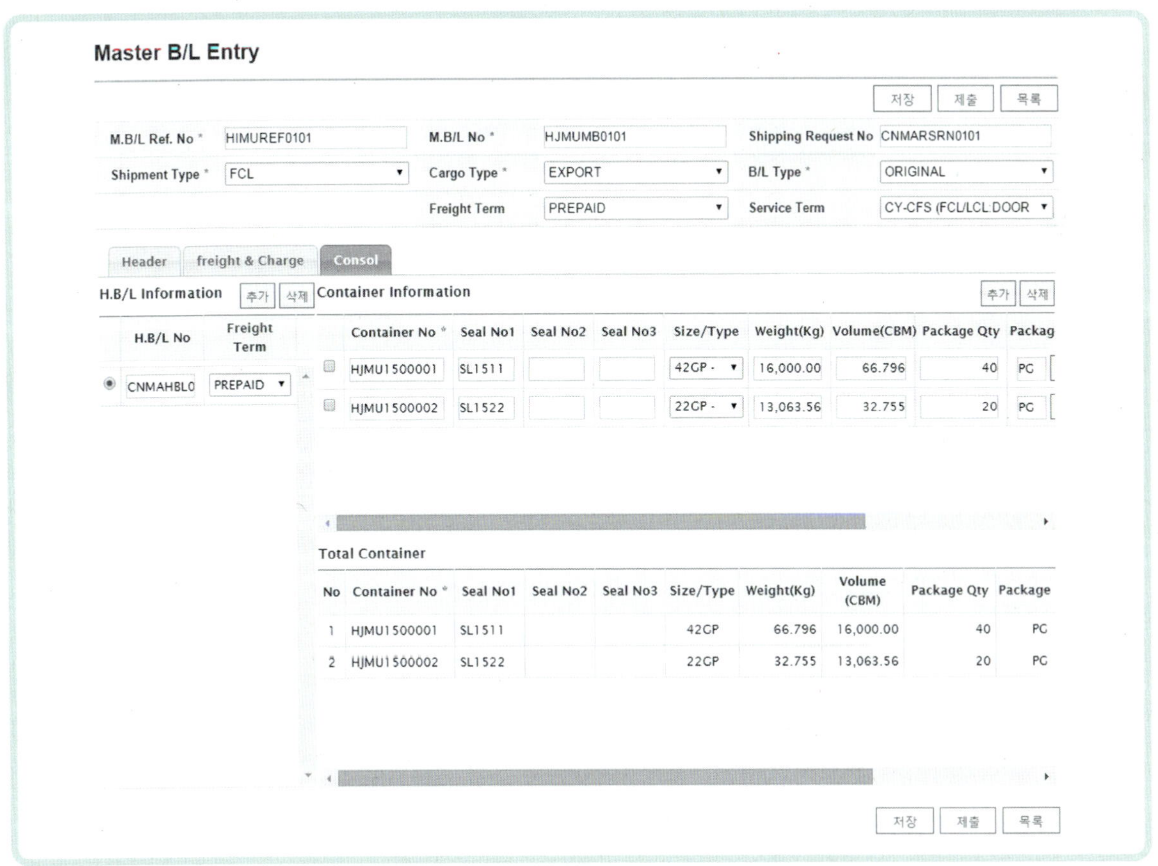

Master B/L Entry

저장 | 제출 | 목록

M.B/L Ref. No *	HIMUREF0101	M.B/L No *	HJMUMB0101	Shipping Request No	CNMARSRN0101
Shipment Type *	FCL	Cargo Type *	EXPORT	B/L Type *	ORIGINAL
		Freight Term	PREPAID	Service Term	CY-CFS (FCL/LCL:DOOR

Header | freight & Charge | Consol

H.B/L Information 추가 삭제

H.B/L No	Freight Term
CNMAHBL0	PREPAID

Container Information 추가 삭제

Container No *	Seal No1	Seal No2	Seal No3	Size/Type	Weight(Kg)	Volume(CBM)	Package Qty	Packag
HJMU1500001	SL1511			42GP -	16,000.00	66.796	40	PC
HJMU1500002	SL1522			22GP -	13,063.56	32.755	20	PC

Total Container

No	Container No *	Seal No1	Seal No2	Seal No3	Size/Type	Weight(Kg)	Volume (CBM)	Package Qty	Package
1	HJMU1500001	SL1511			42GP	66.796	16,000.00	40	PC
2	HJMU1500002	SL1522			22GP	32.755	13,063.56	20	PC

저장 | 제출 | 목록

'선사 선하증권(Master B/L) 등록' 차시에서 운항정보는 House B/L과 동일하고, 선사입장에서의 최종 화주 관련정보 Header탭과 특정 Master B/L에 연계된 House B/L들의 총 과금내역을 Freight & Charge탭에 기입한다. 나머지 Consol탭에서는 개별 Master B/L과 이에 연계된 House B/L의 화물 및 컨테이너 정보를 입력하여 최종 마무리 한다.

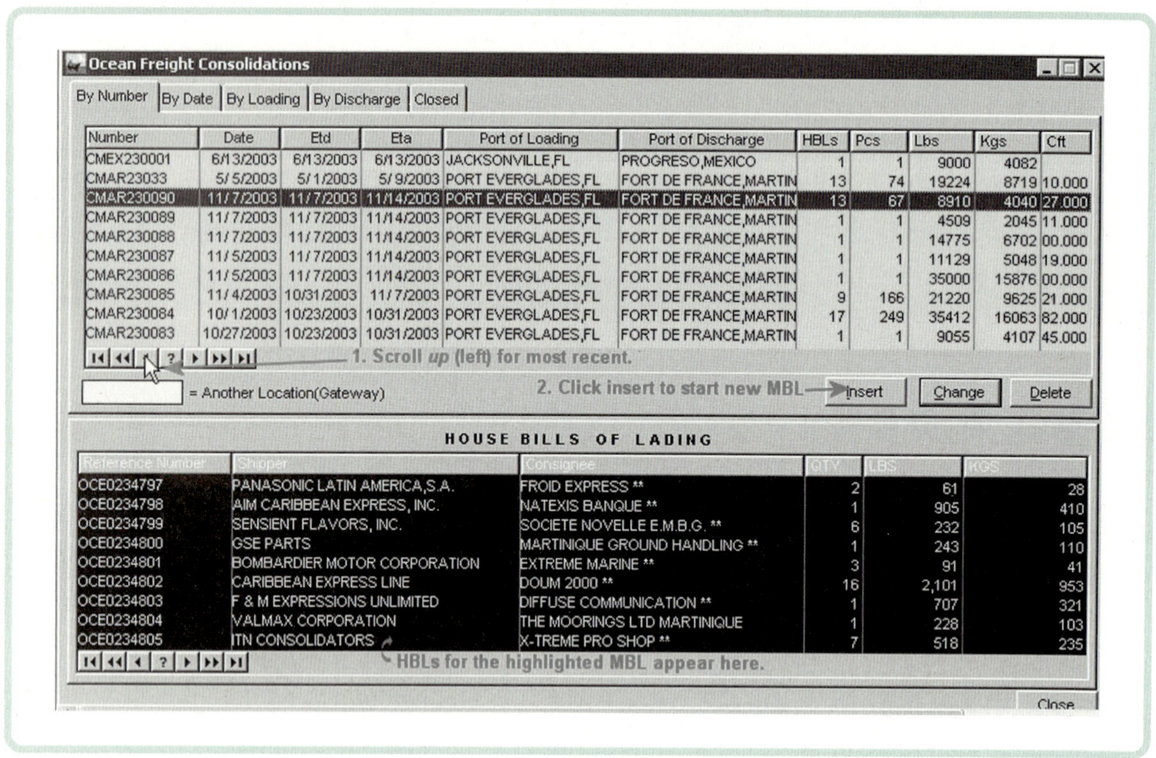

실제 선사 내부시스템 화면에서 특정 Master B/L을 클릭하면 연계된 House B/L에 대한 화물내역을 조회할 수 있다.

2) 서면 B/L 샘플

Shipper

SEOUL, SOUTH KOREA
TEL:82-2-2214-4648/9 FAX:82-2-2214-4650

KIFFA

FBL No. KM 70905372 KR 410

NEGOTIABLE FIATA MULTIMODAL TRANSPORT BILL OF LADING

ICC

issued subject to UNCTAD/ICC Rules for Multimodal Transport Documents(ICC publication 481).

Consignee

Notify Party
SAME AS CONSIGNEE

For delivery of goods please apply to:

V.T,MUMBAI-400001. T: 22073626
F: 22073632

Ocean Vessel		Port of Discharge
KMTC JAKARTA	0909S	SINGAPORE
Place of Receipt		Place of Delivery
BUSAN,KOREA CFS		MUMBAI,INDIA CFS
Port of Loading		Final Destination
BUSAN,KOREA		

Marks and Numbers	Number and Kind of Packages / Description of Goods	Gross Weight	Measurement
KMTU9269386 1253844	" SAID TO BE : " 37CTNS OF	1,824.00KGS	7.030CBM
CM/SMIT/786 CTN NO. 1-29 TTL_PCS_YDS	1)WOOL PEACH FORMAL BALCK FINISHING SAME AS ABBS-9331D		
CM/SMIT/786 CTN NO. 1-15 TTL_PCS_YDS	2)WOOL CHIFFON FORMAL BLACK FINISHING SAME AS PER DUBAI REGULAR SHIPPING QLTY TO REGULAR & BIG BUYER	LOADED ON BOARD 2009. 06. 28	
CM/SMIT/786 CTN NO. 1-16 TTL_PCS_YDS	3)SFT OSD FORMAL BLACK QLTY/TOUCH/FINISH SAM AS MB-9045 (090113-5C) 68" SENT TO YOU BY QUICK SERVICE TODAY 18-5-2009.		
	•INV NO.: CNGAHE090211-6/7/9		

ORIGINAL "FREIGHT COLLECT"

SAY : THIRTY SEVEN (37) CARTONS ONLY.

Freight Amount

** FREIGHT AS ARRANGED **

The goods and instructions are accepted and dealt with subject to the Standard Conditions printed overleaf.
Taken in charged in apparent good order and condition, unless otherwise noted herein, at the place of receipt for transport and delivery as mentioned above.
One of these Multimodal Transport Bills of Lading must be surrendered duly endorsed in exchange for the goods. In Witness whereof the original Multimodal Transport Bills of Lading all of this tenor and date have been signed in the number stated below, one of which being accomplished the other(s) to be void.

Freight Payable at
MUMBAI,INDIA

Number of Original B(s)/L	Authorized Signature
THREE (3)	
Place of Issue	
SEOUL,KOREA	
Date of Issue	
2009.06.29	

KMTA-F-O-01(1)

* 일반적으로 House B/L은 국내의 경우 한국국제물류협회(KIFFA ; Korea International Freight Forwarder Association)의 B/L 양식을 쓰는 경우가 많고, 특정 대기업 계열사 포워너는 사제 B/L 양식을 쓰는 경우도 있다. Master B/L의 경우 컨테이너선사는 자체 B/L 양식을 쓰는 경우가 많으나 Oil, Gas, 곡물 등과 같은 벌크화물의 경우 특정 산업에 맞춘 별도의 B/L 양식을 쓰는 경우도 있다.

제3절 포워더 수출입적하목록 신고

1 사전지식

1) 적하목록(Manifest)

국제운송에 있어 선박 또는 항공기에 적재된 화물의 목록을 의미하는 화물적재목록(cargo manifest)을 말한다. 세관은 이를 근거로 수출입 적재화물을 파악하고 화물의 검사, 단속, 과세를 하게 된다. 국내에서는 KTNET와 같은 '전자문서중계사업자'를 통하여 EDI/ XML과 같은 전자문서방식으로 관세청에 제출하는 것이 일반적이다.

2) 화물관리번호(MRN, MSN, HSN)

화물관리번호는 적하목록관리번호[MRN(manifest reference number) ; 영문숫자11자리]와 Master B/L일련번호(MSN; 숫자4자리) 및 House B/L 일련번호(HSN; 숫자3자리)를 합한 문자열로 만들어져 있다. MRN은 '년도-운항사영문코드-영문 또는 숫자'로 구성되어 있고, MSN과 HSN은 '숫자'로 되어 있다. House B/L이 없는 'Simple'의 경우 화물관리번호는 MRN과 MSN으로만 구성된다.

3) 적하목록 작성 책임자[3)]

- 수출입화물을 집하·운송하는 운항선사와 운항항공사
- 공동배선의 경우에는 운항선박 또는 항공기의 선박의 적재공간을 용선한 선박회사 또는 항공사(그 대리점을 포함한다)
- 혼재화물의 경우 화물운송주선업자(그 대리점을 포함한다; 일반적으로 포워더나 포워더 Agent)

4) 적하목록의 종류

- 선사/항공사 적하목록: 운항사 또는 공동배선사가 제출하는 Master B/L별 적하목록
- 포워더 적하목록: Master B/L과 연계된 포워더가 발행한 House B/L별 적하목록으로 혼재화물 적하목록(Consolidated Cargo Manifest)이라고도 한다.

3) 출처: 관세청 적하목록사전제출 가이드라인(2011.09.09)

5) 적하목록취합시스템(MFCS; Manifest Consolidation System)

수출입 화물의 Master B/L별 적하목록과 House B/L별 적하목록을 취합하여 세관에 송신하고, 세관의 접수·승인·오류 통보 등에 대한 업무처리 정보를 수신하여 적하목록 작성 책임자인 선사·항공사와 포워더의 적하목록신고를 지원하는 시스템이다.

6) 포워더 수출/수입 적하목록(Forwarder Outward/Inward Manifest)

포워더가 화주로부터 운송을 의뢰받아 화물을 받고 발급해주는 House B/L을 근거로 혼재화물(consolidated cargo)의 내역을 작성하여 전송한다. MFCS는 연계된 선사·항공사의 Master B/L별 적하목록과 House B/L별 적하목록을 취합한다.

주의 당해 절에서는 해상화물 포워더 수출입적하목록을 기준으로 설명한다.

2 화면설명

1) Forwarder Export Manifest Declaration - Master B/L

- MRN: 적하목록 관리번호(manifest Reference No), 선사가 작성한 Master 적하목록을 세관에 제출할시 부여한 일련번호로 제출년도(숫자2자리)+선사부호(영문자4자리)+일련번호(숫자 및 영문4자리)+오류검증부호(숫자 1자리)로 구성된다.

  주의 화물관리번호는 MRN+MSN(숫자4자리)+HSN(숫자3자리)

- Forwarder Code: 포워더 코드/명
- M.B/L No.: 선사가 발행하는 Master B/L No.

2) Voyage information

- Departure Date: 출항일자

- Vessel: 선박코드 및 명
- Voyage: 항차번호
- Port of Loading: 적재항, 선적이 일어나는 장소(국내 도착항)
- Call Sign: 선박호출부호
- Liner: 선사
- Customs Code: 세관코드
- Customs Dept.: 세관과 코드

3) Forwarder Export Manifest Declaration - House B/L

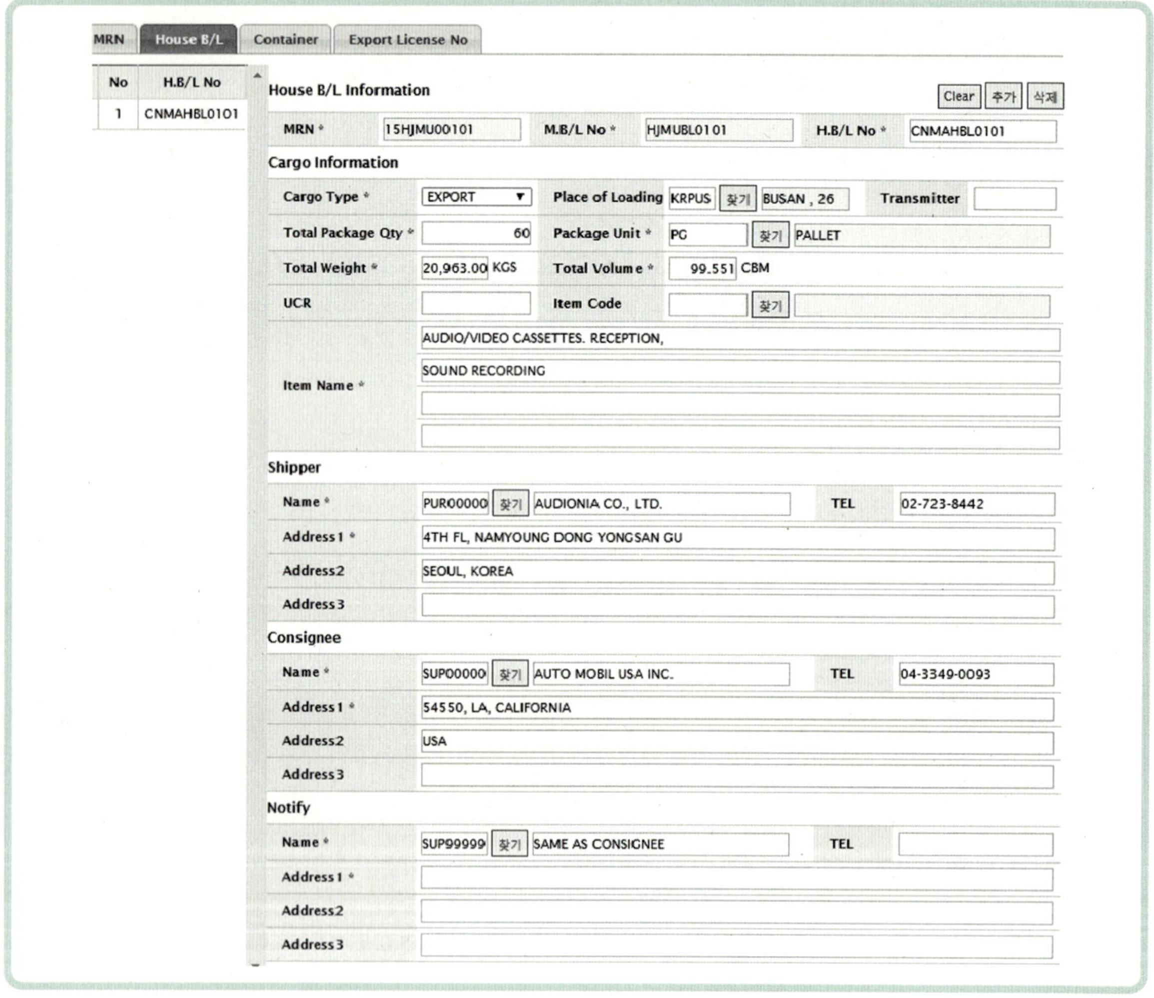
MRN | House B/L | Container | Export License No

No	H.B/L No
1	CNMAHBL0101

House B/L Information   Clear 추가 삭제

MRN * 15HJMU00101   M.B/L No * HJMUBL0101   H.B/L No * CNMAHBL0101

Cargo Information

Cargo Type * EXPORT   Place of Loading KRPUS 찾기 BUSAN , 26   Transmitter

Total Package Qty * 60   Package Unit * PG 찾기 PALLET

Total Weight * 20,963.00 KGS   Total Volume * 99.551 CBM

UCR   Item Code 찾기

Item Name * AUDIO/VIDEO CASSETTES. RECEPTION,
SOUND RECORDING

Shipper

Name * PUR00000 찾기 AUDIONIA CO., LTD.   TEL 02-723-8442

Address1 * 4TH FL, NAMYOUNG DONG YONGSAN GU

Address2 SEOUL, KOREA

Address3

Consignee

Name * SUP00000 찾기 AUTO MOBIL USA INC.   TEL 04-3349-0093

Address1 * 54550, LA, CALIFORNIA

Address2 USA

Address3

Notify

Name * SUP99999 찾기 SAME AS CONSIGNEE   TEL

Address1 *

Address2

Address3

- MRN: 적하목록 관리번호
- M.B/L No.: 선사가 발행하는 Master B/L No.
- H.B/L No.: 포워더가 화주에게 발행하는 House B/L No.

[Cargo Information]

- Cargo Type: 적재되는 화물의 유형 수출화물(export cargo), 환적화물(T/S cargo), 수입화물(import cargo) 등으로 구분
- Place of Loading: 적재항, 선적지 선적이 일어나는 장소(국내 도착항)
- Total Package Qty: 총 포장수량, 운송용 포장종류의 구분기준에 따른 물품의 포장개수로 B/L별 포장개수를 기재, 포장종류가 2종 이상인 경우 포장 종류별 물품의 총중량이 많은 쪽의 포장단위 종류를 기재
- Package Unit: 포장단위
- Total Weight: 총 중량, 운송용 포장중량을 포함한 물품의 중량합계를 KG단위로 환산하여 소수점 2자리(3자리에서 반올림)까지 표기[운송용기(컨테이너에 적입된 화물은 컨테이너)의 중량을 제외함]
- Total Volume: 총용적, 운송용 포장을 포함한 물품의 용적을 CBM단위로 환산하여 소수점 3자리(4자리에서 반올림)까지 표기
- Transmitter: 전송지(전자문서를 송신하는 자)
- UCR: 화물식별 고유번호(Unique Consignment Reference). 세계관세기구(WCO)가 제안하였으며 국제무역거래에서 최초 공급자로부터 최종 소비자까지 화물정보를 추적할 수 있는 화물식별번호이다. 수출신고-적재-출항-운송-입항-하역-보세구역 반입-보세운송-수입신고-반출 등 일련의 화물 흐름에서 수반되는 각종 신고시 이 UCR을 첨부하여 전체 공급망을 하나의 사슬로 연결하면, UCR을 통해 수출국으로부터 제공받은 수출정보와 수입국에서 보유하고 있는 수입정보를 연결시켜 각 단계별 화물정보를 추적할 수 있다.
- Item Name: 품목 코드 및 명, 일반적인 품명을 먼저 기재한 후 필요시 고유품명을 70자 이내로 요약하여 기재(규격은 기재 생략). 하나의 B/L 또는 컨테이너에 둘 이상의 품명이 존재하는 경우 대표 품명을 기재하고 맨 마지막에 'ETC' 기재

[Shipper]

- Shipper: 송하인 코드 및 명
- Tel: 송하인 전화번호
- Address: 송하인 수소

[Consignee]

- Name: 수하인 코드 및 명, 물건을 받을 사람으로 수입자라고 볼 수도 있다.
- Tel: 수하인 전화번호
- Address: 수하인 주소

[Notify]

- Name: 통지처 코드 및 명, 대부분 Consignee와 동일하지만 다를 수도 있다.
- Tel: 통지처 전화번호
- Notify Address: 통지처 주소

3) Forwarder Export Manifest Declaration - Container

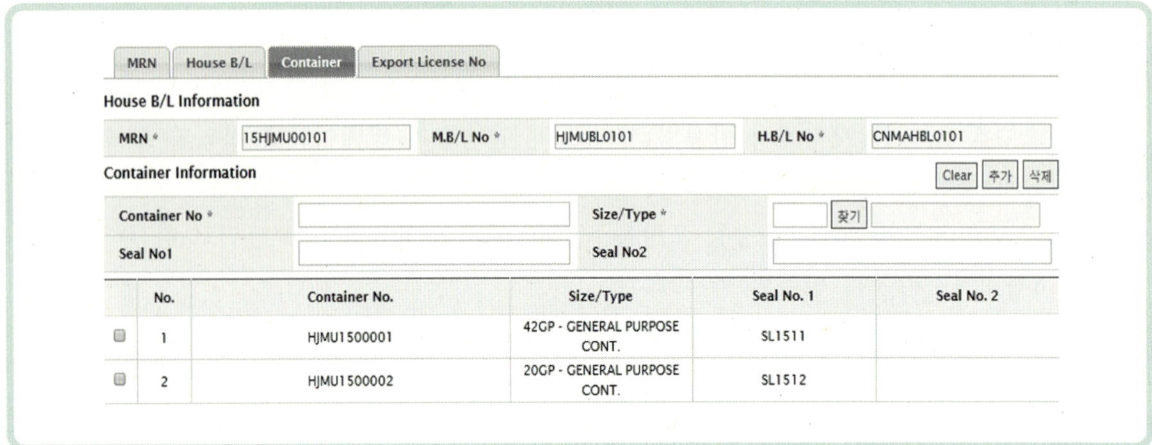

MRN | House B/L | Container | Export License No

House B/L Information

MRN *	15HJMU00101	M.B/L No *	HJMUBL0101	H.B/L No *	CNMAHBL0101

Container Information

Clear | 추가 | 삭제

Container No *		Size/Type *	찾기
Seal No1		Seal No2	

	No.	Container No.	Size/Type	Seal No. 1	Seal No. 2
	1	HJMU1500001	42GP - GENERAL PURPOSE CONT.	SL1511	
	2	HJMU1500002	20GP - GENERAL PURPOSE CONT.	SL1512	

- MRN: 적하목록 관리번호
- M.B/L No.: 선사가 발행하는 Master B/L No.
- H.B/L No.: 포워더가 화주에게 발행하는 House B/L No.

[Container Information]

수입화물이 컨테이너 화물인 경우 컨테이너번호를 기재(여러 개인 경우 모두 기재), 벌크화물은 "IN BULK"로 표기, 컨테이너 규격과 종류는 ISO코드 4자리로 기재

- Container No: 컨테이너 번호
- Size/Type: 컨테이너 사이즈/타입(ISO TYPE)
- Seal No.1: 컨테이너 봉인번호

4) Forwarder Export Manifest Declaration - Export Permit

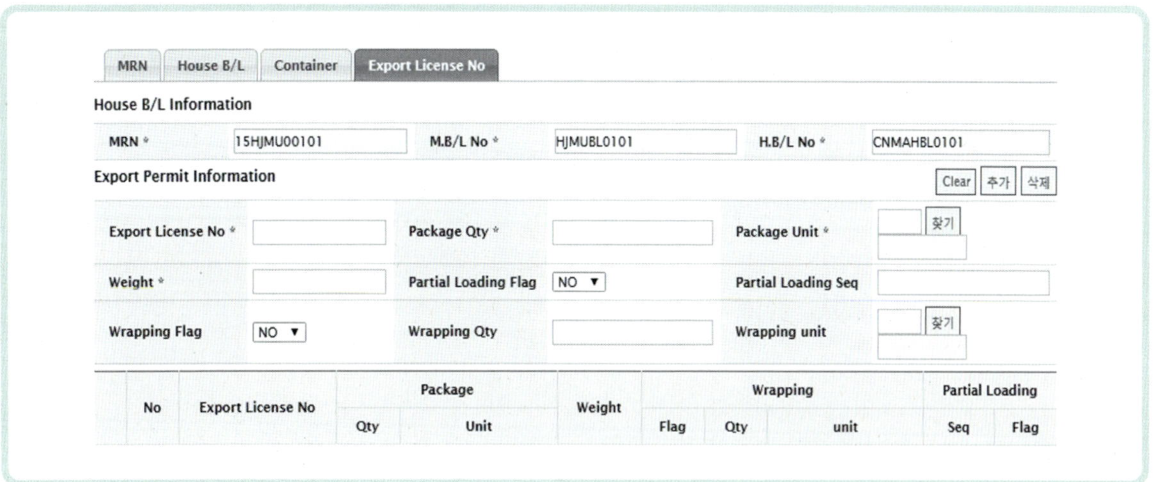

[House B/L Information]

- MRN: 적하목록 관리번호
- M.B/L No.: 선사가 발행하는 Master B/L No.
- H.B/L No.: 포워더가 화주에게 발행하는 House B/L No.

[Export Permit Information]

- Export Permit No: 수출신고 수리번호(E/P No.)
- Package Qty: 포장수량
- Package Unit: 포장단위
- Weight: 중량
- Wrapping Flag: 묶음 표시
- Seq. of Partial Shipment: 분할선적 차수(Sequence of Partial Shipment)
- Wrapping Qty: 묶음 수량
- Wrapping Unit: 묶음 단위

5) Forwarder Import Manifest Declaration - Customs Clearance

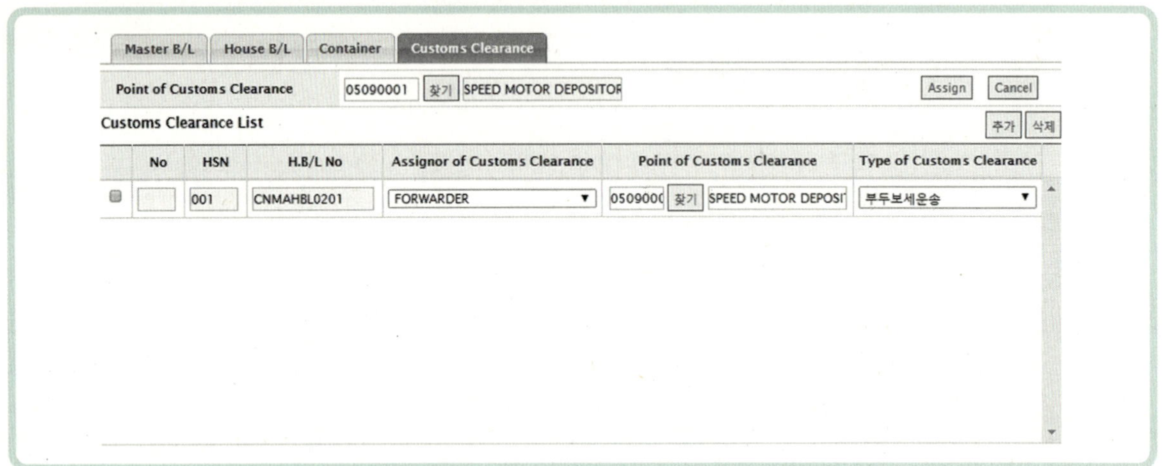

- Point of Customs Clearance: 배정장소

[Customs Clearance List]

- No: 일련번호
- H.B/L No: 포워더가 화주에게 발행하는 House B/L No.
- Assignor of Customs Clearance: 배정자(포워더 또는 선사)
- Point of Customs Clearance: 배정장소명
- Type of Customs Clearance: 배정내역 구분

주의 Forwarder Import Manifest Declaration의 Master B/L탭에서부터 Container 탭까지의 화면 설명은 Forwarder Import Manifest Declaration을 참조한다.

3 업무 프로세스 흐름도

1) 해상화물 적하목록 업무처리

- 선사: 선사는 MRN번호를 부여하여 MFCS(적하목록취합시스템)에 적하목록을 송신한다. 공동배선인 경우 각 용선사별로 적하목록을 MFCS에 송신한다.
- 포워더, 입력대행: 포워더는 직접입력 또는 입력대행소를 이용하여 혼재화물 적하목록을 MFCS에 송신한다.
- 운항선사: 운항선사는 MFCS를 통해 적하목록 취합 여부를 확인하고, 취합된 적하목록을 관세청으로 전송한다.

- 관세청시스템은 수신한 적하목록의 오류 검증하여 접수·오류 통보한다.
- 신고된 적하목록에 이상이 없으면, 세관시스템이 MRN별로 적하목록을 승인하고 승인을 통보한다.

2) 포워더 수출적하목록 신고

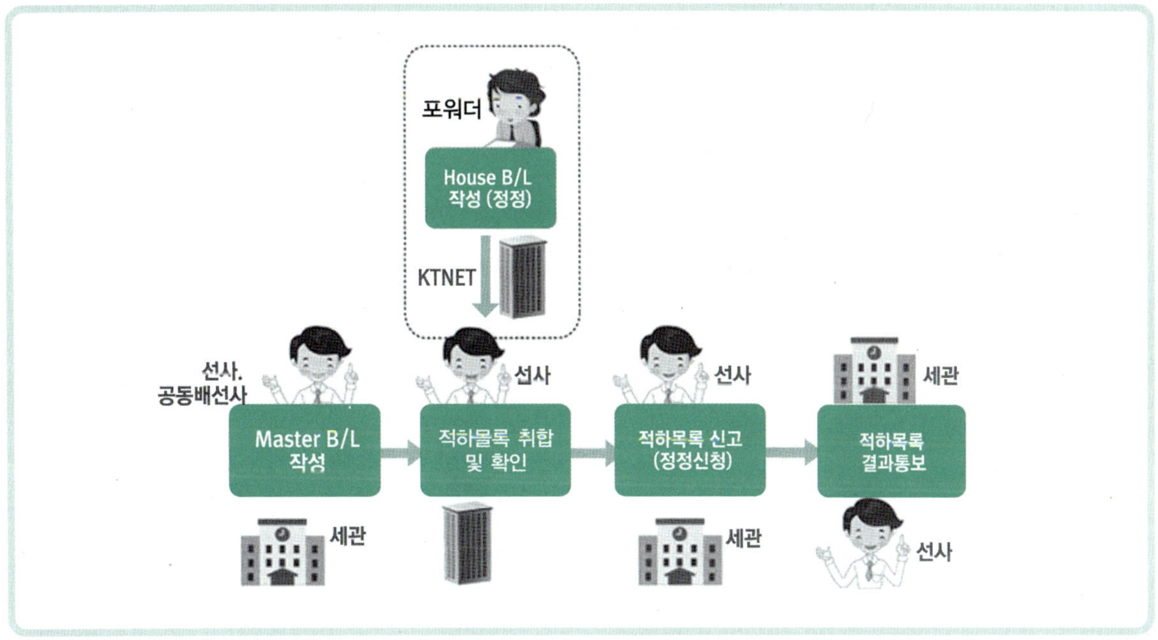

3) 포워더 수입적하목록 신고

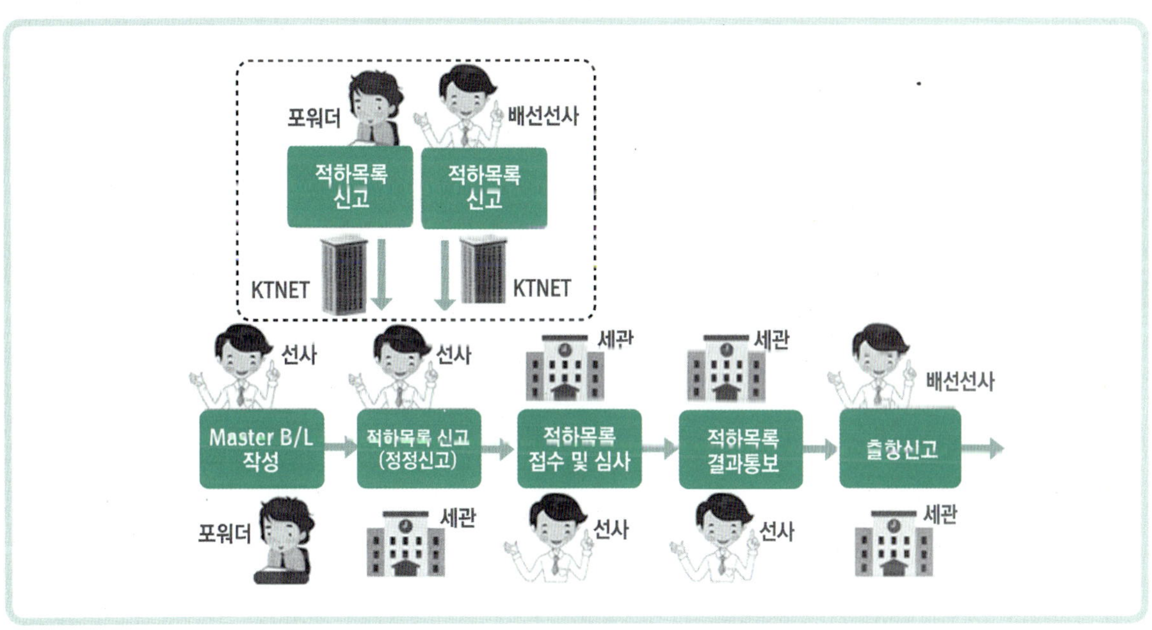

4) 적하목록 정정신청

정정신청서 제출 후 접수 및 오류통보를 받는다. 오류통보 수신시에는 오류내용을 확인하고 다시 정정신청을 한다. 정정신청 결과통보에서 '승인'이 된 경우 세관은 정정된 내용을 MFCS로 보내 내역이 업데이트 된다.

4 전자문서 흐름도

1) 포워더 수출적하목록 작성/제출

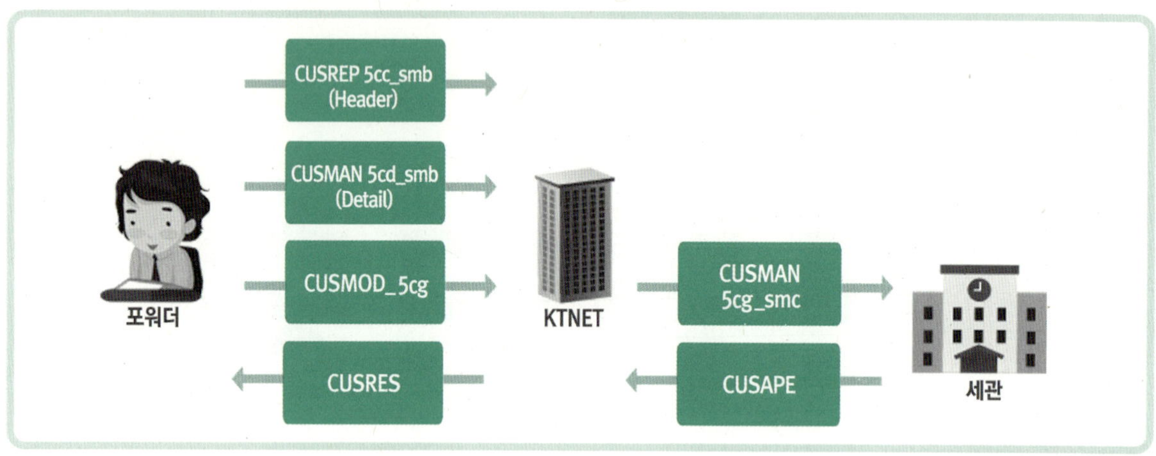

화주로부터 선적의뢰를 받은 선사 또는 포워더는 수출신고 등 관련 서류를 검토한 후 B/L을 발행하고 포워더는 해당 House B/L내역을 MFCS로 전송한다. 수출적하목록운항정보(CUSREP-5cc)와 수출 House B/L내역(CUMAN-5cd)을 송부하고 세관으로부터 접수 및 승인통보(CUSRES)를 받는다. 승인 후 정정건에 대해서는 포워더는 정정신청서(CUSMOD-5cg)를 세관으로 전송한다. 또한 세관시스템 접수시 오류가 있을 경우에는 포워더에게 별도의 통지(CUSAPE-963)를 한다.

2) 포워더 수입적하목록 작성/제출

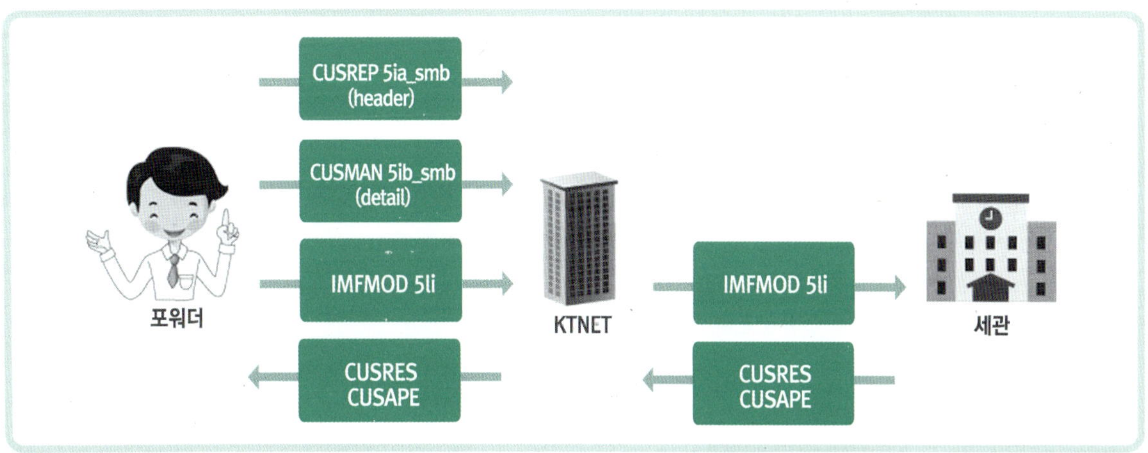

해상화물은 일반적으로 입항 24시간 전까지 적하목록작성 및 제출하여 MFCS로 전송한다. 수입적하목록운항정보(CUSREP-5ia)와 수입 House B/L 내역(CUMAN-5ib)을 송부하고 세관으로부터 접수 및 승인통보(CUSRES)를 받는다. 승인 후 정정건에 대해서는 포워더는 정정신청서(IMFMOD-5li)를 세관으로 전송한다. 또한 세관시스템 접수시 오류가 있을 경우에는 포워더에게 별도의 통지(CUSAPE)를 한다.

5 실습 지시문

1) 포워더 수출적하목록 신고 실습 지시문

포워더인 "천마항운"은 수출화물을 선박에 적재하기 24시간 전에 적하목록을 제출하려 한다. 신규 수출 적하목록을 작성하고 세관에 신고하는 실습을 해 보세요.

(MRN 정보)

- MRN(적하목록관리번호): 15HJMU00101
- Forwarder(포워더): CHEONMA MARINE TRANSPORTATION CO., LTD.(천마항운)
- M.B/L No(master B/L번호): HJMUMBL0101
- Departure Date(출항일자): 2016-12-10
- Vessel(선박): FREEDOM(프리덤) / Voyage(항차): 0033E / Call Sign(선박 호출부호): 3FF5
- Port of Loading(적재항): BUSAN, KOREA(부산)
- Liner(선사): HANJIN MERCHANT MARINE CO., LTD.(한진상선)
- Customs Code(신고세관): 부산본부세관 / Customs Dept.(세관과): 통관과

(house B/L 정보)

- house B/L No: CNMAHBL0101
- Cargo Type(화물구분): EXPORT(수출)
- Total Package Qty(총포장수량): 60 / Package Unit(포장단위): PALLET / Total Weight(총중량): 20,963KGS / Total Volume(총용적): 99.551CBM
- Item Name(품목명): AUDIO/VIDEO CASSETTES. RECEPTION, SOUND RECORDING
- Shipper(송하인): AUDIONIA CO., LTD.
- Consignee(수하인): AUTO MOBIL USA INC
- Notify(통지처): SAME AS CONSIGNEE(수하인과 동일)

(Container Information)

- 첫 번째 Container No(컨테이너번호): HJMU1500001 / Size/Type(사이즈/구분): 42GP / Seal No.1(봉인번호.1): SL1511
- 두 번째 Container No(컨테이너번호): HJMU1500002 / Size/Type(사이즈/구분): 22GP / Seal No.1(봉인번호.1): SL1512

2) 포워더 수입적하목록 신고 실습 지시문

포워더인 "천마항운"은 선박 적재 24시간 전에 수입적하목록을 작성하여 세관에 제출하여야 한다. 기 작성된 House B/L을 근거로 수입 적하목록을 작성하고 세관에 제출하는 실습을 해 보세요.

(Master B/L information)

- MRN: 16HJMU00201 / MSN: 0001 / HSN: 001 / M.B/L No: HJMUMBL0201

(Voyage Information)

- Arrival Date(입항일자): 2016-12-21 / Port of Discharge(양륙항): BUSAN, KOREA(부산)
- Vessel(선박): HARMONY / Voyage(항차): 0034W / Call Sign(선박호출부호): 12A1
- Vessel Operator(운영선사): MASK LINE(마스크라인)
- Custom Code(적하목록 신고세관): 부산본부세관 / Customs Dept(세관과): 통관과

(house B/L Information)

- H.B/L No(House B/L번호): CNMAHBL0201
- Cargo Type(화물구분): IMPORT / Shipment Type(적재구분): FCL / Nature of Cargo(화물특성): 기타 선상 수출신고 물품 / Place of Departure(하차지): 고려신항만터미널
- Total Package Qty(총포장수량): 1,500 / Package Code(포장코드): BOX / Total Weight(총중량):

1,800Kg / Total Volume(총용적): 100.31CBM / Intermodal Transport(복합운송): No / Bonded Carrier(보세운송사): BEST TRANS CO., LTD.(베스트운송사) / D/O Flag(화물인도지시서 여부): Yes

- Item Name(품명): OPEN FACE HELMET
- Shipper Name(송하인명): BOSS MOTORS LTD(보스모터즈) / Consignee Name(수하인명): SPEED MOTOR CO., LTD.(스피드모터) / Notify(통지처명): SAME AS CONSIGNEE(수하인과 동일)

(Container Information)

- 첫 번째 Container No.(컨테이너번호): KNET2500001 / Size/Type(사이즈/타입): 42GP / Package Qty(포장수량): 1,000 / Package Unit(포장단위): BOX / Seal No.1(봉인번호.1): SL2511
- 두 번째 Container No.(컨테이너번호): KNET2500002 / Size/Type(사이즈/타입): 22GP / Package Qty(포장수량): 500 / Package Unit(포장단위): BOX / Seal No.1(봉인번호.1): SL2512

(Customs Clearance List)

- H.B/L No(House B/L번호): CNMAHBL0201 / Assignor of Customs Clearance(배정자): FORWARDER
- Point of Customs Clearance(배정지): SPEED MOTOR DEPOSITORY(스피드모터장치장) / Type of Customs Clearance(배정구분): 부두 보세운송

6 샘플 및 출력서식

주의 본 절에서 인용하는 서식, 전자문서 EDI 처리절차는 관세청 자료가 기준이므로 일부 변경이 있을 수 있다.

1) 서면 혼재화물 적하목록(수출)

(별지 제2-2호 서식)

대 한 민 국 세 관
KOREA CUSTOMS SERVICE

혼재화물적하목록(해상수출)
Sea Consolidated Cargo Manifest

1. 면번(PAGE NO.)	2. 적하목록관리번호(Manifest Reference No.)	3. 제출차수(Submit No.)

4. 선박회사명(Name Of Carrier)	5. 국내화물운송주선업자명(Consolidator)	6. 선박명(Name Of Vessel)	7. 입항일자(Date of Departure)

8. 선하증권번호(M B/L No)	10. 화물구분 (E:Export R:Reshipment) / 9. 선하증권번호(H B/L No)	11. S) 송하인 (Shipper) C) 수하인 (Consignee) N) 통지처 (Notify)	12. 컨테이너번호 (Container No.) /봉인번호 (Seal No.)	13. 품 명 (Description of Goods)	14. 포 장 개 수 (Number and Kind of Packages)	15. 1)총중량(KGS) (Gross Weight) 2)총용적(CBM) (Measurement)	16. 세 관 기 재 란 Customs Use Only

2) 서면 혼재화물 적하목록(수입)

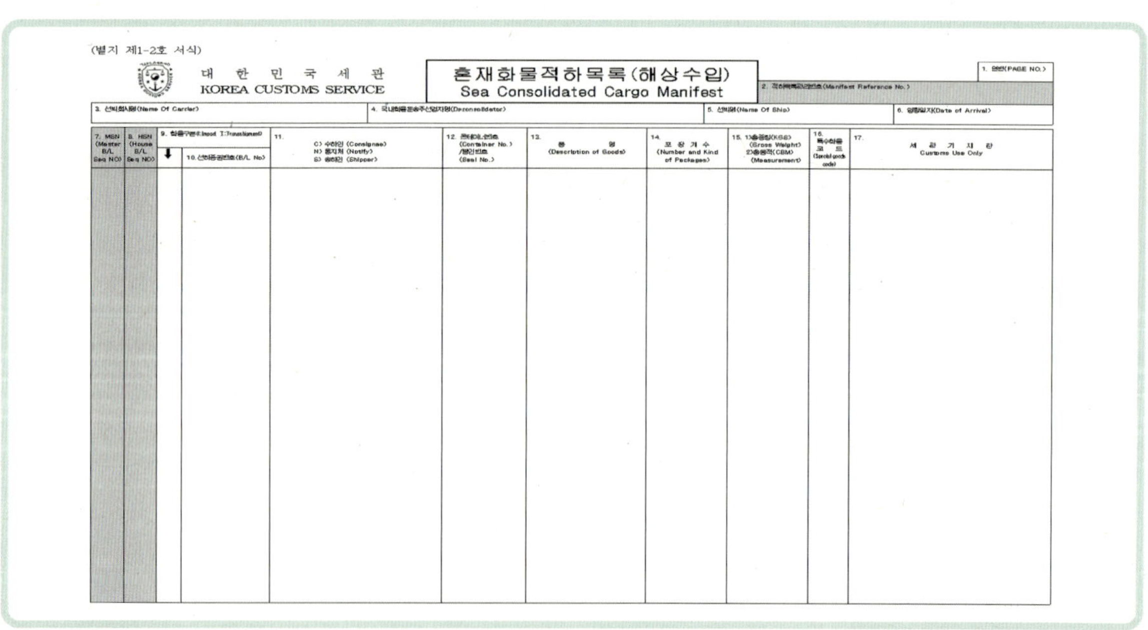

(별지 제1-2호 서식)

대 한 민 국 세 관
KOREA CUSTOMS SERVICE

혼재화물적하목록(해상수입)
Sea Consolidated Cargo Manifest

1. 면번(PAGE NO.)	2. 적하목록관리번호(Manifest Reference No.)

3. 선박회사명(Name Of Carrier)	4. 국내화물운송주선업자명(Deconsolidator)	5. 선박명(Name Of Ship)	6. 입항일자(Date of Arrival)

7. MSN (Master B/L Seq NO)	8. HSN (House B/L Seq NO)	9. 화물구분(I:Import T:Transhipment) / 10. 선하증권번호(B/L No)	11. C) 수하인 (Consignee) N) 통지처 (Notify) S) 송하인 (Shipper)	12. 컨테이너번호 (Container No.) /봉인번호 (Seal No.)	13. 품 명 (Description of Goods)	14. 포 장 개 수 (Number and Kind of Packages)	15. 1)총중량(KGS) (Gross Weight) 2)총용적(CBM) (Measurement)	16. 특수화물 코 드 (Special goods code)	17. 세 관 기 재 란 Customs Use Only

제4절 선사 수출입적하목록 신고

사전지식

1) 적하목록 제출시기[4]

구 분		제 출 시
해상화물	수입	• (원칙) 적재항에서 선박에 적재하기 24시간 전 • (근거리지역) 적재항에서 선박이 출항하기 전 • (벌크화물) 선박이 입항하기 4시간 전
	수출	• (원칙) 선박에 적재하기 24시간 전 • (근거리지역) 선박에 적재하기 전, 출항 30분 전 최종 마감 • (벌크·환적화물) 선박이 출항하기 전까지

* 해상환적화물(환적 공컨테이너 포함)의 경우 별도 통보시까지 종전과 같이 출항 익일 24시까지 제출

적하목록의 제출시기에서 규정한 근거리 지역의 범위는 중국, 대만, 홍콩, 일본, 러시아(극동지역)에 한한다. 다만 해상 수출적하목록의 경우 근거리 지역에 필리핀, 베트남, 캄보디아, 태국, 인도네시아, 말레이지아, 싱가포르를 포함한다.

2) 적하목록 작성책임자

- 수출입물품을 집하. 운송하는 운항선사(대리점 포함)
- 공동배선의 경우 선박의 선복(freight space)을 용선한 선박회사(또는 대리점)
- 혼재화물은 화물운송주선업자(포워더)

3) 명백한 품명오류 적용기준(과태료 대상)[5]

선사 및 해상포워더가 수출입 적하목록(환적화물 제외)의 품명을 다음과 같이 기재한 경우에는 명백한 품명오류에 해당한다.

- 숫자, 알파벳, 한글 등 기재: (예시) 0, 1, 11, 123, A, B, AAA, ACC 등
- 특수문자 기재. (예시) !, @, #, $, %, &, *, ?, ^ 등

4) 출처: 관세청 [적하목록사전제출가이드라인] (2011.09.09)
5) 출처: 관세청 [수출입적하목록사전제출제도운영업무지침] (2012.09.28)

- 의미없는 단어(광의어)만 기재: (예시) Sample, Parts, Accessory, Goods, Gift, Products 등
- 브랜드(상표명)만 기재: (예시) NIKE, ADIDAS, LOUISVUITTON, BURBERRY 등

4) 정정신청

적하목록이 제출된 이후 그 기재내용의 일부를 정정하고자 할 때에는 사실관계를 입증할 수 있는 증빙서류와 함께 세관에 제출하고 심사받아야 한다. 그 사유는 적하목록 누락에 따른 B/L추가, 수하인(화주)의 변경 등이 있다.

5) 정정시기 및 구비서류

- 적하목록 정정시기: 운항선사가 출항적하목록 최종 마감 전송한 뒤 세관장 '승인' 이후
- 신청자: 선사 또는 화물운송주선업자(포워더)
- 기본 구비서류: 적하목록 정정신청서(2부), 사유서, 해당 B/L사본, E/P

6) 하선신고

수입된 화물이 최초로 보세구역에 반입됨을 예정/결과 보고하는 것으로, 선사가 화물을 하역하고자 할 때에는 수입화물에 대해 하선신고서를 작성하여 세관에 제출해야 한다. 입항 선박별 적하목록 정보를 기준으로 하선결과 물품이 적하목록과 상이한 경우 하선 결과보고서를 작성하여 세관에 제출한다.

2 화면설명

1) Liner Export Manifest Declaration - MRN

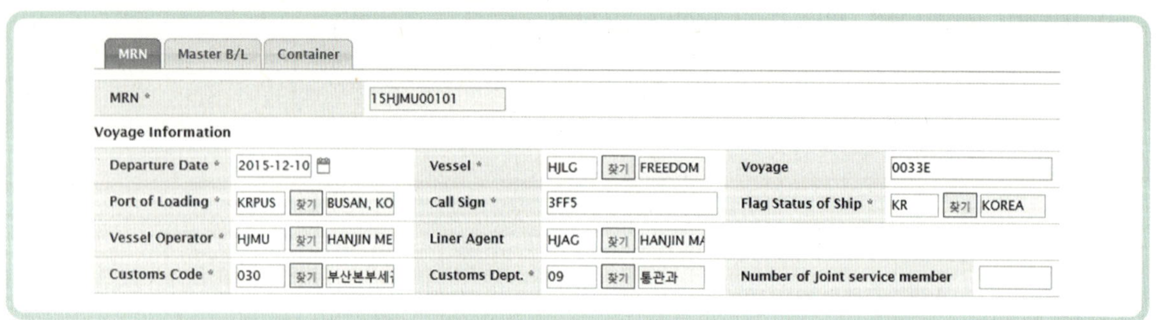

- MRN: Manifest Reference No., 선사가 작성한 Master 적하목록을 세관에 제출할 때 선사가 부여한 제출 일련번호

- MRN은 제출년도(숫자2자리) + 선사부호(영문자4자리) + 일련번호(숫자 및 영문4자리) + 오류검증부호(숫자1자리)로 구성된다.
- '선사부호'는 당해 항차의 선박운항을 책임지는 선박회사(대리점)의 관세청 등록 고유부호(영문4자리)
- 오류검증부호는 EDI에서만 검증하며, 서류제출 시 미사용 가능
- MRN은 적하목록이 관세청시스템에 최초로 제출된 시점에서 확정되며 제출자 임의로 변경불가
- 일련번호는 1년 이내에 세관별, 항구별로 중복되지 않도록 선박회사가 자율적으로 부여

[Voyage information]

- Departure Date: 출항일자
- Vessel: 선박코드 및 명
- Voyage: 항차번호
- Port of Loading: 적재항, 선박에 물품이 적재된 항구코드로 UN/LOCODE(UN 무역 및 운송 지역코드) 5자리를 기재(국가2+항구명3) 예) 미국 캘리포니아 LONGBEACH항: "USLGB"
- Call Sign: 무선통신으로 선박을 호출하기 위해 사용되는 고유번호
- Flag status of Ship: 선박국적
- Vessel Operator: 선박 운영사
- Number of Joint Service Member: 공동배선선사 수(단독 운항일 경우 1로 표기)
- Liner Agent: 선사대리점
- Customs Code: 세관 코드
- Customs Dept.: 세관과 코드

2) Liner Export Manifest Declaration - Master B/L

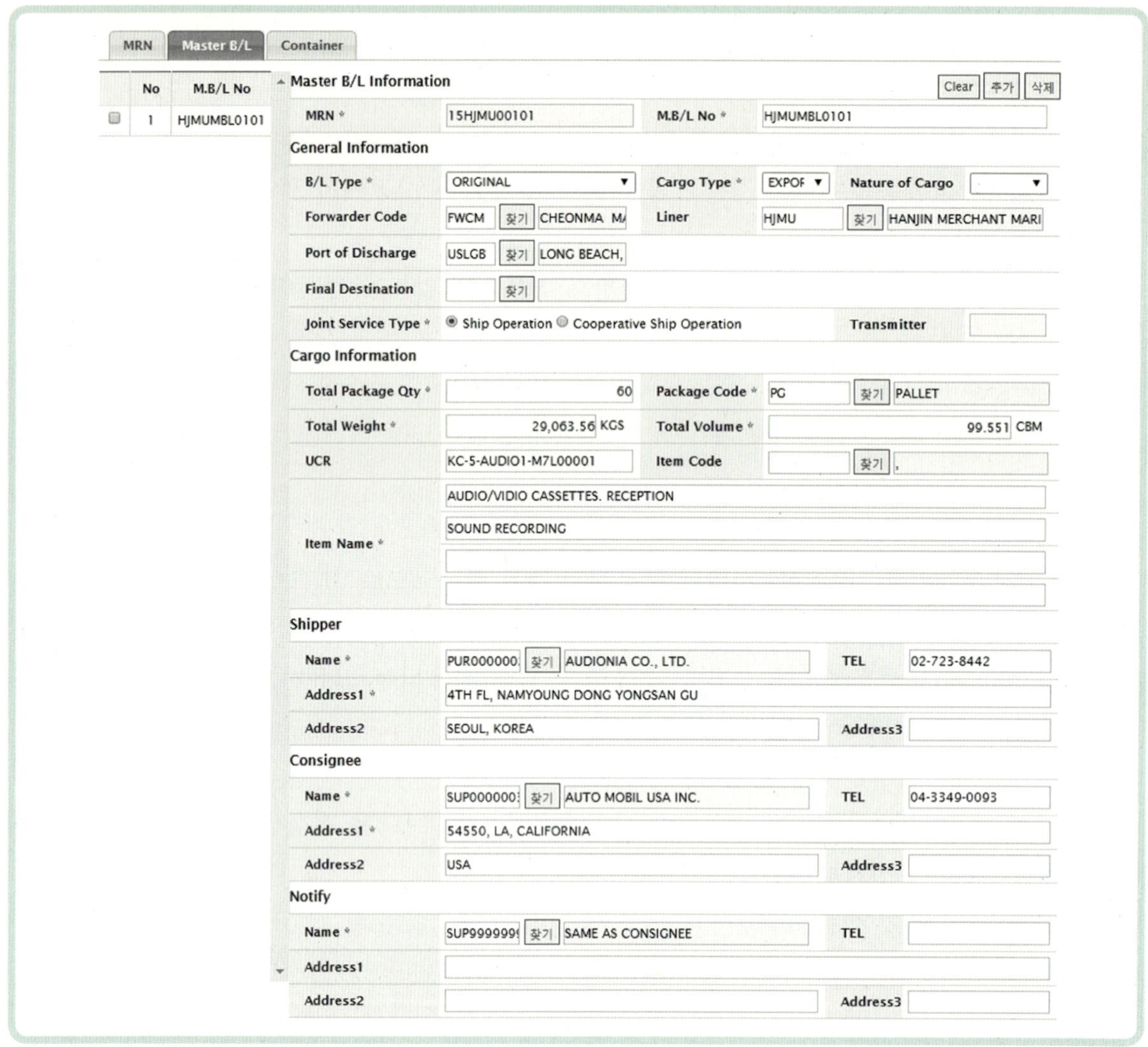

[Master B/L Information]

- MRN: Manifest Reference No, 선사가 작성한 Master 적하목록을 세관에 제출할 때 선사가 부여한 제출 일련번호
- M. B/L No: 선사가 발행하는 Master B/L No.
  - Master B/L No. 총 16자리 중 앞에서부터 4자리는 관세청에 등록된 선사부호(예를 들어 한진해운은 'HJSC')를 부여하고, 11자리는 선사에게 자율적으로 부여하여 기재, 마지막 1자리는 Check digit 기재, 5년간 중복사용 불가

[General Information]

- B/L Type: B/L의 유형, Simple, Consol, Empty Container로 구성됨

- 'S'(Simple): Master B/L만 존재하고 House B/L이 없는 경우
- 'C'(Consolidated Cargo: 혼재화물): Master B/L이 있고 House B/L이 하나 이상이 있는 경우
- 'E'(Empty Container): 화물이 아닌 화물적재 용기(empty container)인 경우

■ Cargo Type: 화물 유형(수출화물, 수입화물, 환적화물)

■ Nature of Cargo: 화물특성(공컨테이너, 벌크화물, 기타), 미주행 컨테이너 화물에만 화물특성 코드를 넣고 미주행을 제외한 화물에는 넣지 않아도 됨

■ Forwarder Code: 포워더 코드/명

■ Liner: 선사

■ Port of Discharge: 하역지. 하역이 일어나는 장소(하역항). 코드 5자리를 기재(국가2 + 항구명3). 예) 미국 캘리포니아 LONGBEACH항: "USLGB"

■ Final Destination: 최종 목적지

■ Joint service type: 단독/공동배선선사 구분

■ Transmitter: 전송자

[Cargo Information]

■ Total Package Qty: 포장개수, 포장단위의 구분없이 각 포장단위별 포장개수를 합산하여 기재(PCS단위로 기재할 필요 없음)
  - 살물(광물, 원유, 곡물, 염, 원피 등의 BULK CARGO)의 경우 "0"으로 기재
  - 포장되지 않고 수량단위로 운송되는 물품(예: HANGER CONTAINER)은 당해 물품의 수량을 기재
  - FCL화물인 경우 B/L별 총 포장개수를 기재하고, 하나의 B/L에 컨테이너가 여러 대인 경우는 컨테이너별 포장개수를 기재
  - LCL화물인 경우 B/L별로 포장개수를 기재

■ Package Code: 포장단위, 포장단위가 2종 이상인 경우 포장단위별 물품의 총중량이 많은 쪽의 포장단위 기술

■ Total Weight: 포장총중량, Master B/L별 운송용 포장중량을 포함한 물품의 중량 합계

■ Total Volume: 총 용적, Master B/L별 운송용 포장을 포함한 물품의 용적 합계. CBM단위로 환산하여 소수점이하 3자리까지 기재(소수점 이하 4자리에서 반올림)

■ UCR: 화물식별 고유번호(Unique Consignment Reference). 세계관세기구(WCO)가 제안하였으며 국제무역거래에서 최초 공급자로부터 최종 소비자까지 화물정보를 추적할 수 있는 화물식별번호이다. 수출신고-적재-출항-운송-입항-하역-보세구역, 반입-보세운송-수입신고-반출 등 일련의 화물 흐름에서 수반되는 각종 신고시 이 UCR을 첨부하여 전체 공급망을 하나의 사슬로 연결하면, UCR을 통해 수출국으로부터 제공받은 수출정보

와 수입국에서 보유하고 있는 수입정보를 연결시켜 각 단계별 화물정보를 추적할 수 있다.

- Item Name: 품목코드 및 명

[Shipper]

- Shipper: 송하인 코드 및 명, 사전에 등록된 화주코드와 더불어 영문으로 주소정보가 반드시 기입되어야 함.
- Tel: 송하인 전화번호

[Consignee]

- Consignee: 수하인 코드 및 명, Master B/L상 물품의 수취인 및 소유자 또는 정당하게 배서된 선하증권의 소지자
- Tel: 수하인 전화번호

[Notify]

- Notify: 통지처 코드 및 명, 많은 경우 Consignee와 동일하지만 다를 수도 있다.
  - Consignee가 "To order ~" 등으로 기재되는 경우는 통지처를 반드시 기재하고, 통지처와 수하인이 동일한 경우는 "SAME AS ABOVE"를 기재하고 이하 생략가능
- Tel: 통지처 전화번호

3) Liner Export Manifest Declaration - Container

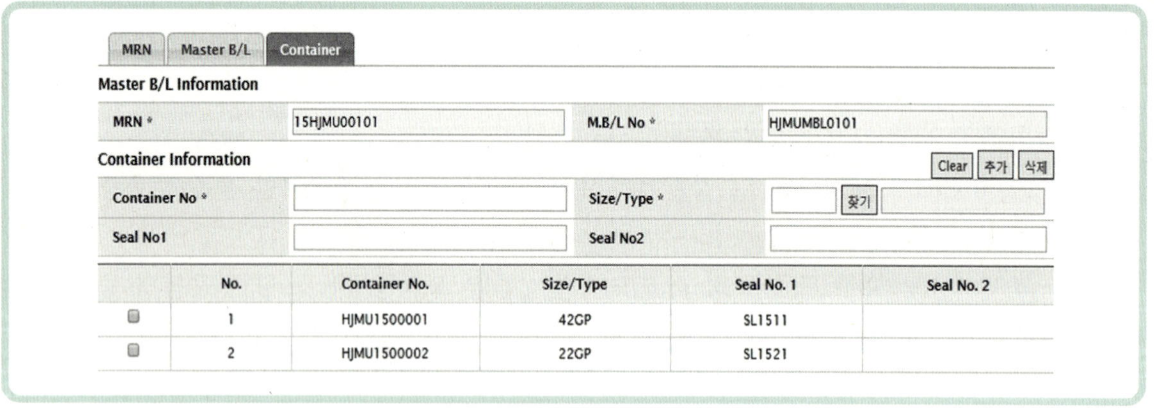

- MRN: Manifest Reference No., 선사가 작성한 Master 적하목록을 세관에 제출할 때 선사가 부여한 제출 일련번호
- M. B/L No.: 선사가 발행하는 Master B/L No.
- Container No.: 컨테이너 번호, 수입화물이 컨테이너화물인 경우 컨테이너번호를 기재

(여러 개인 경우 모두 기재), 벌크화물은 “IN BULK”로 표기, 컨테이너 규격과 종류는 ISO코드 4자리로 기재

- Size/Type: 컨테이너 사이즈/타입(ISO TYPE)
- Seal No.: 컨테이너 봉인번호

3 업무 프로세스 흐름도

1) 선사 수출입적하목록 신고

화주로부터 선적의뢰를 받은 선사 또는 화물운송주선업자(포워더)는 수출신고등 관련서류를 검토한 후 B/L을 발행하고 해당 B/L내역을 MFCS로 전송한다. 단, 선사는 운항정보 및 Master B/L 내역을 포워더는 House B/L 내역을 MFCS로 전송한다.

선사는 MFCS에서 적하목록 취합여부를 확인하여 세관으로 수출 적하목록을 전자적으로 전송한다. 제출시기는 적재 24시간 전까지(미국행 화물은 적재 24시간 전, 벌크화물/근거리화물은 출항 익일 24시까지)이다.

2) 선사 수출적하목록 신고

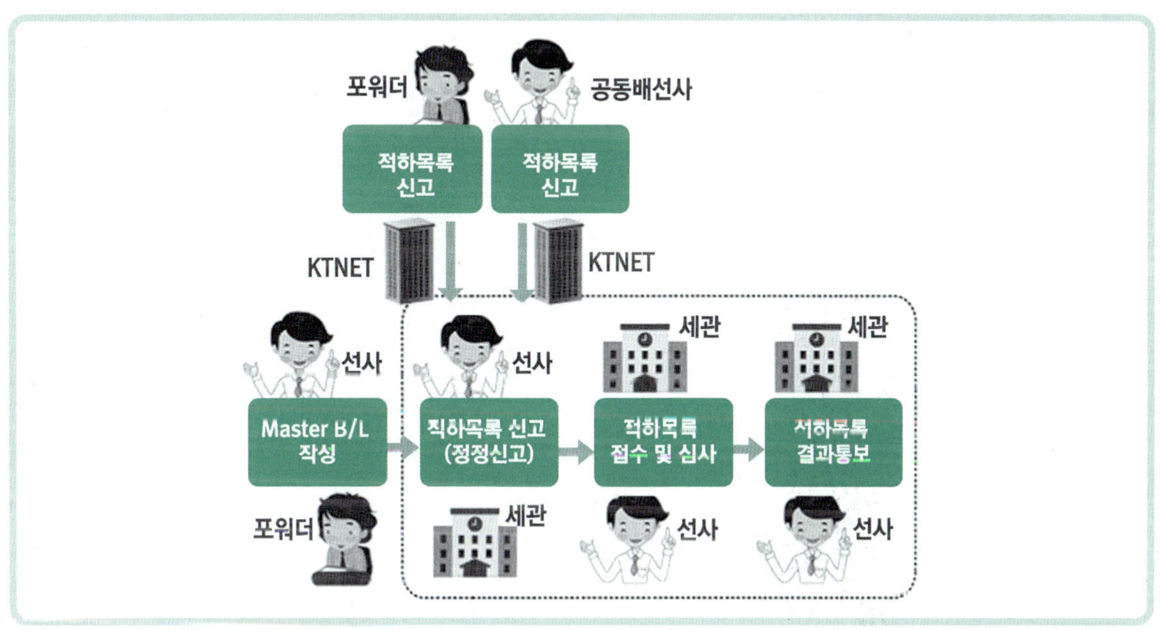

3) 선사 수입적하목록 신고

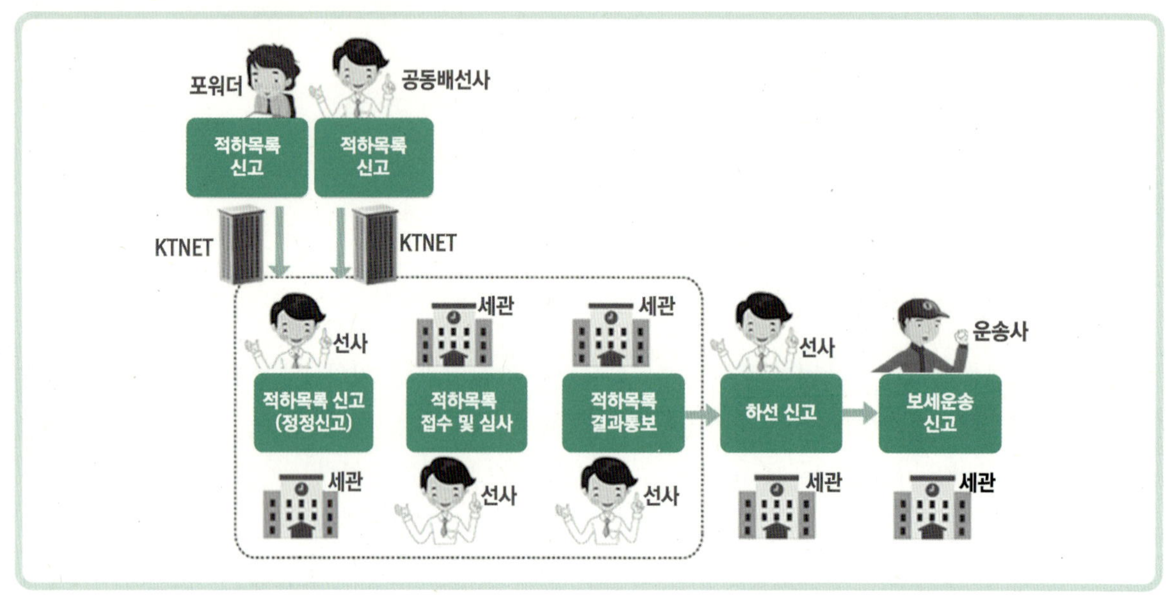

4 전자문서 흐름도

1) 선사 수출적하목록 신고

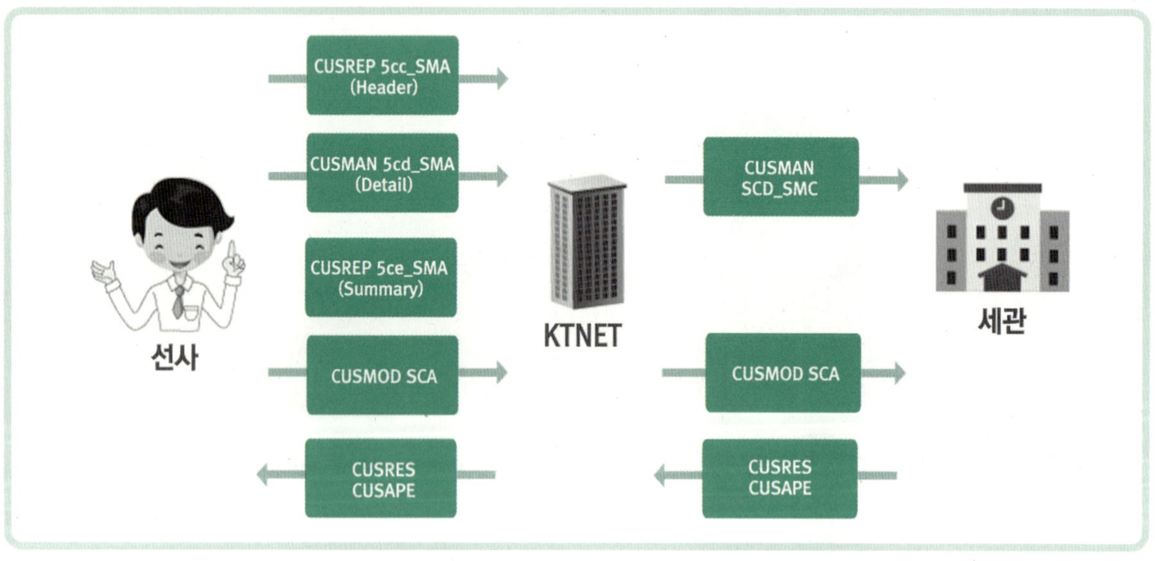

선사는 운항정보(CUSREP-5cc)와 Master B/L정보(CUSMAN-5cd), 컨테이너정보(CUSMAN-5ce)를 작성하여 MFCS로 전송한다. 포워더의 수출적하목록 취합이 완료되면 MFCS에서 세관으로 취합된 적하목록(CUSMAN-scd)를 세관으로 전송한다. 세관은 적하목록이 접수되면 접수통보(CUSRES)를 송신한다.

선사가 적하목록 심사완료 후 그 기재내용의 일부를 정정하고자 하는 때에는 적하목록 정정신청(CUSMOD-sca)을 세관에 전송한다. 세관은 적하목록이 접수되면 접수통보(CUSRES)를 송신한다. 단 완전히 취합되지 않은 B/L 내용에 문제가 있으면 오류통보(CUSAPE) 한다.

(1) EDI 표준

전송 구간	문 서 명	BGM
선사 → 해상MFCS	CUSREP/CUSMAN	5CC/5CB
포워더 → 해상MFCS	CUSREP/CUSMAN	5CC/5CD

(2) 세관전송문서

전송 구간	문 서 명	BGM
해상MFCS → 세관	CUSMAN	5CT
세관 → 해상MFCS	CUSAPE CUSRES CUSRES	963(오류) 5AF(접수) 5AG(승인)

2) 선사 수입적하목록 신고

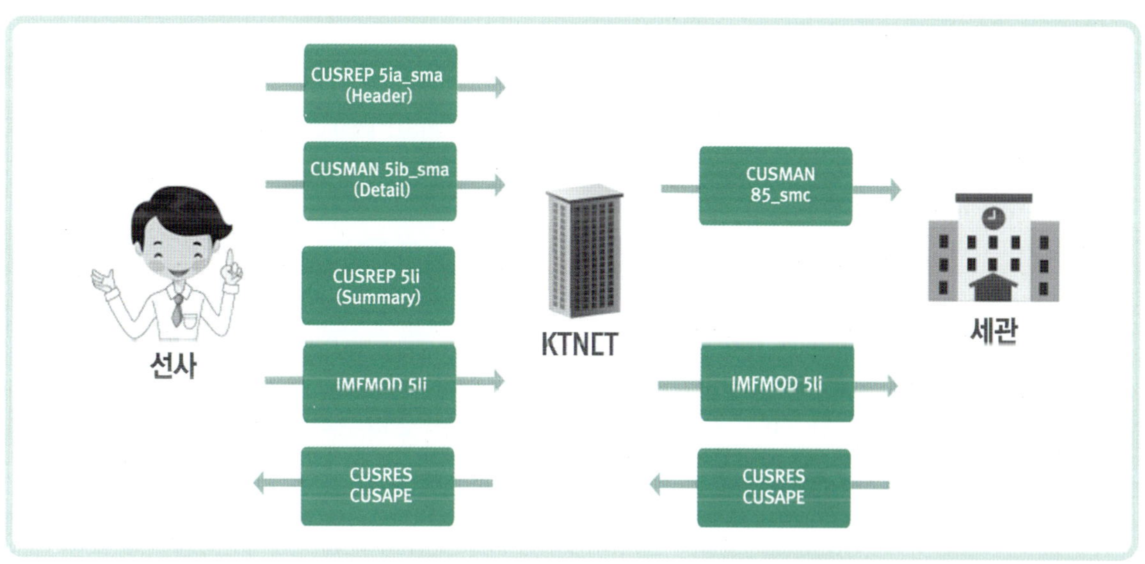

선사는 운항정보(CUSREP-5ia)와 Master B/L정보(CUSMAN-5ib), 컨테이너정보(CUSREP-5li)를 작성하여 MFCS로 전송한다. 포워더 수입 적하목록이 취합완료되면 MFCS에서 세관으로 취합된 적하목록(CUSREP-85)을 전송한다. 세관은 적하목록이 접수되면 접수통보(CUSRES)

를 통보한다. 단 완전히 취합되지 않는 B/L건에 대해 오류통보(CUSAPE)를 송신한다.

또한 선사가 심사완료된 적하목록 기재내용의 일부를 정정하고자 하는 때에는 정정신청서(IMFMOD-5li)를 세관에 전송한다.

(1) EDI 표준

전송 구간	문 서 명	BGM
선사 → 해상MFCS	CUSREP/CUSMAN	5IA/5IB
포워더 → 해상MFCS	CUSREP/CUSMAN	5IA/5IB

(2) 세관전송문서

전송 구간	문 서 명	BGM
MFCS → 세관(1차 전송) MFCS → 세관(2차 전송)	CUSMAN CUSMAN	85 5IF
세관 → MFCS	CUSRES CUSAPE CUSRES	5AF, 5IO(접수) 963, 5IP(오류) 5IK(수리)

3) 적하목록 정정신청

(1) 정정신청 개요

(가) 정정신청

선사, 포워더는 승인통보 이후에 정정할 사항이 있을 경우 EDI로 정정신청할 수 있다.

(나) 접수통보/오류통보

정정신청서 제출후 접수통보 혹은 오류통보를 받는다. 오류통보 수신 시 오류내용을 확인하고 다시 정정신청한다.

(다) 정정신청 결과통보

결과통보에서 '승인'이 된 경우 세관은 정정된 내용을 MFCS로 보내 UPDATE 한다. '기각/보류'인 경우 해당 세관으로 문의한다.

(2) 정정신청 전자문서

(가) 수출정정신청

사용 구간	문 서 명	BGM
선사/포워더 → 세관	CUSMOD	5CG
세관 → 사용자(접수통보) 세관 → 사용자(오류통보) 세관 → 사용자(정정결과 통보)	CUSRES CUSAPE CUSRES	5AF 936 5EF

(나) 수입정정신청

사용 구간	문 서 명	BGM
선사/ 포워더 → 세관	IMFMOD	5LI
세관 → 선사/ 포워더(접수통보) 세관 → 선사/ 포워더(오류통보) 세관 → 선사/ 포워더(정정결과 통보)	CUSRES CUSAPE CUSRES	5IO 5IP 5LM

(다) 하선신고 정정신청

사용 구간	문 서 명	BGM
선사 → 세관	CUSDMR	5LK
세관 → 선사(접수통보) 세관 → 선사(오류통보) 세관 → 선사(결과통보)	CUSRES CUSAPECUSRES	5IO 5IP 5LG

5 실습 지시문

1) 선사 수출적하목록 신고 실습 지시문

선사인 "한진상선"은 선박 적재 24시간 전에 수출 적하목록을 작성하여 세관에 제출하여야 한다. 기 작성된 Master B/L을 근거로 수출 적하목록을 작성하고 세관에 제출하는 실습을 해 보세요.

(MRN 정보)

- MRN(적하목록 참조번호): 16HJMU00101
- Departure Date(출항일자): 2016-12-10 / 선박(Vessel): FREEDOM(프리덤) / Voyage(항차): 0033E / Port of Loading(적재항): BUSAN, KOREA(부산)
- Call Sign(선박 호출부호): 3FF5 / 선박 국적: KOREA
- Vessel Operator(운영선사): HANJIN MERCHANT MARINE CO., LTD.(한진상선) / Liner Agent (수입지 선사 대리점): HANJIN MARINE AGENT CO., LTD.(한진마린에이전트)
- 적하목록 신고세관: 부산본부세관 / 세관과: 통관과

(Master B/L 정보)

- M.B/L No(master B/L번호): HJMUMBL0101 / B/L Type(B/L유형): ORIGINAL / Cargo Type (화물구분): EXPORT(수출)
- Forwarder: CHEONMA MARINE TRANSPORTATION CO., LTD.(천마항운)
- Liner(선사): HANJIN MERCHANT MARINE CO., LTD.(한진상선) / Port of Discharge(양륙항): LONG BEACH, CA(미국 캘리포니아 롱비치)
- Joint Service Type(공동배선구분): Vessel Operator(운항선사)
- Total Package Qty(총포장수량): 60 / Package Code(포장코드): PALLET / Total Weight(충중량): 29,063.56KGS / Total Volume(총용적): 99.551CBM
- UCR(화물 고유식별 번호): KC-5-AUDIO1-M7L00001
- Item Name(품목명): AUDIO/VIDEO CASSETTES. RECEPTION와 SOUND RECORDING
- Shipper(송하인): AUDIONIA CO., LTD.(오디오니아)
- Consignee(수하인): AUTO MOBIL USA INC.(오토모빌 유에스에이)
- Notify(통지처): SAME AS CONSIGNEE(수하인과 동일)

(Container Information)

- 첫 번째 Container No(컨테이너번호): HJMU1500001 / Size/Type(사이즈/구분): 42GP / Seal No.1 (봉인번호1): SL1511
- 두 번째 Container No(컨테이너번호): HJMU1500002 / Size/Type(사이즈/구분): 22GP / Seal No.1 (봉인번호.1): SL1521

2) 선사 수입적하목록 신고 실습 지시서

선사인 "마스크라인"은 선박 적재 24시간 전에 수입적하목록을 작성하여 세관에 제출하여야 한다. 기 작성된 Master B/L을 근거로 수입적하목록을 작성하고 세관에 제출하는 실습을 해 보세요.

(MRN 정보)

- MRN(적하목록 참조번호): 16MASK00101
- Arrival Date(입항일자): 2016-12-21 / Port of Discharge(양륙항): BUSAN, KOREA(부산)
- Liner(선사): MASK LINE LTD(마스크라인) / Shipping Agent(선사 대리점): MASKLINE AGENT LTD(마스크라인 에이전트)
- 선박(Vessel): HARMONY(하모니) / Voyage(항차): 0034W / Call Sign(선박 호출부호): 12A1 / Flag Status of Vessel(국적): NETHERLANDS
- 적하목록 신고세관: 부산 본부세관이고 세관과는 통관과

(Master B/L 정보)

- M.B/L No(master B/L 번호): MASKMBL0101
- B/L Type(B/L유형): ORIGINAL / Cargo Type(화물구분): IMPORT
- Port of Loading(적재항): ROTTERDAM, NETHERLANDS(로테르담) / Joint Service Type(공동배선구분): Ship Operation(운영선사)
- Total Package Qty(총포장수량): 1,500 / Package Code(포장코드): BOX / Total Weight(총중량): 47,228.28KGS / Total Volume(총 용적): 99.666CBM
- Item Name(품목명): OPEN FACE HELMET
- Shipper(송하인): BOSS MOTORS LTD(보스모터즈)
- Consignee(수하인): SPEED MOTOR CO., LTD.(스피드모터)
- Notify(통지처): SAME AS CONSIGNEE(수하인과 동일)

(Container Information)

- 첫 번째 Container No(컨테이너번호): HJMU2500001 / Size/Type(사이즈/구분): 42GP / Package Qty(포장수량): 1,000 / Package Unit(포장단위): BOX / Seal No.1(봉인번호.1): SL2511
- 두 번째 Container No(컨테이너번호): HJMU2500002 / Size/Type(사이즈/구분): 22GP / Package Qty(포장수량): 500 / Package Unit(포장단위): BOX / Seal No.1(봉인번호.1): SL1522

6 샘플 및 출력서식

주의 본 절에서 인용하는 서식, 전자문서 EDI 처리절차는 관세청 자료가 기준이므로 일부변경이 있을 수 있다.

1) 선사 수출적하목록(해상수출)

(별지 제2-1호 서식)

대 한 민 국 세 관
KORETA CUSTOMS SERVICE

적 하 목 록 (해 상 수 출)
SEA EXPORT CARGO MANIFEST

1. 쪽번(PAGE NO.)	2. 적하목록관리번호(Manifest Reference No.)	3. 제출차수(Submit No.)	4. 화물구분 (Cargo Classification)

5. 선박회사명(Name Of Carrier)	6. 선박명(Name Of Vessel)	7. 항차(Voyage No.)	8. 선박호출부호(Call Sign)	9. 선박국적(Nationality Of Vessel)

10. 적재항(Port of Loading)	11. 양륙항(Port of Discharge)	12. 출항일자(Date of Departure)	13. 선박대리점명(Name Of Carrier Agent)

14. B/L TYPE (S:Simple, C:Consol, E:Empty Container) ⬇ 15. 선하증권번호(B/L No)	16. S) 송하인 (Shipper) C) 수하인 (Consignee) N) 통지처 (Notify)	17. 컨테이너번호 (Container No.) /봉인번호 (Seal No.)	18. 품 명 (Description of Goods)	19. 포 장 개 수 (Number and Kind of Packages)	20. 1)총중량(KGS) (Gross Weight) 2)총용적(CBM) (Measurement)	21. 장치장소 (Location)	22. 화물특성 (Cargo Type)	23. 세 관 기 재 란 Customs Use Only

2) 선사 수입적하목록(해상수입)

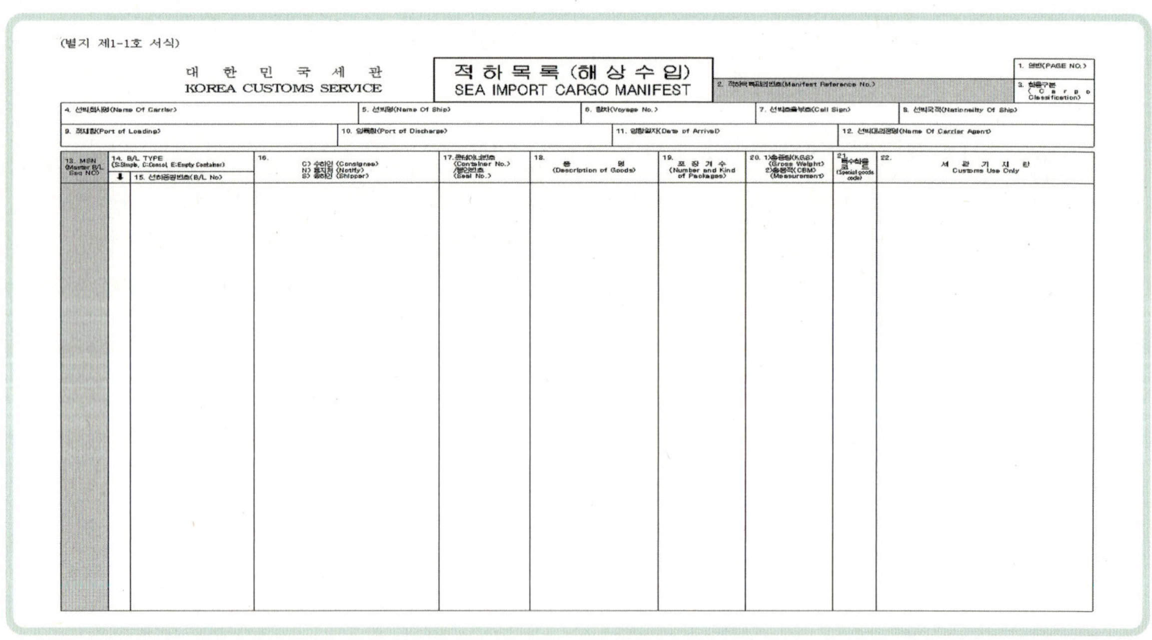
(별지 제1-1호 서식)

대 한 민 국 세 관
KOREA CUSTOMS SERVICE

적 하 목 록 (해 상 수 입)
SEA IMPORT CARGO MANIFEST

1. 쪽번(PAGE NO.)	2. 적하목록관리번호(Manifest Reference No.)	3. 화물구분 (Cargo Classification)

4. 선박회사명(Name Of Carrier)	5. 선박명(Name Of Ship)	6. 항차(Voyage No.)	7. 선박호출부호(Call Sign)	8. 선박국적(Nationality Of Ship)

9. 적재항(Port of Loading)	10. 양륙항(Port of Discharge)	11. 입항일자(Date of Arrival)	12. 선박대리점명(Name Of Carrier Agent)

13. MSN (Master B/L Seq NO)	14. B/L TYPE (S:Simple, C:Consol, E:Empty Container) ⬇ 15. 선하증권번호(B/L No)	16. C) 수하인 (Consignee) N) 통지처 (Notify) S) 송하인 (Shipper)	17. 컨테이너번호 (Container No.) /봉인번호 (Seal No.)	18. 품 명 (Description of Goods)	19. 포 장 개 수 (Number and Kind of Packages)	20. 1)총중량(KGS) (Gross Weight) 2)총용적(CBM) (Measurement)	21. 특수화물 코드 (Special goods code)	22. 세 관 기 재 란 Customs Use Only

3) 하선신고서

(별지 제9호 서식)

대 한 민 국 세 관
KOREA CUSTOMS SERVICE

하 선 신 고 서
DISCHARGING CARGO DECLARATION

관세법 제140조제2항의 규정에 의거 아래와 같이 하선하고자 합니다.

년 월 일
세관장(인)

1. 선박회사명(Name Of Carrier)	2. 하역회사명(부호)	
3. 적하목록관리번호(Manifest Reference No.)	4. 선박명(Name Of Ship)	5. 입항일자(Date of Arrival)

6. Master B/L Seq NO.	7. 선하증권번호 (Bill of Lading No.)	8. 포장명세		9. 총중량 (KGS)	10. 컨테이너번호 (Container No.)	11. 하선장소 (보세구역부호)	6. Master B/L Seq NO.	7. 선하증권번호 (Bill of Lading No.)	8. 포장명세		9. 총중량 (KGS)	10. 컨테이너번호 (Container No.)	11. 하선장소 (보세구역부호)
		포장개수	단위						포장개수	단위			

364×257㎜(새상지 60g/㎡)

4) 수출화물 EDI전자문서 처리절차

(1) 수출적하목록 제출

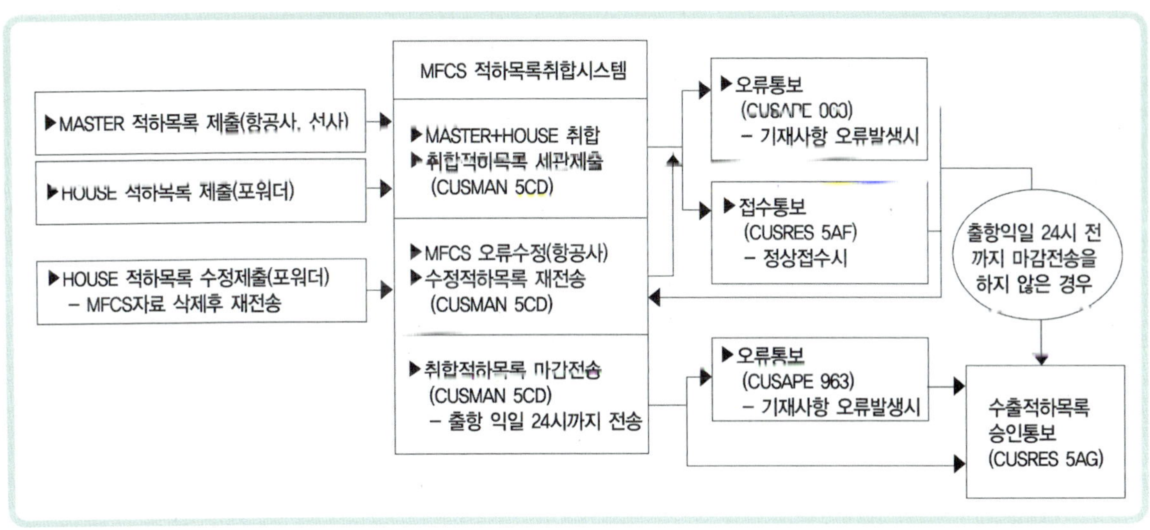

(2) 수출적하목록 정정신청

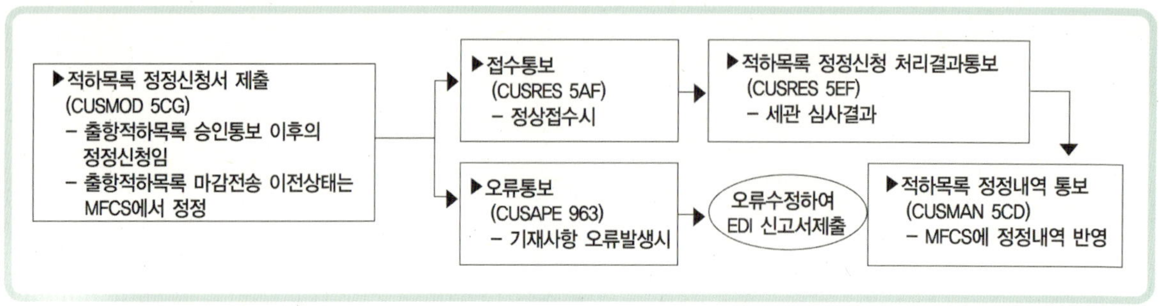

5) 수입화물 EDI전자문서 처리절차

(1) 항공 수입적하목록 제출(1차, 2차 구분 처리시)

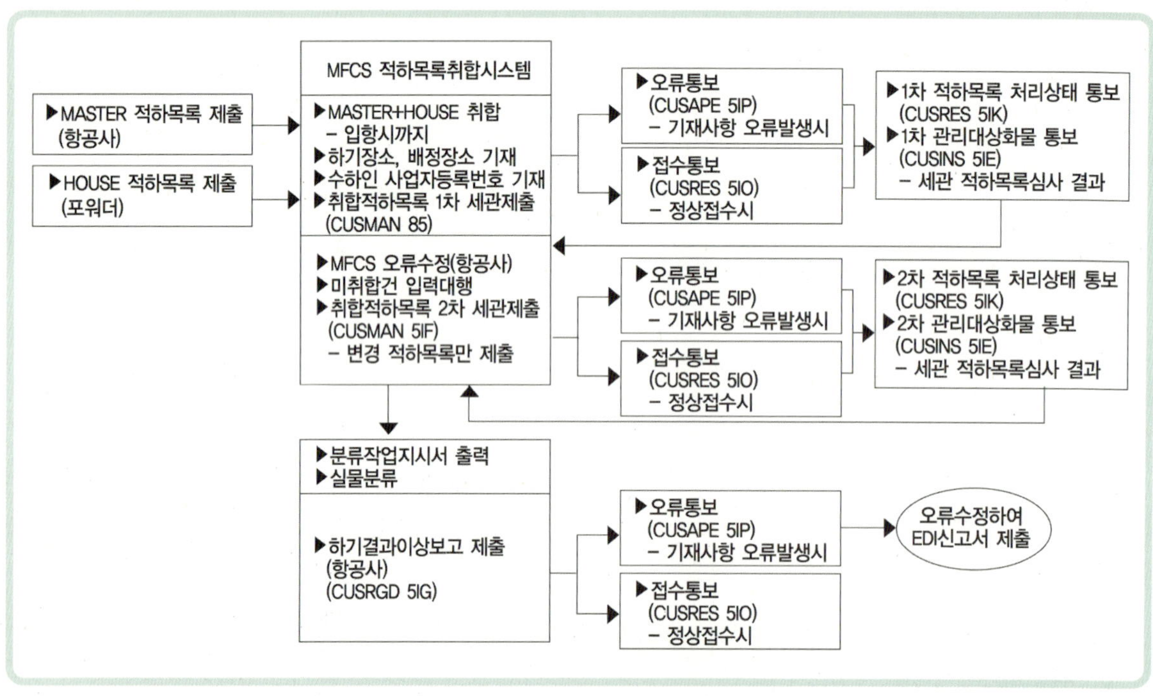

(2) 항공 수입적하목록 제출(1차생략 통합제출 처리시)

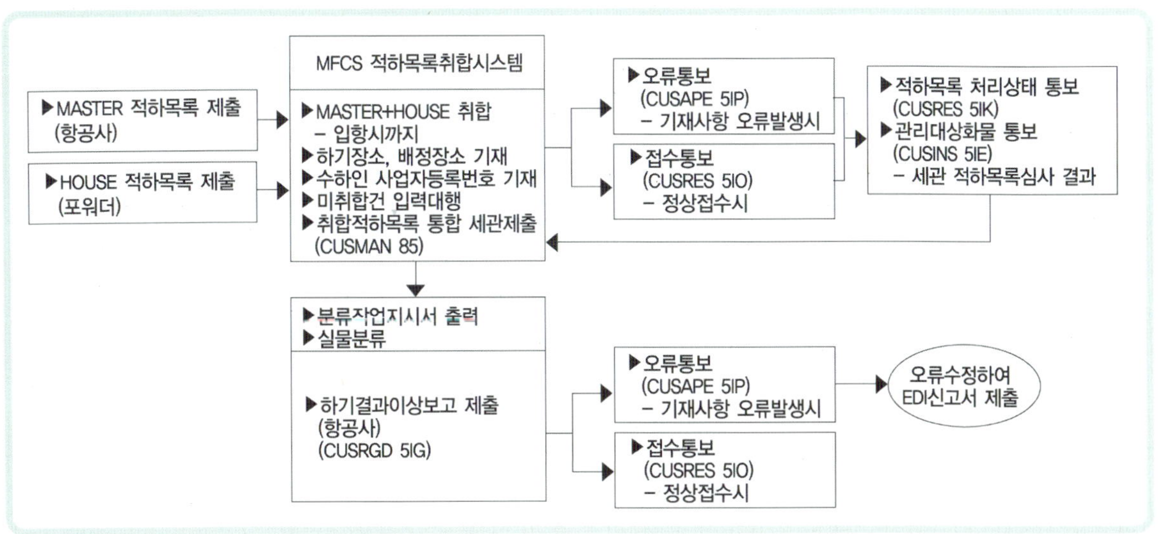

(3) 해상 수입적하목록/하선신고서 제출

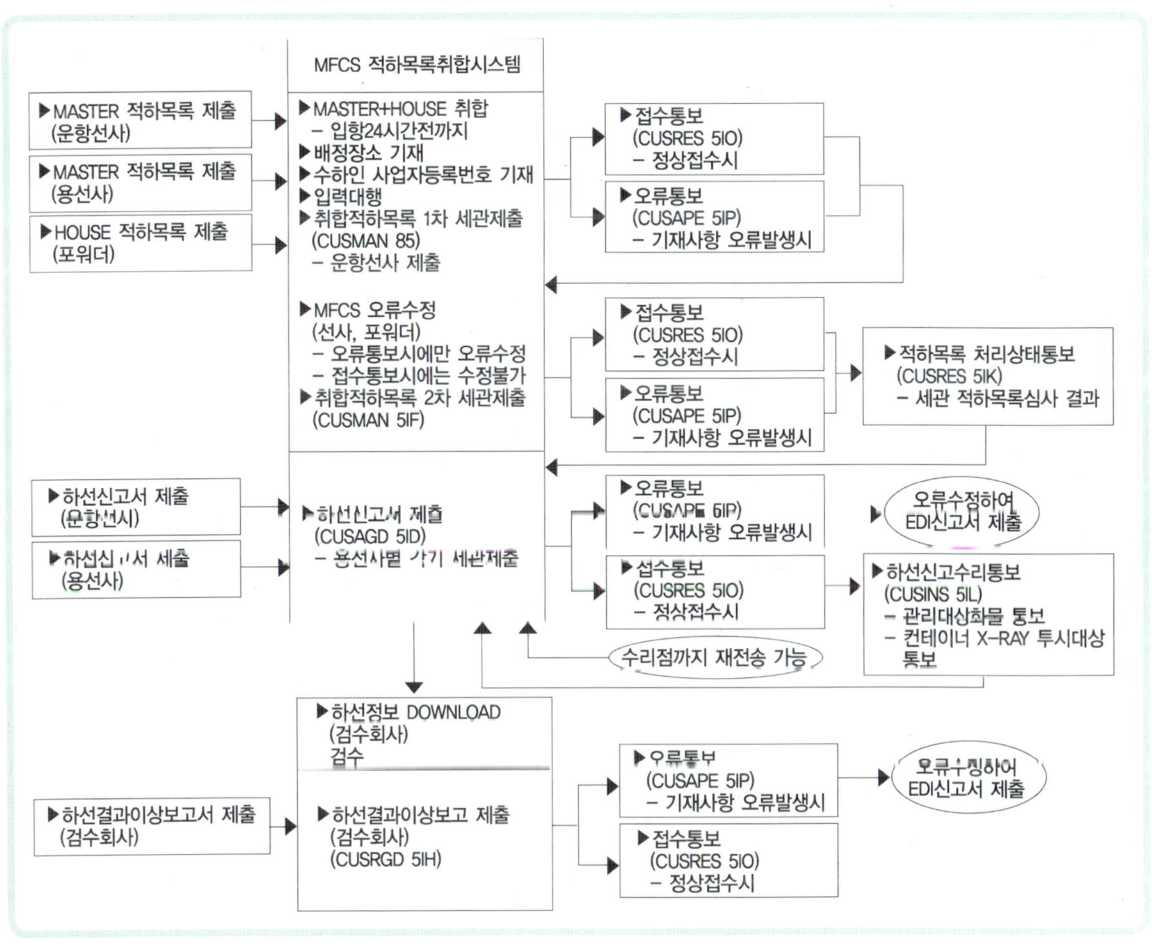

(4) 적하목록 정정신청

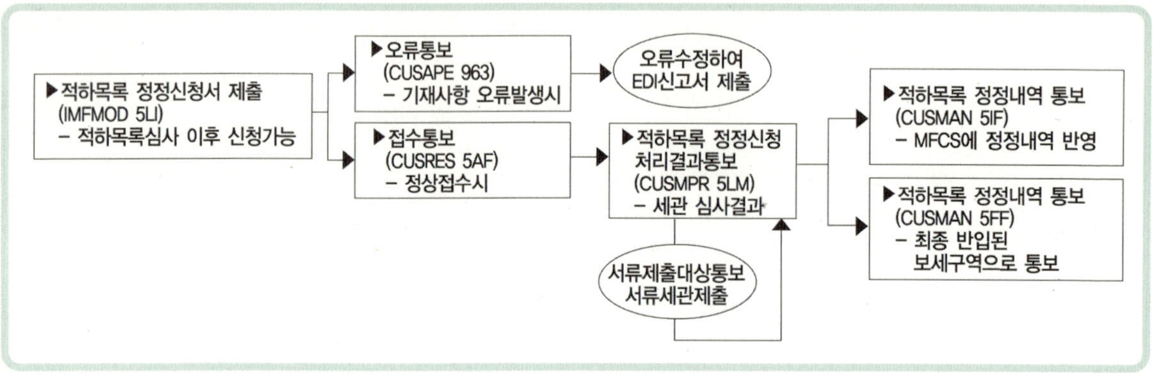

(5) 하선장소 정정신청

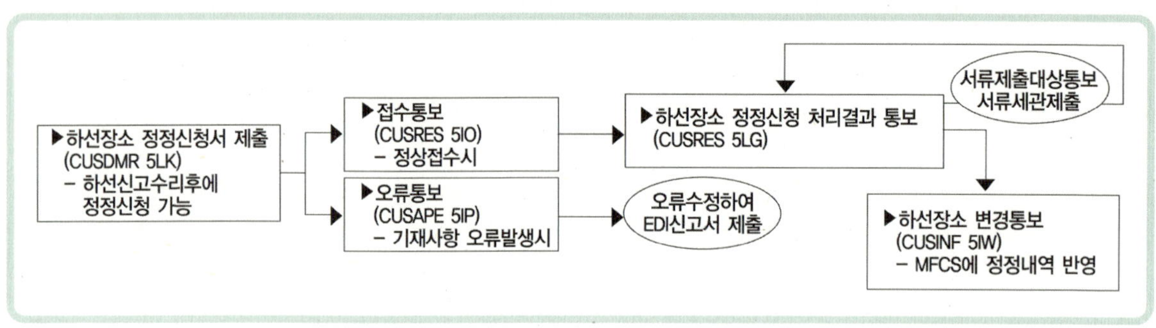

제5절 (선사)선적요청

1 사전지식

1) 선사 선적요청

수출화주로부터 선적의뢰를 받은 포워더가 화주의 자격으로 선사에 화물의 선적을 정식으로 요청하는 행위를 말한다. 상업송장(C/I) 사본, 포장명세서(P/L) 사본, 신용장(L/C) 사본, 수출신고필증(E/P) 사본 및 선적요청서(S/I ; shipping instruction)가 필요하나 통상 S/I를 제외한 문서는 전화나 팩스 등 수작업으로 전달되는 경우가 일반적이다.

2) 혼재화물(Consolidated Cargo)

FCL Cargo이 아니라면 포워더는 다수의 LCL Cargo를 1개의 컨테이너에 적입하여 FCL로 만들어야 한다. 일반적으로 '콘솔화물(Consol Cargo)'라고 표현하며 LCL Cargo 보다는 선사로부터 저렴한 운임을 제공받을 수 있다. 만약 화주 화물의 출발지(Door지)에서 화물적입(stuffing)이 이루어져야 한다면 공컨테이너(empty container)의 운송이 수반된다.

LCL Cargo가 터미널에 반입되고 난 후 포워더는 자신이 이용하는 컨테이너 화물장치장(CFS)에서 혼재작업(consolidation)을 위한 준비와 공컨테이너를 투입하여 컨테이너적부도(CLP; container load plan)에 근거하여 적입작업을 수행한다.

3) 선사 선복요청(Liner Booking)

선사로부터 할당받은 하나의 Master B/L을 기준으로 포워더가 다수의 House B/L을 발행하였을 때 당해 화물을 선적하기 위해 선사에 선내화물적재공간(선복; freight space)을 예약하는 작업이 선적요청보다 우선되어야 한다.

4) FCL Cargo 운송

컨테이너 하나에 화물을 가득채워 Door to Door Service를 할 수 있게 되어 있는 상태, 일반적인 형태의 컨테이너운송을 말한다. 화주(shipper)는 운송사 또는 포워더에게 특정 Size, Type의 공컨테이너를 화주의 공장이나 창고로 운송해 줄 것으로 요청한다. 운송인이 지정된 시간, 장소에 공컨테이너를 가져다 놓으면 화주(shipper)는 운송선적 대상화물을 컨테이너에 적입(stuffing)한다.

컨테이너 화물을 적재한 운송인은 항만터미널에 반입하고 화물은 CY(container yard)에 대기하고 있다가, 해당 선박의 입항과 동시에 양적하 계획에 근거하여 선적순서에 맞추어 선적된다.

2 화면설명

1) Liner Shipping Request - Header

H.B/L No *	DYLSHBL0101	Shipment Type *	FCL	Cargo Type *	EXPORT
B/L Type *	ORIGINAL	Freight Term	PREPAID	Service Term	CY-CFS (FCL/LCL:DOOR TO P

Header | Mark & Desc | Container

Shipper *	ID	PUR000 HANKUK CAF	Liner *	HJMU HANJIN MERC	Vessel	HJLG FREEDOM
	Address	782-3, SAMSAN DONG NAM GU, ULSAN, KOREA	Operator		Voyage	0033E
			On Board Date *	2015-12-09 16:00	Actual On Board Date	00
Consignee *	ID	SUP000 TITAN EUROI	Arrival Date	00:00	Actual Arrival Date	00:00
	Address	De Vijverhofstraat 47 1201, CZ Rotterdam, The Netherlands	B/L Closing		Issue Date	
			Place of Receipt		INCOTERMS *	CIF
			Port of Loading *	KRPUS BUSAN, KORE	Salesman	
Notify	ID	SUP999 SAME AS COI	Port of Discharge *	USLGB LONG BEACH	Booking No	DYLSBKG0101
	Address		Place of Delivery		Liner Booking No	MASKBKG0101
			Final Destination		Shipping Request No	
			Issue Place		Shipping Request Date	00:00
Partner *		EUMS EUROMAST L	Freight Payable At		M.B/L Reference No	HJMUREF0101
Document Partner					M.B/L No	HJMUMBL0101
Pre-Carriage By					MRN-MSN-HSN	15HJMU00101 0001 001

[Header]

- H.B/L No.: 포워더가 발행하는 House B/L No.
- Shipment Type: 적재되는 화물의 유형 FCL/LCL/BULK 등 구분
- Cargo Type: 선적유형으로 Export/Reshipment/Triangular(삼각무역)로 구분
- B/L Type: B/L의 유형(Original, Surrendered, SEA-Waybill)
- Freight Term: 운임의 지불이 선불(prepaid)이거나 후불(collect)인지에 대해 구분한다.
- Service Term: 선사가 화물의 운송을 약속하는 구간에 대한 정의로 터미널 내 어디까지 운송하는지 적시하는 조건. CY to CY는 Container Yard에서 수입국 Container Yard, CY to CFS는 수입국 Container Freight Station까지 운송한다는 의미
- Shipper: 송하인 코드 및 명, 실화주 내 담당자 정보이므로 다수의 담당자를 등록해 놓고 개별 Booking이나 House B/L 정보에 지정할 수도 있다.
- Consignee: 수하인 코드 및 명, 수하인으로 풀이되며 물건을 받을 사람으로 수입자라고 볼 수도 있다. 역시 House B/L에도 출력되는 상호정보이다.
- Notify: 통지처 코드 및 명. 통지처라고 표기하는 데, 많은 경우 Consignee와 일치하지만 다를 수도 있다. 예를 들면 수입대행업자, 관세사이거나 수하인이 지정하는 자가 될 수도 있다.

- Partner: 해외 파트너 코드/명
- Document Partner: 파트너 코드 및 명(통일 파트너 또는 다른 실거래 파트너일 경우 구분한다. S/R, B/L등 서류작업만 대행해 주는 파트너)
- Pre-Carriage BY ID: 주운송이 아닌 사선운송업사 코드 및 명
- Liner: 선사 코드 및 명
- Operator: 운항선사 코드 및 명
- On-board Date: 선적일
- Actual On-board Date: 실제 선적 날짜/시간
- Issue Date: B/L 발행일
- B/L Closing: 마감여부
- Place of Receipt: 화물인수지 국내 내륙 거점(공장, 생산지) 코드
- Port of Loading: 선적항, 선적이 일어나는 장소(국내 도착항)
- Port of Discharge: 하역항, 하역이 일어나는 장소(해외 도착지)
- Place of Delivery: 화물인도지, 해외수입국의 내륙거점인 경우가 많다. 일반적으로 운송인은 화물의 운송책임이 이 시점에서 끝난다.
- Final Destination: 화물운송의 최종 종착점, 최종 도착지의 경우, Port가 아닌 내륙지가 될 수 있다.
- Issue Place: B/L 발행지점의 지역
- Freight Payable At: 운임지급 지역
- Vessel Code: 선박코드
- Voyage: Voyage No., 항차번호
- INCOTERMS: 인도조건, 무역조건의 해석에 관한 국제규칙(International Rules for the Interpretation of the Trade Terms)을 말하고 이를 약칭하여 International Commercial Terms(Incoterms)라고 한다.
- Sales Man: 영업담당자명
- Booking No.: 선사 Booking No.
- Shipping Request No.: 선사 S/R No.[일반적으로 포워더(화주)가 지정한다]
- Shipping Request Date: 선사 선적 요청일
- M. B/L Reference No.: Master B/L 참조 번호
- M. B/L No.: Master B/L No.
- MRN: Manifest Reference No.(적하목록 관리번호)
- MSN: Master B/L Sequence No.(선사가 발행한 Master B/L의 일련번호)
- HSN: House B/L Sequence No.('Master B/L 상에 기재된 각 화물에 대해 포워더가 발행한 House B/L의 일련번호로 총 3자리로 구성')

2) Liner Shipping Request - Marks & Description

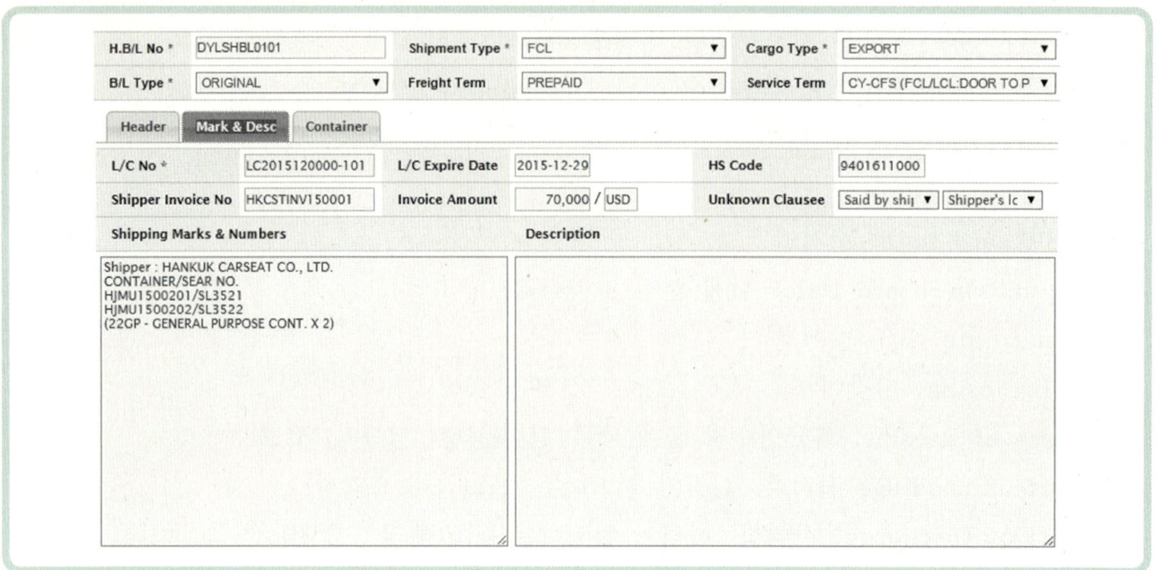

- L/C No: L/C No.
- L/C Expire Date: L/C 만기 날짜
- Shipper Invoice No: 화주 C/I No.
- Invoice Amount: 화주 C/I상 금액
- HS Code: 대외 무역거래가 되는 상품(전기, 가스 포함)을 총괄적으로 분류한 품목분류
- Shipping Marks & Numbers: 상품포장의 표시하는 란으로 화인(shipping marks)과 번호 수를 기재한다.
- Description: 제품 상세내역

3) Liner Shipping Request - Container Information

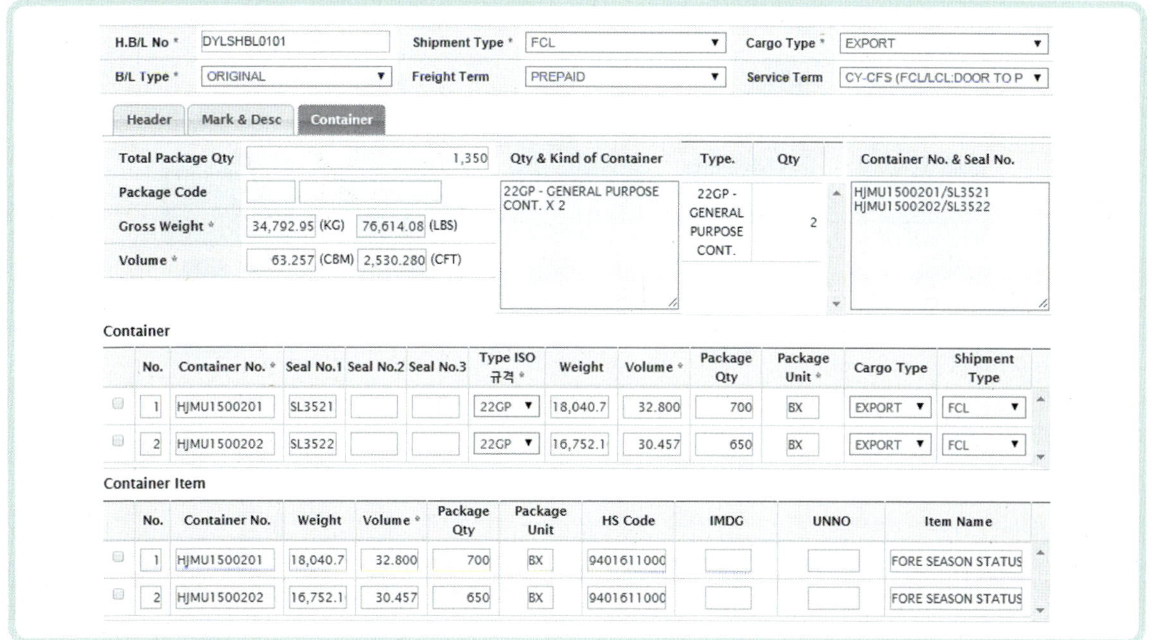

H.B/L No *	DYLSHBL0101	Shipment Type *	FCL	Cargo Type *	EXPORT
B/L Type *	ORIGINAL	Freight Term	PREPAID	Service Term	CY-CFS (FCL/LCL:DOOR TO P

Header | Mark & Desc | Container

Total Package Qty	1,350	
Package Code		
Gross Weight *	34,792.95 (KG)	76,614.08 (LBS)
Volume *	63.257 (CBM)	2,530.280 (CFT)

Qty & Kind of Container	Type.	Qty	Container No. & Seal No.
22GP - GENERAL PURPOSE CONT. X 2	22GP - GENERAL PURPOSE CONT.	2	HJMU1500201/SL3521 HJMU1500202/SL3522

Container

No.	Container No. *	Seal No.1	Seal No.2	Seal No.3	Type ISO 규격 *	Weight	Volume *	Package Qty	Package Unit *	Cargo Type	Shipment Type
1	HJMU1500201	SL3521			22GP	18,040.7	32.800	700	BX	EXPORT	FCL
2	HJMU1500202	SL3522			22GP	16,752.1	30.457	650	BX	EXPORT	FCL

Container Item

No.	Container No.	Weight	Volume *	Package Qty	Package Unit	HS Code	IMDG	UNNO	Item Name
1	HJMU1500201	18,040.7	32.800	700	BX	9401611000			FORE SEASON STATUS
2	HJMU1500202	16,752.1	30.457	650	BX	9401611000			FORE SEASON STATUS

- Total Package Qty: 총 포장수량
- Package Code: 포장 코드
- Gross Weight(kg): 총 중량(킬로그램)
- Gross Weight(LBS): 총 중량(파운드)
- Volume(CBM): 세제곱미터당 부피
- Volume(CFT): Cubic Feet(입방피트): 1foot 입방체, 즉 1입방 foot(1, 1331입방 metre)를 1cft라 한다. 해외에서는 M/T라고 하면 Metric Ton = Kilo Ton(K/T)를 말한다.

[Container]

- Container No.: 컨테이너 번호
- Seal No.: 컨테이너 봉인번호
- Size/Type: 컨테이너 사이즈/타입(ISO TYPE)
- Weight: 컨테이너 당 중량
- Package Qty: 컨테이너 당 포장수량
- Package Unit: 포장종류
- Cargo Type: 선적유형으로 Export/Reshipment/Triangular(삼각무역)로 구분
- Ship Type: 적재되는 화물의 유형 FCL/LCL/BULK 등 구분

3 업무 프로세스 흐름도

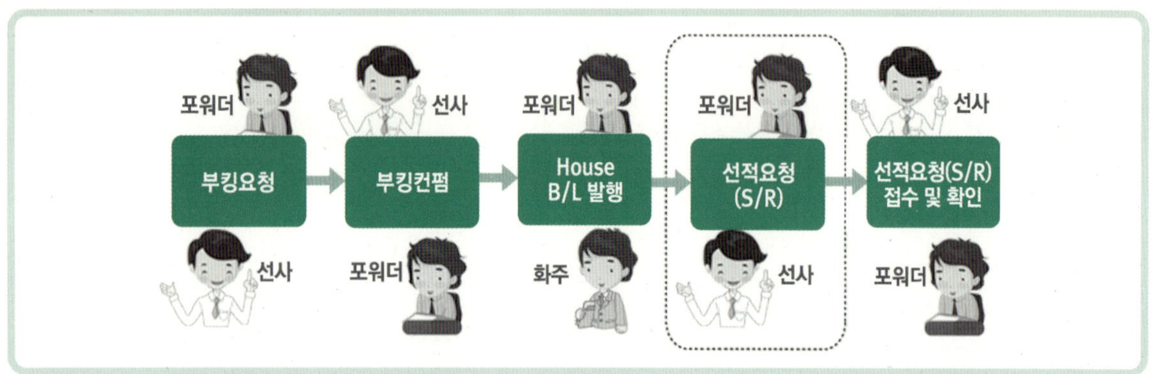

화주가 선적의뢰 시 포워더는 House B/L에 해당하는 화물에 대한 S/R과 함께 관련 서류사본들을 접수한다. 복수 화주들의 선적요청은 Master B/L에 해당하는 화물 선적에 대한 선사 부킹요청(liner booking request)으로 이어진다. 선사의 부킹업무 부서는 부킹을 접수하고 세부정보를 입력하여 VVD(vessel-voyage-direction)별로 부킹리스트를 작성한다.

선적요청의 경우 선사가 화주로부터 접수하는 선적관련 서류는 S/I 외에 P/L사본, C/I사본, L/C사본(필요시) 등이 필요하며 부킹업무 부서는 본 서류 정보를 B/L Documentation 부서에 송부한다. 해당 부서는 B/L Data 입력시 해당 운임요율표(Tariff) 및 계약사항에 의거하여 운임 및 각종 부과금을 산정하고 B/L No.를 할당한다.

House나 Master B/L의 경우 전산상으로 등록은 되지만 종이 B/L이나 e-B/L로 발행되는 시점은 일반적으로 화물의 선적 이후이며, 병행하여 포워더는 선사로부터 Master B/L을 수령한다. 선적 이후 선박이 출항하면 포워더는 목적지 지사나 대리점(agent)에 선적에 대한 통지를 한다.

포워더가 수입국에 발송하는 서류는

- 요약본(covering letter)
- Master B/L 원본과 사본
- House B/L 사본
- C/I 사본
- P/L 사본
- 컨테이너적부도(CLP)
- 적재된 수입B/L 화물내역(IFM ; inward foreign manifest)
- Credit/Debit Note

등이 있다.

4 전자문서 흐름도

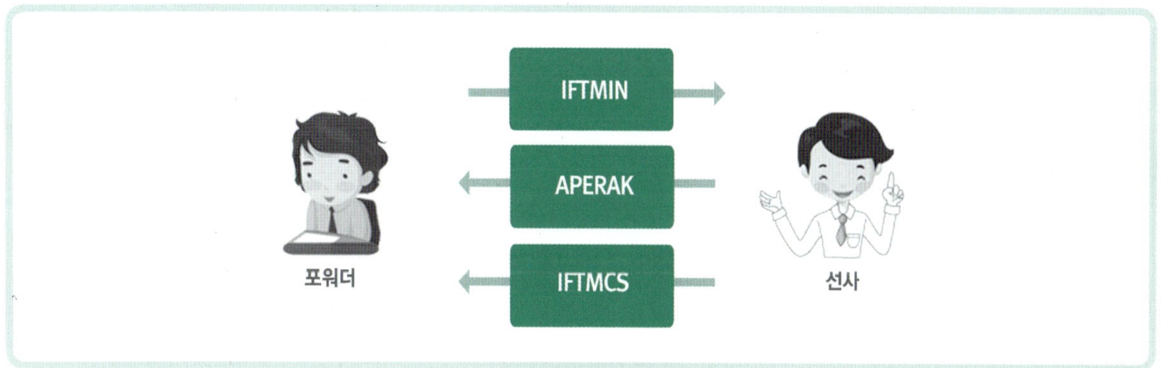

선사 선적요청(liner shipping instruction) 그 자체는 선적요청서(IFTMIN; Instruction message) 내 운항정보, 선적요청 기본정보, Master B/L관련 정보와 컨테이너 및 화물에 대한 정보로 이루어져 있다. 요청에 대한 선사시스템의 응답은 접수 또는 오류통지(APREAK)이다. 서면요청이 아니라면 일반적으로 선사가 제공하는 웹포털을 이용하거나, 자사 시스템(ERP)에서 작성하여 전자문서로 전송한다.

이 후 선사는 관련서류와 함께 B/L documentation 작업을 하여 B/L Data를 확인(check)하고자 Draft B/L(IFTMCS; Instruction contract status message)을 포워더에게 송부한다. 만약 이 데이터에 동의하지 않을 경우 서면 정정신청서를 작성하여 수작업으로 처리하거나 만약 e-B/L을 사용하였다면 수정된 IFTMIN을 선사에 전송하고 선사는 수정된 IFTMCS를 포워더에게 전송한다.

5 실습 지시문

1) 선사 선적요청 실습 지시문

포워더 "천마항운"은 BUSAN, KOREA(부산)에서 LONG BEACH, CA(미국 캘리포니아 롱비치)로 운항하는 선박에 대해서 선사인 "한진상선"에 선적요청을 하였으나, 선사로부터 선박 운항경로와 다른 양륙항을 입력한 사유로 접수오류 통보를 받았다.

오류와 관련된 S/R 데이터를 수정한 후 선사 선적요청서를 재전송하는 실습을 해 보세요.

- 선사 M. B/L Ref. No(Master B/L 참조번호): HJMUREF0101 / M. B/L No(master B/L 번호): HJMUMBL0101인 2016년 12월 선적분을 조회
- 선사로부터 오류 통보받은 H. B/L No(House B/L 번호): CNMAHBL0101

- 오류메시지(Error: Check port of Discharging)에 해당하는 H.B/L(House B/L)을 찾아 Port of Loading(적재항)을 BUSAN, KOREA(부산)으로 / Port of Discharging(양륙항)를 LONG BEACH, CA(미국 캘리포니아 롱비치)로 변경한 후, M.B/L(Master B/L) 단위로 Liner S/R을 재전송

6 샘플 및 출력서식

1) 매뉴얼 선적요청서(H해운 e-서비스 업로드용)

Simple Shipping Instruction (S/I)

1. REFERENCE NUMBER			2. BOOKING NUMBER		
3. SHIPPER	NAME		4. CONSIGNEE	NAME	
	ADDRESS IN DETAIL (Printed on B/L)			ADDRESS IN DETAIL (Printed on B/L)	
For ENS Customs Only (Not Printed on B/L)	STREET NAME OR P.O BOX		For ENS Customs Only (Not Printed on B/L)	STREET NAME OR P.O BOX	
	CITY NAME			CITY NAME	
	STATE NAME (Drop Down)			STATE NAME (Drop Down)	
	COUNTRY NAME			COUNTRY NAME	
	ZIP CODE			ZIP CODE	
	EORI NUMBER			EORI NUMBER	
5. NOTIFY	NAME		6. F / FORWARDER	NAME & ADDRESS	
	ADDRESS IN DETAIL (Printed on B/L)				
For ENS Customs Only (Not Printed on B/L)	STREET NAME OR P.O BOX		7. A / NOTIFY	NAME & ADDRESS	
	CITY NAME				
	STATE NAME (Drop Down)				
	COUNTRY NAME				
	ZIP CODE				
	EORI NUMBER		8. EXPORT REFERENCE		
11. PRE-CARRIAGE BY			9. PURCHASE ORDER NUMBER (1 Number Only)		
12. VESSEL VOYAGE			10. EXPORT/IMPORT INFORMATION		
13. PLACE OF RECEIPT			(a) AES ITN		
14. PORT OF LOADING			(b) CAED NO.		
15. PORT OF DISCHARGE			(c) TAX ID	SHIPPER	
16. PLACE OF DELIVERY				CONSGINEE	(Select)
17. FINAL DESTINATION				NOTIFY	
18. MARK			19. DESCRIPTION		
20. FREIGHT TERM (Drop Down Select)		(Select)	22a. EXPORT MRN NO.		
21. B/L TERM (Drop Down Select)		(Select)	22b. REMARK		
21-1. B/L ISSUE PLACE					
21-2. NO. OF B/L ISSUE	RATED				
	UNRATED				
23. TOTAL PACKAGE		(Select)	(PKG/WG/MEASURE UNITS can be selected by drop down)		
23. TOTAL WEIGHT		(Select)			
23. TOTAL MEASURE		(Select)			
23. CONTAINER INFO	CONTAINER NUMBER		23. CONTAINER INFO	CONTAINER NUMBER	

선사는 경우에 따라서 Internet 접속에 어려움이나 제한이 있는 고객들을 위해, e-Mail로 간단히 Shipping Instruction을 제출할 수 있는 Simple S/I 기능도 제공하고 있다.

제6절 혼재화물 차량배차

1 사전지식

1) 혼재화물(LCL Cargo; Less than Container Load Cargo)[6]

LCL Cargo는 컨테이너 1개 전체 공간을 가득 채우기에는 부족한 소화물을 말하며, 이와는 반대로 컨테이너를 가득 채운 상태의 화물을 FCL Cargo라 한다. LCL Cargo는 사전에 선사에 선적의뢰 후 선사가 지정한 화물집합소(container freight station; CFS)나 Inland Depot로 운송되어 다른 화물과 한 개의 컨테이너 내에 혼재되어 선적 및 양하된다.

2) 혼재화물운송(LCL cargo Transport)

FCL Cargo와 달리 하나의 컨테이너를 채울 수 없는 LCL Cargo를 적입하기 위해 빈 컨테이너를 일일이 화주(shipper)가 지정하는 장소로 운송할 수 없으므로, FCL Cargo로 작업할 수 있는 장소(CFS)로 우선 벌크상태로 운송된다. CFS에서는 목적지별, 화물의 종류별 등 여러 가지 집하(cargo grouping) 조건에 따라 여러 화주의 화물을 1개의 컨테이너에 혼재(consolidation)한다. 이 후 운송과정은 FCL과 같으나, 터미널 보세구역 내에서 선적위치까지 운송되는 경우는 셔틀운송(shuttle)이라 한다.

3) 육상운송

대부분의 국내 화물운송은 수출입인 경우 해상과 항공, 내륙운송인 경우는 트럭과 기차로 처리된다. 트럭운송은 컨테이너화물 이외에 화물의 종류에 따라 자동차, 철강, 광물, 제지, 비료, 양곡, 군수물자, 중량물과 같은 벌크운송이 있으며, 컨테이너와 벌크운송은 CJ대한통운, KCTC와 같은 전문 운송사에 의해 수행된다.

주의 컨테이너에 적입된 화물은 모두 벌크화물이다. 컨테이너화(containerlised)하여 운송하는 것이 비용, 시간, 작업 효율성 측면에서 더 유리하기에 FCL로 운송하는 것이다. 일반적으로 해상운임이 높거나 컨테이너화 하기에 좋은 화물이 있고, 그렇지 못한 화물이 있다. 예를 들어 대표적인 벌크화물인 철광석, 원목, 석탄, Ro-Ro선 전용인 자동차, 탱커선 전용인 원유, 가스선 전용인 LNG, LPG, 프로젝트 화물인 대형터빈, 발전소 부품, 교량 등은 벌크선으로 운송한다.

6) 출처: 한국무역협회 KITA.net

2 화면설명

1) LCL Cargo Truck Dispatch

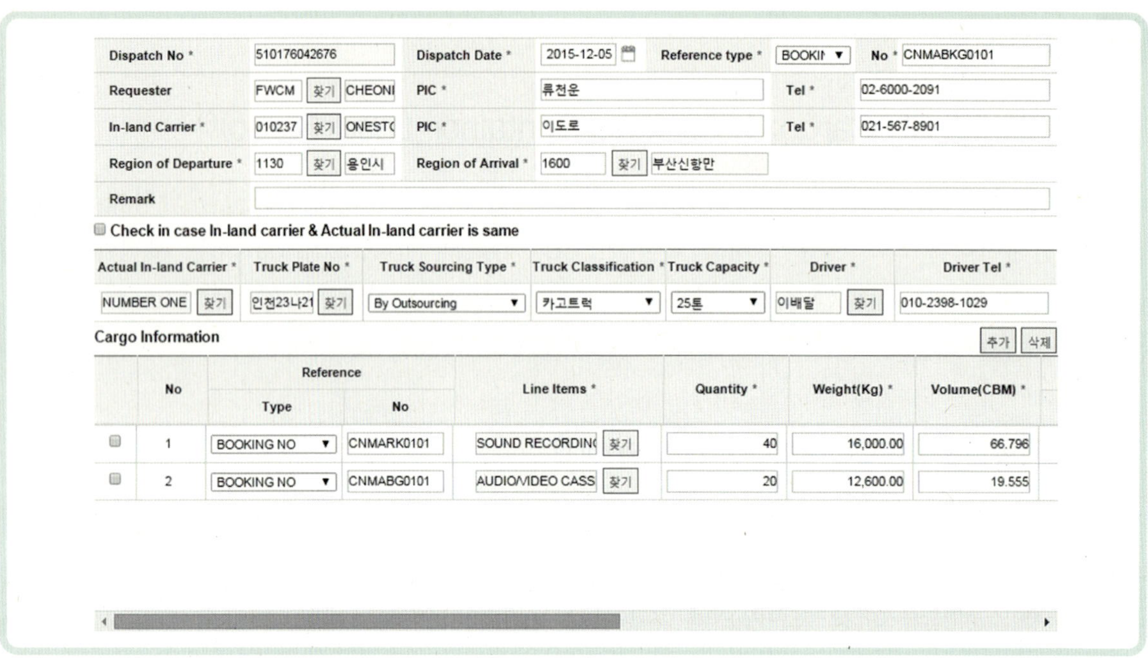

- Dispatch No: 차량배차번호, 등록시 시스템에서 자동부여
- Dispatch Date: 배차일자
- Requester: 운송의뢰 코드 및 명
- Requester PIC: 운송의뢰자 담당자 명
- Requester TEL: 운송의뢰자 명
- In-land Carrier: 내륙운송사 코드 및 명
- In-land carrier PIC: 내륙운송사 담당자
- In-land carrier TEL: 내륙운송사 전화번호
- Region of Departure: 출발지역(권역별로 나눈 구획으로 운송비 산출 시작 지역)
- Region of Arrival: 도착지역(권역별로 나눈 구획으로 운송비 산출 종료 지역)
- Remark: 운송시 참고사항을 기록
- Actual In-land Carrier: 실제 내륙운송사 코드 및 명(실제 운송을 수행하는 운송사)
- Truck Plate No: 트럭 번호
- Truck Sourcing Type: 차량조달 타입(자차, 용차, 지입, 위수탁)
- Truck Classification: 트럭종류(트럭, 카고트럭, 트랙터, 덤프트럭, 트레일러, 특장트럭, BCT벌크, 윙바디, 케리어 등)

- Truck Capacity: 트럭톤수(1톤, 1.4톤, 4.5톤, 5톤 등)
- Driver: 운전자 코드 및 명
- Driver Tel: 운전자 전화번호

[Cargo Information]

- Reference Type: 참조구분(Booking No., B/L No.)
- Reference NO: 참조번호
- Line Items: 품목 코드 및 명
- Quantity: 전체 화물의 개수
- Weight(Kg): 중량, 물품의 중량합계를 KG단위로 환산하여 소수점 2자리(3자리에서 반올림)까지 표기
- Volume(CBM): 용적, 운송용 포장을 포함한 물품의 용적을 CBM단위로 환산하여 소수점 3자리(4자리에서 반올림) 표기
- Point of Truck Loading: 상차지, 화물 운송목적지. 일반적으로 LCL Cargo일 경우 CFS 창고이고 FCL Cargo일 경우 CY이다.
- PIC of Truck Loading: 상차지 담당자, 화물 픽업지 담당자
- Tel of Truck Loading: 상차지 전화번호, 화물 픽업지 전화번호
- Point of Truck Discharge: 하차지, 화물 운송목적지. 일반적으로 LCL Cargo일 경우 CFS 창고이고 FCL Cargo일 경우 CY이다.
- PIC of Truck Discharge: 하차지 담당자, 화물 운송도착지 담당자
- Tel of Truck Discharge: 하차지 전화번호, 화물 운송도착지 전화번호

3 업무 프로세스 흐름도

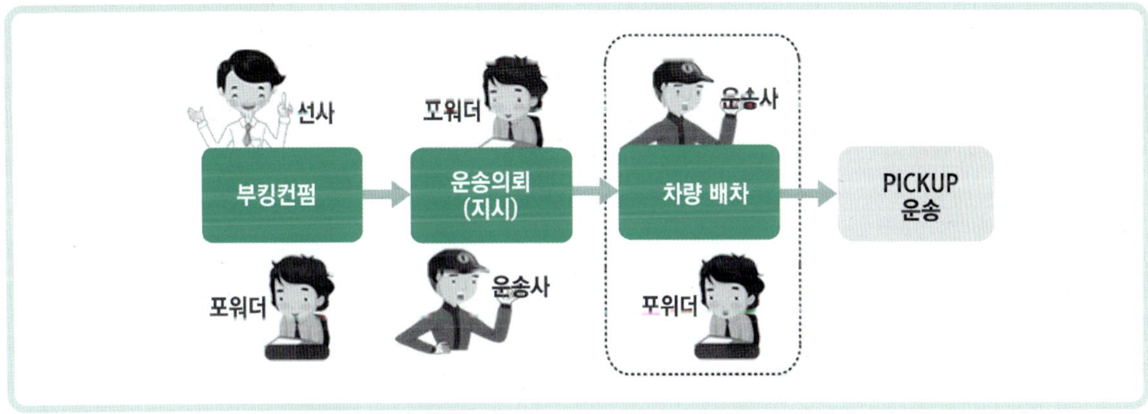

포워더는 화주로부터 부킹 의뢰를 받아 C/I사본, P/L사본 등을 접수한 후 다수 화주의 화물을 Master B/L 단위로 Booking(선복예약) 요청한다. 일반적으로 Booking 업무 전후로 화주 또는 포워더가 운송사에 부킹 운송지시를 하고, 운송사는 화주가 지시하는 장소와 시간을 감안하여 차량을 배차하며, 화물이 지정된 컨테이너 적입장소까지 운송될 수 있도록 한다.

FCL Cargo인 경우는 바로 CY로 이동하지만, LCL Cargo인 경우는 CFS로 이동하며 CFS 감독자는 LCL Cargo가 하차되면 화물부킹 내역을 확인하고 실화물을 CFS에 반입처리한다.

4 전자문서 흐름도

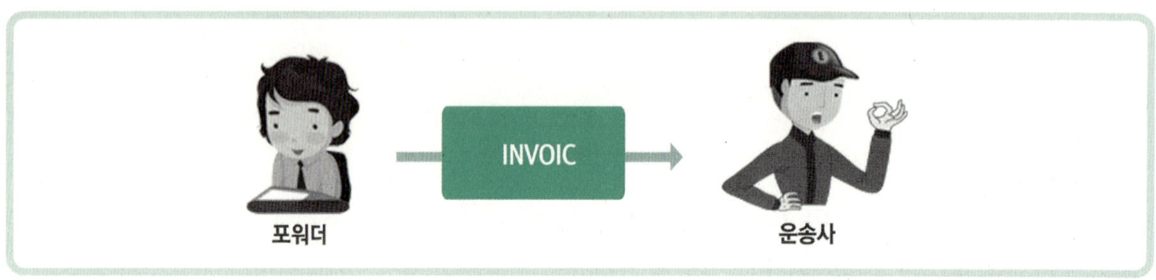

화주 또는 그 대리인인 포워더는 e-mail, 전화, 팩스 등으로 운송사에 운송의뢰하는 경우가 많다. 대형 운송사의 웹포털에서는 운송의뢰 접수하고 그 내역을 확인할 수 있으며, 차량배차 내역도 조회할 수 있다. 화물의 추적은 Container Movement 기능에서 조회한다.

현업에서 운송지시 관련하여 자주 사용되는 전자문서는 운송내역에 대한 청구서이다. 화물운송 완료 후 운송사는 운송내역 및 정산서(INVOIC; motor carrier freight details and invoice)를 송부한다. INVOIC는 UN/EDIFACT 표준문서로 국내에서는 잘 사용되지 않고 국내 기업의 요구에 맞춘 사설문서를 사용하는 경우가 많다.

KTNET 화물운송정보시스템 '카고뷰(Cargo View)' 분류기준에서는 각 화물의 상태, 즉 Container/Bulk, 수출/수입과 항공/해상에 따라 배차지시 문서가 다르다. 예를 들면 해상컨테이너 수입은 CONIMP, 해상컨테이너 수출은 CONEXP, 벌크화물 해상수입은 BLKIMP, 벌크화물 해상수출은 BLKEXP, 일반운송의 경우 ZIMTRS 등이다.

5 실습 지시문

1) 혼재화물 차량배차 실습 지시문

운송사인 '원스톱운송'은 포워더인 '천마항운'으로부터 수출화물을 상차지인 '용인'에서 하차지인 '부산 신항만'까지의 운송의뢰를 받았다. '원스톱운송'은 요청일자에 배차할 수 있도록 차량의 공차현황과 차량가동율, 운송구간, 화물의 중량과 용적 등의 운송 및 화물 특성을 고려하여 배차계획을 수립하였다. 이 배차계획에 따라 차량을 배차하는 실습을 해 보세요.

- Dispatch Date(배차일자): 2016-12-05
- Reference Type(참조문서 유형): BOOKING NO / Reference No.(참조문서 번호): CNMABKG0101
- Requester(요청자): CHEONMA MARINE TRANSPORTATION CO., LTD.(천마항운) / PIC(담당자): 류천운 / Tel(담당자전화번호): 02-6000-2091
- In-land Carrier(내륙운송사): ONESTOP TRANS CO., LTD.(원스탑운송) / PIC(담당자): 이도로 / Tel(담당자전화번호): 021-567-8901
- Region of Departure(출발지역): 용인 / Region of Arrival(도착지역): 부산 신항만
- Check in case In-land carrier & Actual In-land carrier is same(내륙 운송사와 실운송사가 같은 경우 체크)란에 Check
- Actual In-land Carrier(실운송사): NUMBER ONE CO., LTD.(넘버원운송) / 대표 Truck Plate No (차량번호): 인천23나2178 / Truck Sourcing Type(차량조달구분): By Outsourcing(용차) / Truck Classification(트럭종류): 카고트럭 / Truck Capacity(트럭톤수): 25톤 / Driver(운전자): 이배달 / Driver Tel(운전자전화번호): 010-2398-1029

(Cargo Information)

- 첫 번째 상차화물정보는 Reference Type(참조문서 유형): BOOKING NO(부킹번호) / Reference No(참조번호): CNMABKG0101 / Line Item(품목): SOUND RECORDING / Quantity(수량): 40 / Weight(Kg)(중량): 16,000.00Kg / Volume(CBM)(용적): 66.796CBM / Point of Truck Loading (상차지): 아주엘앤에프 / PIC(상차지담당자): 신소리 / Tel(전화번호): 031-778-8921 / Point of Truck Discharging(하차지): 부산신항 CFS / PIC(하차지담당자): 전입고 / Tel(전화번호): 051-987-0983
- 두 번째 상차화물정보는 Reference Type(참조문서유형): BOOKING NO(부킹번호) / Reference No(참조번호): CNMABKG0101 / Line Item(품목): AUDIO/VIDEO CASSETTES / Quantity(수량): 20 / Weight(Kg)(중량): 12,600.00Kg / Volume(CBM)(용적): 19.555 CBM / Point of Truck Loading (상차지): 효성생활산업㈜용인공장 / PIC(상차지담당자): 고상차 / Tel(전화번호)는 031- 344-4756 / Point of Truck Discharging(하차지) / 부산신항CFS / PIC(하차지 담당자): 전입고 / Tel(전화번호): 051-987-0983

6 샘플 및 출력서식

1) CJ대한통운 컨테이너 전략정보시스템

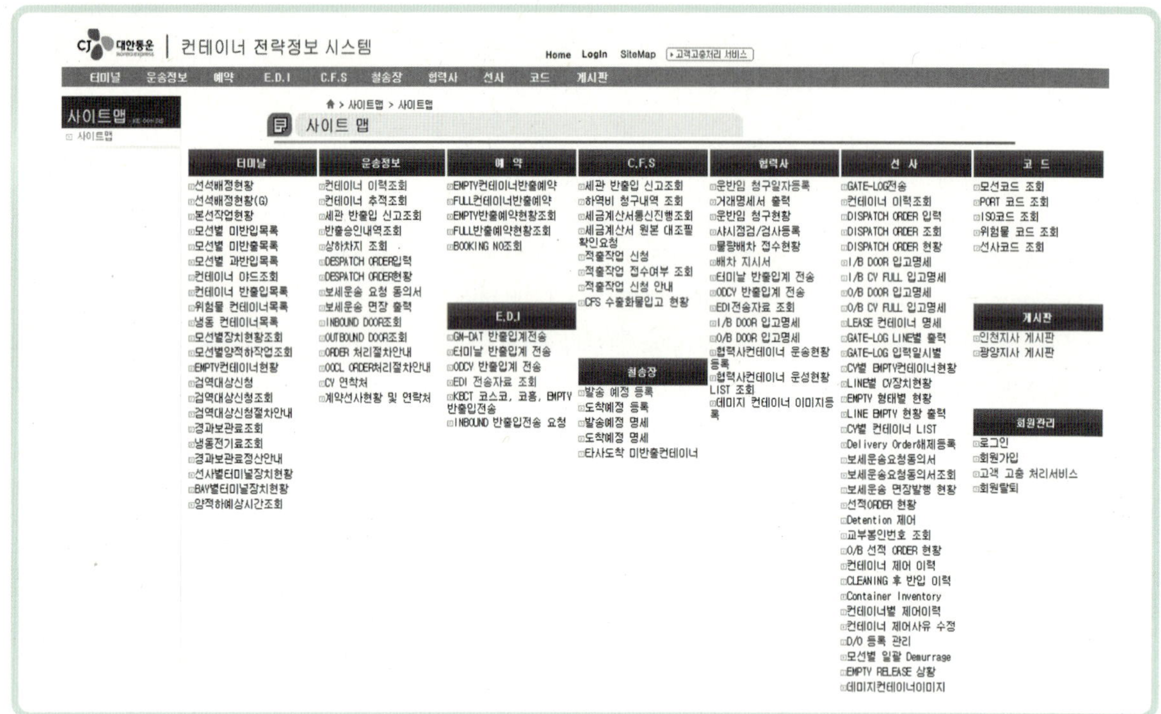

※ CJ대한통운은 내륙운송분야에서 최상의 서비스를 제공하는 업체 중 하나이다.

제7절 선적지시서(Shipping Order) 작성

1 사전지식

1) 선적지시서(Shipping Order)[7)]

선적지시서란 화주의 선적요청에 따라서 선사가 실제 화물을 확인한 다음 본선(mother vessel)의 선장 앞으로 기재된 화물을 선적하도록 지시하는 문서를 말한다. 선적책임자가 인수한 화물은 선적지시서별로 리스트를 작성하여 본선 적부계획과 선적작업 준비용으로 이용되며,

7) 출처: 한국무역협회 KITA.net

본 지시서에 근거하여 화물을 본선에 적재하고 본선수취증(本船受取證, M/R: mate's receipt)을 작성한 후 화주에게 교부한다.

2) 선적예정물량(C.B.F; Container Booking Forecast)

터미널에서는 정확하지는 않지만 선사의 부킹 현황자료를 가지고 대략적인 선적물량을 예측할 수 있다. 이 자료를 가지고 터미널은 POD(port of discharge), 컨테이너 Size & Type, 적공구분(full or empty) 등의 분류기준으로 선적될 화물의 반입시 적절한 장소에 배치하고자 작성하는 기본 Yard Plan을 시삭할 수 있다.

3) 적하컨테이너목록(CLL: Container Loading List)

수입컨테이너의 경우 이전 항이나 선적국가에 있는 선사의 지점에서 작성한 해당 선박의 본선적부도(BAPLIE: Bayplan/stowage plan occupied and empty locations message)가 필요하다. 터미널은 선사로부터 하역지시를 받았을 때 우선 본선적부도와 하역지시를 확인하여 하역작업계획을 수립하고, 작업이 끝난 후에는 양적하 결과를 보고한다.

수출컨테이너의 경우 CLL(container loading list)을 수신하여 본선적부도와 상호 확인하고 이에 대한 작업계획을 세운다. 게이트 미반입 컨테이너가 있는 경우 작업내역의 조정이 일어날 수 있으며 작업 이후에는 양적하결과를 보고한다.

2 화면설명

1) Container Loading(Discharging) List

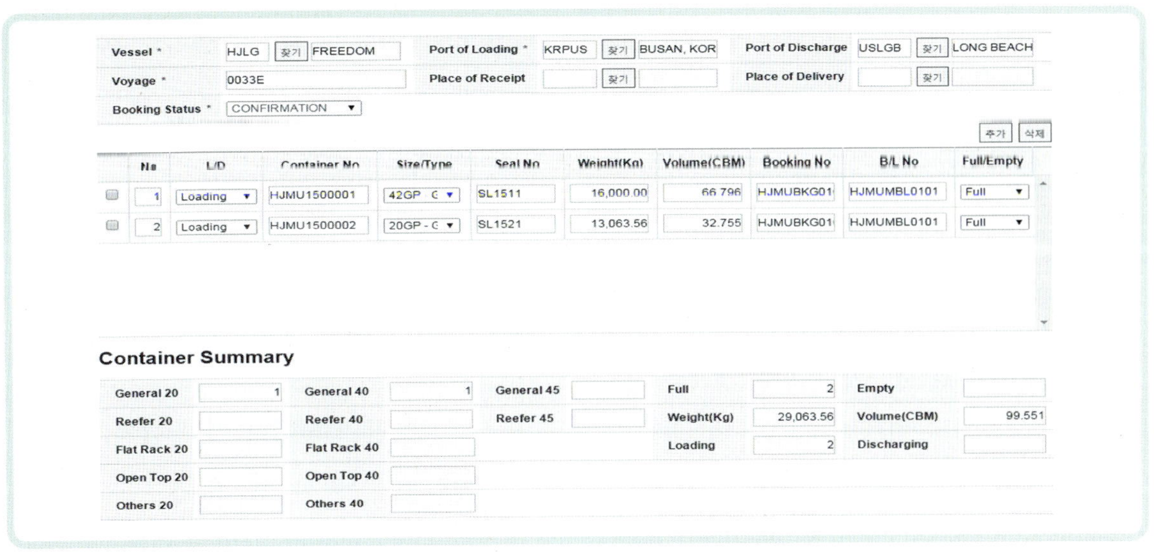

- Vessel: 선박코드 및 명
- Voyage: 항차번호
- Place of Receipt: 화물인수지 국내 내륙 거점(공장, 생산지) 코드
- Port of Loading: 선적항, 선적이 일어나는 항구(국내 도착항)
- Port of Discharge: 하역항, 하역이 일어나는 항구(해외 도착지)
- Place of Delivery: 화물인도지, 국내 내륙 거점(공장, 생산지)
- Booking Status: Booking 처리 상태(Confirmation, Waiting, Cancel)
- L/D Division: Loading Discharging Division, 양하/적하구분(L: Loading, D: Discharging)
- Container No: 컨테이너 번호
- Size/Type: 픽업 컨테이너 사이즈/타입(ISO 코드)
- Seal No.: 컨테이너 봉인번호
- Weight(KG): 중량
- Volume(CBM): 용적
- Booking No.: 부킹 No.
- B/L No.: B/L No.
- Full/Empty: 컨테이너 상태(FULL/EMPTY)

[Container Summary]

- General 20: 컨테이너 Type이 General이고 Size가 20'인 컨테이너 총 선적지시 수량
- Reefer 20: 컨테이너 Type이 Reefer이고 Size가 20'인 컨테이너 총 선적 지시수량
- Flat Rack 20: 컨테이너 Type이 Flat Rack이고 Size가 20'인 컨테이너 총 선적 지시수량
- Open Top 20: 컨테이너 Type이 Open Top이고 Size가 20'인 컨테이너 총 선적 지시수량
- Others 20: 컨테이너 타입이 Dry, Reefer, Flat Rack, Open Top을 제외한 20 Size인 컨테이너 총 선적 지시수량
- General 40: 컨테이너 Type이 General이고 Size가 40'인 컨테이너 총 선적지시 수량
- Reefer 40: 컨테이너 Type이 Reefer Size가 40'인 컨테이너 총 선적지시 수량
- Flat Rack 40: 컨테이너 Type이 Flat Rack이고 Size가 40'인 컨테이너 총 선적 지시수량
- Open Top 40: 컨테이너 Type이 Open Top이고 Size가 40'인 컨테이너 총 선적지시 수량
- Others 40: 컨테이너 타입이 Dry, Reefer, Flat Rack, Open Top을 제외한 40 Size인 컨테이너 총 선적지시 수량
- General 45: 컨테이너 Type이 General이고 Size가 45'인 컨테이너 총 선적지시 수량
- Reefer 45: 컨테이너 Type이 Reefer이고 Size가 45'인 컨테이너 총 선적지시 수량
- Full: Full 컨테이너 총 선적지시 수량

- Empty: Empty 컨테이너 총 선적지시 수량
- Weight(KG): 총 선적지시 중량
- Volume(CBM): 총 선적지시 용적
- Loading: 적재 컨테이너 총 선적지시 수량
- Discharging: 양하 컨테이너 총 선적지시 수량

2) Container List Search

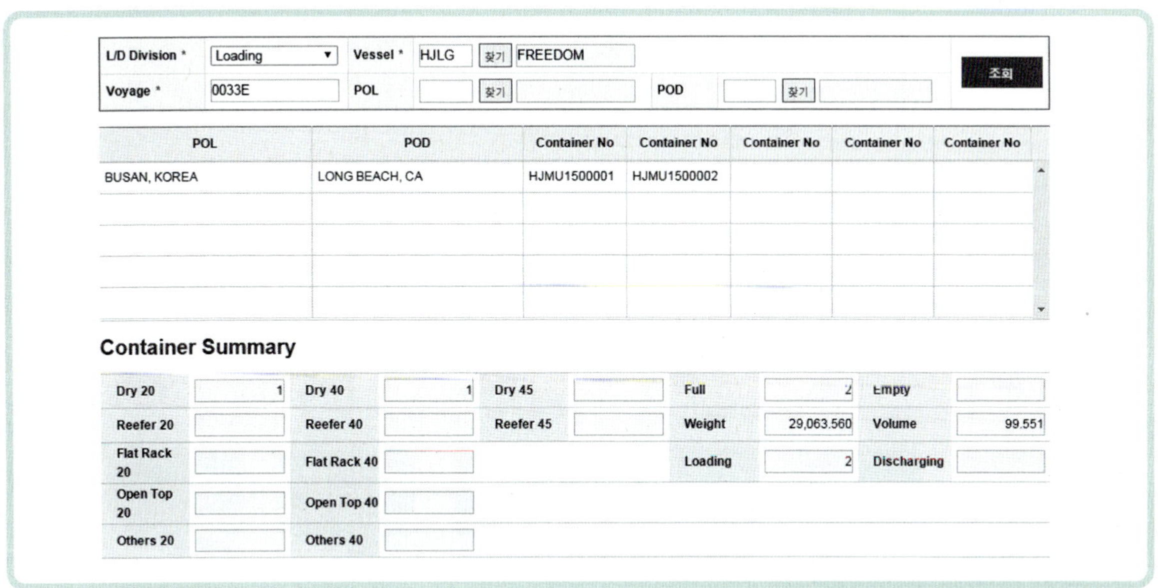

- L/D Division: Loading Discharging Division, 적재/하역구분(L: Loading, D: Discharging)
- Vessel: 선박코드 및 명
- Voyage: 항차번호
- POL: Port of Loading, 선적항, 선적이 일어나는 항구(국내 노착항)
- POD: Port of Discharge, 하역항, 하역이 일어나는 항구(해외 노착시)
- Container No: 선적 지시된 컨테이너 번호
- Dry 20: 컨테이너 Type이 Dry이고 Size: 20인 컨테이너 총 선적지시 수량
- Dry 40: 컨테이너 Type이 Dry이고 Size: 40인 컨테이너 총 선적지시 수량
- Dry 45: 컨테이너 Type이 Dry이고 Size: 45인 컨테이너 총 선적지시 수량
- Reefer 20: 컨테이너 Type이 Reefer이고 Size: 20인 컨테이너 총 선적지시 수량
- Reefer 40: 컨테이너 Type이 Reefer Size가 40'인 컨테이너 총 선적지시 수량
- Reefer 45: 컨테이너 Type이 Reefer이고 Size가 45'인 컨테이너 총 선적 지시수량

- Flat Rack 20: 컨테이너 Type이 Flat Rack이고 Size가 20'인 컨테이너 총 선적 지시수량
- Flat Rack 40: 컨테이너 Type이 Flat Rack이고 Size가 40'인 컨테이너 총 선적지시 수량
- Open Top 20: 컨테이너 Type이 Open Top이고 Size가 20'인 컨테이너 총 선적지시 수량
- Open Top 40: 컨테이너 Type이 Open Top이고 Size가 40'인 컨테이너 총 선적지시 수량
- Others 20: 컨테이너 타입이 Dry, Reefer, Flat Rack, Open Top을 제외한 20 Size인 컨테이너 총 선적지시 수량
- Others 40: 컨테이너 타입이 Dry, Reefer, Flat Rack, Open Top을 제외한 40 Size인 컨테이너 총 선적지시 수량

3 업무 프로세스 흐름도

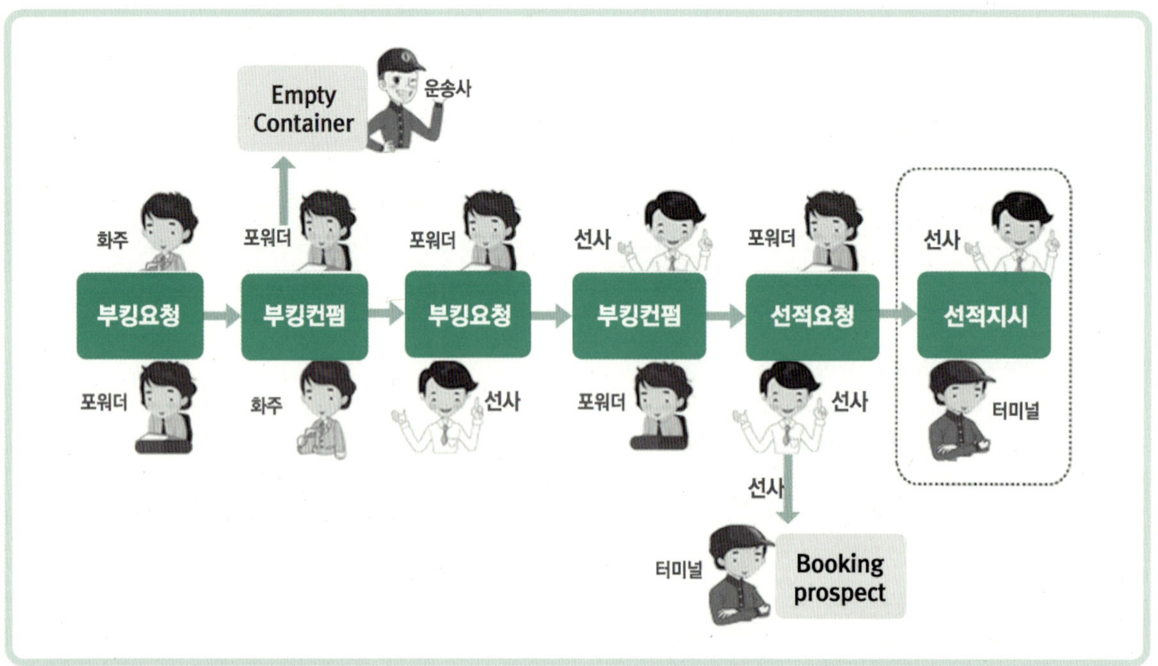

선사는 포워더로부터 수신한 부킹요청(booking request)을 취합하여 터미널에 선적예정물량(C.B.F) 정보를 전송하고, 선적요청된 선적화물건에 대해 선적요청내역(booking prospect)을 전송한다. 터미널은 실제 반입된 화물의 실물과 선사의 선적지시(CLL) 데이터를 확인검토하여 선적예정 리스트를 작성한다.

* 일반적으로 CLL은 적하 뿐만아니라 양하화물까지 포함한 리스트로 통칭된다.

4 전자문서 흐름도

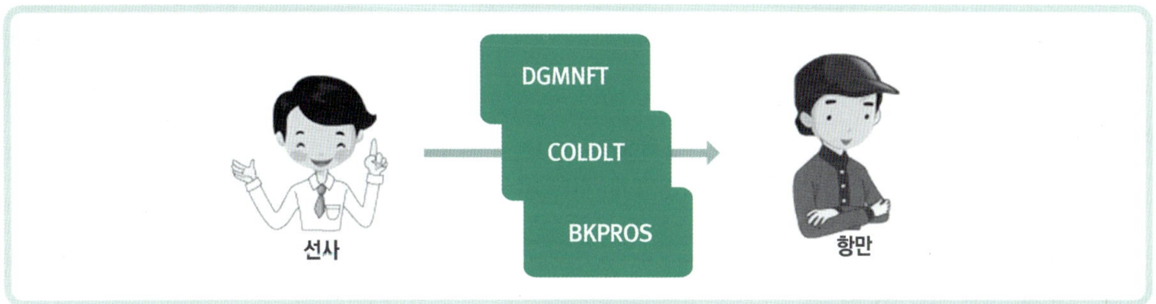

위험물일 경우 '위험물적하일람표(DGMNFT; dangerous goods manifest)'[8]를 작성하여 일반 컨테이너 화물선적목록(COLDLT; container loading/discharge list)[9]과는 별도로 전송한다. 선적예정물량통보(BKPROS; booking prospect)는 선박이 도착하기 3~4일 전에 항만터미널에 송부되고 최종 1일 전에 송부하는 경우도 있다.

5 실습 지시문

1) 선적지시 실습 지시문

선사인 "한진상선"은 2016-12-08 입항예정인 선박(FREEDOM)에 수출컨테이너 화물을 적재하기 위한 본선 양적하 관련 서류를 작성하여 고려신항만터미널에 통보하고자 한다. 통보문서 중 위험물 적하일람표, 선적예정물량 통보서 등은 작성완료하고 마지막 CLL(Container Loading List)를 작성할 예정이다. 부킹 또는 B/L정보를 기준으로 CLL(Container Loading List)를 작성하는 실습을 해 보세요.

- Vessel(선박): FREEDOM(프리덤) / Voyage(항차): 0033E
- Port of Loading(적재항): BUSAN, KOREA / Port of Discharge(양륙항): LONG BEACH, CA(미국 캘리포니아 롱비치)

(Container 정보)

- 첫 번째 Container No.(컨테이너번호): HJMU1500001 / L/D(양적하 구분): Loading(적하) / Size / Type(사이즈/구분): 42GP / Seal No.(봉인번호): SL1511 / Weight(중량): 16,000Kg / 용적: 66.796 CBM / Booking No.(선사부킹 번호): HJMUBKG0101 / B/L No.(선하증권번호): HJMUMBL0101 / Full/Empty: Full

8) UN/EDIFACT 위험물적하일람표(IFTDGN; Dangerous goods notification message)와 유사함
9) UN/EDIFACT 컨테이너 화물 양적하목록(COPRAR; Container discharge/loading order)와 유사함

- 두 번째 Container No.(컨테이너번호): HJMU1500002 / L/D(양적하 구분): Loading(적하) / Size / Type(사이즈/구분): 20GP / Seal No.(봉인번호): SL1521 / Weight(중량): 13,063.56Kg / 용적: 32.755CBM / Booking No.(선사부킹번호): HJMUBKG0101 / B/L No.(선하증권번호): HJMUMBL0101 / Full/Empty: Full

주 의 선박의 대형화 추세에 따라 양적하지시서에 해당하는 컨테이너는 환적까지 포함하면 매 기항마다 수천 TEU가 될 수 있으나 본 실습에서는 2개 컨테이너에 대한 선적지시만 실습한다.

6 샘플 및 출력서식

1) Container Loading List(CLL)과 Loading Container List 조정

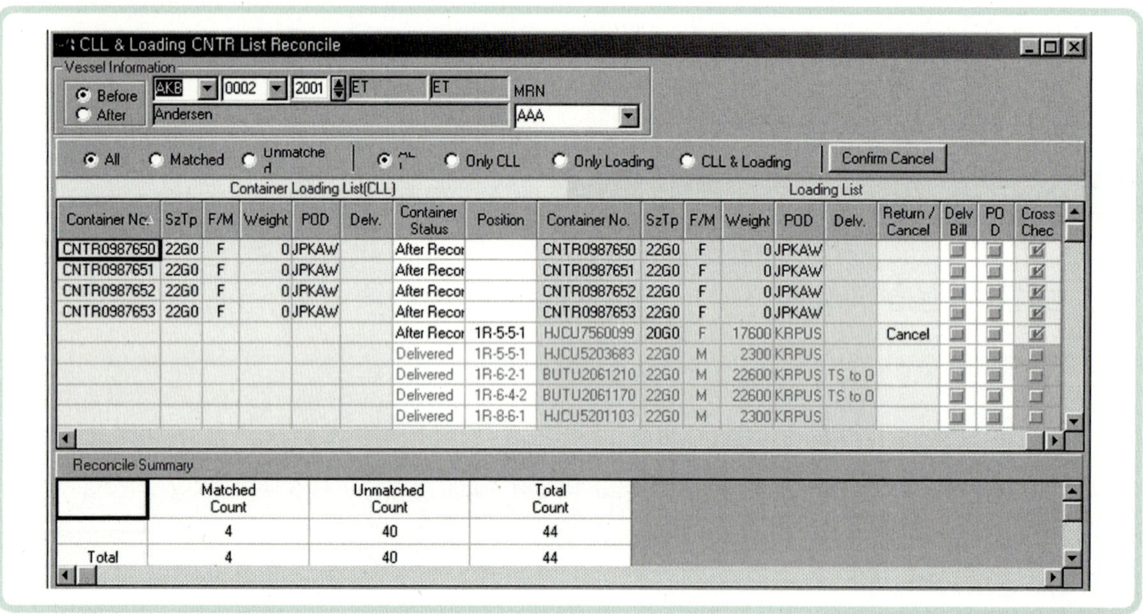

Container No.	SzTp	F/M	Weight	POD	Delv.	Container Status	Position	Container No.	SzTp	F/M	Weight	POD	Delv.	Return / Cancel	Delv Bill	POD	Cross Chec
CNTR0987650	22G0	F	0	JPKAW		After Recor		CNTR0987650	22G0	F	0	JPKAW					
CNTR0987651	22G0	F	0	JPKAW		After Recor		CNTR0987651	22G0	F	0	JPKAW					
CNTR0987652	22G0	F	0	JPKAW		After Recor		CNTR0987652	22G0	F	0	JPKAW					
CNTR0987653	22G0	F	0	JPKAW		After Recor		CNTR0987653	22G0	F	0	JPKAW					
						After Recor	1R-5-5-1	HJCU7560099	20G0	F	17600	KRPUS		Cancel			
						Delivered	1R-5-5-1	HJCU5203683	22G0	M	2300	KRPUS					
						Delivered	1R-6-2-1	BUTU2061210	22G0	M	22600	KRPUS	TS to O				
						Delivered	1R-6-4-2	BUTU2061170	22G0	M	22600	KRPUS	TS to O				
						Delivered	1R-8-6-1	HJCU5201103	22G0	M	2300	KRPUS					

	Matched Count	Unmatched Count	Total Count
	4	40	44
Total	4	40	44

* 실제 선적될 화물과 선사로부터 선적지시 받은 화물과 다를 수 있다. 관세청에 신고된 수출화물적하목록을 참조하여 실제 선적할 화물을 확정한다.

2) 벌크화물 서면 선적지시 샘플

CODE NO.	S/O No./B/L.No.
	3003

HONG KONG AGENT

NAVIGATION (HONG KONG)CO., LIMITED
NAN FUNG TOWER
VOEUX ROAD, CENTRAL, HONG JONG
TEL: (4LINES), (4LINES)
FAX:

(FULL CONTAINER SERVICE)

SHIPPING ORDER

Please receive for shipment the undermentioned good in apparent good order and condition, unless noted below

Shipper
ACOUSTIC EQUIPMENT FACTORY
TEL

Consignee
YEAR EXPRESS CO., LTD.
RM.A, WENSING RD.,
TAICHUNG TAIWAN TEL

Notify Party
SAME AS CONSIGNEE
TEL

Ocean Vessel	Voy No.
KUO LIH	KL508S
Place of receipt	**Port of Loading**
SANSHAN, CHINA	SANSHAN, CHINA
Port of Discharge	**Final destination**
BANGKOK	BANGKOK

Freight to be		Type service requested				Freight payable at	Number of original B(s)/S
Prepaid	Collect	CY/CY	CY/CFS	CFS/CFS	CFS/CY	BANGKOK	3 Original + 6 Copies
☐	■	■	☐	☐	☐		

Marks and Numbers Container No. (Particulars declared by shipper)	Number of Container or Package; Type or Kind thereof;Description of Goods (Particulars declared by shippers)		Gross Weight Kilos	Measurement CBM
NPE (IN TRI.) C/NO.A1-A70,B1-B10, C1-C20,D1-D50, E1-E67,F1-F100, G1-G67,H1-H34, K1-K20,N1-N20, M1-M40,Q1-Q6 ITEM NO: Q'TY: PCS N.W.: KGS G.W.: KGS SIZE: CM MADE I N CHINA	504 CTNS	MICROPHONE AND SPARE PARTS AS PER PROFORMA INVOICE NO.:RS-2005-0624-01 DATED JUNE 24, 2005 CREDIT NO.300013LC0500359	8677.4KGS	40'x 1

SAY TOTAL:FIVE HUNDRED FOUR(504) CARTONS ONLY.

Dangerous & Flammable Cargo(Declared by Shipper)

F.O.B.Value (Declared By Shippers)

EXPORT LICENCE NO.

IMPORTANT

SHIPPERS ARE REQUESTED TO READ CAREFULLY
Weight and measurement required
Shippers are respectfully requested to note that NO SPECIAL INSTRUCTIONS OR CONDITIONS can be recognized by the Carrier, unless initialed by the Carrier when issuing the Shipping Order
Carrier reserves the right to reject any package found not in good Order and condition.
Neither the Carrier nor its Agents will accept any liability for the consequences of cargo being shut out. Carriage of cargo is subject to they terms and conditions of the Carrier' sbill of lading and the applicable tariff.

HOI KONG CONTAINER SERVICE CO., LTD.	載運日期：
	CY/C.F.S.
	時間：

Acknowledgement of booking only
NAVIGATION(HONG KONG)CO.,LTD

AS AGENTS

제8절 항만터미널 게이트반출입 등록

1 사전지식

1) 항만터미널 관련용어

(1) 게이트

입출차하는 차량과 반출입하는 컨테이너 화물에 대한 필요한 서류의 접수, 봉인(seal) 및 손상(damage)의 유무를 검사하고 컨테이너의 중량을 측정하는 장소를 말한다. 컨테이너 터미널과 내륙 운송회사간의 책임 한계선으로서 벌크가 아닌 컨테이너 화물의 경우 운송사의 사전반출입정보(COPINO ; container pre-notification message) 전송 후 터미널의 승인이 있어야만 차량이 게이트를 통과할 수 있다.

(2) 정비공장(Maintenance & Repair Shop)

터미널 내 컨테이너크레인(C/C), 트랙터, 포크리프트(F/L) 등 터미널작업 장비들을 정비 및 수리하는 곳을 말한다. 현업에서는 보통 'M&R 샵'이라고 부른다.

(3) 관제실(TOC; Control Tower, Operation Center)

터미널 내 작업의 계획과 운영 그리고 그 결과가 효율적으로 처리될 수 있도록 지도 감독하는 곳을 말한다.

(4) CFS(Container Freight Station)

컨테이너 화물 조작장으로 수출할 화물을 보관하였다가 목적지 별로 동종화물을 선별하여 컨테이너에 적입하는 장소를 말한다. 수입인 경우에는 혼재화물 또는 화주의 요청에 따른 단일화주 화물을 컨테이너로부터 인출하여 보관하다가 화주별로 분류하여 인도하는 장소를 말한다.

(5) 야드(Yard)

Marshalling Yard를 포함하여 컨테이너의 인수인도 및 보관을 하는 모든 장소를 말한다.

(6) 마샬링 야드(Marshalling Yard)

컨테이너선에 양적하를 하기 위하여 컨테이너화물들을 정렬해 놓은 공간을 말한다. Apron에 인접해 있는 경우가 많으며 운영방법에 따라 터미널의 효율성에 직접적으로 영향을 미치는 중요한 곳이다.

(7) 에이프론(Apron, Wharf Surface)

안벽선을 따라 일정한 폭으로 구획정리가 되어 있는 곳을 말하는데, 크레인 이동에 필요한 공간을 말한다. 보통 30~50m 정도의 폭으로 안벽과 Marshalling Yard 사이에 존재한다.

(8) 안벽(Berth, Quay, Pier)

컨테이너선이 접안할 수 있도록 하는 시설을 말하며 수면과 직접적으로 닿아 있다. 수심은 간조시에도 접안(berthing)이 가능할 수 있도록 충분한 수심을 유지할 수 있게 사전에 설계되어야 한다. 최근 초대형 선박 건조·운항 추세에 따라 세계 주요항만에는 15m 이상 수심 확보가 당면 과제로 대두되고 있다.

(9) 기기인수도증(EIR: Equipment Interchange Receipt)

컨테이너가 반출입될 때 반입/반출의 내용을 게이트 담당자가 차량의 출입시간, 컨테이너의 이상 유무 등을 확인한 후 운송기사에게 1부 인도하는 서류이다. 자동화 터미널에서는 수작업에 의한 EIR 배포 대신에 CCTV로 녹화하거나 무선단말기로 이상 유무를 컴퓨터에 입력하는 방식을 사용하기도 한다.

(10) 부산신항(Pusan Newport Company) 터미널 레이아웃[10)]

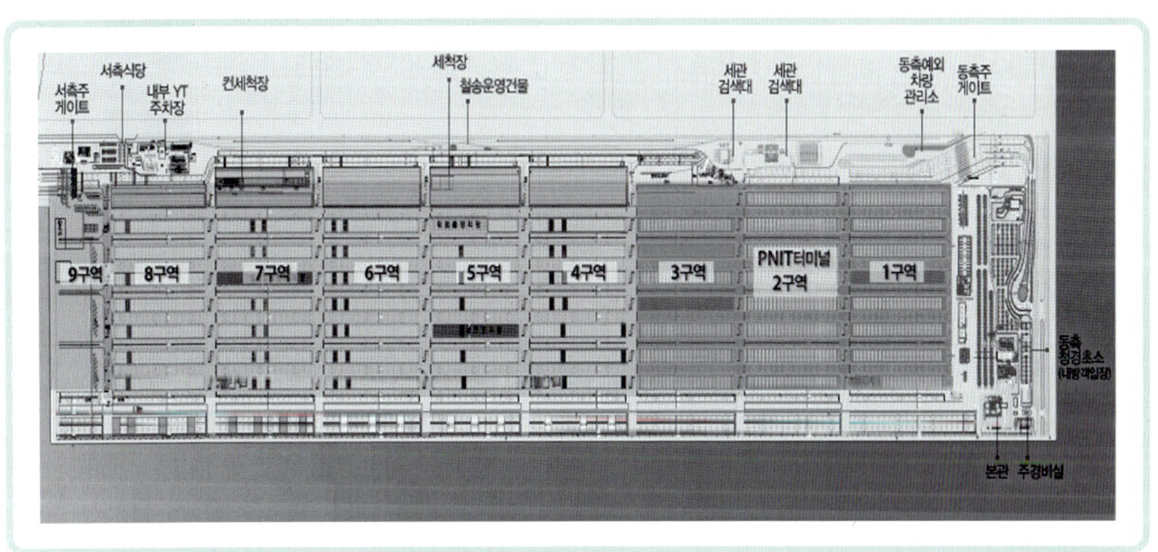

10) 출처: 부산신항만주식회사 터미널레이아웃(http://www.pncport.com/html/03/0202.php)

2 화면설명

1) Terminal Gate In & Out

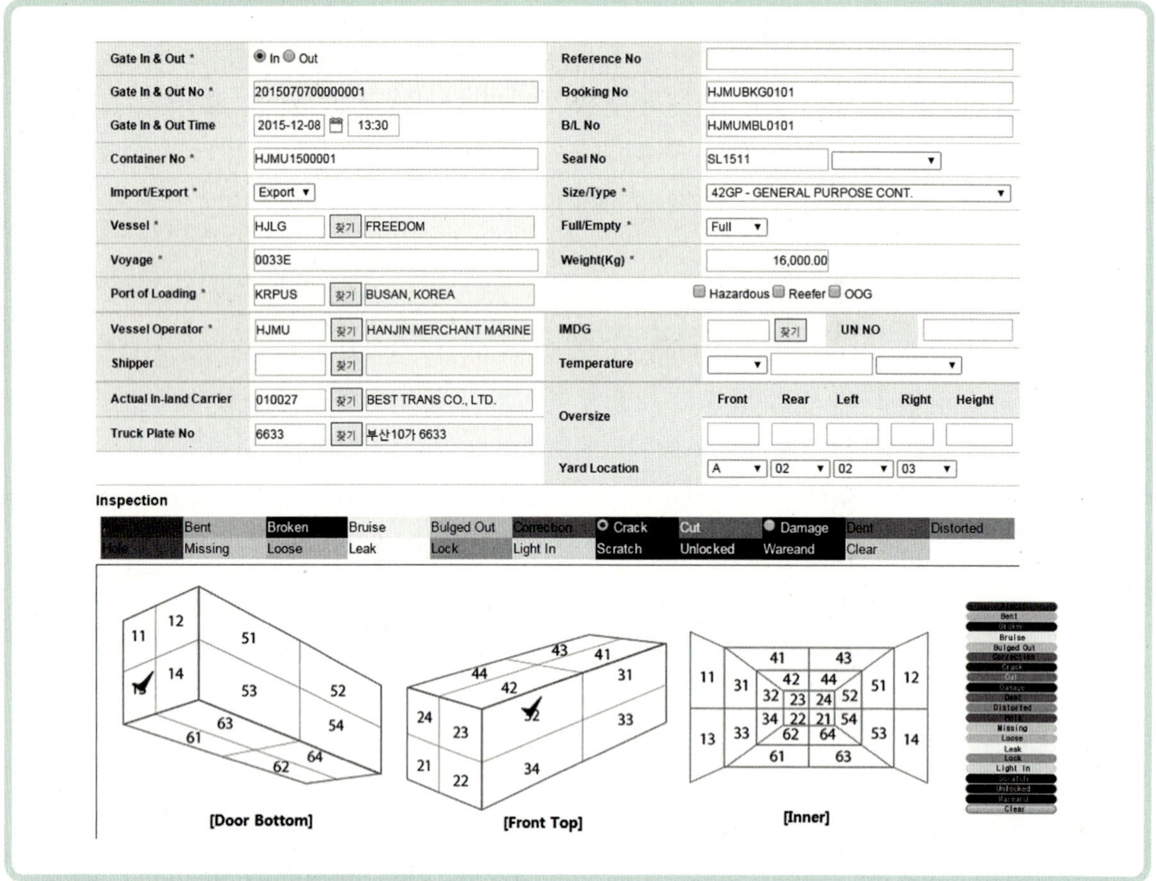

Gate In & Out *	◉ In ○ Out	Reference No	
Gate In & Out No *	2015070700000001	Booking No	HJMUBKG0101
Gate In & Out Time	2015-12-08 13:30	B/L No	HJMUMBL0101
Container No *	HJMU1500001	Seal No	SL1511
Import/Export *	Export	Size/Type *	42GP - GENERAL PURPOSE CONT.
Vessel *	HJLG 찾기 FREEDOM	Full/Empty *	Full
Voyage *	0033E	Weight(Kg) *	16,000.00
Port of Loading *	KRPUS 찾기 BUSAN, KOREA		☐ Hazardous ☐ Reefer ☐ OOG
Vessel Operator *	HJMU 찾기 HANJIN MERCHANT MARINE	IMDG	찾기 UN NO
Shipper	찾기	Temperature	
Actual In-land Carrier	010027 찾기 BEST TRANS CO., LTD.	Oversize	Front Rear Left Right Height
Truck Plate No	6633 찾기 부산10가 6633		
		Yard Location	A 02 02 03

Inspection

Bent, Broken, Bruise, Bulged Out, Correction, Crack, Cut, Damage, Dent, Distorted, Hole, Missing, Loose, Leak, Lock, Light In, Scratch, Unlocked, Wareand, Clear

[Door Bottom] [Front Top] [Inner]

※ 다양한 색깔로 Inspection 결과를 지정할 수 있으나, 본서 인쇄컬러 한정으로 표현이 불가하다. 요청시 'uTradeEdu 카페'에 원본이미지 업로드하여 공유하도록 한다.

- Gate In/Out: 반입/반출구분(I: In, O: Out)
- Gate In/Out No: Gate 반출/입 번호(반출/입 등록시 자동 채번(替番)함)
- Gate In/out Time: Gate 반출/입 일자 및 시간
- Container No: 컨테이너 번호
- Import/Export: 수입/수출구분(IM: Import, EX: Export)
- Vessel: 선박코드
- Voyage: 항차번호
- Port of Loading: 선적지 선적이 일어나는 장소(국내 도착항)
- Vessel Operator: 화물 조작자 코드 및 명(운항선사)

- Shipper: 송하인 코드 및 명
- In-land Carrier: 컨테이너 운송업자 코드 및 명
- Truck License Plate No.: 차량번호
- Reference No.: 사전반출입 참조번호
- Booking No.: 부킹번호
- B/L No.: B/L번호
- Seal No: 컨테이너 봉인번호
- Size/Type: 컨테이너 사이즈/타입(ISO 규격)
- Weight(KG): 컨테이너 중량
- Full/Empty: 컨테이너 상태(FULL/EMPTY)
- Hazardous: 위험물 여부
- Reefer: 냉동컨테이너 여부
- OOG: 규격 초과(OOG) 화물여부
- IMDG: 위험물 코드
- UN No.: 위험물 UN번호
- Temperature: 온도
- Oversize: 규격초과인 경우(CM단위로 입력)
  - Front: 앞쪽 규격초과 길이(CM단위로 입력)
  - Rear: 뒤쪽 규격초과 길이(CM단위로 입력)
  - Left: 왼쪽 규격초과 길이(CM단위로 입력)
  - Right: 오른쪽 규격초과 길이(CM단위로 입력)
  - Height: 높이 규격초과(CM단위로 입력)
- Yard Location: 야드 적재위치: Block-Bay-Row-Tier

2) Inspection: 결과샘플

NO	검사결과	설명
1	Ajar	(약간) 비틀어져서 틈이 보이는
2	Bent	구부러진
3	Bruise	(약간) 부서져 있거나 짓씰어신
4	Bulged Out	튀어나온, 부풀어져 있는, 삐져나온
5	Corrosion	부식 등에 의해 녹이 있는
6	Crack	균열, 금이가 있는
7	Cut	잘려진
8	Damage	파손되어 있는

NO	검사결과	설명
9	Dent	움푹한
10	Distorted	삐뚤어진
11	Hole	구멍난
12	Missing	분실된 것이 있는
13	Loose	느슨하거나 매듭 등이 풀어져 있는
14	Leak	액체나 가스가 누출되는
15	Lock	잠겨져있는
16	Light In	빛이 새어들어 갈 수 있는 틈이 있음
17	Scratch	긁히거나 해서 흠집이 있는
18	Unlocked	자물쇠가 열려있는
19	Worn Out	닳아서 해진
20	Clear	청소가 필요한

3 업무 프로세스 흐름도

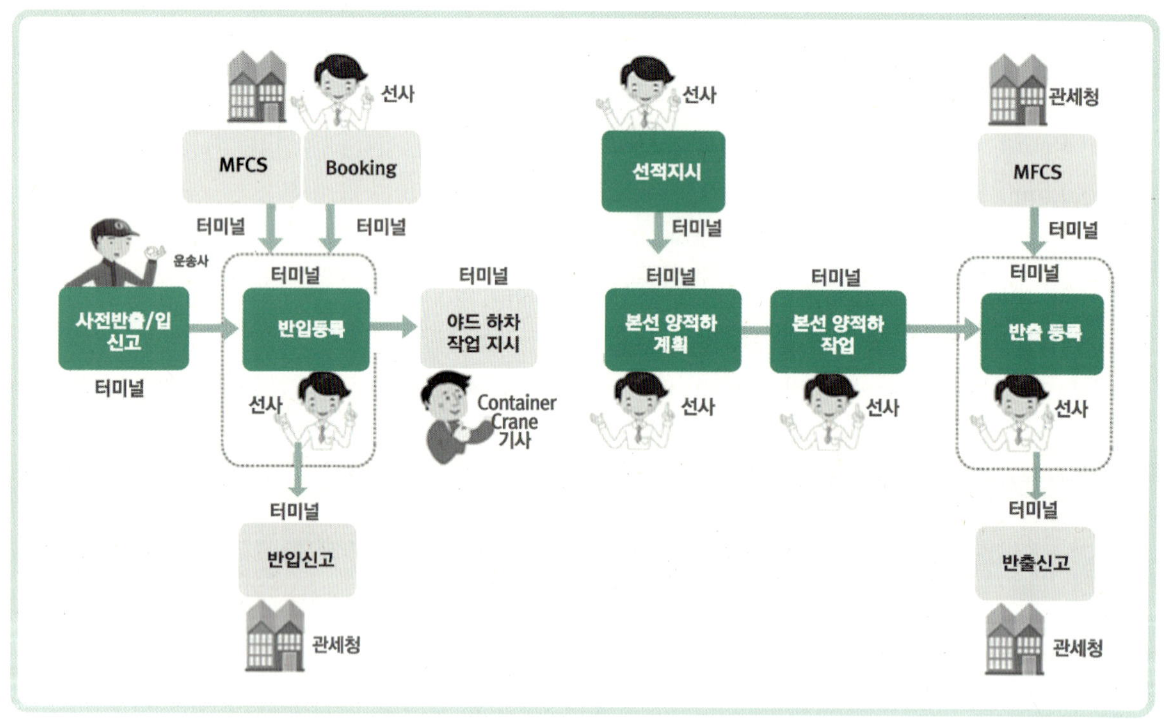

수출화물 적재차량이 게이트에 도착하면 게이트 담당직원은 사전에 통보받은 사전반입예정 정보를 가지고 차량번호, 컨테이너 번호, 컨테이너 장비상태 등을 확인한다. 터미널에서 사전에 계획한 Yard Plan정보에 따라 운송차량은 컨테이너 적재위치에 대한 안내를 받고 해당 위

치로 이동한다. 수입화물 반출의 경우에도 차량은 사전반출 예정정보를 가지고 있는 게이트가 안내하는 장소, 즉 컨테이너가 적재된 위치로 이동한다.

흐름도에서 표시된 MFCS는 컨테이너 선적예정목록(CLL)과 실제 반입된 컨테이너화물과 상호 확인하여 선적작업 목록을 작성할 때, 선사에서 신고한 적하목록 정보를 가지고 터미널 선적계획을 최종 확정한다는 의미이다.

4 전자문서 흐름도

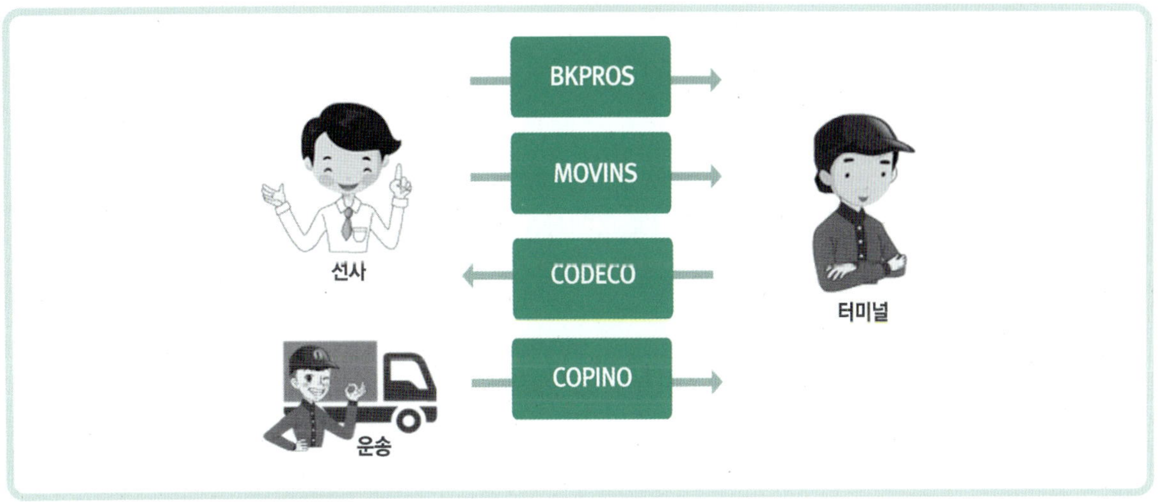

선사는 선적예정물량통보서(BKPROS ; booking prospect)를 통상 선박도착 3~4일 전에 터미널에 송부하며 터미널 화물도착기한(cargo closing time) 이후에 최종 전송하기도 한다.

본선적부도(BAPLIE)와는 다르게 적재에 대한 별도 지시사항, 예를 들어 온도관리가 필요한 화물은 보일러 근처에 적재하지 말 것과 같은 지시 등을 수록한 컨테이너적재지시(MOVINS ; stowage instruction message)가 있으며, 당해 지시사항은 적재위치를 고려한 양적하 작업을 지원한다.

차량과 화물의 반출입에 대해 정리된 자료는 터미널이 게이트반출입보고(CODECO ; container gate-in/gate-out report message)를 작성하여 선사에게 송신한다. 차량은 해당 운송사가 컨테이너사전정보(COPINO ; container pre-notification)를 터미널에 송신하고 승인을 받아야만 터미널 진입이 가능하므로 COPINO 송신여부를 반드시 확인해야 한다.

5 실습 지시문

1) 터미널 반출/입 등록 실습 지시문

고려신항만터미널에 수출 컨테이너화물을 실은 차량들이 Terminal Gate(입구)에 도착하여 Gate 통과 승인을 받기 위해 대기하고 있다. 도착한 순서대로 차량 및 컨테이너 정보와 사전 반출입 신고된 내용과의 일치 여부, 컨테이너의 상태 이상 유무를 확인하고 결과를 등록하는 Terminal Gate(입구) 업무를 실습해 보세요.

- Gate in & Out(반출입구분): In(반입) / Gate In & Out Time(반출입시간): 2016-12-08 13:30
- 반입 예정인 Container No.(컨테이너번호): HJMU1500001
- Import/Export(수출입구분): Export(수출)
- Vessel(선박): FREEDOM(프리덤) / Voyage(항차): 0033E
- Port of Loading(적재항): BUSAN, KOREA(부산)
- Vessel Operator(운항선사): HANJIN MERCHANT MARINE CO., LTD.(한진상선)
- In-Land Carrier(실내륙운송사): BEST TRANS CO., LTD.(베스트운송) / Truck Plate No(차량번호): 부산10가6633
- Booking No.: HJMUBKG0101 / B/L No: HJMUMBL0101
- Seal No.1(봉인번호): SL1511 / Size/Type(사이즈타입): 42GP / Full/Empty: Full / Weight(중량): 16,000Kg
- Yard Location: BLOCK-A, BAY-02, ROW-02, TIER-03
- Inspection 결과: Damage - 32번, Crack - 13번

6 샘플 및 출력서식

1) 게이트 반출입 정보조회11)

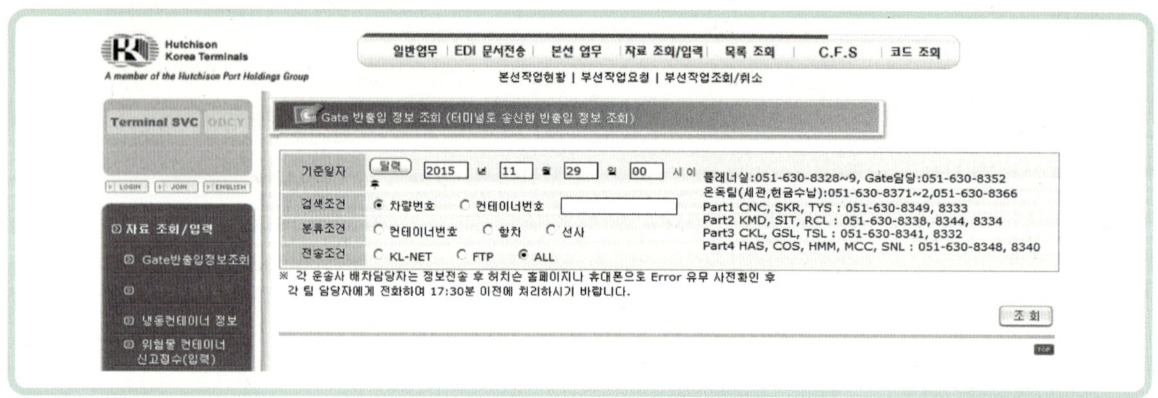

11) 출처: 한국허치슨터미널(https: //custom.hktl.com/jsp/T04/dataio_copino.jsp)

2) 컨테이너 인(수)도증(EIR) 샘플

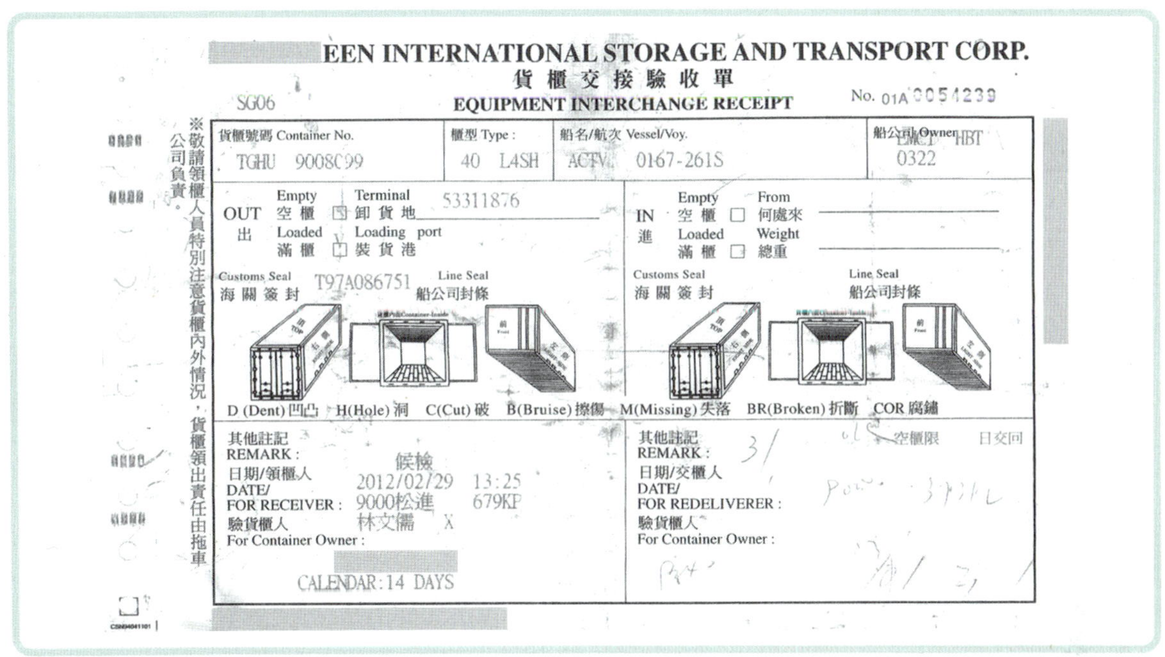

EEN INTERNATIONAL STORAGE AND TRANSPORT CORP.

貨 櫃 交 接 驗 收 單

EQUIPMENT INTERCHANGE RECEIPT

SG06 No. 01A 0054239

※敬請領櫃人員特別注意貨櫃內外情況，貨櫃領出責任由拖車公司負責。

貨櫃號碼 Container No.	櫃型 Type :	船名/航次 Vessel/Voy.	船公司 Owner
TGHU 9008C99	40 L4SH	ACTV. 0167-261S	HBT 0322

OUT 出		IN 進	
Empty 空櫃 ☒ Loaded 滿櫃 ☐	Terminal 卸貨地 53311876 Loading port 裝貨港	Empty 空櫃 ☐ Loaded 滿櫃 ☐	From 何處來 Weight 總重
Customs Seal 海關簽封 T97A086751	Line Seal 船公司封條	Customs Seal 海關簽封	Line Seal 船公司封條

D (Dent) 凹凸 H(Hole) 洞 C(Cut) 破 B(Bruise) 擦傷 M(Missing) 失落 BR(Broken) 折斷 COR 腐鏽

其他註記 REMARK : 候檢	其他註記 REMARK : 31 空櫃限 日交回
日期/領櫃人 DATE/ FOR RECEIVER : 2012/02/29 13:25 9000松進 679KP	日期/交櫃人 DATE/ FOR REDELIVERER :
驗貨櫃人 For Container Owner : 林文備 X	驗貨櫃人 For Container Owner :
CALENDAR:14 DAYS	

제9절 본선양적하계획

1 사전지식

1) 양적하계획 관련용어

(1) 모선(Mother Ship, Mother Vessel)

원양 항해의 중심이 되는 항구(hup port)와 항구간선항로(trunk route)를 정기적으로 운항하는 선박을 말하며, 터미널 양적하작업의 주 대상이 되는 선박을 말하다.

(2) 피더선(Feeder Ship)

허브항과 중소형항을 오가는 선박을 말하여 항만시설의 해상물동량 처리곤란 등의 사정으로 대형 컨테이너선이 기항하지 못하는 곳을 위해 허브항에서 화물을 환적하여 중소형항으로 운송하는 선박을 말한다.

(3) 선창(Hatch)

선창 내부(hold)와 외부(deck)로 구성되어 있으며 이를 구분하는 덮개(hatch cover)로 분리되어 있다.

(4) Hold

선창 내 컨테이너 적재공간으로 수직으로 지주대(cell guide)가 설치되어 있어 컨테이너를 움직이지 않도록 한다.

(5) Deck

선창 덮개 위의 컨테이너 적재공간으로 컨테이너를 수직으로 포개어 해상운송시 화물이 흔들리거나 적재상태가 불량해지지 않도록 Stacking Cone과 쇠끈으로 고정한다.

(6) Bay

선박의 선수(bow)와 선미(stern) 사이에 격자형(cellularized)으로 구획된 공간을 말한다. 선수부터 20' 컨테이너는 홀수 No로 01, 03, 05, 07, 09, 11의 형식으로 번호가 매겨지고, 40' 컨테이너의 경우 짝수 No로 01과 03 사이에 02, 05와 07 사이에 06과 같이 매겨진다.

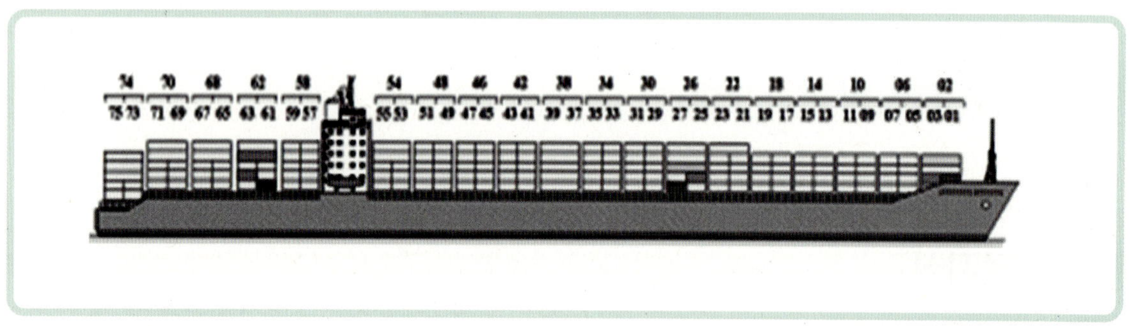

(7) Row(Slot)

Hold와 Deck 단면의 열을 말한다. 번호는 배의 중간을 '00'으로 지정하고 우현(starboard) 쪽을 01, 03과 같이 홀수 No., 좌현(portside) 쪽을 02, 04와 같이 짝수 No.로 매긴다.

(8) Tier

적재된 컨테이너의 층, 즉 Hold와 Deck의 층을 말한다. Hold에서는 02, 04, 06 등 짝수로 1층씩 올라간다. Deck에서는 82부터 84, 86, 88과 같이 짝수로 1층씩 올라간다.

(9) BAY-ROW-TIER 샘플

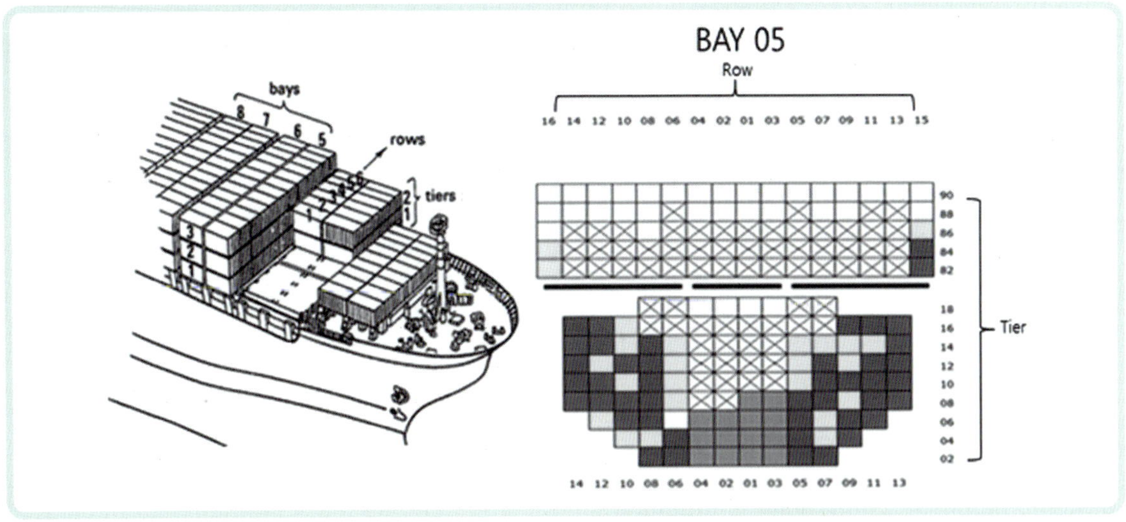

2 화면설명

1) Container Crane Working Plan Summary[12)]

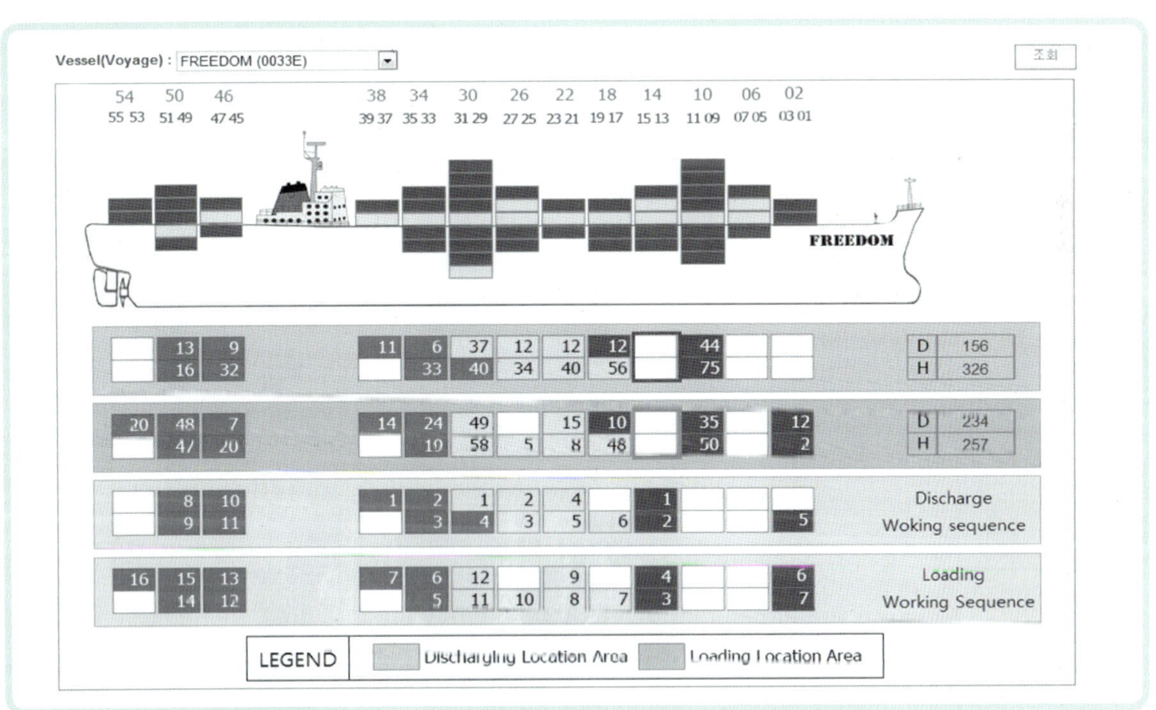

12) 인쇄컬러의 제한으로 출판본 이미지로는 상세 설명이 불가하다. 서적 구매자가 포털사이트 다음 'uTradeEdu 카페'에서 요청하면 본 이미지에 대한 원본과 설명을 별도 제공할 예정이다.

- 첫 번째 연두색 직사각형은 Bay별 Discharging할 컨테이너 Deck와 Hold내 총수량을 말한다. 맨 오른쪽은 전체 Deck과 Hold내 하역할 수량이다.
- 두 번째 밝은 파란색 직사각형은 Bay별 Loading할 컨테이너의 Deck와 Hold내 수량을 말한다. 맨 오른쪽은 전체 Deck와 Hold내 선적할 수량이다.
- 세 번째 회색 직사각형은 색깔별(붉은색, 연두색, 파란색) Gantry Crane 작업 할당분의 작업순서(sequence)를 의미한다.
- 예를 들어 붉은색 Gantry Crane 작업은 38번 Bay Deck부분 하역부터 시작해서, 우측으로 이동하여 34(35~33) Bay Deck 부분 하역, 동일 Bay Hold 부분하역 그리고 다시 우측으로 이동하여 30(31~29) Bay Hold 부분을 하역한다.
- 선적(Loading)은 우선 34(35~33) Bay Hold부터 선적, 그 위에 동일 Bay Deck부분 선적, 다시 좌측으로 이동하여 38Bay Deck 부분 선적하는 식으로 작업한다.
- 종합하면, 붉은색 Gantry Crane(가칭 1번 Crane)은 38Bay Deck에서 11개 컨테이너를 하역하고(GC1-Seq1), 34(35~33)Bay에서 6개를 더 하역하고(GC1-Seq2), 동일 Bay Hold에서 33개 하역(GC1-Seq3), 30(31~29)Bay에서 다시 40개 추가하역(GC1-Seq4)한 후에, 34(35 ~ 33) Bay Hold에 19개를 선적(GC1-Seq5)하고, 동일 Bay Deck에 24개(GC1-Seq6), 42Bay Deck에 14개 컨테이너를 선적(GC1-Seq7)한다.

2) Ship Planning

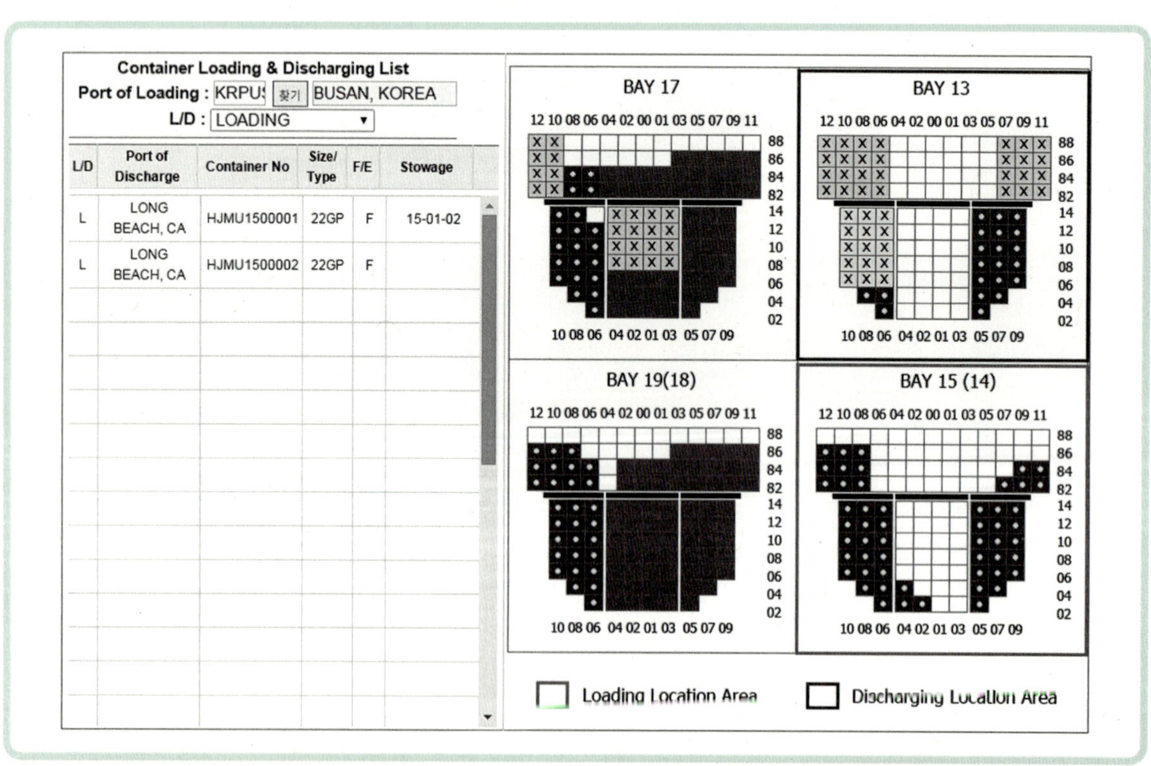

- Bay의 단면을 보면 배의 앞면에서 본 Bay 13과 Bay 15(14)의 경우 색깔이 들어간 곳은 특정한 그룹핑 조건에 따라 이미 계획이 되어 있는 곳이다. 네모난 셀에 X가 된 부분은 계획을 할 수 없는 곳이다. 본 화면에서는 Bay 13은 Loading에 대한 계획, Bay 15(14)는 Discharging에 대한 계획을 할 수 있는 구획이다.
- 예를 들어 Loading Plan을 할 경우 Bay 13에서 Hold내 Row 04, Tier 08은 가능하다. 그러나 동일 조건의 Tier 06은 불가능하다. 또한 40 Feet 컨테이너는 2개 Bay를 걸쳐서 적재되므로 Loading Plan을 잡을 때는 본 화면에서는 물리적이 아닌 논리적 Bay 14에 선적계획을 삽을 수 있다. 예를 들어 Bay 14에서 Deck내 Row 3, Tier 04에 선적계획해 두면 Bay 13에 Deck내 Row 3, Tier 03도 선적계획할 수 없다.

2) Bay Planning - Loading/Discharging

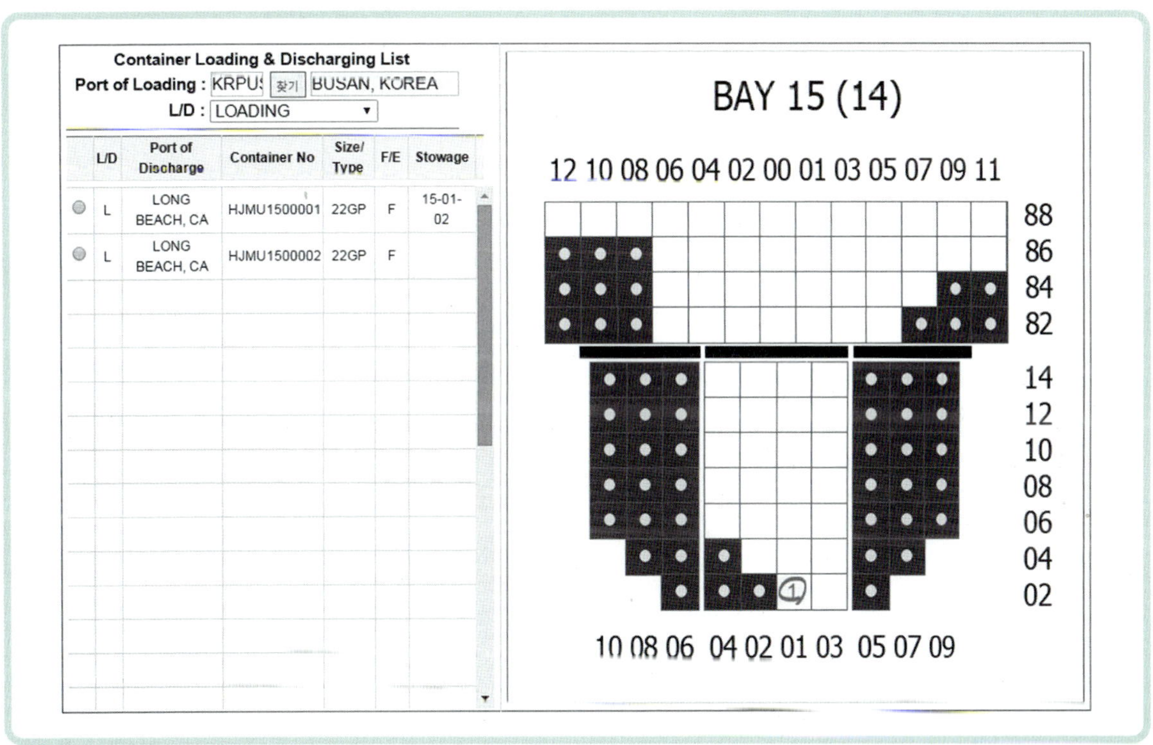

- Loading Port: 적재항
- L/D: Loading/Discharging 구분
- Port of Discharge: 양하항
- Container No: 컨테이너 번호
- F/E: Full/Empty, 컨테이너 내용물 적입 상태
- Stowage: 계획선박 적하/양하 장소

3 업무 프로세스 흐름도

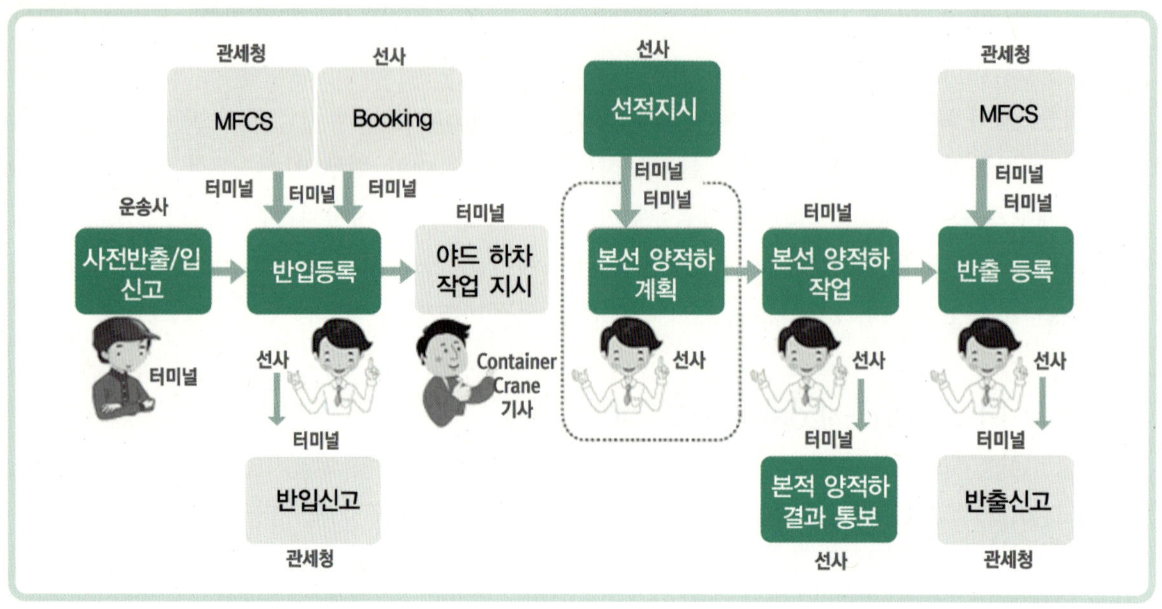

수출컨테이너의 경우 터미널은 먼저 선사로부터 운항정보와 선적예정물량(booking prospect)을 수신한다. 이 후 중앙관제센터(TOC)는 터미널운영계획(선석운영, 야드운영, 양적하 운영 및 자원계획)을 수립한다. 자원운영계획(resource planning)은 인력(gang)과 장비(equipment) 운영계획을 포함한다. 현장에 있는 양적하감독자(under clerk)에게 적하순서목록(loading sequence list)을 제시한다.

마찬가지로 수입컨테이너의 경우 선사로부터 본선적부도(bay plan)와 양하예정량을 수신하며 각종 계획후 양하순서목록(discharge sequence list)을 제시한다.

선적 계획시 고려해야 할 기본사항은 선박의 안정성, 장비의 간섭 최소화, 컨테이너 재배치의 최소화, Apron에서의 이동거리 최소화, 화물의 야드 내에서의 동선 최소화, 장치무게 등이다.

4 전자문서 흐름도

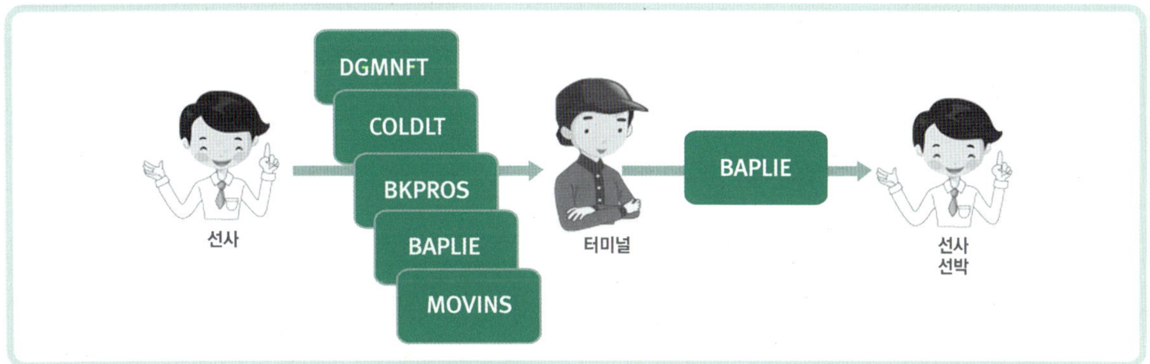

선사는 수입화물의 경우 본선적부도(BAPLIE), 수출화물의 경우 선적예정물량(BKPROS)을 송부한다. 또한 적재화물 중 위험물이 있으면 위험물적하목록(DGMNFT)을 작성하여 사전에 그 내역을 송부한다.

화물의 터미널 반입마감기한(cargo closing time) 이후에 양적하예정 컨테이너리스트(CLL)를 전송하고 만약 적재위치 등 이에 대한 별도의 지시사항이 있으면 적재지시서(MOVINS)를 송부한다. 이후 터미널이 선사에 전송하는 본선적부도(BAPLIE)는 당해 터미널에서 양적하 작업을 완료한 결과로서 최종 업데이트된 BAPLIE를 말한다. 차항지(next calling port)에서는 이 BAPLIE 자료를 근거로 양하계획시 참고한다.

5 실습 지시문

1) 본선 양적하계획 실습 지시문

'고려신항만터미널'에 선박(FREEDOM)이 이틀 뒤 입항할 예정이다. 선사인 '한진상선'으로부터 접수한 선적지시서를 기준으로 컨테이너 크레인에 할당할 본선 작업계획을 수립하는 실습을 해 보세요.

- Vessel(Voyage)(선박항차)에서 FREEDOM(0033E) 선택
- Loading Location Area(적재영역)를 선택(클릭)
- Port of Loading(적재항): BUSAN, KOREA(부산)
- L/D(양적하구분): Loading(적하)으로 선택한 후 조회
- BAY 15를 선택(클릭)
- 첫 번째 Container No.(컨테이너번호)인 HJMU1500001를 선택한 후 BAY: 15, ROW: 01 TIER: 02에 적재한다.
- 두 번째 Container No.(컨테이너 번호)인 HJMU1500002를 선택한 후 BAY: 15, ROW: 01 TIER: 04에 적재한다.

주의 선박의 대형화 추세에 따라 양적하 지시서에 해당하는 컨테이너는 환적까지 포함하면 매 기항마다 수 천 TEU가 될 수 있으나 본 실습에서는 몇 개의 컨테이너만으로 본선 양적하계획 실습을 해본다.

6 샘플 및 출력서식

1) Bay Plan 화면

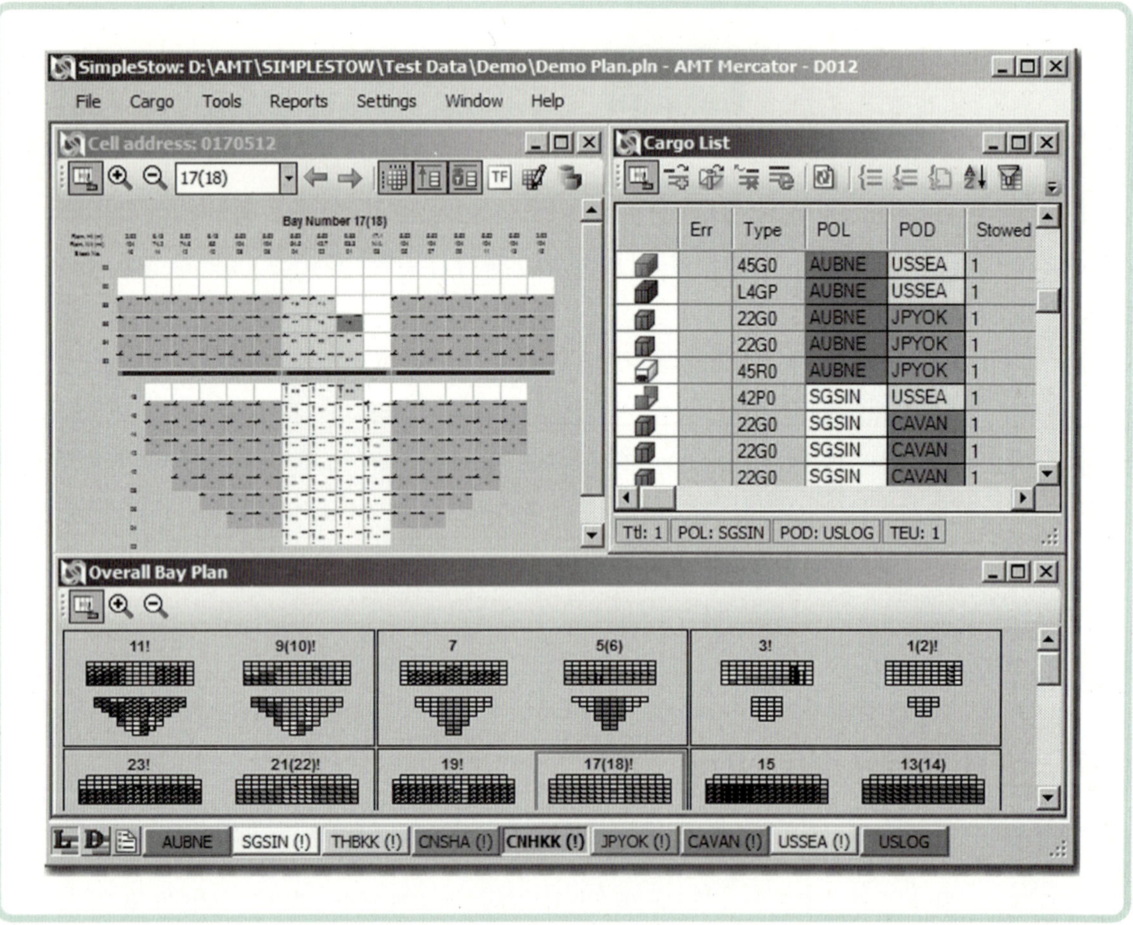

2) 본선 양적하 계획(shipping planning) 화면

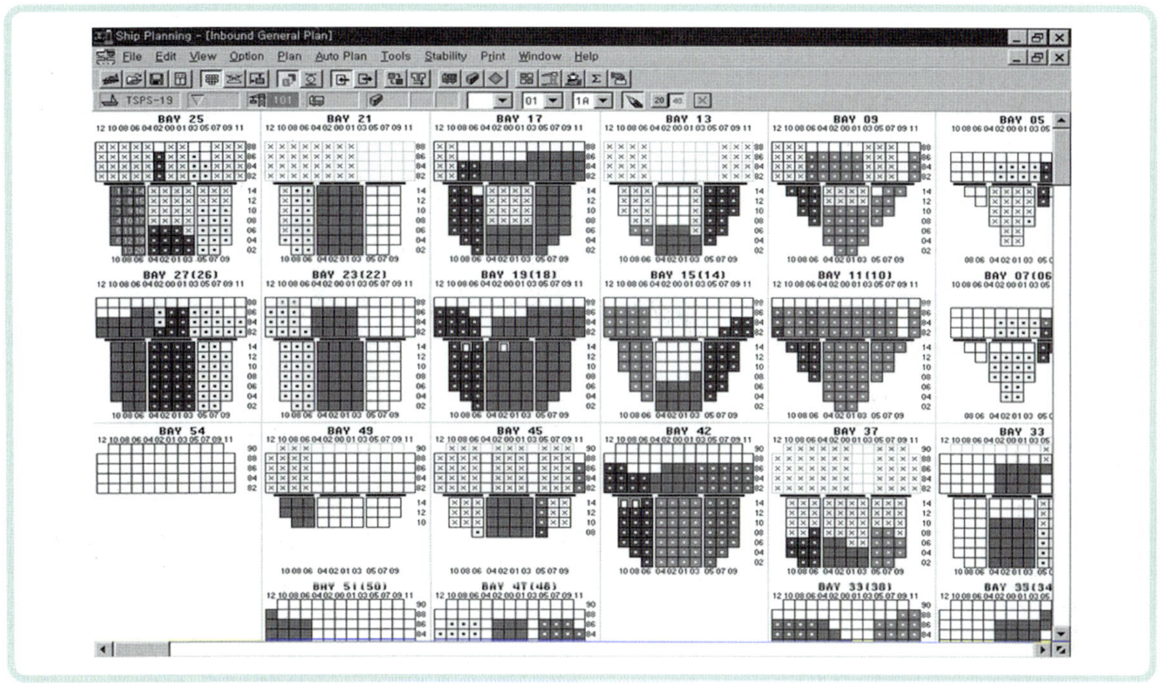

3) General Cargo Bayplan

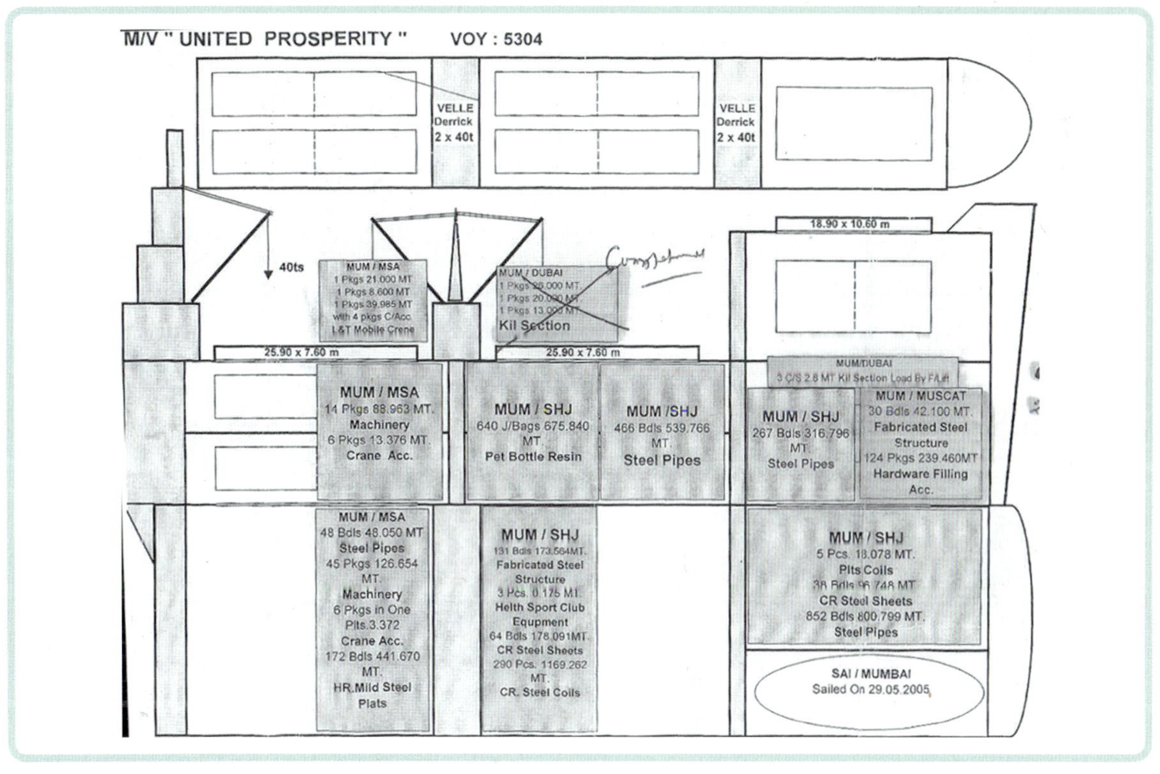

4) General Cargo Vessel Profile

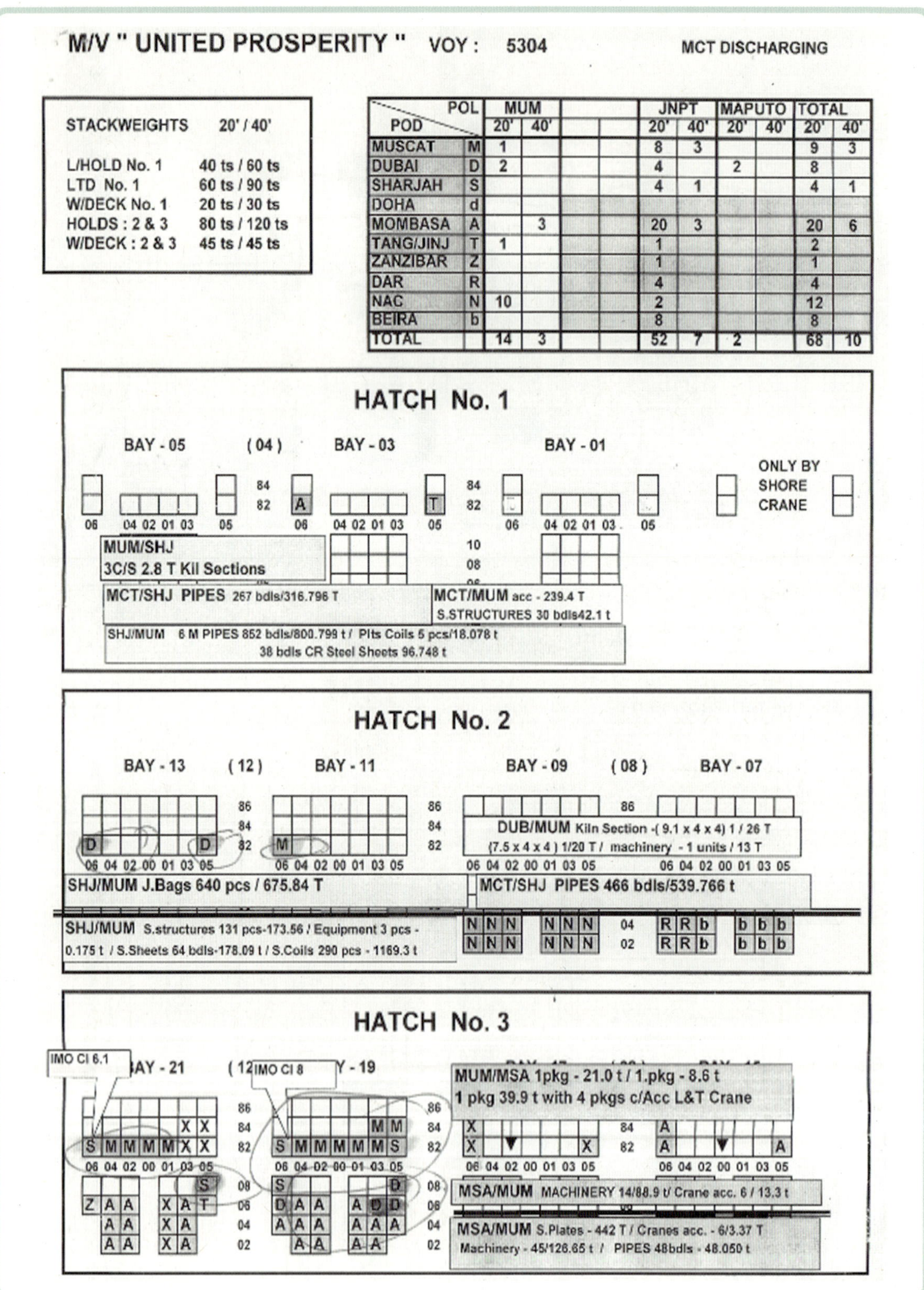

M/V " UNITED PROSPERITY " VOY : 5304 MCT DISCHARGING

STACKWEIGHTS	20' / 40'
L/HOLD No. 1	40 ts / 60 ts
LTD No. 1	60 ts / 90 ts
W/DECK No. 1	20 ts / 30 ts
HOLDS : 2 & 3	80 ts / 120 ts
W/DECK : 2 & 3	45 ts / 45 ts

POD \ POL		MUM				JNPT		MAPUTO		TOTAL	
		20'	40'			20'	40'	20'	40'	20'	40'
MUSCAT	M	1				8	3			9	3
DUBAI	D	2				4		2		8	
SHARJAH	S					4	1			4	1
DOHA	d										
MOMBASA	A		3			20	3			20	6
TANG/JINJ	T	1				1				2	
ZANZIBAR	Z					1				1	
DAR	R					4				4	
NAC	N	10				2				12	
BEIRA	b					8				8	
TOTAL		14	3			52	7	2		68	10

HATCH No. 1

BAY - 05 (04) BAY - 03 BAY - 01

ONLY BY SHORE CRANE

MUM/SHJ
3C/S 2.8 T Kil Sections

MCT/SHJ PIPES 267 bdls/316.796 T

MCT/MUM acc - 239.4 T
S.STRUCTURES 30 bdls42.1 t

SHJ/MUM 6 M PIPES 852 bdls/800.799 t / Plts Coils 5 pcs/18.078 t
38 bdls CR Steel Sheets 96.748 t

HATCH No. 2

BAY - 13 (12) BAY - 11 BAY - 09 (08) BAY - 07

DUB/MUM Kiln Section -(9.1 x 4 x 4) 1 / 26 T
(7.5 x 4 x 4) 1/20 T / machinery - 1 units / 13 T

SHJ/MUM J.Bags 640 pcs / 675.84 T

MCT/SHJ PIPES 466 bdls/539.766 t

SHJ/MUM S.structures 131 pcs-173.56 / Equipment 3 pcs - 0.175 t / S.Sheets 64 bdls-178.09 t / S.Coils 290 pcs - 1169.3 t

HATCH No. 3

IMO Cl 6.1

BAY - 21

IMO Cl 8

BAY - 19

MUM/MSA 1pkg - 21.0 t / 1.pkg - 8.6 t
1 pkg 39.9 t with 4 pkgs c/Acc L&T Crane

MSA/MUM MACHINERY 14/88.9 t/ Crane acc. 6 / 13.3 t

MSA/MUM S.Plates - 442 T / Cranes acc. - 6/3.37 T
Machinery - 45/126.65 t / PIPES 48bdls - 48.050 t

제10절 본선양적하 작업수행

1 사전지식

1) 터미널 시설 및 장비

(1) 컨테이너크레인(C/C, Gantry Crane(G/C), Quayside Crane(Q/C))

컨테이너 양적하 용도로 만들어진 크레인으로 Apron을 오가며 작업을 한다. 스프레더(spreader)에 의해 호크에 매달린 컨테이너를 감아 올리거나 풀어 내리면서 양적하 작업을 수행한다.

(2) 트렌스퍼크레인(T/C, Yard Crane(Y/C))

야드 내에 설치되어 있는 컨테이너장치 전용크레인을 말한다. CY와 Chassis/Trailer간 컨테이너 상하차 작업을 수행한다.

(가) RTG or RTGC(Rubber Tired Gantry Crane)

고무타이어를 이용하는 컨테이너 크레인을 말한다.

(나) RMG or RMGC(Rail Mounted Gantry Crane)

레일이 설치된 궤도를 따라 움직이는 컨테이너 크레인을 말한다.

(3) Straddle Carrier

하역(T/C기능)과 운송(Y/T기능) 두 가지 역할이 가능한 장비로 고정된 레일 위를 주행하는 것이 아니라 자유롭게 이동하면서 작업할 수 있어 기동성과 생산성이 좋지만 면적당 효율이 좋지는 않다.

(4) Fork Lift(F/L)

가장 일반적인 형태의 화물 운송기구 중의 하나로 화물을 적재하는 포크와 포크를 승강시키는 마스트가 부착되어 있다. 파레트(pallet) 화물에서부터 그 이상 무게가 나가는 화물을 운송할 수 있으며 통상 '지게차'라고 불린다. 항만터미널에서는 CFS에서 자주 볼 수 있다.

(5) Reach Stacker

긴 붐(boom)을 이용해 야드내 컨테이너를 적치하거나 또는 야드 샤시에 상·하차하는 장비로, 화물적재 컨테이너나 공컨테이너를 이동 및 적재처리 한다.

(6) Top Handler(Top Lift, Empty Handler, Side handler)

Reach Stacker와 유사하나 주로 공컨테이너를 취급한다. 마스트의 상하운동이 자유롭지만 운전자의 시작이 좁아질 우려가 있다.

(7) Chassis

컨테이너를 싣는 장비로 야드 트렉터와 연결되어 컨테이너 야드와 Apron간 또는 CY내 컨테이너 운반에 사용되는 야드 트렉터의 피견인 되는 장비이다.

(8) Yard Tractor(Yard Truck, Terminal Truck, Prime Mover(P/M))

컨테이너 야드 내에서 샤시에 적재된 컨테이너를 운송하는 장비로 터미널내 컨테이너 이송에 가장 일반적으로 사용된다.

(9) AGV(Automated Guided Vehicle)

선측 컨테이너 크레인과 야드간의 무인 컨테이너 운송장비로 무인 자동화 터미널의 핵심장비 중 하나이다. 안전장치 센서를 장착하고 설계된 통로로만 이동하도록 터미널운영시스템(TOS)의 지시를 받아 움직인다.

(10) Mafi Trailer

Ro/Ro와 같이 중량물 운송을 위한 Roll Trailer를 말한다.

(11) 터미널운영시스템(TOS; Terminal Operation System)과 터미널 장비간 연락 체계

항만터미널 관제센터는 TOS를 이용하여 터미널내 작업을 계획하고 실제 작업수행 현황을 모니터링 및 컨트롤 한다. 각 장비들은 작업계획과 수행 후 작업결과를 TOS에 송신하고, 장비간에도 서로 교신을 한다. 예를 들어 선적 예정되어 있는 컨테이너의 적재위치에 Yard Tractor

를 이동지시하고, 해당 야드의 Block에 할당된 Transfer Crane은 계획에 의거하여 지정된 컨테이너를 해당 차량에 상차한다. 이 후 Yard Tractor는 지정된 Containner Crane으로 접근하고 해당 크레인이 선적 작업할 때 Yard Tractor는 자신의 작업을 종료·보고한다. Containner Crane기사는 해당 컨테이너를 본선내 지정된 Bay-Row-Tier에 선적하고 역시 자신의 작업을 종료한다.

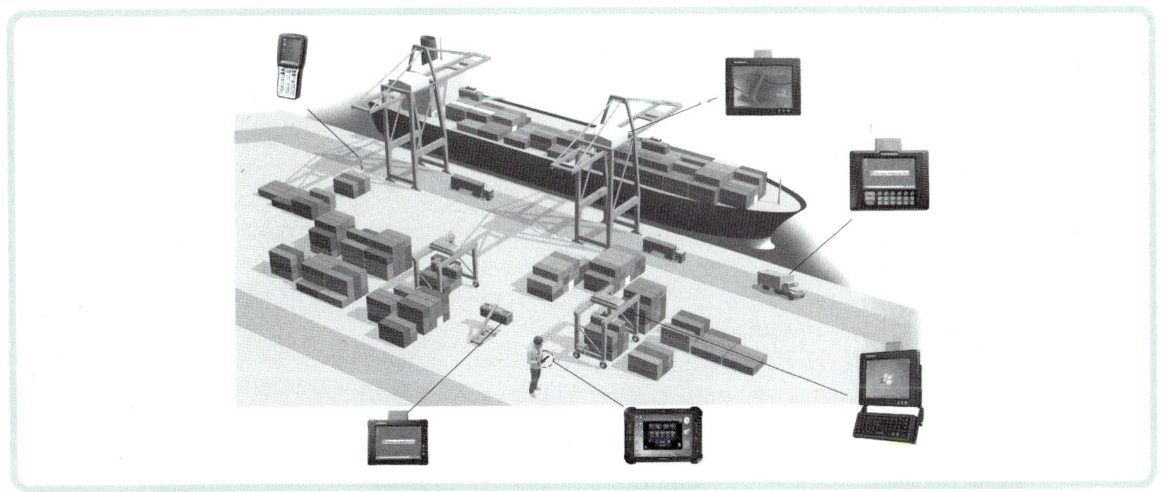

2 화면설명

1) Ship Operation List - Gantry Crane

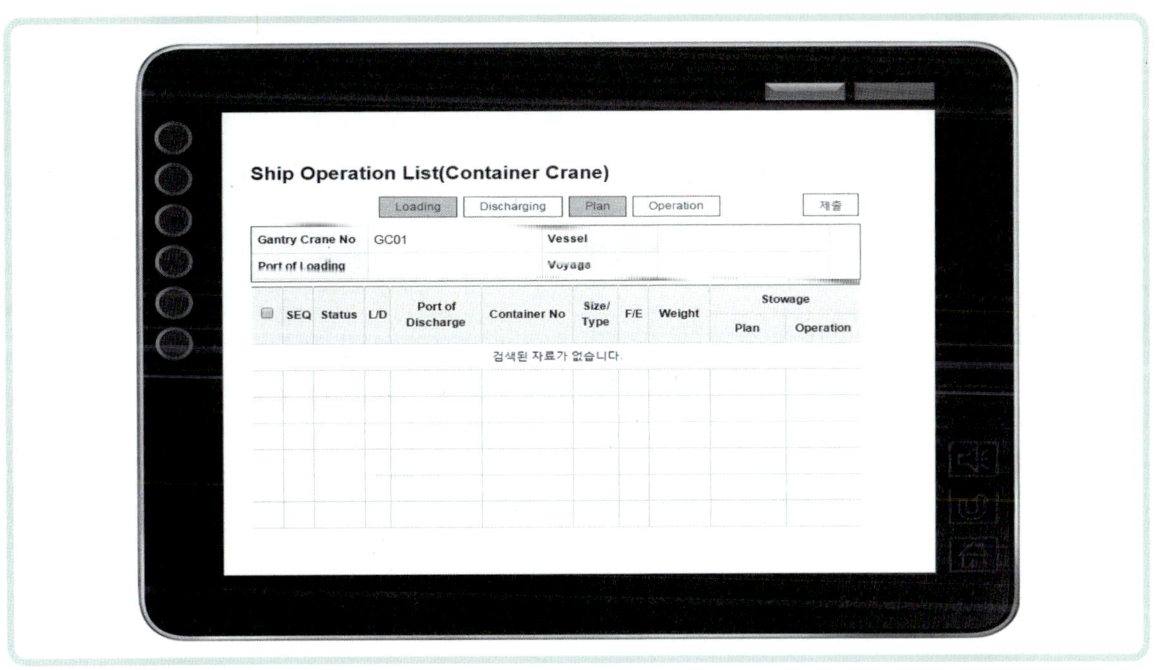

- Gantry Crane No: Gantry Crane 장비 번호
- Port of Loading: 적재항
- SEQ: 장비의 작업 순서
- L/D: Loading/Discharging 구분
- Port of Discharge: 양하항
- Container No: 컨테이너 번호
- Size/Type: 컨테이너 Size/Type(ISO 규격)
- F/E: Full/Empty, 컨테이너 내용물 적입 상태
- Weight(Ton): 무게
- Stowage(Plan): 계획 위치, 작업 계획된 선박의 적하/양하장소
- Stowage(Operation): 적재위치, 작업 완료된 선박의 적하/양하장소

2) Ship Operation - Gantry Crane

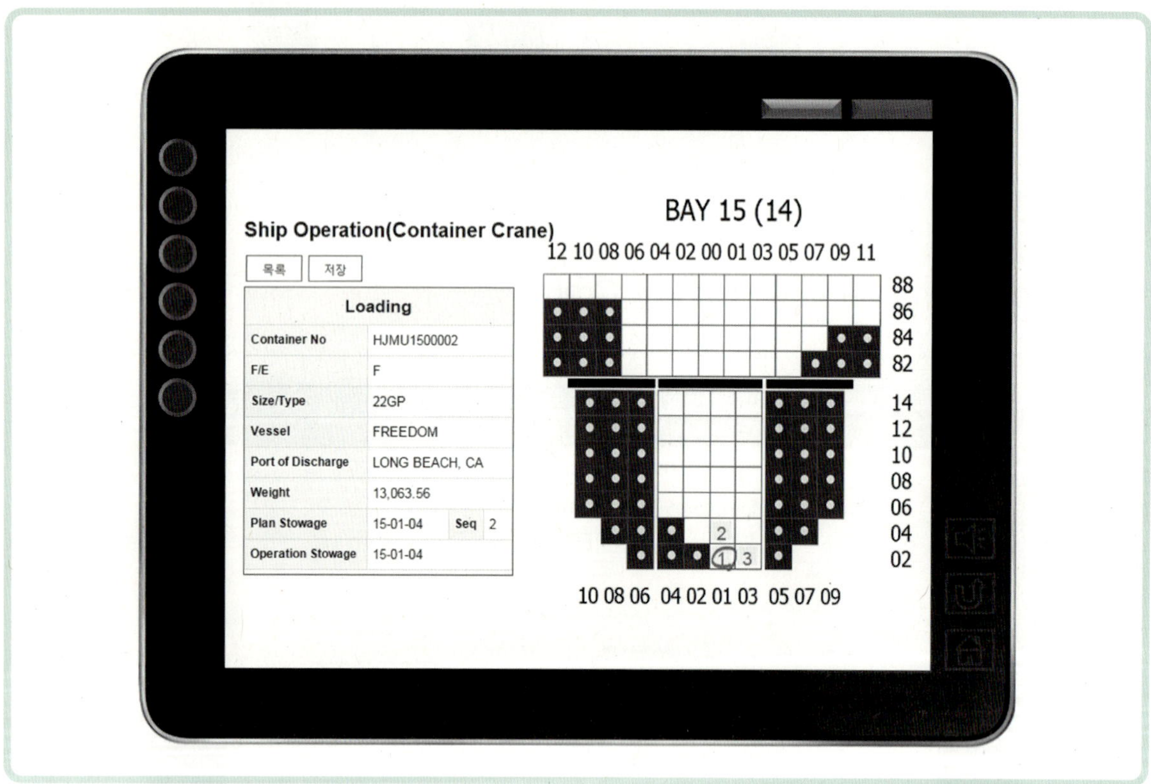

- Container No: 컨테이너 번호
- F/E: Full/Empty, 컨테이너 내용물 적입 상태
- Size/Type: 컨테이너 Size/Type(ISO 규격)

- Port of Discharge: 양하항
- Weight(Ton): 무게
- Stowage(Plan): 계획선박 적하/양하장소
- Stowage(Operation): 작업완료 선박 적하/양하상소

3) Ship Operation Result

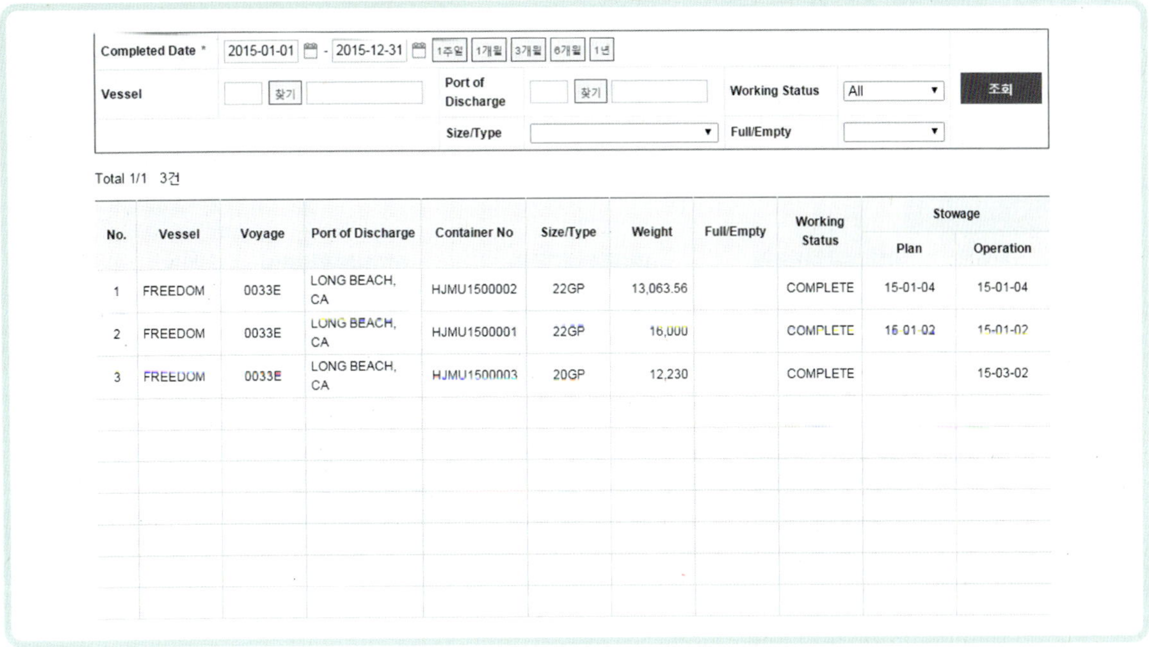

Completed Date *	2015-01-01 - 2015-12-31 [1주일] [1개월] [3개월] [6개월] [1년]				
Vessel	[찾기]	Port of Discharge	[찾기]	Working Status	All [조회]
		Size/Type		Full/Empty	

Total 1/1 3건

No.	Vessel	Voyage	Port of Discharge	Container No	Size/Type	Weight	Full/Empty	Working Status	Stowage	
									Plan	Operation
1	FREEDOM	0033E	LONG BEACH, CA	HJMU1500002	22GP	13,063.56		COMPLETE	15-01-04	15-01-04
2	FREEDOM	0033E	LONG BEACH, CA	HJMU1500001	22GP	16,000		COMPLETE	16-01-02	15-01-02
3	FREEDOM	0033E	LONG BEACH, CA	HJMU1500003	20GP	12,230		COMPLETE		15-03-02

- Completed Date: 양적하 완료일자
- Size/Type: 컨테이너 Size/Type(ISO 규격)
- Full/Empty: 컨테이너 Full/Empty 구분
- Vessel: 선박명
- Port of Discharge: 양하항

[작업 현황]

- Vessel: 선박명
- Voyage: 선박의 항차(Vessels and calling sequence로 선박, 년도, 섭안 순서로 하기도 한다)
- Port of Discharge: 양하항
- Container No: 컨테이너 번호
- Size/Type: 컨테이너 Size/Type(ISO 규격)

- Weight(Ton): 무게
- F/E: Full/Empty, 컨테이너 내용물 적입 상태
- Working Status: 진행현황(P: 계획 C: Complete)
- Stowage(Plan): 계획선박 적하/양하장소
- Stowage(Operation): 작업완료 선박 적하/양하장소

3 업무 프로세스 흐름도

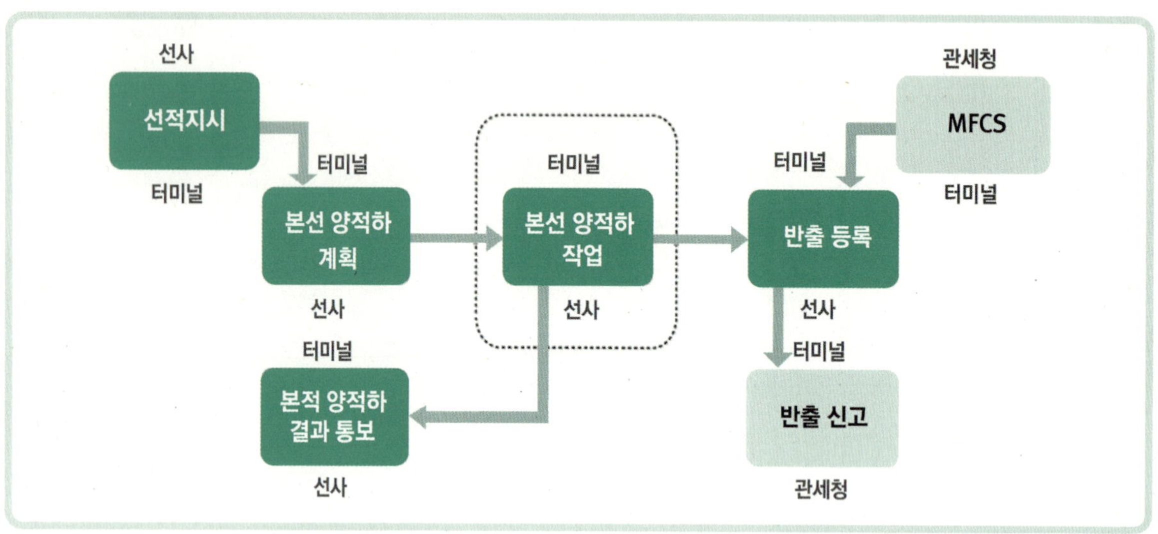

터미널은 선사의 선적예정물량(booking prospect)과 선적지시(shipping order)에 근거하여 본선 양적하계획을 수립한다. 실제 작업을 하기 이전에 수출 적하목록과 수입 적하목록을 KTNET MFCS에서 다운받아 양적하계획과 적하목록 데이터를 비교하여 계획을 확정하고 각 장비와 작업인력들에게 작업을 지시한다. 터미널의 입장에서는 게이트에서의 반출입뿐만 아니라 선박 하역분은 반입, 선적분은 반출이 되므로 게이트와 선박 반출입 결과에 근거하여 자기 책임하에 있는 컨테이너 수량을 관리할 수 있다.

4 전자문서 흐름도

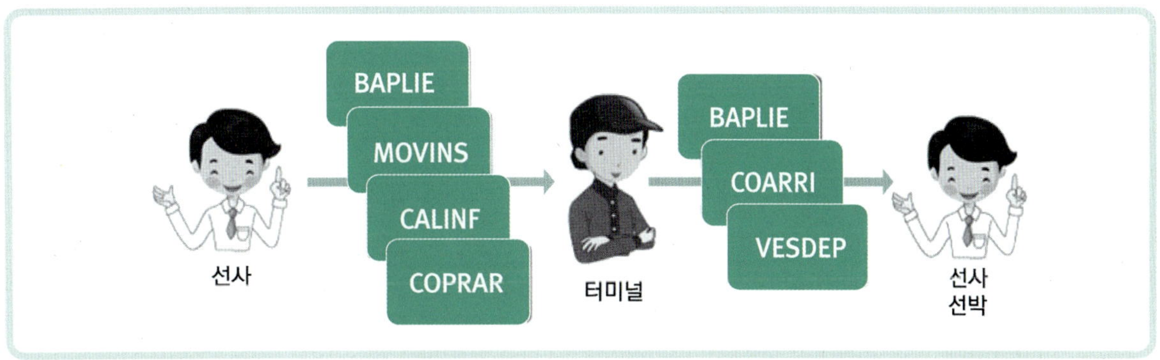

선사는 선박의 입항예정스케줄(CALINF)과 이전에 기항한 터미널에서 작업완료 후 송부한 본선적부도(BAPLIE)를 금번 기항하는 항구의 터미널로 송부한다. 적재와 관련하여 별도 지시사항이 있으면 적재지시서(MOVINS)를 송부하고, 양적하 예정물량(COPRAR)을 확정한다. 양적하 작업이 끝난 후에 터미널은 결과보고서(COARRI)를 작성하고 차항지 터미널이나 해당 선사에 업데이트된 본선적부도(BAPLIE)를 송부하며 마지막으로 선박의 출항보고(VESDEP)를 한다.

NO	송신자	수신자	문서명	용 도
1	선사 또는 에이전트	터미널	CALINF	Call Information (Vessel Advice)
2	선사 또는 에이전트	터미널	CORPAR	Load/Discharge Order
3	터미널	선사 또는 에이전트	COARRI	Load/Discharge Report
4	터미널	선사 또는 에이전트	VESDEP	Vessel Departure

5 실습 지시문

1) 본선 양적하작업 실습 지시문

고려신항만터미널에 선박(Hanjin Freedom)이 입항하여 선석에 접안하였다. 컨테이너 크레인 기사 입장에서, 선적계획된 물량을 확인하고 해당 수출컨테이너를 계획된 작업 순시대로 해당 Stowage(본선적재위치)에 위치시키는 실습을 해 보세요.

Ship Operation List(본적작업 리스트) 화면에서 Plan(본선작업계획) 버튼과 Loading(적재) 버튼을 눌러 작업 예정물량을 조회한 상태이다.

(Container 정보)

- 첫 번째 Container No.(컨테이너 번호)가 HJMU1500001인 것을 선택(클릭)
- Ship Operation(Gantry Crane) 화면에서 왼쪽의 Plan Stowage(적재계획위치)를 확인하고 오른쪽 Bay15 Layout에 해당 Location에 선택(클릭)하여 적재하여 저장
- 두 번째 Container No.(컨테이너 번호)가 HJMU1500002인 것을 선택(클릭)
- Ship Operation(Gantry Crane) 화면에서 왼쪽의 Plan Stowage(적재계획위치)를 확인하고 오른쪽 Bay15 Layout에 해당 Location에 선택(클릭)하여 적재하여 저장
- 세 번째 Container No.(컨테이너 번호)가 HJMU1500003인 것은 선사긴급 요청 컨테이너로 본선적재 계획이 수립되지 않아 Plan Stowage(적재계획위치)가 존재하지 않는다. 이 Container(컨테이너)의 Operation Stowage(작업적재위치)는 BAY: 15, ROW: 03 TIER: 02이고 오른쪽 Bay15 Layout에 해당 Location에 선택(클릭)하여 적재하여 저장
- Stowage의 Operation 결과가 Plan과 같은 위치인지 확인
  * Ship Operation List(본선작업 리스트) 화면에서 Operation(본선작업 완료) 버튼과 Loading(적재) 버튼을 클릭한 후, 지시된 컨테이너 작업결과를 제출

주의 선박의 대형화 추세에 따라 양적하 지시서에 해당하는 컨테이너는 환적까지 포함하면 매 기항마다 수 천 TEU가 될 수 있으나 본 실습에서는 몇 개의 컨테이너만 선적해 본다.

6 샘플 및 출력서식

1) 양적하 작업 모니터링 및 컨트롤

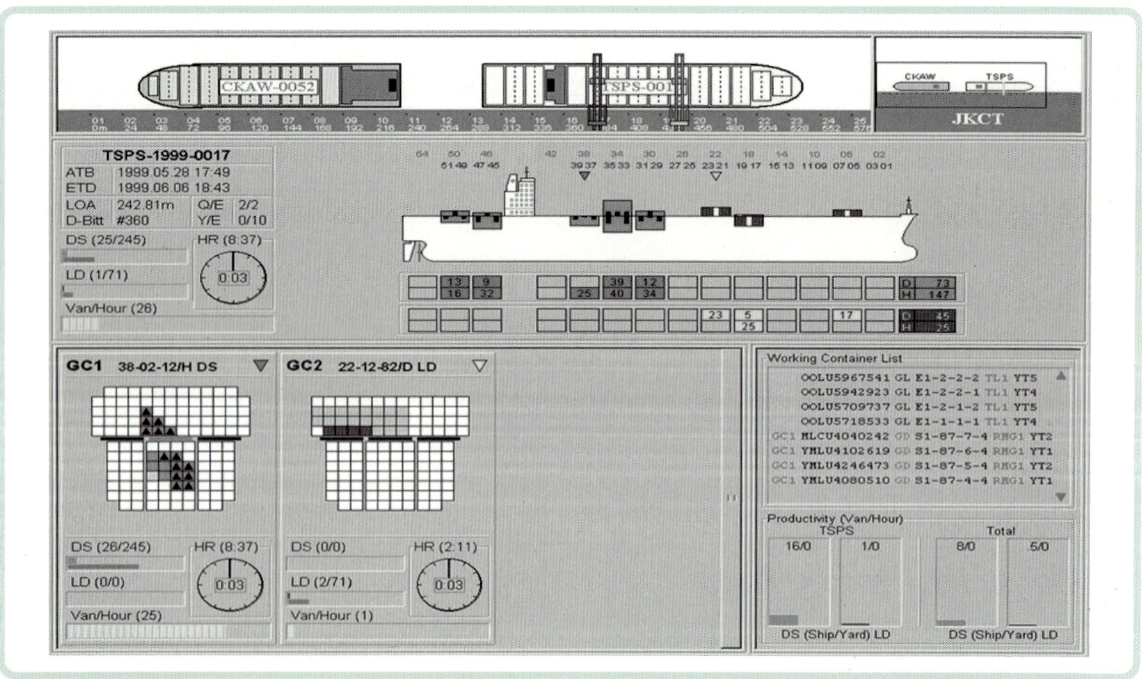

2) 허치슨 터미널 본선작업 현황13)

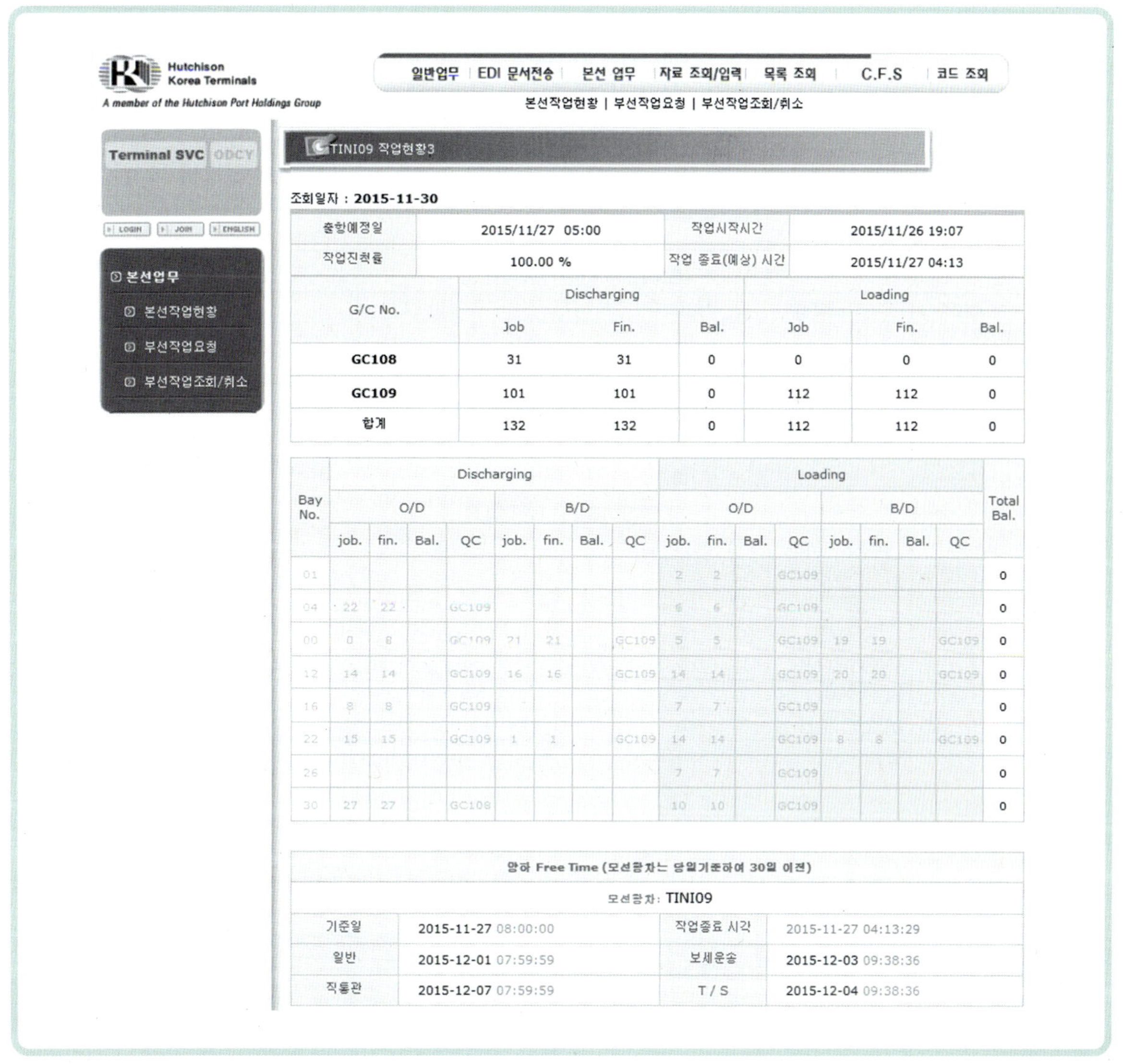

Hutchison Korea Terminals
A member of the Hutchison Port Holdings Group

일반업무 | EDI 문서전송 | 본선 업무 | 자료 조회/입력 | 목록 조회 | C.F.S | 코드 조회

본선작업현황 | 부선작업요청 | 부선작업조회/취소

Terminal SVC ODCY

LOGIN | JOIN | ENGLISH

본선업무
- 본선작업현황
- 부선작업요청
- 부선작업조회/취소

TINI09 작업현황3

조회일자 : **2015-11-30**

출항예정일	2015/11/27 05:00	작업시작시간	2015/11/26 19:07
작업진척률	100.00 %	작업 종료(예상) 시간	2015/11/27 04:13

G/C No.	Discharging			Loading		
	Job	Fin.	Bal.	Job	Fin.	Bal.
GC108	31	31	0	0	0	0
GC109	101	101	0	112	112	0
합계	132	132	0	112	112	0

Bay No.	Discharging								Loading								Total Bal.
	O/D				B/D				O/D				B/D				
	job.	fin.	Bal.	QC	job.	fin.	Bal.	QC	job.	fin.	Bal.	QC	job.	fin.	Bal.	QC	
01									2	2		GC109					0
04	22	22		GC109					6	6		GC109					0
08	8	8		GC109	21	21		GC109	5	5		GC109	19	19		GC109	0
12	14	14		GC109	16	16		GC109	14	14		GC109	20	20		GC109	0
16	8	8		GC109					7	7		GC109					0
22	15	15		GC109	1	1		GC109	14	14		GC109	8	8		GC109	0
26									7	7		GC109					0
30	27	27		GC108					10	10		GC109					0

양하 Free Time (모선항차는 당일기준하여 30일 이전)			
모선항차: TINI09			
기준일	2015-11-27 08:00:00	작업종료 시각	2015-11-27 04:13:29
일반	2015-12-01 07:59:59	보세운송	2015-12-03 09:38:36
직통관	2015-12-07 07:59:59	T / S	2015-12-04 09:38:36

---

13) 출처: 한국허치슨터미널(https://custom.hktl.com/jsp/T03/bonsundetail.jsp)

3) 양적하 작업을 위한 Service Rendered Report(Manual)

Port Services Corporation S.A.O.G
Services Rendered Report
RO/RO Vessels

		Document No. 3105000039
Agent KN	Date 05 MAR 2005	Rotation No. 0500000307
Name YUSUF BIN AHMED KANOO & CO [O]	Berth No.5	Vessel Name MARINE ACE

GANG'S KEPT WAITING

V-ID	Date	Gang#	Hatch	Reason	From	To
1	01-03-2005	1	qy	waiting for vessel berthing	22:30	23:25
1	01-03-2005	1	qy	waiting due to fixing ramp by ship crew	23:25	23:25

GANG'S OTHER SERVICES

V-ID	Date	Gang#	Hatch	Reason	From	To
1	01-03-2005	1	dk	engaged for unlasing vehicles	23:55	01:00

PERSONNEL DETAILS

V-ID	Date	Labor Type	QTY	Hatch	Reason	Code	From	To
1	01-03-2005	DRIVER	32	qy	Waiting for vessel berthing	WT	22:30	23:25
1	01-03-2005	DRIVER	32	qy	Waiting due to fixing ramp by ship crew	WT	23:25	23:55
1	01-03-2005	DRIVER	32	dk	engaged for driving vehicles	EX	23:55	03:10
1	02-03-2005	MECHANIC	2	dk	engaged for starting vehicles on board	EX	01:00	03:10
1	02-03-2005	SUPERVISOR	1	dk	supervision of work	EX	01:00	03:10
1	02-03-2005	TALLY CLERK	3	dk	engaged for taily on board	EX	01:00	03:10

제11절 본선양적하 작업결과보고

1 사전지식

1) 본선작업

선박과 Apron 사이에서 Container Crane이 양적하를 수행하는 업무이다. Ship Planner는 본선의 작업계획수립, 작업순서 결정, Bay Plan 관리 등을 수행하는 사람이다. Foreman은 작업계획서에 의거하여 현장작업지시, 작업배치 확인, 작업진행과 안전사항을 현장에서 감독하는 사람을 말한다.

2) 부두이송 작업

선측과 CY간 컨테이너 이동작업을 말한다. 수출의 경우 적재된 컨테이너 지점에서 Transfer Crane이 Yard Tractor에 상차하는 시점에서부터 선적업무에 지정된 Container Crane이 컨테이너를 들어올리는 시점, 수입은 그 반대로 양하 업무에 지정된 Container Crane이 컨테이너를 선박에서 들어 올리는 시점에서부터 지정된 Yard Tractor에 상차 및 이동하여 지정된 Block 내 Transfer Crane이 컨테이너를 적재하기 위해 들어올리는 시점까지의 작업을 말한다.

3) CY작업

CY내에서 일어나는 작업을 말한다. 일반적으로 양적하작업과 화물인수도 작업이 일어나며, 단적 조정작업과 구내 이적작업 및 여타의 사유로 인한 CY내 컨테이너의 위치(Bay-Row-Tier) 조정작업도 포함된다.

4) 화물인수/인도작업

컨테이너 반입을 위해 화물 적재 후 게이트에 도착한 차량은 게이트 검수원에 의해 EIR을 발급받고, 컨테이너를 CY내 지정된 위치로 운송하여 Transfer Crane에 의해 컨테이너를 하차시킨다. 컨테이너 반출을 위해 게이트에 도착한 차량은 EIR에 기재된 컨테이너 위치로 이동하여 Transfer Crane이 차량 트레일러에 컨테이너를 적재하고 난 이후에 진출게이트로 돌아와서 상차된 컨테이너에 대한 검수 후 터미널을 떠난다.

5) CFS작업

수출용 LCL Cargo가 적입(stuffing)되거나, 수입된 FCL Cargo가 적출(devanning)되는 장소로 일반적으로는 터미널 게이트에 인접하고 도로운송이 편리한 곳에 위치한다. 이곳에서는 공컨테이너 구내이동/터미널 외 이동이 있을 수 있고, LCL 상태 화물의 CFS 반입/반출 작업이 있으며 기타 소독, 검량/검정 및 검수 업무도 있을 수 있다.

6) Tally

(1) 선적화물을 적재하거나 해당 화물의 개수와 상태이 이상 유무를 검사하는 업무를 말한다.
(2) 화물을 인수받을 때 개수, 하인(shipping mark), 화물의 상태, 외관을 확인하며 제3자의 입장에서 검수하는 자를 검수인(tallyman)이라 한다.

2 화면설명

1) Container Loading(Discharging) Result Notify

Operation Date *	2015-12-09	Liner *	HJMU 찾기 HANJIN MERCHANT N	Vessel *	HJLG 찾기 FREEDOM
Voyage *	0033E	Port of Loading *	KRPUS 찾기 BUSAN, KOREA	Port of Discharge	USLGB 찾기 LONG BEACH, CA
Place of Receipt	찾기	Place of Delivery	찾기		

추가 삭제

	SEQ	L/D Division	Container No	Size/Type	Seal No	Weight(Kg)	Volume(CBM)	Booking No	B/L No	Full/Empty
☐	1	Loading	HJMU1500001	42GP - GEI	SL1511	16,000.00	66.796	HJMUBKG0101	HJMUMBL0101	Full
☐	2	Loading	HJMU1500002	22GP - GEI	SL1521	13,063.00	32.755	HJMUBKG0101	HJMUMBL0101	Full
☐	3	Loading	HJMU1500003	20GP - GEI	SL1531	12,230.00	32.890	HJMUBK0102	HLMUMBL0102	Full

Container Summary

General 20	2	General 40	1	General 45		Full	3	Empty	
Reefer 20		Reefer 40		Reefer 45		Weight(Kg)	41,293.00	Volume(CBM)	132.441
Flat Rack 20		Flat Rack 40				Loading	3	Discharging	
Open Top 20		Open Top 40							
Others 20		Others 40							

- Operation Date: 양(적)하일자
- Liner: 선사
- Vessel: 운항선박
- Voyage: 항차번호
- Port of Loading: 적재항
- Port Of Discharging: 양하항
- Place of Receipt: 화물인수지
- Place of Delivery: 화물인도지
- L/D Division: Loading Discharging Division, 적재/하역구분
- Container No: 컨테이너 번호
- Size/Type: 컨테이너 사이즈/타입(ISO TYPE)
- Seal No: 컨테이너 봉인 번호
- Weight(KG): 중량
- Volume(CBM): 용적(세제곱미터당 부피)

- Booking No: 부킹 번호(선사는 포워더의 S/R을 받아 부킹을 생성)
- B/L No: B/L No.
- Full/Empty: 컨테이너 상태(FULL/EMPTY)

[Container Summary]

- General 20: 컨테이너 Type이 General이고 Size가 20'인 컨테이너 총 선적 지시수량
- Reefer 20: 컨테이너 Type이 Reefer이고 Size가 20'인 컨테이너 총 선적 지시수량
- Flat Rack 20: 컨테이너 Type이 Flat Rack이고 Size가 20'인 컨테이너 총 선적 지시수량
- Open Top 20: 컨테이너 Type이 Open Top이고 Size가 20'인 컨테이너 총 선적 지시수량
- Others 20: 컨테이너 타입이 Dry, Reefer, Flat Rack, Open top을 제외한 20 Size인 컨테이너 총 선적 지시수량
- General 40: 컨테이너 Type이 General이고 Size가 40'인 컨테이너 총 선적 지시수량
- Reefer 40: 컨테이너 Type이 Reefer Size가 40'인 컨테이너 총 선적 지시수량
- Flat Rack 40: 컨테이너 Type이 Flat Rack이고 Size가 40'인 컨테이너 총 선적 지시수량
- Open Top 40: 컨테이너 Type이 Open Top이고 Size가 40'인 컨테이너 총 선적 지시수량
- Others 40: 컨테이너 타입이 Dry, Reefer, Flat Rack, Open Top을 제외한 40 Size인 컨테이너 총 선적 지시수량
- General 45: 컨테이너 Type이 General이고 Size가 45'인 컨테이너 총 선적 지시수량
- Reefer 45: 컨테이너 Type이 Reefer이고 Size가 45'인 컨테이너 총 선적 지시수량
- Full: Full 컨테이너 총 선적지시 수량
- Empty: Empty 컨테이너 총 선적지시 수량
- Weight(KG): 총 선적지시(CLL) 중량
- Volume(CBM): 총 선적지시(CLL) 용적
- Loading: 총 적하 지시수량
- Discharging: 총 양하 지시수량

2) Container Tally Result

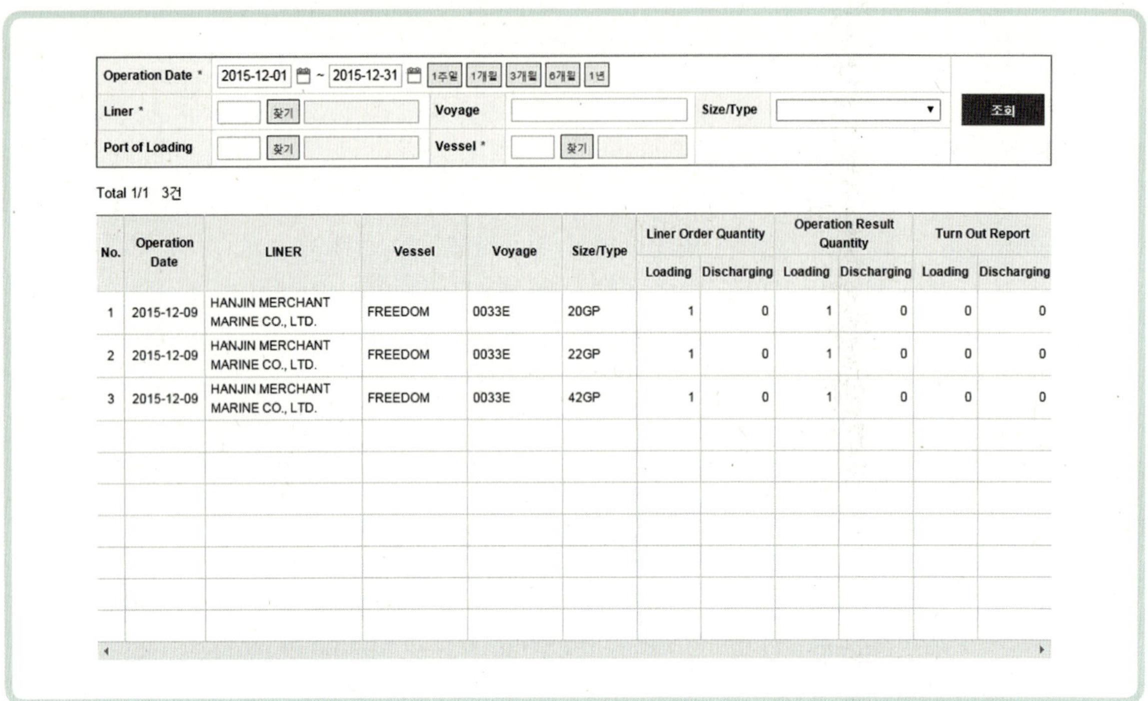

Operation Date *	2015-12-01 ~ 2015-12-31	1주일	1개월	3개월	6개월	1년
Liner *	찾기	Voyage		Size/Type		조회
Port of Loading	찾기	Vessel *	찾기			

Total 1/1 3건

No.	Operation Date	LINER	Vessel	Voyage	Size/Type	Liner Order Quantity		Operation Result Quantity		Turn Out Report	
						Loading	Discharging	Loading	Discharging	Loading	Discharging
1	2015-12-09	HANJIN MERCHANT MARINE CO., LTD.	FREEDOM	0033E	20GP	1	0	1	0	0	0
2	2015-12-09	HANJIN MERCHANT MARINE CO., LTD.	FREEDOM	0033E	22GP	1	0	1	0	0	0
3	2015-12-09	HANJIN MERCHANT MARINE CO., LTD.	FREEDOM	0033E	42GP	1	0	1	0	0	0

- Operation Date: 양(적)하일자
- Liner: 선사
- Vessel: 운항선박
- Voyage: 항차번호
- Port of Loading: 적재항

3) Container Tally Result Detail

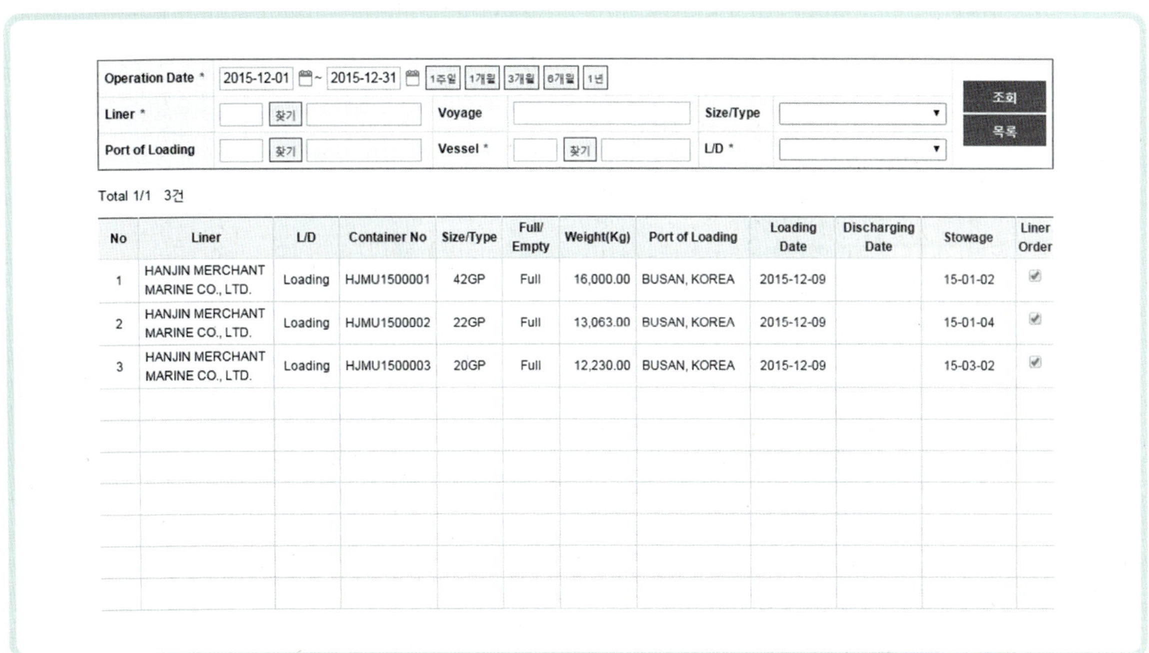

Operation Date * 2015-12-01 ~ 2015-12-31 1주일 1개월 3개월 6개월 1년

Liner * 찾기 Voyage Size/Type

Port of Loading 찾기 Vessel * 찾기 L/D *

조회 목록

Total 1/1 3건

No	Liner	L/D	Container No	Size/Type	Full/ Empty	Weight(Kg)	Port of Loading	Loading Date	Discharging Date	Stowage	Liner Order
1	HANJIN MERCHANT MARINE CO., LTD.	Loading	HJMU1500001	42GP	Full	16,000.00	BUSAN, KOREA	2015-12-09		15-01-02	✔
2	HANJIN MERCHANT MARINE CO., LTD.	Loading	HJMU1500002	22GP	Full	13,063.00	BUSAN, KOREA	2015-12-09		15-01-04	✔
3	HANJIN MERCHANT MARINE CO., LTD.	Loading	HJMU1500003	20GP	Full	12,230.00	BUSAN, KOREA	2015-12-09		15-03-02	✔

- Liner: 선사
- L/D Division: Loading Discharging Division, 적재/하역구분
- Container No.: 컨테이너번호
- Size/Type: 컨테이너 사이즈/타입(ISO TYPE)
- Full/Empty: 컨테이너 상태(FULL/EMPTY)
- Weight(KG): 중량
- Port of Loading: 적재항
- Loading Date: 적하일자
- Discharging Date: 양하일자
- Stowage: 선박 적하/양하장소
- Liner Order: 선사 선적지시 여부

3 업무 프로세스 흐름도

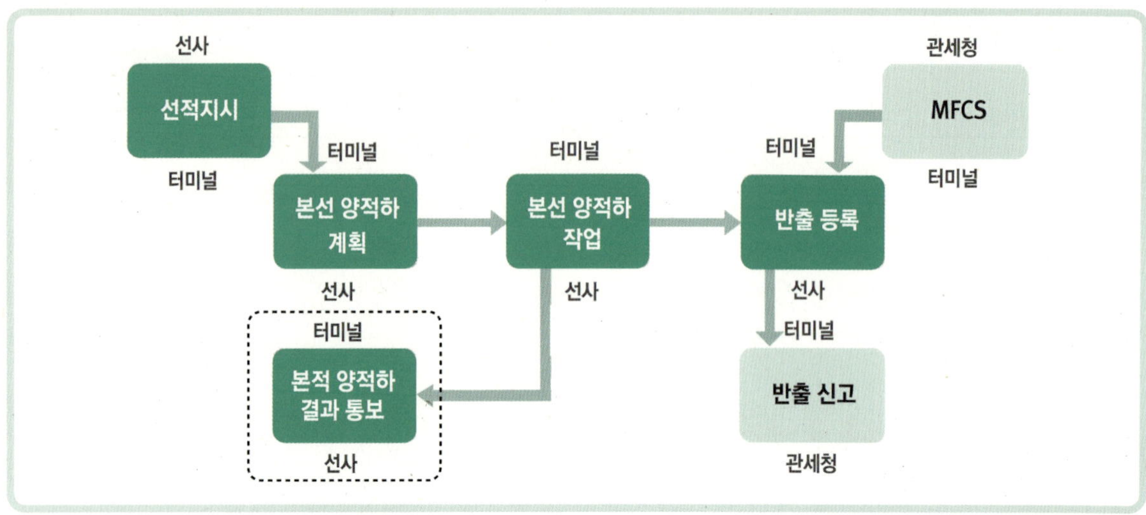

확정된 양적하 리스트와 실제 작업한 양적하된 컨테이너와의 비교표를 양적하 결과서라고 한다. 수출취소의 건으로 지시서와 다르게 적재가 되지 않을 수도 있고, 실제 양하될 컨테이너가 과부족되는 경우도 있을 수 있다.

4 전자문서 흐름도

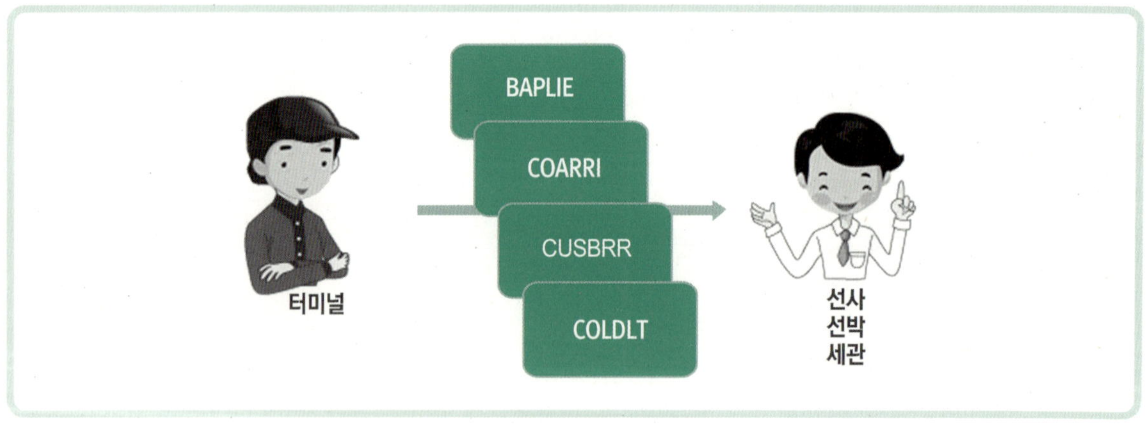

터미널은 양적하작업 완료 후 최종적인 본선적부도(BAPLIE)를 선사 또는 그 대리점에 송부한다. 또한 양적하리스트(COLDLT)에 근거한 작업의 결과보고(COARRI ; container discharge/loading report message)를 하고, 수출화물은 화물반출신고서(CUSBRR), 수입화물은 화물반입신고서(CUSCAR)를 이용해 세관에 신고한다.

5 실습 지시문

1) 본선 양적하 결과보고 실습 지시문

고려신항만터미널은 선박(FREEDOM)에 수출컨테이너 화물을 본선 적재 완료하였다. 본선 작업 완료된 물량과 선사인 '한진상선'으로부터 선적 지시된 물량을 비교 검수하여 그 결과를 '한진상선'에 통보하는 업무를 실습해 보세요.

- Operation Date(본선적재작업일자): 2016-12-09
- Liner(선사): HANJIN MERCHANT MARINE CO., LTD.(한진상선)
- Vessel(선박): FREEDOM(프리덤) / Voyage(항차): 0033E
- Port of Loading(적재항): BUSAN, KOREA(부산) / Port of Discharge(양륙항): LONG BEACH, CA(미국 캘리포니아 롱비치)

(Container 정보)

- 첫 번째 Container(컨테이너)는 L/D(양적하구분): Loading(적하) / Container NO(컨테이너번호): HJMU1500001 / Size/Type(사이즈/타입): 22GP / Seal No(봉인번호): SL1511 / Weight(중량): 16,000Kg / 용적: 66.796CBM / Liner Booking No(선사부킹번호): HJMUBKG0101 / B/L No(선하증권번호): HJMUMBL0101 / Full/Empty: Full, Liner Order(선사선적지시)건 / Stowage(본선 적재위치): BAY: 15, ROW: 01 TIER: 02
- 두 번째 Container(컨테이너)는 L/D(양적하구분): Loading(적하) / Container NO(컨테이너번호): HJMU1500002 / Size/Type(사이즈/타입): 22GP / Seal No(봉인번호): SL1521 / Weight(중량): 13,063.56Kg / 용적: 32.755CBM / Booking No(선사부킹번호): HJMUBKG0101 / B/L No(선하증권번호): HJMUMBL0101 / Full/Empty: Full, Liner Order(선사선적지시)건 / Stowage(본선 적재위치): BAY: 15, ROW: 01 TIER: 04
- 세 번째 Container(컨테이너)는 L/D(양적하구분): Loading(적하) / Container NO(컨테이너번호): HJMU1500003 / Size/Type(사이즈/타입): 20GP / Seal No(봉인번호): SL1531 / Weight(중량): 12,230Kg / 용적: 32.89CBM / Booking No(선사부킹번호): HJMUBKG0102 / B/L No(선하증권번호): HJMUMBL0102 / Full/Empty: Full, Liner Order(선사선적지시)건이 아니며 / Stowage(본선 적재위치): BAY: 15, ROW: 03 TIER: 02

주의 선박의 대형화 추세에 따라 양적하 결과보고에 해당하는 컨테이너는 환적까지 포함하면 매 작업마다 수 천 TEU가 될 수 있으나 본 실습에서는 작업된 몇 개의 컨테이너만 결과 보고해 본다.

6 샘플 및 출력서식

1) 작업완료 결과대조(본선작업 실적요약)

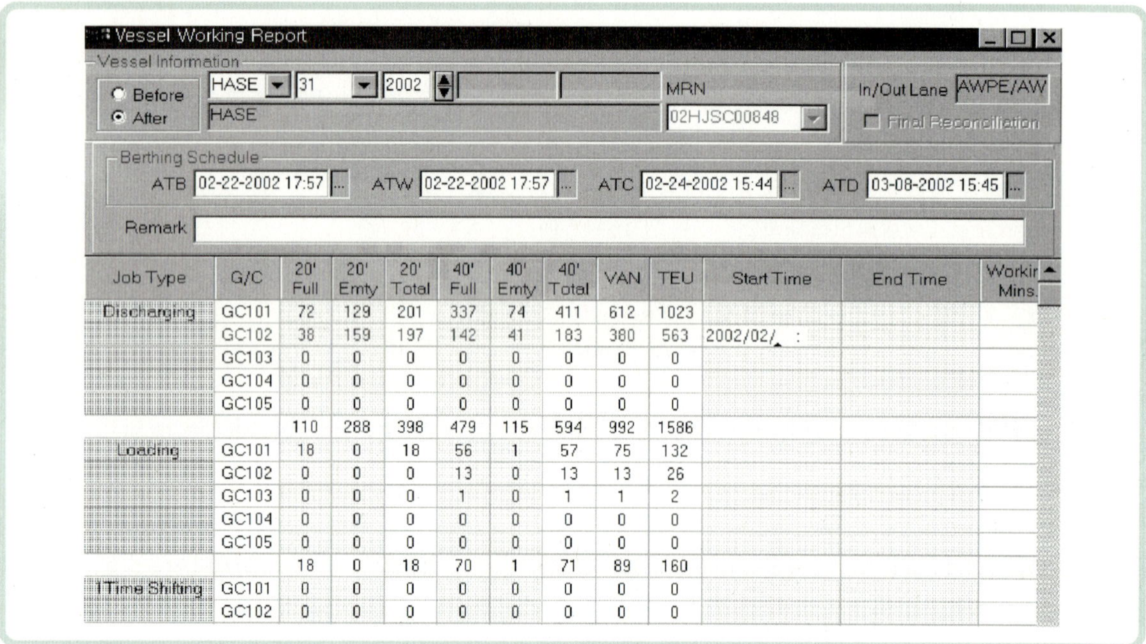

Vessel Working Report

Vessel Information: ○ Before ◉ After | HASE | 31 | 2002 | MRN 02HJSC00848 | In/Out Lane AWPE/AW | Final Reconciliation

HASE

Berthing Schedule: ATB 02-22-2002 17:57 | ATW 02-22-2002 17:57 | ATC 02-24-2002 15:44 | ATD 03-08-2002 15:45

Remark

Job Type	G/C	20' Full	20' Emty	20' Total	40' Full	40' Emty	40' Total	VAN	TEU	Start Time	End Time	Workir Mins.
Discharging	GC101	72	129	201	337	74	411	612	1023			
	GC102	38	159	197	142	41	183	380	563	2002/02/ :		
	GC103	0	0	0	0	0	0	0	0			
	GC104	0	0	0	0	0	0	0	0			
	GC105	0	0	0	0	0	0	0	0			
		110	288	398	479	115	594	992	1586			
Loading	GC101	18	0	18	56	1	57	75	132			
	GC102	0	0	0	13	0	13	13	26			
	GC103	0	0	0	1	0	1	1	2			
	GC104	0	0	0	0	0	0	0	0			
	GC105	0	0	0	0	0	0	0	0			
		18	0	18	70	1	71	89	160			
1Time Shifting	GC101	0	0	0	0	0	0	0	0			
	GC102	0	0	0	0	0	0	0	0			

2) Tally Sheet for Cargo Discharged/Loaded(Manual)

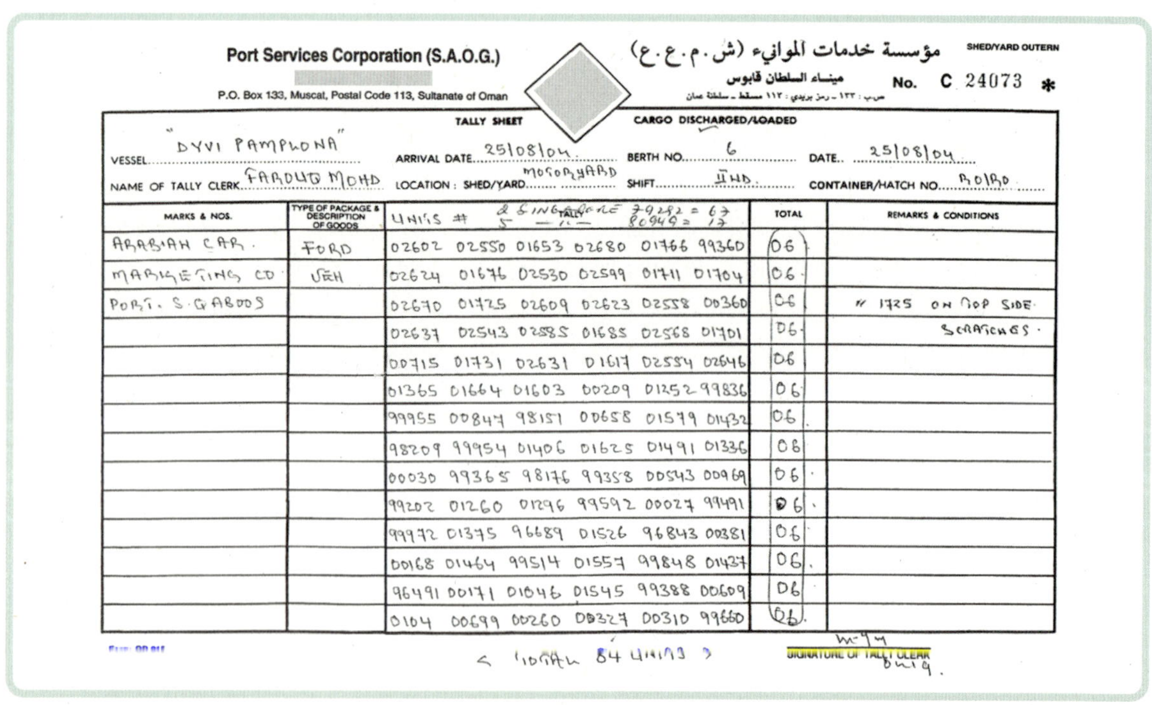

Port Services Corporation (S.A.O.G.)

P.O. Box 133, Muscat, Postal Code 113, Sultanate of Oman

مؤسسة خدمات الموانيء (ش.م.ع.ع)

ميناء السلطان قابوس

ص.ب : ١٣٣ - رمز بريدي : ١١٢ مسقط - سلطنة عمان

SHED/YARD OUTERN

No. C 24073 *

TALLY SHEET — CARGO DISCHARGED/LOADED

VESSEL "DYVI PAMPLONA" ARRIVAL DATE 25/08/04 BERTH NO. 6 DATE 25/08/04

NAME OF TALLY CLERK FAROUQ MOHD LOCATION : SHED/YARD MOSOR YARD SHIFT IIND CONTAINER/HATCH NO. RO/RO

MARKS & NOS.	TYPE OF PACKAGE & DESCRIPTION OF GOODS	TALLY (UNITS # 2 SINGAPORE 79282 = 67 / 5 — " — 80949 = 17)	TOTAL	REMARKS & CONDITIONS
ARABIAN CAR.	FORD	02602 02550 01653 02680 01766 99360	06	
MARKETING CO	VEH	02624 01676 02530 02599 01711 01704	06	
PORT. S. QABOOS		02670 01725 02609 02623 02558 00360	06	" 1725 ON TOP SIDE
		02637 02543 02585 01685 02568 01701	06	SCRATCHES.
		00715 01731 02631 01617 02554 02646	06	
		01365 01664 01603 00209 01252 99836	06	
		99955 00847 98151 00658 01579 01432	06	
		98209 99954 01406 01625 01491 01336	06	
		00030 99365 98176 99358 00543 00969	06	
		99202 01260 01296 99592 00027 99491	06	
		99972 01375 96689 01526 96843 00381	06	
		00168 01464 99514 01557 99848 01437	06	
		96491 00171 01046 01545 99388 00609	06	
		0104 00699 00260 00327 00310 99660	06	

< TOTAL 84 UNITS >

SIGNATURE OF TALLY CLERK

제12절 선박출항신고

1 사전지식

1) 외항선의 입출항 절차

(1) 검역관련

외국에서 입항하거나 출항하는 선박, 승선자 및 화물은 검역소로부터 검역증(free pratique)을 받아야 입출항이 가능하다. 조사내용은 선박의 위생상태, 승무원과 승객의 건강상태, 전염병의 매개체가 되는 쥐, 해충 등의 상태, 만약 동식물 상태의 화물일 경우 검역증명서 등이 필요할 수도 있다.

(2) 관세관련

선박의 입항시 세관에 입항보고, 적하목록, 선용품 목록, 여객명부, 승무원명부 및 승무원 휴대품목록을 제출해야 한다. 출항시에는 출항보고를 하고 세관장으로부터 출항허가를 받아야 한다.

(3) 출입국관리관련

승무원과 승객에 대하여 여권 또는 선원증명서 유효여부, 제출명단과 실제 승무원과 승객의 일치여부, 출항 선박의 경우 검색시까지 귀선치 아니한 승무원 또는 승객이 있는지 여부 등을 조사한다.

2) Port-MIS(항만운영정보시스템)

해양수산부가 무역항의 선박입항, 항만내 시설사용, 관제사항, 화물반출입, 세입징수, 선박출항 등 모든 항만운영 업무를 처리하기 위하여 구축한 시스템을 말한다.

(1) 외항선 입출항 수속[14)]

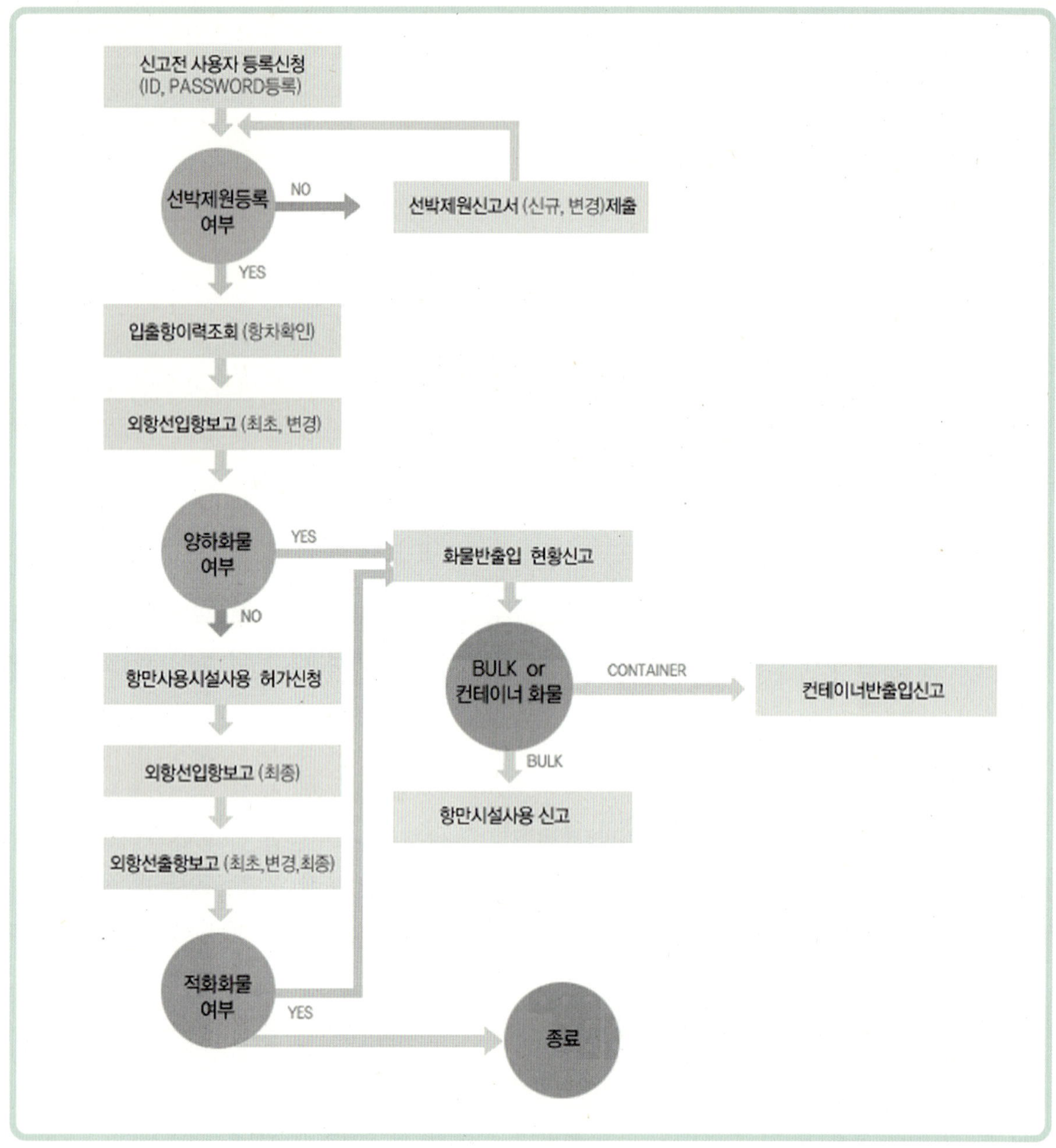

주의 내항선 입출항신고는 DEOCOS(declaration for coastal ship's entry)

14) 출처: 해양수산부 부산지방해양수산청(http://portbusan.go.kr/harbor/harbor_02_02.jsp)

(2) Port MIS/EDI정보[15)]

구 분	정 보
선박입출항	• 특정선박 통합정보 • 선박입항 신고정보 • 선박출항 신고정보 • 선박입출항 신고정보 • 특정국적선박 외항입출항 현황 • 특정국가항구 입출항 현황 • 입출항 사실확인정보(전국) • 선박보안 통보현황
화 물	• 화물 반출입신고 정보 • 내항화물 반출입신고 정보 • 외항컨테이너 반출입(갯수)정보 • 컨테이너 하역실적 정보 • 선박별 외항컨테이너 반출입 정보 • 항만시설 사용신고 정보 • 집계표 정보 • 화물료 대납정보 [수납일자] • 화물료 대납정보 [입출항일자] • 위험물 반입신고 정보 • 위험물 적하일람신고 정보 • 모선별 통합화물신고 정보 • 모선별 통합컨테이너신고 정보
항만시설	• 선석신청지정 정보 • 관제정보 (본선동정) • 부두별 관제현황 • 선박재박정보(구) • 선박재박정보(기준일자)
세 입	• 세입징수정보 • 항만시설 사용료면제요청 현황 • 사용료 내역서
EDI정보	• 일반응답문서 정보 • EDI 오류메세지 조회 • 해상선박 통합정보
유관기관	• 예선신청지정 정부 • 도선신청지정 정보

15) 출처: 해양수산부 부산지방해양수산청(http://portbusan.go.kr/harbor/harbor_02_03.jsp#PORT-MIS_3)

2 화면설명

* 본 실습화면은 Port-MIS 출항신고화면을 참고하여 설계하였다.

1) Vessel Departure Declaration Port - MIS Detail

Declaration No *	2015120300000008	Declaration Date *	2015-12-10	Declaration Office *	020:부산
MRN *	15HJMU00101	Approve Date			

• Vessel Information		• Voyage Information	
Call Sign *	3FF5	Inner/outer Port	외항
Vessel *	HJLG 찾기 FREEDOM	Port of Entry Year *	2015
Flag Status of Ship *	KR 찾기 KOREA	Number of Arrival this Year *	5
Type of Vessel *	(풀)컨테이너선	Name of Captain *	Captain Jack
International Gross Tonnage *	91,621	Seman's passport number *	02151-00001
Shipping Agent *	HJAG 찾기 HANJIN MARINE AGENT	Purpose of Arrival	적하
Shipping Agent Address *	27534, MARKHILL STREET 1, MARINE BLDG, LA, USA		
Type of Quarantine	검역완료	Time of Departure *	2015-12-10 14:00
Any Request of Tug Boat *	Yes	Any Request of Pilot *	Yes
Classification of Voyage		Position of the Ship(basin) *	MSN01 찾기 신항1부두1선석
Port of Provenance *	KRPUS 찾기 BUSAN, KOREA	Final Port of Destination	찾기
Port of departure from last *	USLGB 찾기 LONG BEACH, CA	Date-time of departure from last *	2015-11-29 14:00
Stopovers	찾기	Departure Date of Stopovers	
	찾기		
	찾기		
	찾기		
	찾기		

- Declaration No: 출항신고번호
- Declaration Date: 출항신고일자
- Declaration Office: 신고청 코드(부산, 인천, 여수 등 각 지방항만청)
- MRN: 적하목록 관리번호
- Approve Date: 수리일자

[Vessel Information]

- Call Sign: 선박호출부호(선박번호 또는 IMO번호도 대신 입력할 수 있다)
- Vessel: 운항선박
- Flag Status of Ship: 선박국적

- Type of Ship: 선박 종류(예를 들어 Container 선인지(41) Barge선인지 등), 숫자 2자리
- International Gross Tonnage: 국제 총 톤수

[Voyage Information]

- Inner/Outer Port: 내/외항 구분
- Port of Entry Year: 입항년도
- Number of Arrival this Year: 당해 년도 입항횟수
- Name of Master: 선장명
- Seaman's Passport Number: 선장 선원수첩 번호
- Purpose of Arrival: 입항목적(01: 양적하, 02: 양하, 03: 적하, 04: 선박수리, 05: 해난, 06: 승무원교대, 07: 여객상륙, 08: 급유, 09: 선용품적재, 99: 기타)
- Type of Quarantine: 검역구분(1: 승선검역 2: 무전검역 3: 특별검역 4: 검역면제 5: 검역완료)
- Any Request of Tug Boat: 예인선 신청여부
- Classification of Voyage: 항해구분(01: 외국적내항선, 02: 일시외항, 03: 내외항 자격 변경, 04: 나포선박, 05: 개인항해, 06: 신조선, 07: 수출선박, 08: 선넹변경, 09: 폐선 예정, 10: 남북한 출입, 11: 실습선 또는 관공선, 12: 원양조업선)
- Port of Provenance: 최초 출항지
- Port of Departure from Last: 전 출항지
- Stopovers: 경유지
- Next Port of Call: 차항지, 다음 입항 항
- Place of C.I.Q Processing: 집하, 통관, 수속 등 업무 처리하는 곳
  - CIQ 는 CUSTOM(통관), IMMIGRATION(출입국심사), QUARANTINE(검역)을 약자의 조합이다.
- Kind of Cargo: 화물종류, 화물명 코드란에는 통일상품명 및 부호체계에 관한 국제협약에 의한 통일체계 품목분류표(HS code) 중 대표화물 2자리 Code 기재
- Time of Departure: 출항일자 및 시간
- Any Request of Pilot: 도선사 신청여부
- Position of the Ship: 계선장소(선석 또는 장소), 선박이 입항하고자 하는 예정 항구명과 선박이 접안하는 장소를 기재
- Final Port of Destination: 최종 목적지
- Date-time of Departure from Last: 전 출항 일시
- Date of Departure of Stopovers: 경유지 출항일
- Estimated Time of Arrival: 도착 예정 시간

- Date-time of C.I.Q Processing: 집하, 통관, 수속 등의 업무처리 일자
- Total Weight(Kg): 총 화물 톤수
- Loading Weight: 총 적하 톤수
- Discharging Weight: 총 양하 톤수
- Dangerous Weight: 총 위험물 톤수
- Transshipment Weight: 총 환적 톤수
- Rate for Port Charge: 항만시설 사용료 할인율(1: 10%, 2: 15%, 3: 50%, 4: 80%, 5: 100%)
- Basis for Port Charge: 항만시설 사용료 할인사유(1: 군함, 2: 관공선, 3: 수리, 4: 해난, 5: 투자비 보전, 9: 기타)

[Number of Crew]
- Total: 전체 승무원수
- Korean: 한국인 승무원 수
- Foreigner: 외국인 승무원 수

[Number of Passenger]
- Total: 전체 승객 수
- (Total) Over 6 Year: 6세 이상 전체 승객 수
- Korean: 한국인 승객 수
- (Korean) Over 6 Year: 6세 이상 한국인 승객 수
- Foreigner: 외국인 승객 수
- (Foreigner) Over 6 Year: 6세 이상 외국인 승객 수
- Coastal Travelers: 국내 항간의 편승 승객 수
- Alien Permitted Landing while then Ship: 국내항간 상륙 승객 수
- Any Change in Passenger: 승객변동 여부

[Change of Korean crew in foreign port]
- Embarked(crew in foreign port): 외지 승선 승무원 수
- Disembarked(crew in foreign port): 외지 하선 승무원 수
- Transference(crew in foreign port): 외지 전선(옮겨 탄) 승무원 수
- Quit or Missed Ship(crew in foreign port): 외지 낙오 승무원 수

[Number of crew or passenger at this port]

- Embarked(crew at this port): 당 항 승선 승무원 수
- Disembarked(crew at this port): 당 항 하선 승무원 수
- Embarkation for Ship to ship movement(crew at this port): 당 항 전입 승무원 수
- Disembarkation for Ship to ship movement(crew at this port): 당 항 전선 승무원 수
- Embarked(passenger at this port): 당 항 승선 승객 수
- Disembarked(passenger at this port): 당 항 하선 승객 수

2) Vessel Departure Declaration Port - MIS Search

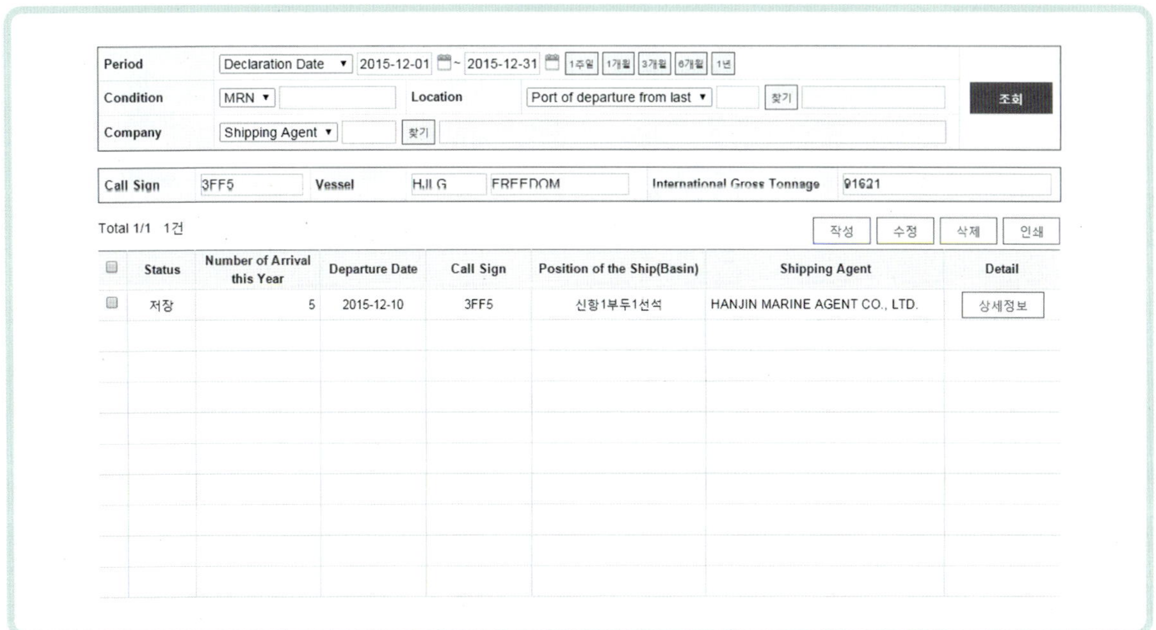

- Period: 조회기간
- Condition: 소외소선
- Location: 조회조건에 맞는 장소
- Company: 선사/대리점
- Call Sign: 선박 호출부호
- Vessel: 선박코드 및 명
- International Gross Tonnage: 국제 총 톤수
- Status: 상태
- Number of Arrival this Year: 금년 입항횟수
- Departure Date: 출항일시

- Position of the Ship(Basin): 계선장소, 선박이 운항을 중지하고 장기간 정박하거나 계류하는 장소
- Shipping Agent: 선사
- Detail: 선박프로필 상세 조회 버튼

3 업무 프로세스 흐름도

포워더의 선사에 대한 S/R이 완료되면 선사는 터미널에 양적하 예정물량에 대한 S/O를 송부한다. 양적하 작업이 완료되면 터미널은 선사에게 작업결과 보고와 함께 세관에는 화물반출입 신고한다. 선사는 내부 Master B/L작업과 병행하여 Port-MIS에 선박출항신고를 한다.

출항신고에는 입항횟수, 차항지, 최종 목적지와 같은 출항정보, 승무원과 승객명부와 검역관련 출입국정보, 선박입출항 사실조회와 같은 입출항 내역 정보가 있다.

신고시점은 최초는 입출항 24시간 전, 최종은 입출항 직전/후이거나 선석지정을 받은 후이며, 변경데드라인은 최종보고 접수 전, 삭제 데드라인은 세관이나 항만청(항만공사)의 허가 전 또는 법무부는 최종접수 전이다.

4 전자문서 흐름도

Port-MIS에 접속하려면 웹, 모바일 그리고 VAN이 제공하는 서비스를 이용해야 한다. 먼저 웹을 이용하려면 해양수산부 Port-MIS 2.0(portmis.go.kr)에 접속하여 항만관련 업체신

고 및 회원가입 후 이용가능하다. 모바일의 경우 Port-MIS 2.0에 가입된 회원에 한하여 사용 가능하다. 다른 방법은 VAN업체인 KTNET이 제공하는 Port Community Service나 KL-Net이 제공하는 PLISM(www.plism.com)을 이용하는 방식으로 가장 널리 쓰인다.

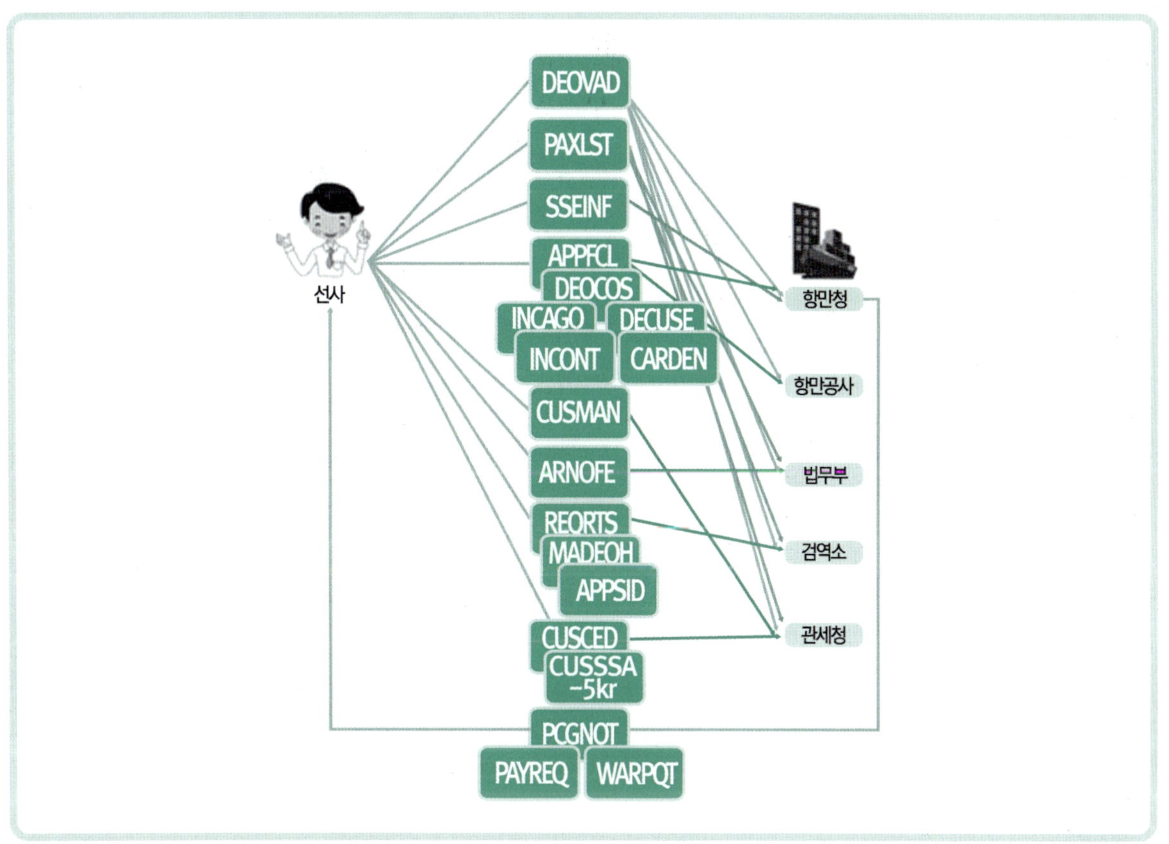

선사는 해양수산부의 항만운영정보시스템(Port-MIS ; port management information system)을 통하여 외항선출항보고(DEOVAD), 출국 승무원/승객명부(PAXLIST)를 보고하고 화물에 관해서는 위험물적하일람표(DGMNFT), 외항화물반입현황(CGOREP), 외항컨테이너화물반입현황(CONREP)을 신고할 수 있다. 특히 화물의 적재내역은 관세청에 적하목록 신고하여 처리한다.

Port-MIS 주요 문서

No	UN/EDIFACT	Description	송수신자
1	DEOVAD	외항선입출항보고서 및 허가서 (Sea-Going Vessel Report departure/ Permit)	선사 ↔ 항만청 / 출입국 / 세관
2	PAXLIST	승무원/승객명부(Crew list/Passenger list)	선사 ↔ 항만청 / 출입국 / 세관
3	APPFCL	항만시설사용신청/허가(Port Facilitates License(Application))	선사 ↔ 항만청
4	EMPPLT	강제도선면제신청/허가 [Forced pilotage exemption(Application)]	선사 ↔ 항만청 / 도선사
5	CONREP	컨테이너화물 반출입 현황(외항) (Container Status of Export or Import)	선사 ↔ 항만청 / 항만공사
6	CGOREP	일반화물 반출입현황(외항) (Status of Export or Import Cargo)	선사 ↔ 항만청 / 항만공사
7	APTUGT	예선사용신청/지정서(Towage Application)	선사 ↔ 항만청 / 예선협
8	CGOSUM	화물집계표(A Summary Sheet)	항만청 → 선사
9	CARDGN	위험물반입신고/확인서(Hazardous Carry-In Report/ Confirmation)	선사 ↔ 항만청
10	DGMNFT	위험물일람표(Dangerous Goods Manifest)	선사 → 항만청
11	REQRTS	무전검역지정신청서/허가서 (Request for Quarantine Service by Wireless Mode)	선사 ↔ 항만청 / 검역소
12	PCGNOT	항만시설사용료내역서(Usage fee list)	항만청 → 선사
13	CUSMAN	적하목록내역(Customs Manifest Detail)	선사 → 관세청
14	GENRES	일반응답서(General Response)	항만청 → 선사
15	기타문서	• 선박보안정보(SSINF ; Ship Security Information Report) • 내항입출항보고(DEOCOS ; Declaration of Coastal Ship's Entrance) • 항만시설사용신고서(DECUSE ; Declaration of Use Port Facility) • 위험물반입신고서(CARDEN ; Notification and Approval of Dangerous Cargo) • 내항화물반출입현황(INCAGO ; Cargo Notification for Costal Transportation) • 내항컨테이너반출입현황(INCONT ; Container Report for Costal Transportation) • 외국선원입국예정신고(ARNOFE ; Pre-Arrival Notice of Foreign Crew) • 선박보건상태신청서(MADEOH ; Maritime Declaration of Health) • 선박위생검사신청서(APPSID), 선원주류면세통관신청(CUSCED), 항내정박이동신고(CUSSSD-5kr), 출금의뢰내역서(PAYREQ), 화물입항료대납경비청구서(WARPQT)	

5 실습 지시문

1) 출항신고 실습 지시문

선사인 '한진상선'은 선적을 완료하고 도착항인 LONG BEACH, CA(미국 캘리포니아 롱비치)로 향하기 위해 부산항을 곧 출발할 예정이다. 입/출항시 제출하는 관련 서류 중에 승무원명부, 승객명부, 선(가)용품목록, 승무원 휴대품목록은 이미 작성하였고 마지막으로 출항 보고서를 작성하고 신고하는 실습을 해 보세요.

- Declaration Date(신고일자): 2016-12-10 / Declaration Office(신고청): 부산
- MRN(적하목록참조번호): 16HJMU00101
- Call Sign(선박호출부호): 3FF5 / Type of Inner/outer Port(내외항구분): 외항
- Vessel(선박): FREEDOM(프리덤) / Port Entry Year(입항년도): 2016 / Flag Status of Ship(선박국적): KOREA(한국) / Number of Arrival this Year(당해 년도 입항횟수): 5
- Type of Ship(선박종류): (풀)컨테이너선 / Name of Captain(선장명): Captain Jack / International Gross Tonnage(국제총톤수): 91,621 톤 / Seaman's passport number(선장선원수첩번호): 0215100001
- Shipping Agent(선사 또는 선사대리점): HANJIN MARINE AGENT CO., LTD.(한진마린 에이전트) / Purpose of arrival(입항목적): 적하 / Type of Quarantine(검역구분): 검역완료 / Time of Departure(출항일시): 2016-12-10 14:00
- Any Request of Tug Boat(예선신청여부): Yes / Any Request of Pilot(도선사 신청여부): Yes Position of the Ship(basin)(계선장소): 신항1부두1선석
- Port of Provenance(최초출항지): BUSAN, KOREA(부산) / Port of departure from last(전출항지): LONG BEACH, CA(미국 캘리포니아 롱비치) / Date-Time of departure from last(전 출항지 출항일시): 2016-11-29 14:00
- Kind of Cargo(화물종류): 전기기기, TV, VTR / Total Weight(총 화물중량): 62,000 TON / Loading Weight: 31,000 TON / Rate for Port Charge(항만시설 사용료 할인율): 10% / Basis for Port charge(항만시설 사용료 할인사유): 컨 외항선
- Number of Korean Crew(한국승무원수): 30명 / Number of Foreign Crew(외국승무원수): 20명 / Any change in Passenger(승객변동여부): No

6 샘플 및 출력서식

1) 외항선 출입 신고서 샘플

외항선 출입 신고서(허가신청서)　　[ ]입항 Arrival　　[∨]출항 Departure

[ ]최초 Not ice　[ ]변경 Change　[ ]최종 Final　[ ]취소 Cancel

※ 작성방법을 읽고 작성하여 주시기 바라며, [ ]에는 해당하는 곳에 ∨ 표시를 합니다.

접수번호	접수일자	발급일자	처리기간	
2015081000000001	2015-08-10		신고는 즉시 허가는 1일	

제출번호(적하목록 No. : MRN)　15HJMU*****

1. 선박 제원 ame and description of ship
   - 선박명 Name of Ship : FREEDOM
   - 선박국적 Nationality of Ship : KOREA
   - 호출부호, 선박번호 또는 IMO 번호 Call sign, Official No. IMO No : 3FF5
   - 국제총톤수 International Gross Tonnage : 91,621
   - 선박 종류 Kind of Ship : (풀)컨테이너선

2. 입항/출항 일시 Date-time of arrival/departure
   2015-08-26 14:00

3. 최초출항지/최종목적지
   Port of Provenance / Final Port of Destination BUSAN, KOREA /

4. 선사 또는 대리점의 이름, 부호, 주소
   Name, Code and Address of Owner (Operator) or Agent of Ship
   ****** MARINE AGENT CO., LTD.

5. 선박계선장소[선석, 장소] Position of the ship(Berth or Station) : 신항1부두1선석

6. 항해기록 Brief Particulars of Voyage
   - 전 출항지 및 출항일시 Time, Date of Departure From last Port : LONG BEACH, CA / 2015-08-04 14:00
   - 경유지 Stopovers : / / / /
   - 경유지 출항일 Date of Departure of Stopovers : / / / /
   - 출항예정일시 Estimated Date and Time of Departure : 2015-08-26 14:00
   - 차항지 Next port of Cal :

7. 화물명세 Brief Description of Cargo
   - 화물명 Name of Cargo(Unit:ton) : 전자기기, TV, VTR
   - 적재 톤수 Total Cargo : 62,000
   - 양하, 적하톤수 Load/Unload Cargo : 31,000/0
   - 위험물 톤수 Dangerous Cargo
   - 환적(煥績) 톤수 Transshipment Cargo : 0

8. 승무원 수 Number of Crew
   - 전체 Total : 50명
   - 한국인 Korean : 30명
   - 외국인 Foreigner : 20명

9. 승객 수 Number of Passenger
   - 전체 Total : 0명(6세 이상 0명)
   - 한국인 Korean : 0명(6세 이상 0명)
   - 외국인 Foreigner : 0명(6세 이상 0명)

   ※ 국내항 간 편승/상륙
   Coastal Travellers / Alien Permitted landing while the ship is In Korea : 0/0 명

10. 입항목적 Purpose of Arrival : 적하

11. 항해 구분 Classification of Voyage :

12. 검역 구분 Type of Quarantine : 검역완료

13. 해당 연도 입항횟수 Number of arrival this year : 5

14. 항만시설

15. 예선 및 도선 사용신청여부 Any Request of Tug Boat & Pilot
    [∨]예선 Tug Boat　[∨]도선 Pilot

16. C.I.Q 수속 장소 및 일시 Date/Place of C.I.Q Processing : : /

17. 승무원 및 승객의 변동 유무 Any Change in Passenger or Crew? [No] (Yes/no)
    ○ 외지에서의 한국승무원 변동사항 Change of Korean crew in Foreign ports
    - 승선 Embarked : 0명　전선 Transference : 0명

2) 선박출항 신고정보[16]

◉ 선박출항신고정보

호출부호를 입력하지 않아도 조회가 가능합니다.

청코드 광양 ▼ 외내항구분 ◉ 외항 ○ 내항 출항일시 2015113(- 201512(2 호출부호 Search

출항일시	호출부호	입항횟수	총톤수	선명	선사/대리점	내외	상세정보
2015/12/02 22:00	C6RI2	2015-003	57,772	CRYSTAL RAY	(주)유코카캐리어스	외항	CLICK
2015/12/02 19:00	D8BB	2015-014	1,843	ELPIS	대유상선(주)	외항	CLICK
2015/12/02 18:00	3EQI3	2015-002	30,657	POSEIDON SW	현대상선(주)	외항	CLICK
2015/12/02 18:00	HO2947	2015-003	1,597	YU LING	장호해운(주)	외항	CLICK
2015/12/02 18:00	5BZP3	2015-008	74,651	HYUNDAI SINGAPORE	현대상선(주)	외항	CLICK
2015/12/02 15:00	LXHQ	2015-011	16,145	HANSA LANGELAND	장금상선(주)	외항	CLICK
2015/12/02 15:00	3EEV9	2015-002	31,242	LUMINOUS HALO	팬오션 주식회사	외항	CLICK
2015/12/02 13:00	V7ZQ9	2015-016	20,920	STARSHIP LEO	남성해운(주)	외항	CLICK
2015/12/02 12:00	LAPY7	2015-001	68,871	HOEGH LONDON	현대글로비스주식회사	외항	CLICK
2015/12/02 10:00	3FXT9	2015-001	23,264	OCEAN HONESTY	신성해운(주)	외항	CLICK
2015/12/02 08:00	3EZM3	2015-001	101,129	GDF SUEZ POINTFORTIN	(주)세바해운	외항	CLICK
2015/12/02 07:00	XJDB9	2015-004	1,371	HAI HUA	서보해운(주)	외항	CLICK
2015/12/02 06:00	ZDKG2	2015-004	12,514	ISTRIAN EXPRESS	선양해운 주식회사	외항	CLICK
2015/12/02 05:00	D7BC	2015-011	12,545	HONGKONG VOYAGER	장금상선(주)	외항	CLICK
2015/12/02 05:00	V7YA4	2015-002	28,592	MS HAWK	한국머스크(주)	외항	CLICK
2015/12/02 04:00	D7MP	2015-004	64,054	HYUNDAI FREEDOM	현대상선(주)	외항	CLICK
2015/12/02 03:00	A8ZJ8	2015-007	18,358	HANSA LUDWIGSBURG	(주)여진해운 광양	외항	CLICK
2015/12/01 23:00	2FFG5	2015-005	141,754	HANJIN SOOHO	(주)한진해운	외항	CLICK
2015/12/01 23:00	9VDB4	2015-009	18,872	WAN HAI 265	만해항운한국(주)	외항	CLICK

16) 출처: 여수지방해양수산청Port-MIS(http://yeosu.mof.go.kr/service?id=vdpart_qr)

3) 출항보고 처리절차(MFCS 기준)

- 출항보고는 출항보고서, 승무원/선원명부, 승객명부를 제출하며, 출항보고서에 대한 결과통보로 승인처리한다.
- 항공의 경우 항공사는 IATA 표준 전자문서를 MFCS로 전송하고 MFCS에서 UN/EDIFACT 표준 전자문서로 변환하여 세관으로 제출한다.

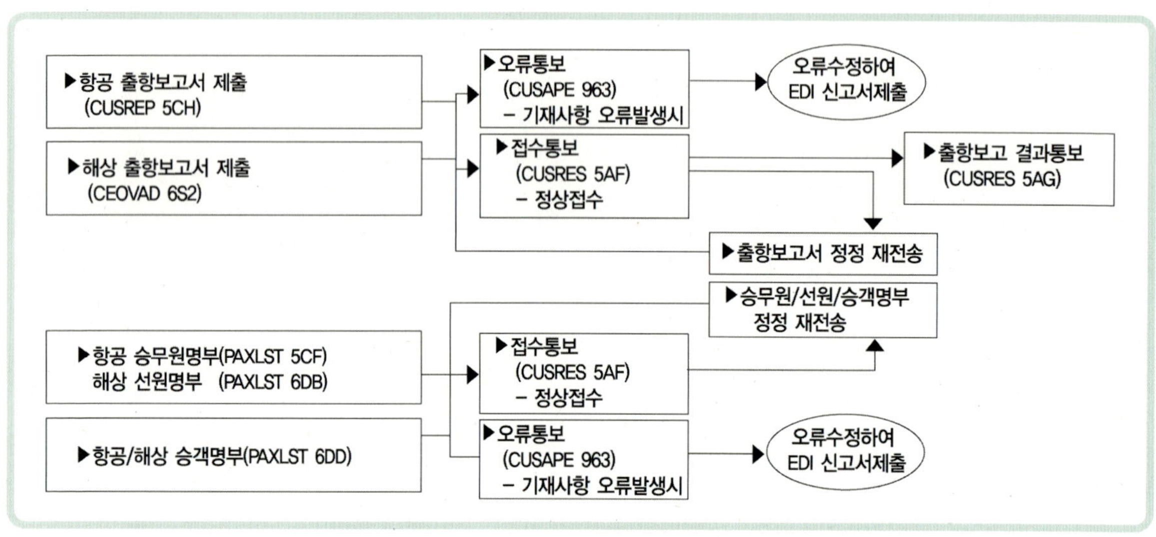

※ 관세청 제도 개정에 따라 전자문서 및 처리절차 변경이 있을 수 있음

제9장

수입물류(표준)

제1절 선박입항신고

1 사전지식

1) 입출항수속17)

입항을 위해서는 Port-MIS에 선박의 제원(vessel profile)이 등록되어 있어야 시스템이 인식할 수 있다. 입항신고(DEOVAD)시 이전에 해당 항구에 입항 이력이 없으면 최초, 있으면 몇 회차를 명기하고 승무원과 승객의 명부(PAXLIST)도 전송한다. 선박의 승무원, 승객, 화물 및 출항지의 보건상태 등에 관해 문제가 없으면 무전검역신청(REQRTS; Radio Pratique Message) 하고 검역완료한다.

외국선박으로 일정 톤수 이상의 외항선박은 원칙적으로 도선사용이 의무화되어 있으나 동일한 도선구(導船區)에 입출항 회수가 기준 횟수(예를 들어 1년에 4회 이상)를 넘어서게 되면 강제도선면제신청/발급(EMPPLT)이 가능하다. 입출항관련 시설, 부두 선적과 같이 접안 및 정박관련시설에 대해서는 항만시설사용신청(APPFCL)을 해야 하며 사용후에는 사용료를 지불한다. 아울러 위험물일람표(DGMNFT), 컨테이너화물반입(CONREP), 일반화물반입현황(CGOREP)도 제출한 후 입항수속을 마무리 한다.

선사 내부업무의 경우 선사는 우선 VVD(vessel-voyage-direction)별로 Container Load List와 발급된 B/L List 그리고 선박출항신고서를 입수하고 각 선적에 대한 B/L Copy, IFM (inward foreign manifest), Final Stowage Plan(최종 본선적부도), CLP(container load plan), Container Load List 등을 준비한다.

양적하 계획된 정보와 실제 화물 적재정보를 검증하기 위하여 선사는 B/L과 IFM 내용과 상이한 점은 없는지, Container Load List(또는 Final Stowage Plan)와 B/L상의 Container Number 일치여부 등을 살핀다.

---

17) 출처: 여수지방해양수산청 항만이용안내(http://yeosu.mof.go.kr/service?id=port_vst_outinp)

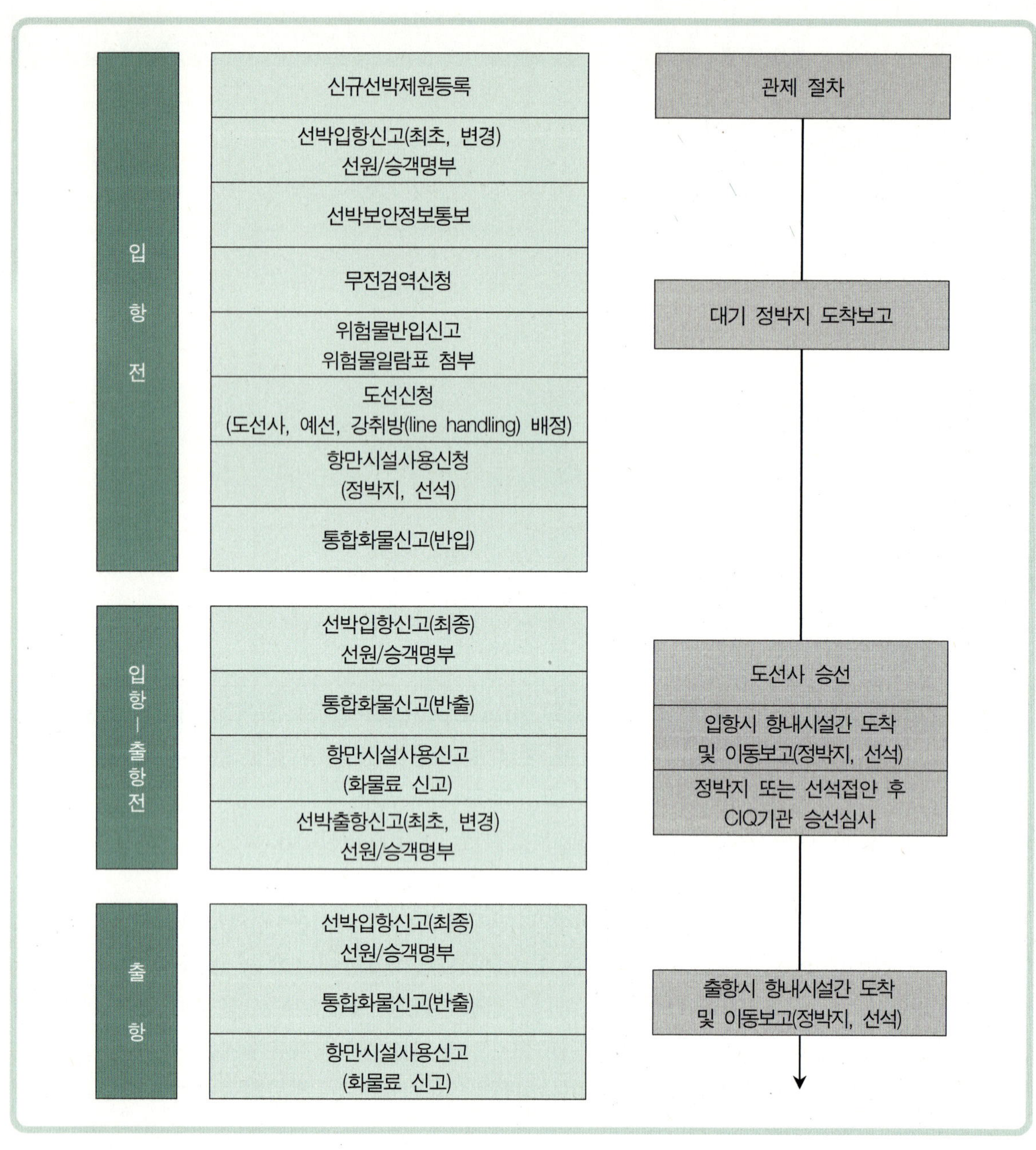

2) Port Community System(PCS)[18)]

공항까지 포함하는 항만의 효율성과 경쟁력을 높이려는 목적으로 공공기관과 해운항만물류 관련기업간 전자적 정보교환을 용이하게 해주는 전자적 플랫폼으로 선진국에서는 국가 또는 복수의 항만 단위의 항만커뮤니티시스템을 운영하고 있다.

---

18) 여기서 말하는 PCS는 KTNET의 'Port Communit Service'가 아니라 일반적인 의미에서의 항만커뮤니티시스템을 말한다.

3) 주요 PCS

(1) European Port Community System Association(www.epcsa.eu)

EPCSA는 유럽내 수백 개의 항구, 공항 그리고 내륙항의 운송과 물류오퍼레이션을 좀 더 효율적으로 운영하고자 6개 PCS 운영업체들을 멤버로 2011년 6월에 설립되었다. 이 후 2014년 협회명을 EPCSA에서 IPCS(international port community system)로 변경하고 우크라이나, 호주, 이스라엘 등을 추가 회원국으로 받아들였다.

(2) 회원업체

(가) SOGET, Le Havre, France(www.soget.fr)
(나) PORTIC, Barcelona, Spain(www.portic.net)
(다) MCP Plc, Felixstowe, UK(www.mcpplc.com),
(라) DAKOSY, Hamburg, Germany(www.dakosy.de)
(마) dbh, Bremen, Germany(www.dbh.de)
(바) PortBase, Rotterdam The Netherlands(www.portbase.com)
(사) APCS, Antwerp, Belgium(www.portofantwerp.com/apcs) 등

4) PortBase

네덜란드는 로테르담항의 'Inforlink'와 암스테르담항의 'PORTNET'이 통합된 'PortBase'를 운영 중에 있다. PortBase의 목적은 개별 항만시스템의 수준을 넘어서 One Single Port Community System을 구현하는 것으로 온라인 정보제공을 통한 물류 Chain의 최적화를 통해 물류 주체별 효율적인 업무지원, 물류 주체별 각종 신고 및 업무처리를 위한 서비스를 제공한다. 또한 세관서비스에 강점을 지니고 있어 타 항만과 세관 및 검역서비스 등을 연계·공동 활용하여 향상된 서비스를 제공하고 있다.

PortBase의 특징으로는 항만 주체별, 화물 종류별 맞춤형 서비스를 제공하고, 새로운 기술적 플랫폼을 제정하며, 정보가공 및 특화된 정보 영역서비스의 제공을 통한 부가적 수익 모델 기반을 창출하고 있다. PortBase의 최종목적은 범국가적 차원의 항만, 공항, 내륙교통망 등 물류정보인프라를 구축하는 것이다.

5) PortBase 사용자그룹

(1) 해운항만물류기업

선사 또는 대리점, 컨테이너 야적장(container depot), 포워더, 검량/검정/검수업체, 철도업체, 내륙운송업체, 바지선운영자, 수출자/수입자, 철도운송업체, 항만터미널 등을 말한다.

(2) 공공기관

세관, 항만청/항만공사, 검역소, 출입국관리사무소, 해양경찰 등을 말한다.

화면설명

1) Vessel Arrival Declaration(Overseas)

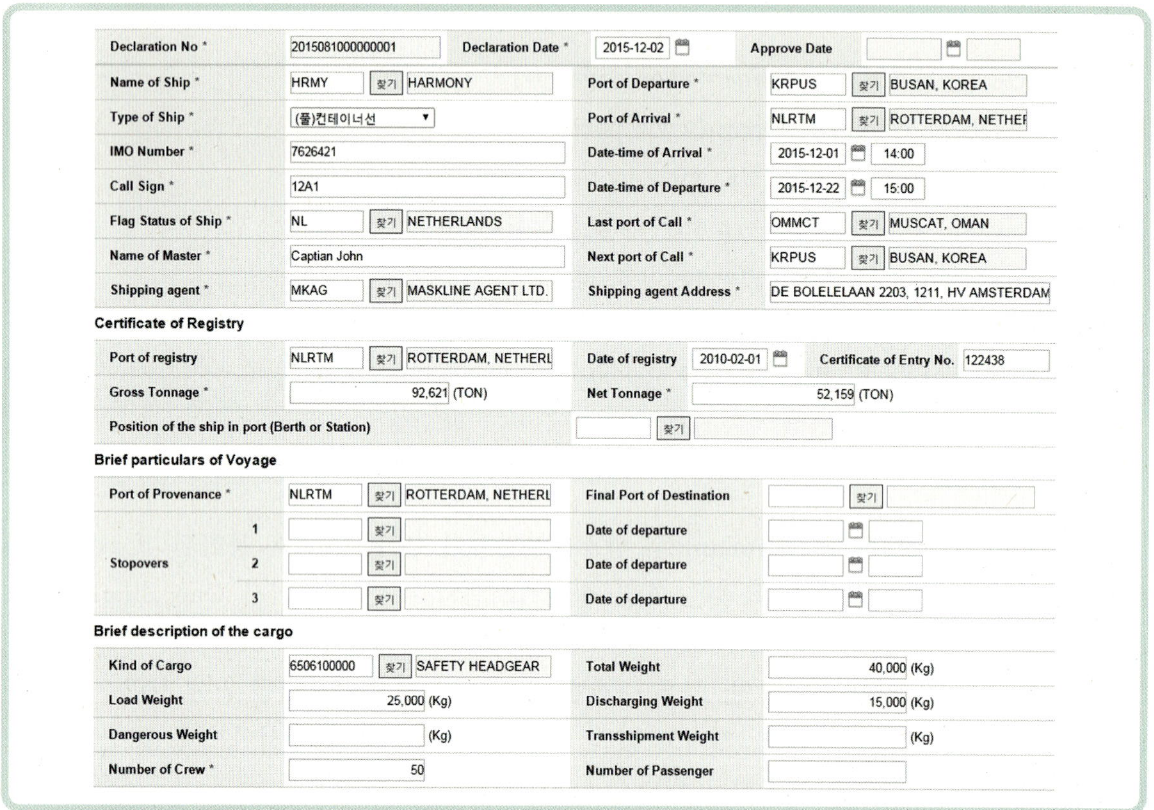

Declaration No *	2015081000000001	Declaration Date *	2015-12-02	Approve Date	
Name of Ship *	HRMY 찾기 HARMONY	Port of Departure *	KRPUS 찾기 BUSAN, KOREA		
Type of Ship *	(풀)컨테이너선	Port of Arrival *	NLRTM 찾기 ROTTERDAM, NETHEF		
IMO Number *	7626421	Date-time of Arrival *	2015-12-01 14:00		
Call Sign *	12A1	Date-time of Departure *	2015-12-22 15:00		
Flag Status of Ship *	NL 찾기 NETHERLANDS	Last port of Call *	OMMCT 찾기 MUSCAT, OMAN		
Name of Master *	Captian John	Next port of Call *	KRPUS 찾기 BUSAN, KOREA		
Shipping agent *	MKAG 찾기 MASKLINE AGENT LTD.	Shipping agent Address *	DE BOLELELAAN 2203, 1211, HV AMSTERDAM		

Certificate of Registry

Port of registry	NLRTM 찾기 ROTTERDAM, NETHERL	Date of registry	2010-02-01	Certificate of Entry No.	122438
Gross Tonnage *	92,621 (TON)	Net Tonnage *	52,159 (TON)		
Position of the ship in port (Berth or Station)		찾기			

Brief particulars of Voyage

Port of Provenance *		NLRTM 찾기 ROTTERDAM, NETHERL	Final Port of Destination	찾기
Stopovers	1	찾기	Date of departure	
	2	찾기	Date of departure	
	3	찾기	Date of departure	

Brief description of the cargo

Kind of Cargo	6506100000 찾기 SAFETY HEADGEAR	Total Weight	40,000 (Kg)
Load Weight	25,000 (Kg)	Discharging Weight	15,000 (Kg)
Dangerous Weight	(Kg)	Transshipment Weight	(Kg)
Number of Crew *	50	Number of Passenger	

- Declaration No: 입항 신고번호
- Declaration Date: 신고일시(From ~ To)
- Approve Date: 수리일자
- Name of Ship: 선박명
- Type of Ship: 선박종류(예를 들어 container선, barge선 등)
- IMO Number: IMO번호, 선박고유 일련번호. 국제해사기구(International Maritime Organization)에서 배를 식별하기 위해 표시하도록 하는 선박고유의 일련번호, 'IMO Ship Identification Number'라고도 함, 영국 로이드(Lloyd) 선급에서 단독으로 이 Number

를 발급하기 때문에 'Lloyd Number'라고도 한다. 선박식별번호는 조선소 혹은 선주가 각 선급으로 발급의뢰를 하면, 각 선급은 로이드로 등록신청을 해서 번호를 부여 받는다.

- Call Sign: 선박 호출부호
- Flag Status of Ship: 선박국적
- Name of Master: 선장명
- Shipping Agent: 선박대리점 코드 및 명
- Shipping Agent Address: 선박대리점 코드 및 명
- Port of Departure: 출발항
- Port of Arrival: 도착항
- Date-time of Arrival: 도착일자 및 시간
- Date-time of Departure: 출발일자 및 시간
- Last Port of Call: 최근 기항지
- Next Port of Call: 차항지, 다음 입항항

[Certificate of Registry]

- Port of Registry: 최초 입항항
- Date of Registry: 최초 입항 후 등록일자
- Certificate of Entry No.: 허가증서번호
- Gross Tonnage: 총 톤수 G/T로 약기. 선체의 총용적에서 갑판상부에 있는 추진, 항해, 안전, 위생에 관련된 공간을 제외한 부분을 톤수로 환산한 수치(gross ton, gross tonnage라고 함). 선박의 총용적을 나타내는 톤수로 100입방피트가 1총톤이 된다. 따라서 1만 톤급 선박이란 100만 입방피트의 용적을 말한다.
- Net Tonnage: 직접 영업행위에 사용되는 장소 즉 화물. 여객의 수용에 제공되는 용적을 뜻한다. 총톤수와 같이 100입방피트=1톤으로 계산, 총톤수의 약 0.65배 정도에 해당하는 것이 보통이다. 순톤수는 직접 상행위를 하는 용적이므로 항세. 톤세. 운하 통과료. 등대 사용료 등. 항만시설사용료의 기준이 된다.
- Position of the Ship in Port(Berth or Station): 계선장소(선석 또는 장소), 선박이 입항하고자 하는 예정 항구명과 선박이 접안하는 장소를 기재

[Brief particulars of Voyage]

- Kind of Cargo: 화물종류
- Final Port of Destination: 최초 출항지
- Stopovers: 경유지
- Date of Departure: 경유지 출발일자 및 시간

[Brief description of the cargo]

- Kind of Cargo: 화물종류
- Total Weight: 총 적재 톤수
- Load Weight: 총 적하 톤수
- Discharging Weight: 총 양하 톤수
- Dangerous Weight: 총 위험물 톤수
- Transshipment Weight: 총 환적화물 톤수
- Number of Crew: 승무원수
- Number of Passenger: 승객수

2) Ship's Stores Description

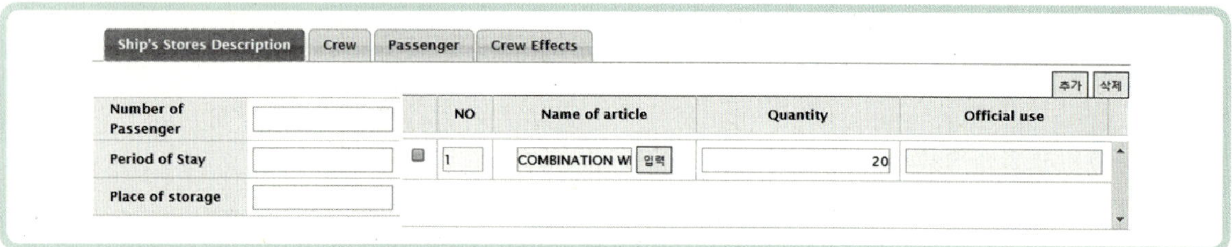

- Number of Persons: 승선자수
- Period of Stay: 선내 승선기간
- Place of Storage: 선용품장치장소
- Name of Article: 선용품목 및 규격
- Quantity: 선용품목 개수
- Official Use: 선용품 사용처

3) Crew

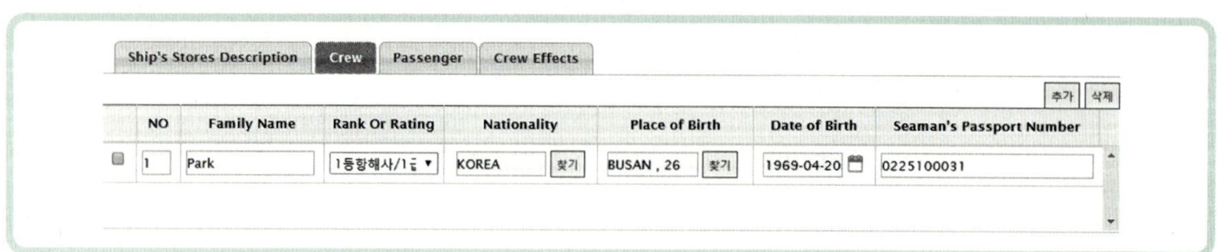

- Family Name: 성명
- Rank or Rating: 직위 또는 직책

- Nationality: 국적
- Place of Birth: 출생지
- Date of Birth: 생년월일
- Number of Seaman's Passport: 선원수첩번호

4) Passenger

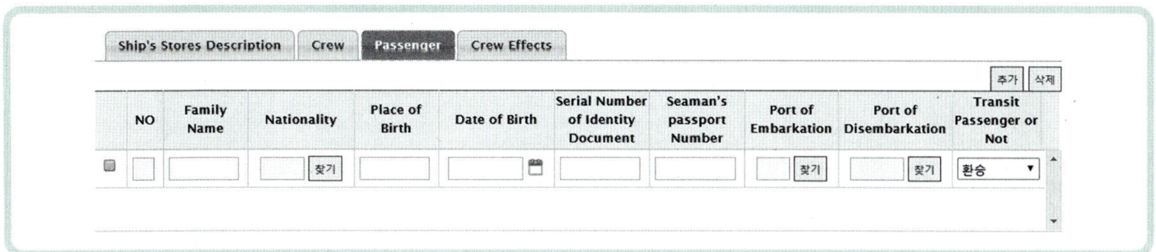

- Family Name 성명
- Nationality: 국가
- Place of Birth: 출생지
- Date of Birth: 생년월일
- Serial Number of Identity Document: 신분증번호
- Seaman's Passport Number: 선원 수첩번호(필요시)
- Port of Embarkation: 승선항
- Port of Disembarkation: 하선항
- Transit Passenger or Not: 환승 승객여부

5) Crew Effects

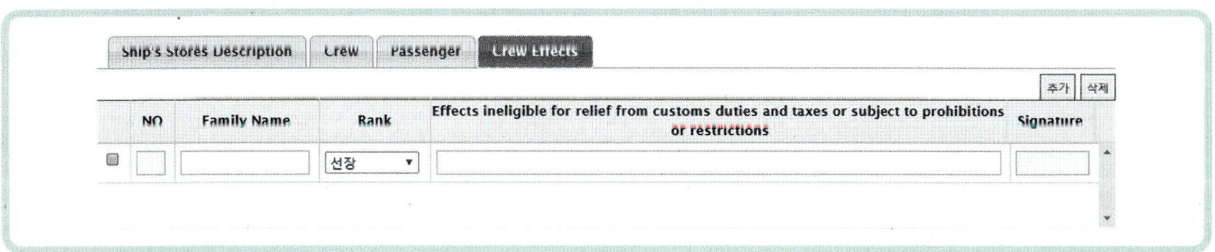

- Family Name: 성명
- Rank: 직위
- Effects ineligible for relief from customs duties and taxes or subject to prohibitions or restrictions(관세 및 세금 감면 부적격 품목 또는 금지 또는 제한품목)

3 업무 프로세스 흐름도

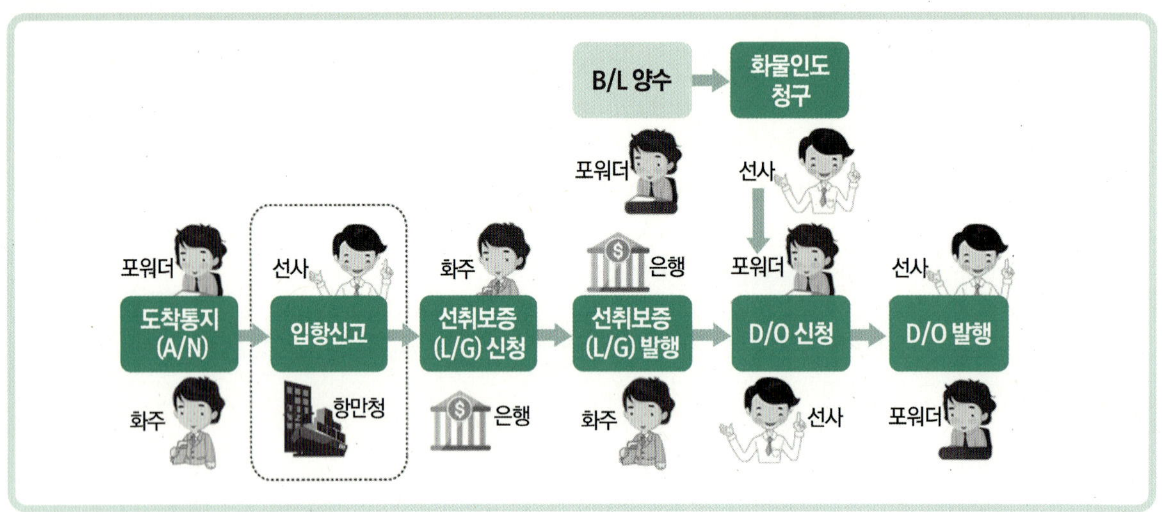

선사는 수입화물 처리를 위해 각 수출국의 지사 또는 선사Agent(대리인)가 발행한 B/L Copy, IFM, CLL 및 CLP 등 모든 관련 서류를 각 부서와 협력업체에 배분한다. 예를 들어 하역업체에게는 IFM, Stowage Plan을, 화주에게 전달하는 A/N과 화물인도(delivery order)를 위해서는 B/L Copy 또는 데이터를 선사 내부부서와 공유하며, LCL Cargo의 적출(devanning) 작업을 위해서는 수입국 터미널내 CFS에 CLP를 배포한다.

포워더(화주)는 선박도착 이전에 먼저 선사로부터 A/N을 받고 화물의 인수를 준비한다. 선사 입장에서는 선사 소유의 컨테이너 활용 효율성을 높일 수 있고 포워더와 선사 양자간 체화료(demurrage) 발생의 여지를 줄일 수 있다.

선사는 한국 기준으로 화물에 관해서는 적재 전 24시간 전에 수입적하목록 신고하고 선박입항 24시간 전에 VVD별로 선박의 입항신고를 한다.

포워더는 해당 화물의 B/L 원본이 도착하지 않았다면 은행으로부터 실화주가 발행신청한 수입화물선취보증서(L/G)에 대한 연대보증을 받고, B/L을 소지하고 있다면 선사에 제출하여 수입화물인도지시서(D/O)를 발급받아 화물을 인수한다.

4 전자문서 흐름도

※ 제12절 '선박출항신고' 내 '4.전자문서 흐름도' 참조

5 실습 지시문

선사인 "마스크라인"의 선박 HARMONY(하모니)는 부산항 수출물량을 싣고 네덜란드 로테르담을 향해 운항중이며 24시간 후 로테르담항에 도착예정이다. 입항신고 및 승인을 받은 즉시 한국행 수입물량을 싣고 한국의 부산으로 운항할 계획이다.

외국항의 경우 대부분 IMO표준양식에 준하여 입항신고서를 작성하게 되는데, IMO표준 양식에 맞게 입항신고서를 작성하고 신고하는 실습을 해 보세요.

(선박정보)

- Declaration Date(신고일자): 2016-12-20
- Name of Ship(선박명): HARMONY(하모니) / Type of Ship(선박종류): (풀)컨테이너선 / IMO Number(IMO번호): 7626421 / Call Sign: 12A1 / Flag Status of Ship(선박국적): NETHERLANDS (네덜란드) / Name of Master(선장명): Captain John
- Shipping Agent(선사대리점): MASKLINE AGENT LTD(마스크라인 에이전트)

(운항정보)

- Port of Departure(출발항): BUSAN, KOREA(부산) / Port of Arrival(도착항): ROTTERDAM / NETHERLANDS(로테르담) / Time of Arrival(도착일시): 2016-12-21 14: 00 / Time of Departure (출발일시): 2016-12-23 15:00
- Last port of Call(최근기항지): MUSCAT, OMAN(머스캣 오만) / Next port of Call(차항지): BUSAN, KOREA(부산)

(Certificate of Registry)

- Port of registry(등록항): ROTTERDAM, NETHERLANDS(로테르담)
- Date of registry(등록일자): 2010-02-01 / Certificate of Entry No.(등록번호): 122438 / Gross Tonnage(총톤수): 92,621 / Net Tonnage(순톤수): 52,159

(Brief particulars of Voyage)

- Port of Provenance(최초 출항지): ROTTERDAM, NETHERLANDS(로테르담)

(Brief description of the cargo)

- Kind of Cargo(화물종류): SAFETY HEADGEAR(안전모자)
- Total Weight(총중량): 40,000TON / Load Weight(적하중량): 25,000TON / Discharging Weight (양하중량): 15,000TON / Number of Crew(승무원수): 50명

(Ship's Stores Description)

- Name of article(품명 및 규격): Combination Wrench 17mm / Quantity(수량): 20

(Crew)

- Family Name(성, 姓): Park / Rank Or Rating(직위/직책): Chief officer(1등 항해사)
- Nationality(국가): KOREA / Place of Birth(출생지): BUSAN, 26(부산) / Date of Birth(생년월일): 1969-04-20 / Seaman's passport number(선원수첩번호): 0225100031

주의 본 차시는 한국의 입항신고를 설명하고 있으나 실습에서는 외국항 입항업무가 한국 Port-MIS 입항신고와 유사하다고 가정하고 있다. 또한 화면은 국내 Port-MIS가 아닌 'IMO General Declaration (IMO FAL Form1)'을 기준으로 설계하였다.

6 샘플 및 출력서식

1) IMO서식[19]: 서면 입출항신고

IMO GENERAL DECLARATION

(IMO FAL Form 1)

☐ Arrival ☐ Departure Page Number

1.1 Name and type of ship		1-2 IMO number
1.3 Call sign		1.4 Voyage number
2. Port where report is made		3. Date and time of arrival/departure
4. Flag State or ship	5. Name of master	6. Last port of call/Next port of call
7. Certificate of registry(Port, date: number)		8. Name and contact details of ship's agent
9. Gross tonnage	10. Net tonnage	
11. Position of the in the port(berth or station)		
12. Brief particulars of voyage(previous and subsequent ports of call; underline where remaining cargo will be discharged)		
13. Brief description of the cargo		
14. Number of crew	15. Number of passengers	16. Remarks
Attached documents		
17. Cargo Declaration	18. Ship's Stores Declaraion	
19. Crew List	20. Passenger List	21. The ship's requirements in terms of waste and residue reception facilities
22. Crew's Effects Declaration(only on arrival)	23. Maritime Declaration of Health(only on arrival)	
24. Date and signature by master, authorized agent or officer		

For official use

19) 출처: IMO(International Maritime Organization; 국제해사기구) FAL Forms and Certificates (http://www.imo.org/en/OurWork/Facilitation/FormsCertificates/Pages/Default.aspx)

2) IMO서식: 서면 화물신고

IMO CARGO DECLARATION

(IMO FAL Form 2)

	☐ Arrival ☐ Departure	Page Number
1-1. Name of ship	1-2 IMO number	
1-3. Call sign	1.4 Voyage number	
2. Port where report is made	3. Flag State of ship	
4. Name of master	5. Port of loading/Port of discharge	

6. Marks and Numbers	7. Number and kind of packages; description of goods, or, if available, the HS Code	8. Gross weight	9. Measurement

3) IMO 서식: 서면 위험물일람표

IMO DANGEROUS GOODS MANIFEST

(IMO FAL Form 7)

(As required by SOLAS 74, chapter VII, regulations 4.5 and 7-2.2, MARPOL 73/78, Annex III, regulation 4.3 and chapter 5.4, paragraph 5.4.3.1 of the IMDG Code)

Page Number

1.1 Name of ship	1.2 IMO number	1.3 Call sign

5. Booking/ Reference Number	6. Marks & Numbers Container Id. No(s). Vehicle Reg. No(s).	7. Number and kind of packages	8. Proper Shipping Name	9. Class	10. UN No.	11. Packing Group	12. Subsidiary Risk(s)	13. Flashpoint (in ℃ c.c.)	14. Marine Pollutant	15. Mass(kg) Gross/Net	16. EmS	17. Stowage position on board

Additional information	
18.1 Name of master	19.1 Shipping Agent
18.2 Place and date	19.2 Place and date
Signature of master	Signature of Agent

4) 입항보고 처리절차(MFCS 기준)

- 입항보고는 입항보고서, 승무원/선원명부, 승객명부를 제출하며, 출항보고서에 대한 결과통보로 승인처리한다.

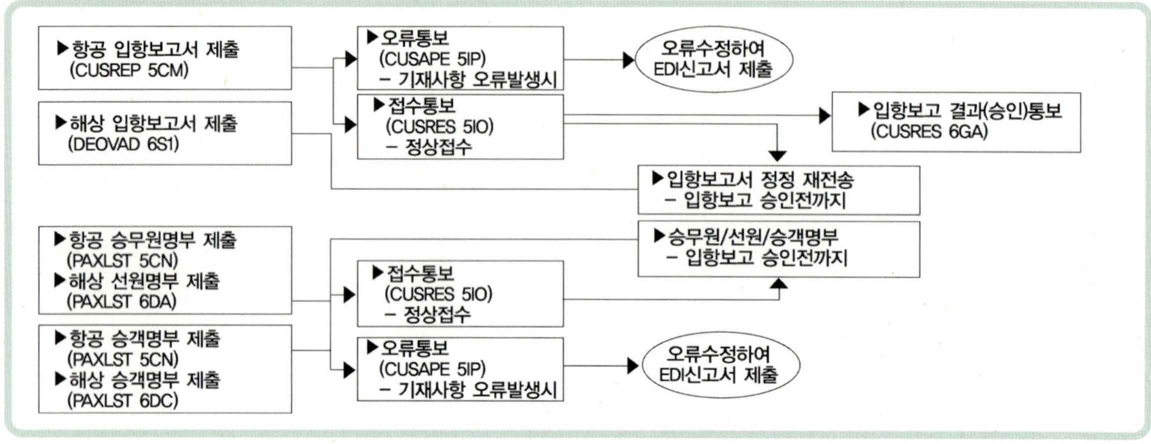

※ 관세청 제도 개정에 따라 전자문서 및 처리절차 변경이 있을 수 있음

제2절 수입화물선취보증서 발행

1 사전지식

1) L/G발행

L/G발행이란 실화주(consignee)가 B/L 원본을 제시하지 않고도 화물을 미리 찾아갈 수 있도록 하는 일종의 연대보증서 발행을 말한다. 다른말로 하면 은행이 실화주를 위하여 선사 앞으로 보증을 하고 향후 원본 B/L이 도착하면 바로 선사에게 제출할 것을 약속하는 증서를 발행하는 것이다. L/G발행에는 통상 은행의 채권보전에 대한 여러 가지 확인 절차가 따르고, 일정 금액의 L/G 보증료가 징수된다.

2) L/G 발급시 제출서류

- 수입화물선취보증신청서
- B/L 사본

- C/I 사본 및 P/L 사본
- 화물도착통지서(A/N) 또는 기타 각서 등 필요하다고 인정되는 서류

3) Master B/L이 기재된 L/G

업무상 Master L/G와 House L/G가 따로 있는 것은 아니나 L/G에 Master B/L No가 House B/L No 대신 기재되거나 또는 House B/L No와 병기되어 있는 경우가 있다. 수입화물의 운송은 House B/L 단위로 이루어지나 1 Master-1 House B/L의 경우 House B/L의 원본이 도착하지 않았다면 실화주(consignee)는 은행에 L/G 발급 신청하고 은행은 포워더에게 실화주를 연대보증한다는 의미로 L/G 발급하게 된다.

한편 포워더는 선사로부터 Master D/O를 신청할 때 실화주로부터 접수한 L/G를 같이 제출해야 한다. 선사는 자신의 업무상 편의를 위해 Master B/L No.가 L/G상에 기재되어 있기를 원할 수 있다. 포워더는 Master D/O를 근거로 실화주에게 House D/O를 발급하며 실화주는 자신의 수입화물을 인수한다.

2 화면설명

1) Letter of Guarantee Result

Application No		2015040100000001	Letter of Gurantee No	
Issue Date			Invoice Amount	97,561.98
Recipient's Bank		BAK0000005 BUSAN BANK	Invoice Currency	EUR
Liner	ID	MASK MASK LINE LTD.	Letter of Credit/Contract	
	Address	170 PARK AVENUE BUILDING 106	Letter of Credit/Contract No	LC1512100001
		PO BOX 1980, 234100 FLORTHAM PARK, NJ USA	Bill Of Lading/Sea Way Bill	
Shipper	ID	SUP000007 BOSS MOTORS LTD.	Bill Of Lading/Sea Way Bill No	'MASKMBL0101
	Address	DE BOLELELAAN 2103, 1201, HV AMSTEREDAM	Vessel	HRMY HARMONY
		The NETHERLANDS	Voyage	0034W
Applicant	ID	PUR0000006 SPEED MOTOR CO., LTD.	Arrival Date	2015-12-21
	Address	347-4, SUJUNG DONG DONG GU	Date of B/L issue	2015-12-05
		PUSAN, KOREA	Country of Loading	NL NETHERLANDS
Consignee	ID	PUR0000006 SPEED MOTOR CO., LTD.	Port of Loading	NLRTM ROTTERDAM, NETHERLANDS
	Address	347-4, SUJUNG DONG DONG GU	Country of Discharge	KR KOREA
		PUSAN, KOREA	Joint Liability on guarantee(Bank)	BAK0000005 BUSAN BANK
Cargo Recipient	ID	PUR0000006 SPEED MOTOR CO., LTD.	Join Liability on Guarantee(Bank) Remark	
	Address	347-4, SUJUNG DONG DONG GU	Payment Term	
		PUSAN, KOREA	Package Quantity	1,500
Mark & Number		DESTINATION:SPEED MOTOR CONTAINER NO/SEAL NO HJMU2500001/SL2511 MASK1500002/SL2512 (42GPx1, 22GPx1)	Package Unit	BX BOX
			Description of Goods	ITEM NAME:OPEN FACE HELMET QUANTITY:1,500 BOX WEIGHT:47,228.28KG

- Application No: 수입화물 선취보증신청번호
- Application Date: 수입화물 선취보증신청일자
- Recipient's Bank: 수신처은행 코드 및 명, 수입화물 선취보증서를 수입자와 같이 연대보증할 수 있는 은행
- Liner: 선사, 당해 수입물품의 국제운송업자로서 B/L에 기재된 선박회사와 일치해야 한다.
- Shipper: 송하인코드 및 명, 당해 물품을 선적한 자로서 B/L상의 Shipper와 일치해야 하나 L/C상의 Beneficiary와 반드시 일치할 필요는 없다.
- Applicant: 신청인 코드 및 명, 수입화물선취보증에 대한 은행의 연대보증을 신청하는 자의 상호
- Consignee: 수하인 코드 및 명, 물건을 받을 사람으로 수입자
- Cargo Recipient: 인수예정자 코드 및 명, 수입된 화물을 인수하기로 되어 있는 자 상호
- Letter of Guarantee No.: L/G번호
- Invoice Amount: C/I상 금액, 당해 물품의 가격으로 B/L에 표시된 물품의 가격을 말한다. 수입업자가 물품을 우선 선취하기 위해서 은행이 L/G를 발행하는 것이므로 이 송장금액은 수입업자가 제출한 송장의 금액과 반드시 일치해야 한다.
- Invoice Currency: C/I상 금액화폐
- Letter of Credit/Contract: L/C나 계약서 구분
- Letter of Credit/Contract No: L/C나 계약서 구분에 따른 문서번호
- Bill of Lading /Sea Waybill: 선하증권/화물운송장 구분
- Bill of Lading /Sea Waybill No: 선하증권/화물운송장 구분에 따른 문서번호
- Vessel: 선박코드 및 명칭, 화물이 선적된 선박의 명칭으로서 B/L상에 기재된 Vessel Name과 일치해야 한다.
- Voyage: 항차번호, 화물을 선적한 선박의 항해번호로서 B/L상에 기재된 번호와 일치되어야 한다.
- Arrival Date: 예상도착 일시
- Date of B/L issue: B/L 발행일
- Country of Loading: 선적국가 코드 및 명
- Port of Loading: 선적항, 화물의 선적이 이행된 항구로서 B/L상에 명기되는데 이 선적항은 L/C조건과 일치되어야 한다.
- Country of Discharge: 하역 국가 코드 및 명
- Joint liability on Guarantee(Bank): 연대보증은행
- Joint liability on Guarantee(Bank) Remark: 연대보증은행 사항
- Payment Term: 결제기간조건
- Package Quantity: 포장 개수

- Package Unit: 포장 코드
- Mark & Number: 화물표시 및 번호 또는 화인, 화물의 포장 외면에 기입하는 특정의 기호, 목적지, 번호, 기타의 표식을 말한다.
- Description of Goods: 상품명세, 당해 상품을 인도하기 위해서 L/G를 발급받는 것이므로 상품의 명세는 제반 서류상의 기재내용과 일치하여야 함은 물론이고 L/C 상에서 요구한 상품인가를 확인하여야 한다. 만일 L/C 상의 상품과 불일치할 경우에는 L/C를 반드시 Amend해야 한다.

3 업무 프로세스 흐름도

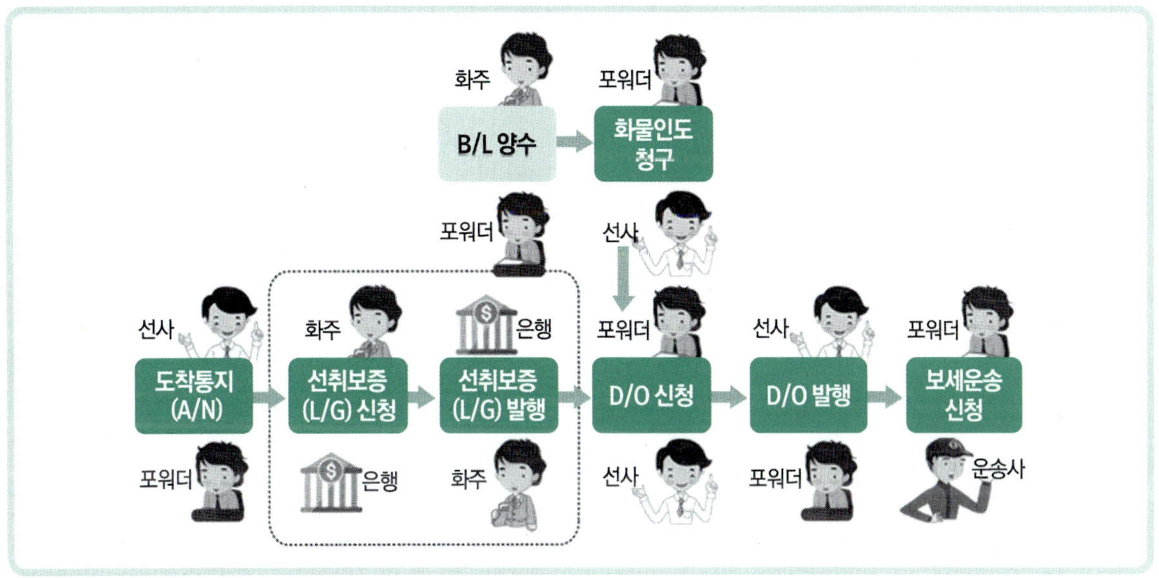

선사는 수입국 항구에 선박이 도착하기 전에 선적된 화물 B/L 정보를 참조하여 우선 수하인(consignee)과 통지처(notify)에 화물도착통지(A/N)를 한다. 만약 화물이 원본 B/L보다 먼저 도착할 예정이거나 이미 화물이 도착해 있다면 실화주는 신속한 수입화물의 수취를 위해 거래은행에 수입화물선취보증신청을 하고 은행으로부터 L/G를 발급받는다.

L/G가 발행된 경우, 원본 B/L이 제출된 경우 혹은 e-B/L Korea에서 소유권을 양수받은 경우에는 해당 서류를 선사에 제출하고 화물 인수업무를 진행할 수 있다. 일반적으로 포워더를 이용하는 경우 포워더가 해당 서류와 함께 선사로부터 Master D/O를 발급받아 화물을 인수하고 하선지에서부터 배정지(통관지)로의 보세운송까지 일괄 처리한다.

4 전자문서 흐름도

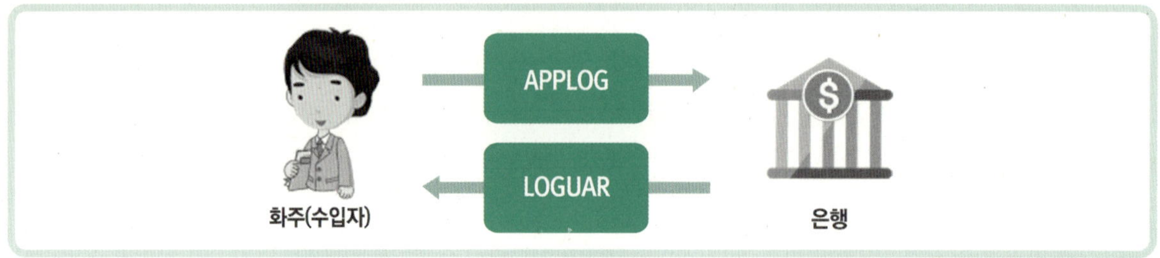

e-L/G 관점에서 화주는 수입물품선취보신청서(APPLOG)를 은행에 송부하고, 은행은 수입물품선취보증서(LOGUAR)를 발급한다. e-L/G 서비스는 L/G전달과 함께 대상정보를 시스템에 저장하여 선사는 해당 L/G발급에 대한 조회가 가능하며, D/O 업무 편의를 위해 포워더도 조회 가능하다.

5 실습 지시문

부산항에 수입화물이 도착하여 화물인수를 하려고 하니, 선적서류가 도착되지 않아 거래은행으로부터 수입화물 선취보증서 발행에 대한 연대보증을 받으려고 한다.

은행에 제출할 선적서류사본(선하증권 사본, 상업송장 사본 및 포장명세서 사본, 화물도착통지서)을 준비하고, 이를 근거로 선취보증서신청서를 작성하고 제출하는 실습을 해 보세요.

- Application Date(신청일자): 2016-12-21 / Recipient's Bank(수취은행): BUSAN BANK(부산은행, 수정지점)
- Liner(선사): MASK LINE LTD(마스크라인) / Shipper(송하주): BOSS MOTORS LTD(보스모터즈)
- Applicant(신청인), Consignee(수하인), Cargo Recipient(화물인수예정자)는 모두 동일하게 "SPEED MOTOR CO., LTD.(스피드모터)"
- Mark & Number(화인)은
  첫 째줄: DESTINATION: SPEED MOTOR
  둘 째줄: CONTAINER NO/SEAL NO
  셋 째줄: HJMU2500001/SL2511
  넷 째줄: MASK1500002/SL2512
  다섯 째줄: 42GPx1, 22GPx1
- Invoice Amount(송장금액): 97,561.980 / Invoice Currency(송장화폐): EUR
- Letter of Credit/Contract(신용장/계약서구분): Letter of Credit / Letter of Credit/Contract No (신용장/계약서구분 번호): M32451510NS12349
- Bill of Lading/Sea Way Bill(선하증권/운송장구분): BILL OF LADING / Bill of Lading/Sea Way

Bill No(선하증권/운송장구분 번호): MASKMBL0101

- Vessel(선박): HARMONY / Voyage(항차): 0034W
- Arrival Date(도착일자): 2016-12-21 / Date of B/L issue(B/L발행일자): 2016-12-05
- Country of Loading(선적국가): NETHERLANDS / Port of Loading(적재항): ROTTERDAM, NETHERLANDS(로테르담)
- Country of Discharge(양륙국가): KOREA
- Joint Liability on guarantee(Bank)(연대보증은행): BUSAN BANK(부산은행, 수정지점)
- Payment Term(지불조건): AT SIGHT L/C
- Package Quantity(포장수량): 1,500 / Package Unit(포장단위): BOX
- Description of Goods(화물명세)는

첫 째줄: ITEM NAME: OPEN FACE HELMET

둘 째줄: QUANTITY: 1,500 BOX

셋 째줄: WEIGHT: 47,228.28KG

6 샘플 및 출력서식

1) 서면 수입화물선취보증 신청서[20]

보존기간: 1년

담 당	책임자

수입화물선취보증 신청서

(Application For Letter of Guarantee)

*******은행 앞

		L/C번호
선박회사명		신용장(계약서) 번호
송하인		선하증권번호
상업송장금액		선 박 명 항해번호
선적항		도착항
화물표시 및 번호	포장수	상품명세

본인은 위 신용장 등에 의한 관계 선적서류가 귀행에 도착하기 전에 수입화물을 인도받기 위해 수입화물선취보증을 신청하여 본인이 따로 제출한 수입화물 선취보증서(LETTER OF GUARANTEE)에 귀행이 서명함에 있어 다음 사항에 따를 것을 확약합니다.

1. 귀행이 수입화물선취보증서에 서명함으로써 발생하는 위험과 책임 및 비용은 모두 본인이 부담하겠습니다.
2. 본인은 위 수입화물에 대하여는 귀행에 소유권이 있음을 확인하여 귀행이 수입화물선취보증서에 따른 보증채무를 이행하여야 할 것이 예상될 경우 또는 본인에 대하여 은행여신거래 기본약관 제7조 제1항~제5항 각호의 사유가 발생한 경우 귀행의 청구를 받는 즉시 위 수입화물을 귀행에 인도하겠으며 수입화물의 인도가 불가능한 경우에는 위 수입화물에 상당하는 대금으로 상환하겠습니다.
3. 본인은 위 수입화물에 관한 관계선적서류를 제3자에게 담보로 제공하지 않았음을 확인하여, 또한 귀행의 서면동의 없이 이를 담보로 제공하지 않겠습니다.
4. 본인은 위 수입화물에 관한 관계 선적서류가 도착할 때에는 신용장조건과의 불일치 등 어떠한 흠결에도 불구하고 이 서류를 반드시 인수하겠습니다.

년 월 일

신청인: (인)

주 소:

인감대조

20) 출처: KEB하나은행 서식자료실(http://www.keb.co.kr/)

제3절 수입화물인도지시서(Master D/O) 발급신청

1 사전지식

1) Master D/O 업무

실화주로부터 수출입업무를 대리하는 포워더가 선사에 회물을 선적하고 Master B/L 단위의 화물인수를 위한 수입화물인도지시서 신청 및 발급하는 것을 Master D/O 업무라고 한다. 반면 실화주의 포워더간 신청 및 발급은 House D/O 업무이고, 제2부 '전자무역(e-Trade)실습' 제5장 '수입무역(표준)' 제7절 '수입화물인도지시서(House D/O) 발급신청'에서 언급하였다.

2) e-D/O서비스

선사입장에서는 Master D/O를 발급하고 포워더의 자가/보세운송요청에 대한 접수 및 승인, 체화료(demurrage)와 지체료(dctcntion) 관리 및 서비스사용내역서(invoice) 발급업무를 할 수 있는 서비스를 말한다. 포워더는 e-D/O 서비스를 이용하여 Master D/O 발급신청, House D/O 발급 및 배서업무를 처리할 수 있고 운송사는 자가/보세운송/배정 승인업무를 처리할 수 있으며 보세창고는 입고확인서를 발급할 수 있다.

3) 포워더간 배서업무

Co-Load 화물일 때, 즉 e-D/O에서는 House D/O의 신청자도 포워더이고 House D/O의 발급자도 상위레벨의 포워더인 경우 D/O 발급권한을 이전하여 권한양수포워더가 하위단 화주에게 D/O를 발급할 수 있게 처리하는 것을 말한다. 이 때 발급권한이 있는 포워더는 D/O 수신처를 신청포워더로 지정하고 D/O배서를 한다. D/O 배서받은 포워더는 하위에 있는 포워더에게 다시 배서할 수도 있으며, 가장 하위단에 실화주가 있는 경우 직전 상위단계 포워더가 해당 실화주에 비밀번호와 함께 House D/O를 발급하여 처리한다.

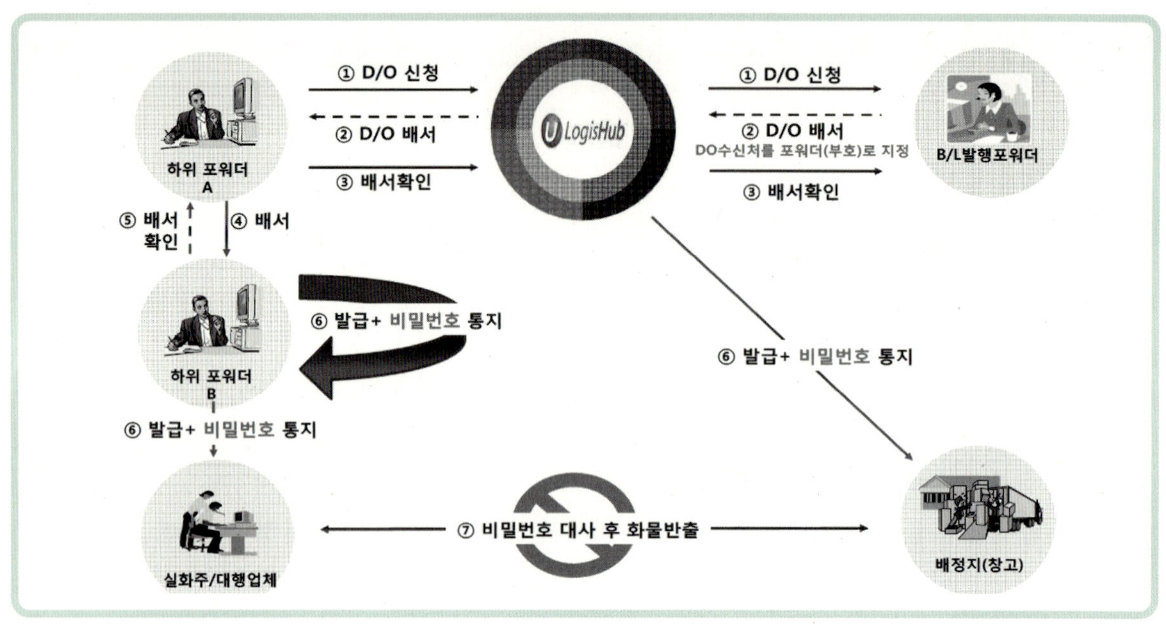

2 화면설명

1) Master D/O Request

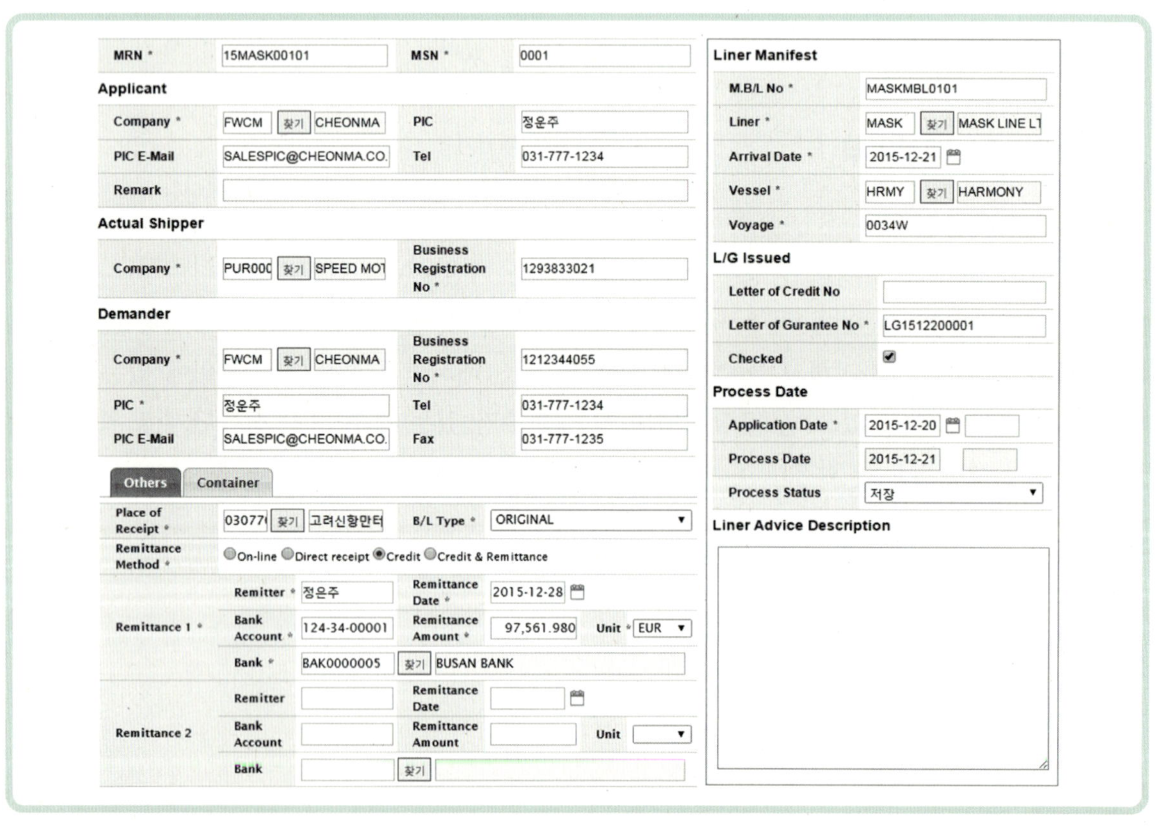

- MRN: Manifest Reference No, 선사가 작성한 적하목록에 대하여 부여하는 일련 번호
- MSN: Master B/L Sequence No, 선사의 Master 적하목록에 기재된 Master B/L의 일련번호

[Applicant(신청자 정보)]

- Company: 신청자 상호 코드 및 명, D/O 발급 신청자
- PIC: Person In Charge, 신청자/담당자 명
- PIC E-Mail: 신청자 이메일
- Tel: 신청자 전화번호
- Remark: 신청자 요청 사항

[Actual Shipper(실화주 정보)]

- Company: 실화주 상호 코드 및 명
- Business Registration No: 실화주 사업자번호

[Demander]

- Company: 공급받는 자 상호 코드 및 명
- Business Registration No: 공급받는 자 사업자번호
- PIC: Person In Charge, 공급받는 자 담당자 명
- Tel: 공급받는 자 전화번호
- PIC E-Mail: 공급받는 자 담당자 이메일
- Fax: 공급받는 자 팩스번호

[Others(기타정보)]

- Place of receipt: 선사지점(접수지)
- B/L Type: B/L의 유형(Original, Surrendered, Sea-waybill)
- Remittance Method: 송금방식(온라인, 방문수령, 신용카드, 신용카드와 송금)

[Remittance Information(송금정보)]

- Remitter: 송금자
- Remittance Date: 송금일자
- Bank Account: 물류업체의 입금 계좌번호
- Remittance Amount: 송금액
- Unit: 송금금액단위
- Bank: 입금은행

[Container(컨테이너정보)]

- Container No: 컨테이너 번호
- Size/Type: 컨테이너 사이즈/타입(ISO TYPE)

[Liner Manifest(선사 Master 적하목록 내역)]

- M. B/L No: Master B/L No.
- Liner: 선사
- Arrival Date: 입항일자
- Vessel: 운항선박
- Voyage: 항차번호

[L/G Issued(L/G 발행여부)]

- Letter of Credit NO: L/C No.
- Letter of Guarantee NO: L/G No.
- Checked: 확인여부

[Process Date(처리일자)]

- Application Date: D/O 신청 일시
- Process Date: 처리 일시
- Process Status: 처리상태(신청, 거절, 승인, 발급, 확인)
- Liner Advice Description: 선사통지사항

3 업무 프로세스 흐름도

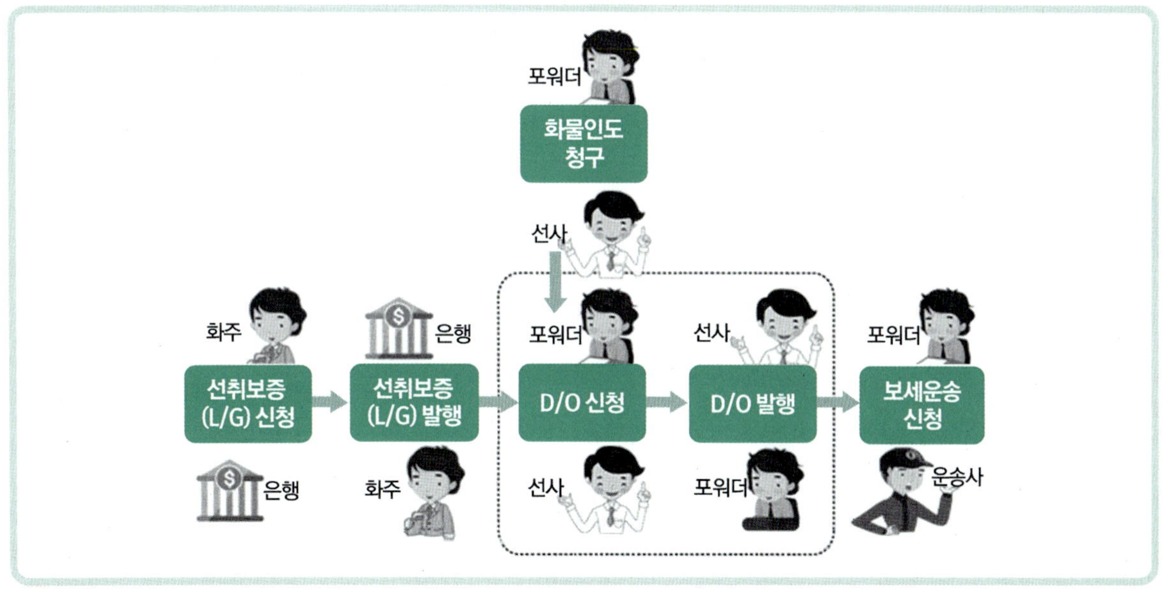

일반적으로 수입지의 포워더 지사나 에이전트가 선사에 Master B/L 원본을 제시하고 Master D/O를 받는다. 그러나 업무상 편의를 위해 Master B/L은 Surrender시키거나 Sea-Waybill로 처리하는 경우가 많다. Surrendered B/L의 경우 수하인이 포워더이기 때문에 바로 Master D/O 신청이 가능하다.

D/O가 발급되는 시점에 즈음하여 해당화물의 자가/보세를 위한 운송지시가 있으며 출력된 D/O를 운송사가 배차한 기사에게 전달한다.

4 전자문서 흐름도

포워더는 선사에 Master D/O 발급신청(CUSAGD-5jn)하고 선사는 이에 대한 접수 후 거부 또는 승인(GENRES-961)을 통지한다. 선사는 신청에 대한 발급승인시 포워더에게는 Master D/O(CUSAGd-5jj)와 비밀번호를 송부하고 화물이 장치된 터미널에는 화물의 인수도에 대한 허가(COREOR ; container release order) 정보를 송신한다.

e-D/O 발급에 의한 경우 비밀번호를 숙지한 운전기사가 서면(출력된) D/O를 터미널에 제출하고 터미널 내부시스템 사용자 화면에서 운전기사가 비밀번호 대사를 하여 일치하는 경우 화물이 인도처리 된다. 이후 터미널은 운송차량에게 해당화물이 장치된 야드 위치를 알려주고 차량은 해당 화물적치 블록에 도착한다. 해당 블록을 담당하는 Transfer Crane이 차량에 화물을 상차한 후 차량은 터미널게이트를 빠져나간다.

5 실습 지시문

고려신항만터미널에 수입화물이 하선되어 포워더인 "천마항운"은 선사 "마스크라인"에 화물인도지시서(Master D/O)를 발급 신청하려고 한다. 원본 선하증권(B/L)이 도착하지 않아 앞서 발행한 수입화물선취보증(L/G)를 선사에 제출하였고 화물인도지시서(Master D/O)를 신청하고 발급받는 실습을 해 보세요.

- MRN(적하목록관리번호): 16MASK00101 / MSN(master B/L일련번호): 0001
- Applicant(신청자): CHEONMA MARINE TRANSPORTATION CO., LTD.(천마항운) / Actual Shipper (실화주): SPEED MOTOR CO., LTD.(스피드모터) / Demander(계산서 공급받는자): CHEONMA MARINE TRANSPORTATION CO., LTD.(천마항운)

(Other(기타정보))

- Place of Receipt(인수지): 고려신항만터미널
- B/L TYPE(B/L 유형): ORIGINAL
- Remittance Method(송금방식): Credit

(Remittance1(첫 번째 송금정보))

- Remitter(송금자): 정운주 / Remittance Date(송금일자): 2016-12-28
- Bank Account(송금계좌): 124-34-00001 / Remittance Amount(송금금액): 97,561,980 / 송금단위: EUR / Bank(송금은행): BUSAN BANK(부산은행, 수정지점)

(Container(컨테이너) 정보)

- 첫 번째 Container No(컨테이너번호): HJMU2500001 / Size/Type(사이즈/타입): 42GP
- 두 번째 Container No(컨테이너번호): HJMU2500002 / Size/Type(사이즈/타입): 22GP

(Liner Manifest(선사적하목록) 정보)

- M.B/L No(master B/L번호): MASKMBL0101
- Liner(선사): MASK LINE LTD(마스크라인)
- Arrival Date(도착일자): 2016-12-21
- Vessel(선박): HARMONY(하모니) / Voyage(항차): 0034W

- Letter of Guarantee No(수입화물 선취보증서번호): LG1512200001 / Check(서류확인 여부): Check(확인)
- Application Date(신청일자): 2016-12-20 14:00

6 샘플 및 출력서식

1) 선사 e-D/O 출력본

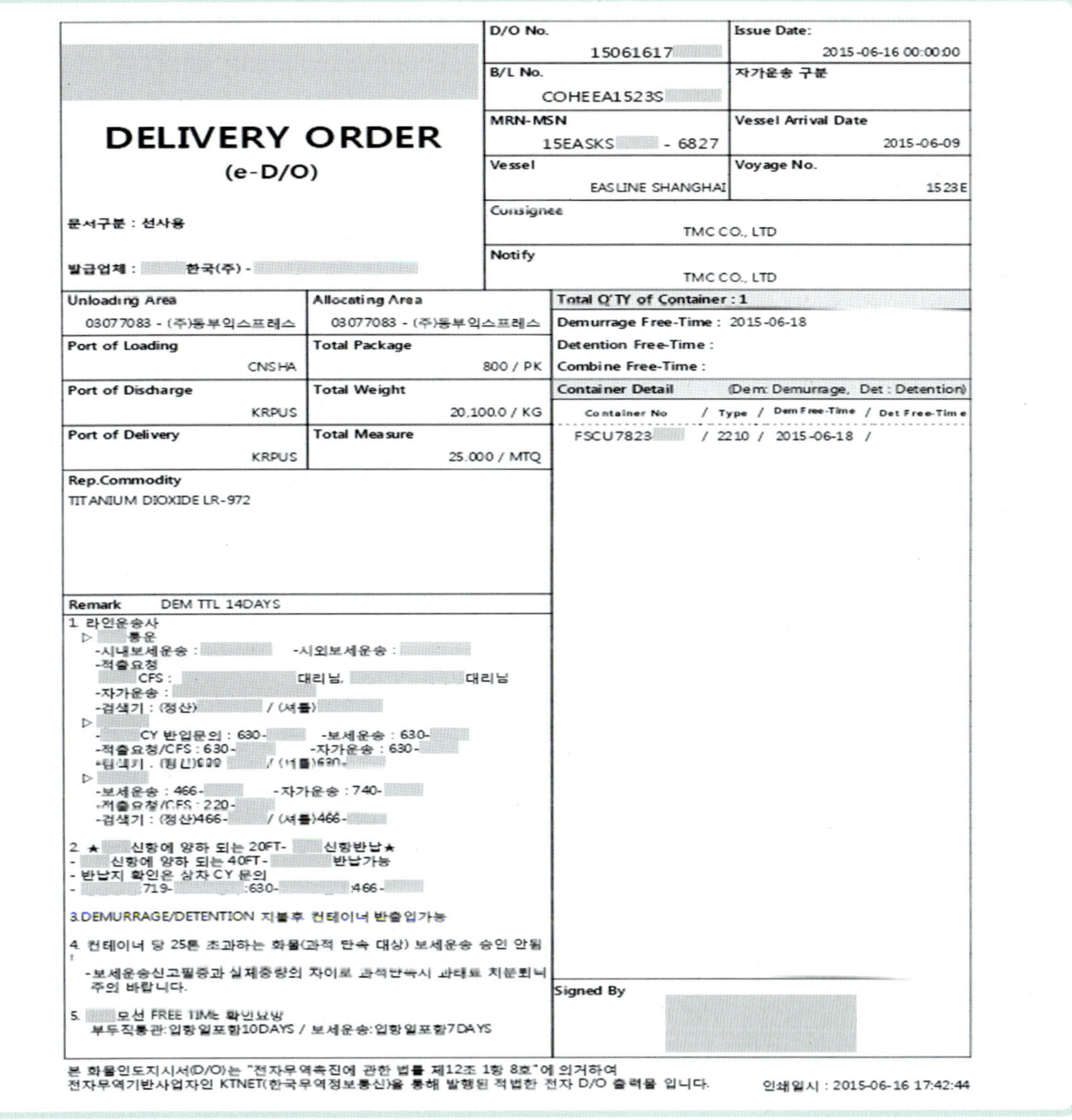

DELIVERY ORDER
(e-D/O)

문서구분 : 선사용

발급업체 : 한국(주) -

D/O No.	Issue Date:
15061617	2015-06-16 00:00:00
B/L No.	자가운송 구분
COHEEA1523S	
MRN-MSN	Vessel Arrival Date
15EASKS - 6827	2015-06-09
Vessel	Voyage No.
EASLINE SHANGHAI	1523E
Consignee	
TMC CO., LTD	
Notify	
TMC CO., LTD	

Unloading Area	Allocating Area
03077083 - (주)동부익스프레스	03077083 - (주)동부익스프레스
Port of Loading	Total Package
CNSHA	800 / PK
Port of Discharge	Total Weight
KRPUS	20,100.0 / KG
Port of Delivery	Total Measure
KRPUS	25.000 / MTQ

Total Q'TY of Container : 1
Demurrage Free-Time : 2015-06-18
Detention Free-Time :
Combine Free-Time :

Container Detail (Dem: Demurrage, Det : Detention)

Container No	Type	Dem Free-Time	Det Free-Time
FSCU7823	2210	2015-06-18	

Rep.Commodity
TITANIUM DIOXIDE LR-972

Remark DEM TTL 14DAYS

1. 라인운송사
  ▷ 통운
  -시내보세운송 : -시외보세운송 :
  -적출요청
  CFS : 대리님, 대리님
  -자가운송 :
  -검색기 : (정산) / (서플)
  ▷
  - CY 반입문의 : 630- -보세운송 : 630-
  -적출요청/CFS : 630- -자가운송 : 630-
  -검색기 : (정산)630- / (서플)630-
  ▷
  -보세운송 : 466- -자가운송 : 740-
  -적출요청/CFS : 220-
  -검색기 : (정산)466- / (서플)466-

2. ★ 신항에 양하 되는 20FT- 신항반납★
- 신항에 양하 되는 40FT- 반납가능
- 반납지 확인은 상차 CY 문의
- 719- :630- :466-

3. DEMURRAGE/DETENTION 지불후 컨테이너 반출입가능

4. 컨테이너 당 25톤 초과하는 화물(과적 단속 대상) 보세운송 승인 안됨
!
-보세운송신고필증과 실제중량의 차이로 과적단속시 과태료 지불되니 주의 바랍니다.

5. 모선 FREE TIME 확인요망
부두직통관:입항일포함10DAYS / 보세운송:입항일포함7DAYS

Signed By

본 화물인도지시서(D/O)는 "전자무역촉진에 관한 법률 제12조 1항 8호"에 의거하여
전자무역기반사업자인 KTNET(한국무역정보통신)을 통해 발행된 적법한 전자 D/O 출력물 입니다. 인쇄일시 : 2015-06-16 17:42:44

2) 서면 D/O 및 항만시설 사용료 청구서 합본

QABOOS

Sultanate of Oman
Website : www. com
Tel. : 714 /6 - Fax : 713
C.R. No. : 1/07

ميناء السلطان قابوس
ص.ب : ١٣٣ مسقط – الرمز البريدي : ١١٣
سلطنة عمان
موقع الإنترنت : www. com
هاتف : ٧١٤٠٠١/٦ – فاكس : ٧١٣٨٤٥
س.ت رقم : ١/٠٧١٦٧/٠

CARGO CHARGES AND REMOVAL ORDER NO. : 23246 Date : 16-05-0205

Name of Consignee : WATTAYAH MOTORS LLC
Ship's Name : PALTINUM RAY
Date of Arrival : 14-05-2005
Disch. Compl. Date : 14-05-2005
Agents Delivery order No. & Date 3011231 14-05-2005
Customs Declaration No. & Date 5016287 16-05-2005

Rot No.: 50737 Index No.: 4
Voy No.: 025
Berth No.: 5
B/L No.: 304238
Port of Loading : BREMERHAVEN
Customs Receipt No. & Dt.: 50167287 16-05-2005

Marks & Numbers	No. of Packages	Type & Description of goods	Weight	Measuremen
WATTAYAH MOTORS LLC OMAN	4	UNITS STC NW BORA T5 TOUAREG	7.069	77.40

SPECIMEN

SHOREHANDLING AND DEMURRAGE CHARGES

Particulars	Demurrage Due Date → 25-05-2005	Rate	Amount R.O.	Bzs.
Standard Delivery a) b) c)	4 Units	12/=	48	000
Demurrage Charges 1st period from 25/5/05 to 26/5/05	2 days	3/-	24	000
2nd period from .... to				
3rd period and onwards from .... to .... (............ periods)				
Other Charges				
Certificate Charges			10	000
Priced By : Checked by : Certifying Officer :		Total	82	000

Receipt No. Date

Cash/Cheque No. Cashier

Payment details are written here after payment recd.

Form: F-015-C

제4절 보세운송 신고

1 사전지식

1) 보세운송(Bonded Transportation)[21]

보세운송이란 세관관서 또는 보세구역간 관세 등이 미납된 상태로 화물이 운송되어 지는 것을 말한다. 양하항에서 통관을 하지 않고 다른 보세지역에 수입화물을 운송하여 거기에서 수입통관절차를 취한다. 보세운송은 해로운송, 육로운송 및 공로운송으로 나누어지며 운송의 경로에 따라 두 가지 이상의 방법을 사용할 수 있다.

2) 보세운송 신고와 승인

보세운송을 하고자 하는 자는 세관에 보세운송의 신고를 하여야 하나 물품의 감시 등을 위해 필요한 경우 승인대상 물품은 세관의 승인을 받아야 보세운송이 가능하다. 원칙상 보세운송 신고는 House B/L 단위로 하나 단일화주의 FCL Cargo, LCL Cargo 중 컨테이너에서 적출되지 않은 상태로서 보세운송하는 경우에는 Master B/L 단위로도 신고할 수 있다.

3) 보세운송 승인 대상

- 재보세 운송
- 검역물품
- 보세구역 반입 후 30일이 경과한 물품
- 수입통관이 불가한 물품
- 보세구역 외 장치장으로 운송하는 물품
- 부피가 작고 고가인 물품(귀금속, 한약/외약재, 향료 등)
- 화주가 직접 보세운송하는 물품
- 통관지가 제한되는 물품

외 경우에는 보세운송 신고가 아니라 승인대상이다.

21) 출처: 관세청 관세용어사전(http://www.customs.go.kr/)

4) 수입물품의 보세운송기간

해상화물의 경우 보세운송 수리일로부터 10일 이내에 보세운송을 완료하여야 한다. 그러나 재해, 차량사고, 도착지 보세구역의 사정이 있는 경우에는 세관에 보세운송기간 연장신청이 가능할 수 있다.

2 화면설명

1) Bonded transport declaration

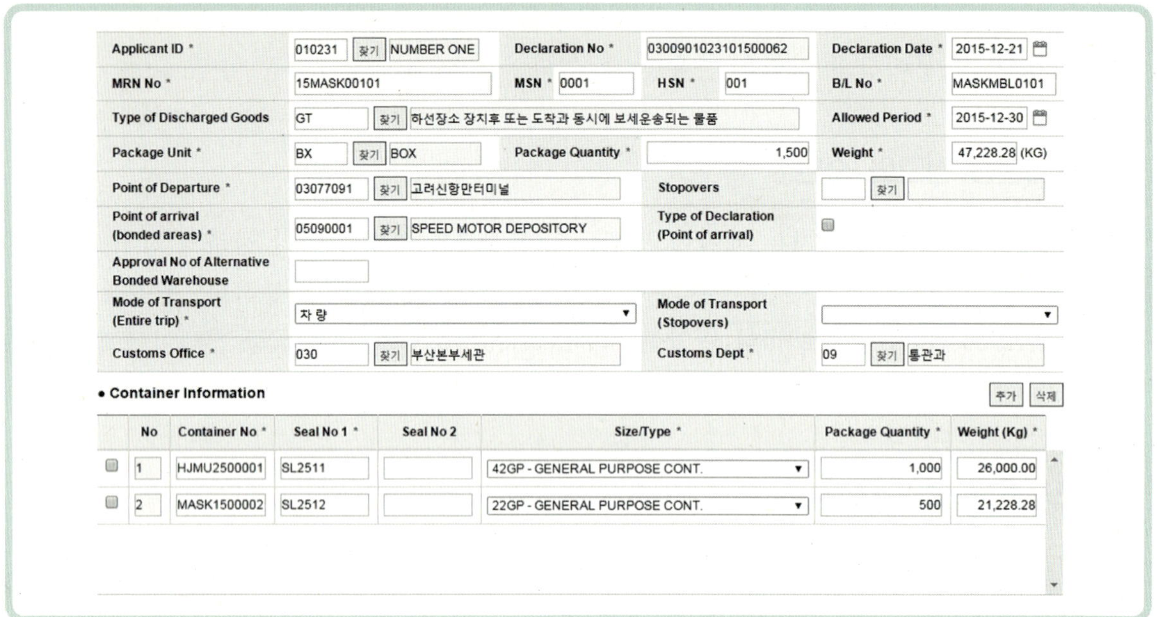

Applicant ID *	010231 찾기 NUMBER ONE	Declaration No *	0300901023101500062	Declaration Date *	2015-12-21
MRN No *	15MASK00101	MSN * 0001	HSN * 001	B/L No *	MASKMBL0101
Type of Discharged Goods	GT 찾기 하선장소 장치후 또는 도착과 동시에 보세운송되는 물품			Allowed Period *	2015-12-30
Package Unit *	BX 찾기 BOX	Package Quantity *	1,500	Weight *	47,228.28 (KG)
Point of Departure *	03077091 찾기 고려신항만터미널			Stopovers	찾기
Point of arrival (bonded areas) *	05090001 찾기 SPEED MOTOR DEPOSITORY			Type of Declaration (Point of arrival)	
Approval No of Alternative Bonded Warehouse					
Mode of Transport (Entire trip) *	차 량			Mode of Transport (Stopovers)	
Customs Office *	030 찾기 부산본부세관			Customs Dept *	09 찾기 통관과

• Container Information 추가 삭제

No	Container No *	Seal No 1 *	Seal No 2	Size/Type *	Package Quantity *	Weight (Kg) *
1	HJMU2500001	SL2511		42GP - GENERAL PURPOSE CONT.	1,000	26,000.00
2	MASK1500002	SL2512		22GP - GENERAL PURPOSE CONT.	500	21,228.28

- Applicant ID: 신고인 부호, 관세청에 등록된 보세운송업자 부호
- Declaration No.: 보세운송 신고번호, 세관과 부호 + 신청인부호 + 신고구분(0, 1) + 연도(2) + 일련번호(5)를 세관이 부여
- Declaration Date: 보세운송 신고일시, 신고일로부터 15일을 가산해 YY/MM/DD로 기재. 운송기간이 공휴일 때는 그 익일을 기재
- MRN: manifest Reference No., 선사가 작성한 Master 적하목록을 세관에 제출할 때 선사가 부여한 제출 일련번호 MRN은 제출년도(숫자2자리) + 선사부호(영문자4자리) + 일련번호(숫자 및 영문4자리) + 오류검증부호(숫자1자리)로 구성된다.
- MSN: 선사의 Master 적하목록에 기재된 Master B/L의 일련번호(숫자 4자리)
- HSN: 포워더가 작성한 혼재화물적하목록에 기재된 House B/L의 일련번호(숫자 3자리), B/L 타입이 S(SIMPLE)인 경우에는 House B/L일련번호가 없으므로 관련 화물의 화물관

리번호는 적하목록관리번호+Master B/L일련번호로만 구성된다.

- B/L No: 적하목록상 B/L 일련번호
- Type of Discharged Goods: 하선물품구분
  - ID: 입항 전 수입신고 수리물품 중 하선 즉시 차상반출하는 물품
  - IT: 하선 전 보세운송신고 수리물품 중 하선 즉시 차상반출하는 물품
  - SD: 입항 전 수입신고 수리물품 중 하선장소 장치 후 반출하는 물품
  - ST: 하선 전 보세운송신고 수리물품 중 하선장소 장치 후 반출물품
  - GD: 하선장소 장치 후 또는 도착과 동시에 통관하는 물품
  - GT: 하선장소 장치 후 또는 도착과 동시에 보세운송되는 물품
  - ID: 입항 전 수입신고 중 하선즉시 차상반출하는 물품
- Allowed Period: 운송기한(운송만기일자)
- Package Unit: 포장단위(BA: 통(Barrel), BC: 맥주박스모양 상자(Bottle crate), BE: 다발/꾸러미(Bundle), BG: 자루/부대(Bag) … 등)
- Package Quantity: 포장수량
- Weight: 화물중량
- Point of Departure: 발송지 장치장(보세운송물품이 발송된 지역)
- Stopovers: 경유지 장치장(보세운송 운송 차량의 경유 지역)
- Type of Declaration(Point of arrival): 도착지 신고여부(Y/N)
- Approval No of Alternative Bonded Warehouse: 타소장치장 허가번호, 타소장치허가를 받은 경우, 타소장치허사상의 허가번호(연도(2) + 일련번호(5))
- Mode of Transport(Entire trip): 운송방법(전구간)
  - 10: 선박, 20: 철도, 30: 차량, 40: 항공기, 90: 기타
- Mode of Transport(stopover): 운송방법(경유시)
- Customs Office Code: 세관코드
- Customs Dept.: 세관과 코드
- Transmission Date: 전송일시
- Transmission Status: 전송상태(전송, 접수, 수리/승인, 수리거절, 오류 등으로 구분)

[Container Information]

- Container No.: 컨테이너 번호
- Seal No.: 컨테이너 봉인번호
- Size/Type: 컨테이너 사이즈/타입(ISO TYPE)
- Package Quantity: 포장수량
- Weight: 화물중량

3 업무 프로세스 흐름도

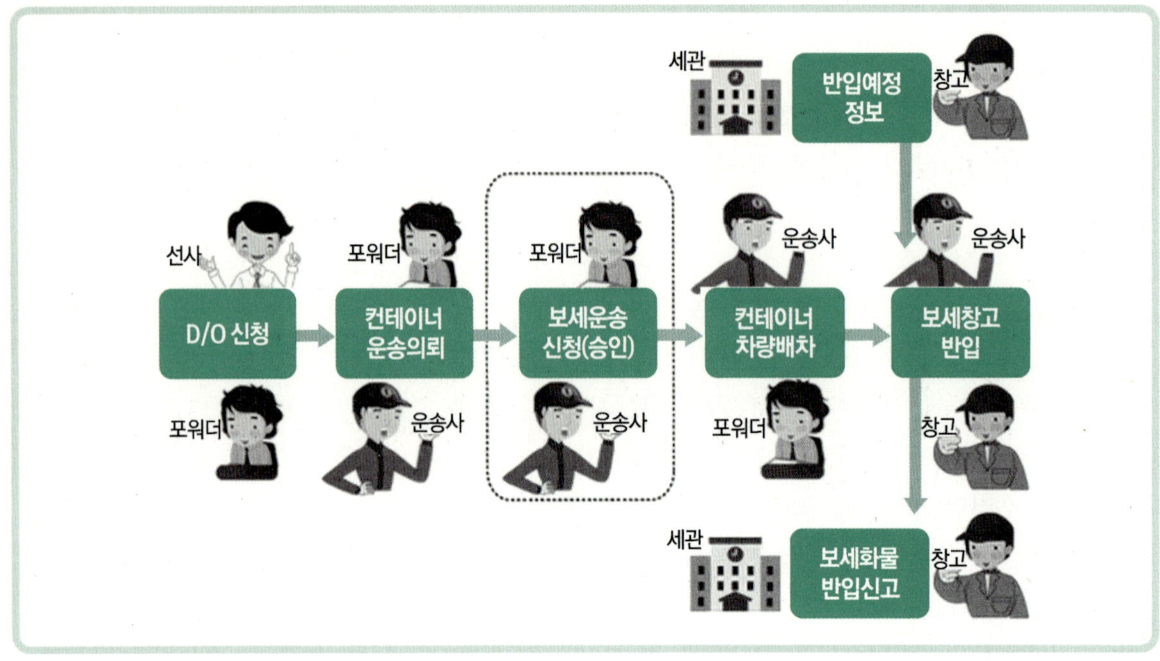

D/O가 발급되고 하선지가 아닌 배정지에서 통관을 하는 경우라면 보세운송을 하여야 한다. 보세운송을 하고자 하는 자는 전자문서로 작성한 보세운송신고(승인신청)서를 세관에 전송하고, 승인을 위해 필요할 경우 서면 첨부서류를 세관에 제출한다.

보세운송 화물은 절차간소화를 위해 일반적으로 검사가 생략된다. 다만 세관이 지정하는 화물에 대해서는 검색기검사(x-ray 투시)나 세관 Seal 부착, 개장검사를 실시할 수도 있다.

보세운송 신고사항에 대해 심사결과 문제가 없으면 세관화물정보시스템에서 수리하고 보세운송 신고인, 발송지 세관, 도착지 세관, 발송지 및 도착지 보세구역에 수리사실을 통보한다.

입항 전 또는 하선지 반입 전에 보세운송 신고(승인신청)가 수리(승인)된 때에는 보세구역에 장치하지 않고 양하와 동시에 도착지 보세구역으로 차상반출도 가능하다.

보세운송사 차량기사는 보세운송 도착지에 화물인계와 함께 보세운송신고필증(승인서)을 도착지 보세구역 담당자에게 제시한다.

4 전자문서 흐름도

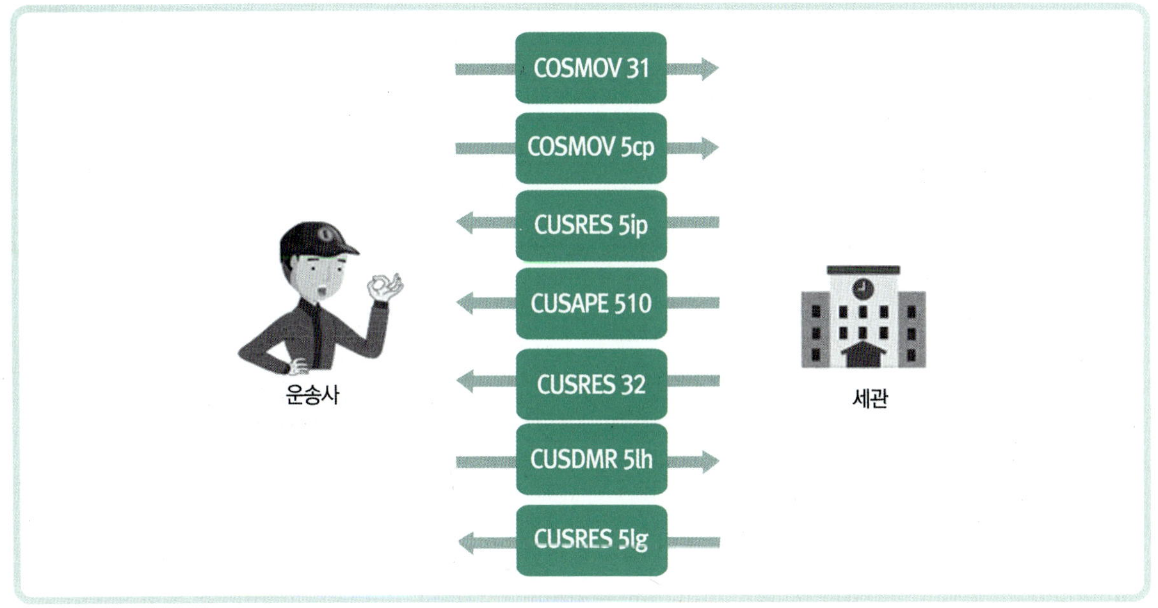

보세운송 신고인은 보세운송신고(CUSMOV-31) 또는 보세운송승인신청(CUSMOV-5cp)을 세관에 전송하며 세관시스템은 접수통보(CUSRES-5io)나 오류발생 시 오류통보(CUSAPE-5ip)를 신고인에게 전송한다.

심사결과 문제가 없으면 세관은 보세운송신고/승인신청 결과통보(CUSRES-32)를 신고인에게 전송한다. 만약 보세운송 신고인이 신고 또는 승인신청을 정정하고자 할 경우 보세운송 정정신청(CUSMDR-5lh)을 전송하며 세관은 접수 및 오류 통보 후 정정신청에 대한 결과통보(CUSRES-5lg)를 신고인에게 전송한다.

주의 우편법에 따라 체신관서의 관리 하에 운송되거나, 검역법에 의거하여 검역관서가 인수하여 검역소 지정장소로 운송하거나, 국가기관에 의해 운송되는 압수물품은 보세운송이 필요하지 않다.

5 실습 지시문

운송사인 "베스트운송사"는 포워더인 "천마항운"으로부터 고려신항만터미널에서 신영마이크로장치장까지의 수입화물 보세운송 의뢰를 받았다. 보세운송 전에 신고세관에 보세운송 신고서를 작성하고 세관에 제출하는 실습을 해 보세요.

- Applicant ID(신청자): NUMBER ONE CO., LTD.(넘버원운송) / Declaration Date(신고일자): 2016-12-21

- MRN(적하목록관리번호): 16MASK00101 / MSN(master B/L일련번호): 0001 / HSN(house B/L 일련번호): 001 / B/L No(master B/L번호): MASKMBL0101
- Type of Discharged Goods(하선물품구분): GT(하선장소 장치 후 또는 도착과 동시에 보세운송되는 물품) / Allowed Period(운송기한): 2016-12-30
- Package Unit(포장단위): BX(BOX) / Package Qty(포장수량): 1,500 / Weight(중량): 47228.28 KG
- Point of Departure(출발지): 고려신항만터미널 / Point of arrival(bonded areas)(도착지보세구역): 스피드모터장치장
- Mode of Transport(Entire trip)(전구간운송방법): 차량 / Customs Office(신고세관): 부산본부세관 / Customs Dept(세관과): 통관과

(Container Information)

- 첫 번째 Container No(컨테이너번호): HJMU2500001 / Seal No1(봉인번호1): SL2511 / Size/Type(사이즈/타입): 42GP / Package Qty(포장수량): 1,000 / Weight(중량): 26,000Kg
- 두 번째 Container No(컨테이너번호): MASK1500002 / Seal No1(봉인번호1): SL2512 / Size/Type(사이즈/타입): 22GP / Package Qty(포장수량): 500 / Weight(중량): 21,228.28Kg

6 샘플 및 출력서식

1) 보세운송신고필증(신고자용)

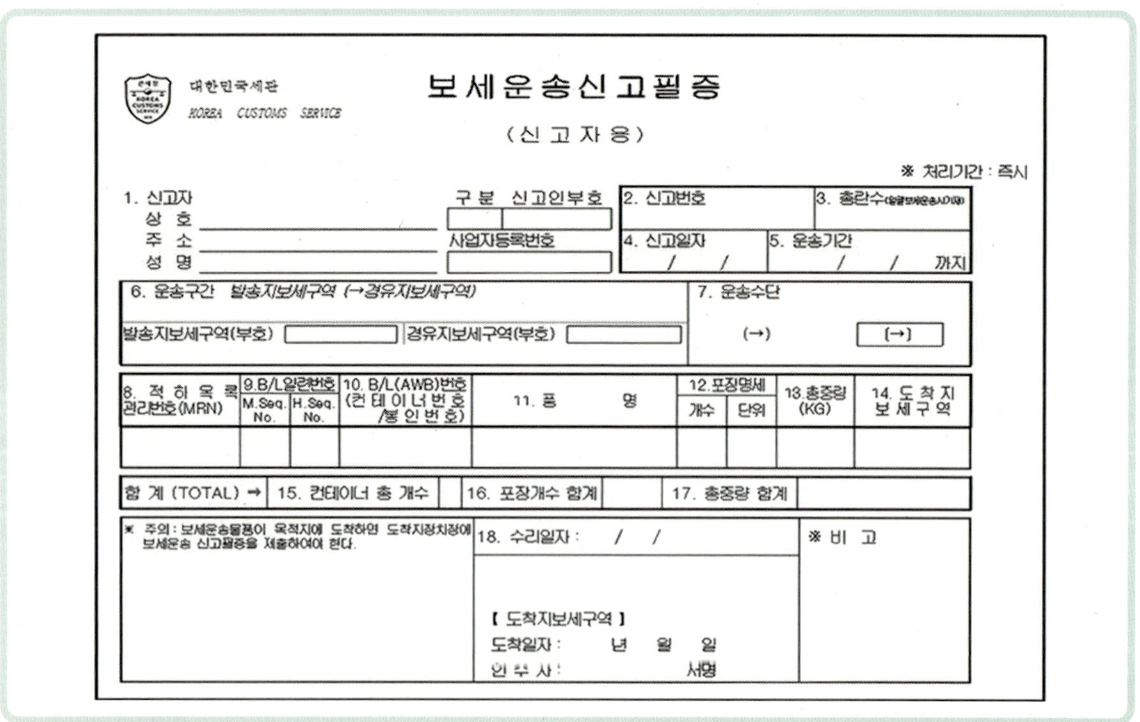

대한민국세관
KOREA CUSTOMS SERVICE

보세운송신고필증

(신고자용)

※ 처리기간 : 즉시

1. 신고자
상 호
주 소
성 명

구 분 신고인부호

사업자등록번호

2. 신고번호

3. 총란수

4. 신고일자 / /

5. 운송기간 / / 까지

6. 운송구간 발송지보세구역 (→경유지보세구역)

발송지보세구역(부호) 경유지보세구역(부호)

7. 운송수단

(→) (→)

8. 적하목록관리번호(MRN)	9.B/L일련번호 M.Seq. No.	9.B/L일련번호 H.Seq. No.	10. B/L(AWB)번호 (컨테이너번호/봉인번호)	11. 품명	12.포장명세 개수	12.포장명세 단위	13.총중량 (KG)	14. 도착지 보세구역

합 계 (TOTAL) →	15. 컨테이너 총 개수		16. 포장개수 합계		17. 총중량 합계	

※ 주의 : 보세운송물품이 목적지에 도착하면 도착지장치장에 보세운송 신고필증을 제출하여야 한다.

18. 수리일자 : / /

【 도착지보세구역 】
도착일자 : 년 월 일
인 수 사 : 서명

※ 비 고

2) 보세운송승인서(신청인용)

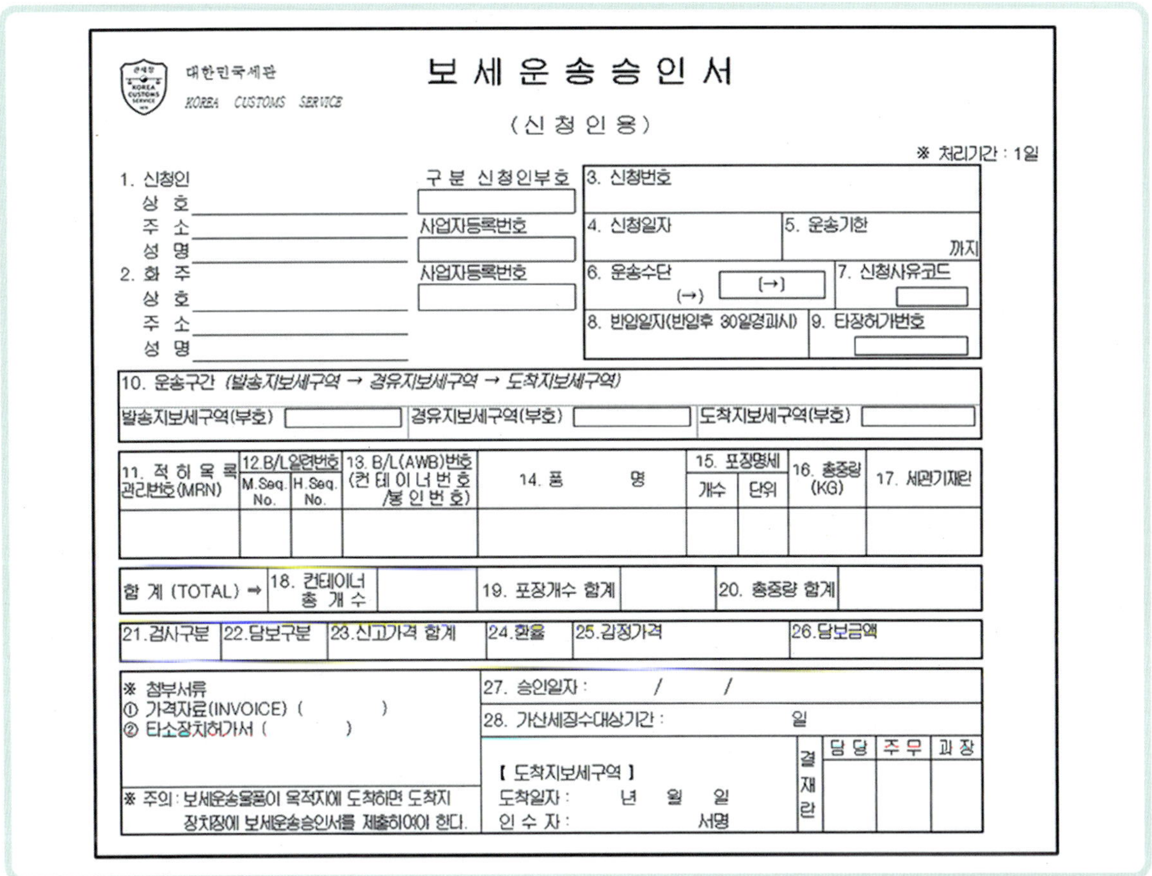

대한민국관세청
KOREA CUSTOMS SERVICE

보 세 운 송 승 인 서

(신 청 인 용)

※ 처리기간 : 1일

1. 신청인
   - 상 호
   - 주 소
   - 성 명
2. 화 주
   - 상 호
   - 주 소
   - 성 명

구 분	신청인부호
사업자등록번호	
사업자등록번호	

3. 신청번호	
4. 신청일자	5. 운송기한 까지
6. 운송수단 (→) (→)	7. 신청사유코드
8. 반입일자(반입후 30일경과시)	9. 타장허가번호

10. 운송구간 *(발송지보세구역 → 경유지보세구역 → 도착지보세구역)*

발송지보세구역(부호)		경유지보세구역(부호)		도착지보세구역(부호)	

11. 적하목록 관리번호(MRN)	12.B/L일련번호 M.Seq. No.	H.Seq. No.	13. B/L(AWB)번호 (컨테이너번호/봉인번호)	14. 품 명	15. 포장명세 개수	단위	16. 총중량 (KG)	17. 세관기재란

합 계 (TOTAL) ➡	18. 컨테이너 총 개 수		19. 포장개수 합계		20. 총중량 합계	

21.검사구분	22.담보구분	23.신고가격 합계	24.환율	25.감정가격	26.담보금액

※ 첨부서류
① 가격자료(INVOICE) (　　　)
② 타소장치허가서 (　　　)

※ 주의 : 보세운송물품이 목적지에 도착하면 도착지 장치장에 보세운송승인서를 제출하여야 한다.

27. 승인일자 :　　/　　/
28. 가산세징수대상기간 :　　　일

【 도착지보세구역 】
도착일자 :　　년　　월　　일
인 수 자 :　　　서명

결재란	담 당	주 무	과 장

3) 보세운송 EDI 전자문서 처리절차

※ 관세청 제도 개정에 따라 전자문서 및 처리절차 변경이 있을 수 있다.

(1) 보세운송 신고

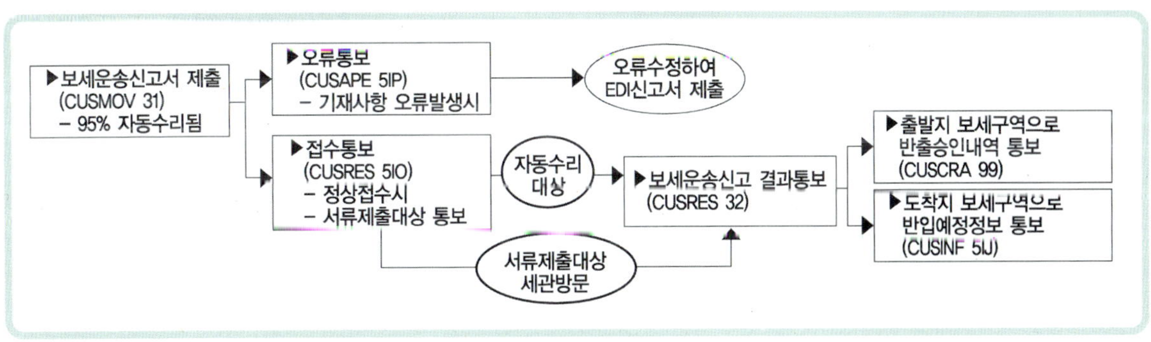

(2) 보세운송 승인신청

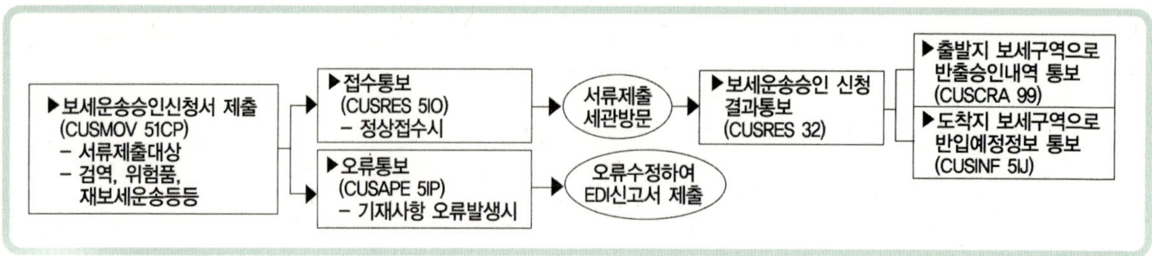

(3) 보세운송 정정신청

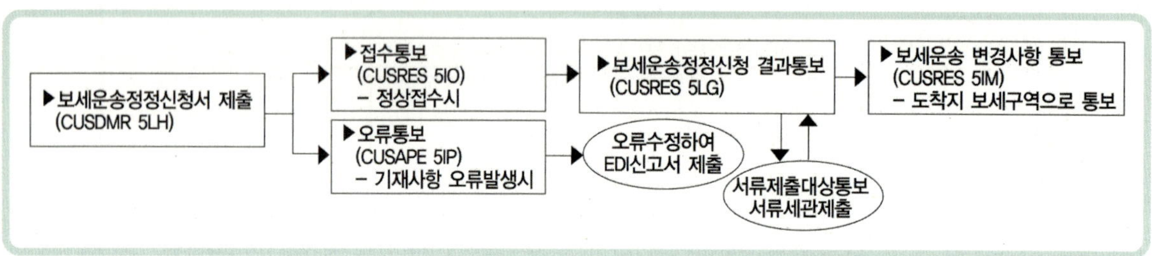

(4) 보세판매장 보세운송신고

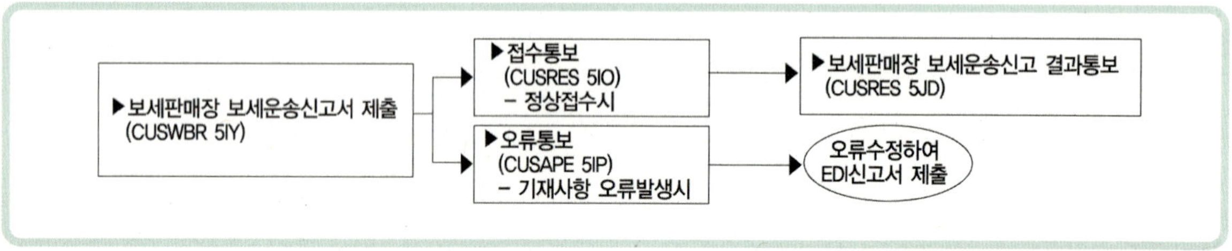

(5) 보세판매장 보세운송 정정신고

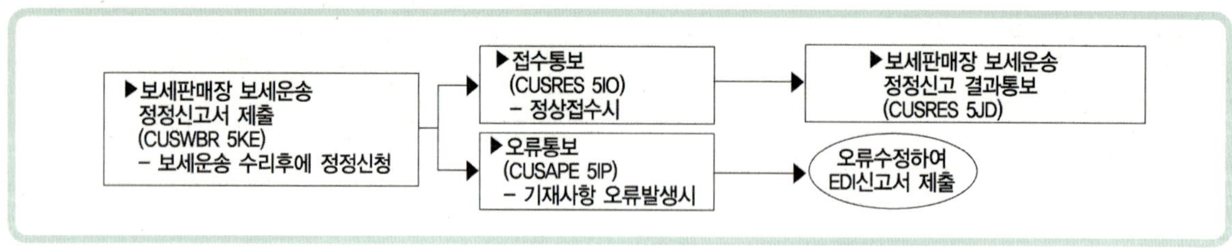

제5절 보세화물 반출입신고

1 사전지식

1) 보세화물 반출입

반입신고(carry-in report)의 경우 보세화물을 보세구역에 반입하였다는 신고로 화물은 여전히 보세상태에 있으나, 반출신고(carry-out report, declaration of release)는 보세구역에서 반출이 되었다는 의미로 해당 화물에 대한 통관처리가 되어 보세상태가 종료되었다는 의미이다.

2) 장치 및 반출기한

보세구역 반입물품의 장치기간은 대부분 반입일로부터 6개월이고 인천공항, 김포공항, 부산항과 인천항내 보세창고와 컨테이너 전용창고는 2개월이다. 또한 보세구역에 장치된 물품은 수입신고가 수리된 날로부터 15일 이내에 반출해야 하나 반출기간 연장에 대해 세관의 승인을 받으면 연장 역시 가능하다.

3) 보세화물 반입신고

수입화물이 보세구역 간 보세운송되는 경우, 보세운송인의 보세운송 신고정보는 도착지 보세구역에는 보세구역 반입예정 정보가 된다. 도착지 보세구역은 세관이 제공하는 예정정보와 실제 보세화물도착 후 반입처리와 함께 반입신고서를 작성하여 전자문서로 세관에 반입신고한다.

4) KTNET 화재보험 서비스

보세구역에 반입된 모든 보세화물 및 내국화물에 대하여 보세구역 담당자는 대한손해보험협회가 보상하는 화물보험/화재보험에 등록하고 보험가입 내역을 세관으로 전송한다. KTNET '화재보험 서비스'를 이용할 경우 대한손해보험협회와 보세창고 등의 화재보험 청약업무를 종이서류 제출방식 대신 관세청에 반입신고시 화재보험 청약서를 협회에 제출하여 보험가입, 반출신고시 출고명세서를 협회에 제출한 것으로 보험 해지되는 서비스이다.

5) 보세화물 반출신고

보세구역에 반입되어 수입신고가 수리된 물품 또는 보세운송신고에 의하여 타 보세구역으로 재보세운송을 목적으로 보세구역에서 물품을 반출할 경우 반출지 보세구역 담당자가 전자문서로 세관에 반출·신고한다.

6) 반출승인 내역 통보

관세사가 수입신고를 완료하여 보세구역에서 화물을 반출했거나, 보세운송 신고로 인하여 타 보세구역으로 재보세운송이 되는 경우 반출승인 내역을 관세청으로부터 통보받는 것을 말한다.

7) 보세구역의 종류[22)]

종 류		설 치 목 적
지정 보세 구역	지정장치장 (Designated storage areas)	통관하고자 하는 물품을 일시 장치하기 위해 세관이 지정한 구역
	세관검사장 (Customs inspection place)	통관하고자 하는 물품의 세관검사를 위해 세관이 지정한 구역
특허 보세 구역	보세창고 (Bonded warehouse)	수입통관이 끝나지 않은 화물을 보관하는 창고로서, 이 창고에 보관하는 동안에는 관세가 부과되지 않는다. 취급화물은 수입화물이 대부분이며, 이 창고를 사용하면 외국으로부터의 수입품을 일시 창고에 넣었다가 시세를 보아서 국내에 판매하든가, 좋은 거래가 없으면 다시 외국에 되돌려 보낼 수 있기 때문에 비싼 관세를 지불하고 수입해서 판매하여야 하는 위험을 면할 수 있음.
	보세공장 (Bonded factory)	외국물품을 원료 또는 재료로 하거나 외국물품과 내국물품을 원료 또는 재료로 하여 제조·가공하는 보세구역.
	보세전시장 (Bonded Exhibition Place)	박람회, 전시회, 견본시의 운영을 위하여 외국물품을 장치, 전시 또는 사용하는 구역으로서 세관장의 특허를 받은 구역을 말함.
	보세건설장 (Bonded construction site)	산업시설의 건설에 소요될 외국물품을 장치, 사용하여 해당 건설공사를 하는 구역
	보세판매장 (Duty free shop)	관세, 내국세의 일부 등을 부과하지 않은 상태의 면세물품을 판매하는 장소를 말함. 외국물품을 외국으로 반출하거나 관세의 면세를 받을 수 있는 자가 사용하는 것을 조건으로 판매하는 구역

22) 출처: 관세청 관세용어사전(http://www.customs.go.kr/)

8) 종합보세구역(Comprehensive Bonded Area)

특허 보세구역의 5가지 기능(보관·제조·전시·건설 및 판매)중 2개 이상의 기능을 종합적으로 수행할 수 있는 지역을 의미한다. 외국투자촉진, 수출증대 또는 물류촉진 등의 목적으로 세관은 외국인투자지역, 산업단지, 유통단지 등을 종합보세구역으로 지정할 수 있다. 비철금속 거래를 위한 부산 각 지역에 위치한 LME(London Metal Exchange) 창고와 감천항 국제수산물센터, 울산과 여수의 오일탱크터미널, 김해 대한항공(주) 김해공장, 대전 대덕태크노벨리, 구미 국가산업단지 및 전북 새만금산단 등이 있다.

2 화면설명

1) Bonded Cargo Entry Declaration

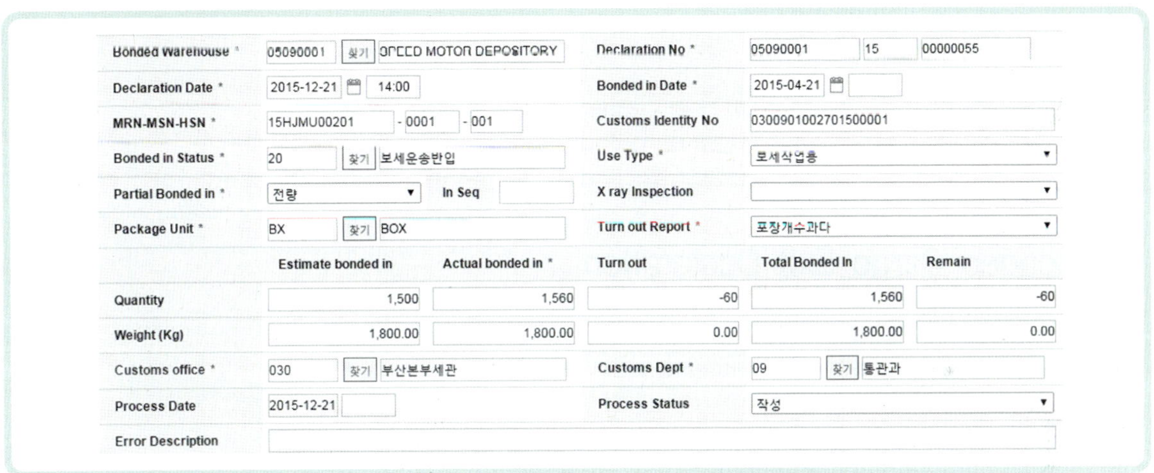

- Bonded Warehouse: 보세장치장 코드 및 명
- Declaration No: 반입신고번호, 신고서를 세관에 제출 시 신고인이 부여하는 번호(보세구역부호(8)+년도(02)+일련번호(08))
- Declaration Date: 신고일시
- Bonded in Date: 반입일시(From~to)
- MRN/MSN/HSN: 화물관리번호, MRN(11자리) + MSN(4자리) + HSN(3자리) 으로 구성
- Customs Identity No: 반입근거번호를 기재, 보세운송신고 번호와 동일함
- Bonded in Status: 반입화물유형
- Use Type: 보세공장에 반입된 물품의 용도(P: 보세작업용, C: 수입통관용, B: BWT 물품, L: LME)
- Partial Bonded in: 분할구분부호를 기재('A': 전량, 'P': 분할, 'L': 최종)

- X ray Inspection: X-Ray 검사여부
- Package Unit: 포장단위(ba: 통(Barrel), BC: 맥주박스 모양, 상자(Bottle crate), BE: 다발/꾸러미(Bundle), BG: 자루/부대(Bag) …등)
- Turn Out Report: 반입 오차 및 사고유형, 반입내역에 이상이 없을 시에는 'OK' 기재
- Estimated Bonded in: 반입예정
- Actual Bonded in: 실반입
- Turn Out: 오차 및 사고
- Total Bonded in: 반입 누계
- Remain Quantity: 잔량
- Quantity: 수량
- Weight(Kg): 중량(Kg)
- Customs Office: 신고세관코드
- Customs Dept.: 신고세관과 코드
- Process Date: 처리일시
- Process Status: 처리결과(미전송, 전송, 접수, 오류)
- Error Description: 오류내역

2) Bonded Cargo Exit Declaration

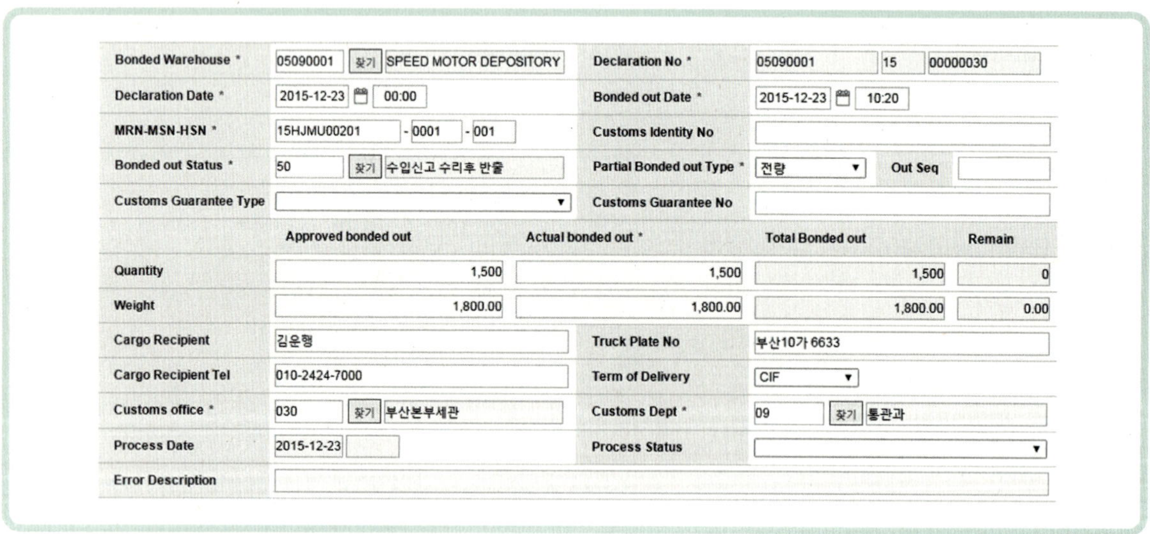

Bonded Warehouse *	05090001 찾기 SPEED MOTOR DEPOSITORY	Declaration No *	05090001 15 00000030	
Declaration Date *	2015-12-23 00:00	Bonded out Date *	2015-12-23 10:20	
MRN-MSN-HSN *	15HJMU00201 - 0001 - 001	Customs Identity No		
Bonded out Status *	50 찾기 수입신고 수리후 반출	Partial Bonded out Type *	전량 ▼	Out Seq
Customs Guarantee Type	▼	Customs Guarantee No		
	Approved bonded out	Actual bonded out *	Total Bonded out	Remain
Quantity	1,500	1,500	1,500	0
Weight	1,800.00	1,800.00	1,800.00	0.00
Cargo Recipient	김운행	Truck Plate No	부산10가 6633	
Cargo Recipient Tel	010-2424-7000	Term of Delivery	CIF ▼	
Customs office *	030 찾기 부산본부세관	Customs Dept *	09 찾기 통관과	
Process Date	2015-12-23	Process Status	▼	
Error Description				

- Bonded warehouse: 보세장치장 코드 및 명
- Declaration No.: 반출신고번호, 신고서를 세관에 제출시 신고인이 부여하는 번호(보세구역부호(8)+년도(02)+일련번호(08))

- Declaration Date: 신고일시
- Bonded out Date: 반출일시
- MRN-MSN-HSN: 화물관리번호, MRN(11자리) + MSN(4자리) + HSN(3자리)으로 구성
- Customs Identity No.: 반출근거번호
- Bonded out Status: 반출화물 유형
- Partial Bonded out Type: 분할구분 부호를 기재(A': 전량, 'P': 분할, 'L': 최종)
- Out Seq: 분할차수
- Customs Guarantee Type: 기간연장 구분(1: 반출기간연장승인, 2: 과태료부과)
- Customs Guarantee No.: 기간연장 근거번호
- Approved Bonded out: 반출승인
- Actual Bonded out: 반출 수량
- Total Bonded out Quantity: 총 반출
- Remain: 잔량
- Quantity: 수량
- Weight: 중량
- Cargo Recipient: Cargo 수령자
- Cargo Recipient Tel: Cargo 수령자 전화번호
- Truck Plate No.: 차량번호
- Term of Delivery: 인도조건
- Customs Office: 신고세관 코드
- Customs Dept.: 신고세관과 코드
- Process Date: 처리일시
- Process Status: 처리결과(저장, 전송, 접수, 오류)
- Error Description: 오류내역

3 업무 프로세스 흐름도

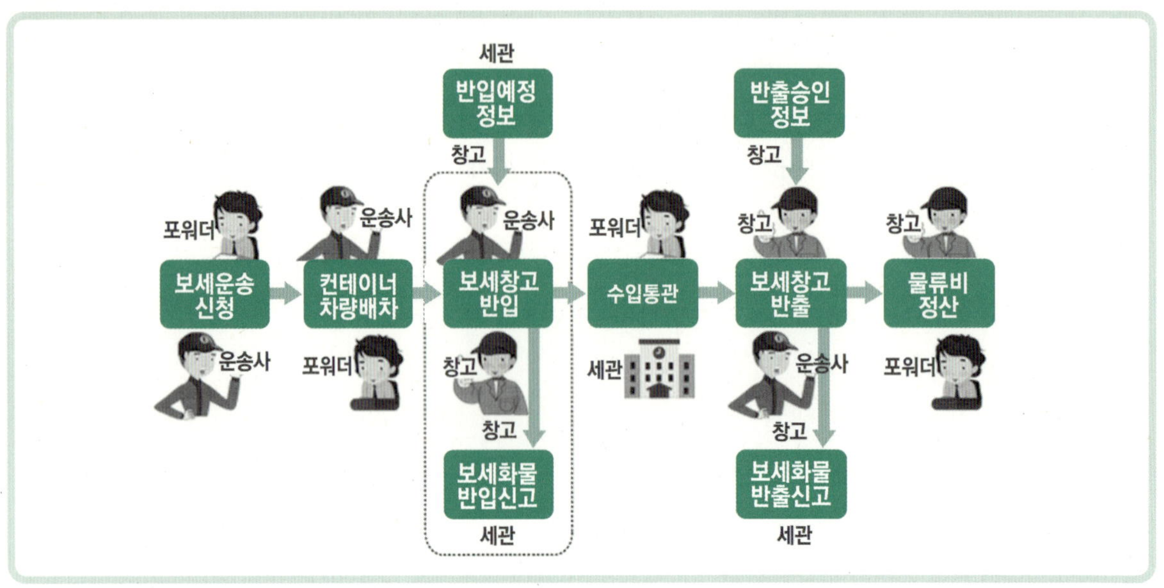

보세운송사는 세관으로부터 보세운송신고(승인신청)에 대한 수리(승인)통보를 받으면 차량을 배차하고 목적지/경유지 보세구역으로 운송을 수행한다. 세관은 신고받은 수리(승인)내역을 목적지/경유지 보세구역에 반입예정 정보로 제공한다. 도착지 보세구역은 화물이 도착하면 세관의 반입예정정보에 의거하여 계획된 반입을 수행하는데 보세운송신고(승인)서의 내용과 대조하여 이상이 없을 경우 반입처리하고 세관에 반입신고한다.

[수입보세화물 입고절차]

① 입고의뢰(지시)접수(포워더 → 보세구역)	② 반입예정정보의 수신(세관 → 반입보세구역)
③ 입고작업지시(보세구역)	④ 컨테이너 적출(보세구역)
⑤ 입고검수(보세구역)	⑥ 반입신고(보세구역)
⑦ 창고적치(보세구역	⑧ 입고완료 통보 및 CFS 작업료 청구(보세구역 → 포워더)

타 보세구역으로의 재보세운송을 제외하고 통관이 완료된 경우 보세구역은 세관의 반출승인정보를 가지고 반출업무를 수행하며 반출차량이 도착하면 반출승인정보와 관련서류를 확인한 후 출고처리하고 반출신고서를 작성하여 세관에 신고한다.

통관된 수입화물을 보세구역에서 반출하기 위해서는 선사가 발행한 D/O가 필요하다. 포워더는 출고의뢰(지시)서 및 D/O사본, E/P 사본을 보세구역으로 송부하고 장치수수료를 납부한다. 보세구역은 보세화물반출신고서를 세관에 제출하고 화물이 차량에 상차되면 반출증과 반출지시영수증을 차량기사에 전달하고 차량은 화주가 지정한 장소로 화물을 운송한다.

[수입보세화물 출고절차]

① 출고의뢰(지시)접수(포워더 → 보세구역)
② 관련서류검토(보세구역)
③ 반출승인정보의 수신(세관 → 반출보세구역)
④ 출고작업지시(보세구역)
⑤ 반출신고(보세구역 → 세관)
⑥ Picking 및 화물출고/상차(보세구역)
⑦ 출고완료통보 및 청구(보세구역 → 포워더)

4 전자문서 흐름도

1) 반입신고

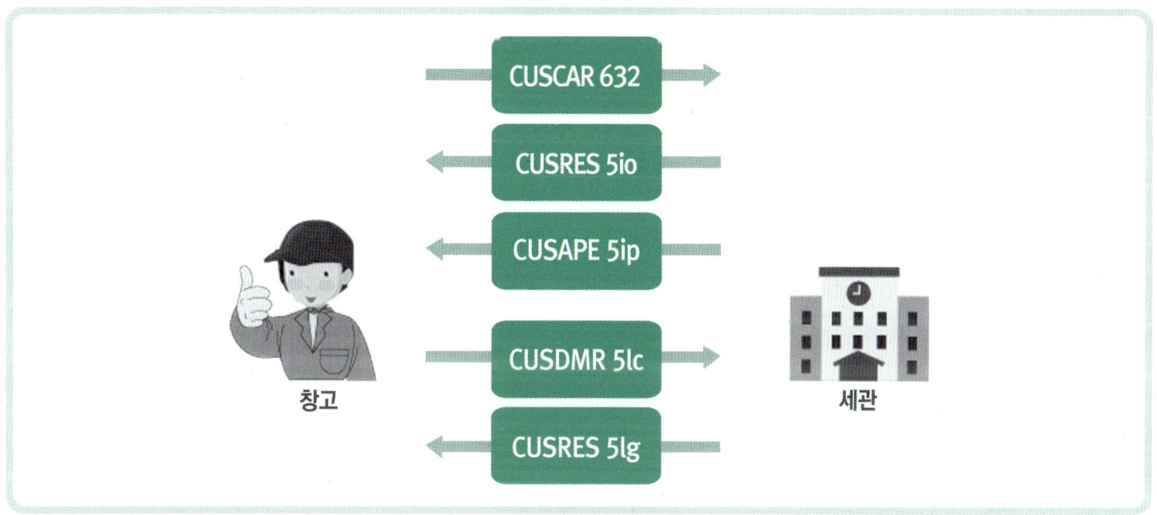

보세구역은 반입신고서(CUSCAR-632)를 세관에 전송하고, 접수(CUSRES-5io) 또는 오류통보(CUSRES-5ip)를 세관으로부터 수신한다. 만약 반출신고서를 정정코자 하는 경우 반출신고정정신청(CUSCAR-5lc)을 세관에 전송하고 접수 또는 오류통보를 수신한다. 접수 이후에는 반입신고 정정결과통보(CUSRES-5lg)를 수신한다.

2) 반출신고

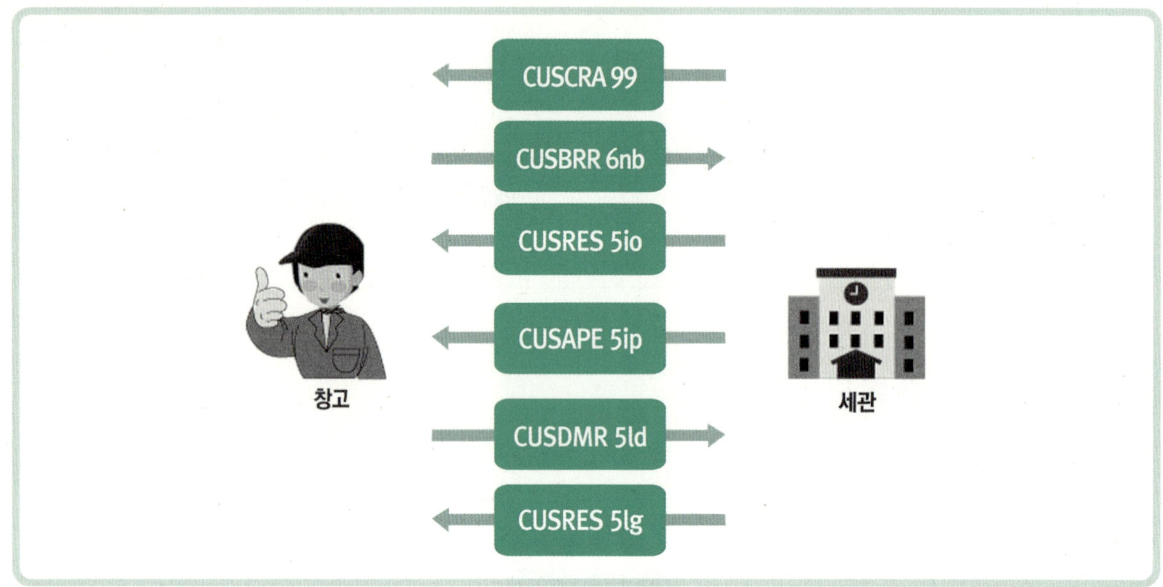

세관은 출발지 보세구역으로 반출승인정보(CUSCAR-99)를 전송한다. 보세구역은 반출작업후 반출신고서(CUSBRR-6nb)를 송신하고 접수(CUSRES-5io) 또는 오류통보(CUSRES-5ip)를 수신한다. 만약 반출신고서를 정정코자 하는 경우 반입신고정정신청(CUSDMR- 5ld)를 세관에 전송하고 접수 및 오류통보를 수신하며 접수 이 후에는 반출신고정정결과통보(CUSRES-5lg)를 수신한다.

5 실습 지시문

1) 보세화물 반입신고 실습 지시문

수입 스피드모터 자가장치장에 운송사인 "베스트운송사"의 수입화물 보세운송 반입차량이 도착하였다. 세관으로부터 수신된 반입예정정보와 실물을 대조하고 화물의 상태를 검사하여 보세화물 반입처리를 하려고 한다. 세관으로부터 수신된 정보를 기반으로 보세화물반입신고서를 작성하고 세관에 신고하는 실습을 해 보세요.

- Bonded Warehouse(보세창고): SPEED MOTOR DEPOSITORY(스피드모터장치장) / Declaration Date(신고일시): 2016-12-21 14:00
- Bonded in Date(반입일자): 2016-12-28
- MRN(적하목록관리번호): 16HJMU00201 / MSN(master B/L일련번호): 0001 / HSN(house B/L

일련번호): 001 / Customs Identity No(반입근거번호: 보세운송신고번호): 03009010027015000001

- Bonded in Status(반입유형): 보세운송반입 / Use Type(사용구분): 보세작업용
- Partial Bonded in Type(분할반입)구분: 전량 반입 / Package Unit(포장단위): BOX / Turn out Report(오차 및 사고 수량): 포장개수과다
- Quantity(Estimate bonded in, 반입예정수량): 1,500 / Weight(Estimate bonded in, 반입예정중량): 1,800Kg
- Quantity(Actual bonded in, 반입수량): 1,560 / Weight(Actual bonded in, 반입중량): 1,800 Kg

2) 보세화물 반출신고 실습 지시문

수입 스피드모터 자가장치장에 천마항운이 발급한 전자수입화물인도 지시서(Delivery Order: eD/O) 사본을 가지고 운송사인 "베스트운송"의 차량이 도착하였다. 화물 인수자와 eD/O 비밀번호를 확인한 후 반출처리를 하려고 한다.

세관으로부터 수신된 반출승인정보를 기반으로 보세화물 반출신고서를 작성하고 세관에 신고하는 실습을 해 보세요.

- Bonded Warehouse(보세창고): SPEED MOTOR DEPOSITORY(스피드모터장치장) / Declaration Date(신고일자): 2016-12-28 09:00
- Bonded out Date(반출일자): 2016-12-29 10:20
- MRN-MSN-HSN(화물관리번호): MRN(적하목록관리번호): 16HJMU00201 / MSN(master B/L일련번호): 0001 / HSN(house B/L일련번호): 001
- Bonded out Status(반출유형): 수입신고 수리 후 반출 / Partial Bonded out Type(분할반출구분): 전량 반출
- Quantity(Approved bonded out, 반출승인수량): 1,500, Weight(Approved bonded in, 반출승인중량): 1,800Kg
- Quantity(Actual bonded out, 반출수량): 1,500 / Weight(Actual bonded out, 반출중량): 1,800Kg
- Cargo Recipient(화물인수자): 김운행 / Truck Plate No(차량번호): 부산10가 6633 / Cargo Recipient Tel(전화번호): 010 2421 7000 / Term of Delivery(인도조건): CIF
- Customs office(신고세관): 부산본부세관 / Customs Dept (세관과): 통관과

6 샘플 및 출력서식

1) D로지스틱스사 보세구역 반입신고 작업화면

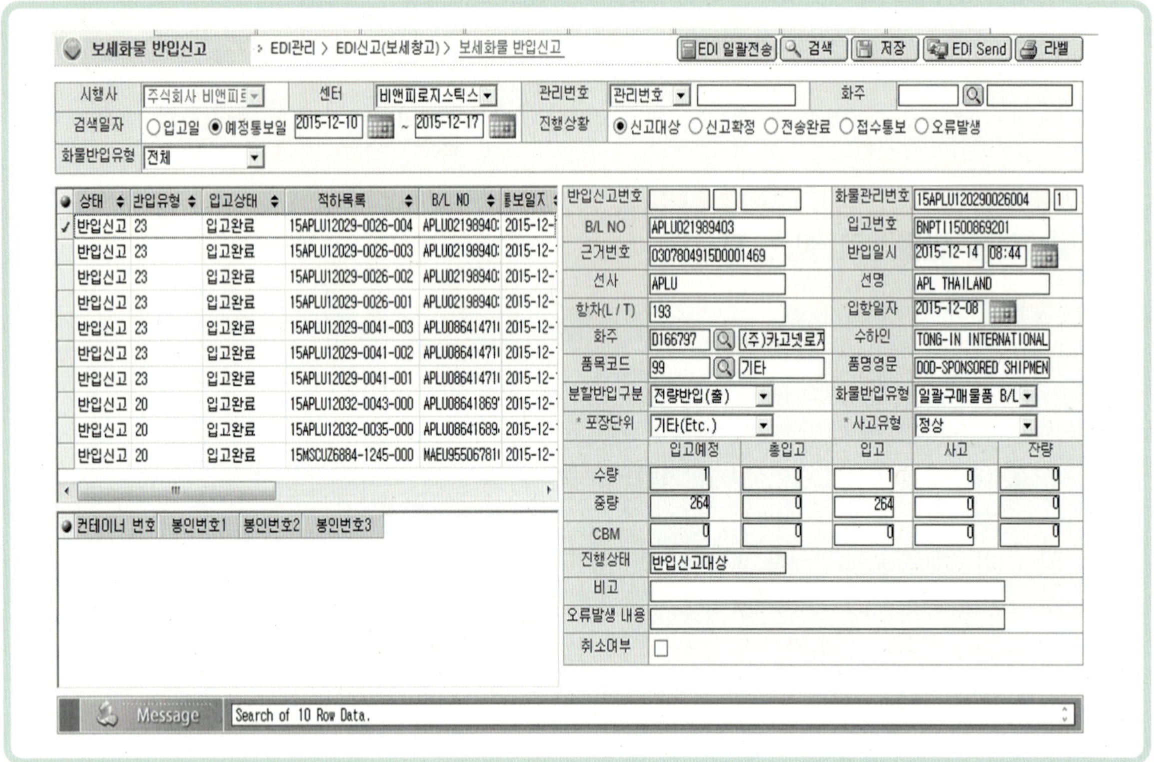

2) 반출입 EDI 전자문서 처리절차

※ 관세청 제도 개정에 따라 전자문서 및 처리절차 변경이 있을 수 있다.

(1) 반입신고

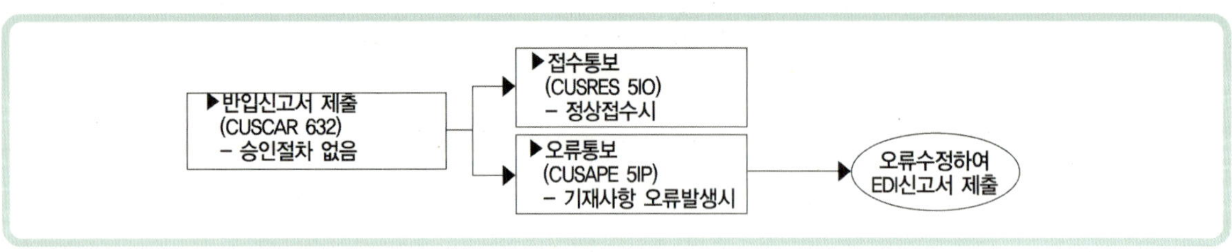

(2) 반입신고 정정신청

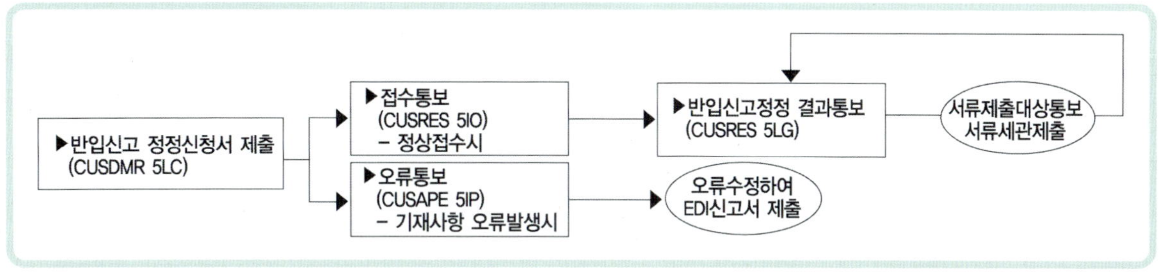

(3) 컨테이너 반입신고

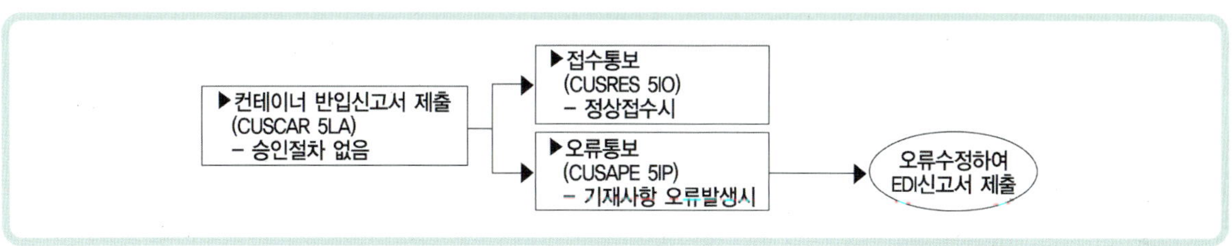

(4) 컨테이너 반입신고 정정신청

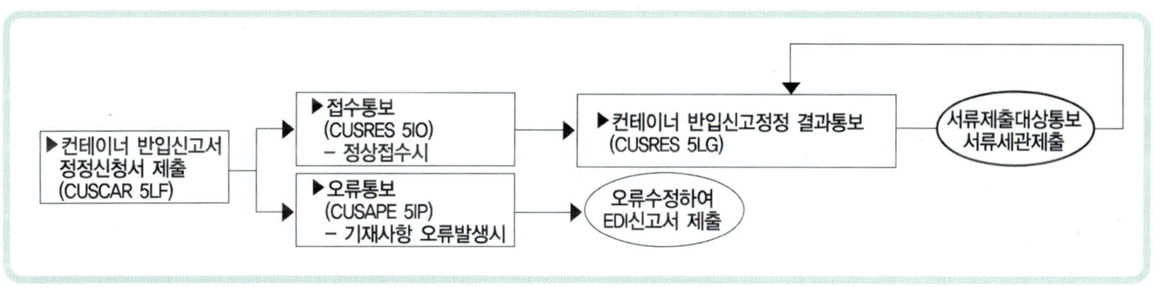

(5) 반출신고

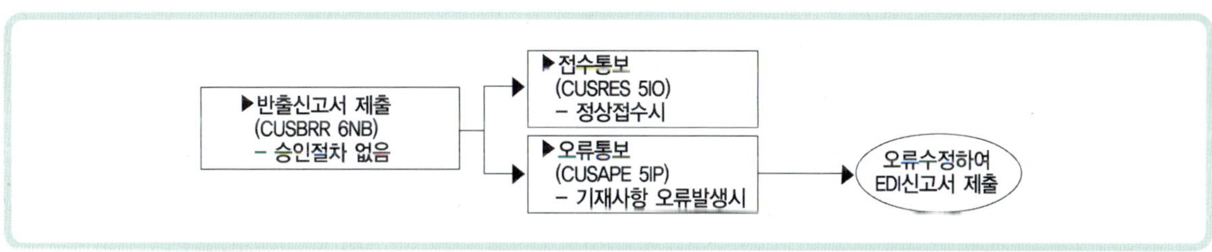

(6) 반출신고 정정신청

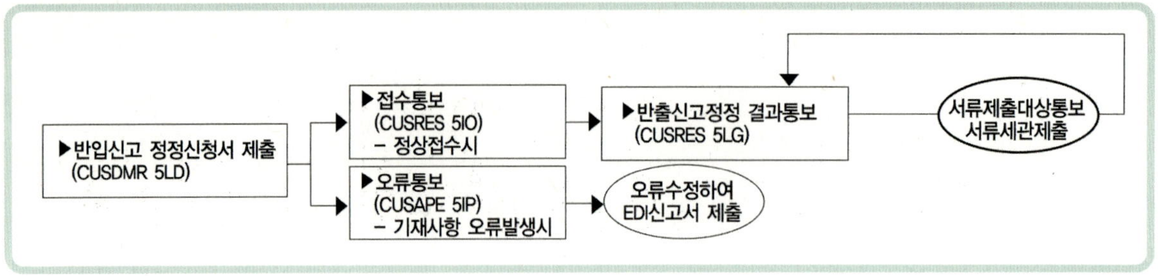

(7) 컨테이너 반출신고

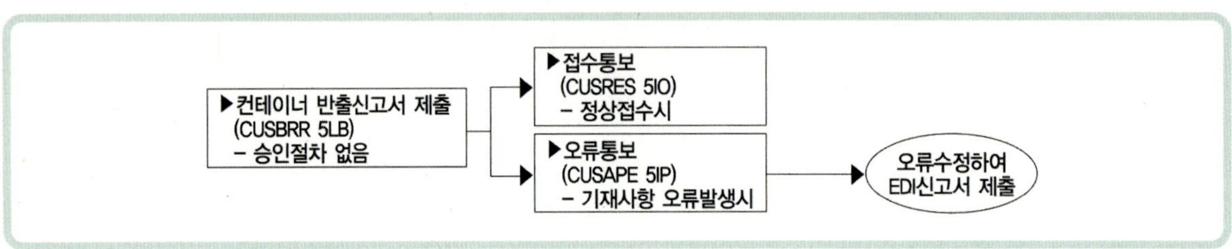

(8) 컨테이너 반출신고 정정신청

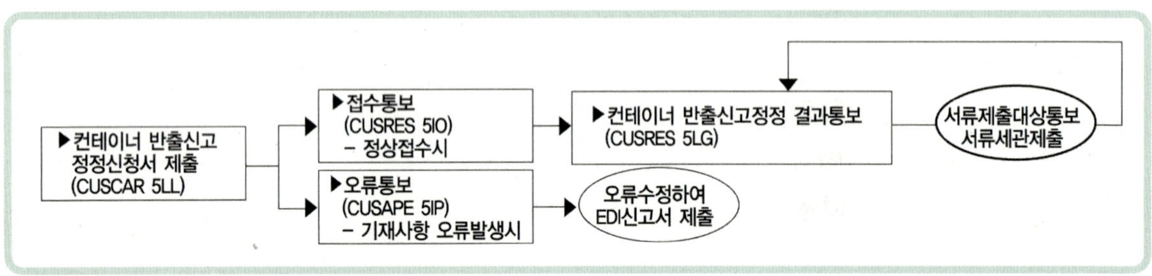

(9) 보세공장 반출신고

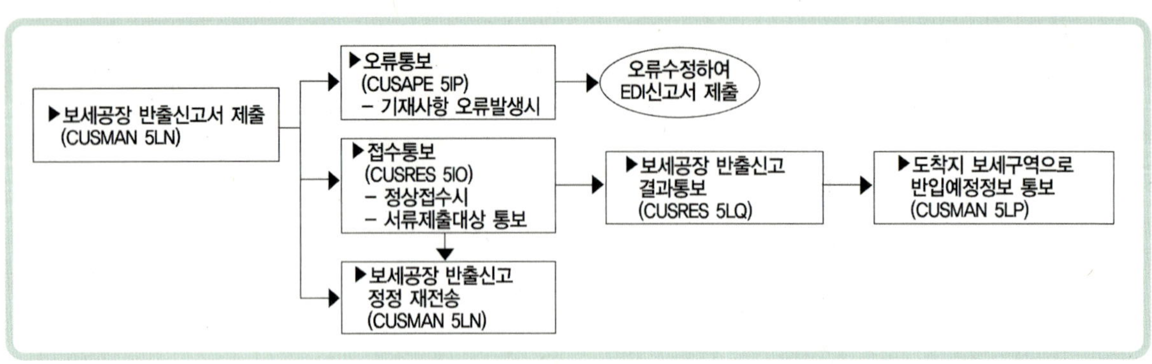

(10) 보세공장 반입신고

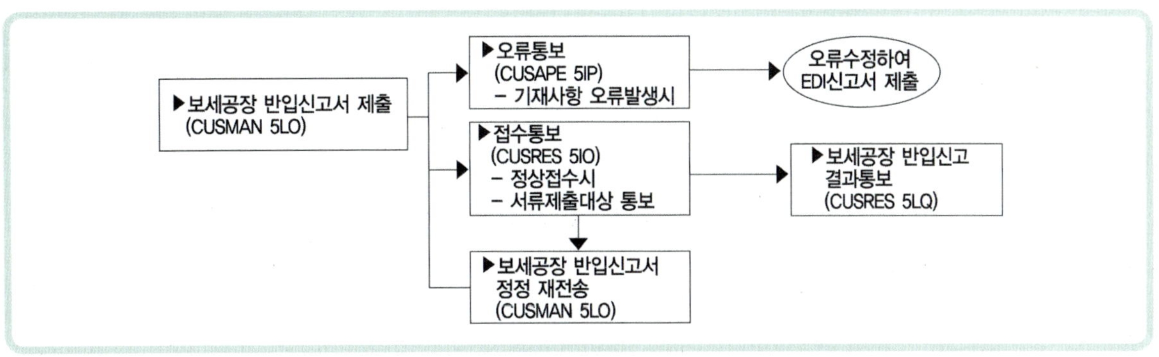
▶보세공장 반입신고서 제출
(CUSMAN 5LO)
▶오류통보
(CUSAPE 5IP)
– 기재사항 오류발생시
오류수정하여
EDI신고서 제출
▶접수통보
(CUSRES 5IO)
– 정상접수시
– 서류제출대상 통보
▶보세공장 반입신고
결과통보
(CUSRES 5LQ)
▶보세공장 반입신고서
정정 재전송
(CUSMAN 5LO)

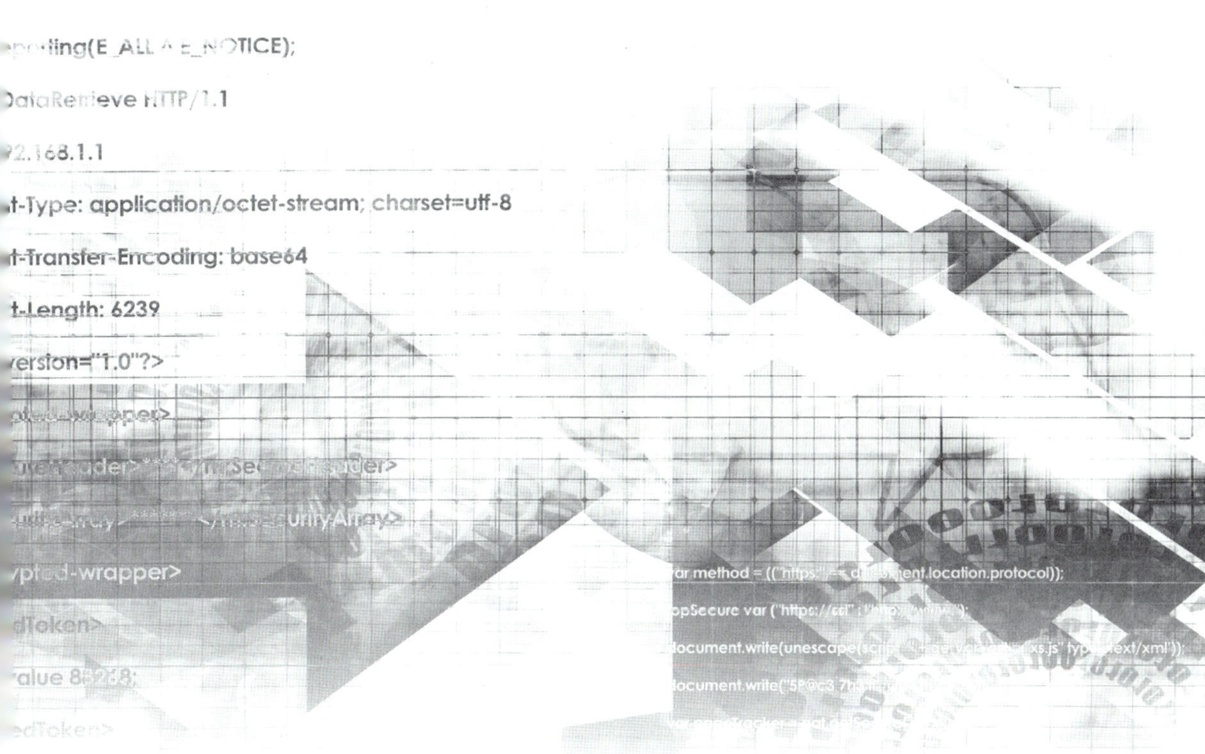

참고자료

시스템 · 업무 용어집

KTNET 소개

참고자료

시스템·업무 용어집

• ㅂ •

• ㅅ •

• ○ •

• ㅈ •

• ㅊ •

• ㅋ •

• ㅌ •

• D •

• E •

• F •

• G •

• H •

• I •

KTNET 소개

한국무역정보통신(Korea Trade Network)

KTNET의 역사는 대한민국 전자무역의 역사입니다.

KTNET은 1989년 정부의 종합무역자동화 기본계획 수립에 따라 1991년 한국무역협회의 100%출자로 설립되었습니다.

1992년에 정부로부터 무역자동화 지정사업자(현, 전자무역기반사업자)로 지정받은 KTNET은 전자무역인프라 구축을 통해 복잡한 수출입업무 전 과정을 자동화 서비스로 구현함으로써, 혁신적으로 무역 프로세스의 개선과 비용 절감에 기여해 왔으며, 그 경제적 효과는 연간 6조원에 이르고 있습니다.

KTNET은 무역업체, 은행, 관세사, 선사, 보험사, 포워더, 보세장치장 등 약 10만여 고객과 무역유관기관을 연계한 세계 최고의 무역 커뮤니티를 통해 620종에 달하는 G2B, B2B부문 수출입 문서를 전자화하여 연평균 3억 7천만건의 전자무역 문서를 처리하고 있어, 우리나라 산업발전에 있어서 명실상부한 히든챔피언 역할을 수행하고 있습니다.

KTNET은 이제 종이서류 없는 무역에서 나아가 "종이서류 없는 녹색성장" 실현을 위해 또 하나의 역사를 쓰고 있습니다.

공인전자문서센터, 공인전자주소(#메일), 공인인증서비스 등 우리나라 전자문서 산업을 개척하여 IT패러다임 전환을 선도하고 있는 것입니다.

이제 KTNET의 Paperless 환경을 통해 개인에겐 스마트하고 편리한 업무환경이, 기업에게는 비용절감과 생산성 향상을 통한 경쟁력 강화로, 국가는 녹색성장을 통한 국가 발전으로 나아갈 수 있는 원동력이 될 것 입니다.

KTNET은 여기서 멈추지 않고 전 세계 Paperless 산업의 미래를 만들어 갈 수 있도록 끊임없이 노력할 것입니다.

7대 사업 운영기관

KTNET 서비스는 공익적인 업무 경험과 안정된 신뢰를 기반으로 제공됩니다.

KTNET은 전자무역기반사업자로서 전자무역인프라 구축을 통해 수출입업무전 과정을 자동화서비스로 구현함으로써 혁신적인 무역 프로세스 개선과 비용 절감에 기여해왔으며, 그러한 전자무역시스템이 구축 노하우와 운영 경험을 바탕으로 정부로부터 7대 사업의 운영기관으로 지정받았습니다.

KTNET 연혁

1) 고도화기 (2008 ~ 현재)

년. 월	내 용
2015.12	• 해상물류 통합서비스 개시
2015.10	• 키르키즈스탄 선거관리시스템 구축
2015.04	• Paperless Trade 교육실습시스템(uTradeEdu) 개시
2014.10	• 몽골 전자국회시스템 개통
2014.07	• 탄자니아 Single Customs Territory 구축 사업 수주
2014.06	• 기획재정부, 디지털예산회계시스템(dBrain) 위탁운영 사업 수주
2014.02	• 내국신용장 개설·통지 전자화 전면 시행
2013.03	• 판교 한국전자무역센터 건립 및 이전
2013.02	• 내국신용장 전자개설 및 통지 전면전자화(매입신청전자화는 '14.2예정)
2012.09	• 탄자니아 조세청 신통관자동화시스템 구축 사업 수주
2011.07	• 구매확인서 전자발급 의무화(대외무역법)
2011.04	• 한국전자무역센터 착공식 개최
2010.10	• 세계 최초 WiFi 실내측위기술을 적용한 모바일 앱 myCoex 개통
2010.05	• 한-대만 e-C/O서비스 상용화
2010.04	• 세계최초 e-Nego서비스 개시
2009.09	• 리비아 Single Window 구축사업 수주
2008.11	• 지식경제부, KTNET을 구매확인서 발급기관으로 지정(대외무역법)
2008.09	• 법무부, KTNET을 전자선하증권(e-B/L) 등록기관으로 지정(상법)
2008.07	• 차세대 전자무역시스템 uTradeHub 그랜드 오픈식
2008.07	• 몽골 관세행정 현대화 구축사업 수주

2) 도약기(2001~2007)

년. 월	내용
2007.05	• 차세대 전자무역시스템 uTradeHub 개통식
2007.02	• 산업자원부, KTNET을 공인전자문서센터 제1호 사업자로 지정(전자거래기본법)
2006.12	• 산업자원부, KTNET을 전자무역기반사업자로 지정(전자무역촉진에관한법률)
2006.08	• 국제정보보호인증(ISO 27001)획득
2005.10	• 카자흐스탄 관세행정 현대화 구축 1단계 사업수주
2004.08	• 전자무역포털 cTradeWorld.com 개통
2003.03	• 관세청, KTNET을 제1호 전자문서 중계사업자로 지정(관세법)
2002.03	• 정보통신부, KTNET을 공인인증기관으로 지정(전자서명법)
2001.12	• 글로벌 전자무역 네트워크 구축사업 착수 및 PAA 발족
2001.03	• 인터넷 화물관리시스템(eLogisFrmae) 개통

3) 성장기(1994~2000)

년. 월	내용
2000.06	• 인터넷 방식의 EDI서비스 개통
1997.10	• 원산지증명 및 상업송장 공증EDI 서비스 개통
1997.07	• 수출입화물 EDI 및 관세환급EDI 서비스 개통
1996.12	• 수출입 적하목록 취합 시스템 개통
1996.07	• 수입통관EDI 서비스 개통 • 수출입보세화물EDI 서비스 개통
1994.12	• 수출통관EDI 서비스 개통
1994.01	• 수출입승인 및 신용장EDI 서비스 개통

4) 태동기

년.월	내용
1992.11	• 상공부, KTNET을 무역사동화 지정사업자로 지정
1992.11	• 관세청과 KTNET, 'EDI형 통관자동화시스템 구축 및 운영에 관한 기본협정' 체결
1991.12	• 상공부, '무역업무자동화촉진에관한법률' 제정
1991.06	• 주식회사 한국무역정보통신(KTNET) 설립
1989.10	• 상공부, 종합무역자동화 기본계획 수립

지은이 약력

■ 류 주 열 (柳周烈)

○ 경력
- (주)한국무역정보통신: 現 uTradeEdu 사업담당, 전자무역·물류 컨설턴트
- 토탈소프트뱅크: 해운항만물류 업무분석·설계전문가(BA), 오만/말레이시아 항만터미널 운영시스템 구축
- (주)케이씨티시: 페르노리카(pernod-ricard) 3자물류 사업수행

○ 학력
- MSc. Maritime Economics & Logistics, Erasmus University Rotterdam, Netherlands.
- BBa. 국제무역, 한국해양대학교

○ 저서 및 논문
- 「전자무역·물류총서」(2016, 도서출판 두남), KTNET
- 「The Study on Busan Port Cluster and Its Marketing」(2004), Erasmus University Rotterdam, Netherlands.

인 지

전자무역 · 물류 실무완성

초 판 1쇄 인쇄 —— 2016년 4월 1일
초 판 1쇄 발행 —— 2016년 4월 5일
지은이 —— KTNET
펴낸이 —— 전 두 표
펴낸곳 —— 도서출판 **두남**
서울시 강동구 성내로6길 34-16 누남빌딩
신 고 ; 제25100-1988-9호
TEL : 02) 478-2065, 2066, 2067, 2311
FAX : 02) 478-2068
E-mail : dunam1@unitel.co.kr
http://www.dunam.co.kr

정가 30,000원

ISBN 978-89-6414-678-1 93320